개정판

국가계약법

정태학 · 오정한 · 장현철 · 유병수 · 강준모

박영사

개정판 서문

이 책의 초판이 나온 지 어느덧 5년이 지났습니다. 초판을 발간한 이후 개정의 필요성을 절감하였지만, 여러 가지 이유로 개정을 미루다가 이제야 개정판을 내게 되었습니다.

그동안 국가계약법을 비롯하여 많은 법령이 개정되었고, 국가계약법 관련 내용이 쟁점이 된 대법원 및 각급 하급심 판결도 상당수 축적되었습니다. 특히 국가계약법과 관련하여, 부당특약 조항이 법률로 상향 입법됨과 동시에 명문으로 그 효력이 무효라고 규정되었고, 부정당업자의 입찰참가자격 제한과 관련하여서도 상당 부분 개정이 이루어졌습니다. 이에 따라 부당특약 및 입찰참가자격 제한에 관한 여러 판결이 선고된 점은 주목할 만합니다.

이번 개정판에서는 위와 같은 변화를 반영하였고, 아울러 초판의 내용을 대폭 보강하였습니다.

국가계약법은 당사자들이 서로 대등한 입장에서 계약을 체결하도록 하는 한편, 계약상대자의 계약상 이익을 부당하게 제한하는 특약 또는 조건은 무효로 하고 있습니다. 그러나 현실을 보면 국가계약법의 입법목적이 달성되기 위해서 가야 할 길이 아직도 멀다는 생각이 듭니다. 그렇기에 초판을 발간할 때보다 개정판을 발간하는 지금 더 큰 책임감을 느낍니다.

이 책을 통해서 저자와 독자가 서로 소통하면서 경험과 지식 그리고 통찰을 나눌 수 있기를 바랍니다. 나아가 이 책이 국가계약법령의 해석에 관한 지침서로서의 역할을 다할 수 있다면 저자로서는 큰 보람을 느낄 것입니다. 앞으로 많은 관심과 비판을 바랍니다.

끝으로, 이 책의 개정을 위해 도움을 주신 율촌 송무부문 건설분쟁팀 변호사들(김소연, 김정수, 박종하, 안성식, 오일환, 우승학, 이용선, 전예아, 최지은, 최효빈, 홍서현)께 감사의 말씀을 드리고, 개정판의 발간을 도와주신 박영사 관계자분들께도 감사드립니다.

2024년 가을 파르나스타워에서
집필진을 대표하여
변호사 정태학, 오정한

추 천 사

건설영역의 개별 계약을 들여다보면, 수많은 사실관계와 법률쟁점이 실타래처럼 얽혀 있음을 알 수 있고, 그렇기 때문에 일단 분쟁이 발생하면 그 해결에 상당한 시간과 노력이 필요합니다. 특히 국가를 당사자로 하는 계약에 관한 법률(이하 "국가계약법")이 적용 내지 준용되는 소위 관급공사의 영역에서는 수천억 원이 넘는 계약들이 비일비재하게 체결되기 때문에 그와 관련된 분쟁의 규모 역시 다른 영역에 비하여 굉장히 큰 편입니다.

이러한 현실임에도 국가계약법 분야에 대한 연구는 다른 영역에 비하여 상대적으로 미진하였는데, 이번에 율촌 송무부문에서 건설분쟁 업무를 전문적으로 수행하던 변호사들이 수년간의 연구를 통해 국가계약법에 대한 본격적인 해설서를 출간하게 되었습니다.

집필진은 그 동안 축적하여 온 전문적인 업무경험 및 지식을 십분 발휘하여 이 책을 집필하였습니다. 이 책은 개별 법률 조항 및 그에 관한 판결례 및 해석례를 단순히 소개하는 것을 넘어 그 구체적인 의미를 충실하게 해설하고 있고, 여기에 전문 변호사로서 집필진의 비판적인 검토 및 해석론을 덧붙이고 있습니다. 이는 어찌 보면 전문가로서 자신들의 노하우를 남들에게 공개하는 것으로도 볼 수 있는데, 이는 율촌이 평소에 추구하는 바인 '공익적 가치의 구현'을 실천하는 방법 중 하나라고 생각합니다.

이 책이 향후 국가계약법령의 해석과 실무 정립에서의 길잡이가 되기를 바라며, 관련 업무에 종사하는 법조인들 및 업계 실무자들에게 이 책을 적극 추천합니다.

2019년 가을
법무법인(유) 율촌 대표변호사 윤용섭

서 문

　법무법인에서 변호사로서 건설분쟁 사건을 수행하면서, 공사대금에 관한 분쟁, 지체상금에 관한 분쟁, 하자의 유무 및 그 정도에 관한 분쟁 등 여러 유형의 분쟁들을 접할 수가 있었습니다. 건설공사계약의 경우 이행 과정의 복합성으로 인하여 수많은 분쟁이 발생할 수밖에 없는데, 그 중 특히 국가나 지방자치단체 또는 공공기관이 발주하는 소위 관급공사의 경우 공사 규모가 크고 공사기간 또한 긴 것이 대부분이라 분쟁가액 또한 크다는 것이 특징입니다.

　이러한 관급공사는 국가가 발주할 경우 국가를 당사자로 하는 계약에 관한 법률(이하 "국가계약법")이, 지방자치단체나 공공기관이 발주할 경우에는 각각 지방자치단체를 당사자로 하는 계약에 관한 법률(이하 "지방계약법")과 공공기관 운영에 관한 법률(이하 "공공기관운영법")이 기본적으로 적용됩니다. 그런데 지방계약법의 경우 국가계약법과 그 체계 및 내용이 유사하고, 공공기관운영법은 계약사무에 관하여 공기업·준정부기관 계약사무규칙에 위임하고 있는데, 해당 규칙은 별도로 규정하고 있지 않은 사항에 대해서는 국가계약법을 준용하고 있다는 점에서 국가계약법은 소위 공공계약 분야에 있어서 가장 기본이 되는 법률이라 할 수 있습니다.

　따라서 관급공사와 관련된 분쟁에서는 국가계약법령의 해석이 분쟁해결의 열쇠가 되는 경우가 많습니다. 그럼에도 국가계약법 분야는 아직 다른 법률 분야에 비하여 체계적인 연구가 여전히 미흡한 것이 현실입니다.

　이에 율촌 송무부문에서 건설분쟁 사건을 주로 다루어왔던 변호사들이 뜻을 모아 국가계약법령의 해석에 관한 지침서를 내기로 결의한 것이 2016년 봄의 일입니다. 이후 집필진은 그 동안 수행한 다양한 사건들을 통해 얻은 직·간접적인 경험을 바탕으로 초안을 작성하고 이 책의 집필진이 모여 검토와 퇴고를 거듭한 끝에 마침내 이 책을 출간하게 되니 감회가 새롭습니다.

　이 책을 집필함에 있어 특별히 관심을 기울인 사항은 아래와 같습니다.

　첫째, 법령의 해석은 죽어서 고착되어 있는 것이 아니라 법원의 판결에 따라 살아 움직이는 것이라는 점에서, 우리 법원의 판결례를 최대한 수록하려고 노력하였으며, 그 범위에는 대법원 판결뿐만 아니라 하급심판결도 포함하였습니다.

둘째, 국가계약법의 개별 조문 순으로 체계를 편집하면서 법 조항과 관련 판례, 관련 행정해석 등을 소개하였고, 이를 단순히 나열하는데 그치는 것이 아니라 미흡하나마 법률서적다운 해석론을 제시하려고 노력하였습니다. 그리고 이러한 해석론과 관련하여 집필진이 특히 중점을 둔 부분은 국가계약법이 실제 계약현장에서 작용하는 기능과 마땅히 수행해야 할 역할이었습니다.

국가계약법은 "계약은 서로 대등한 입장에서 당사자의 합의에 따라 체결되어야"한다고 규정(제5조 제1항)하고 있습니다. 그러나 실제 현실에서는 공공계약의 발주자와 계약상대자 간의 지위가 평등하다고 보기는 어려운 것이 사실이고 이로 인하여 계약 체결 및 이행 과정에서 불합리한 모습이 나타나는 경우가 많습니다. 하도급거래에서 원사업자와 수급사업자 간의 불평등을 보완하는 법이 하도급거래 공정화에 관한 법률이라고 한다면, 국가계약에서는 국가계약법이 그와 같은 역할을 다해야 할 것입니다. 이 책에서는 그러한 점에 관심을 갖고 국가계약법령과 이에 관한 판결례 등을 세밀히 살펴보았습니다.

여러모로 부족한 글을 세상에 내놓으려 하니 걱정이 앞서기도 합니다만, 이 책이 국가계약법령에 대한 올바른 해석과 건전한 국가계약 실무 수립의 작은 단초라도 되기를 희망하면서 강호제현의 질책을 바라 마지않습니다.

끝으로, 이 책의 출간을 흔쾌히 수락해주신 박영사와 그 과정에서 애써주신 임직원 분들, 이 책의 집필 및 퇴고 과정에서 도움을 주신 법조 선후배분들께 감사의 말씀을 드립니다.

2019년 가을
집필진을 대표하여
변호사 정태학, 오정한

차   례

제1조 목 적

Ⅰ. 국가를 당사자로 하는 계약에 관한 법률의 목적

국가를 당사자로 하는 계약에 관한 법률(이하 "국가계약법") 제1조는 "국가를
당사자로 하는 계약에 관한 기본적인 사항을 정함으로써 계약업무를 원활하게 수
행"하는 것을 국가계약법의 목적으로 정하고 있다.

국가계약법은 후술하는 바와 같이 WTO 정부조달협정 타결에 따른 정부조
달시장의 개방에 대비하여 제정되었는데,1) 정부조달협정의 차질 없는 이행을 넘
어 국가가 주체가 되어 체결하는 계약업무 전반을 원활하게 수행하도록 하는데
그 목적이 있는 것이고, 이 점이 국가계약법 제1조에 명시되어 있는 것이다.

한편 지방자치단체를 당사자로 하는 계약에 관한 법률(이하 "지방계약법") 제1
조는 "이 법은 지방자치단체를 당사자로 하는 계약에 관한 기본적인 사항을 정함
으로써 계약업무를 원활하게 수행할 수 있도록 함을 목적으로 한다."라고 규정하
여, 국가계약법과 동일한 내용을 목적으로 한다는 점을 알 수 있다.

Ⅱ. 국가계약법의 연혁

국가계약법의 뿌리는 1951. 9. 24. 제정된 재정법에서 찾을 수 있다. 재정법
은 예산, 결산, 수입, 지출, 계약 등을 규정한 국가재정 및 회계에 관한 기본법으
로 계약에 관하여는 "각 중앙관서의 장은 매매, 대차, 청부 기타의 계약을 할 경

---

1) 장훈기, 『공공계약제도 해설』, 도서출판 삼일, 2015, 85면.

우에 있어서는 모두 공고를 하여 경쟁에 부하여야 한다. 단, 각 중앙관서의 장은 대통령령의 정하는 바에 의하여 지명경쟁 또는 수의계약에 의할 수 있다."라고 규정된 제57조를 두고 있었다.

재정법은 1961. 12. 19. 제정된 예산회계법이 1962. 1. 1. 시행됨과 동시에 폐지되었고, 이후 예산회계법이 국가 재정 및 회계의 기본법으로서 기능하였다. 예산회계법도 제정 당시에는 계약에 관한 조문을 제6장에 제70조[2] 단 하나만 두고 있었으나, 1975. 12. 31. 개정으로 제70조부터 제70조의18까지 총 19개의 조문으로 계약에 관한 내용을 대폭 추가하였고, 1989. 3. 31. 전부개정으로 제73조부터 제95조까지 총 23개 조문을 두어 국가계약에 대한 기본법으로서의 역할을 수행하였다.

한편 소위 우루과이라운드 출범 이후 1994. 4. 15. 모로코의 마라케쉬에서 세계무역기구(WTO) 정부조달 협정이 체결되었고, 이는 정부조달시장 개방을 주요내용으로 하는 것이었는데, 우리나라 정부도 위 협정에 서명하였다. 위 협정은 원래 1996. 1. 1. 발효되는 것이었으나, 우리나라는 1997. 1. 1.부터 조달시장을 개방하기로 하였고, 이에 따라 예산회계법의 한 내용으로 규정된 국가계약에 관한 내용을 별개의 독립된 법률로 규정하는 것이 타당하다는 판단에 따라 예산회계법 제6장(계약) 부분을 분리하여 1995. 1. 5. 국가계약법을 제정하였고, 같은 해 7. 6.부터 시행하였다.[3]

---

2) **구 예산회계법**(1961. 12. 19. 법률 제849호로 제정된 것)
   제70조(계약의 방법과 준칙) 각 중앙관서의 장은 매매, 대차, 도급 기타의 계약을 할 경우에는 모두 공고를 하여 경쟁에 붙여야 한다. 단, 각 중앙관서의 장은 각령의 정하는 바에 의하여 지명경쟁 또는 수의계약에 의할 수 있다.
3) 장훈기, 앞의 책, 85면; 김성근, 『정부계약법해설(Ⅰ)』, 건설경제, 2013, 38면.

제 2 조 적용범위

제 2 조 (적용범위)
　　이 법은 국제입찰에 따른 정부조달계약과 국가가 대한민국 국민을 계약상대
　　자로 하여 체결하는 계약(세입의 원인이 되는 계약을 포함한다) 등 국가를 당
　　사자로 하는 계약에 대하여 적용한다.
　　[전문개정 2012.12.18]

Ⅰ. 의   의

　　국가계약법 제2조는 국가계약법의 적용범위를 "국가를 당사자로 하는 계약"
모두로 규정하면서, "국제입찰에 따른 정부조달계약"과 "국가가 대한민국 국민을
계약상대자로 하여 체결하는 계약"을 거론하고 있다.

　　제1조 부분에서 언급한 바와 같이 국가계약법은 정부조달시장의 개방에 따
라 제정된 것이나, 제2조는 국제입찰뿐만 아니라 대한민국이 국민을 상대방으로
하여 체결하는 계약(일반적으로는 국내 입찰)을 포함하여 계약의 일방 당사자가 대
한민국인 계약이라면 모두 적용되는 것이라는 점을 명확하게 한 것이다. 또한 그
계약은 국고의 부담이 되는 계약뿐만 아니라 국가에 수입이 발생하는 계약(세입
의 원인이 되는 계약)도 포함한다는 점 또한 명시하고 있다.

Ⅱ. 관련 규정

　　국가계약법은 하위 규정으로서 국가계약법 시행령 및 시행규칙을 두고 있고,
이와 별개로 특정조달을 위한 국가계약법 시행 특례규칙, 특정조달을 위한 국가
계약법 시행령 특례규정을 두고 있다. 그 외에 국가계약법 시행령의 위임을 받아
국가계약법령과 관련하여 보다 상세한 기준 등을 마련하기 위하여 제정된 기획재
정부 계약예규로서 정부 입찰·계약 집행기준, 적격심사기준, 예정가격작성기준,
입찰참가자격사전심사요령, 협상에 의한 계약체결기준 등이 있다. 기획재정부 계

약예규 공사계약일반조건, 용역계약일반조건, 물품구매(제조)계약일반조건[이하 "공사계약일반조건", "용역계약일반조건", "물품구매(제조)계약일반조건"] 등은 국가계약 법령에서 위임을 받아 제정된 것은 아니나 실질적으로는 거의 대부분의 경우 해당 계약에서 계약문서에 포함되어 실무상 매우 빈번하게 활용된다.

지방계약법은 지방자치단체를 당사자로 하는 계약에서의 일반규정으로서 계약 당사자 일방이 지방자치단체인 경우 국가계약법과 동일한 기능을 수행한다고 볼 수 있다. 한편 공공기관의 운영에 관한 기본적인 사항을 규정하고 있는 공공기관의 운영에 관한 법률(이하 "공공기관운영법")은 공기업·준정부기관의 회계처리나 입찰참가자격의 제한과 관련하여 필요한 사항을 기획재정부령으로 정하도록 하고 있는데(공공기관운영법 제39조 제3항), 이에 따라 마련된 기획재정부령인 공기업·준정부기관 계약사무규칙(이하 "계약사무규칙")은 공기업·준정부기관이 계약의 일방 당사자인 계약에서의 일반원칙 및 기준 등을 규정하고 계약사무규칙에서 규정하지 않은 사항에 대하여는 국가계약법령을 준용하도록 규정하고 있다(계약사무규칙 제2조 제5항).

제3조 다른 법률과의 관계

제3조 (다른 법률과의 관계)
국가를 당사자로 하는 계약에 관하여는 다른 법률에 특별한 규정이 있는 경우를 제외하고는 이 법에서 정하는 바에 따른다.
[전문개정 2012.12.18]

국가계약법 제3조는 국가계약에서 다른 법률에 특별한 규정이 있는 경우를 제외하고는 국가계약법을 따르도록 규정하고 있다. 이는 국가계약에서의 기본법 내지 일반법으로서 국가계약법의 지위를 규정한 것으로 볼 수 있다.[1]

국가계약법 시행령 제3조 제1항도 "국가를 당사자로 하는 계약에 관하여는 다른 법령에 특별한 규정이 있는 경우를 제외하고는 이 영이 정하는 바에 의한다."라고 규정하고 있고, 국가계약법 시행규칙 제3조도 "각 중앙관서의 장 또는 계약담당공무원은 계약에 관한 사무를 처리함에 있어서 다른 법령에 특별한 규정이 있는 경우를 제외하고는 이 규칙이 정하는 바에 의한다."라고 규정하여, 국가계약법 시행령과 시행규칙 역시 기본규정으로 적용됨을 알 수 있다.

이와 유사하게, 지방계약법 제2조[이 법은 지방자치단체(지방자치법 제2조에 따른 지방자치단체를 말한다. 이하 같다)가 계약상대자와 체결하는 수입 및 지출의 원인이 되는 계약 등에 대하여 적용한다], 같은 법 시행령 제3조(지방자치단체를 당사자로 하는 계약에 관하여는 다른 법령에 특별한 규정이 있는 경우를 제외하고는 이 영에서 정하는 바에 따른다), 같은 법 시행규칙 제3조(지방자치단체의 장 또는 계약담당자는 계약에 관한 사무를 처리할 때 다른 법령에 특별한 규정이 있는 경우를 제외하고는 이 규칙에서 정하는 바에 따른다) 또한 지방계약법령이 지방계약에서 기본규정으로 적용됨을 규정하고 있다.

한편 국가계약법 시행령 제3조 제2항은 "국제입찰에 의할 정부조달계약에 한하여 적용될 사항은 따로 대통령령으로 정한다."라고 규정하여 국제입찰에 의

---

1) 같은 취지, 법무법인(유)태평양 건설부동산팀, 『주석국가계약법』, 박영사, 2017, 9면.

하는 정부조달계약에 대하여는 국가계약법 시행령 외 별개의 규정이 적용될 것을 예정하고 있고, 이에 따라 '특정조달을 위한 국가를 당사자로 하는 계약에 관한 법률 시행령 특례규정'이 마련되었다. 조달사업에 관한 법률 제3조의6 본문 각 호 이외의 부분은 "조달청장은 다음 각 호의 경우 해당 기관의 장이 제3조의4 제1항 제2호에 따른 납품검사를 조달청장에게 요청하는 경우 국가를 당사자로 하는 계약에 관한 법률 제14조, (중략) 에도 불구하고 그 기관의 장을 대신하여 납품검사를 할 수 있다."라고 규정하고 있고, 물품관리법 제39조는 "각 중앙관서의 장이나 조달청장은 매각을 목적으로 한 물품이나 불용품을 국가를 당사자로 하는 계약에 관한 법률에도 불구하고 대통령령으로 정하는 바에 따라 경매 또는 수의계약에 의하여 매각할 수 있다."라고 규정하고 있다. 이러한 규정들은 국가계약에서 기본법 내지 일반법인 국가계약법령에 우선하여 적용되는 다른 법률의 특별한 규정의 예라 하겠다.

다른 법률 또는 다른 법령에 특별한 규정이 있는 경우에는 국가계약법령이 아닌 다른 법률 또는 다른 법령이 적용된다고 규정하고 있는 국가계약법 제3조, 같은 법 시행령 제3조 및 시행규칙 제3조와 관련하여, 이를 국가계약에서 국가계약법령의 보충성을 규정한 것으로 보는 견해도 있다.[2]

그러나 보충성은 계약에 관련 규정이 없을 때 계약 규정을 대신하여 계약내용이 된다는 의미인데, 오히려, 국가계약법 제3조는 그 문언상 국가계약법의 보충성을 규정한 것이 아니라 국가계약법의 기본법적 성격을 규정한 것으로 보는 것이 더 타당해 보인다.[3]

다만, 국가계약법령의 내용 중에는 공무원의 내부 사무처리에 관한 규정(제6조 등)과 입찰참가자격제한 처분(제27조), 벌칙 규정에서의 공무원 의제 규정(제35조)과 같이 국가계약의 구체적인 내용과는 무관한 규정들이 있고, 이러한 규정들은 국가계약법령의 보충성과는 무관할 것이나, 그 외에 물가변동 등에 따른 계약금액 조정(제19조)과 같이 국가계약의 구체적인 내용과 관련된 규정들의 경우에는 개별적인 국가계약에 그와 관련된 규정이 없을 경우 보충적으로 적용될 수 있다는 점에서 국가계약법령의 보충성은 인정될 수 있을 것이다.

---

2) 김성근, 앞의 책(Ⅰ), 48면.
3) 법무법인(유)태평양 건설부동산팀, 앞의 책, 9면.

제4조 국제입찰에 따른 정부조달계약의 범위

제4조 (국제입찰에 따른 정부조달계약의 범위)
① 국제입찰에 따른 정부조달계약의 범위는 정부기관이 체결하는 물품·공사 및 용역의 계약으로서 정부조달협정과 이에 근거한 국제규범에 따라 기획재정부장관이 정하여 고시하는 금액 이상의 계약으로 한다. 다만, 다음 각 호의 어느 하나에 해당하는 경우에는 국제입찰에 따른 정부조달계약의 대상에서 제외한다.
  1. 재판매나 판매를 위한 생산에 필요한 물품이나 용역을 조달하는 경우
  2. 「중소기업제품 구매촉진 및 판로지원에 관한 법률」에 따라 중소기업제품을 제조·구매하는 경우
  3. 「양곡관리법」, 「농수산물 유통 및 가격안정에 관한 법률」 및 「축산법」에 따른 농·수·축산물을 구매하는 경우
  4. 그 밖에 정부조달협정에 규정된 내용으로서 대통령령으로 정한 경우
② 제1항 각 호 외의 부분 본문에 따른 정부기관과 물품·공사 및 용역의 범위는 정부조달협정의 내용에 따라 대통령령으로 정한다.
③ 「국가재정법」 제6조에 따른 중앙관서의 장(이하 "각 중앙관서의 장"이라 한다) 또는 제6조에 따라 위임·위탁 등을 받아 계약사무를 담당하는 공무원(이하 "계약담당공무원"이라 한다)은 계약의 목적과 성질 등을 고려하여 필요하다고 인정하면 제1항에 해당하지 아니하는 경우에도 대통령령으로 정하는 바에 따라 국제입찰에 의하여 조달할 수 있다.
[전문개정 2012.12.18]

I. 규정의 취지

앞서 제1조에 관한 부분에서 기술한 바와 같이, 예산회계법의 일부분으로 규정되어 있었던 국가계약에 관한 내용은 WTO 정부조달협정 체결로 인하여 비로소 별도의 독립된 법률로 제정되었다.

국가계약법 제4조는 국제입찰에 따른 정부조달계약의 구체적인 범위를 정함에 그 취지를 두고 있다. 국가계약법 제4조 제1항은 기획재정부장관이 정하여 고

시하는 금액, 즉 추정가격[1]을 기준으로 하여 이를 넘는 금액의 물품·공사 및 용역계약을 국제입찰에 따른 정부조달계약으로 하되, ① 재판매나 판매를 위한 생산에 필요한 물품이나 용역을 조달하는 경우, ② 중소기업제품 구매촉진 및 판로지원에 관한 법률에 따라 중소기업제품을 제조·구매하는 경우, ③ 양곡관리법, 농수산물 유통 및 가격안정에 관한 법률 및 축산법에 따른 농·수·축산물을 구매하는 경우, ④ 그 밖에 정부조달협정에 규정된 내용으로서 대통령령으로 정한 경우는 제외하고 있다. 여기서 정부조달협정에 규정된 내용으로서 대통령령으로 정하는 경우란, 특정조달을 위한 국가를 당사자로 하는 계약에 관한 법률 시행령 특례규정(이하 "특례규정") 제3조 제2항 각 호에 규정된 경우[2]를 의미한다. 그

---

1) 추정가격의 개념은 **'시행령 제2장 추정가격 및 예정가격'** 부분에서 상세히 기술한다.
2) **특정조달을 위한 국가를 당사자로 하는 계약에 관한 법률 시행령 특례규정**
   제3조(적용범위)
   ② 법 제4조 제1항 제4호에서 "대통령령으로 정한 경우"란 다음 각 호의 어느 하나에 해당하는 경우를 말한다.
   1. 무기·탄약 또는 전쟁물자의 조달이나 국가안보 또는 국방목적수행과 관련된 조달로서 중대한 안보상의 이익을 보호하기 위하여 필요한 경우
   2. 공공의 질서 및 안정을 유지하거나 인간 또는 동식물의 생명과 건강 및 지적소유권을 보호하기 위하여 필요한 경우
   3. 자선단체·장애인 및 재소자가 생산한 물품과 용역 등을 조달하는 경우
   4. 삭제
   5. 삭제
   6. 급식에 필요한 물품 등을 조달하는 경우
   7. 재판매 또는 판매에 필요하거나 재판매 또는 판매를 위한 공급에 필요한 물품이나 용역을 조달하는 경우
   8. 부동산을 취득하거나 임차하는 경우
   9. 비계약적 합의 또는 지원을 위하여 조달하는 경우
   10. 다음 각 목의 어느 하나를 위한 용역을 조달하는 경우
       가. 재무대리 또는 예탁
       나. 금융기관의 청산·관리
       다. 공적 부채의 판매, 상환 및 유통
   11. 개발원조 등 국제원조를 위하여 조달하는 경우
   12. 합작 프로젝트 체결국의 공동 이행과 관련된 국제협약의 절차 또는 조건에 따라 조달하는 경우
   13. 다음 각 목의 어느 하나에 해당하는 경우로서 그 절차 또는 조건이 1994년 4월 15일 마라케쉬에서 작성된 정부조달협정(2012년 3월 30일에 채택된 정부조달에 관한 협정 개정 의정서를 포함하며, 이하 "마라케쉬 정부조달협정"이라 한다)과 불합치하는 경우
       가. 국제기구의 절차 또는 조건에 따라 조달하는 경우
       나. 국제적 공여 또는 차관 등을 재원으로 조달하는 경우

리고 국제입찰에 따른 정부조달계약의 체결 주체가 되는 정부기관 및 체결 대상
인 계약의 범위는 특례규정 [별표1], [별표2]에 규정되어 있다(국가계약법 제4조
제2항, 특례규정 제3조 제3항).

한편 각 중앙관서의 장이나 계약담당공무원은 계약의 목적과 성질 등을 고
려하여 필요하다고 인정될 경우 국가계약법 제4조 제1항에 의한 국제입찰에 따
른 정부조달계약의 대상이 아닌 경우에도 특례규정에 따라 국제입찰에 의하여 조
달할 수 있는데, 그와 같은 경우는 ① 부실공사방지를 위하여 필요하다고 인정되
는 경우, ② 국내생산이 곤란하여 국내입찰로는 조달목적을 달성할 수 없는 경우,
③ 그 밖에 국제입찰에 의하여 조달하는 것이 해당 계약의 목적·성질상 효율적
이라고 인정되는 경우를 의미한다(국가계약법 제4조 제3항, 특례규정 제3조 제5항).

특례규정은 국제입찰에 따른 정부조달계약의 범위를 정하는 것 외에도 국가
기관이 국제입찰을 실시함에 있어서의 여러 특례규정을 정함으로써 국가기관의
국제입찰에서 일반규정으로서의 역할을 수행하고 있는바, 아래에서는 그 내용을
대략적으로 살펴본다.

Ⅱ. 특례규정의 개관

1. 예정가격 작성의 예외

각 중앙관서의 장 또는 계약담당공무원은 물품 및 용역에 대한 특정조달계
약에 있어서 거래실례가격이 없어 예정가격[3]을 작성하기 곤란한 경우 등 기획재
정부령이 정하는 사유에 해당하는 때에는 예정가격을 작성하지 아니할 수 있다
(특례규정 제6조). 여기서 기획재정부령이 정하는 사유란, 용역과 기계·기재류, 철
재류, 식료품류, 동물류, 화공품류(비료는 제외), 약품류, 종이 및 판지류, 유제품
류 및 목재류 등의 물품이 ① 지역 또는 시기에 따라 가격 차가 심한 경우, ② 특
정 제작자만이 제작할 수 있는 경우, ③ 국제 시세가 없는 경우, ④ 제작자의 설
계에 따라서 가격차가 심한 경우, ⑤ 공급자가 제시한 규격에 따라 물품을 구매
하는 경우, ⑥ 긴급히 구매할 필요가 있어 예정가격을 작성할 시간적 여유가 없
는 경우 중 어느 하나에 해당할 경우를 의미한다(특정조달을 위한 국가를 당사자로

---

3) 예정가격의 개념은 '**시행령 제2장 추정가격 및 예정가격**' 부분에서 상세히 기술한다.

하는 계약에 관한 법률 시행 특례규칙 제2조).

2. 계약의 방법

국가가 국제입찰을 통하여 물품·공사 및 용역을 조달하기 위하여 체결하는 계약, 즉 특정조달계약의 계약방법은 일반경쟁입찰에 의한 계약, 지명경쟁입찰에 의한 계약, 수의계약으로 구분된다(특례규정 제7조).

(1) 일반경쟁입찰

일반경쟁입찰을 실시하는 각 중앙관서의 장 또는 계약담당공무원은 특정조달계약에 있어서 필요하다고 인정될 경우 국가계약법 시행령 제12조 제1항 제2호 및 제3호에 따른 자격요건 외에 계약의 종류 및 규모 등에 따라 해당 계약과 같은 종류의 계약실적, 도급한도액, 시공능력, 기술능력 및 경영상태 등 필요한 사항에 대하여 입찰에 참가하는 자에게 요구되는 자격을 정할 수 있다(특례규정 제9조 제1항 본문). 이와 같이 입찰참가자에게 일정한 요구 조건을 정함으로써 실질적으로는 제한경쟁입찰과 유사하게 운용을 하는 것도 가능하다. 다만, 국내 수주실적을 입찰참가자격으로 정하는 것은 발주기관이 계약의 적절한 이행을 위하여 필수적이라고 인정하는 경우로 한정되어야 한다(특례규정 제9조 제1항 단서). 국내 수주실적을 입찰참가자격으로 정하는 것은 특정조달계약에서 경쟁을 지나치게 제한할 가능성이 있기 때문이다.

각 중앙관서의 장 또는 계약담당공무원은 일반경쟁입찰에 참가하려는 자가 신청할 경우 입찰공고 및 입찰에 관한 서류에 사전에 명시한 바에 따라 입찰참가자격의 유무를 심사하고, 그 결과를 신청자에게 통지하여야 한다(특례규정 제9조 제2항, 제3항). 다만, 유자격자명부[4]에 등록된 자에 대하여는 입찰참가자격 유무에 대한 심사를 생략할 수 있다(특례규정 제9조 제4항).

(2) 지명경쟁입찰

각 중앙관서의 장 또는 계약담당공무원은 지명경쟁입찰을 실시할 경우 관련

---

4) 발주기관이 입찰참가자격 기준을 매 회계연도 초에 국가종합전자조달시스템에 공고하고 수시로 일반경쟁입찰에 참가하고자 하는 자의 신청을 받아 입찰참가자격을 심사하여, 그 결과 자격이 있는 자의 명부를 작성한 것을 의미한다(특례규정 제10조 제1항).

법령에 따른 자격요건, 계약실적, 도급한도액, 시공능력, 기술능력 및 경영상태 등을 고려하여 입찰참가자에게 필요한 자격 및 지명기준을 정하여야 하고(특례규정 제18조), 그 지명기준에 적합하다고 인정되는 자를 지명할 경우 그와 동시에 그에게 입찰공고와 관련된 사항을 통지하여야 한다(특례규정 제19조 제1항).

지명경쟁입찰의 경우에도 입찰의 공고는 일반경쟁입찰에서의 입찰공고에 관한 특례규정 제11조와 제12조를 준용하여 하는 것이 원칙이나(특례규정 제20조 제1항), 유자격자명부를 사용하지 아니할 경우에는 입찰참가신청서 제출기간을 공고일 전부터 기산하여 25일 이상이 되도록 지정하여야 한다(특례규정 제20조 제2항).

(3) 수의계약

특정조달계약에 있어서 수의계약에 의할 수 있는 경우는 다음과 같다(특례규정 제23조).

1. 경쟁입찰에 부쳤으나 응찰자가 없는 경우 또는 담합된 입찰서가 제출되었거나 입찰공고등에서 요구한 조건에 부합되는 입찰서가 없는 경우
2. 적절한 대용품이나 대체품이 없는 예술품·특허권 또는 출판권 등 독점적 권리와 관련되거나 기술적 이유로 특정공급자로부터 조달할 수 있는 경우
3. 긴급한 사유로 인하여 경쟁입찰에 의하여서는 필요한 기간 내에 조달할 수 없는 경우
4. 이미 조달된 물품 등의 부품교환 또는 설비확충 등을 위하여 조달하는 경우 또는 이미 계약을 체결한 공사에 대하여 추가공사가 필요하게 된 경우(공급자를 변경하게 되면 호환성이 없게 되는 등 기술적 또는 경제적으로 곤란하고, 동시에 발주기관에 중대한 불편을 초래하는 경우로 한정)
5. 발주기관의 요구로 개발된 시제품 등을 조달하는 경우(당해 계약의 이행이 완료된 후 당해 제품을 계속하여 조달하는 경우를 제외)
6. 원자재시장(상품거래소등)에서 물품을 구매하는 경우
7. 파산 및 법정관리기업의 자산처분 등의 사유로 인하여 현저하게 유리한 조건으로 조달하는 경우

8. 기획재정부령이 정한 내용에 따른 디자인 공모에 당선된 자와 계약을 체결
   하는 경우

국가계약에서 수의계약의 예외성에 비추어 볼 때 특례규정 제23조 각 호는
한정적 열거로 해석함이 타당할 것이다.

3. 조달계획의 공고

각 중앙관서의 장 또는 계약담당공무원은 각 회계연도별로 특정조달계약으
로 조달할 물품·공사 및 용역에 대한 조달계획을 전자조달시스템에 공고할 수
있는데, 이러한 공고에는 계약의 목적물, 입찰서 및 입찰참가신청서 제출마감일,
발주기관의 명칭 및 주소와 입찰공고 예정일이 포함되어야 하며, 입찰공고에 포
함되어야 할 사항은 가능한 한 포함되도록 하여야 한다(특례규정 제13조).

4. 기술규격

각 중앙관서의 장 또는 계약담당공무원은 품질 및 성능 등에 관한 기술규격
을 성능 위주로 작성하여야 하며 불가피한 경우를 제외하고는 국제표준에 의하
고, 국제표준이 없는 경우에는 국내 관련법령의 규정 또는 국내표준에 의하여 작
성하여야 한다(특례규정 제14조 제1항). 만일 위 규정에 의한 국제표준 등이 없는
경우에는 각 중앙관서의 장 또는 계약담당공무원이 품질 또는 성능시험 등을 통
하여 기술규격을 작성할 수 있다(특례규정 제14조 제2항).

만일 각 중앙관서의 장 또는 계약담당공무원이 특정한 상표·규격 등을 제
시하지 아니하고는 조달하고자 하는 물품 또는 용역에 대한 충분한 설명이 곤란
한 경우로서 입찰에 관한 서류에 상표·규격 등을 특정하는 때에는 그 특정된 상
표·규격 등과 동등이상인 물품이나 용역에 대하여 입찰에 부친다는 뜻을 기재
하여야 한다(특례규정 제14조 제4항). 이러한 경우 특정된 상표·규격 등과 동등이
상인 물품이나 용역을 허용하지 아니할 경우 입찰에서의 경쟁이 크게 저해될 가
능성이 있기 때문이다. 다만, 특정된 상표·규격 등이 아닌 물품과 용역으로 입
찰하려는 입찰참가자는 공급하고자 하는 물품 또는 용역의 규격·품질 등이 특정
된 조건과 동등이상인 것임을 입증하여야 한다(특례규정 제14조 제5항).

각 중앙관서의 장 또는 계약담당공무원은 공정한 경쟁 등을 위하여 필요하다고 인정되는 경우에는 기술규격을 입찰전에 공개·열람하도록 하여 입찰에 참가하고자 하는 자가 이에 대한 의견을 제시하게 할 수 있다(특례규정 제14조 제7항).

5. 국가계약법 시행령과의 관계 및 국제상관례의 적용

특정조달계약과 관련하여 특례규정에 특별히 규정되어 있지 아니한 사항에 관하여는 국가계약법 시행령을 적용하나, 제한경쟁입찰에 의하는 계약과 그 제한사항, 공사의 성질별·규모별 제한에 의한 입찰, 지역의무공동도급의 규정은 특정조달계약에 관한 사무에서는 적용되지 않는다(특례규정 제39조).

다만 각 중앙관서의 장 또는 계약담당공무원은 통화, 보증금납부의 형태 및 시기, 신용장 등에 의한 대가지급 방법 및 검사 등 조달절차 수행과 관련하여 불가피한 경우에는 위 규정에도 불구하고 정부조달협정 및 특례규정과 그 성질에 반하지 아니하는 범위 안에서 국제상관례에 의할 수 있고(특례규정 제40조 제1항), 특히 물품 및 용역의 특정조달계약에 있어서 물가변동으로 인한 계약금액 조정에 관하여 국제상관례에 따르지 아니하는 경우 조달절차 수행이 곤란하다고 판단되는 때에는 국가계약법 시행령 제64조 제1항의 규정에 불구하고 정부조달협정 및 특례규정과 그 성질에 반하지 아니하는 범위 안에서 국제상관례에 의할 수 있다(특례규정 제40조 제2항).

제5조 계약의 원칙

제5조 (계약의 원칙)
① 계약은 서로 대등한 입장에서 당사자의 합의에 따라 체결되어야 하며, 당사자는 계약의 내용을 신의성실의 원칙에 따라 이행하여야 한다.
② 각 중앙관서의 장 또는 계약담당공무원은 제4조 제1항에 따른 국제입찰의 경우에는 호혜(互惠)의 원칙에 따라 정부조달협정 가입국(加入國)의 국민과 이들 국가에서 생산되는 물품 또는 용역에 대하여 대한민국의 국민과 대한민국에서 생산되는 물품 또는 용역과 차별되는 특약(特約)이나 조건을 정하여서는 아니 된다.
③ 각 중앙관서의 장 또는 계약담당공무원은 계약을 체결할 때 이 법 및 관계 법령에 규정된 계약상대자의 계약상 이익을 부당하게 제한하는 특약 또는 조건(이하 "부당한 특약등"이라 한다)을 정해서는 아니 된다.
④ 제3항에 따른 부당한 특약등은 무효로 한다.
[제3, 4항 신설 2019. 11. 26.]
[전문개정 2012.12.18.]

I. 국가계약의 법적 성질

국가와 계약상대자는 서로 대등한 입장에서 상호 합의하여 국가계약을 체결하여야 한다. 국가계약은 국가가 사경제의 주체로서 상대방과 대등한 위치에서 체결하는 사법상의 계약으로서 그 본질적인 내용은 사인 간의 계약과 다르지 않다. 그러므로 국가계약에는 법령에서 특별히 정하고 있는 경우를 제외하고는 사적 자치, 계약자유의 원칙 등 사법의 원리가 그대로 적용된다.[1]

한편 국가계약은 국가가 공익을 실현하기 위해서 필요로 하는 물품, 용역, 공사와 관련된 계약으로서 공법적 성질 또한 지니고 있다. 이에 따라 국가계약법과 관련 법령 등은 국가계약을 체결하기 위한 각종 절차와 업무처리기준 등을 정하고 있다.

---

1) 대법원 2006. 6. 19.자 2006마117 결정.

Ⅱ. 신의성실의 원칙

국가계약법은 국가계약에 사법의 원리 중 신의성실의 원칙이 적용된다는 점을 강조하고 있다(제5조 제1항 후문). 국가계약에 적용되는 신의성실의 원칙은 계약체결 이후 계약의 이행과정뿐만 아니라 계약체결에 선행하는 교섭과정에도 적용된다. 그러므로 실시설계적격자에게 낙찰자 결정2)과 계약체결의 기대권이 정당하게 형성된 경우에는 신의성실의 원칙상 발주처가 임의로 이를 침해하지 못한다.3)

기획재정부는 국가기관이 국가계약의 내용에 포함되어 있는 사항을 일방적

---

2) 대법원은 "지방재정법 제63조가 준용하는 국가계약법 제11조는 지방자치단체가 당사자로서 계약을 체결하고자 할 때에는 계약서를 작성하여야 하고 그 경우 담당공무원과 계약상 대자가 계약서에 기명날인 또는 서명함으로써 계약이 확정된다고 규정함으로써, 지방자치단체가 당사자가 되는 계약의 체결은 계약서의 작성을 성립요건으로 하는 요식행위로 정하고 있으므로, 이 경우 낙찰자의 결정으로 바로 계약이 성립된다고 볼 수는 없어 낙찰자는 지방자치단체에 대하여 계약을 체결하여 줄 것을 청구할 수 있는 권리를 갖는 데 그치고, 이러한 점에서 국가계약법에 따른 낙찰자 결정의 법적 성질은 입찰과 낙찰행위가 있은 후에 더 나아가 본계약을 따로 체결한다는 취지로서 계약의 편무예약에 해당한다."라고 판시하였다(대법원 2006. 6. 29. 선고 2005다41603 판결).

3) 서울고등법원 2012. 6. 15.자 2011카합1987 결정.
"실시설계적격자의 선정은 채무자와 채권자들 사이의 사법상 '계약'의 체결 전에 이루어지는 낙찰자 결정에 앞서 그 교섭과정에서 거치는 중간 단계에 불과하고, 실시설계적격자는 구속력이 발생하는 '계약'의 상대방이 아님은 물론, '계약의 편무예약'(대법원 2006. 6. 29. 선고 2005다41603 판결 등 참조)의 예약상 권리자의 지위에도 있지 않다. 다만 실시설계적격자는 이후 실시설계도서를 제출하여 적격통지를 받는 경우 계약서를 작성함으로써 계약을 확정시킬 수 있는 낙찰자가 될 지위에 있을 뿐만 아니라, 이 사건 입찰공고에 첨부된 '설계·시공 병행방식(Fast Track) 시행 설명서'에 의하면 실시설계적격자로 선정된 후에는 패스트트랙 공사와 관련하여 그 착공 전에 계약 체결, 공사기간, 공사대금 및 지급시기 등 시공 전반에 관한 사항을 발주처와 협의, 시행할 권한이 있고(다만 발주처는 부득이한 사유로 패스트트랙 방식의 적용이 어려울 경우 실시설계적격자에게 사전 통보 후 이를 유보 또는 취소할 권리가 있다), 설령 실시설계의 수준 미달로 계약체결이 불가능하거나 기타 실시설계적격자의 사유로 인해 계약을 체결하지 못하는 경우에도 패스트트랙 부분 공사에 한해서는 준공처리를 받을 수 있는 권리가 보장되어 있다. 결국, 실시설계적격자는 낙찰자 결정 및 계약 체결에 대한 일종의 기대권을 갖고 있으나 원칙적으로는 발주처로 하여금 이를 강제할 구속력은 갖지 않는다고 보아야 하고, 다만 그 기대권이 정당하게 형성된 경우에는 신의성실의 원칙(국가계약법 제5조 제1항은 "계약은 상호 대등한 입장에서 당사자의 협의에 따라 체결되어야 하며, 당사자는 계약의 내용을 신의성실의 원칙에 따라 이를 이행하여야 한다."고 규정하고 있는데, 이는 계약 체결에 선행하는 교섭과정 중에도 적용되는 원칙으로 보아야 할 것이다)상 발주처가 임의로 이를 침해하지 못하는 것으로 해석함이 상당하다."

으로 계약금액에서 제외하여 별도로 발주하는 행위는 신의성실의 원칙에 위배된다고 보았다.

기획재정부 유권해석(회계제도과 41301-239, 1999. 9. 21.) "신의성실의 원칙 적용례"

국가기관이 체결한 공사계약에서 계약당사자는 계약된 내용에 따라 신의성실하게 계약을 이행할 의무가 있는바, 당해 계약내용에 포함되어 있는 사항을 계약상대자와의 협의없이 계약금액에서 제외하여 별도로 발주할 수는 없는 것입니다.

Ⅲ. 호혜의 원칙

국가계약법은 정부조달협정 가입국의 국민과 이들 국가에서 생산되는 물품 또는 용역에 대하여 대한민국의 국민과 대한민국에서 생산되는 물품 또는 용역과 차별되는 특약이나 조건을 정하지 못하도록 하고 있다(국가계약법 제5조 제2항). 정부조달협정이란 정부조달시장 개방을 목적으로 WTO 일부 회원국 사이에서 체결된 복수국간 협정으로서 1996. 1. 1. 발효되었고, 대한민국에서는 1997. 1. 1. 발효되었다. 정부조달협정은 협정에 가입한 WTO 회원국에게만 법적 구속력을 가진다.

국가계약법 제5조 제2항은 국가계약이 가지고 있는 공법적 성질 때문에 사적 자치, 계약자유의 원칙 등이 제한되는 경우로 볼 수 있다. 이에 반해 공기업·준정부기관 계약사무규칙, 기타공공기관 계약사무운영규정은 공기업·준정부기관과 기타공공기관 업무의 다양성을 인정하여 국가기관의 경우와 달리 공기업·준정부기관, 기타공공기관은 일반적으로 모든 경우에 있어서 특례를 설정할 수 있도록 규정하고 있다.[4] 즉 공기업·준정부기관의 장, 기타공공기관의 장은 해당 공기업·준정부기관, 기타공공기관의 업무의 특성, 계약의 공정성 및 투명성 확보, 그 밖에 불가피한 사유가 있는 경우에는 기획재정부장관의 승인을 받아 공기업·준정부기관 계약사무규칙, 기타공공기관 계약사무운영규정에서 정하는 내용과 다른 내용으로 계약의 기준·절차를 정할 수 있다(공기업·준정부기관 계약사무규

---

[4] 박현석, 『국가계약법 해설과 실무』, 건설경제, 2016, 17면.

칙 제2조 제2항 본문, 기타공공기관 계약사무운영규정 제2조 제2항 본문). 실무에서는 이를 '특례'라 부른다.

Ⅳ. 부당특약 금지의 원칙

1. 부당특약 금지 원칙의 개념

각 중앙관서의 장 또는 계약담당공무원은 계약을 체결하면서 국가계약법령과 관계 법령에 규정된 계약상대방의 계약상 이익을 부당하게 제한하는 특약 또는 조건을 정해서는 안 된다(제5조 제3항).

부당특약은 무효로 한다(제5조 제4항).

2. 관련 규정

당초 국가계약법 제5조는 부당특약 금지 원칙을 규정하고 있지 않았고, 이를 국가계약법 시행령에 위임하고 있지도 않았으나, 국가계약법 시행령 제4조가 부당특약 금지 원칙을 명시적으로 규정하고 있었다. 다만 국가계약법 시행령 제4조는 부당특약의 효력에 대하여는 규정하고 있지 않았다. 한편 공사계약일반조건은 공사계약특수조건에 국가계약법령, 공사 관계법령과 공사계약일반조건에 따라 계약상대자가 얻는 계약상 이익을 제한하는 내용을 정하는 경우에는 해당 내용의 효력이 인정되지 않는다고 규정하고 있다(제3조 제4항5)). 용역계약일반조건 제4조 제3항, 물품구매(제조)계약일반조건 제3조 제3항 역시 이와 유사한 내용을 규정하고 있다.

국가계약법이 2019. 11. 26. 개정되면서 제5조 제3항에서 부당특약 금지의 원칙이 법률로 상향 입법되었고, 제5조 제4항은 부당특약이 무효라는 점을 명확히 하였다.

한편, 지방계약법은 부당특약 금지 원칙을 법률에서 규정하고 있었으나(지방계약법 제6조 제3항) 부당특약의 효력에 대하여는 명시적으로 규정하고 있지 않았다. 그러나 지방계약법도 2023. 4. 11. 개정되면서 부당특약이 무효라는 점을 명시하게 되었다(지방계약법 제6조 제3항).

---

5) 다만 공사계약일반조건의 위 조항에는 국가계약법 시행령과 달리 '부당하게'라는 표현이 없다.

약관의 규제에 관한 법률 제6조, 건설산업기본법 제22조 제5항 등에도 불공정한 계약 내용을 무효로 하는 취지의 조항들이 규정되어 있다.

3. 부당특약의 사례

개별 발주기관마다 차이는 있으나, 부당특약의 대표적인 사례로는 ① 설계변경시 적용단가를 국가계약법령상 설계변경으로 인한 계약금액 조정 기준단가보다 불리하게 정하는 경우, ② '설계변경시 협의단가 적용방안'이라는 내부지침을 마련하여 설계변경시 협의단가 적용대상을 축소하여 운용하는 경우, ③ 산업안전보건법령에서 정한 산업안전보건관리비 요율을 부당하게 낮게 책정하여 반영하는 경우, ④ 총공사기간 등이 변경되어도 간접공사비를 청구할 수 없도록 하는 경우, ⑤ 계약기간 중에 일방적으로 휴지기를 지정하면서 휴지기를 공사기간에서 제외하고 휴지기 동안의 간접공사비를 청구할 수 없도록 하는 경우, ⑥ 공사계약 변경사유 발생시 발주기관이 임의로 정한 기간이 경과하면 계약내용 변경청구를 할 수 없도록 하는 경우, ⑦ 발주기관과 계약상대자 사이에서 분쟁 발생시 발주기관이 임의로 정한 기간이 경과하면 이의제기나 소제기를 할 수 없도록 하는 경우, ⑧ 시공평가점수에 따라서도 입찰참가자격을 제한할 수 있도록 하는 경우 등을 들 수 있다.

특히 대법원은 국가계약법에 따라 적용되는 단가를 계약상대자에게 불리하게 변경한 사안에서 해당 계약서 조항이 부당특약으로 무효라는 원심을 확정한 바 있다.[6]

[대법원 2015. 10. 15. 선고 2015다206270(본소), 2015다206287(반소) 판결]

나. 원심은 그 판시와 같은 사실을 인정한 다음, 아래와 같은 취지에서 이 사건 공사 중 준설토의 운반로 및 운반거리 변경으로 발생되는 단가적용에 있어

---

6) 최근 계약범위 내의 산출내역서상의 수량증가를 발주처가 설계변경을 요구한 경우로 보지 않는다는 계약조항의 경우 발주처의 일방적인 필요에 따라 설계변경이 이루어지기 전에 원고가 그 수량증가에 관하여 일정한 범위 내에서 단가결정을 협의할 권리를 전면적으로 제한한다는 이유로 그 효력을 부정한 하급심 판결이 선고되었고(수원지방법원 성남지원 2021. 1. 12. 선고 2018가합405401 판결, 수원고등법원 2021. 9. 16. 선고 2021나12946 판결), 발주처가 상고하였으나 심리불속행기각으로 해당 판결이 확정되었다(대법원 2022. 2. 17.자 2021다285892 판결).

서 증가된 운반시간은 표준품셈으로 산정한 운반시간에 전체낙찰률을 곱하여 산정한다는 내용의 이 사건 전체낙찰률 조항은 국가계약법 시행령 제65조 제3항 제3호에 규정된 원고(반소피고, 이하 '원고'라 한다)들의 계약상 이익을 부당하게 제한하는 특약으로서 국가계약법 시행령 제4조에 위반되어 무효라고 판단하였다.

(1) 국가계약법 시행령 제65조 제3항 제3호는 계약상대자에게 책임이 없는 사유로 인한 설계변경의 경우 원칙적으로 협의율 또는 간주협의율에 의하여 증가된 물량의 단가를 산정하도록 함으로써 국가와 계약상대자의 이해관계를 조정하는 구체적인 기준을 제시하고 있음에도, 피고(반소원고, 이하 '피고'라 한다)는 골재적치장이 확정되지도 아니한 상태에서 피고의 일방적인 필요에 따라, 설계변경이 이루어지기 전에 미리 '일정한 범위 내에서 단가결정을 협의할 권리'를 포기하게 하면서도 국가계약법 시행령이 정한 협의단가 결정 범위의 최하한인 전체낙찰률을 적용하도록 함으로써 계약상대자인 원고들에게 불리한 이 사건 전체낙찰률 조항을 임의로 추가하였다.

(2) 그럼에도 이 사건 공사의 입찰공고 당시 원고들이 열람할 수 있도록 제공된 설계서에 포함된 특별시방서 '1.1.2. 설계변경조건' 28)호 등에는 '발주설계도서가 중간 성과품에 의한 설계도서로서 최종실시설계 결과에 따라 공법 및 수량 등을 변경한다'는 추상적인 기재만이 있었을 뿐, 준설토 운반로 등의 변경이 예정된 배경, 예상되는 설계변경의 규모 등에 대한 구체적인 기재나 안내가 전혀 없었고, 오히려 이 사건 공사의 입찰공고 당시 조달청이 제공한 현장설명서에는 국가계약법령 등에 의하여 설계변경을 한다는 취지가 명시되어 특별시방서의 내용과 배치되도록 기재하면서도 그 우열에 관한 규정을 두지 아니하였다.따라서 원고들로서는 이 사건 공사 입찰 당시 이 사건 전체낙찰률 조항 등 특별시방서의 내용만으로는 준설토 운반로 및 운반거리가 아래에서 보는 것처럼 대규모로 변경될 것을 예상할 수 있었다고 보기 어렵다.

(3) 원고들은 공동수급체로서 이 사건 공사예정가격의 50.236%인 29,539,498,000원에 이 사건 공사를 낙찰받았는데, 전체 공종의 순공사비 중 74.625%인 16,879,310,725원이 준설토 운반 공종의 공사비로 책정되었을 정도로 준설토 운반 공종이 이 사건 공사의 중요한 부분을 차지하였다. 이 사건 최초 공사도

급계약 체결 이후 4차례에 걸쳐 변경공사도급계약이 체결되어 최종적으로 공사대금이 39,113,448,000원으로 변경되었는데, 이러한 공사대금 증액은 대부분 준설토 운반로 변경에 따른 운반비용 증액으로 인한 것이었다.

최종 변경된 공사대금 가운데 준설토 운반비용을 간주협의율을 기준으로 산정하면 25,126,534,000원인데 반하여 전체낙찰률을 기준으로 산정하면 20,315,886,000원으로 그 차액이 4,810,648,000원에 이르고, 이는 최종 변경된 공사대금 39,113,448,000원의약 12%에 이르는 점에 비추어 보면 이 사건 전체 낙찰률 조항에 따라 변경공사대금을 정산할 경우 원고들이 상당한 손실을 보게 될 것으로 예상된다.

다. 원심판결 이유를 앞서 본 법리와 법령에 비추어 살펴보면 원심의 판단은 정당한 것으로 수긍이 가고, 거기에 상고이유의 주장과 같은 국가계약 관련 법령이나 국가계약의 해석에 관한 법리오해, 사실오인 등의 위법이 없다.

4. 부당특약 금지 원칙의 효력

국가계약법이 2019. 11. 26. 개정되기 이전에는 부당특약이 사법상 무효인지 여부에 대하여 명시적인 규정이 없었으나 현재는 제5조 제4항에 따라 부당특약이 무효라는 점은 명확해졌다.

다만 부당특약의 효력과는 별개로 국가계약법령의 일반적인 효력, 특히 효력 규정인지 여부를 살펴볼 필요가 있다.

(1) 국가계약법령이 일반적으로 효력규정인지 여부
가) 임의규정과 강행규정의 의미, 위반 시 그 효력

법률규정은 당사자의 의사로 그 규정의 적용을 배제 또는 변경할 수 있는지에 따라 강행법규(강행규정)와 임의법규(임의규정)로 나눌 수 있다. 당사자의 의사로 그 적용을 배제 또는 변경할 수 없는 규정, 즉 당사자의 의사와는 관계없이 언제나 적용되는 규정이 강행법규이다. 임의법규는 당사자의 의사로 그 규정의 적용을 배제 또는 변경할 수 있는 규정을 의미한다. 민법 제105조, 제106조의 '법령 중의 선량한 풍속 기타 사회질서에 관계없는 규정'은 임의법규를 가리킨다.

강행법규 중 그 규정을 위반하는 법률행위의 사법상 효과가 부정되는 규정

을 효력규정이라 하고, 국가가 일정한 행위를 단속할 목적으로 금지하거나 제한
하는 데 지나지 않기 때문에 그 규정을 위반하더라도 벌칙의 적용이 있을 뿐 법
률행위의 사법상 효과에는 영향이 없는 규정을 단속규정이라 한다(통설). 효력규
정을 위반한 법률행위는 무효이지만, 단속규정을 위반하는 데 지나지 않는 법률
행위는 원칙적으로 유효하고 행위자가 행정제재 또는 형사제재를 받을 뿐이다.[7]
대법원도 통설과 같은 입장이다. 다만 대법원은 당사자가 통정하여 단속규정을
위반하는 법률행위를 한 경우에는 선량한 풍속 기타 사회질서에 위배되므로 무효
라는 입장이다(대법원 1993. 7. 27. 선고 93다2926 판결).[8] 당사자가 행정제재 또는
형사제재를 감수하고 더 큰 이익을 얻기 위해서 통정까지 하면서 단속규정을 위
반한 경우에는 그 법률행위가 선량한 풍속 기타 사회질서에 위배된다고 볼 수 있
다. 또한 이러한 경우에도 그 사법상 효과에 영향이 없다고 본다면, 해당 규정을
단속규정으로 정한 취지가 무색하게 될 가능성이 높다.

나) 국가계약법령 개별 조항의 효력규정성 여부 판단의 실무상 중요성

앞서 '제3조 다른 법률과의 관계' 부분에서 국가계약법령의 규정 중에서 국
가계약의 구체적인 내용과 관련된 규정들은 개별적인 국가계약에 그와 관련된 규
정이 없을 경우 보충적으로 적용될 수 있으므로 국가계약법령의 보충성은 인정될
수 있다는 점에 대하여는 이미 살펴본 바와 같은데, 대부분의 경우 국가계약 체
결시 계약의 일부로 첨부되는 일반조건이 국가계약법령의 내용을 담고 있어 실무
상 국가계약법령의 보충성 여부가 문제되는 경우는 많지 않다. 오히려 실무상 발
주기관이 예산 등의 문제로 국가계약 체결시 국가계약법령과 다른 내용의 특수조
건(특약)을 부가하는 경우가 많아 이러한 특수조건의 효력과 관련하여 국가계약
법령의 개별 조항이 효력규정인지, 즉 국가계약법령에 위반되는 계약 내용은 사
법상 효력이 부정되는지에 관하여 살펴 볼 필요가 있다.

---

7) 곽윤직·김재형, 『민법총칙』 제9판, 박영사, 275면.
8) 대법원은 해당 판결에서 구주택건설촉진법 제3조 제9호나 주택공급에 관한 규칙 제4조
제1항 등이 단속규정에 불과하다고 보면서도, "관계법령의 규정내용에 비추어 볼 때, 당사
자가 통정하여 위와 같은 단속규정을 위반하는 법률행위를 한 경우에는 선량한 풍속 기타
사회질서에 위반한 사항을 내용으로 하는 법률행위로 보아야 할 것인바, 원고가 주장하는
위 임의분양의 약정은 원고와 피고 주택조합이 통정하여 위와 같은 규정들을 위반하기로
한 반사회질서의 법률행위로서 결국 무효로 하여야 할 것이므로, 원심이 저지른 위와 같은
잘못들은 판결의 결과에 영향을 미칠 것이 못된다."라고 판시하였다.

다) 국가계약법령 개별 조항의 효력규정성 판단에 관한 판례의 태도

국가계약법은 국가가 사경제의 주체로서 상대방과 대등한 위치에서 체결하는 사법상의 계약을 규율한다는 의미에서 사법적 성질을 가지는 동시에, 공익을 실현하려는 공법적 성질을 가지고 있다. 그러므로 국가계약법령의 개별 규정들을 일률적으로 효력규정 또는 단속규정 내지 국가기관의 내부지침으로 단정할 수는 없다.9) 따라서 국가계약법의 개별 규정들이 효력규정인지 단속규정 또는 내부지침인지는 개별 규정마다 해당 규정의 취지와 내용 등을 고려해서 판단해야 한다.

대법원 역시 국가계약법과 그 시행령의 개별 규정마다 해당 규정의 취지와 내용 등을 고려해서 판단해야 한다는 입장이다. 즉 대법원은 "국가계약법 제11조 제1항, 제2항의 취지에 의하면 지방자치단체가 사경제의 주체로서 사인과 사법상의 계약을 체결함에 있어서는 위 법령에 따른 계약서를 따로 작성하는 등 그 요건과 절차를 이행하여야 할 것이고, 설사 지방자치단체와 사인 사이에 사법상의 계약 또는 예약이 체결되었다 하더라도 위 법령상의 요건과 절차를 거치지 아니한 계약 또는 예약은 그 효력이 없다."라고 판시하거나(대법원 2009. 12. 24. 선고 2009다51288 판결), "구 지방재정법(1988. 4. 6. 법률 제4006호로 전문 개정되기 전의 것) 제52조의5는, 지방자치단체를 당사자로 하는 계약에 관하여 이 법 및 다른 법령에서 정한 것을 제외하고는 예산회계법 제6장(계약)의 규정을 준용한다고 규정하고 있고, 이에 따른 준용조문인 구 예산회계법(1989. 3. 31. 법률 제4102호로 전문 개정되기 전의 것) 제70조의6 제1항, 제2항은 각 중앙관서의 장 또는 그 위임을 받은 공무원이 계약을 하고자 할 때에는 계약의 목적, 계약금액, 이행기간, 계약보증금, 위험부담, 지체상금 기타 필요한 사항을 명백히 기재한 계약서를 작성하여 그 담당공무원과 계약상대자가 계약서에 기명날인함으로써 계약이 확정된다고 규정하고 있으며,10) 구 지방재정법 시행령(1978. 12. 26. 대통령령 제9224호로 개정되기 전의 것) 제58조 제1호에 의하여 준용되는 구 예산회계법 시행령(1983. 3. 28. 대통령령 제11081호로 개정되기 전의 것) 제75조는 계약서에는 담당공무원이 반드

---

9) 계약담당공무원은 국가계약법령을 반드시 준수해야 할 의무가 있다. 만약 계약담당공무원이 국가계약법령과 다른 내용으로 국가계약을 체결한 경우 행정적으로 징계를 받을 수 있고, 그 계약 때문에 국가가 손해를 입은 경우에는 배상책임을 질 수도 있다. 따라서 국가계약법령의 개별 규정 중 임의법규에 해당하는 규정이 있다고 보기는 어려운 면이 있다.

10) 국가계약법 제11조 제1항, 제2항과 동일한 내용을 규정하고 있다.

시 기명날인하여야 한다고 규정하고 있는바,[11] 위 각 규정의 취지에 의하면 지방자치단체가 사경제의 주체로서 사인과 사법상의 계약을 체결함에 있어서는 위 법령에 따른 계약서를 따로 작성하는 등 그 요건과 절차를 이행하여야 할 것이고, 설사 지방자치단체와 사인 간에 사법상의 계약 또는 예약이 체결되었다 하더라도 위 법령상의 요건과 절차를 거치지 아니한 계약 또는 예약은 그 효력이 없다."라고 판시하며(대법원 2004. 1. 27. 선고 2003다14812 판결), 국가계약의 요식행위성과 관련된 구 예산회계법과 국가계약법의 일부 규정을 효력규정으로 해석하였다. 또한 대법원은 발주기관의 대가지급 지연에 따른 이자의 비율을 정한 국가계약법 시행령 제59조 또한 효력규정이라고 보았다(대법원 2018. 10. 12. 선고 2015다256794 판결).

반면 대법원은 "국가계약법 제10조 제2항 및 같은 법 시행령 제42조의 적격심사제 관련 규정은 국가가 사인과의 사이의 계약관계를 합리적·효율적으로 처리할 수 있도록 관계 공무원이 지켜야 할 계약사무처리에 관한 필요한 사항을 규정한 것으로, 국가의 내부규정에 불과하다."라거나(대법원 2006. 4. 28. 선고 2004다50129 판결), "구 예산회계법 제94조, 같은 법 시행령 제129조, 계약사무처리규칙 제75조 제1호[12]의 각 규정의 지체상금 산정방법에 관한 규정은 국가와 사인 간의 계약관계에서 관계 공무원이 지켜야 할 계약사무 처리에 관한 필요한 사항을 규정한 것으로서 국가의 내부규정에 불과할 뿐만 아니라 그 본질적인 내용은 사인간의 계약과 다를 바가 없어 위 법령에 특별한 규정이 있는 경우를 제외하고는 사법의 규정 내지 법원리가 그대로 적용된다."라고 판시하며(대법원 1996. 4. 26. 선고 95다11436 판결), 국가계약법령의 일부 규정은 효력규정이 아닌 내부규정에 불과하다고 판단하였다. 다만 당사자가 통정하여 단속규정을 위반한 경우뿐만 아니라 내부규정을 위반하여 법률행위를 한 경우에도 효력규정 위반의 경우와 마찬가지로 그 사법상 효과가 부정될 수 있다. 예컨대 대법원은 국가계약법령의 입찰절차나 낙찰자 결정기준에 관한 규정은 국가의 내부규정에 불과하다는 입장이나(대법원 2001. 12. 11. 선고 2001다33604 판결, 대법원 2006. 4. 28. 선고 2004다50129 판결 등), 입찰절차에서 입찰참가자와 발주기관 사이에 통정이 존재하였다

---

11) 국가계약법 시행령 제48조 제2항과 유사한 내용을 규정하고 있다.
12) 현행 국가계약법 제26조, 같은 법 시행령 제74조 제1항, 같은 법 시행규칙 제75조 제2호와 동일한 내용의 규정이다.

면 그에 따른 입찰이나 낙찰자 결정 등은 선량한 풍속이나 기타 사회질서에 위반되는 법률행위로서 사법상 효력이 부정될 수 있을 것이다.13) 한편 대법원은 국가계약법령상 물가변동으로 인한 계약금액 조정에 관한 규정 역시 내부 규정에 불과하다는 입장을 밝히기도 하였다(대법원 2017. 12. 21. 선고 2012다74076 전원합의체 판결).

결국 어떠한 국가계약법령이 효력규정으로서의 효력을 가지는지 아니면 단속규정 또는 국가기관 내부의 사무처리준칙에 불과한지는 개별 조항별로 판단할 수밖에 없고, 실질적으로는 대법원의 해석에 달린 문제이다.

(2) 국가계약법령의 개별 조항이 효력규정인지 여부에 관한 판단기준

최근 대법원은 물가변동에 의한 계약금액 조정 규정과 관련하여서는 당시까지의 일반적인 유권해석 및 이에 기초한 실무례를 무시하면서까지 효력규정성을 부정한 반면(대법원 2017. 12. 21. 선고 2012다74076 전원합의체 판결),14) 발주기관의 대가지급 지연에 따른 이자의 비율의 문제를 손해배상 예정액에 대한 법원의 직권감액의 법리(민법 제398조 제2항)로 해결하지 않고 대가지급 지연에 따른 이자의 비율을 금융기관의 대출평균금리로 정한 국가계약법 시행령 제59조를 효력규정이라고 선언한 바 있다(대법원 2018. 10. 12. 선고 2015다256794 판결).15) 대법원은 개별 사안에서 특정한 국가계약법령 조항이 효력규정인지 여부를 판단함에 있어 논리적인 일관성이 없이 단지 계약의 일방 당사자인 국가에게 불리한 영향을 미치는지 여부를 가장 중요하게 고려하고 있는 것으로 보인다. 즉 위 각각의 대법원 판결을 통해 해당 발주기관들은 100억 원이 넘는 물가(환율)변동에 따른 추가 공사대금의 지출을 면하거나, 대가지급 지연에 따른 이자율을 크게 감축할 수 있었다.16) 대법원이 물가변동으로 인한 계약금액 조정 조항과 관련하여서는, 국

---

13) 이는 통정행위 그 자체의 반사회성을 이유로 계약의 효력을 부정하는 것이므로 개별 규정의 효력규정성 여부와는 다른 맥락의 문제이다.

14) 이와 관련하여서는 '**제19조 물가변동 등에 따른 계약금액 조정 부분**'에서 더 상세히 기술하기로 한다.

15) 이와 관련하여선 '**제15조 대가의 지급**' 부분에서 더 상세히 기술하기로 한다.

16) 대법원 2018. 10. 12. 선고 2015다256794 판결의 사안에서, 계약상대자는 대가지급지연에 대한 이자와 관련하여 해당 계약의 물품구매계약일반조건에서 규정하고 있는 '금융기관의 일반자금 대출시 적용되는 연체이자율'(연 14~18%)이 적용되어야 한다고 주장하였으나, 대법원은 개정된 국가계약법 시행령 제59조가 효력규정이라는 이유로 위 시행령에

가계약의 사법(私法)상 계약으로서의 성격, 이에 따른 사적 자치의 원칙 및 계약
자유의 원칙을 강조하며 그 효력규정성을 부정한 반면에, 발주기관의 대가지급 지
연에 따른 이자와 관련된 조항과 관련하여서는 관련 법령의 문언 내용, 공공계약
의 성격, 국가계약법령의 체계와 목적 등을 거론하며 효력규정으로 해석함이 타
당하다고 판단한 것 사이에는 도무지 논리적인 일관성을 찾기가 어렵다. 결국 대
법원은 국가계약법령의 효력규정성 여부를 개별 조항별로 판단하는 입장이지만,
구체적인 판단 과정에서는 계약상대자보다는 국가의 입장(이익)을 더 고려하는
것으로 보인다.

　　그러나 국가계약의 실무상 계약상대자인 국민이 타방 당사자인 국가에 비하
여 상대적으로 약자의 지위에 있다는 것은 부정할 수 없는 현실이다. 국가계약법
시행령은 제4조에서 "계약의 원칙"이라는 표제 하에 부당특약금지의 원칙[17]을
명확하게 선언함으로써 계약상대자의 보호를 국가계약에서의 대원칙으로 정하고
있다. 그렇다면, 국가계약법령의 해석에 있어서도 계약상대자의 이익이나 권리와
관련되는 조항에 대하여는 효력규정성을 인정하는 방향으로 해석하는 것이 국가
계약법령의 체계에 맞는 해석이라고 할 수 있다. 또한 국가계약이 사법(私法)상
계약이라고 하더라도, 국가계약법령이 계약 당사자들 사이의 이익을 합리적으로
조정하기 위하여 마련된 기준이라는 점은 부정할 수 없다. 특히 국가계약법령이
상당수의 조문에서 그 수범자를 각 중앙관서의 장 및 계약담당공무원이라고 정하
고 있는 것은 원칙적으로 국가기관에게 국가계약법령을 준수할 의무를 부과하고
있는 것이라고 볼 수 있다. 달리 말해, 국가계약법령은 국가가 스스로 국가계약에
서 따라야 할 기준을 정한 것이다. 결국, 국가기관이 국가계약을 체결하면서 국가
계약법령을 위반하는 것은 스스로 제정한 법령을 위반하여 계약을 체결하는 이율
배반적인 행위가 되는 것이고, 법원이 이러한 계약의 유효성을 인정하여 주는 것
은 국민의 입장에서 볼 때 국가 스스로 자신의 이율배반적 행위에 정당성을 부여
해주는 격이 된다. 민법이 소비대차(제608조), 임대차(제652조), 여행계약(제674조의
9), 지상권 계약(제289조)에서 상대적 약자의 보호를 위한 편면적 강행규정을 두고
있는 점에서도 확인되는 바와 같이 사법상의 계약이라고 하더라도 사적 자치와

　　서 규정하고 있는 '금융기관 대출평균금리(한국은행 통계월보상의 대출평균금리)'보다는
　　높은 이자율로서 발주기관이 인정하는 비율(연 6%)을 적용하였다.
17) 해당 조항의 구체적 효력에 관하여는 항을 바꾸어 서술한다.

계약자유의 원칙이 결코 수정될 수 없는 절대적인 명제로서 작용하는 것은 아니다. 국가계약법령이 개별 조항에서 효력규정성을 명시하고 있지는 않지만, 국가계약의 원칙으로 부당특약금지 원칙을 선언한 것 또한 같은 맥락으로 이해함이 타당하다. 그렇다면, 국가계약법령의 효력규정성 여부를 판단할 때에도 상대적 약자인 계약상대자의 권리나 이익은 중요한 기준이 되어야 한다. 따라서 설계변경으로 인한 계약금액 조정 등 계약상대자의 이익이나 권리와 관계되는 조항들은 원칙적으로 효력규정이라고 해석하는 것이 타당하다.

(3) 국가계약법 제5조 제4항의 효력

과거 국가계약법 시행령 제4조에 따른 부당특약의 효력을 두고서 견해 대립이 있었으나, 앞서 설명한 내용과 같이, 현행 국가계약법은 명시적으로 부당특약이 무효라고 규정하고 있다(제5조 제4항).

과거 대법원은 국가계약법 시행령 제4조와 동일한 내용을 규정하고 있었던 구 예산회계법 시행령 제64조와 관련된 사안에서, "예정 가격에 비하여 현저하게 저가로 입찰한 낙찰자로 하여금 납부하도록 하는 차액보증금을 예금하여 생기는 이자를 지방자치단체에 귀속시키기로 하는 묵시적인 약정이 있었다 하더라도, 그와 같은 약정은 구 예산회계법과 그 시행령 및 관계 법령인 정부보관금취급규칙에 규정된 계약상대자의 계약상 이익을 부당하게 제한하는 특약으로서 효력을 가질 수 없다."라고 판단하였다(대법원 1998. 4. 28. 선고 97다51223 판결).[18] 또한 대법원은 "그와 같은 지체상금약정은 계약상대자인 원고의 계약상 이익을 부당하게 제한하는 특약에 해당하여 국가계약법 시행령 제4조에 위반하여 무효라 할 것이다."라고 판시하거나(서울고등법원 2007. 1. 30. 선고 2005나88543 판결), "피고가 부담하여야 할 기술사용료를 원고들에게 전가시키는 약정으로서 계약상대자의 계약상의 이익을 부당하게 제한하는 특약이라 할 것이므로 지방계약법 제6조 제1항에

---

18) 이 대법원 판결에 대해서는 "계약상대자의 계약상 이익을 부당하게 제한하는 경우 특약으로서의 효력을 가질 수 없다고 보고 있어 국가계약법 시행령 제4조 역시 이를 강행규정으로 해석하여야 하는 것으로 생각되나, 위 판례가 구 예산회계법 시행령 제64조에 관한 판단에 불과하고 아직 국가계약법 시행령 제4조에 관하여 명확히 판단을 한 바가 없으므로 대법원의 입장을 단정적으로 평가할 수는 없을 것으로 생각된다. 또한 국가계약법 시행령 제4조가 공무원에 대한 수법규정 형태로 되어 있어 내부규정에 불과하다고 볼 여지도 충분히 있으므로 이에 대한 판단은 보류하기로 한다"는 견해가 있다(정철민, 앞의 논문, 504면).

위반되어 무효이다."라고 판시한(광주고등법원 2012. 9. 19. 선고 2011나6761 판결) 하급심 판결들을 그대로 인정하였다(대법원 2007. 6. 28. 선고 2007다14919 판결, 대법원 2013. 2. 14. 선고 2012다202017 판결). 반면 대법원은 "연도별 계약금액이 아닌 총계약금액을 기준으로 지체상금을 산정하기로 합의하였다고 하더라도, 그 합의가 국가계약법 시행령 등에서 보장한 원고의 계약상 이익을 부당하게 제한하는 특약에 해당하는 것으로 국가계약법 시행령 제4조에 위배되어 무효라고 할 수 없다."라고 판단하기도 하였다(대법원 2011. 2. 10. 선고 2009다81906 판결).[19)]

이후 대법원은 "국가를 당사자로 하는 계약에 관한 법률 시행령 제4조는 '계약담당공무원은 계약을 체결함에 있어서 국가계약법령 및 관계법령에 규정된 계약상대자의 계약상 이익을 부당하게 제한하는 특약 또는 조건을 정하여서는 아니 된다'고 규정하고 있으므로, 국가를 당사자로 하는 계약에서 계약상대자의 계약상 이익을 부당하게 제한하는 특약은 효력이 없다고 할 것이다."라고 판시하며 부당특약이 사법상 무효라고 명시적으로 인정하고[대법원 2015. 10. 15. 선고 2015다206270(본소), 2015다206287(반소) 판결], 물가(환율)변동에 따른 계약금액 조정 조항의 효력규정성이 문제되었던 판결에서도 "국가계약법 시행령 제4조는 '계약담당공무원은 계약을 체결함에 있어서 국가계약법령 및 관계 법령에 규정된 계약상대자의 계약상 이익을 부당하게 제한하는 특약 또는 조건을 정하여서는 아니 된다'라고 규정하고 있으므로, 공공계약에서 계약상대자의 계약상 이익을 부당하게 제한하는 특약은 효력이 없다고 할 것이다."라고 판시하며 다시 한 번 부당특약의 사법상 효력을 부정하였다(대법원 2017. 12. 21. 선고 2012다74076 전원합의체 판결).

(4) 공사계약일반조건 제3조 제4항의 해석

공사계약일반조건 제3조 제3항은 "계약담당공무원이 국가계약법령, 공사관계 법령 및 공사계약일반조건에서 정한 사항 외에 해당 계약의 적정한 이행을 위하여 필요한 경우 공사계약특수조건을 정하여 계약을 체결할 수 있다"고 규정하고 있다. 그리고 공사계약일반조건 제3조 제4항은 "전항에 의해 정한 공사계약특

---

19) 그러나 이 대법원 판결은 국가계약법 시행령 제4조의 효력규정 여부에 대해서 별다른 판단을 하지 않은 채, 단지 원고와 피고 사이에서 만들어진 용역계약 특수조건의 규정이 원고의 계약상 이익을 부당하게 제한하지 않는다고 판단하였을 뿐이다. 따라서 이 대법원 판결이 국가계약법 시행령 제4조의 효력규정성을 부인한 판결이라고 볼 수는 없다.

수조건이 국가계약법령, 공사 관계법령 및 공사계약일반조건에 의한 계약상대자의 계약상 이익을 제한하는 내용이 있는 경우에 공사계약특수조건의 해당 내용은 효력이 인정되지 않는다"고 규정하고 있다.

이와 같이 공사계약일반조건 제3조 제4항에서는 국가계약법 제5조 제3항과 다르게 '부당하게'라는 조건이 기재되어 있지 않다. 용역계약일반조건 제4조 제3항, 물품구매(제조)계약일반조건 제3조 제3항 역시 마찬가지이다. 그러므로 공사계약일반조건 등에 따라 부당하지 않은 경우에도 계약상대자의 계약상 이익을 제한하는 내용이기만 하면 공사계약특수조건의 효력이 부정되는지가 문제된다.

공사계약일반조건 제3조 제4항은 국가계약법 제5조를 배제하거나 이와 모순된 규정이 아니라 국가계약법 제5조를 구체화하기 위한 것으로 볼 수 있는데, 단지 국가계약법 제5조 제3항과 달리 '부당하게'라는 문구가 기재되지 않은 것에 불과한 것으로 보아야 한다는 견해가 있고,[20] 대법원 또한 물품구매계약 일반조건 제3조 제3항 소정의 "특수조건에서 국가를 당사자로 하는 계약에 관한 법령에 의한 계약상대자의 계약상 이익을 제한하는 내용을 정할 경우 그 특수조건은 효력이 인정되지 아니한다"의 해석과 관련하여, '계약상대자의 계약상 이익을 부당하게 제한하는 경우'에 한하여 물품구매계약 특수조건의 효력이 인정되지 않는다고 판시하여 유사한 입장인 것으로 보인다(대법원 2012. 12. 27. 선고 2012다15695 판결). 그러나 계약당사자간에 계약내용을 서면으로 작성한 경우 그 문언의 객관적인 의미가 명확하다면 특별한 사정이 없는 한 그 문언대로의 의사표시의 존재와 내용을 인정해야 할 것이므로(대법원 1995. 5. 23. 선고 95다6465 판결 등), 공사계약일반조건 제3조 제4항도 그 문언에 따라 공사계약특수조건에 계약상대자의 계약상 이익을 제한하는 내용이 있는 경우 부당한지 여부와는 무관하게 해당 공사계약특수조건의 효력을 부정할 수 있다고 해석해야 할 것이다.

(5) 부당특약 금지 원칙 위반과 관련된 기획재정부 유권해석

기획재정부는 공사계약특수조건으로 국가계약법령이 인정하고 있는 설계변경을 금지하거나 설계변경 신청기간을 제한하는 경우에는 계약상대자의 계약상

---

20) 정철민, 앞의 논문, 506면. 이 논문은 물품구매계약일반조건 제3조 제2, 3항에 관한 논문이지만 물품구매계약 제3조 제2, 3항은 공사계약일반조건 제3조 제3, 4항과 그 내용이 거의 유사하므로, 그 논지를 공사계약일반조건에 그대로 적용하여도 무방하다.

이익을 부당하게 제한한다고 보아 해당 조항을 무효로 보고 있다.

기획재정부 유권해석(계약제도과-1636, 2014. 12. 19.) "공사계약특수조건으로 설계변경을 금지할 수 있는지 여부"

계약금액의 증액이 필요한 설계변경을 금지하는 특수조건의 규정은 국가를 당사자로 하는 계약에 관한 법률 제19조, 같은 법 시행령 제65조 등에서 규정하고 있는 계약상대자의 계약상 이익을 부당하게 제한하는 내용에 해당될 것이므로 유효하다고 보기 어려울 것입니다.

기획재정부 유권해석(계약제도과-297, 2011. 3. 25.) "기술사용료 미반영한 물량내역서의 설계변경 대한 질의회신"

기술사용료는 설계서에 신기술 등이 반영되어 계약상대자가 당해 신기술을 사용함에 따라 신기술 보유자 등에게 지급하는 비용으로, 신기술 등의 사용은 계약상대자의 임의적 결정사항이 아니므로 발주기관은 국가를 당사자로 하는 계약에 관한 법률(이하 '국가계약법') 시행령 및 시행규칙에 따른 예정가격 작성 시 당해 기술사용료를 경비로 계상하여야 할 것입니다. 국가계약법 시행령 제4조는 계약담당공무원이 계약을 체결함에 있어 국가계약법령 및 관계법령에 규정된 계약상대방의 계약상 이익을 부당하게 제한하는 특약을 금지하고 있고, 공사계약일반조건 제3조 제3항은 부당한 특약의 효력은 인정되지 아니한다고 규정하고 있습니다. 질의와 관련하여 입찰공고문에 설계에 반영된 신기술 등의 기술사용료를 계약상대자가 부담토록 하였다면 국가계약법 시행령 제4조에 따라 부당특약에 해당한다고 볼 수 있으며, 물량내역서에도 반영하지 아니하였다면 설계서의 오류·누락으로 볼 수 있어 설계변경 사유가 된다고 할 것입니다.

기획재정부 유권해석(회계제도과-2381, 2006. 10. 24.) "진동등 이유로 민원이 제기됨에 따라 암발파공법의 변경이 불가피한 실정이나, 공사시방서에 민원에 의한 진동감소공법은 시공자 부담으로 시행토록 규정한 경우의 부당특약 해당여부"

국가기관이 내역입찰로 체결한 공사계약에 있어 현장상태가 설계서와 다른 경우 또는 민원등의 불가피한 사유로 시공방법의 변경 등이 필요한 경우에는 국가를 당사자로 하는 계약에 관한 법률 시행령 제65조 및 회계예규 공사계약일반조건 제19조의3 또는 제19조의5에 따라 설계변경이 가능하며, 동 설계변경으로 공사량의 증감이 발생하는 경우에는 동 조건 제20조에 따라 계약금액을 조정하여야 하는바, 상기의 발주기관 요구에 의한 설계변경 사유(계약상대자의 책임없는 사유를 포함)에 해당되는 경우에도 이로 인한 공사비용에 대하여 계약금액의 조정없이 계약상대자가 부담토록 특약 또는 조건을 정하는 것은 국가를 당사자로 하는 계약에 관한 법률 시행령 제4조 및 회계예규 공사계약 일반조건 제3조 제3항의 취지에 부합하지 않습니다.

기획재정부 유권해석(회계제도과-2381, 2006. 10. 24.) "진동등 이유로 민원이 제기됨에 따라 암발파공법의 변경이 불가피한 실정이나, 공사시방서에 민원에 의한 진동감소공법은 시공자 부담으로 시행토록 규정한 경우의 부당특약 해당여부"

국가기관이 내역입찰로 체결한 공사계약에 있어 현장상태가 설계서와 다른 경우 또는 민원등의 불가피한 사유로 시공방법의 변경 등이 필요한 경우에는 국가를 당사자로 하는 계약에 관한 법률 시행령 제65조 및 회계예규 공사계약일반조건 제19조의3 또는 제19조의5에 따라 설계변경이 가능하며, 동 설계변경으로 공사량의 증감이 발생하는 경우에는 동 조건 제20조에 따라 계약금액을 조정하여야 하는바, 상기의 발주기관 요구에 의한 설계변경 사유(계약상대자의 책임없는 사유를 포함)에 해당되는 경우에도 이로 인한 공사비용에 대하여 계약금액의 조정없이 계약상대자가 부담토록 특약 또는 조건을 정하는 것은 국가를 당사자로 하는 계약에 관한 법률 시행령 제4조 및 회계예규 공사계약 일반조건 제3조 제3항의 취지에 부합하지 않습니다.

기획재정부 유권해석(회계제도과-2381, 2006. 10. 24.) "진동등 이유로 민원이 제기됨에 따라 암발파공법의 변경이 불가피한 실정이나, 공사시방서에 민원에 의한 진동감소공법은 시공자 부담으로 시행토록 규정한 경우의 부당특약 해당여부"

국가기관이 내역입찰로 체결한 공사계약에 있어 현장상태가 설계서와 다른 경우 또는 민원등의 불가피한 사유로 시공방법의 변경 등이 필요한 경우에는 국가를 당사자로 하는 계약에 관한 법률 시행령 제65조 및 회계예규 공사계약일반조건 제19조의3 또는 제19조의5에 따라 설계변경이 가능하며, 동 설계변경으로 공사량의 증감이 발생하는 경우에는 동 조건 제20조에 따라 계약금액을 조정하여야 하는바, 상기의 발주기관 요구에 의한 설계변경 사유(계약상대자의 책임없는 사유를 포함)에 해당되는 경우에도 이로 인한 공사비용에 대하여 계약금액의 조정없이 계약상대자가 부담토록 특약 또는 조건을 정하는 것은 국가를 당사자로 하는 계약에 관한 법률 시행령 제4조 및 회계예규 공사계약 일반조건 제3조 제3항의 취지에 부합하지 않습니다.

기획재정부 유권해석(회계제도과-2409, 2006. 10. 27.) "공사계약특수조건 계약내용 변경 청구기간(변동사유 발생일로부터 30일 이내)을 경과한 경우 변경청구를 인정하지 않도록 규정한 경우의 부당특약 해당여부"

국가기관이 체결한 공사계약에 있어 설계서의 내용이 불분명하거나 누락·오류 또한 상호모순이 되는 점이 있을 경우에는 회계예규 공사계약일반조건 제19조의2 및 제20조에 따라 설계변경 및 이로 인한 계약금액 조정신청이 가능하며, 계약상대자는 적어도 준공대가(장기계속계약의 경우에는 각 차수별 준공대가) 수령전까지 동 설계변경으로 인한 계약금액 조정신청을 하면 조정금액을 지급받을 수 있도록 하고 있는바, 귀 질의에 있어 설계변경 청구기간을 설정하고 동 기간 내에 청구하지 않으면 설계변경을 인정하지 않는 내용을 특약 또는 조건으로 정하는 것은 국가를 당사자로 하는 계약에 관한 법률 시행령 제4조 및 회계예규 공사계약일반조건 제3조 제3항의 취지에 부합하지 않습니다.

기획재정부 유권해석(계약제도과-1657, 2015. 11. 17.) "공사기간 제한 특약의 효력 인정 여부 등 질의회신"

계약예규 공사계약일반조건 제26조에서는 제25조 제3항의 사유가 있는 경우에는 계약기간 연장 신청이 가능하다고 규정하고 있습니다. 따라서 통상적인 주의의무를 다하더라도 발견할 수 없는 대형공사의 집행기본계획서상 오류·누락 등으로 인하여 공사기간이 잘못 산정된 경우에는 계약상대방의 책임에 속하지 않는 사유에 해당하여 계약기간 연장 신청이 가능하다 할 것입니다. 국가를 당사자로 하는 계약에 관한 법률 시행령 제4조에서는 계약상대방의 계약상 이익을 부당하게 제한하는 특약 또는 조건을 정해서는 안 된다고 규정하고 있습니다. 따라서 공사기간의 연장을 일률적으로 금지하는 계약특수조건은 법령에서 정하고 있는 계약상대방의 계약상 이익을 부당하게 제한하는 조건이 될 수 있으며, 계약특수조건의 효력은 계약상대방의 계약상 이익의 침해 여부 등을 고려하여 판단되어야 할 것입니다.

기획재정부는 국가계약법령이 정하고 있는 사유가 아닌 다른 사유로 계약금액을 감액하거나 경비를 부담하도록 한 특수조건도 무효로 판단하고 있다.

기획재정부 유권해석(회계제도과 41301-414, 1999. 10. 13.) "예정가격조서상 계산착오로 인한 계약금액 조정"

공사계약에서 발주기관이 작성한 예정가격이 예정가격조서상의 계산착오 등으로 인하여 과다계상되었다는 사유만으로 계약금액을 조정할 수 없는 것이며, 계약담당공무원은 영 제41조의 규정에 의거, 예정가격이 과다계상된 경우에는 감액조치한다는 내용의 부당한 특약을 정하여서는 아니되는 것입니다.

기획재정부 유권해석(회계제도과-204, 2003. 11. 20.) "공사계약특수조건이 부당한 특약인지 여부"

국가기관이 체결하는 계약에 있어서 계약담당공무원은 국가계약법, 시행령 및 관계 법령에 규정된 계약상대자의 계약상의 이익을 부당하게 제한하는 특약 또는 조건을 정하여서는 아니되며, 동 법령에 의한 입찰시 입찰자는 동법 시행령 제14조 제6항의 규정에 따라 총액으로 입찰하고 동 입찰금액의 범위 내에서 계약체결·이행하도록 규정하고 있는바, 동법 시행령 제64조 내지 제66조의 규정에 해당되지 않는 사유를 근거로 계약금액을 감액토록 특약을 정하는 것은 타당하지 않습니다.

기획재정부 유권해석(회계제도과 41301-2229, 1997. 8. 5.) "경비의 부담을 계약상대방에 부담시킨 경우의 부당특약 해당여부"

공사계약에서 당해 계약을 이행하는데 필요한 경비 등은 계약담당공무원이 영 제9조의 규정에 의한 예정가격 작성시 이를 계상하여야 하는바, 동 경비 등의 일부를 계약상대자가 부담하도록 하는 특약 또는 조건을 정하였다면, 이는 영 제4조의 규정에 정한 동 법령 및 관계법령에 규정된 계약상대방의 계약상 이익을 부당하게 제한하는 특약 또는 조건에 해당됩니다.

기획재정부는 관련 법령으로 정하고 있는 내용과 다르게 입찰자격이나 공사기간을 제한하는 특수조건을 무효로 보고 있다.

기획재정부 유권해석(회계제도과 41301-336, 2003. 3. 26.) "부당특약 해당여부 질의"

입찰참가자의 범위를 지역으로 제한하는 경우에도 특별시·광역시·도의 광역자치단체를 기준으로 제한하도록 하고 있는바, 건설산업기본법령 등 관련법령에서 규정한 내용이 없는 경우라면 계약상대자의 하도급자 선정범위를 기초자치단체 지역 소재 업체로 제한하도록 특수조건으로 정하는 것은 건설산업기본법에서 제한하고 있지 않은 계약상대자의 하도급자 선정권한을 제한하게 하고, 지역제한의 범위를 극히 제한적으로 운영하는 문제점 등으로 인하여 타당하지 않습니다.

기획재정부 유권해석(계약제도과-1076, 2015. 8. 5.) "지역건설노조 파업 관련 질의 회신"

파업 및 동조행위가 계약상대자의 통제범위를 벗어났다고 한다면 공사계약일반조건 제25조 제3항 제7호의 계약상대자의 책임에 속하지 아니하는 사유에 해당하는 것으로 계약상대자는 공사계약일반조건 제26조 제1항에 의한 계약기간 연장을 신청할 수 있을 것이며, 제2항에 따라 계약담당공무원은 공사가 적절히 이행될 수 있도록 계약기간 연장 등 필요한 조치를 해야 할 것입니다. 공사계약일반조건 제26조에 따른 계약기간 연장을 했을 경우에는 그 변경된 내용에 따라 실비를 초과하지 아니하는 범위 안에서 계약금액을 조정해야 할 것이며, 만약 이를 인정하지 아니하는 계약특수조건은 국가계약법에서 규정하는 계약상대자의 계약상 이익을 부당하게 제한하는 특약 및 조건이라 할 것입니다.

기획재정부는 국가계약법령이 정하고 있는 기간보다 입찰참가자격제한의 기간을 연장하거나 대금지급지연 이자를 면제하는 내용, 벌칙 사항을 정하는 특수조건도 모두 무효로 보고 있다.

기획재정부 유권해석(회계제도과-649, 2008. 6. 25.) "부당특약의 효력"

계약상대자가 뇌물제공시 뇌물제공금액에 관계없이 일률적으로 입찰참가자격을 2년으로 제한하는 것은 국가계약법령의 범위를 벗어나 계약상대자의 이익을 제한하는 경우에 해당하며, 특수조건의 동 내용은 효력이 없음을 알려드립니다.

기획재정부 유권해석(회계제도과 45101-1886, 1995. 10. 9.) "대가지급지연이자를 지급하지 않는다는 특약을 정할 수 있는지 여부"

국가기관이 체결한 계약집행에 있어 계약담당공무원이 대금지급청구를 받은 경우 법률 제15조의 규정에 의거 대가지급기한까지 대가를 지급할 수 없는 때에는 영 제59조에 정한 바에 따라 지연이자를 지급하도록 되어 있습니다. 따라서 계약담당공무원은 공사계약을 체결함에 있어 공사계약일반조건 제7조의 규정에 의거 공사계약일반조건 외에 특수조건을 정할 수는 있으나 영 제4조의 규정에 의거 대가지급지연 이자를 지급하지 않는다는 등 국가계약법령 등에서 정한 계약상대자의 이익을 부당하게 제한하는 특약 또는 조건을 정하여서는 아니됩니다.

기획재정부 유권해석(회계제도과 45101-879, 1996. 4. 29.) "벌칙에 관한 사항을 특약으로 정할 수 있는지 여부"

계약체결시 국가계약법령에 정한 내용 외에 계약의 이행을 위하여 필요한 사항이 있는 경우 계약담당공무원은 영 제4조의 규정에 의거 특약 또는 조건 등을 정할 수 있을 것이나, 벌칙에 관한 사항은 법령에 규정되어야 할 내용으로서 특약으로 정할 수는 없을 것입니다.

제 5 조의2   청렴계약

제 5 조의2 (청렴계약)
① 각 중앙관서의 장 또는 계약담당공무원은 국가를 당사자로 하는 계약에서 투명성 및 공정성을 높이기 위하여 입찰자 또는 계약상대자로 하여금 입찰·낙찰, 계약체결 또는 계약이행 등의 과정(준공·납품 이후를 포함한다)에서 직접적·간접적으로 금품·향응 등을 주거나 받지 아니할 것을 약정하게 하고 이를 지키지 아니한 경우에는 해당 입찰·낙찰을 취소하거나 계약을 해제·해지할 수 있다는 조건의 계약(이하 "청렴계약"이라 한다)을 체결하여야 한다.
[개정 2020. 6. 9.]
② 청렴계약의 구체적 내용과 체결 절차 등 세부적인 사항은 대통령령으로 정한다.
[본조신설 2012.12.18.]

Ⅰ. 청렴계약의 의의

청렴계약은 국가계약의 체결을 원하는 입찰자 또는 국가계약을 체결하는 계약상대자로 하여금 입찰단계부터 계약이행의 전과정에 걸쳐 어떠한 형태로든 금품·향응 등을 제공하거나 받지 않겠다는 약정을 하도록 하고, 이러한 약정 위반을 입찰 또는 낙찰 취소, 계약 해제 또는 해지사유로 정하는 계약을 말한다. 중앙관서의 장 또는 계약담당공무원은 입찰자 또는 계약상대자와 국가계약을 체결하면서 의무적으로 청렴계약을 체결해야 한다.

Ⅱ. 청렴계약제도의 도입

종래에는 국가계약의 투명성 및 공공성을 확보하기 위해서 입찰자 또는 계약상대자에게 청렴서약서를 제출하도록 하였다. 그러나 청렴서약서는 그 내용이 구체적이지 않았고 법적 근거가 없어 그 효력이 불분명하였다. 또한 청렴서약을 위반하더라도 마땅한 제재수단이 없었다. 이에 국가계약법은 국가계약의 투명성 및 공공성을 높이기 위해 2012. 12. 18. 청렴계약에 관한 근거 조문을 신설하였다.

이에 반해 지방계약법은 2013. 8. 6. 청렴서약서 제도를 도입하였다(지방계약법 제6조의2, 지방계약법 시행령 제5조의2). 지방계약법상 청렴서약서 제도에는 청렴서약을 위반한 경우에 대한 제재수단이 규정되어 있지 않다. 지방계약의 계약의 투명성과 공정성을 확보하고 부패를 방지하기 위하여 지방계약법에도 청렴계약을 도입할 필요가 있다.

Ⅲ. 청렴계약의 내용

청렴계약에는 ① 금품·향응, 취업제공 및 알선 등의 요구·약속과 수수(收受) 금지 등에 관한 사항, ② 입찰가격의 사전 협의 또는 특정인의 낙찰을 위한 담합 등 공정한 경쟁을 방해하는 행위의 금지에 관한 사항, ③ 공정한 직무수행을 방해하는 알선·청탁을 통하여 입찰 또는 계약과 관련된 특정 정보의 제공을 요구하거나 받는 행위의 금지에 관한 사항(국가계약법 시행령 제4조의2 제1항, 정부 입찰·계약 집행기준 제98조의3 제1항 제1호), ④ 국가계약법 시행령 제4조의2 제1항 각 호의 위반시 해당 입찰·낙찰을 취소하거나 계약을 해제·해지할 수 있다는 내용(정부 입찰·계약 집행기준 제98조의3 제1항 제2호)이 포함되어야 한다.

Ⅳ. 청렴계약의 체결방법

각 중앙관서의 장 또는 국가계약법 제6조에 따라 계약사무의 위임·위탁을 받은 공무원(이하 "계약담당공무원")은 입찰자가 입찰서를 제출할 때 국가계약법 제5조의2에 따라 체결한 청렴계약의 계약서를 제출하도록 하여야 한다(국가계약법 시행령 제4조의2 제2항, 정부 입찰·계약 집행기준 제98조의2 제1항). 입찰자는 입찰서를 제출할 때 시행령 제4조의2 및 정부 입찰·계약 집행기준 제98조의3에 따른 청렴계약서를 같이 제출하여야 한다(공사입찰유의서 제10조의3, 용역입찰유의서 제9조의3, 물품구매(제조)입찰유의서 제9조의3).

계약담당공무원은 계약을 체결할 때 계약상대자가 입찰시에 제출한 청렴계약서의 내용이 계약서에 포함되도록 하여야 한다(정부 입찰·계약 집행기준 제98조의2 제2항).

V. 청렴의무 위반에 대한 통제수단

　　각 중앙관서의 장 또는 계약담당공무원은 국가계약법 시행령 제13조 제2항에 따라 계약이행의 성실도를 평가할 때에는 국가계약법 제5조의2 제1항에 따른 청렴계약 준수정도를 고려하여야 한다(국가계약법 시행규칙 제23조). 청렴의무를 위반할 경우 계약이행 성실도 평가에서 감점을 당하게 된다.

　　계약담당공무원은 계약목적물의 특성, 공급자의 수 등을 감안할 때 담합행위의 개연성이 있다고 판단될 경우에, 입찰가격의 사전 협의 또는 특정인의 낙찰을 위한 담합 등 공정한 경쟁을 방해하는 행위의 금지에 관한 사항 위반시에 입찰자 또는 계약상대자가 배상하여야 할 손해배상액의 예정을 포함할 수 있다(정부 입찰·계약 집행기준 제98조의3 제2항). 계약담당공무원은 손해배상액의 예정에 있어 해당 공사의 발주방식, 난이도 및 예상되는 입찰자의 수 등을 고려하여 적정한 손해배상액을 산정하도록 하되 입찰자의 경우 입찰금액의 100분의5, 계약상대자의 경우 계약금액의 100분의 10을 초과하여서는 아니된다(정부 입찰·계약 집행기준 제98조의3 제3항).

　　즉 계약담당공무원은 여러 가지 청렴의무의 유형 중 담합행위에 대해서는 손해배상액의 예정을 할 수 있다. 이는 담합행위가 다른 청렴의무 위반보다 입찰과 계약의 공정을 해할 가능성이 높기 때문이다. 위 조항으로 인하여 계약담당공무원은 담합행위를 입증하면 손해배상액 등에 대한 입증없이 입찰자 또는 계약상대자에게 손해배상액의 지급을 청구할 수 있다.

　　청렴의무 위반행위가 부정당업자 입찰 참가자격 제한사유에도 해당하는 경우 입찰자 또는 계약상대자는 청렴의무 위반에 따른 여러 가지 제재뿐만 아니라 입찰 참가자격 제한처분도 받게 된다(국가계약법 제27조, 같은 법 시행령 제76조).

제5조의3 청렴계약 위반에 따른 계약의 해제·해지 등

제5조의3 (청렴계약 위반에 따른 계약의 해제·해지 등)
  각 중앙관서의 장 또는 계약담당공무원은 청렴계약을 지키지 아니한 경우 해당 입찰·낙찰을 취소하거나 계약을 해제·해지하여야 한다. 다만, 금품·향응 제공 등 부정행위의 경중, 해당 계약의 이행 정도, 계약이행 중단으로 인한 국가의 손실 규모 등 제반사정을 고려하여 공익을 현저히 해(害)한다고 인정되는 경우에는 대통령령으로 정하는 바에 따라 각 중앙관서의 장의 승인을 받아 해당 계약을 계속하여 이행하게 할 수 있다.
  [본조신설 2012.12.18.]

　　입찰자 또는 계약상대자가 청렴의무를 위반한 경우 중앙관서의 장 또는 계약담당공무원은 원칙적으로 입찰 또는 낙찰을 취소하거나 계약을 해제 또는 해지하여야 한다. 다만 입찰 또는 낙찰의 취소나 계약의 해제 또는 해지가 오히려 공익을 현저히 해하는 상황을 방지하기 위해서 예외적으로 중앙관서의 장의 승인을 통해서 계약을 계속 이행할 수 있도록 하였다.
　　각 중앙관서의 장은 국가계약법 제5조의3 단서에 따라 청렴계약을 지키지 아니한 해당 계약의 계속 이행을 승인할 때에는 계약 대상물의 성격과 해당 계약의 이행 정도 및 기간 등에 관하여 기획재정부장관이 정하는 기준 등을 고려하여야 한다(국가계약법 시행령 제4조의3).

제5조의4 근로관계법령의 준수

제5조의4 (근로관계법령의 준수)
　각 중앙관서의 장 또는 계약담당공무원은 계약을 체결할 때 계약상대자로 하여금 해당 계약을 이행하는 근로자(하도급거래 공정화에 관한 법률에 따른 수급사업자가 고용한 근로자를 포함한다)의 근로조건이 근로기준법 등 근로관계 법령을 준수하도록 하는 내용을 계약서에 포함시킬 수 있다.
[본조신설 2020.3.31.]

　각 중앙관서의 장 또는 계약담당공무원은 계약을 체결할 때 계약상대자로 하여금 계약을 이행하는 근로자의 근로조건이 근로관계법령을 준수하도록 하는 내용을 계약서에 포함시킬 수 있다.

　당초 계약상대방이 근로관계법령을 준수하여야 하는 것은 당연하나, 본 조항은 해당 내용을 계약 내용에 편입할 수 있게 함으로써 계약상대방의 근로관계법령 위반이 계약 위반의 효력 또한 가질 수 있게 한다는 점에서 의미가 있다.

제 6 조   계약사무의 위임·위탁

제 6 조 (계약사무의 위임·위탁)
　① 각 중앙관서의 장은 그 소관에 속하는 계약사무를 처리하기 위하여 필요하다고 인정하면 그 소속 공무원 중에서 계약에 관한 사무를 담당하는 공무원(이하 "계약관"이라 한다)을 임명하여 그 사무를 위임할 수 있으며, 그 소속 공무원에게 계약관의 사무를 대리하게 하거나 그 사무의 일부를 분장하게 할 수 있다.
　② 각 중앙관서의 장은 대통령령으로 정하는 바에 따라 다른 중앙관서 소속 공무원에게 계약관의 사무를 위탁할 수 있다.
　③ 각 중앙관서의 장은 대통령령으로 정하는 바에 따라 그 소관의 계약에 관한 사무를 다른 관서에 위탁할 수 있다.
　④ 제1항과 제2항에 따른 계약관의 사무의 위임·위탁, 대리 및 일부 분장은 각 중앙관서 소속 기관에 설치된 관직을 지정함으로써 갈음할 수 있다.
　⑤ 계약관은 대통령령으로 정하는 재정보증이 없으면 그 직무를 담당할 수 없다.
[전문개정 2012.12.18]

I. 의의

　　각 중앙관서의 장은 그 소관에 속하는 계약사무를 처리하기 위하여 필요하다고 인정하면 그 소속 공무원 중에서 계약에 관한 사무를 담당하는 공무원(이하 "계약관")을 임명하여 그 사무를 위임하거나, 그 소속 공무원에게 계약관의 사무를 대리하게 하거나 그 사무의 일부를 분장하게 할 수 있고(국가계약법 제6조 제1항), 다른 관서 또는 다른 중앙관서 소속 공무원에게 계약에 관한 사무를 위탁할 수도 있다(국가계약법 제6조 제2항, 제3항).
　　각 중앙관서의 장이 모든 계약사무를 직접 처리하는 것은 현실적으로 불가능할 뿐만 아니라, 계약관을 별도로 임명하여 계약에 관한 업무를 처리하거나 다른 관서 등에 해당 업무를 위탁하는 것이 전문성과 효율성 측면에서 오히려 적절하다는 점에서 국가계약법은 계약사무를 위임·위탁할 수 있도록 정하고 있는 것이다.

Ⅱ. 위임·위탁의 절차

각 중앙관서의 장이 국가계약법 제6조 제1항에 따라 계약관을 임명하였거나 계약관의 사무를 대리 또는 그 일부를 분장하게 한 때에는 그 뜻을 재무관 및 지출관1)과 감사원에 통지하여야 한다(국가계약법 시행령 제5조 제1항). 국가계약법 제6조 제1항의 규정에 의하여 계약관의 사무의 전부를 대리하는 공무원은 대리계약관, 그 일부를 분장하는 공무원은 분임계약관, 분임계약관의 사무를 대리하는 공무원은 대리분임계약관으로 각각 칭한다(국가계약법 시행령 제5조 제2항).

한편 각 중앙관서의 장이 국가계약법 제6조 제2항에 의하여 다른 중앙관서 소속의 공무원에게 계약관의 사무를 위탁하고자 할 때에는 위탁을 받을 공무원과 위탁하고자 하는 사무의 범위에 대하여 미리 그 중앙관서의 장의 동의를 얻어 위탁하고, 그 뜻을 감사원에 통지하여야 한다. 계약관의 사무의 전부를 대리하거나 그 일부를 분장하는 공무원을 임명하는 경우에도 또한 같다(국가계약법 시행령 제5조 제3항). 국가계약법 제6조 제3항에 의하여 각 중앙관서의 장이 그 소관에 속하는 계약에 관한 사무를 다른 관서에 위탁할 경우에도 위탁하고자 하는 사무의 범위에 대하여 미리 그 중앙관서의 장의 동의를 얻어 위탁하고, 그 뜻을 감사원에 통지하여야 한다(국가계약법 시행령 제5조 제4항).

Ⅲ. 위임·위탁의 효과

계약사무의 위임·위탁을 받은 계약관이 위임·위탁의 범위 내에서 적법하게 계약사무를 처리한다면 당연히 그 효과는 소속 발주기관(의 장)2)에게 미치고, 그 소속공무원이 계약관의 사무를 대리하거나 일부 분장할 경우에도 마찬가지이다.

이는 어디까지나 정당한 위임·위탁을 받은 계약관 등이 그 위임·위탁의 범위 내에서 계약사무를 처리한 경우에 해당하는 것이므로, 정당한 위임·위탁이 존재

---

1) 재무관은 중앙관서의 장으로부터 지출원인행위를 할 수 있도록 위임받은 공무원을 의미하고, 지출관이란 중앙관서의 장의 임명을 받아 중앙관서의 장 또는 재무관으로부터 지출원인행위 관계 서류를 송부받아 출납기관에 지출을 명령하는 공무원을 의미한다(국고금관리법 제21조 제1항, 제22조 제1항).
2) 계약관의 행위가 사법상 행위로 평가될 경우 그 효력을 받는 것은 발주기관이 될 것이고, 공법상의 행위로 평가될 경우라면 그 효력을 받는 것은 발주기관의 장이 될 것이다.

하지 아니하였거나, 존재하였더라도 그 범위를 넘어서는 행위를 한 경우에는 원칙적으로 그 효력이 당연히 소속 발주기관에게 미친다고 볼 수는 없을 것이다. 다만 이러한 경우 민법상 표현대리 규정이 적용될 가능성이 있다.[3]

Ⅳ. 재정보증

계약관은 대통령령으로 정하는 재정보증이 없으면 그 직무를 담당할 수 없고(국가계약법 제6조 제5항), 각 중앙관서의 장은 이에 따라 그 소속 계약관의 재정보증에 관한 사항을 정하여 운영하여야 한다(국가계약법 시행령 제6조 제1항).

국가계약법 시행령은 제6조 제2항에서 이러한 재정보증에 관하여 필요한 공통적인 사항은 기획재정부장관이 정하도록 하고 있는데, 이에 따라 기획재정부장관은 기획재정부 훈령으로 "기획재정부 회계관계공무원 재정보증규정"을 두고 있다.

---

3) 김성근, 앞의 책(Ⅰ), 75면; 법무법인(유한)태평양 건설부동산팀, 앞의 책, 43면.

시행령 제2장 추정가격 및 예정가격[1]

I. 추정가격

1. 추정가격의 개념

국가계약법 제4조 제1항 본문에는 "기획재정부장관이 정하여 고시하는 금액"이라는 개념이 등장한다. 이 개념이 바로 추정가격인데, 국가계약법 시행령 제2조 제1호는 "물품·공사·용역 등의 조달계약을 체결함에 있어서 국가를 당사자로 하는 계약에 관한 법률 제4조의 규정에 의한 국제입찰 대상여부를 판단하는 기준 등으로 삼기 위하여 예정가격이 결정되기 전에 제7조의 규정에 의하여 산정된 가격"이라고 다시 한 번 정의하고 있다.[2]

2. 추정가격의 산정기준

국가계약법 시행령 제7조는 추정가격의 산정방법에 대하여 규정하고 있다. 이에 따르면, 각 중앙관서의 장 또는 계약담당공무원은 예산에 계상된 금액 등을 기준으로 하여 추정가격을 산정하되, 구체적으로는 아래의 각 기준에 따른 금액으로 하도록 정하고 있다.

---

1) 국가계약법령의 개념 및 내용을 파악함에 있어 추정가격과 예정가격의 개념을 이해하는 것은 매우 중요함에도, 과거 국가계약법은 이에 대하여 구체적으로 규정하는 조항을 두지 않았고, 국가계약법 시행령은 제2조(정의)에서 추정가격(제1호)과 예정가격(제2호)의 정의에 대하여 규정하고 제2장에서 '추정가격 및 예정가격'이라는 표제 하에 4개의 조문을 두어 추정가격 및 예정가격과 관련된 구체적인 내용을 규정하고 있었다. 이후 국가계약법이 2019. 11. 26. 개정되면서 국가계약법 제8조의 2에서 예정가격의 작성에 관하여 규정하였고, 예정가격의 정의는 국가계약법 시행령에서 삭제되게 되었다.
이 책은 국가계약법의 내용을 각 조문의 순서에 따라 그 내용을 설명하는 구조로 작성되었는데, 예외적으로 '국가계약법 시행령 제2장 추정가격 및 예정가격' 부분만은 국가계약법의 각 조문과 동등한 항목으로 구성하였다.
2) 한편 추정가격에 부가가치세와 관급재료로 공급될 부분의 가격을 합한 금액을 '추정금액'이라고 한다(국가계약법 시행규칙 제2조 제2호).

1. 공사계약의 경우에는 관급자재로 공급될 부분의 가격을 제외한 금액
2. 단가계약의 경우에는 당해 물품의 추정단가에 조달예정수량을 곱한 금액
3. 개별적인 조달요구가 복수로 이루어지거나 분할되어 이루어지는 계약의 경우에는 다음 중에서 선택한 금액
    가. 당해 계약의 직전 회계연도 또는 직전 12월동안 체결된 유사한 계약의 총액을 대상으로 직후 12월 동안의 수량 및 금액의 예상변동분을 감안하여 조정한 금액
    나. 동일 회계연도 또는 직후 12월 동안에 계약할 금액의 총액
4. 물품 또는 용역의 리스·임차·할부구매계약 및 총계약금액이 확정되지 아니한 계약의 경우에는 다음 중 어느 하나에 의한 금액
    가. 계약기간이 정하여진 계약의 경우에는 총계약기간에 대하여 추정한 금액
    나. 계약기간이 정하여지지 아니하거나 불분명한 계약의 경우에는 1월분의 추정지급액에 48을 곱한 금액
5. 조달하고자 하는 대상에 선택사항이 있는 경우에는 이를 포함하여 최대한 조달가능한 금액

II. 예정가격

1. 예정가격의 개념

예정가격이란 입찰 또는 수의계약 등에 부칠 사항에 대하여 낙찰자 및 계약금액의 결정기준으로 삼기 위하여 미리 해당 규격서 및 설계서 등에 따라 작성하여 두는 가격을 의미한다(국가계약법 제8조의2 제1항).

2. 예정가격의 작성

각 중앙관서의 장 또는 계약담당공무원이 예정가격을 작성할 경우에는 계약수량, 이행기간, 수급상황, 계약조건 등을 고려하여 계약목적물의 품질·안전 등이 확보되도록 적정한 금액을 반영하여야 한다(국가계약법 제8조의2 제2항).

그리고 예정가격의 작성시기, 결정방법, 결정기준, 그 밖에 필요한 사항은 국가계약법 시행령에서 규정하고 있다(국가계약법 제8조의2 제1항, 국가계약법 시행령

제7조의2 이하).

3. 예정가격의 비치

각 중앙관서의 장 또는 계약담당공무원은 경쟁입찰 또는 수의계약 등에 부칠 사항에 대하여 당해 규격서 및 설계서 등에 의하여 예정가격을 결정하고 이를 밀봉하여 미리 개찰장소 또는 가격협상장소 등에 두어야 하며 예정가격이 누설되지 아니하도록 하여야 한다(국가계약법 시행령 제7조의2 제1항).

4. 예정가격 작성의 예외

각 중앙관서의 장 또는 계약담당공무원은 제79조 제1항 제5호에 따른 일괄입찰, 제98조 제2호에 따른 실시설계 기술제안입찰 및 제98조 제3호에 따른 기본설계 기술제안입찰의 경우에는 예정가격을 작성하지 아니하고, 국가계약법 시행령 제26조 제1항 제5호 가목(이른바 소액수의계약) 및 바목(다른 국가기관 또는 지방자치단체와의 계약)에 따른 수의계약(단, 국가계약법 시행령 제30조 제2항 본문에 따라 견적서를 제출하게 하는 경우는 제외), 제43조에 따른 협상에 의한 계약, 제43조의3에 따른 경쟁적 대화에 의한 계약 및 제70조에 따른 개산계약을 체결하려 할 때에는 예정가격의 작성을 생략할 수 있다(국가계약법 시행령 제7조의2 제2항).

그리고 특정조달계약에 있어서 거래실례가격이 없어 예정가격을 작성하기 곤란한 경우 등 기획재정부령이 정하는 사유에 해당하는 때에는 예정가격을 작성하지 아니할 수 있다(특례규정 제6조).[3]

5. 예정가격의 결정방법

예정가격은 계약을 체결하고자 하는 사항의 가격의 총액에 대하여 이를 결정하여야 한다. 다만 일정한 기간 계속하여 제조·공사·수리·가공·매매·공급·임차 등을 하는 계약의 경우에 있어서는 단가에 대하여 그 예정가격을 결정할 수 있다(국가계약법 시행령 제8조 제1항).

공사계약에 있어서 장기계속공사 및 장기물품제조 등의 경우에는 총공사·총제조 등에 대하여 관급자재 금액을 제외한 예산상의 총공사금액이나 총제조금액

---

3) 기획재정부령이 정하는 구체적인 사유에 대하여는 제4조(국제입찰에 따른 정부조달계약의 범위)의 Ⅱ. 1. 참조

등의 범위 안에서 예정가격을 결정하여야 한다(국가계약법 시행령 제8조 제2항).

6. 예정가격의 결정기준

각 중앙관서의 장 또는 계약담당공무원은 ① 적정한 거래가 형성된 경우에는 그 거래실례가격(법령의 규정에 의하여 가격이 결정된 경우에는 그 결정가격의 범위 안에서의 거래실례가격), ② 신규개발품이거나 특수규격품 등의 특수한 물품·공사·용역 등 계약의 특수성으로 인하여 적정한 거래실례가격이 없는 경우에는 원가계산에 의한 가격(이 경우 원가계산에 의한 가격은 계약의 목적이 되는 물품·공사·용역 등을 구성하는 재료비·노무비·경비와 일반관리비 및 이윤으로 계산), ③ 공사의 경우 이미 수행한 공사의 종류별 시장거래가격 등을 토대로 산정한 표준시장단가로서 중앙관서의 장이 인정한 가격, ④ 제1호 내지 제3호의 규정에 의한 가격에 의할 수 없는 경우에는 감정가격, 유사한 물품·공사·용역 등의 거래실례가격 또는 견적가격으로 예정가격을 결정한다(국가계약법 시행령 제9조 제1항). 각 중앙관서의 장 또는 계약담당공무원은 위 규정에 의하여 예정가격을 결정함에 있어서는 계약수량, 이행기간, 수급상황, 계약조건 기타 제반 여건을 참작하여야 한다(국가계약법 시행령 제9조 제3항). 다만 국가계약법 시행령 제9조 제1항의 규정에도 불구하고 해외로부터 수입하고 있는 군용물자부품을 국산화한 업체와 계약을 체결하려는 경우에는 그 수입가격 등을 고려하여 방위사업청장이 인정한 가격을 기준으로 하여 예정가격을 정할 수 있다(국가계약법 시행령 제9조 제2항).

각 중앙관서의 장 또는 계약담당공무원이 예정가격을 결정하고자 할 때에는 사전에 예정가격조서를 작성하여야 한다(국가계약법 시행규칙 제4조).

국가계약법 시행령 제9조 제1항에서 언급된 거래실례가격에 의한 예정가격 결정, 원가계산에 의한 예정가격 결정, 표준시장단가에 의한 예정가격 결정, 감정가격 등에 의한 예정가격 결정 등은 아래에서 항을 바꾸어 설명한다.

(1) 거래실례가격에 의한 예정가격 결정

거래실례가격으로 예정가격을 결정할 경우에는 ① 조달청장이 조사하여 통보한 가격, ② 기획재정부장관이 정하는 기준에 적합한 전문가격조사기관으로서 기획재정부장관에게 등록한 기관이 조사하여 공표한 가격, ③ 각 중앙관서의 장 또는 계약담당공무원이 2 이상의 사업자에 대하여 당해 물품의 거래실례를 직접 조사하여 확인한 가격 중 어느 하나에 해당하는 가격으로 하되, 해당 거래실례가격에 일반관리비 및 이윤을 따로 가산하여서는 아니 된다(국가계약법 시행규칙 제5조 제1항).

(2) 원가계산에 의한 예정가격 결정
가) 원가계산에 의한 예정가격 결정 시 포함되어야 할 비목

공사·제조·구매(수입물품의 구매는 제외) 및 용역에서 원가계산에 의한 가격으로 예정가격을 결정할 경우에는 다음의 비목을 포함시켜야 한다(국가계약법 시행규칙 제6조 제1항).

1. 재료비: 계약목적물의 제조·시공 또는 용역 등에 소요되는 규격별 재료량에 그 단위당 가격을 곱한 금액
2. 노무비: 계약목적물의 제조·시공 또는 용역 등에 소요되는 공종별 노무량에 그 노임단가를 곱한 금액
3. 경비: 계약목적물의 제조·시공 또는 용역 등에 소요되는 비목별 경비의 합계액
4. 일반관리비: 재료비·노무비 및 경비의 합계액에 일반관리비율을 곱한 금액
5. 이윤: 노무비·경비(기획재정부장관이 정하는 비목은 제외) 및 일반관리비의 합계액에 이윤율을 곱한 금액

이에 따른 원가계산을 할 때 단위당 가격은, 거래실례가격 또는 통계법 제15조에 따른 지정기관이 조사하여 공표한 가격(단, 기획재정부장관이 단위당 가격을 별도로 정한 경우나 각 중앙관서의 장이 별도로 기획재정부장관과 협의하여 단위당 가격을 조사·공표한 경우에는 해당 가격)[4]으로 하되, 이와 같은 가격의 확보가 어려울 경우에는 감정가격(감정평가법인 또는 감정평가사가 감정평가한 가격), 유사한 거래실례가격(기능과 용도가 유사한 물품의 거래실례가격), 견적가격(계약상대자 또는 제3자로부터 직접 제출받은 가격) 중 하나로 한다(국가계약법 시행규칙 제7조 제1항).

---

4) 이 경우 각 중앙관서의 장 또는 계약담당공무원은 ① 국가기술자격법 제10조에 따른 국가기술자격 검정에 합격한 자로서 기능계 자격기술을 취득한 자를 특별히 사용하고자 하는 경우, ② 도서지역(제주특별자치도 포함)에서 이루어지는 공사인 경우 해당 노임단가에 그 노임단가의 100분의 15 이하에 해당하는 금액을 가산할 수 있다(국가계약법 시행규칙 제7조 제2항).

수입물품의 구매에서 원가계산에 의한 가격으로 예정가격을 결정할 때에는, ① 수입물품의 외화표시원가, ② 통관료, ③ 보세창고료, ④ 하역료, ⑤ 국내운반비, ⑥ 신용장개설수수료, ⑦ 일반관리비[위 ①~⑥의 합계액에 일반관리비율(100분의 8)을 곱한 금액], ⑧ 이윤[위 ②~⑦의 합계액에 이윤율(100분의 10)을 곱한 금액]의 비목을 포함시켜야 한다(국가계약법 시행규칙 제6조 제2항).

재료비, 노무비, 경비의 비목은 기획재정부장관이 따로 정한다(국가계약법 시행규칙 제6조 제4항).

나) 원가계산에 의한 예정가격 결정 시 일반관리비율 및 이윤율

원가계산에 의한 가격으로 예정가격을 결정할 경우 일반관리비율의 한도는 다음과 같다(국가계약법 시행규칙 제8조 제1항).

1. 공사: 100분의 6
2. 음·식료품의 제조·구매: 100분의 14
3. 섬유·의복·가죽제품의 제조·구매: 100분의 8
4. 나무·나무제품의 제조·구매: 100분의 9
5. 종이·종이제품·인쇄출판물의 제조·구매: 100분의 14
6. 화학·석유·석탄·고무·플라스틱 제품의 제조·구매: 100분의 8
7. 비금속광물제품의 제조·구매: 100분의 12
8. 제1차 금속제품의 제조·구매: 100분의 6
9. 조립금속제품·기계·장비의 제조·구매: 100분의 7
10. 수입물품의 구매: 100분의 8
11. 기타 물품의 제조·구매: 100분의 11
12. 폐기물 처리·재활용 용역: 100분의 10
13. 시설물 관리·경비 및 청소 용역: 100분의 9
14. 행사관리 및 그 밖의 사업지원 용역: 100분의 8
15. 여행, 숙박, 운송 및 보험 용역: 100분의 5
16. 장비 유지·보수 용역: 100분의 10
17. 기타 용역: 100분의 6

원가계산에 의한 가격으로 예정가격을 결정할 경우 이윤율의 한도는 다음과 같다(국가계약법 시행규칙 제8조 제2항).

1. 공사: 100분의 15
2. 제조·구매(소프트웨어산업 진흥법 제22조 제1항에 따라 고시된 소프트웨어사업의 대가기준에 따른 소프트웨어개발을 포함): 100분의 25
3. 수입물품의 구매: 100분의 10
4. 용역(소프트웨어산업 진흥법 제22조 제1항에 따라 고시된 소프트웨어사업의 대가기준에 따른 소프트웨어개발을 제외): 100분의 10

다만 각 중앙관서의 장은 위의 이윤율을 적용할 경우 계약의 목적달성이 곤란하다고 인정되는 특별한 사유가 있는 때에는 기획재정부장관과 협의하여 그 이윤율을 초과하여 정할 수 있다(국가계약법 시행규칙 제8조 제2항 각 호 외 단서).

다) 원가계산서의 작성 등

원가계산에 의한 가격으로 예정가격을 결정할 경우에는 원가계산서를 작성하여야 하나, 각 중앙관서의 장 또는 계약담당공무원이 직접 원가계산 방법에 의하여 예정가격조서를 작성하는 경우에는 원가계산서를 따로 작성하지 아니할 수 있다(국가계약법 시행규칙 제9조 제1항).

각 중앙관서의 장 또는 계약담당공무원은 계약목적물의 내용·성질 등의 특수성으로 인하여 스스로 원가계산을 하기 곤란한 경우에는 다음 어느 하나에 해당하는 기관(이하 "원가계산용역기관")에 원가계산을 의뢰할 수 있다(국가계약법 시행규칙 제9조 제2항).

1. 정부 및 공공기관의 운영에 관한 법률에 따른 공공기관이 자산의 100분의 50 이상을 출자 또는 출연한 연구기관
2. 고등교육법 제2조 각 호의 규정에 의한 학교의 연구소
3. 산업교육진흥 및 산학연협력촉진에 관한 법률 제25조에 따른 산학협력단
4. 민법 기타 다른 법령의 규정에 의하여 주무관청의 허가 등을 받아 설립된 법인

5. 공인회계사법 제23조의 규정에 의하여 설립된 회계법인

원가계산용역기관은 다음의 요건을 갖추어야 한다(국가계약법 시행규칙 제9조 제3항).

1. 정관 또는 학칙의 설립목적에 원가계산 업무가 명시되어 있을 것
2. 원가계산 전문인력 10명 이상을 상시 고용하고 있을 것
3. 기본재산이 2억원(연구소 및 산학협력단의 경우에는 1억원) 이상일 것

그리고 원가계산용역기관의 세부 요건은 기획재정부 장관이 정한다(국가계약법 시행규칙 제9조 제4항).

각 중앙관서의 장 또는 계약담당공무원은 이러한 경우 원가계산용역기관으로 하여금 국가계약법 시행규칙 및 기획재정부장관이 정하는 바에 의하여 원가계산서를 작성하게 하여야 한다(국가계약법 시행규칙 제9조 제5항).

(3) 표준시장단가에 의한 예정가격 결정

표준시장단가에 따라 예정가격을 결정할 때에는 이미 수행한 공사의 종류별 계약단가, 입찰단가, 시공단가 등을 토대로 시장상황과 시공상황을 고려하여 산정하되, 이와 관련하여 필요한 사항은 기획재정부장관이 정한다(국가계약법 시행규칙 제5조 제2항).

(4) 감정가격 등에 의한 예정가격 결정

국가계약법 시행규칙 제10조는 감정가격 등에 의한 예정가격 결정을 '감정가격', '유사한 거래실례가격', '견적가격'의 순서에 따라 산정하도록 규정하고 있다. '감정가격'에 의한 예정가격 결정은 부동산가격공시 및 감정평가에 관한 법률에 의한 감정평가법인 또는 감정평가사(부가가치세법 제8조에 따라 평가업무에 관한 사업자등록증을 교부받은 자에 한한다)가 감정평가한 가격으로 한다(국가계약법 시행규칙 제10조 제1호). '유사한 거래실례가격'은 기능과 용도가 유사한 물품의 거래실례가격으로 하며(국가계약법 시행규칙 제10조 제2호), '견적가격'은 계약상대자 또는 제3자로부터 직접 제출받은 가격으로 한다(국가계약법 시행규칙 제10조 제3호).

(5) 예정가격결정 시 세액합산 등

예정가격에는 부가가치세법에 의한 부가가치세, 개별소비세법에 의한 개별소비세, 교육세법에 의한 교육세, 관세법에 의한 관세, 농어촌특별세법에 의한 농어촌특별세를 포함시켜야 한다(국가계약법 시행규칙 제11조 제1항). 특히 원가계산에 의한 가격으로 예정가격을 결정하는 경우 국가계약법 시행규칙 제6조 제1항, 제2항에 따른 원가계산방식으로 계산한 금액에 위 각 세액을 합하여 계산한다. 이 경우 원가계산의 비목별 원재료의 단위당 가격은 위 각 세액을 감한 공급가액으로 하며, 부가가치세는 당해 계약목적물의 공급가액에 부가가치세율을 곱하여 산출한다(국가계약법 시행규칙 제11조 제2항).

만일 부가가치세가 면제되는 재화 또는 용역을 공급하는 자와 계약을 체결하기 위하여 예정가격을 결정할 경우에는 당해 계약상대자가 부담할 비목별 원재료의 부가가치세 매입세액 해당액을 원가계산방식에 따라 계산한 금액에 합산한다(국가계약법 시행규칙 제11조 제3항).

7. 예정가격의 변경

각 중앙관서의 장 또는 계약담당공무원은 재공고입찰에서도 입찰자 또는 낙찰자가 없는 경우로서 당초의 예정가격으로는 수의계약을 체결할 수도 없는 때에는 당초의 예정가격을 변경하여 새로운 절차에 의한 경쟁입찰에 부칠 수 있다(국가계약법 시행규칙 제13조).

제 7 조   계약의 방법

제 7 조 (계약의 방법)
① 각 중앙관서의 장 또는 계약담당공무원은 계약을 체결하려면 일반경쟁에 부쳐야 한다. 다만, 계약의 목적, 성질, 규모 등을 고려하여 필요하다고 인정되면 대통령령으로 정하는 바에 따라 참가자의 자격을 제한하거나 참가자를 지명하여 경쟁에 부치거나 수의계약을 할 수 있다.
② 제1항 본문에 따라 경쟁입찰에 부치는 경우 계약이행의 난이도, 이행실적, 기술능력, 재무상태, 사회적 신인도 및 계약이행의 성실도 등 계약수행능력평가에 필요한 사전심사기준, 사전심사절차, 그 밖에 대통령령으로 정하는 바에 따라 입찰 참가자격을 사전심사하고 적격자만을 입찰에 참가하게 할 수 있다.
③ 제1항에 따라 계약을 체결하는 과정에서 다른 법률에 따른 우선구매 대상이 경합하는 경우에는 계약의 목적이나 규모, 사회적 약자에 대한 배려 수준 등을 고려하여 계약상대자를 결정하여야 한다.[신설 2017. 12. 19.]
[전문개정 2012.12.18.]

I. 일반론

국가계약법 제7조는 발주기관이 계약을 체결하려면 일반경쟁에 부쳐야 하고, 계약의 목적, 성질, 규모 등을 고려하여 필요하다고 인정될 경우 대통령령으로 정하는 바에 따라 참가자의 자격을 제한하거나 참가자를 지명하여 경쟁에 부치거나 수의계약을 체결할 수 있다고 규정하고 있다. 이는 국가계약의 원칙적인 체결 방법으로 일반경쟁을 규정하되, 예외로서 제한경쟁, 지명경쟁, 수의계약을 규정한 것이다. 국가계약법이 이와 같이 규정하고 있는 것은 경쟁을 통하여 효율적이고 투명한 국가계약 체계를 확립하는데 있다고 볼 수 있다.

한편 위 조항에서의 경쟁은 입찰방법 외에 입찰방법에 준하는 경매의 방법으로도 할 수 있다(국가계약법 시행령 제10조 제1항). 입찰은 본래 입찰절차에 참가한 자가 각자 봉함한 서면으로 매수신고가격을 써 내어 이를 비교하여 최고가매수신고인을 정하는 매각방법을 의미하는데,[1] 최근 국가계약에 있어서는 거의 전자입찰의 방식으로 입찰이 이루어진다. 경매란 매도하려는 자가 여러 사람을 모아 놓고 구술로 매수의 신청을 하고 최고가액의 청약인에게 승낙함으로써 매매를 성립시키는 것을 의미한다.[2]

발주기관은 동산의 매각에 있어서 필요에 따라 입찰방법에 준하여 경매의 방법으로 매각할 수 있고(국가계약법 시행령 제10조 제2항), 물품의 구매에 있어서는 필요에 따라 입찰방법에 준하여 역경매에 부칠 수도 있다(국가계약법 시행령 제10조 제3항).

Ⅱ. 일반경쟁입찰

1. 기본개념

일반경쟁입찰이란 복수의 참가자가 입찰공고의 내용에 따라 정해진 방법에 따라 경쟁하도록 하고 미리 정해둔 낙찰자 결정방법으로 낙찰자를 선정하여 계약을 체결하는 경쟁입찰의 일반적인 방식이다. 이와 같은 일반적인 방식에서 입찰 참가자격에 일정한 제한을 부가하는 것이 제한경쟁입찰이고, 발주기관이 일정한 참가자를 지명하여 경쟁하게 하는 것이 지명경쟁입찰이다.

다만 일반경쟁입찰이라고 하더라도 입찰참가자격에 아무런 제한이 없는 것은 아니고, 다른 법령에서 요구되는 허가, 인가, 면허의 여부 등에 따라 제한이 가능하다(국가계약법 시행령 제12조 제1항).

2. 경쟁입찰의 성립요건

국가계약법 시행령 제11조는 2인 이상의 유효한 입찰이 있어야 경쟁입찰이 성립한다고 규정하고 있다. 따라서 입찰 참가자가 여러 명이더라도 1명을 제외한 나머지 참가자들에게 국가계약법 시행규칙 제44조 제1항 소정의 입찰무효 사유가 있다면, 유효한 입찰을 한 자가 1명이기 때문에 적법한 경쟁입찰이 성립하였다고 볼 수 없다.

다만 공기업·준정부기관 계약사무규칙 제6조의2 제2항 본문은 "제1항(경쟁

---

1) 법률용어사전, 법전출판사, 2017.
2) 위의 책.

입찰은 2인 이상의 유효한 입찰로 성립한다)에도 불구하고 기관장 또는 계약담당자가 국유재산법 제31조 제2항에 따른 정보처리장치를 이용하여 재산을 경쟁입찰로 매각하는 경우에는 1인 이상의 유효한 입찰로도 입찰이 성립한다."라고 규정하여 일반 원칙에 대한 예외를 규정하고 있다. 기획재정부는 위 조항에서의 '재산'의 범위는 국유재산법 제5조를 준용하는 것이 적정할 것이라고 해석하였다.[3]

3. 입찰참가자격

(1) 의의

국가계약법에서의 입찰참가자격이란 발주기관이 실시하는 경쟁입찰에 참가할 수 있는 일정한 자격을 의미한다. 앞서 간략하게 언급한 바와 같이 일반경쟁입찰의 경우라도 입찰참가자격에 아무런 제한이 없는 것은 아니고, 국가계약법 시행령 제12조 제1항이 규정하는 바와 같이 일정한 자격 요건은 갖추어야 한다.

이와 같이 국가계약법령이 경쟁입찰에서 입찰참가자격을 규정하고 있는 것은 단순히 행정편의적인 조치가 아니라 계약의 적정한 이행을 확보하기 위함으로 볼 수 있다. 예컨대, 건설공사의 입찰에서 건설업 면허를 갖추지 못한 자가 입찰에 참가하는 것은 계약이행의 적절성 측면에서 결코 타당하다고 볼 수 없다.

(2) 구체적인 자격 요건
가) 국가계약법 시행령상의 자격요건

국가계약법 시행령 제12조 제1항이 규정하고 있는 입찰참가자격의 요건은 다음과 같다.

① 다른 법령의 규정에 의하여 허가·인가·면허·등록·신고 등을 요하거나 자격요건을 갖추어야 할 경우에는 당해 허가·인가·면허·등록·신고 등을 받았거나 당해 자격요건에 적합할 것
② 보안측정 등의 조사가 필요한 경우에는 관계기관으로부터 적합판정을 받을 것
③ 기타 기획재정부령이 정하는 요건에 적합할 것

---

3) 계약제도과-623, 2014. 5. 15; 박현석, 앞의 책, 168-169면에서 재인용.

다만 중소기업협동조합법에 따른 중소기업협동조합이 물품의 제조·구매 또는 용역에 관한 경쟁입찰에 참가하는 경우(위 ①에 따른 요건을 갖춘 조합원으로 하여금 해당 물품을 제조 또는 구매하게 하는 경우로 한정)에는 위 ①의 요건을 갖추지 않아도 무방하다(국가계약법 시행령 제12조 제2항).

위 ③에서 '기타 기획재정부령이 정하는 요건'이란 소득세법 제168조, 법인세법 제111조 또는 부가가치세법 제8조에 따라 해당사업에 관한 사업자등록증을 교부받거나 고유번호를 부여받은 경우를 의미한다(국가계약법 시행규칙 제14조 제1항).

이와 같은 규정을 종합해보면, 국가계약법상의 입찰에 참가하기 위해서는 관계법령에 의한 등록 등을 해야 하고, 보안측정 등 조사가 필요한 경우에는 관계기관으로부터 적합판정을 받아야 할 뿐만 아니라, 소득세법 등에 따라 사업자등록을 필하거나 고유번호를 부여받아야 한다고 볼 수 있다.

그런데 소득세법 제168조 제5항은, 법인으로 보는 단체 외의 사단·재단 또는 그 밖의 단체의 소재지 관할 세무서장은 종합소득이 있는 자로서 사업자가 아닌 자 또는 비영리민간단체 지원법에 따라 등록된 단체 등 과세자료의 효율적 처리 및 소득공제 사후 검증 등을 위하여 필요하다고 인정되는 자에게 고유번호를 매길 수 있다고 규정하고 있는바, 개인은 그 대상이 아님을 알 수 있다. 그렇다면, 개인이 국가계약법상의 입찰에 참가하기 위해서는 사업자등록이 필요하다고 이해할 수 있다.[4]

나) 자격요건의 증명

각 중앙관서의 장 또는 계약담당공무원은 경쟁입찰에 참가하고자 하는 자로 하여금 사업자등록 여부나 고유번호 구비 여부에 관한 요건은 사업자등록증 또는 고유번호를 확인하는 서류의 사본에 의하여, 다른 법령의 규정에 의한 허가·인가·등록·신고 등이나 보안측정에서의 적합판정 여부는 관계기관(법령에 의하여 설립된 관련협회등 단체를 포함한다)에서 발행한 문서에 의하여 각각 이를 증명하게 하여야 한다(국가계약법 시행규칙 제14조 제2항).

다만 경쟁입찰참가자격등록을 한 자는 등록된 종목 또는 품목에 한하여 교

---

4) 박현석, 앞의 책, 172-173면.

부받은 경쟁입찰참가자격등록증에 의하여 위 규정에 의한 자격을 증명할 수 있다 (국가계약법 시행규칙 제14조 제3항).

다) 제한사유의 부존재

당연한 것이지만, 국가계약법 제27조에 따라 입찰참가자격제한처분을 받은 자는 입찰참가자격이 제한된다.

국가계약법 제27조의5는 대통령령으로 정하는 조세포탈을 한 자로서 유죄판결이 확정된 날로부터 2년이 지나지 아니한 자에 대하여도 입찰참가자격을 제한하고 있는데, 대통령령으로 정하는 조세포탈을 한 자란 ① 조세범처벌법 제3조에 따른 조세 포탈세액이나 환급·공제받은 세액이 5억원 이상인 자, ② 관세법 제270조에 따른 부정한 방법으로 관세를 감면받거나 면탈하거나 환급받은 세액이 5억원 이상인 자, ③ 지방세기본법 제102조에 따른 지방세 포탈세액이나 환급·공제 세액이 5억원 이상인 자, ④ 국제조세조정에 관한 법률 제53조에 따른 해외금융계좌의 신고의무를 위반하고, 그 신고의무 위반금액이 조세범 처벌법 제16조 제1항에 따른 금액을 초과하는 자, ⑤ 외국환거래법 제18조에 따른 자본거래의 신고의무를 위반하고, 그 신고의무 위반금액이 같은 법 제29조 제1항 제3호에 해당하는 자를 의미한다(국가계약법 시행령 제12조 제3항).

발주기관은 계약 체결 전까지 범죄경력자료의 회보서나 판결문 등의 입증서류를 제출하게 하는 등의 방법으로 계약상대방에게 위와 같은 사유가 존재하는지 여부를 확인하여야 하고, 계약상대방이 입찰에 참가할 때에 제4항에 따른 입증서류를 제출하기 어려운 경우에는 위와 같은 사유가 존재하지 아니한다는 사실을 적은 서약서를 제출하게 할 수 있다(국가계약법 시행령 제12조 제4항, 제5항 전문). 이 경우 서약서에는 서약서에 적은 내용과 다른 사실이 발견된 때에는 계약을 해제·해지할 수 있고, 부정당업자제재처분을 받을 수 있다는 내용이 포함되어야 한다(국가계약법 시행령 제12조 제5항 후문).

(3) 입찰참가자격의 등록
가) 의의

발주기관은 경쟁입찰에 참가하려는 자들로 하여금 미리 경쟁입찰참가자격의 등록을 하게 할 수 있다. 등록된 사항이 변경된 때에도 동일하다(국가계약법 시행

규칙 제15조 제1항). 입찰참가자자가 매번 입찰참가자격의 증명을 위한 서면을 제출
하는 것은 입찰참가자뿐만 아니라 발주기관의 입장에서도 번거로운 일이므로, 사
전에 그 자격을 등록하게 하여 입찰업무를 효율적으로 집행하기 위함이다.

나) 서류의 제출 및 등록

경쟁입찰참가자격의 등록을 하려는 자는 ① 공사등록이나 용역등록의 경우
등록신청서, 관련되는 허가·인가·면허·등록·신고 등을 증명하는 서류(필요한 경
우에 한함), 인감증명서 또는 본인서명사실확인서, ② 물품제조·구매등록의 경우
등록신청서, 관련되는 허가·인가·면허·등록·신고 등을 증명하는 서류(필요한 경
우에 한함), 인감증명서 또는 본인서명사실확인서, 특히 제조의 경우에는 공장등
록대장 등본이나 중소기업진흥 및 제품구매촉진에 관한 법률 제2조 제8호에 따른
공공기관의 장이 직접 생산을 확인하여 증명하는 서류(공공기관의 장이 직접 생산을
확인하지 아니한 경우에는 조달청장이 직접 생산을 확인하여 증명하는 서류)를 제출하여
야 한다(국가계약법 시행규칙 제15조 제2항).

입찰참가자격의 등록신청을 받은 각 중앙관서의 장 또는 계약담당공무원은
전자정부법 제36조 제1항에 따른 행정정보의 공동이용을 통하여 법인 등기사항
증명서, 공장등록증명서(제조등록의 경우에만 해당) 및 사업자등록증, 고유번호를
확인하는 서류 또는 사업자등록증명원, 주민등록표 등본(개인의 경우)을 확인하여
야 한다. 다만 경쟁입찰참가자격의 등록을 신청하려는 자가 사업자등록증, 고유
번호를 확인하는 서류 또는 사업자등록증명원, 주민등록표 등본의 확인에 동의하
지 아니하는 경우에는 그 서류(사업자등록증의 경우에는 그 사본을 말한다)를 첨부하
도록 하여야 한다(국가계약법 시행규칙 제15조 제3항).

각 중앙관서의 장 또는 계약담당공무원은 이와 같은 절차를 마치게 되면 등
록한 자에게 경쟁입찰참가자격등록증을 교부하여야 한다(국가계약법 시행규칙 제
15조 제4항). 경쟁입찰참가자격등록증은 국가계약법 시행규칙에 별지 제1호 서식
으로 첨부되어 있다.

다) 국가종합전자조달시스템에 게재

각 중앙관서의 장 또는 계약담당공무원은 입찰참가자격의 등록을 받은 경우
국가종합전자조달시스템에 게재하여야 하는데, 이 경우 전자조달시스템에 게재

된 등록사항은 다른 중앙관서의 장 또는 계약담당공무원에게도 등록한 것으로 보기 때문에(국가계약법 시행규칙 제15조 제5항) 입찰참가자로서는 1회의 등록으로 손쉽게 여러 발주기관의 경쟁입찰에 참가할 수 있다.

다만 각 중앙관서의 장 또는 계약담당공무원이 당해 관서의 경쟁입찰업무에만 활용하기 위하여 경쟁입찰참가자격의 등록을 하게 할 수도 있는데, 이 경우에는 국가종합전자조달시스템에 등록할 필요가 없고, 당연히 다른 중앙관서의 장 또는 계약담당공무원에게 등록한 것으로 보지도 않는다(국가계약법 시행규칙 제15조 제6항).

라) 입찰참가자격요건 등록 등의 배제

국가·지방자치단체 또는 공공기관 운영에 관한 법률에 따른 공공기관이 경쟁입찰에 참가하는 경우나 세입의 원인이 되는 계약을 하는 경우는 입찰참가자격요건의 증명·등록, 입찰참가자격에 관한 서류의 확인 등에 관한 국가계약법 시행규칙 제14조 내지 제16조의 규정을 적용하지 않는다(국가계약법 시행규칙 제18조 본문). 다만 입찰참가자격제한 여부에 관한 사항은 확인할 수 있다(국가계약법 시행규칙 제18조 단서).

(4) 입찰참가자격의 부당한 제한금지

발주기관은 국가계약법 시행령, 같은 법 시행규칙, 다른 법령에 특별한 규정이 있는 경우 외에는 국가계약법 시행령 제12조의 규정에 의한 경쟁입찰참가자격 외의 요건을 정하여 입찰참가를 제한하여서는 아니된다(국가계약법 시행규칙 제17조).

만일 발주기관이 이를 위반하여 국가계약법 시행령 제12조와 별개의 요건을 정하여 입찰참가를 제한할 경우 그 효력이 문제될 수 있다. 이와 관련하여 부령인 국가계약법 시행규칙의 경우 원칙적으로 발주기관의 계약사무를 처리하는 준칙으로서의 성격을 가지므로 대외적인 효력을 인정하기는 어려운 점, 발주기관은 당해 입찰과 관련하여 상당한 재량권을 가지고 있다는 점 등을 이유로 원칙적으로 그 효력 자체가 부인된다고 보기는 어렵다는 견해가 있다.[5] 그러나 국가계약법 시행령 제12조 제1항 본문은 "각 중앙관서의 장 또는 계약담당공무원은 다음

---

5) 김성근, 앞의 책(Ⅰ), 140면.

각 호의 요건을 갖춘 자에 한하여 경쟁입찰에 참가하게 하여야 한다."라고 규정
하고 있고, 제4호는 "기타 기획재정부령이 정하는 요건에 적합할 것"이라고 규정
하고 있다는 점에서, 입찰참가자격의 요건에 관한 국가계약법 시행규칙 제17조의
규정은 법규명령인 국가계약법 시행령 제12조 제1항의 위임에 따라 그 내용을 보
충하면서 그와 결합하여 대외적인 구속력이 있는 법규명령으로서의 효력을 가지
는 이른바 법령보충적 행정규칙에 해당한다고 볼 수 있을 것이므로 대외적 구속
력을 가진다고 할 것이고, 따라서 발주기관이 국가계약법 시행규칙 제17조에 반
하여 국가계약법 시행령 제12조의 규정이나 다른 법령에 특별한 규정이 있는 경
우 외에 새로운 요건을 정하여 입찰참가를 제한할 경우 이는 강행법규에 위반하
여 무효라고 봄이 타당하다.

　　기획재정부는 예산회계법이 적용되던 시절 부도업체에 대하여 입찰참가자격
을 제한할 수 없다고 해석하였고,[6] 국가계약법 시행령 제12조에 규정되지 않은
별도의 특정 자격요건을 입찰공고문에 명시하고 이를 입찰참가자격으로 정하는
것은 국가계약법 시행규칙 제17조에 따라 허용될 수 없다고 해석하였다.[7]

(5) 입찰참가자격의 판단기준일
가) 기본원칙

　　일반경쟁입찰의 참가자격과 관련하여 등록·시공능력·실적 등에 의한 입찰
참가자격의 판단기준일은 입찰참가신청서류의 접수마감일(입찰서 제출마감일의 전
일, 국가계약법 시행규칙 제40조 제4항)(입찰참가등록마감일)까지고, 입찰참가자는 입
찰서 제출마감일까지 해당 입찰참가자격을 계속 유지하여야 한다(기획재정부 계약
예규 '공사입찰유의서' 제3조의2 제1항). 즉 입찰참가자가 입찰참가신청서류를 제출
할 당시에는 참가자격을 갖추고 있었다고 하더라도 입찰서 제출마감일 전에 어떠
한 사유로 참가자격을 상실하게 되었다면, 해당 입찰참가자는 입찰참가자격을 적
법하게 갖추지 못하게 된 것이므로, 해당 입찰은 부적법한 입찰이 된다는 것이다.
이는 제한경쟁입찰에서도 마찬가지이다.

---

6) 회제 125-924, 1989. 1. 17; 법무법인(유한)태평양 건설부동산팀, 앞의 책, 58면에서 재
　인용.
7) 회계제도과-569, 2010. 4. 7; 법무법인(유한)태평양 건설부동산팀, 앞의 책, 58면에
　서 재인용.

나) 지역제한경쟁입찰의 경우

지역제한경쟁입찰의 경우 법인등기부상 본점소재지 기준일은 그 주된 영업소의 소재지 기준일은 입찰공고 전일로 하며 계약체결일까지 주된 영업소의 본점소재지를 계속 유지하여야 한다(공사입찰유의서 제3조의2 제2항). 여기서 주된 영업소의 소재지란 법인등기부상 본점소재지를 의미한다고 해석된다.8)

다만 국가계약법 시행령 제72조 제3항 제2호의 사업(저탄소·녹색성장의 효과적인 추진, 국토의 지속가능한 발전, 지역경제 활성화 등을 위하여 특별히 필요하다고 인정하여 기획재정부장관이 고시하는 사업)의 경우에는 입찰공고일 전일 현재 해당업체의 전입일 익일부터 기산하여 90일 이상 경과되어 있어야 하는데, 이는 수해 등 특별한 사정으로 인하여 특정 지역에서 예상되는 입찰을 수주하기 위하여 업체들이 단발성으로 주된 영업소의 소재지를 이전하는 것을 방지하기 위한 취지로 볼 수 있다.9)

다) 영업정지처분 등의 경우

입찰참가자가 영업정지처분을 받은 경우에는 건설산업기본법 등 관련 법령에 의한 처리기준에 따라 입찰참가자격을 판단하고, 입찰참가자가 입찰참가자격제한처분을 받은 경우에는 입찰참가등록마감일 전까지 입찰참가자격제한기간이 만료되어야 입찰참가가 가능하다(공사입찰유의서 제3조의2 제3항).

입찰참가자격의 판단기준 시점은 입찰참가등록마감일이므로, 영업정지처분이나 입찰참가자격제한처분을 받은 자라고 하더라도 입찰참가등록마감일 전까지 법원의 효력정지결정을 받는다면 입찰참가자격이 인정된다.

라) 상호·대표자 변경 등의 경우

입찰 전에 상호 또는 대표자의 변경이 있는 경우에는 변경신고를 한 후 변경된 상호 또는 대표자 명의로 입찰에 참가하여야 한다. 법인의 경우 법인 등기사항증명서를 기준으로 한다(공사입찰유의서 제3조의2 제4항).

---

8) 국가계약법 시행령 제21조 제1항 제6호의 경우 2016. 9. 2.자 개정에서 '주된 영업소'를 '법인등기부상 본점소재지'로 변경하였다.
9) 김성근, 앞의 책(Ⅰ), 142면.

마) 특별재난지역의 지역제한경쟁입찰에서의 입찰참가자격 판단기준일 특례

재난 및 안전관리 기본법 제60조에 따라 특별재난지역으로 선포된 지역의 재난복구를 위하여 발주하는 공사를 지역제한경쟁입찰에 부칠 때 법인등기부상 본점소재지 기준일(본점소재지가 변경된 경우 법인등기부상 본점소재지 변경일)은, 특별재난지역 선포의 원인이 된 재난의 발생일 전에 소재지를 이전한 업체의 경우 입찰공고일 전일(다만 저탄소·녹색성장의 효과적인 추진, 국토의 지속가능한 발전, 지역경제 활성화를 위하여 특별히 필요하다고 인정하여 기획재정부장관이 고시하는 사업의 경우에는 입찰공고일 전일 현재 해당업체의 전입일 익일부터 기산하여 90일 이상이 경과하고 있어야 함)로 하되 본점소재지를 계약체결일까지 계속 유지하여야 하고, 특별재난지역 선포의 원인이 된 재난의 발생일 이후에 소재지를 이전한 업체의 경우 입찰공고일 전일 현재를 기준으로 해당업체의 전입변경일 익일부터 기산하여 90일 이상이 경과하고 있어야 할 뿐만 아니라 본점소재지를 계약체결일까지 계속 유지하여야 한다(공사입찰유의서 제3조의3 제1항). 이는 특정한 재난이 발생한 경우 특별재난지역의 선포를 예상하여 소재지를 이전하는 것을 막기 위한 취지의 규정이라 볼 수 있다.

특별재난지역으로 선포된 지역의 재난복구를 위하여 발주하는 공사를 소액수의계약으로 발주하여 국가계약법 시행령 제30조 제4항 및 국가계약법 시행규칙 제33조 제2항에 의하여 법인등기부상 본점소재지를 기준으로 견적서를 제출할 수 있는 자를 제한하는 경우에도 위 규정을 준용하고(공사입찰유의서 제3조의3 제2항), 계약담당공무원은 이러한 특례를 적용하는 경우 이를 입찰공고 및 견적서 제출 안내공고 등에 명시하여야 한다(공사입찰유의서 제3조의3 제3항).

4. 입찰절차(공사입찰의 경우)

(1) 발주기관의 서류 작성

각 중앙관서의 장 또는 계약담당공무원은 공사를 입찰에 부치고자 할 경우 설계서, 공종별 목적물 물량내역서, 입찰공고문 또는 입찰참가통지서, 입찰유의서, 입찰참가신청서·입찰서 및 계약서 서식, 계약일반조건 및 특수조건, 낙찰자 결정관련 심사기준, 대형공사계약이나 기술제안입찰 등에 의한 계약일 경우 입찰안내서, 기타 참고사항을 기재한 서류를 작성하여야 한다(국가계약법 시행령 제14조 제1항 본문 및 각 호, 국가계약법 시행규칙 제41조 제1항). 다만 종합심사낙찰제가 적

용되는 입찰 중 추정가격이 100억 원 이상인 공사와 국가유산수리 등에 관한 법률 제2조 제1호에 따른 국가유산수리로서 국가유산청장이 정하는 공사에 대해서는 입찰에 참가하려는 자에게 물량내역서를 직접 작성하게 할 수 있다(국가계약법 시행령 제14조 제1항 단서).

(2) 발주기관의 서류의 전자조달시스템 게재

각 중앙관서의 장 또는 계약담당공무원은 보안상 비밀유지가 필요한 경우 외에는 입찰관련서류를 입찰에 참가하려는 자에게 열람할 수 있도록 전자조달시스템에 게재하여야 한다(국가계약법 시행령 제14조 제2항 본문). 다만, 입찰에 참가하려는 자에게 물량내역서를 직접 작성하게 하는 경우에는 전자조달시스템에 게재하지 않을 수 있다(국가계약법 시행령 제14조 제2항 단서).

발주기관은 입찰에 관한 서류를 교부하는 경우 입찰공고 등에서 정한 금액을 납부할 것을 요구할 수 있고, 이 경우 입찰에 참가하고자 하는 자는 이에 따라야 한다(공사입찰유의서 제4조 제2항).

한편 공사입찰유의서는 제5조 제1항에서 "입찰에 참가하고자 하는 자는 시행령 등의 입찰에 관련된 법령 및 제4조 제1항에 의한 입찰관련서류를 입찰전에 완전히 숙지하여야 하며 이를 숙지하지 못한 책임은 입찰참가자에게 있다."라고 규정하고 있고, 같은 조 제2항에서 "입찰에 참가하고자 하는 자는 제1항에 의한 입찰관련서류의 검토 과정에서 발견한 입찰에 관한 서류상의 착오, 누락 사항 또는 기타 설명이 요구되는 사항에 대하여는 입찰서 제출마감일전까지 발주기관에 그 설명을 요구할 수 있다."라고 규정하고 있는데, 발주기관이 위 조항들에 근거하여 설계도서 등의 오류에 관한 책임을 회피하는 경우가 있다. 그러나 위 제5조 제1항의 규정은 관련 규정 및 관련 서류에 대한 일반적인 검토의무를 규정한 것이고, 같은 조 제2항의 규정은 입찰참가자에게 불명확한 부분에 대한 설명을 요구할 '권리'를 명시적으로 규정한 것으로 보아야 하는 것이므로, 가사 입찰 당시 제공된 설계 도서 등에 오류가 존재하였고 입찰참가자가 당시에 이를 미처 인지하지 못하여 발주기관에게 별도의 설명을 요구하지 않았다고 하더라도, 발주기관이 이를 빌미로 설계변경 및 이에 따른 계약금액 조정 등의 책임을 면할 수 있는 것은 아니라고 보아야 할 것이다.

(3) 현장설명

현장설명이란 실제 공사현장에서 입찰참가자를 참가하게 하여 설계 도서 등에 나타낼 수 없는 사항 등을 현장에서 직접 보충설명하는 것을 의미한다.[10]

발주기관은 공사입찰에 있어서 그 공사의 성질·규모 등을 고려하여 현장설명을 실시할 수 있다(국가계약법 시행령 제14조의2 제1항).

현장설명을 실시할 경우 공사의 규모에 따라 입찰서 제출마감일의 전일부터 기산하여, 추정가격이 10억 원 미만일 경우에는 7일, 추정가격이 10억 원 이상 50억 원 미만일 경우 15일, 추정가격이 50억 원 이상일 경우 33일 전에 실시하여야 한다(국가계약법 시행령 제14조의2 제3항 본문 및 각 호). 공사의 규모가 커질수록 입찰서를 제출할 때까지 입찰에 참가하려는 자가 준비할 사항이 많아진다는 점을 고려한 취지로 볼 수 있다. 다만 재공고입찰의 경우, 다른 국가사업과 연계되어 일정조정을 위하여 불가피한 경우, 긴급한 행사 또는 긴급한 재해예방·복구 등을 위하여 필요한 경우 등에는 그 기간을 단축할 수 있다(국가계약법 시행령 제14조의2 제3항 단서).

한편 공사입찰유의서에 따르면, 현장설명에 참가하고자 하는 자는 소정의 국가기술자격을 취득하거나 건설기술진흥법 등 관련 법령에 의하여 해당 기술자로 인정되고 있는 자여야 하며 국가기술자격수첩 또는 건설기술자 경력수첩을 제시하여야 하나(공사입찰유의서 제6조 제1항 본문), 건설산업기본법 시행령 제8조, 전기공사업법 시행령 제5조 및 정보통신공사업법 시행령 제4조에 의한 경미한 공사의 경우에는 그러하지 아니하다(공사입찰유의서 제6조 제1항 단서). 이는 입찰에 참가하려는 자에게 사전에 해당 공사의 시공 방법에 관한 명확한 이해를 갖추도록 하여 공사 이행의 적정성을 확보하려는 국가계약법 시행령 제14조의2의 취지를 관철하기 위한 규정으로 볼 수 있을 것이다.

(4) 입찰참가자의 서류 제출 등

입찰에 참가하려는 자는 입찰 시 입찰서와 함께 산출내역서를 중앙관서의 장 또는 계약담당공무원에게 제출하여야 한다(국가계약법 시행령 제14조 제6항 본문). 산출내역서는 물량내역서에 단가를 적는 방법으로 작성하는데(국가계약법 시

---

10) 토목관련용어편찬위원회, 토목용어사전, 도서출판 탐구원, 1997.

행령 제14조 제7항 본문), 종합심사낙찰제가 적용되어 입찰참가자가 직접 물량내역서를 작성하는 경우에는 직접 작성한 물량내역서에 단가를 적는 방법으로 산출내역서를 작성한다(국가계약법 시행령 제14조 제7항 단서).

다만 추정가격이 100억 원 미만인 공사와 재입찰에 부치는 공사의 경우에는 낙찰자로 결정된 후 착공신고서를 제출하는 때에 산출내역서를 제출하여야 한다(국가계약법 시행령 제14조 제6항 단서).

Ⅲ. 제한경쟁입찰

1. 기본개념

각 중앙관서의 장 또는 계약담당공무원은 원칙적으로는 계약을 체결하기 위하여 일반경쟁에 부쳐야 하나, 계약의 목적, 성질, 규모 등을 고려하여 필요하다고 인정되면 대통령령으로 정하는 바에 따라 참가자의 자격을 제한할 수 있다(국가계약법 제7조 제1항). 이와 같이 일정한 요건에 따라 참가자의 자격을 제한하는 경쟁입찰을 일반경쟁입찰과 구별되는 의미에서 제한경쟁입찰이라 한다. 이는 능력이나 경험이 없는 자를 입찰에 참가하지 못하도록 하여 부실시공 방지, 입찰업무의 효율성 등을 확보하는데 의의가 있다고 본다.[11]

제한경쟁입찰은 목적·성질·규모 등을 고려하여 필요하다고 인정될 경우에 할 수 있는 것이므로, 모든 국가계약에 대하여 적용할 수 있는 것은 아니고, 국가계약법 시행령 및 시행규칙이 정하는 대규모공사, 특수한 기술 또는 공법이 요구되는 공사, 특수한 설비 또는 기술이 요구되는 물품제조, 특수한 성능이나 품질이 요구되는 물품구매 및 일정 금액 미만의 지역제한공사 등에 대해서만 적용이 가능하다.[12]

2. 제한경쟁입찰의 대상 및 제한기준

제한경쟁입찰이 가능한 경우와 그 제한사항은 국가계약법 시행령 제21조 제1항에서 규정하고 있고, 제한사항 및 제한기준에 관한 보다 세부적인 사항은 국가계약법 시행규칙 제24조와 제25조, 정부 입찰·계약 집행기준 제4조, 제5조 등

---

11) 정원, 공공조달계약법 Ⅰ, 법률문화원, 2016, 165면.
12) 법무법인(유한)태평양 건설부동산팀, 앞의 책, 66면.

에서 규정하고 있다.

각 중앙관서의 장 또는 계약담당공무원은 국가계약법 시행령 제21조 제1항의 규정에 의하여 경쟁참가자의 자격을 제한하고자 할 때에는 입찰공고에 그 제한사항과 제한기준을 명시하여야 한다(국가계약법 시행령 제21조 제2항).

(1) 기획재정부령이 정하는 금액의 공사계약

발주기관은 기획재정부령이 정하는 금액의 공사계약의 경우 시공능력이나 당해 공사와 같은 종류의 공사실적에 의하여 입찰참가자격을 제한할 수 있다(국가계약법 시행령 제21조 제1항 제1호).

여기서 기획재정부령이 정하는 금액의 공사계약이란 추정가격을 기준으로, 건설산업기본법에 의한 전문공사를 제외한 건설공사의 경우 30억 원 이상, 건설산업기본법에 의한 전문공사와 그 밖의 공사관련 법령에 의한 공사의 경우 3억 원 이상인 공사를 의미한다(국가계약법 시행규칙 제24조 제1항).

제한기준이 되는 실적은, 현재 발주하려는 계약과 계약내용이 실질적으로 동일한 것은 물론, 이와 유사하여 계약목적달성이 가능하다고 인정되는 과거 1건의 공사의 실적(장기계속공사에 있어서는 총공사)에 해당되는 금액 또는 규모(양)를 의미한다(정부 입찰·계약 집행기준 제5조 제1항). 실적의 규모나 양에 따라 제한할 경우에는 그 해당 계약목적물의 규모의 1배 이내로 하고, 실적의 금액에 따라 제한할 경우에는 그 추정가격(건설산업기본법 등 다른 법령에서 시공능력 적용시 관급자재비를 포함하고 있는 경우에는 추정금액)의 1배 이내로 한다. 발주기관은 계약목적의 달성에 지장이 있는 경우가 아니라면 실적의 금액이 아닌 실적의 규모나 양에 따른 제한기준을 우선적으로 적용하여야 한다(국가계약법 시행규칙 제25조 제2항 제1호).

시공능력을 제한기준으로 할 경우에는 당해 공사계약의 추정가격의 1배 이내로 한다(국가계약법 시행규칙 제25조 제2항 제2호).

(2) 특수한 기술 또는 공법이 요구되는 공사계약

발주기관은 특수한 기술 또는 공법이 요구되는 공사계약의 경우 당해 공사수행에 필요한 기술의 보유상황이나 당해 공사와 같은 종류의 공사실적에 따라 입찰참가자격을 제한할 수 있다(국가계약법 시행령 제21조 제1항 제2호).

여기서 '특수한 기술 또는 공법이 요구되는 공사'에 관하여는 정부 입찰·계약 집행기준 제4조 제1항이 상세하게 규정하고 있다.[13]

제한기준으로서 '공사수행에 필요한 기술의 보유상황'에 관하여는 정부 입

---

13) **정부 입찰·계약 집행기준**
   제4조(제한경쟁입찰의 대상) ① 시행령 제21조 제1항 제2호에서 정한 "특수한 기술 또는 공법이 요구되는 공사"는 다음 각 호와 같다.
   1. 특수기술을 요하는 공사
      (1) 터널을 수반하는 공사
      (2) 활주로 공사
      (3) 지하철 공사
      (4) 저수·유조하천공사 또는 수중작업을 수반하는 공사
      (5) 댐 축조공사
      (6) 취수장, 정수장, 유수지 또는 오수처리장 공사로서 수중 작업을 수반하는 공사
      (7) 송·배수관공사
      (8) 수중관·사이폰·저수지 또는 제방공사
      (9) 매립지등 연약지반에서 파일 또는 우물통공사를 수반하는 공사
      (10) 독크 축조공사
      (11) 간척(방조제포함) 또는 매립공사
      (12) 「항만법」 제2조 제5호에 의한 항만시설공사 및 「어촌·어항법」 제2조 제3호에 의한 어항시설공사
      (13) 장대교(길이 100m 이상인 교량을 말한다) 제작 또는 가설공사
      (14) 철도 및 철도궤도공사
      (15) 정밀한 시공을 요하거나 위험을 수반하는 기계설치공사
      (16) 발전·변전·송전 또는 배전설비공사
      (17) 전기철도 또는 전차시설공사
      (18) 정밀시공·고위험 전기기계 설치공사
      (19) 신호집중제어 또는 특수제어장치설치공사
      (20) 자동신호 또는 연동장치공사
      (21) 원형차량 감지기 설치공사
      (22) 국가유산 보수공사
      (23) 차선도색공사
      (24) 도로봉합제를 사용한 신축이음 및 균열 보수공사
      (25) 상수도관 세척갱생공사
      (26) 하수도 흡입 준설공사
      (27) 심정공사
      (28) 산간벽지등 특수지역에서 시공하여야 하는 군사시설공사
      (29) 하천환경정비사업
      (30) 기타 특수한 기술이 요구되는 공사로 각 중앙관서의 장이 특별히 인정하는 공사
   2. 특수공법을 요하는 공사
      (1) 스폼공법 또는 철골공법에 의한 공사
      (2) 피시공법등 중앙관서장이 특수공법으로 지정 고시한 공법에 의한 공사
      (3) 특수설계 또는 특수사양에 의한 선박 공사

찰·계약 집행기준 제5조 제2항 각 호에 규정되어 있는데, 이는 엔지니어링 산업
진흥법에 의한 엔지니어링 활동주체 또는 기술사법에 의한 기술사사무소로 개
설등록을 한 기술사의 경우(제1호), 기술도입 또는 외국업체와의 기술제휴의 방
법으로 해당 공사수행 또는 물품제조에 필요한 기술을 보유하고 있음이 객관적
으로 인정되는 경우(제2호), 기타 해당 공사수행 또는 물품제조에 필요한 기술·
공법을 개발 또는 보유하고 있음이 객관적으로 인정되는 경우(제3호)를 의미한
다. 기획재정부는 "동법(국가계약법) 시행령 제21조 제1항 제5호 '기술보유상황'
은 회계예규 정부 입찰·계약 집행기준 제5조 제2항에서 열거하고 있는바, 당해
용역 수행에 필요한 차량보유현황은 기술보유상황에 포함되지 않음을 알려드립
니다."라고 해석하여, 여기서 '기술'의 의미를 한정적으로 보고 있음을 알 수 있
다.[14]

제한기준이 되는 실적의 의미는 위 (1)에 기재된 내용과 같다.

(3) 특수한 설비 또는 기술이 요구되는 물품제조계약

특수한 설비 또는 기술이 요구되는 물품제조계약이란, 특수한 품질 또는 성능
의 보장을 위하여 특수한 설비와 기술을 필요로 하는 경우, 산업표준화법 제15조에
따른 인증을 받은 제품을 제조하는 경우를 의미한다(정부 입찰·계약 집행기준 제4조
제2항).

이러한 계약의 경우 당해 물품제조에 필요한 설비 및 기술의 보유상황 또는
당해 물품과 같은 종류의 물품제조실적을 기준으로 제한할 수 있는데, 여기서 기
술의 보유상황의 의미는 위 (2)에서 기술한 바와 같고, 물품의 제조(용역)실적이
란 현재 발주하려는 계약과 계약내용이 실질적으로 동일한 것은 물론, 이와 유사
하여 계약목적달성이 가능하다고 인정되는 과거 1건의 제조(용역)의 실적[장기계
속제조(용역)에 있어서는 총제조(용역)]에 해당되는 금액 또는 규모(양)를 의미한다.
계약담당공무원은 해당 계약목적물의 3분의 1배 이내에서 실적을 요구하되, 계
약의 특성 및 난이도 등을 감안하여 필요하다고 인정하는 경우에는 계약목적물의
최대 1배까지 실적을 요구할 수 있다. 다만 추정가격이 고시금액 미만인 제조(용
역)계약의 경우 실적으로 경쟁참가자의 자격을 제한할 수 없다(정부 입찰·계약 집
행기준 제5조 제1항).

---

14) 계약제도과-278, 2011. 3. 22; 정원, 앞의 책, 188에서 재인용.

(4) 특수한 성능 또는 품질이 요구되는 물품제조계약

특수한 성능 또는 품질이 요구되는 경우, 즉 산업표준화법 제15조에 따른 인증을 받은 제품 또는 같은 법 제25조에 따른 우수한 단체 표준제품물품, 환경기술 및 환경산업 지원법 제17조에 따라 환경표지의 인증을 받은 물품, 자원의 절약과 재활용촉진에 관한 법률 제33조에 따른 기준에 적합하고 산업기술혁신 촉진법 시행령 제17조 제1항 제3호에 따른 품질 인증을 받은 재활용제품을 구매하는 경우에는 그 품질 인증 등을 받은 물품인지 여부에 따라 입찰참가자격을 제한할 수 있다(국가계약법 시행령 제21조 제1항 제4호).

(5) 특수한 기술이 요구되는 용역계약

특수한 기술이 요구되는 용역계약의 경우 당해 용역수행에 필요한 기술의 보유상황이나 당해 용역과 같은 종류의 용역수행실적에 따라 입찰참가자격을 제한할 수 있다(국가계약법 시행령 제21조 제1항 제5호).

여기서 기술의 보유상황이나 수행실적의 의미는 위 (3)에서 기술한 내용과 같다.

(6) 추정가격이 기획재정부령으로 정하는 금액 미만인 경우의 지역제한

추정가격이 기획재정부령으로 정하는 금액 미만인 계약의 경우에는 법인등기부상 본점소재지(개인사업자인 경우에는 사업자등록증 또는 관련 법령에 따른 허가·인가·면허·등록·신고 등에 관련된 서류에 기재된 사업장의 소재지)를 기준으로 입찰참가자의 자격을 제한할 수 있다(국가계약법 시행령 제21조 제1항 제6호).

여기서 기획재정부령이 정하는 금액은 건설산업기본법에 따른 건설공사, 물품의 제조·구매, 용역, 그 밖의 경우에는 국가계약법 제4조 제1항 각 호 외의 부분 본문에 따른 고시금액[15]으로 하고, 건설산업기본법에 따른 전문공사와 그 밖의 공사의 경우 10억 원이다(국가계약법 시행규칙 제24조 제2항).

국가계약법 시행령 제21조 제1항 제6호는 "법인등기부상 본점소재지"라는 용어를 사용하고 있는데, 이는 2016. 9. 2.자 개정으로 기존의 "주된 영업소의 소재지"라는 용어가 변경된 것이다. 기존에는 특정 지역에서의 지역제한 입찰에 참

---

15) 이와 관련된 고시는 '국가를 당사자로 하는 계약에 관한 법률 등의 기획재정부장관이 정하는 고시금액'(기획재정부고시 제2022-32호, 2022. 12. 30.)을 의미한다.

가하기 위하여 법인등기부상 본점소재지를 해당 지역으로 형식적으로만 이전[16]
하는 경우가 자주 있었고, 이에 따라 법인등기부상 본점소재지가 실제로 주된 영
업소에 해당되는지 여부와 관련하여 잦은 분쟁이 발생하였는바, 이에 따라 획일
적인 기준을 마련하여 발주기관의 계약업무처리에 혼선이 없게 하기 위하여 위와
같이 개정된 것이다.[17]

　구체적인 제한기준은 공사 입찰·계약 집행기준 제4조 제4항에 규정되어 있
는데, 이에 따르면 공사의 경우 공사의 현장이 소재하는 특별시·광역시·도·특별
자치시 및 특별자치도의 관할구역 안에 법인등기부상 본점이 있는 자, 물품제조
나 물품구매의 경우 납품지가 소재하는 시·도의 관할구역 안에 주된 영업소나
본점이 있는 자, 용역의 경우 용역 결과물의 납품지가 소재하는 시·도의 관할구
역 안에 본점이 있는 자로 제한할 수 있다.

　각 중앙관서의 장 또는 계약담당공무원은 공사입찰로서 국가계약법 시행령
제21조 제1항 제6호에 의한 지역제한경쟁입찰을 실시하는 경우 필요하다고 인정
할 때에는 기획재정부령이 정하는 바에 따라 당해 입찰적격자에게 국가계약법 시
행령 제36조 각 호의 사항(입찰공고에 명시하여야 할 사항)을 통지함으로써 입찰공
고에 갈음할 수 있다. 여기서 기획재정부령이 정하는 바란, 일반적으로 현장설명
일 7일 전(현장설명을 하지 아니하는 경우에는 입찰서 제출마감일 7일 전), 다만 긴급을
요하는 경우에는 입찰서 제출마감일 5일 전까지 국가계약법 시행규칙 별지 제2호
서식의 경쟁입찰참가통지서에 따라 입찰참가통지를 하는 것을 의미한다(국가계약
법 시행규칙 제26조 제1항, 제2항).

(7) 공사의 성질별·규모별 제한

　각 중앙관서의 장 또는 계약담당공무원은 공사를 성질별·규모별로 유형화하
여 이에 상응하는 경쟁제한기준을 정하고 이를 미리 전자조달시스템에 공고하여
경쟁참가적격자로 하여금 등록신청을 하게 할 수 있다(국가계약법 시행령 제21조
제1항 제7호, 제22조 제1항). 각 중앙관서의 장 또는 계약담당공무원이 이러한 등

---

16) 사무실 하나만을 임대하여 해당 사무실을 본점으로 등기해놓고 직원 등은 거의 해당 사무
　　실에서 근무하지 않는 형태 등.
17) 2016. 9. 2. 대통령령 제27475호로 개정된 국가를 당사자로 하는 계약에 관한 법률 시행
　　령 개정이유 참조.

록신청을 받은 때에는 이를 심사하여 유형별·등급별로 경쟁참가적격자를 선정하여 등록을 하고 공사 입찰시마다 당해 경쟁참가적격자에게 국가계약법 시행령 제36조 각 호의 사항(입찰공고에 명시하여야 할 사항)을 통지하여 입찰참가신청을 하게 할 수 있다(국가계약법 시행령 제22조 제2항). 각 중앙관서의 장이 이러한 규정에 의하여 경쟁제한기준을 정하고자 할 때에는 기획재정부장관과 협의하여야 한다(국가계약법 시행령 제22조 제3항).

(8) 중소기업제품 구매촉진 및 판로지원에 따른 제한

가) 중소기업제품구매촉진 및 판로지원에 관한 법률 시행령 제6조에 따른 지정·공고 물품 제조·구매의 경우

발주기관이 중소기업제품구매촉진 및 판로지원에 관한 법률 시행령 제6조[18]에 따라 중소벤처기업부장관이 지정·공고한 물품을 제조·구매하는 경우에는 중소기업기본법 제2조[19]에 따른 중소기업자로 제한할 수 있다(국가계약법 시

---

18) **중소기업제품구매촉진 및 판로지원에 관한 법률 시행령**
   제6조(중소기업자간 경쟁제품의 지정)
   ① 중소벤처기업부장관은 법 제6조 제1항에 따라 중소기업자간 경쟁 제품(이하 "경쟁제품"이라 한다)을 지정하려는 경우에는 제4항에 따른 경쟁제품의 유효기간이 끝나는 연도의 다음 회계연도가 시작되기 전에 중소기업중앙회의 회장(이하 "중앙회장"이라 한다)의 추천을 받아 관계 중앙행정기관의 장과의 협의를 거쳐 경쟁제품을 지정하고 공고하여야 한다. 이 경우 중앙회장은 해당 제품의 경쟁제품 지정 타당성 등을 충분히 검토하여 추천하여야 한다.
   ② 중소벤처기업부장관은 경쟁제품의 지정을 추가하거나 제외하는 것이 특히 필요하다고 인정하면 제1항에 따른 기한에도 불구하고 관계 중앙행정기관의 장과 협의하여 추가되거나 제외되는 경쟁제품을 따로 지정하여 공고할 수 있다.
   ③ 법 제6조 제2항 후단에 따라 관계 중앙행정기관의 장은 경쟁제품의 지정 제외를 요청하려면 다음 각 호의 사항을 고려하여 그 제외 사유와 제외 필요성 등을 적은 서면으로 요청하여야 한다.
      1. 해당 제품에 대한 법 제7조 제1항에 따른 중소기업자간 경쟁입찰(이하 "중소기업자간 경쟁입찰"이라 한다) 가능성
      2. 해당 제품 관련 중소기업자의 육성 필요성
   ④ 제1항 전단에 따라 지정·공고된 경쟁제품은 그 지정의 효력이 발생하는 날부터 3년간 효력을 가진다. 다만, 제2항에 따라 지정된 경쟁제품의 효력이 종료되는 날은 제1항에 따라 지정된 경쟁제품의 효력이 종료되는 날과 같다.
   ⑤ 제1항부터 제4항까지에서 규정한 사항 외에 경쟁제품의 지정 절차 등 경쟁제품의 지정에 필요한 세부사항은 중소벤처기업부장관이 정하여 고시한다.
19) **중소기업기본법**
   제2조(중소기업자의 범위)

행령 제21조 제1항 제8호).

나) 중소기업제품 구매촉진 및 판로지원에 관한 법률 제7조의2 제2항 제1호에
따른 제한경쟁입찰 방법에 따른 물품 제조·구매·용역계약의 경우
발주기관은 중소기업제품 구매촉진 및 판로지원에 관한 법률 제7조의2[20]
제2항 제1호에 따른 제한경쟁입찰 방법에 따라 물품 제조·구매계약 또는 용역
계약을 체결하는 경우에는 같은 호에 따른 공동사업에 참여한 소기업인 또는 소

---

① 중소기업을 육성하기 위한 시책(이하 "중소기업시책"이라 한다)의 대상이 되는 중소기
업자는 다음 각 호의 어느 하나에 해당하는 기업(이하 "중소기업"이라 한다)을 영위하는
자로 한다.
1. 다음 각 목의 요건을 모두 갖추고 영리를 목적으로 사업을 하는 기업
가. 업종별로 매출액 또는 자산총액 등이 대통령령으로 정하는 기준에 맞을 것
나. 지분 소유나 출자 관계 등 소유와 경영의 실질적인 독립성이 대통령령으로 정하
는 기준에 맞을 것
2. 「사회적기업 육성법」 제2조 제1호에 따른 사회적기업 중에서 대통령령으로 정하는
사회적기업
3. 「협동조합 기본법」 제2조에 따른 협동조합, 협동조합연합회, 사회적협동조합, 사회
적협동조합연합회 중 대통령령으로 정하는 자
4. 삭제
② 중소기업은 대통령령으로 정하는 구분기준에 따라 소기업과 중기업으로 구분한다.
③ 제1항을 적용할 때 중소기업이 그 규모의 확대 등으로 중소기업에 해당하지 아니하게
된 경우 그 사유가 발생한 연도의 다음 연도부터 3년간 중소기업으로 본다. 다만, 중소
기업 외의 기업과 합병하거나 그 밖에 대통령령으로 정하는 사유로 중소기업에 해당하지
아니하게 된 경우에는 그러하지 아니하다.
④ 중소기업시책별 특성에 따라 특히 필요하다고 인정하면 「중소기업협동조합법」이나 그
밖의 법률에서 정하는 바에 따라 중소기업협동조합이나 그 밖의 법인·단체 등을 중소기
업자로 할 수 있다.
20) 중소기업제품 구매촉진 및 판로지원에 관한 법률
제7조의2(소기업 및 소상공인에 대한 경쟁제품 조달계약에 관한 특례)
① 공공기관의 장은 제7조 제1항에도 불구하고 경쟁제품 중에서 중소벤처기업부장관이
지정한 물품 또는 용역에 대해서는 소기업 또는 소상공인만을 대상으로 하는 제한경쟁입
찰에 따라 조달계약을 체결할 수 있다.
② 공공기관의 장은 제7조 제1항에도 불구하고 셋 이상의 소기업 또는 소상공인이 조합과
함께 중소벤처기업부령으로 정하는 공동사업(이하 "공동사업"이라 한다)을 하여 경쟁제품
에 해당하는 물품 또는 용역(이하 "물품등"이라 한다)을 제품화한 경우 해당 물품등에 대
해서는 다음 각 호의 어느 하나에 해당하는 입찰 방법에 따라 조달계약을 체결할 수 있다.
1. 해당 공동사업에 참여한 소기업 또는 소상공인만을 대상으로 하는 제한경쟁입찰
2. 공공기관의 장의 요청에 따라 조합이 추천하는 소기업 또는 소상공인(해당 물품등을
납품할 수 있는 소기업 또는 소상공인을 말한다)만을 대상으로 하는 지명경쟁입찰

상공인으로 제한할 수 있다.

(9) 재무상태에 의한 제한

각 중앙관서의 장 또는 계약담당공무원이 계약이행의 부실화를 방지하기 위하여 필요하다고 특별히 인정하는 경우에는 경쟁참가자의 재무상태에 따라 제한을 할 수 있다(국가계약법 시행령 제21조 제1항 제9호). 여기서 '재무상태'는 현재 부도상태에 있거나 파산 등으로 정상적인 영업활동이 곤란하다고 인정되지 아니하는 경우를 의미한다(정부 입찰·계약 집행기준 제5조 제3항).

(10) 고시금액 미만의 물품 제조·구매 또는 용역

고시금액 미만의 물품의 제조·구매 또는 용역(엔지니어링산업 진흥법 제2조 제3호에 따른 엔지니어링사업 및 건설기술 진흥법 제2조 제3호의 규정에 의한 건설기술용역은 제외)의 경우에는 중소기업기본법 제2조의 규정에 의한 중소기업자로 제한할 수 있다(국가계약법 시행령 제21조 제1항 제10호). 물품의 제조·구매계약, 용역계약에 관한 고시금액은 2억 1천만원이다(기획재정부고시 '국가를 당사자로 하는 계약에 관한 법률 등의 기획재정부 장관이 정하는 고시금액').

(11) 특정지역에 소재하는 자가 생산한 물품의 구매

특정지역에 소재하는 자가 생산한 물품을 구매하려는 경우에는, 중소기업진흥에 관한 법률 제62조의23에 따른 지방중소기업 특별지원지역에 입주(같은 조 제2항에 따른 지정기간만 해당)한 자인지, 농어촌정비법에 따른 농공단지에 입주한 자인지에 따라 제한할 수 있다(국가계약법 시행령 제21조 제1항 제11호).

3. 제한의 한계

(1) 중복제한의 금지

발주기관이 국가계약법 시행령 제21조 제1항에 따라 제한경쟁입찰에 참가할 자의 자격을 제한하는 경우 같은 항 각 호 또는 각 호 내의 사항을 중복적으로 제한하여서는 아니된다(국가계약법 시행규칙 제25조 제5항 본문). 예컨대, 추정가격이 30억 원 이상인 공사의 경우 시공능력 또는 공사실적 중 하나만을 기준으로 제한하거나, 두 가지를 모두 제시하여 그 중 어느 한 쪽을 충족하면 입찰참가를 허용하는 것으로 제한하는 것은 가능하나, 시공능력과 공사실적 두 가지를 모두 충족하여야만 입찰참가를 허용하는 것으로 제한하는 것은 위 규정에서 금지하는 중복제한에 해당한다.[21)]

　　다만 국가계약법 시행령 제21조 제1항 제6호에 따라 지역제한입찰을 실시하는 경우에는 같은 항 제2호의 사항(특수한 기술 또는 공법이 요구되는 공사계약에서 당해 공사수행에 필요한 기술의 보유상황이나 당해 공사와 같은 종류의 공사실적에 따라 제한하는 경우)과 중복하여 제한할 수 있으며, 국가계약법 시행령 제21조 제1항 제8호에 따라 중소벤처기업부장관이 지정·공고한 물품을 제조·구매하는 경우와 중소기업기본법 제2조에 따른 중소기업자로 제한하는 경우, 추정가격이 고시금액 미만인 물품의 제조·구매 또는 용역의 경우에는 같은 항 각 호의 사항과 중복하여 제한할 수 있다(국가계약법 시행규칙 제25조 제5항 단서).

　　기획재정부는, "품질등급업체에 의한 제한이 국가계약법 시행령 제21조 제1항 제2호의 제한경쟁사유인 기술의 보유상황 또는 공사실적에 해당하지 아니한다면 동 사유로 경쟁입찰참가자격을 제한할 수 없을 뿐만 아니라 주된 영업소의 소재지에 의한 제한과도 중복하여 경쟁입찰참가자격을 제한할 수 없다고 할 것임. 다만 품질등급업체 등록이 다른 법령의 규정에 의하여 갖추어야 할 자격요건에 해당한다면 이는 입찰참가자격에 대한 제한이 아니라 국가계약법 시행령 제12조 제1항에서 규정한 경쟁입찰의 참가자격에 해당하게 되므로 국가계약법 시행규칙 제25조 제5항에 따른 중복제한 문제는 발생하지 않는다고 할 것임"이라고 해석하여, 품질등급업체에 의한 제한이 국가계약법 시행령 제21조 제1항 소정의 제한사항에 해당하지 아니한다면 이에 따른 경쟁참가 자격 제한은 애초에 불가능한 것이지만, 만일 이를 다른 법령에 의한 일종의 자격요건이라고 볼 수 있다면 이는 처음부터 경쟁입찰의 제한사유 자체에 해당하지 아니하므로 어느 경우이건 중복제한의 문제는 발생하지 않는다고 보았다.[22)] 그리고 시공능력공시액과 관련하여서는, "귀 기관에서 질의하신 입찰 건은 공사실적과 함께 '공사입찰 특별유의서' 제3조 제3항에 규정된 시공능력공시액을 입찰참가자격으로 요구하고 있어 중복제한에 해당될 소지는 있으나, 시공능력공시액의 경우 입찰 난립을 방지하고 공공시설물의 안전과 품질을 확보하기 위한 정책적 필요에서 도입된 제도로서 입

---

21) 장훈기, 앞의 책, 249면; 같은 취지, 김성근, 앞의 책(Ⅰ), 222면.
22) 계약제도과-975, 2011. 8. 12; 정원, 앞의 책, 188-189면에서 재인용.

찰참가 자격을 제한한다기보다는 적정한 공사 이행능력이 없는 업체를 낙찰자 결정과정에서 배제하는 것으로, 입찰참가자격의 제한사항이라기보다는 결격사유에 해당된다고 보는 것이 타당할 것으로 판단됨"이라고 해석하였다.[23]

(2) 정부 입찰·계약 집행기준이 규정한 과다제한 금지

정부 입찰·계약 집행기준은 제5조 제4항 본문에서 "계약담당공무원은 시행령 제21조 제1항에 의하여 제한경쟁입찰에 참가할 자의 자격을 제한하는 경우에 이행의 난이도, 규모의 대소, 수급상황 등을 적절하게 고려하여야 한다."라고 제한경쟁입찰에서의 자격 제한의 일반론을 규정한 뒤, 단서에서 다음과 같이 국가계약법 시행규칙 제25조 제5항의 중복제한의 금지를 포함하여 금지되는 제한 방법에 대하여 규정하였다.

1. 시행령 제21조 제1항 각 호 또는 각 호 내의 사항을 중복적으로 제한하는 경우. 다만, 시행령 제21조 제1항 제6호에 규정된 사항에 의하여 제한하는 경우에는 동항 제2호에 규정된 사항과 중복하여 제한할 수 있음
2. 특정한 명칭의 실적으로 제한함으로써 유사한 실적이 있는 자의 입찰참가 기회를 제한하는 경우
   가. 농공단지 조성공사에 있어 농공단지 조성실적이 있는 업체만으로 제한함으로써 사실상 공사내용이 동일한 공업단지나 주택단지 등의 조성실적이 있는 자의 입찰참가를 배제
   나. 종합문화예술회관 공사에 있어 종합문화회관 건립 단일공사 관람석 000석 이상 준공실적이 있는 업체로 제한함으로써 시민회관, 강당 등 사실상 내용이 같은 공사실적이 있는 자의 입찰참가를 배제
3. 특정기관이 발주한 준공실적만을 요구하고 다른 기관 및 민간의 실적을 인정하지 않는 경우(예: 국가기관, 지방자치단체 및 공기업·준정부기관 등의 실적만을 인정함으로써 다른 공공기관 및 민간실적을 배제)
4. 해당 공사이행에 필요한 수준 이상의 준공실적을 요구하는 경우(예: 동일 공사에서 교량이 2개 이상 있을 경우 합산한 규모의 실적업체로 제한하여

---

23) 계약제도과-1517, 2011. 12. 14; 정원, 앞의 책, 189면에서 재인용.

1개 규모의 실적보유업체를 배제)

5. 물품의 제조·구매입찰시 부당하게 특정상표 또는 특정규격 또는 모델을 지정하여 입찰에 부치는 경우와 입찰조건, 시방서 및 규격서 등에서 정한 규격·품질·성능과 동등이상의 물품을 납품한 경우에 특정상표 또는 모델이 아니라는 이유로 납품을 거부하는 경우(예: 특정 수입품목의 모델을 내역서에 명기하여 품질 및 성능면에서 동등이상인 국산품목의 납품을 거부)

6. 지역제한경쟁입찰을 하는 경우에 본점이 공사의 현장·납품지 등이 소재하는 시·도의 관할구역안에 있는 자로 제한하여야 함에도 시·군·자치구의 관할구역안에 있는 자로 제한하는 경우

7. 일반경쟁입찰이 가능함에도 과도하게 실적 등으로 제한하는 경우[예: 빗물 펌프장(유수지) 공사에서 펌프 용량으로 실적제한]

8. 관련법령 등에 의해 1개의 등록만으로 시공이 가능함에도 2개이상의 등록을 요구하는 등 등록요건을 강화하는 경우

9. 교량이나 도로공사 발주시 공사의 실적을 평가하는데 주요한 기준의 규모(또는 양)로 제한하지 아니하고, 폭 등 독특한 실적만으로 제한하는 경우 및 폭, 연장, 경간장, 공법 등을 모두 제한하는 경우

10. 창의성이 요구되는 건축설계 등 문화예술관련 용역에 대해서 용역수행실적으로 제한하는 경우

11. 시행령 제73조의2에 의한 건설사업관리용역을 발주함에 있어 시공 단계의 건설사업관리 용역이 해당용역의 주요부분임에도 불구하고 건설사업관리 실적만을 요구하는 등 시공 단계의 건설사업관리 용역실적을 인정하지 않는 경우

Ⅳ. 지명경쟁입찰

1. 기본개념

지명경쟁입찰이란, 발주기관이 계약의 목적, 성질, 규모 등을 고려하여 필요하다고 인정될 때 대통령령에서 정하는 일정한 요건에 따라 참가자를 지명하여 경쟁에 부치는 것을 의미한다(국가계약법 제7조 제1항 단서).

지명경쟁입찰을 실시할 경우 일반경쟁입찰이나 제한경쟁입찰에 비하여 불성실하거나 능력이 부족한 자가 입찰에 참가하여 공정한 경쟁을 저해할 위험성을 줄일 수 있고, 행정적 부담도 줄일 수 있다는 장점이 있는 반면 특정인에게만 입찰참가를 허용하여 담합을 용이하게 함으로써 한편으로는 오히려 경쟁의 실효성이 상실될 가능성을 높일 수도 있다는 단점이 있다.[24]

2. 지명경쟁입찰에 부칠 수 있는 경우

국가계약법 제7조 제1항 단서에 규정된 지명경쟁입찰에 부칠 수 있는 '대통령령으로 정하는 바'란 국가계약법 시행령 제23조 제1항 각 호의 규정을 의미한다. 이는 다음과 같다.

1. 계약의 성질 또는 목적에 비추어 특수한 설비·기술·자재·물품 또는 실적이 있는 자가 아니면 계약의 목적을 달성하기 곤란한 경우로서 입찰대상자가 10인 이내인 경우
2. 건설산업기본법에 따른 건설공사로서 추정가격이 4억원 이하인 공사(같은 법에 따른 전문공사의 경우에는 추정가격이 2억원 이하인 공사) 또는 그 밖의 공사 관련 법령에 따른 공사로서 추정가격이 1억 6천만원 이하인 공사를 하거나 추정가격이 1억원 이하인 물품을 제조할 경우
3. 추정가격이 5천만원 이하인 재산을 매각 또는 매입할 경우
4. 예정임대·임차료의 총액이 5천만원 이하인 물건을 임대·임차할 경우
5. 공사나 제조의 도급, 재산의 매각 또는 물건의 임대·임차 외의 계약으로서 추정가격이 5천만원 이하인 경우
6. 산업표준화법 제15조[25]에 따른 인증을 받은 제품

---

24) 장훈기, 앞의 책, 194면; 정원, 앞의 책, 289면.
25) **산업표준화법**
   제15조(제품의 인증)
   ① 산업통상자원부장관이 필요하다고 인정하여 심의회의 심의를 거쳐 지정한 광공업품을 제조하는 자는 공장 또는 사업장마다 산업통상자원부령으로 정하는 바에 따라 인증기관으로부터 그 제품의 인증을 받을 수 있다.
   ② 제1항에 따라 제품의 인증을 받은 자는 그 제품·포장·용기·납품서 또는 보증서에 산업통상자원부령으로 정하는 바에 따라 그 제품이 한국산업표준에 적합한 것임을 나타내는

7. 삭제

8. 국가계약법 제7조 단서 및 국가계약법 시행령 제26조의 규정에 의하여 수의
   계약에 의할 수 있는 경우[26]

9. 자원의 절약과 재활용촉진에 관한 법률 제33조[27])의 규정에 의한 기준에 적
   합하고 산업기술혁신 촉진법 시행령 제17조 제1항 제3호[28])에 따른 품질인
   증을 받은 재활용제품 또는 환경기술 및 환경산업 지원법 제17조[29])의 규정
   에 의한 환경표지의 인증을 받은 제품을 제조하게 하거나 구매하는 경우

10. 중소기업제품 구매촉진 및 판로지원에 관한 법률 시행령 제6조에 따라 중
    소벤처기업부장관이 지정·공고한 물품을 중소기업기본법 제2조에 따른 중
    소기업자로부터 제조·구매할 경우[30])

표시(이하 이 조에서 "제품인증표시"라 한다)를 하거나 이를 홍보할 수 있다.
   ③ 제1항에 따른 인증을 받은 자가 아니면 제품·포장·용기·납품서·보증서 또는 홍보물
   에 제품인증표시를 하거나 이와 유사한 표시를 하여서는 아니 된다.
   ④ 제3항을 위반하여 제품인증표시를 하거나 이와 유사한 표시를 한 제품을 그 사실을 알
   고 판매·수입하거나 판매를 위하여 진열·보관 또는 운반하여서는 아니 된다.
26) 기획재정부는 이와 관련하여, 국가계약법 제7조 및 같은 법 시행령 제26조에 따라 수의계
   약에 의할 수 있는 경우뿐만 아니라, 다른 법령에 따라 수의계약에 의할 수 있는 경우에도
   이 조항에 따라 지명경쟁입찰에 부칠 수 있다고 해석하였다(계약제도과-1455, 2015. 10.
   13; 박현석, 앞의 책, 255면에서 재인용).
27) **자원의 절약과 재활용촉진에 관한 법률**
   제33조(재활용품의 규격·품질기준) 산업통상자원부장관은 환경부장관과 협의하여 재활용품
   의 품목별 규격·품질기준을 정할 수 있다.
28) **산업기술혁신 촉진법 시행령**
   제17조(개발기술사업화촉진사업)
   ① 법 제15조 제2항 제6호에서 "대통령령으로 정하는 사업"이란 다음 각 호의 사업을 말
   한다.
      3. 개발된 기술을 실용화하여 생산되는 산업기술혁신·재활용 제품 및 품질에 대한 인증
29) **환경기술 및 환경산업 지원법**
   제17조(환경표지의 인증)
   ① 환경부장관은 같은 용도의 다른 제품(기기, 자재 및 환경에 영향을 미치는 서비스를 포
   함한다. 이하 같다)에 비하여 제품의 환경성을 개선한 경우 그 제품에 대하여 환경표지의
   인증을 할 수 있다.
   ② 제1항에 따른 인증을 받으려는 자는 대통령령으로 정하는 바에 따라 환경부장관에게
   신청하여야 한다.
   ③ 제1항에 따른 환경표지의 인증을 위한 대상 제품의 선정·폐지에 필요한 사항은 대통령
   령으로 정하며, 대상 제품별 인증기준은 환경부장관이 정하여 고시한다.
30) 이에 관하여는 앞의 Ⅲ. 2. (2) (8) 가) **중소기업제품구매촉진 및 판로지원에 관한 법률 시행령**

11. 중소기업제품 구매촉진 및 판로지원에 관한 법률 제7조의2 제2항 제2호[31]에 따라 각 중앙관서의 장의 요청으로 중소기업협동조합법 제3조 제1항[32]에 따른 중소기업협동조합이 추천하는 소기업 또는 소상공인(해당 물품 등을 납품할 수 있는 소기업 또는 소상공인을 말한다)으로 하여금 물품을 제조하게 하거나 용역을 수행하게 하는 경우

3. 지명기준

국가계약법 시행규칙 제27조는 발주기관이 지명경쟁입찰에 부칠 수 있는 경우 중 국가계약법 시행령 제23조 제1항 제1호 내지 제3호, 제6호, 제9호에 따라 지명경쟁입찰에 참가할 자를 지명하는 경우에는 같은 조 각 호의 기준에 의하여 지명하여야 한다고 규정하고 있다. 각 호의 기준은 아래에 항목을 바꾸어 설명한다.

한편 기획재정부는 국가계약법 시행규칙 제27조 제1, 2호에 따른 지명기준이 적용되는 경우는 국가계약법 시행령 제23조 제1항 제1호 내지 제3호, 제6호, 제9호에 해당하는 경우이므로, 만일 국가계약법 시행령 제23조 제1항 제8호(수

제6조에 따른 지정·공고 물품 제조·구매의 경우 참조.

31) **중소기업제품 구매촉진 및 판로지원에 관한 법률**
제7조의2(소기업 및 소상공인에 대한 경쟁제품 조달계약에 관한 특례)
① 공공기관의 장은 제7조 제1항에도 불구하고 경쟁제품 중에서 중소벤처기업부장관이 지정한 물품 또는 용역에 대해서는 소기업 또는 소상공인만을 대상으로 하는 제한경쟁입찰에 따라 조달계약을 체결할 수 있다.
② 공공기관의 장은 제7조 제1항에도 불구하고 셋 이상의 소기업 또는 소상공인이 조합과 함께 중소벤처기업부령으로 정하는 공동사업(이하 "공동사업"이라 한다)을 하여 경쟁제품에 해당하는 물품 또는 용역(이하 "물품등"이라 한다)을 제품화한 경우 해당 물품등에 대해서는 다음 각 호의 어느 하나에 해당하는 입찰 방법에 따라 조달계약을 체결할 수 있다.
  2. 공공기관의 장의 요청에 따라 조합이 추천하는 소기업 또는 소상공인(해당 물품등을 납품할 수 있는 소기업 또는 소상공인을 말한다)만을 대상으로 하는 지명경쟁입찰
32) **중소기업협동조합법**
제3조(종류 등)
① 중소기업협동조합의 종류는 다음 각 호와 같다.
  1. 협동조합(이하 "조합"이라 한다)
  2. 사업협동조합(이하 "사업조합"이라 한다)
  3. 협동조합연합회(이하 "연합회"라 한다)
  4. 중소기업중앙회(이하 "중앙회"라 한다)

의계약에 의할 수 있는 경우)에 해당하는 경우에는 국가계약법령상 별도의 지명기준이 정해져 있지 않으므로 발주기관이 사업목적 등을 고려하여 지명기준을 정할 수 있다고 해석하였다.[33]

(1) 공사

국가계약법 시행규칙 제27조 제1호는 공사계약과 관련하여 지명경쟁입찰을 실시할 때, 시공능력을 기준으로 지명하는 경우에는 국가계약법 시행규칙 제25조 제2항 제2호를 준용하여 당해 추정가격의 1배 이내에서 지명하고, 신용과 실적 및 경영상태를 기준으로 업체를 지명하되 특수한 기술의 보유가 필요한 경우에는 이를 보유한 자를 지명하도록 규정하고 있다. 정부 입찰·계약 집행기준은 제6조에 이에 관하여 보다 상세한 규정을 두고 있다.[34]

(2) 물품의 제조·구매 등

국가계약법 시행규칙 제27조 제2호는 물품의 제조·구매, 수리·가공 등 계약의 성질이나 목적에 비추어 특수한 기술, 기계·기구, 생산설비 등을 보유하고 있는 자로 하여금 행하게 할 필요가 있는 경우에는 이를 보유한 자를 지명하도록 규정하고 있다.

4. 지명경쟁입찰 대상자의 지명 및 통지

발주기관이 국가계약법 시행령 제23조에 따라 지명경쟁입찰에 부치고자 할 때에는 5인 이상의 입찰대상자를 지명하여 그 중 2인 이상의 입찰참가신청이 있어야 한다. 다만 지명대상자가 5인 미만인 때에는 그 대상자를 모두 지명하여야

---

33) 회계제도과-13, 2010. 1. 5; 장훈기, 앞의 책, 295면.
34) **정부 입찰·계약 집행기준**
   제6조(선정기준) 계약담당공무원은 시행규칙 제27조에 따라 공사를 지명경쟁입찰로 집행하고자 하는 경우에는 다음 각 호의 기준에 의하여 지명업체를 선정하여야 한다.
   1. 시공능력을 기준으로 지명하고자 할 때에는 시공능력 일련순위에 따라 지명할 것
   2. 특수기술을 필요로 하는 공사로서 전문적인 기술의 보유자가 아니면 계약목적의 달성이 곤란한 때에는 그 기술보유자중에서 시공능력 순위에 따라 지명할 것
   3. 특수공법을 필요로 하는 공사의 경우에 동종공사의 시공실적의 보유자가 아니면 계약목적의 달성이 곤란한 때에는 그 실적보유자중에서 시공능력 순위에 따라 지명할 것
   4. 시행령 제23조제1항제2호에 따른 공사에 시·도업체만을 지명하고자 할 때에는 해당 시·도업체의 시공능력 순위에 따라 지명할 것

한다(국가계약법 시행령 제24조 제1항).

이 경우 발주기관은 입찰공고를 하였다면 명시하였어야 할 사항을 각 입찰 대상자에게 통지하여야 하는데(국가계약법 시행령 제24조 제2항), 통지 방법은 일반적으로 현장설명일 7일 전(현장설명을 하지 아니하는 경우에는 입찰서 제출마감일 7일전), 다만 긴급을 요하는 경우에는 입찰서 제출마감일 5일 전까지 국가계약법 시행규칙 별지 제2호 서식의 경쟁입찰참가통지서에 의하여야 한다(국가계약법 시행령 제24조 제3항, 국가계약법 시행규칙 제30조, 제26조 제1항, 제2항).

5. 지명경쟁입찰의 보고 등

계약담당공무원은 지명경쟁입찰에 의하여 계약을 체결하고자 할 때 그 내용을 소속 중앙관서의 장에게 보고하여야 하고, 각 중앙관서의 장은 이를 감사원에게 통지하여야 한다(국가계약법 시행령 제23조 제2항).

계약담당공무원이 중앙관서의 장에게 지명경쟁입찰에 따른 계약 체결에 관하여 보고할 때에는 계약서 사본과 계약의 목적·예산과목·적용 법령조문 및 구체적인 적용사유·기타 참고사항을 명백히 한 서류를 제출하여야 하고(국가계약법 시행규칙 제29조 제1항), 각 중앙관서의 장이 감사원에게 이를 통지하는 경우에도 동일한 서류를 함께 제출하여야 한다(국가계약법 시행규칙 제29조 제2항).

각 중앙관서의 장 또는 계약담당공무원은 지명경쟁입찰참가자로 지명된 자로부터 국가계약법 시행규칙 제27조의 규정에 의한 지명기준에 적합함을 증명하는 서류를 제출받아 이를 비치하여야 한다(국가계약법 시행규칙 제29조 제3항).

V. 수의계약

1. 기본개념

수의계약이란 경쟁입찰을 거치지 아니하고 특정인을 상대로 하여 계약을 체결하는 것을 의미한다.

이는 일반경쟁이라는 국가계약의 원칙에 대한 예외에서도 가장 예외적인 형태의 계약 방식이므로, 국가계약법 제7조 제1항 단서에 규정된 바에 따라 계약의 목적, 성질, 규모 등을 고려하여 필요하다고 인정되는 경우 대통령령으로 정하는 바에 따라서만 제한적으로 이루어져야 한다. 현행 규정상 수의계약이 허용되는 경우는 그 특성상 계약상대자가 1인밖에 없거나, 계속공사로 인해 새로운 입찰절차가 불필요하거나, 긴급히 계약을 체결할 필요가 있는 경우, 계약금액이 소액인 경우, 중소기업 보호 등 특수목적을 위한 경우 등으로 한정된다.[35]

국가계약법 시행령 제32조는 수의계약의 체결에 관한 경우에도 경쟁입찰의 참가자격에 관한 제12조 제1항 및 제3항 내지 제6항을 준용하도록 정하고 있으므로, 수의계약을 체결하고자 하는 자라고 하더라도 경쟁입찰에 참가할 수 있는 자격은 갖추고 있어야 한다.

2. 수의계약에 의할 수 있는 경우

국가계약법 시행령 제26조 제1항은 각 호로 수의계약에 의할 수 있는 경우를 규정하고 있고, 제27조는 재공고입찰에서의 수의계약, 제28조는 낙찰자가 계약을 체결하지 아니할 때의 수의계약, 제29조는 분할수의계약에 관하여 각각 규정하고 있다.

(1) 경쟁에 부칠 여유가 없거나 경쟁에 부쳐서는 계약의 목적을 달성하기 곤란하다고 판단되는 경우(국가계약법 시행령 제26조 제1항 제1호)

이에 관한 구체적인 경우로서, 천재 지변, 감염병 예방 및 확산 방지, 작전상의 병력 이동, 긴급한 행사, 긴급복구가 필요한 수해 등 비상재해, 원자재의 가격 급등, 사고방지 등을 위한 긴급한 안전진단·시설물 개선, 그 밖에 이에 준하는 경우(가목), 국가안전보장, 국가의 방위계획 및 정보활동, 군시설물의 관리, 외교관계, 그 밖에 이에 준하는 경우로서 보안상 필요가 있거나, 국가기관의 행위를 비밀리에 할 필요가 있는 경우(나목), 방위사업청장이 군용규격물자를 연구개발한 업체 또는 비상대비자원 관리법에 따른 중점관리대상업체로부터 군용규격물자(중점관리대상업체의 경우에는 방위사업청장이 지정하는 품목에 한정)를 제조·구매하는 경우(다목), 비상재해가 발생한 경우에 국가가 소유하는 복구용 자재를 재해를 당한 자에게 매각하는 경우(라목)가 있다.

가목의 긴급한 행사, 감염병 예방 및 확산방지, 긴급복구가 필요한 수해 등 비상재해 그 밖에 이에 준하는 경우로서 경쟁에 부칠 여유가 없을 경우라 함은 국가계약법 시행령 제35조 제4항 등에 따라 긴급 입찰공고에 의한 경쟁입찰에

---

35) 장훈기, 앞의 책, 297면; 정원, 앞의 책, 199면.

의하더라도 계약목적의 달성이 곤란한 경우를 말한다(정부 입찰·계약 집행기준 제7조의2).

(2) 특정인의 기술이 필요하거나 해당 물품의 생산자가 1인뿐인 경우 등 경쟁이 성립될 수 없는 경우(국가계약법 시행령 제26조 제1항 제2호)

이에 해당하는 경우로서 국가계약법 시행령 제26조 제1항 제2호가 규정한 바는 다음 각 목과 같다.

가. 공사와 관련하여 장래 시설물의 하자에 대한 책임 구분이 곤란한 경우로서 직전 또는 현재의 시공자와 계약을 하는 경우

나. 작업상 혼란이 초래될 우려가 있는 등 동일 현장에서 2인 이상의 시공자가 공사를 할 수 없는 경우로서 현재의 시공자와 계약을 하는 경우

다. 마감공사와 관련하여 직전 또는 현재의 시공자와 계약을 하는 경우

라. 접적지역 등 특수지역에서 시행하는 공사로서 사실상 경쟁이 불가능한 경우

마. 특허공법을 적용하는 공사 또는 건설기술 진흥법 제14조에 따라 지정·고시된 신기술, 환경기술 및 환경산업 지원법 제7조에 따라 인증받은 신기술이나 검증받은 기술, 종전의 전력기술관리법(법률 제13741호로 개정되기 전의 것을 말한다) 제6조의2에 따라 지정·고시된 새로운 전력기술 또는 자연재해대책법 제61조에 따라 지정·고시된 방재신기술(각 해당 법률에 따라 지정된 보호기간 또는 유효기간 내의 경우로 한정한다)을 적용하는 공사로서 사실상 경쟁이 불가능한 경우

바. 해당 물품을 제조·공급한 자가 직접 그 물품을 설치·조립 또는 정비하는 경우

사. 이미 조달된 물품의 부품교환 또는 설비확충 등을 위하여 조달하는 경우로서 해당 물품을 제조·공급한 자 외의 자로부터 제조·공급을 받게 되면 호환성이 없게 되는 경우

아. 특허를 받았거나 실용신안등록 또는 디자인등록이 된 물품을 제조하게 하거나 구매하는 경우로서 적절한 대용품이나 대체품이 없는 경우

자. 해당 물품의 생산자 또는 소지자가 1인뿐인 경우로서 다른 물품을 제조하

게 하거나 구매해서는 사업목적을 달성할 수 없는 경우

차. 특정인의 기술·품질이나 경험·자격을 필요로 하는 조사·설계·감리·특수
  측량·훈련 계약, 특정인과의 학술연구 등을 위한 용역 계약, 관련 법령에
  따라 디자인공모에 당선된 자와 체결하는 설계용역 계약의 경우

카. 특정인의 토지·건물 등 부동산을 매입하거나 재산을 임차 또는 특정인에
  게 임대하는 경우

타. 매장유산 보호 및 조사에 관한 법률 제11조에 따른 매장유산 발굴 용역으
  로서 같은 법 시행령 제7조제1항제4호에 따른 시굴(試掘)조사 후 정밀발
  굴조사로 전환되는 경우

위 가목의 "하자에 대한 책임 구분이 곤란한 경우"라 함은 금차공사가 시공
중에 있는 전차공사 또는 하자담보책임기간 내에 있는 전차공사와 그 수직적 기
초를 공통으로 할 경우와 전차시공물의 일부를 해체 또는 변경하여 이에 접합시
키는 경우를 말한다(정부 입찰·계약 집행기준 제8조 제1항 제1호). 나목의 "동일 현
장에서 2인 이상의 시공자가 공사를 할 수 없는 경우"란 금차공사가 시공 중에
있는 전차공사와 시공 과정상 시간적, 공간적으로 중복되는 경우를 의미한다(정
부 입찰·계약 집행기준 제8조 제1항 제2호). 다목의 "마감공사"란 시공 중에 있는 전
차공사 또는 하자담보책임기간 내에 있는 전차공사에 대한 뒷마무리공사와 성토,
옹벽, 포장 등의 부대시설공사를 말한다(정부 입찰·계약 집행기준 제8조 제1항 제3
호). 라목과 마목의 "사실상 경쟁이 불가능한 경우"는 금차공사가 접적지역, 도서
지역, 고산벽지 또는 이에 준하는 특수지역의 공사이거나 특허공법에 의한 공사
및 건설기술 진흥법 제14조에 따라 지정·고시된 신기술, 환경기술 및 환경산업지
원법 제7조에 따라 인증 내지 검증받은 기술 또는 전력기술관리법 제6조의2에
따른 신기술(같은 법에 따라 지정된 보호기간 내로 한정)을 적용하는 공사로서 입찰
적격자가 한정되어 경쟁이 실질적으로 곤란한 경우를 의미한다(정부 입찰·계약
집행기준 제8조 제1항 제4호). 바목의 "해당 물품을 제조·공급한 자가 직접 그 물
품을 설치·조립 또는 정비하는 경우"란 해당 물품을 설치·조립 또는 정비하는
공사를 제조·공급과 분리하여 시행하는 경우 해당 물품을 제조·공급한 자가 직
접 설치·조립 또는 정비하는 것이 공사비 및 공사기간에 있어서 국가기관에게

유리한 경우를 말한다(정부 입찰·계약 집행기준 제8조 제1항 제5호).

기획재정부는 위 가목의 "직전시공자"란, 공정순서와 상관없이 금차공사와 수직적 기초를 공통으로 하는 전차공사를 시공한 시공자와 전차시공물의 일부를 해체 또는 변경하여 이에 접합시키는 공사의 경우 그 전차 시공물을 시공한 자를 말한다고 해석하였다.[36] 그리고 위 자목의 "해당 물품의 생산자 또는 소지자"란 국내의 생산자 또는 소지자로 한정하여야 한다고 해석하였다.[37]

한편 위 가목 내지 다목에 따라 직전 또는 현재의 시공자와 수의계약을 체결할 수 있는 계속공사(국가계약법 시행령 제26조 제1항 제2호 가목부터 다목까지의 규정에 따라 직전 또는 현재의 시공자와 수의계약을 체결할 수 있는 공사를 말한다)에 있어서 해당 공사 이후의 계약금액은 예정가격에 제1차 공사의 낙찰률(예정가격에 대한 낙찰금액 또는 계약금액의 비율)을 곱한 금액 이하로 하여야 한다(국가계약법 시행령 제31조 본문). 다만 기획재정부장관이 정하는 아래의 경우에는 예외로 한다(국가계약법 시행령 제31조 단서, 정부 입찰·계약 집행기준 제9조 제2항).

1. 제1차 공사의 낙찰률이 100분의 87.75 미만인 경우로서 계속공사의 추정가격이 10억원(전문공사 및 전기·정보통신·소방·국가유산공사 등은 3억원) 미만인 공사는 해당 예정가격에 100분의 87.75를 곱한 금액
2. 제1차 공사의 낙찰률이 100분의 86.75 미만인 경우로서 계속공사의 추정가격이 50억원미만 10억원(전문공사 및 전기·정보통신·소방·국가유산공사 등은 3억원) 이상인 공사는 해당 예정가격에 100분의 86.75를 곱한 금액
3. 제1차 공사의 낙찰률이 100분의 85.5 미만인 경우로서 계속공사의 추정가격이 100억원 미만 50억원 이상인 공사는 해당 예정가격에 100분의 85.5를 곱한 금액

(3) 중소기업진흥에 관한 법률 제2조 제1호에 따른 중소기업자가 직접 생산한 제품을 해당 중소기업자로부터 제조·구매하는 경우(국가계약법 시행령 제26조 제1항 제3호)

여기서 중소기업자가 직접 생산한 제품이란 아래 각 목의 제품을 의미한다.

---

36) 계약제도과-879, 2015. 7. 6; 장훈기, 앞의 책, 311-312면에서 재인용.
37) 계약제도과-258, 2014. 2. 25; 박현석, 앞의 책, 262면에서 재인용.

가. 중소기업제품 구매촉진 및 판로지원에 관한 법률 제15조에 따라 성능인증을 받은 제품

나. 소프트웨어산업 진흥법 제20조에 따라 품질인증을 받은 제품

다. 중소기업 기술혁신 촉진법 제9조 제1항 제3호에 따른 지원을 받아 개발이 완료된 제품으로서 당초의 수요와 연계된 자가 구매를 협약한 제품

라. 산업기술혁신 촉진법 제16조에 따라 신제품으로 인증받은 제품

마. 산업기술혁신 촉진법 제15조의2, 환경기술 및 환경산업 지원법 제7조, 건설기술 진흥법 제14조 또는 재난안전산업 진흥법 제14조에 따라 인증 또는 지정·고시된 신기술을 이용하여 제조한 제품으로서 주무부장관이 상용화 단계에서 성능을 확인한 제품

바. 조달사업에 관한 법률 시행령 제30조에 따라 우수조달물품으로 지정·고시된 제품

사. 조달사업에 관한 법률 시행령 제31조에 따라 지정·고시된 우수조달 공동상표의 물품(기획재정부장관이 고시한 금액 미만의 물품을 구매하는 경우에 한정한다)

아. 삭제

자. 과학기술정보통신부장관이 지능정보화 기본법 제58조에 따른 정보보호시스템의 성능과 신뢰도에 관한 기준에 합치된 것으로 확인한 제품으로서 전자정부법 시행령 제69조에 따라 국가정보원장이 정한 정보보호시스템 유형별 도입요건을 준수한 제품

차. 재난안전산업 진흥법 제16조제1항에 따른 적합성 인증을 받은 재난안전제품

각 중앙관서의 장 또는 계약담당공무원은 위 각 목의 제품을 구매하려는 경우에는 주무부장관(주무부장관으로부터 위임받은 자를 포함)의 해당 물품에 대한 인증 또는 지정 등이 유효한 기간(유효한 기간이 연장된 경우에는 연장된 기간까지 포함)의 범위에서 수의계약을 체결할 수 있다. 다만, 해당 물품에 대한 인증 또는 지정 등이 유효한 기간이 6년을 넘는 경우에는 6년까지만 수의계약을 체결할 수 있다(국가계약법 시행령 제26조 제2항).

(4) 국가유공자 또는 장애인 등에게 일자리나 보훈·복지서비스 등을 제공하기 위한 목적으로 설립된 단체 등과 물품의 제조·구매 또는 용역계약(해당 단체가 직접 생산하는 물품 및 직접 수행하는 용역에 한정)을 체결하거나, 그 단체 등에 직접 물건을 매각·임대하는 경우(국가계약법 시행령 제26조 제1항 제4호)

여기서 국가유공자 또는 장애인 등에게 일자리나 보훈·복지서비스 등을 제공하기 위한 목적으로 설립된 단체 등이란 다음 각 목을 의미한다.

가. 국가보훈처장이 지정하는 국가유공자 자활집단촌의 복지공장
나. 국가유공자 등 단체설립에 관한 법률에 따라 설립된 단체 중 상이를 입은 자들로 구성된 단체
다. 중증장애인생산품 우선구매 특별법 제9조 제1항에 따라 지정받은 중증장애인생산품 생산시설
라. 사회복지사업법 제16조에 따라 설립된 사회복지법인
마. 장애인고용촉진 및 직업재활법 제22조의4 제1항에 따라 인증받은 장애인 표준사업장

발주기관은 위와 같은 요건에 근거하여 수의계약에 의하는 경우에는 수의계약 대상자의 자격요건, 수의계약 대상물품의 직접생산여부를 확인하여야 한다.

(5) 그 밖에 계약의 목적·성질 등에 비추어 경쟁에 따라 계약을 체결하는 것이 비효율적이라고 판단되는 다음의 경우(국가계약법 시행령 제26조 제1항 제5호)

국가계약법 시행령 제26조 제1항 제5호는 제1호부터 제4호로 유형화하기 어려운 경우를 규정하면서도 일반규정 형식의 조항 없이 다음 각 목으로 한정하고 있다.

가. 다음의 어느 하나에 해당하는 계약
1) 건설산업기본법에 따른 건설공사(같은 법에 따른 전문공사는 제외한

다)로서 추정가격이 4억원 이하인 공사, 같은 법에 따른 전문공사로서 추정가격이 2억원 이하인 공사 및 그 밖의 공사 관련 법령에 따른 공사로서 추정가격이 1억6천만원 이하인 공사에 대한 계약

2) 추정가격이 2천만원 이하인 물품의 제조·구매계약 또는 용역계약

3) 추정가격이 2천만원 초과 1억원 이하인 계약으로서 중소기업기본법 제2조제2항에 따른 소기업 또는 소상공인기본법 제2조에 따른 소상공인과 체결하는 물품의 제조·구매계약 또는 용역계약. 다만, 제30조제1항제3호 및 같은 조 제2항 단서에 해당하는 경우에는 소기업 또는 소상공인 외의 자와 체결하는 물품의 제조·구매계약 또는 용역계약을 포함한다.

4) 추정가격이 2천만원 초과 1억원 이하인 계약 중 학술연구·원가계산·건설기술 등과 관련된 계약으로서 특수한 지식·기술 또는 자격을 요구하는 물품의 제조·구매계약 또는 용역계약

5) 추정가격이 2천만원 초과 1억원 이하인 계약으로서 다음의 어느 하나에 해당하는 자와 체결하는 물품의 제조·구매계약 또는 용역계약

　　가) 여성기업지원에 관한 법률 제2조 제1호에 따른 여성기업

　　나) 장애인기업활동 촉진법 제2조 제2호에 따른 장애인기업

　　다) 사회적기업 육성법 제2조 제1호에 따른 사회적기업, 협동조합 기본법 제2조 제3호에 따른 사회적협동조합, 국민기초생활보장법 제18조에 따른 자활기업 또는 도시재생 활성화 및 지원에 관한 특별법 제2조 제1항 제9호에 따른 마을기업 중 기획재정부장관이 정하는 요건을 충족하는 자

6) 추정가격이 5천만원 이하인 임대차 계약(연액 또는 총액을 기준으로 추정가격을 산정한다) 등으로서 공사계약 또는 물품의 제조·구매계약이나 용역계약이 아닌 계약

나. 재외공관이 사용하는 물품을 현지에서 구매하는 경우

다. 물품을 가공·하역·운송 또는 보관할 때 경쟁에 부치는 것이 불리하다고 인정되는 경우

라. 방위사업법에 따른 방산물자를 방위산업체로부터 제조·구매하는 경우

마. 다른 법령에 따라 국가사업을 위탁 또는 대행할 수 있는 자와 해당 사업에

대한 계약을 하는 경우
바. 다른 국가기관 또는 지방자치단체와 계약을 하는 경우
사. 조달사업에 관한 법률 제27조 제1항에 따른 혁신제품을 구매하려는 경우
아. 클라우드컴퓨팅 발전 및 이용자 보호에 관한 법률 제20조 제3항에 따라 선
    정된 디지털서비스에 관한 계약을 하는 경우

여기서 가목은 이른바 소액수의계약이라 하는데, 이에 대하여는 아래 '4. 소
액수의계약' 부분에서 별도로 기술한다. 바목의 다른 국가기관은 타 중앙관서를
의미한다.[38]

(6) 재공고입찰의 경우(국가계약법 시행령 제27조)

경쟁입찰을 실시하였으나 입찰자가 1인뿐인 경우로서 재공고입찰을 실시하더
라도 국가계약법 시행령 제12조의 규정에 따른 입찰참가자격을 갖춘 자가 1인밖에
없음이 명백하다고 인정되는 경우나, 재공고입찰에 부쳤으나 입찰자 또는 낙찰자
가 없는 경우에는 수의계약에 의할 수 있다(국가계약법 시행령 제27조 제1항). 이 중
재공고입찰에 부쳤으나 입찰자 또는 낙찰자가 없는 경우에는 국가에게 가장 유리
한 가격을 제시한 자를 계약상대자로 결정하여야 한다(국가계약법 시행규칙 제32조).
위와 같은 사정에 따라 수의계약을 체결할 경우에는 보증금과 기한을 제외
하고는 최초의 입찰에 부칠 때에 정한 가격 및 기타 조건을 변경할 수 없다(국가
계약법 시행령 제27조 제2항). 여기서 보증금은 '계약보증금' 또는 '하자보수보증금'
을, 기한은 '납기'를, 가격은 '예정가격'을, 기타 조건은 '최초의 입찰에 부칠 때 정
한 입찰참가자격 등 당해 입찰참가에 필요한 자격조건 등'을 의미하는 것으로 볼
수 있다.[39]

---

38) 기획재정부는 학교기업이 위 조항의 국가기관에 포함되는지에 대한 질의회신에서, "국가
    를 당사자로 하는 계약에 관한 법률 시행령 제26조 제1항 제3호의 '다른 국가기관'은 국가
    재정법 제6조에서 정한 헌법과 정부조직법 등을 근거로 하여 설치된 독립기관과 중앙행정
    기관(특별지방행정기관, 부속기관, 합의제행정기관 등을 포함)을 의미하는바, 학교기업은
    독립기관 및 중앙행정기관에 포함되지 않으므로 국가를 당사자로 하는 계약에 관한 법률
    시행령 제26조 제1항 제3호의 '다른 국가기관'에 해당하지 않음"이라고 해석하였다(회계
    제도과-1139, 2010. 7. 21.); 정원, 앞의 책, 226면에서 재인용.
39) 정원, 앞의 책, 227면.

(7) 낙찰자가 계약을 체결하지 아니할 경우(국가계약법 시행령 제28조)

낙찰자가 계약을 체결하지 아니할 때에는 그 낙찰금액보다 불리하지 아니한 금액의 범위 안에서 수의계약에 의할 수 있으나, 이 때 기한을 제외하고는 최초의 입찰에 부칠 때 정한 가격 및 기타 조건을 변경할 수 없다(국가계약법 시행령 제28조 제1항). 위 규정은 낙찰자가 계약체결 후 소정의 기일 내에 계약의 이행에 착수하지 아니하거나, 계약이행에 착수한 후 계약상의 의무를 이행하지 아니하여 계약을 해제 또는 해지한 경우에도 준용한다(국가계약법 시행령 제28조 제2항).

위와 같은 규정이 없다면, 낙찰자가 계약을 체결하지 않거나, 계약체결 후 이행을 하지 아니하여 계약을 해제 또는 해지할 경우 발주기관으로서는 당해 계약에 대하여 다시 입찰에 부쳐 계약을 체결하여야 하므로, 위 규정은 이와 같은 입찰절차의 재진행에 따른 시간과 비용의 낭비를 방지하기 위한 규정이라 볼 수 있다.[40)]

(8) 분할수의계약(국가계약법 시행령 제29조)

발주기관은 방위사업법에 따라 방산물자를 방위산업체로부터 제조·구매하는 경우, 경쟁입찰을 실시하였으나 입찰자가 1인뿐인 경우로서 재공고입찰을 실시하더라도 국가계약법 시행령 제12조의 규정에 따른 입찰참가자격을 갖춘 자가 1인밖에 없음이 명백하다고 인정되는 경우나, 재공고입찰에 부쳤으나 입찰자 또는 낙찰자가 없는 경우, 낙찰자가 계약을 체결하지 아니하거나, 계약체결 후 계약이행을 하지 아니하여 계약을 해제 또는 해지하는 경우에 한하여 그 가격 또는 금액보다 불리하지 아니한 금액의 범위 안에서 수인에게 분할하여 계약을 할 수도 있다(국가계약법 시행령 제29조).

3. 수의계약의 절차

(1) 예정가격의 결정 및 비치

각 중앙관서의 장 또는 계약담당공무원은 경쟁입찰뿐만 아니라 수의계약에 부칠 경우에도 당해 규격서 및 설계서 등에 의하여 예정가격을 결정하고 이를 미리 밀봉하여 개찰장소 또는 가격협상장소 등에 두어야 하며 예정가격이 누설되지

---

40) 김성근, 앞의 책(Ⅰ), 252면.

아니하도록 하여야 한다(국가계약법 시행령 제7조의2 제1항).

국가계약법 시행령 제79조 제1항 제5호에 따른 일괄입찰 및 국가계약법 시행령 제98조 제3호에 따른 기본설계 기술제안입찰의 경우 예정가격을 작성하지 않는다. 국가계약법 시행령 제26조 제1항 제5호 가목의 소액수의계약이나 바목에 따라 다른 국가기관 또는 지방자치단체와 수의계약(국가계약법 시행령 제30조 제2항 본문에 따라 견적서를 제출하게 하는 경우는 제외한다), 국가계약법 시행령 제43조에 따른 협상에 의한 계약, 국가계약법 시행령 제43조의3 에 따른 경쟁적 대화에 의한 계약, 국가계약법 시행령 제70조에 따른 개산계약을 체결하려 할 때에는 예정가격을 작성하지 아니할 수 있다.[41]

(2) 견적서의 제출

견적서란 수의계약에서 계약상대자가 되려는 자가 계약목적물의 대가를 산정한 서류로서, 입찰시 입찰참가자가 제출하는 입찰서에 대응하는 개념이라 할 수 있다. 견적서를 제출할 경우 공사에 있어서는 대가 산정의 기초가 되는 산출내역서를 첨부하는 것이 보통이고, 물품구매 등의 경우에는 품목, 수량, 단가를 명확히 한 내역서를 첨부하는 것이 통상적이다. 수의계약에서 견적서를 제출하게 하는 것은, 수의계약의 경우 한정된 상대방과 계약을 체결하기 때문에 계약을 하려는 가격이 부당하게 높은 가격이 되는 등 공정성을 잃을 우려가 있으므로, 계약담당공무원으로 하여금 자체적으로 작성한 예정가격과 그 견적가격을 비교함으로써 가격이 적정한지 여부를 검토함과 동시에 발주기관에게 가장 유리한 조건을 제시하는 자를 계약상대자로 결정하기 위한 것이라 할 수 있다.[42]

각 중앙관서의 장 또는 계약담당공무원은 수의계약을 체결하고자 할 때에는 2인 이상으로부터 견적을 받는 것이 원칙이다(국가계약법 시행령 제30조 제1항 본문). 기획재정부는 이와 관련하여, 국가계약법 시행령에 1인 이상의 사업자가 타 사업자의 견적서를 대신하여 제출하는 것을 금지하는 명문의 규정은 없으나 견적서 제출 제도의 취지가 발주기관이 여러 사업자가 제출하는 견적내용을 종합적으로 고려하여 계약상대자 및 계약금액을 합리적으로 결정하도록 하기 위한 것임을 감안할 때 '2인 이상으로부터 견적서를 제출'받는다는 것은 2인 이상의 사업자 각

---

41) 장훈기, 앞의 책, 346면; 법무법인(유)태평양 건설부동산팀, 앞의 책, 103면.
42) 장훈기, 앞의 책, 344면.

각으로부터 견적서를 제출받는 것으로 한정적으로 보아야 한다고 해석하였고,[43]
대표자가 동일한 2개의 법인이 1건의 수의계약에 동시에 견적서를 제출하였다면
이 역시 2인 이상으로부터 견적서를 받은 경우라 볼 수 없다고 해석하였다.[44]

다만 각 중앙관서의 장 또는 계약담당공무원은 ① 수의계약을 체결하는 경
우로서 국가계약법 시행령 제26조 제1항 제1호 가목·나목, 같은 항 제2호, 같은
항 제5호 마목·사목·아목의 경우, 국가계약법 제27조 및 제28조에 따라 수의계
약을 체결하는 경우(국가계약법 시행령 제30조 제1항 제1호), ② 추정가격이 2천만
원(다만 여성기업, 장애인기업, 사회적 기업 등과 계약을 체결하는 경우에는 5천만 원 이
하) 이하인 경우(국가계약법 시행령 제30조 제1항 제2호), ③ 국가계약법 제26조 제1
항 제5호 가목에 따른 수의계약으로서 추정가격이 2천만 원(다만 여성기업, 장애인
기업, 사회적 기업 등과 계약을 체결하는 경우에는 5천만 원)을 초과하여 전자조달시스
템을 이용하여 견적서를 제출받았으나 견적서 제출자가 1인뿐인 경우로서 다시
견적서를 제출받더라도 견적서 제출자가 1인밖에 없을 것으로 명백히 예상되는
경우(국가계약법 시행령 제30조 제1항 제3호)에는 1인으로부터 받은 견적서에 의할
수 있다(국가계약법 시행령 제30조 제1항 단서).

전기·가스·수도 등의 공급계약이나 추정가격이 100만 원 미만인 물품의
제조·구매·임차 및 용역계약에서는 견적서 제출을 생략하게 할 수도 있다(국가
계약법 시행령 제30조 제7항, 국가계약법 시행규칙 제33조 제3항).

(3) 계약상대자 및 계약금액의 결정

국가계약법 시행령 제30조 제6항은 계약상대자를 결정할 수 없는 경우로서
제출받은 견적서에 기재된 견적가격이 예정가격(제7조의2 제2항에 따라 예정가격
작성을 생략한 경우에는 추정가격에 부가가치세를 포함한 금액)의 범위에 포함되지 아
니한 경우를 들고 있는바, 이 경우에는 다시 견적서를 제출받아 계약상대자와 계
약금액을 결정하여야 한다. 반면에 견적가격이 예정가격의 범위 안이라면 최저
견적가격을 제시한 자와 수의계약을 체결하면 되고, 재차 견적서를 받아 더 낮은
가격으로 계약을 체결할 필요는 없다. 수의계약의 경우에도 예산절감을 위하여
보다 낮은 가격으로만 계약을 체결하려 한다면 경쟁계약과 다를 바가 없게 되기

---

43) 계약제도과-366, 2010. 11. 11; 장훈기, 앞의 책, 350면에서 재인용.
44) 회계제도과-2367, 2004. 12. 17; 장훈기, 앞의 책, 352면에서 재인용.

때문이다.[45)]

  1인으로부터 견적서를 제출받은 경우에도 마찬가지로 견적가격이 예정가격의 범위에 포함되면 견적서 제출자를 계약상대자로 결정하면 될 것이다.

(4) 수의계약 체결에 대한 보고 및 통지

  계약담당공무원은 국가계약법 시행령 제26조 제1항 제1호 다목·라목, 제2호, 제4호 나목·다목 및 제5호 다목·마목에 따라 수의계약을 체결한 때에는 그 내용을 소속 중앙관서의 장에게 보고하여야 하고, 각 중앙관서의 장은 보고받은 사항 중 국가계약법 시행령 제1항 제2호에 따른 계약에 대하여는 이를 감사원에 통지하여야 한다(국가계약법 시행령 제26조 제5항).

  계약담당공무원은 위 규정에 따라 소속 중앙관서의 장에게 수의계약을 보고하고자 할 때 계약서 및 해당 계약서에 첨부하여야 하는 서류의 사본 및 계약의 목적, 예산과목, 적용법령조문 및 구체적인 적용사유, 기타 참고사항을 명백히 한 서류를 소속 중앙관서의 장에게 제출하여야 하고, 각 중앙관서의 장이 감사원에 수의계약의 내용을 통지할 때에도 동일한 서류를 제출하여야 한다(국가계약법 시행규칙 제35조).

(5) 근거서류의 비치

  각 중앙관서의 장 또는 계약담당공무원은 국가계약법 시행령 제26조 제1항 제1호 가목·다목, 제2호, 제3호 가목부터 마목까지, 제4호 가목부터 라목까지 또는 제5호 다목·라목에 따라 수의계약을 체결하려는 경우에는 그 적용사유에 해당되는지의 여부를 입증할 근거서류를 비치하여야 한다(국가계약법 시행규칙 제36조).

4. 소액수의계약

(1) 소액수의계약의 대상

  국가계약법 시행령 제26조 제1항 제5호 가목에 규정된 바와 같이 추정가격을 기준으로 한 계약 유형별 소액수의계약의 대상은 다음과 같다.

---

45) 정원, 앞의 책, 231-232면.

① 건설산업기본법에 따른 건설공사(전문공사 제외): 4억 원 이하

② 건설산업기본법에 따른 전문공사: 2억 원 이하

③ 그 밖의 공사 관련 법령에 따른 공사46): 1억 6천만 원 이하

④ 물품의 제조·구매·용역계약: 2천만 원 이하

⑤ 학술연구·원가계산·건설기술 등과 관련된 계약으로서 특수한 지식·기술 또는 자격을 요구하는 물품의 제조·구매 또는 용역계약: 2천만 원 초과 1억원 이하

⑥ 여성기업, 장애인기업, 사회적기업 등 일정한 자와 체결하는 물품의 제조·구매 또는 용역계약: 2천만 원 초과 1억원 이하

⑦ 임대차 계약 등으로서 공사계약 또는 물품의 제조·구매계약이나 용역계약이 아닌 계약: 5천만원 이하

(2) 소액수의계약의 체결절차

각 중앙관서의 장 또는 계약담당공무원은 소액수의계약 중 추정가격이 2천만 원(국가계약법 시행령 제30조 제1항 제2호 단서에 따른 여성기업, 장애인기업, 사회적기업 등과 계약을 체결하는 경우에는 5천만 원)을 초과하는 수의계약의 경우에는 국가종합전자조달시스템을 이용하여 견적서를 제출하도록 하여야 하는데(국가계약법 시행령 제30조 제2항 본문), 기획재정부장관은 이러한 국가종합전자조달시스템을 이용한 견적서의 제출과 관련한 기준 및 세부절차, 안내공고의 시기 및 기간 등에 관하여 필요한 사항을 정할 수 있다(국가계약법 시행령 제30조 제5항).

이에 따라 정부 입찰·계약 집행기준 제10조 제1항 본문은, 계약담당공무원이 국가계약법 시행령 제26조 제1항 제5호 가목에 따라 소액수의계약을 체결함에 있어 추정가격이 2천만 원(여성기업, 장애인기업, 사회적기업 등과 계약을 체결하는 경우에는 5천만 원)을 초과하는 경우에는 국가종합전자조달시스템을 이용하여 견적서를 제출하도록 하여야 하고, 입찰공고에 명시하여야 할 사항 중 필요한 사항을 견적서제출마감일 전일부터 기산하여 3일 전까지 전자조달시스템을 이용하여 안내공고를 하여야 하도록 정하고 있다.

그리고 정부 입찰·계약 집행기준은, 계약담당공무원이 위와 같이 국가종합전

---

46) 전기공사, 정보통신공사, 소방시설공사 등을 의미한다; 장훈기, 앞의 책, 354면.

자조달시스템을 이용하여 견적서를 제출하게 하는 공사의 경우에는 설계서, 공종별 목적물 물량내역서, 기타 견적서 제출에 필요한 서류를 작성·비치하여야 하고, 견적서제출마감일까지 견적서를 제출하려는 자에게 열람하게 하고 교부하여야 하되, 다만 물량내역서 및 견적서 제출에 필요한 서류를 전자조달시스템에 게재함으로써 열람 또는 교부에 갈음할 수 있다고 정하고 있다(정부 입찰·계약 집행기준 제10조 제3항). 또한 계약담당공무원은 견적서를 제출하려는 자에게 견적금액을 적은 견적서를 제출하게 하고, 계약상대자로 결정된 자에게 공종별 목적물 물량내역서에 단가를 적은 산출내역서를 착공신고서의 제출 시까지 제출하게 하여야 한다고 규정하였다(정부 입찰·계약 집행기준 제10조 제4항).

　　한편 아래의 경우는 국가종합전자조달시스템에 의하지 않을 수 있는데, 이는 계약의 목적이나 특성상 국가종합전자조달시스템에 의한 견적서 제출이 곤란한 경우라 할 수 있다(국가계약법 시행규칙 제33조 제1항, 정부 입찰·계약 집행기준 제10조 제1항 단서).

① 국가계약법 시행령 제12조 제1항의 요건을 갖춘 견적서 제출자가 2인 미만인 경우
② 예정가격 이하로서 소액수의계약 대상자 결정기준을 충족하는 견적서가 없는 경우
③ 견적서를 제출한 자가 1인 이하인 경우 등 계약상대자를 결정할 수 없는 경우(단, 재안내 공고를 실시하더라도 견적서 제출자가 1인밖에 없을 것으로 명백히 예상되는 경우는 제외)

　　그리고 정부 입찰·계약 집행기준 제10조 제1항 본문에 따른 안내공고에 불구하고 다음과 같은 경우에는 재안내공고를 하여야 한다(정부 입찰·계약 집행기준 제10조 제2항).

(3) 소액수의계약의 계약상대자 결정

　　계약담당공무원은 국가종합전자조달시스템에 의하여 견적서를 제출받는 소액수의계약에서, ① 공사계약은 예정가격을 결정한 경우에는 기획재정부 계약예규 적격심사기준에서 정한 추정가격이 10억 원 미만 공사의 낙찰하한율 이상으

로 견적서를 제출한 자 중 최저가격으로 견적서를 제출한 자로, ② 물품·용역계약은 예정가격의 88%(청소용역, 검침용역, 경비시스템 등에 의하지 아니하는 단순경비 또는 관리용역, 행사보조 등 인력지원용역, 위 용역과 유사한 용역으로서 기획재정부장관이 정하는 용역계약의 경우에는 90%) 이상으로 견적서를 제출한 자 중 최저가격으로 견적서를 제출한 자로 계약상대자를 결정한다(정부 입찰·계약 집행기준 제10조의2 제1항).

다만 위와 같은 기준에 따라 선정된 자가 다음의 어느 하나에 해당될 경우에는 차순위 자를 계약상대자로 정한다(정부 입찰·계약 집행기준 제10조의2 제2항).

① 견적서 제출마감일 현재 부도·파산·해산·영업정지 등이 확정된 경우
② 견적서 제출마감일 현재 건설산업기본법 등 공사관련 법령에 정한 기술자 보유 현황이 해당공사 시공에 필요한 업종등록 기준에 미달하는 자
③ 국가계약법 제27조 및 국가계약법 시행령 제76조에 따라 입찰참가자격 제한 기간 중에 있는 자
④ 수의계약 안내공고일 기준 최근 6개월 이내에 국가계약법 제27조 및 국가계약법 시행령 제76조 또는 다른 법령에 의하여 부실시공, 담합행위, 입찰 및 계약서류 위조 또는 허위제출, 입·낙찰 또는 계약이행 관련 뇌물제공자로서 부정당업자 제재처분을 받은 사실이 있는 자
⑤ 계약상대자로 결정된 자가 계약체결 이전에 경쟁입찰의 입찰무효 사유에 준하는 등 부적격자로 판명되어 계약상대자 결정이 취소된 경우로서 동 부적격자를 제외하고 비교 가능한 2개 이상의 견적서가 확보되어 있는 경우
⑥ 계약상대자로 결정된 자가 스스로 계약체결을 포기한 경우로서 포기한 자를 제외하고 비교 가능한 2개 이상의 견적서가 확보되어 있는 경우
⑦ 견적서 제출 마감일 기준 최근 3개월 이내에 해당 중앙관서와의 계약 및 그 이행과 관련하여 정당한 이유 없이 계약에 응하지 아니하거나 포기서를 제출한 사실이 있는 자

(4) 소액수의계약 시 유의사항

계약담당공무원은 동일구조물공사 및 단일공사로서 설계서 등에 의하여 전체사업내용이 확정된 공사를 시기적으로 분할하거나 공사량을 구조물, 공종별로

분할하여 소액수의계약으로 체결할 수 없다(정부 입찰·계약 집행기준 제10조의3 제1항 본문). 이는 소액수의계약의 대상이 될 수 없는 공사를 편법적으로 소액수의계약으로 체결하여 특정인에게 혜택을 주는 편법을 방지하기 위한 규정으로 볼 수 있다.

다만 다른 법률에 의하여 다른 업종의 공사와 분리 발주할 수 있도록 규정된 공사, 공사의 성질이나 규모 등에 비추어 분할시공함이 효율적인 공사, 하자책임구분이 용이하고 공정관리에 지장이 없는 공사(설계서가 별도로 작성되는 공사 또는 공사의 성격상 공종(工種)간 시공 목적물, 시공 시기, 시공 장소 등이 명확히 구분되는 공사)로서 분리 시공하는 것이 효율적이라고 인정되는 공사의 경우에는 공사를 분할하여 소액수의계약으로 체결할 수 있다(정부 입찰·계약 집행기준 제10조의3 제1항 단서).

(5) 추정가격이 2천만 원 미만인 계약의 경우에 준용

위 (2) 내지 (4)의 내용은 추정가격이 2천만 원을 초과하는 소액수의계약에 관한 내용이나, 계약담당공무원은 추정가격이 2천만 원 미만인 계약에 대하여도 필요하다고 인정하는 경우에는 이러한 내용을 준용하여 계약을 체결할 수 있다(정부 입찰·계약 집행기준 제10조의4).[47]

(6) 소액수의계약에서의 지역제한

각 중앙관서의 장 또는 계약담당공무원은 추정가격이 2천만 원(여성기업 또는 장애인기업과 계약을 체결하는 경우에는 5천만 원)을 초과하여 국가종합전자조달시스템을 이용하여 견적서를 제출하게 하는 수의계약에서도 계약이행의 용이성 및 효율성을 고려하여 필요하다고 인정되는 경우에는 견적서를 제출할 수 있는 자를 기획재정부령으로 정하는 바에 따라 법인등기부상 본점소재지를 기준으로 하여 제한할 수 있다. 이 경우 안내공고에 그 제한사항과 제한기준을 명시하여야 한다(국가계약법 시행령 제30조 제4항).

이와 관련하여 국가계약법 시행규칙 제33조 제2항은, 법인등기부상 본점소

---

47) 이 경우 추정가격이 2천만 원에 해당하는 수의계약의 경우에 공무원이 수의계약 절차를 준용할 근거가 없게 되나, 공무원이 필요하다고 인정하는 경우에 정부 입찰·계약 집행기준에 따른 절차를 거치는 것을 막을 이유는 없어 보이므로 이 경우에도 위 절차를 거칠 수 있다고 봄이 타당하다.

재지가 해당 공사의 현장, 물품의 납품지 등이 소재하는 특별시·광역시·특별자
치시·도 또는 특별자치도의 관할구역 안에 있는 자로 제한하되, 공사의 현장, 물
품의 납품지 등이 소재하는 시(행정시를 포함)·군(도의 관할구역 안에 있는 군)에 해
당계약의 이행에 필요한 자격을 갖춘 자가 5인 이상인 경우 그 시·군의 관할구역
안에 있는 자로 제한할 수 있다고 정하였다.

VI. 입찰참가자격사전심사

1. 의의

입찰참가자격사전심사[Pre-Qualification(PQ)]란, 용어 그대로 입찰에 참가하
려는 자에 대하여 입찰에 참가할 수 있는 자격이 있는지 여부를 사전에 심사하여
판단하는 제도이다. 국가계약법은 제7조 제2항에서 "제1항 본문에 따라 경쟁입찰
에 부치는 경우 계약이행의 난이도, 이행실적, 기술능력, 재무상태, 사회적 신인
도 및 계약이행의 성실도 등 계약수행능력평가에 필요한 사전심사기준, 사전심사
절차, 그 밖에 대통령령으로 정하는 바에 따라 입찰 참가자격을 사전심사하고 적
격자만을 입찰에 참가하게 할 수 있다."라고 규정하여 입찰참가자격사전심사에
대한 직접적인 근거를 두고 있다.

2. 적용범위

입찰참가자격사전심사 여부는 발주기관의 재량사항에 해당한다(국가계약법
시행령 제13조 제1항).

3. 사전심사기준의 마련

국가계약법 시행령 제13조 제2항은 "각 중앙관서의 장 또는 계약담당공무원
은 제1항에 따라 입찰참가자의 자격을 심사하는 경우에 계약이행의 난이도, 이행
실적, 기술능력, 재무상태, 사회적 신인도 및 계약이행의 성실도 등 계약수행능력
을 평가하는 데에 필요한 요소들을 종합적으로 고려하여 심사기준을 정하여야 한
다."라고 규정하고 있는데, 기획재정부는 계약예규로 '입찰참가자격사전심사요
령'(이하 "사전심사요령")을 규정하고 있고, 발주기관은 입찰참가자격사전심사를

실시할 경우 위 예규를 적용하고 있다.

4. 구체적인 사전심사 기준

사전심사는 경영상태부문과 기술적 공사이행능력부문으로 구분하여 심사하고, 경영상태부문의 적격요건을 먼저 심사하여 이를 충족한 자를 대상으로 기술적 공사이행능력을 심사한다(사전심사요령 제6조 제2항).

(1) 경영상태부문

경영상태부문은 신용정보업자가 평가한 회사채(또는 기업어음) 또는 기업신용평가등급으로 심사하는데(사전심사요령 제6조 제3항), 신용평가등급은 심사기준일 이전에 평가한 신용평가등급 중에서 가장 최근의 등급으로 심사하고, 심사기준일은 입찰공고일이다(사전심사요령 제6조 제6항). 동일한 신청자에 대하여 상이한 신용평가등급이 존재할 경우에 대하여 관련 규정상 명확한 처리 방법은 존재하지 않으나, 기획재정부는 사전심사요령 제8조 제3항 단서가 합병업체의 경우 합병 후 새로운 신용평가등급이 나오기 전까지는 합병대상업체 중 가장 낮은 신용평가등급을 적용하도록 하고 있음을 근거로 낮은 신용평가등급을 적용함이 타당할 것이라고 해석하고 있다.[48] 공사입찰유의서 제10조의2 제1항은 입찰에 참여하고자 하는 자가 신용정보업자로부터 평가받은 모든 공공기관 입찰용 신용평가등급을 해당 신용정보업자를 통해 평가완료 후 3일 이내에 조달청 나라장터에 전송하도록 규정하고 있다.

신용평가등급에 의한 구체적인 적격요건은 다음과 같다(사전심사요령 제6조 제3항).

가. 추정가격이 500억원 이상인 공사
   1) 회사채에 대한 신용평가등급의 경우 BB+(단, 공동이행방식에서 공동수급체 대표자이외의 구성원은 BB0) 이상
   2) 기업어음에 대한 신용평가등급의 경우 B+ 이상
   3) 기업신용평가등급의 경우 회사채에 대한 신용평가등급 BB+(단, 공동이행방식에서 공동수급체 대표자이외의 구성원은 BB0)에 준하는 등급

---

48) 계약제도과-314, 2012. 3. 23; 정원, 앞의 책, 254면에서 재인용.

이상
나. 추정가격이 500억원 미만인 공사
    1) 회사채에 대한 신용평가등급의 경우 BB-(단, 공동이행방식에서 공동수급체 대표자이외의 구성원은 B+) 이상
    2) 기업어음에 대한 신용평가등급의 경우 B0(단, 공동이행방식에서 공동수급체 대표자이외의 구성원은 B-) 이상
    3) 기업신용평가등급의 경우 회사채에 대한 신용평가등급 BB-(단, 공동이행방식에서 공동수급체 대표자 이외의 구성원은 B+)에 준하는 등급 이상

(2) 기술적 공사이행능력 부문

기술적 공사이행능력부문은 시공경험분야, 기술능력분야, 시공평가결과분야, 지역업체참여도분야, 신인도분야를 종합적으로 심사하고, 적격요건은 평점 90점 이상으로 한다(사전심사요령 제6조 제4항). 각 심사항목에 대한 심사기준일은 입찰공고일이다(사전심사요령 제6조 제6항).

구체적인 적용기준은 사전심사요령 [별표2]와 [별표3]에 규정되어 있는데, ① 추정가격이 200억 원 이상인 공사로서, 교량건설공사(기둥 사이의 거리가 50미터 이상이거나 길이 500미터 이상인 교량건설공사에 한정)나 위의 교량건설공사와 교량 외의 건설공사가 복합된 공사, 공항건설공사, 댐축조공사, 에너지저장시설공사, 간척공사, 준설공사, 항만공사, 철도공사, 지하철공사, 터널건설공사나 이와 같이 추정가격 200억 원 이상인 터널공사와 터널 외의 건설공사가 복합된 공사, 발전소건설공사, 쓰레기소각로건설공사, 폐수처리장건설공사, 하수종말처리장건설공사, 관람집회시설공사, 전시시설공사, 송전공사, 변전공사에는 [별표2]를 적용하고, ② 그 외의 공사에 대해서는 [별표3]을 적용한다(사전심사요령 제6조 제5항).

(3) 심사기준의 조정

계약담당공무원은 위와 같은 심사기준을 정하는 경우 해당공사의 성질, 내용 등을 고려하여 필요하다고 인정될 때에는 사전심사요령 제6조 제3항, 제4항의 적격요건을 상향조정할 수 있고(사전심사요령 제7조 제2항), 사전심사요령 [별표

2], [별표3]의 분야별·항목별 배점한도를 가·감조정하거나, 항목별 세부사항을 추가·제외할 수 있다(사전심사요령 제7조 제3항 본문). 다만, 신인도 항목을 추가 또는 제외하려는 경우에는 기획재정부장관과 협의를 거쳐야 한다(사전심사요령 제7조 제3항 단서).

5. 사전심사방법

계약담당공무원은 사전심사를 신청한 자가 제출한 서류를 심사기준에 따라 신청마감일 또는 보완일로부터 10일 이내에 심사하여야 하나, 부득이한 경우 3일의 범위 내에서 그 기간을 연장할 수 있다(사전심사요령 제8조 제1항). 계약담당공무원은 필요하다고 인정될 때에는 계약심의회의 심의를 거쳐 심사할 수도 있다(사전심사요령 제8조 제5항).

경영상태의 평가는 심사기준일 이전에 평가한 유효기간 내에 있는 회사채, 기업어음, 기업의 신용평가등급 중 가장 최근의 등급으로 심사하고, 합병한 업체에 대하여는 합병 후 새로운 신용평가등급으로 심사하여야 하며, 합병한 업체에 대한 합병 후 신용평가등급이 나오기 전까지는 합병대상업체 중 가장 낮은 신용평가등급을 받은 업체의 신용평가등급으로 심사한다(사전심사요령 제8조 제3항).

심사결과 경영상태부문에 대한 적격요건과 기술적 공사이행능력부문에 대한 적격요건을 모두 충족하는 자가 입찰적격자로 선정된다(사전심사요령 제8조 제4항).

6. 사전심사의 절차

(1) 입찰공고

계약담당공무원이 사전심사를 집행하는 때에는 심사기준의 열람·교부에 관한 사항, 심사에 필요한 서류 및 제출기한 등을 공고하여야 하고(사전심사요령 제2조 제1항), 이와 같은 공고는 현장설명일의 전일부터 기산하여 최소한 30일 전에 하여야 한다(사전심사요령 제2조 제2항).

(2) 심사기준의 열람·교부

계약담당공무원은 입찰참가자격사전심사에 참가하고자 하는 자가 열람할 수 있도록 ① 심사기준, ② 심사에 필요한 증빙서류의 작성요령 및 제출방법, ③ 입찰참가자격의 사전심사에 관한 사항, ④ 기타 필요한 사항을 비치하여야 하며, 사전심사에 참가하고자 하는 자가 신청할 경우 이를 열람하게 하고 교부하여야 한다(국가계약법 시행령 제13조 제4항 본문, 사전심사요령 제3조 제1항). 계약담당공무원이 이를 열람·교부하는 기간은 입찰공고일로부터 입찰참가자격사전심사 신청 마감일까지로 한다(국가계약법 시행규칙 제23조의2 제1항, 사전심사요령 제3조 제2항).

계약담당공무원은 입찰에 참가하려는 자가 입찰 전에 열람할 수 있도록 일정한 서류를 갖추어 두어야 하며, 입찰에 참가하려는 자가 요청하는 경우에는 이를 열람하게 하고 교부해야 하나, 국가종합전자조달시스템에 위 각 서류를 게재함으로써 열람 및 교부에 갈음할 수도 있다(국가계약법 시행령 제13조 제4항 단서, 사전심사요령 제3조 제1, 3항[49]).

(3) 사전심사신청
가) 신청 시기 및 신청기간

사전심사를 신청하고자 하는 자는 입찰공고일로부터 7일 이상이 지난 날부터 사전심사에 필요한 증빙서류 등을 갖추어 신청하여야 한다(국가계약법 시행규칙 제23조의2 제2항, 사전심사요령 제4조 제1항).

계약담당공무원은 사전심사의 신청기간을 10일 이상으로 하되, 입찰공고 시그 신청기간을 명시하여야 한다. 다만 제출된 서류 등이 미비하거나 불명확하다고 인정될 경우에는 사전심사를 신청한 자에게 3일 이내의 기간을 정하여 보완을 요구할 수 있다(국가계약법 시행규칙 제23조의2 제2항, 사전심사요령 제4조 제2항).

나) 사전심사신청 자격제한

계약담당공무원은 사전심사 신청자의 자격을 국가계약법 시행령 제21조(제한경쟁입찰에 의할 계약과 제한사항 등) 또는 제22조(공사의 성질별·규모별 제한에 의한 입찰)에 의거하여 제한할 수 있으나, 국가계약법 시행령 제22조의 경우 추정가격이 200억 원 이상인 공사로서 다음에 해당되는 공사의 경우에는 제한할 수 없다(사전심사요령 제5조).

---

49) 사전심사요령 또한 국가계약법령과 동일하게 규정하고 있으나, 사전심사요령 제3조 제3항은 국가종합전자조달시스템에 서류를 게재한 경우에도 입찰에 참가하는 자가 서류의 교부를 신청한 경우 서류를 교부하여야 한다고 규정하고 있다.

① 교량건설공사

② 공항건설공사

③ 댐축조공사

④ 철도공사

⑤ 지하철공사

⑥ 터널공사가 포함된 공사

⑦ 발전소 건설공사

⑧ 쓰레기 소각로 건설공사

⑨ 폐수처리장 건설공사

⑩ 하수종말처리공사

⑪ 관람집회시설공사

(4) 심사결과의 통보

계약담당공무원은 사전심사기준 제8조 제4항에 의하여 입찰적격자를 선정한 때에는 지체없이 해당자에게 통보하고 해당 사실을 국가종합전자조달시스템, 게시판 또는 일간건설지 등에 게재하여야 하며, 공사종류 별로 입찰적격자명부를 작성·비치하여야 한다(사전심사요령 제9조 제1항). 그리고 사전심사를 신청한 자가 심사관련 서류의 열람을 신청한 때에는 위 게재일로부터 3일간은 허용하여야 한다(사전심사요령 제9조 제2항).

(5) 재심사

심사결과의 통보를 받은 자가 현장설명일부터 3일 이전까지 심사결과에 대하여 이의를 주장하며 재심사를 요청할 경우, 계약담당공무원은 재심사를 실시하고 재심사 요청을 받은 날부터 3일 이내에 그 결과를 통지하여야 한다(사전심사요령 제10조 제1항). 재심사를 요청할 때 그 대상은 이미 제출된 서류의 오류·중대한 착오 외에 해당 심사에 필요한 관련서류의 추가 제출도 해당한다.[50]

공동수급체를 구성하여 입찰에 참가하고자 하는 경우 입찰적격자 선정 이후 낙찰자 결정 이전에 공동수급체구성원 중 일부 구성원에게 부도, 부정당업자제

---

50) 회계 45101-1182, 1994. 8. 23; 장훈기, 앞의 책, 573면에서 재인용.

재, 영업정지, 입찰무효 등의 결격사유(결격사유가 입찰참가등록 마감일 이전에 소멸
되는 경우는 제외)가 발생하였다면, 계약담당공무원은 잔존구성원의 출자비율 또
는 분담내용을 변경하거나 결격사유가 발생한 구성원을 대신할 새로운 구성원을
추가하도록 하여 입찰적격자 선정범위에 해당되는지의 여부를 재심사하여야 하
고, 잔존구성원만으로 또는 새로운 구성원을 추가하도록 하여 입찰적격자 선정범
위에 해당되는 때에는 해당 공동수급체를 입찰에 참가하게 하여야 한다. 다만 공
동수급체 대표자에게 부도, 부정당업자제재, 영업정지, 입찰무효 등의 결격사유
가 발생한 경우에는 해당 공동수급체를 입찰에 참가하게 하여서는 아니 되고, 입
찰이후에는 낙찰자 결정대상에서 제외하여야 한다(사전심사요령 제10조 제2항).

계약담당공무원은 재심사 결과에 대하여 지체없이 해당자에게 통보하고 해
당 사실을 국가종합전자조달시스템, 게시판 또는 일간건설지 등에 게재하여야 하
고, 재심사를 신청한 자가 심사관련 서류의 열람을 신청한 때에는 위 게재일로부
터 3일간은 허용하여야 한다(사전심사요령 제10조 제3항, 제9조).

(6) 부정한 방법으로 신청한 자에 대한 처리

계약담당공무원은 입찰참가자격사전심사를 신청한 자가 제출한 서류가 부정
하게 작성한 것으로 판명된 때에는, 입찰참가적격자 선정 이전에는 적격자선정대
상에서 제외하고 입찰실시이전일 경우에는 입찰참가자격을 박탈하여야 한다(사
전심사요령 제11조).

7. 사전심사의 면제

계약담당공무원은 해당 공사와 동일한 종류의 공사를 이미 심사한 경우로서
신청자 중 입찰적격자로 선정된 자(사전심사요령 제7조 제2항의 규정에 의하여 적격
요건을 상향조정한 경우에는 상향조정된 요건에 해당되는 자)에 대하여는 공사의 특성
등을 고려하여 1년의 범위 내에서 사전심사를 면제할 수 있다(사전심사요령 제13
조 제1항).

계약담당공무원은 매 건의 심사마다 입찰적격자 명부에 등재된 자에 대한
사전심사를 면제할 것인지 여부를 결정하여 이를 열람할 수 있게 하여야 한다(사
전심사요령 제13조 제2항).

제 8 조 입찰 공고 등

> 제 8 조 (입찰 공고 등)
> ① 각 중앙관서의 장 또는 계약담당공무원은 경쟁입찰을 하는 경우에는 입찰에 관한 사항을 공고하거나 통지하여야 한다.
> ② 제1항에 따른 입찰 공고 또는 통지의 방법, 내용, 시기, 그 밖에 필요한 사항은 대통령령으로 정한다.
> [전문개정 2012.12.18]

I. 입찰공고의 의의

입찰공고란 경쟁입찰을 실시함에 있어서 입찰에 부친다는 사실 및 해당 입찰의 내용을 대외적으로 알리는 것을 의미한다.

국가계약법 제8조 제2항은 입찰공고 또는 입찰통지의 방법, 내용, 시기 등 입찰공고에 있어서 필요한 사항을 대통령령으로 정하도록 규정하고 있고, 이에 따라 국가계약법 시행령 제33조는 입찰공고의 방법, 제34조는 입찰참가의 통지, 제35조는 입찰공고의 시기, 제36조는 입찰공고의 내용에 관하여 규정하고 있다.

입찰에 의한 계약은 발주기관의 입찰공고, 입찰참가자의 입찰참가, 발주기관의 낙찰자 결정, 계약의 체결의 순으로 이루어지는데, 여기서 입찰공고는 청약의 유인, 입찰참가는 청약, 낙찰자 결정은 계약의 편무예약으로서의 의미를 가진다(대법원 1978. 4. 11. 선고 78다317 판결, 대법원 2006. 6. 29. 선고 2005다41603 판결).

> **[대법원 1978. 4. 11. 선고 78다317 판결]**
>
> …피고의 1976. 3. 8.자 입찰공고는 **청약의 유인**이며, 원고의 입찰은 이 반재처리 **단가계약의 청약**이고…

[대법원 2006. 6. 29. 선고 2005다41603 판결]

지방재정법 제63조가 준용하는 국가계약법 제11조는 지방자치단체가 당사자로서 계약을 체결하고자 할 때에는 계약서를 작성하여야 하고 그 경우 담당공무원과 계약상대자가 계약서에 기명날인 또는 서명함으로써 계약이 확정된다고 규정함으로써, 지방자치단체가 당사자가 되는 계약의 체결은 계약서의 작성을 성립요건으로 하는 요식행위로 정하고 있으므로, 이 경우 낙찰자의 결정으로 바로 계약이 성립된다고 볼 수는 없어 낙찰자는 지방자치단체에 대하여 계약을 체결하여 줄 것을 청구할 수 있는 권리를 갖는 데 그치고(대법원 1994. 12. 2. 선고 94다41454 판결 참조), 이러한 점에서 국가계약법에 따른 **낙찰자 결정의 법적 성질**은 입찰과 낙찰행위가 있은 후에 더 나아가 본계약을 따로 체결한다는 취지로서 **계약의 편무예약**에 해당한다고 할 것이다(대법원 1977. 2. 22. 선고 74다402 판결, 2004. 5. 27. 선고 2002다46829, 46836 판결 등 참조).

II. 입찰공고의 방법

1. 전자조달시스템을 이용한 공고

국가계약법 시행령 제33조 제1항 본문은 전자조달시스템을 이용한 공고를 원칙적인 입찰공고의 방법으로 정하고 있다. 여기서 전자조달시스템이란 조달청장이 조달업무를 전자적으로 처리하기 위하여 구축·운용하는 정보시스템을 의미한다(전자조달의 이용 및 촉진에 관한 법률 제2조 제4호).

전자조달의 이용 및 촉진에 관한 법률 시행령 제4조 제3항은 전자조달시스템에 게시된 내용과 붙임 파일 형태의 입찰공고문의 내용이 다른 경우에는 입찰공고문이 우선하나, 입찰공고일은 전자조달시스템에 게시된 날과 입찰공고문에 기재된 날이 다를 경우 전자조달시스템에 게시된 날이 우선한다고 규정하고 있다.

국가계약법 시행령 제33조 제1항 단서는 필요한 경우 일간신문 등에 게재하는 방법을 병행할 수 있다고 규정하고 있다. 법문상 '병행'이라고 규정하고 있기 때문에 전자조달시스템에 게시하지 않고 일간신문 등에만 게재하는 것은 적법한 입찰공고 방법이라고 보기 어려울 것이다.

2. 입찰참가의 통지

입찰참가의 통지란 일반인들이 널리 확인할 수 있게 공고하는 것과 달리 특정인, 즉 당해 입찰의 입찰참가적격자에게 입찰의 사실 및 그 내용을 개별적으로 알리는 것을 의미한다. 이는 국가의 보안유지를 위하여 필요한 경우에 한하여 취할 수 있는 방법이다(국가계약법 시행령 제34조).

법문상 '국가의 보안유지'만을 입찰참가통지의 사유로 정하고 있기 때문에 다른 사유를 근거로 입찰공고를 입찰통지로 대체하는 것은 허용될 수 없을 것이다.[1]

발주기관이 입찰참가적격자에게 입찰참가통지를 하는 때에는 국가계약법 시행규칙 별지 제2호 서식의 경쟁입찰참가통지서에 의한다(국가계약법 시행규칙 제39조).

3. 정정공고

발주기관이 한 입찰공고에 내용상의 오류나 법령위반 사항이 존재할 수도 있는데, 이러한 경우 발주기관은 남은 공고기간에 5일 이상을 더하여 정정공고를 하여야 한다(국가계약법 시행령 제33조 제2항).

Ⅲ. 입찰공고의 시기

1. 원칙

입찰공고는 입찰서 제출마감일의 전일부터 기산하여 7일 전에 하는 것이 원칙이다(국가계약법 시행령 제35조 제1항).

2. 현장설명을 실시하는 공사입찰

공사입찰의 경우로서 현장설명을 실시하는 경우에는 현장설명일의 전일부터 기산하여 7일 전에 공고하여야 한다. 다만 입찰참가자격을 사전에 심사하려는 공사입찰의 경우 현장설명일 전일부터 기산하여 30일 전에 공고하여야 한다(국가계

---

1) 법무법인(유한)태평양 건설부동산팀, 앞의 책, 112-113면.

약법 시행령 제35조 제2항).

입찰참가자격사전심사가 이루어지는 경우 입찰참가자로서는 입찰참가자격
사전심사에 대한 준비가 필요하기 때문에 이를 위한 준비기간을 부여하는 취지에
서 기간을 추가로 부여한 것으로 볼 수 있다.

3. 현장설명을 실시하지 아니하는 공사입찰

공사입찰의 경우로서 현장설명을 실시하지 아니하는 때에는 입찰서 제출마
감일의 전일부터 기산하여 다음의 각 기간 전에 공고하여야 한다(국가계약법 시행
령 제35조 제3항).

① 추정가격이 10억 원 미만일 경우 7일
② 추정가격이 10억 원 이상 50억 원 미만일 경우 15일
③ 추정가격이 50억 원 이상일 경우 40일

이와 같이 현장설명을 실시하지 아니하는 공사입찰의 경우 현장설명을 실시
하는 공사입찰의 경우와 같거나 그보다 긴 기간을 두고 입찰공고를 하여야 하는
데, 이는 현장설명을 실시하게 되면 현장설명 과정에서 해당 공사의 대략적인 내
용을 파악할 수 있다는 점에서 현장설명을 실시하지 아니하는 공사의 경우 이를
실시하는 공사보다 입찰공고일부터 입찰서 제출마감일까지의 기간을 더 부여한
것으로 볼 수 있다.

또한 추정가격이 커질수록 입찰공고일부터 입찰서 제출마감일까지의 기간을
더 부여하고 있는데, 이는 공사의 규모가 커질수록 입찰참가자가 입찰참가 전에
준비하여야 할 사항이 많다는 점을 고려한 규정으로 볼 수 있다.

4. 입찰서 제출마감일의 전날부터 기산하여 5일 전까지 공고할 수 있는 경우

국가계약법 시행령 제35조 제4항은 ① 재공고입찰의 경우, ② 국가의 재정
정책상 예산의 조기집행을 위해 필요한 경우, ③ 다른 국가사업과 연계되어 일정
조정을 위하여 불가피한 경우, ④ 긴급한 행사 또는 긴급한 재해예방·복구 등을
위하여 필요한 경우, ⑤ 그 밖에 위 ③, ④에 준하는 경우에는 입찰서 제출마감일
의 전날부터 기산하여 5일 전까지 공고할 수 있는 예외를 규정하고 있다.

5. 협상에 의한 계약의 경우

협상에 의한 계약의 경우에는 제안서 제출마감일의 전날부터 기산하여 40일 전에 공고하여야 하나, 입찰서 제출마감일의 전날부터 기산하여 5일 전까지 공고할 수 있는 경우와 추정가격이 고시금액 미만인 경우에는 제안서 제출마감일의 전날부터 기산하여 10일 전까지 공고할 수 있다(국가계약법 시행령 제35조 제5항).

Ⅳ. 입찰공고의 내용

입찰공고에 명시해야 할 사항은 다음과 같다(국가계약법 시행령 제36조).

1. 입찰에 부치는 사항
2. 입찰 또는 개찰의 장소와 일시
3. 공사입찰의 경우에는 현장설명의 장소·일시·참가자격에 관한 사항
3의 2. 협상에 의한 계약체결의 경우로서 제안요청서에 대한 설명을 실시하는 경우에는 그 장소 및 일시에 관한 사항
4. 입찰참가자의 자격에 관한 사항
4의 2. 입찰참가등록 및 입찰관련서류에 관한 사항
5. 입찰보증금과 국고귀속에 관한 사항
6. 낙찰자결정방법(국가계약법 시행령 제42조제1항 또는 제4항에 따라 낙찰자를 결정하는 경우에는 낙찰자결정에 필요한 서류의 제출일 및 낙찰자통보예정일을 포함한다)
7. 계약의 착수일 및 완료일
8. 계약하고자 하는 조건을 공시하는 장소
9. 입찰무효에 관한 사항
10. 입찰에 관한 서류의 열람·교부장소 및 교부비용
11. 추가정보를 입수할 수 있는 기관의 주소등
12. 전자조달시스템 또는 각 중앙관서의 장이 지정·고시한 정보처리장치를 이용하여 입찰서를 제출하게 하는 경우에는 그 절차 및 방법

12의 2. 입찰서를 우편으로 제출하게 하는 경우에는 그 취지와 입찰서를 송부할 주소

13. 공동계약을 허용하는 경우에는 공동계약이 가능하다는 뜻과 공동계약의 이행방식

14. 부대입찰의 경우에는 그 취지

15. 대안입찰, 일괄입찰의 경우에는 이에 관한 사항

15의 2. 입찰 관련 비리 또는 불공정행위의 신고에 관한 사항

16. 예정가격 결정과 관련하여 계약의 목적이 되는 물품·공사·용역등을 구성하는 재료비·노무비·경비의 책정기준, 일반관리비율 및 이윤율 등 기획재정부장관이 정하는 기준 및 비율

17. 기타 입찰에 관하여 필요한 사항

V. 재입찰과 재공고입찰

1. 재입찰

재입찰은 경쟁입찰에서 2인 이상의 유효한 입찰자가 없거나 낙찰자가 없을 경우 같은 장소에서 부치는 입찰을 의미한다. 재입찰은 새로운 입찰로 보지 아니하며, 입찰자 또는 입찰횟수의 제한을 받지 아니한다(국가계약법 시행령 제20조 제1항).

재입찰을 실시하는 경우 기한을 제외하고는 최초의 입찰에 부칠 때 정한 가격 및 기타조건을 변경할 수 없다(국가계약법 시행령 제20조 제3항, 기획재정부 계약예규 공사입찰유의서(이하 "공사입찰유의서") 제17조 제3항]. 이는 아래에서 설명하는 재공고입찰의 경우에도 같다. 여기에서 '기타조건'은 최초의 입찰에 부칠 때 정한 입찰참가자격 등 당해 입찰참가에 필요한 자격과 조건 등을 의미하고, 이를 변경하려면 새로운 입찰에 부쳐야 한다.[2]

2. 재공고입찰

재공고입찰은 입찰자나 낙찰자가 없거나 낙찰자가 계약을 체결하지 아니하

---

2) 기획재정부 공개번호 200506803, 2005. 6. 22; 김성근, 앞의 책(Ⅰ), 180면에서 재인용.

는 경우에 부치는 입찰을 의미한다. 재공고입찰의 경우 재입찰과 달리 재차 입찰 공고를 해야 한다(국가계약법 시행령 제35조 제4항 제1호).

재입찰과 재공고입찰의 또 다른 차이는 수의계약의 체결 가능 여부에 있다. 국가계약법 시행령 제27조 제1항 제2호는 재공고입찰에 부친 경우로서 입찰자 또는 낙찰자가 없는 경우에 수의계약에 의할 수 있다고 규정하고 있다. 수의계약 은 국가계약의 체결에서 예외적인 형태라는 점을 고려한다면, 국가계약법 시행령 제27조 제1항 제2호가 재입찰의 경우에까지 유추적용된다고 보기는 어려울 것이 므로, 재입찰에서 입찰자 또는 낙찰자가 없었다고 하더라도 곧바로 수의계약을 체결할 수는 없을 것이다.[3]

Ⅵ. 입찰의 무효

1. 개요

국가계약법 시행령 제39조 제4항은 경쟁참가의 자격이 없는 자가 행한 입찰 또는 기타 기획재정부령이 정하는 사유에 해당하는 입찰은 무효로 한다고 규정하 고 있다. 국가계약법 시행규칙 제44조 제1항은 각 호에서 입찰무효의 사유를 세 부적으로 규정하고 있다.

국가계약법 시행령이나 시행규칙은 입찰무효라는 용어를 사용하고 있는데, 이는 입찰의 법률효과라는 측면에서는 사법상 당연무효를 의미하지는 않는다[자 세한 내용은 3. (2) 참조].

2. 입찰무효의 사유

(1) 입찰참가자격이 없는 자가 한 입찰(국가계약법 시행규칙 제44조 제1항 제1호, 제1호의2)

입찰참가자격이 없는 자란 관계 법령, 입찰공고시 정하고 있는 내용이나 자 격 등에 따를 때 입찰참가자격이 없는 자를 의미한다. 입찰참가자격사전심사를 거 치는 입찰의 경우 입찰참가자격사전심사를 통과하지 못한 경우도 마찬가지라고 할 것이다. 입찰참가자가 입찰참가자격 제한처분을 받았다면, 제한기간 동안에는

---

3) 법무법인(유한)태평양 건설부동산팀, 앞의 책, 136면.

입찰참가자격이 없기 때문에 이 역시 입찰참가자격이 없는 자가 한 입찰이다.

국가계약법 시행규칙 제44조 제1항 제1호의2는 입찰참가자 본인이 아니라 대표자가 입찰참가자격 제한처분을 받은 경우 제한기간 내에 해당 대표자를 통하여 입찰을 한 경우에도 입찰무효사유로 정하고 있다.

한편 대법원은 지방계약법이 적용되는 사안에서, 입찰무효에 관한 지방계약법 시행령 제13조 제1항, 제39조 제4항이 수의계약에도 유추적용할 수 있다고 보아, 입찰참가자격이 없는 자는 수의계약대상자로서의 자격도 없다고 판단하였다(대법원 2015. 4. 23. 선고 2014다236625 판결). 기획재정부 역시 입찰참가자격이 없는 자와는 수의계약도 체결할 수 없다고 해석하였는바,[4] 대법원의 위와 같은 판시를 따른 것으로 보인다.

(2) 입찰보증금의 납부일시까지 소정의 입찰보증금을 납부하지 아니하고 한 입찰(국가계약법 시행규칙 제44조 제1항 제2호)

입찰에 참가하기 위해서는 원칙적으로 입찰보증금을 납부하여야 하는데, 국가계약법 시행규칙은 입찰보증금을 납부하지 아니한 입찰의 경우에도 무효사유로 규정하였다. 입찰보증금을 한 푼도 납부하지 않은 경우는 물론이고, 일부를 납부하지 않은 경우에도 입찰무효사유에 해당한다고 본다.[5]

입찰보증금 면제대상임에도 불구하고 입찰보증금을 납부하였는데 입찰보증금이 소정의 금액에 미달한 경우라면, 입찰무효사유에 해당한다고 한다.[6] 즉 입찰보증금은 낙찰자가 계약을 체결하지 않음으로써 국가가 입을 수 있는 손해를 담보하는 금원인데, 국가계약법 제9조 제1항 단서와 같은 법 시행령 제37조 제3항은 입찰자의 특성에 비추어 계약체결을 기피할 우려가 없다고 인정되는 자에게 예외적으로 입찰보증금의 납부를 면제하여 주고 있는 것일 뿐, 입찰보증금의 납부를 면제받은 자도 계약을 체결하지 않을 경우에는 입찰보증금 상당액을 발주기관에게 지급하여야 하고, 이를 담보하기 위하여 국가계약법 시행령 제37조 제4항은 입찰보증금 납부 면제자에게 지급확약서를 제출하도록 규정하고 있다는 점

---

4) 계약제도과-1244, 2005. 9. 7; 박현석, 앞의 책, 320면에서 재인용.
5) 법무법인(유한)태평양 건설부동산팀, 앞의 책, 139면; 같은 취지, 김성근, 앞의 책(Ⅰ), 366면.
6) 장훈기, 앞의 책, 651면; 회제 48107-668, 1993. 7. 9; 김성근, 앞의 책(Ⅰ), 366면에서 재인용.

에서, 입찰보증금 납부 면제 대상자의 경우에도 지급확약서를 제출하지 않고 입찰보증금을 납부하는 경우에는 입찰보증금의 전부를 납부하여야 하고 일부를 납부하지 않은 경우에는 입찰무효 사유에 해당한다. 이와 관련하여 납부면제 대상자가 입찰보증금의 일부만 납부하면서 지급확약서를 함께 제출하였다면 입찰무효사유에 해당하지 않는다고 봄이 타당하다는 견해도 있는데,[7] 그러한 결론 자체는 타당해 보이지만 납부면제 대상자가 입찰보증금을 납부하는 것은 통상 착오에 의한 것일 텐데, 이러한 경우 입찰보증금의 일부를 납부하면서 지급확약서까지 함께 제출하는 경우는 현실적으로 발생하기 어려울 것으로 보인다.

(3) 입찰서가 그 도착일시까지 소정의 입찰장소에 도착하지 아니한 입찰(국가계약법 시행규칙 제44조 제1항 제3호)

이는 실질적으로는 입찰서를 기한 내에 제출하지 못한 것과 마찬가지이므로, 당연히 입찰무효사유에 해당한다.

(4) 동일사항에 동일인이 2통 이상의 입찰서를 제출한 입찰(국가계약법 시행규칙 제44조 제1항 제4호)

국가계약법 시행규칙 제42조 제2항은 동일한 입찰에서 제출하는 입찰서는 1인 1통을 원칙으로 정하고 있는바, 이에 따라 동일한 입찰에서 동일인이 2통 이상의 입찰서를 제출하는 것을 입찰무효사유로 규정한 것이다.

여기서 동일인이라 함은 법인의 경우 법인격을 기준으로 하므로, 두 개의 법인 사이에 상호 긴밀한 관계가 있다고 하더라도 두 개의 법인이 각각 입찰서를 제출한 것을 동일인이 2통 이상의 입찰서를 제출한 것으로 볼 수는 없다. 기획재정부는 A법인의 대표자가 B법인의 임원이자 대리인으로 참가한 경우 유효한 입찰로 해석하였고, C법인과 D법인의 대표자가 부부 사이이고 각 회사의 지분을 상호보유한 경우에도 1인이 수통의 입찰서를 제출한 경우에 해당하지 않는다고 해석하였으며, E법인이 F법인의 100% 자회사인 경우에도 1인이 수통의 입찰서를 제출한 경우에 해당하지 않는다고 해석하였다.[8]

다만 대표자가 동일할 경우에는 동일한 법인으로 보므로(국가계약법 시행규칙

---

7) 법무법인(유한)태평양, 앞의 책, 140면.
8) 법무법인(유한)태평양, 앞의 책, 141면에서 재인용.

제44조 제1항 제4호), 대표자가 동일한 두 법인이 각각 입찰서를 제출하였다면 이 경우에는 동일인이 2통 이상의 입찰서를 제출한 경우에 해당하여 두 개의 입찰이 모두 무효사유에 해당한다고 볼 것이다.

(5) 내역입찰로서 입찰서와 함께 산출내역서를 제출하지 아니한 입찰 및 입찰서상의 금액과 산출내역서상의 금액이 일치하지 아니한 입찰과 그 밖에 기획재정부장관이 정하는 입찰무효사유에 해당하는 입찰(국가계약법 시행규칙 제44조 제1항 제6호)

내역입찰에서는 발주기관이 공종별 목적물을 구성하는 품목 또는 비목과 그 품목 또는 비목의 수량·단위 등을 기재한 물량내역서를 제공하면, 계약상대자가 해당 물량내역서에 단가를 기재한 산출내역서를 제출하고, 산출내역서에 기입된 품목 또는 비목의 단가가 원칙적인 계약단가가 된다. 따라서 내역입찰에서 산출내역서를 제출하지 않는다는 것은 구체적인 입찰조건을 제시하지 않은 채 청약을 하는 것이 되므로, 국가계약법 시행규칙은 이를 입찰무효사유로 규정한 것으로 볼 수 있다.

한편 국가계약법 시행규칙은 입찰서상의 금액과 산출내역서상의 금액이 불일치하는 경우도 입찰무효사유로 규정하였는데, 이는 내역입찰의 경우 산출내역서에 기재된 금액의 총액이 계약금액이 된다는 점을 고려한 것으로 보인다.

그 밖에 기획재정부장관이 정하는 입찰무효사유는 기획재정부 계약예규 정부 입찰·계약 집행기준 제20조에 규정되어 있다.[9]

---

9) **정부 입찰·계약 집행기준**
　제20조(입찰무효의 범위) 시행규칙 제44조 제6호에 의한 입찰무효의 범위는 다음 각 호와 같다.
　1. 입찰서금액과 산출내역서상의 총계금액이 일치하지 아니한 입찰, 다만, 10원미만의 차이가 있는 경우에는 차상위 입찰자의 입찰금액이 10원이상 높은 경우에 한하여 유효한 입찰로 한다. 이 경우에 입찰서상 금액을 입찰금액으로 하며, 차상위자와 10원미만의 차이가 있어 입찰무효가 될 때에는 상위금액 입찰자중 입찰서의 금액과 산출내역서상의 총계금액이 일치한 입찰자를 낙찰자로 한다.
　2. 산출내역서의 각 항목(각 공종, 경비, 일반관리비, 이윤, 부가가치세 등을 포함한다)별로 금액을 합산한 금액이 총계금액과 일치하지 아니한 입찰, 이 경우 제1호의 단서 규정을 준용한다.
　　가. "공종"이란 공사의 특성에 따라 작업단계(예: 가설공사, 기초공사, 토공, 철근콘크리트, 마감공사 등)별로 구분되는 것을 의미하며, 공종별 합계금액을 표기하지 아니한 경우에는 공종내의 세부비목의 가격을 합산한 금액을 해당 공종의 금액으로 한다.

(6) 사전에 입찰참가자격을 등록한 사항 중 상호 또는 법인의 명칭이나 대표
자의 성명을 변경등록하지 아니하고 입찰서를 제출한 입찰(국가계약법 시
행규칙 제44조 제1항 제6호의3)

발주기관은 경쟁입찰업무의 효율적 집행을 위하여 미리 경쟁입찰참가자격의
등록을 하게 할 수 있다(국가계약법 시행규칙 제15조 제1항). 그런데 사전에 등록하
여 둔 입찰참가자격에 관한 사항이 변경되었음에도 입찰참가자가 변경하지 아니
하고 입찰에 참가할 경우 업무 처리에 혼선이 발생할 수도 있으므로, 국가계약법
시행규칙은 사전에 등록한 사항 중 특히 중요한 사항이라고 할 수 있는 법인의
명칭이나 대표자의 성명에 대해서는 이를 변경등록하지 아니한 채 입찰에 참가하
는 것을 입찰무효사유로 규정하고 있는 것으로 볼 수 있다.

대법원은 대표자 변경등록의 해태를 입찰무효 사유로 규정한 것은 "대표자
를 정확히 등록함으로써 입찰 이후의 후속 절차에서 대표자 권한의 적법한 행사
나 그 효력 등에 관한 다툼이 발생할 위험을 차단하고, 국가계약법 시행령 제76
조에 따른 부정당업자의 입찰참가를 막는 한편 대표자가 같은 여러 법인의 중복
또는 사위(詐僞)입찰을 방지하는 데에 그 목적이 있다"고 보고 있다(대법원 2012.
9. 20.자 2012마1097 결정).

한편 기획재정부는 대표자의 개명과 관련하여, "대표자의 변경이 없는 상황
에서 부정한 의도가 아닌 단순한 착오로 개명된 대표자의 성명으로 변경등록하지
아니하고 입찰서를 제출한 경우는 무효로 보지 않는 것이 적정할 것"이라고 해석
하였는데,[10] 국가계약법 시행규칙이 입찰무효사유로 규정하고 있는 것은 법인
명칭 변경등록의 해태와 대표자 변경의 해태이고, 단순히 대표자의 성명만이 변
경된 것은 이와 동일하게 볼 수 없다는 점에서 당연한 귀결이라 하겠다.

나. "공종"에 대한 금액을 재료비, 노무비, 경비를 구분하여 명기한 때에는 재료비, 노
무비, 경비를 합산한 금액이 공종의 금액과 일치하지 아니한 경우에는 공종의 금
액을 기준으로 한다.
3. 발주관서가 배부한 내역서상의 공종별 목적물 물량 중 누락 또는 변경된 공종 혹은
수량에 대한 예정가격 조서상의 금액이 예정가격의 100분의 5 이상인 경우
4. 입찰서 금액, 산출내역서의 총계금액, 항목(각 공종, 경비, 일반관리비, 이윤, 부가가
치세 등을 포함한다)별 금액을 정정하고 정정인을 누락한 입찰
10) 계약제도과-703, 2014. 5. 28; 박현석, 앞의 책, 322면에서 재인용.

(7) 전자조달시스템 또는 각 중앙관서의 장이 지정·고시한 정보처리장치를
이용하여 입찰서를 제출하는 경우 해당 규정에 따른 방식에 의하지 아니
하고 입찰서를 제출한 입찰(국가계약법 시행규칙 제44조 제1항 제7호의2)

전자조달시스템 등 정보처리장치를 이용하여 입찰서를 제출할 경우 정해진
방식에 의하지 아니하고 입찰서를 제출한 경우를 입찰무효사유로 규정한 것이다.
정보처리장치를 이용하여 입찰서를 제출하는 방식의 입찰인 경우에 서면으로 입
찰서를 제출하는 것은 이에 해당한다.

(8) 종합낙찰제 입찰로서 입찰서와 함께 제출하여야 하는 품질등 표시서를
제출하지 아니한 입찰(국가계약법 시행규칙 제44조 제1항 제8호)

국가계약법 시행령 제44조 제1항은 물품의 제조 또는 구매계약에 있어서 필
요하다고 인정할 경우에는 당해 물품의 입찰가격 외에 품질 등을 종합적으로 참
작하여 예정가격 이하로서 가장 경제성이 있는 가격으로 입찰한 자를 낙찰자로
결정하는 종합낙찰제를 규정하고 있다.

이 경우 발주기관은 입찰시 입찰자로 하여금 입찰서와 함께 당해 물품의 품
질·성능·효율 등이 표시된 품질등 표시서를 제출하게 하여야 하는데(국가계약법
시행규칙 제42조 제6항), 이를 제출하지 아니한 입찰을 입찰무효사유로 규정하고
있는 것이다.

이는 물품의 제조 또는 구매계약에 적용되는 규정으로 공사계약의 입찰에는
적용되지 않는다.[11]

(9) 지역업체 의무참가 공동계약의 방법에 위반한 입찰(국가계약법 시행규칙
제44조 제1항 제9호)

국가계약법 시행령 제72조 제3항은 추정가격이 고시금액 미만이고 건설업
등의 균형발전을 위하여 필요하다고 인정되는 사업, 저탄소·녹색성장의 효과적
인 추진, 국토의 지속적인 발전, 지역경제 활성화 등을 위하여 특별히 필요하다고
인정하여 기획재정부장관이 고시하는 사업(다만 외국건설업자가 계약상대자에 포함
된 경우는 제외)의 경우 공사현장의 관할구역에 법인등기부상 본점소재지를 둔 자

---

11) 김성근, 앞의 책(Ⅰ), 373면.

중 1인 이상을 공동수급체의 구성원으로 하여야 한다고 규정하고 있고, 같은 조 제4항은 공동수급체 구성원이 되는 지역업체가 다른 공동수급체 구성원과 독점 규제 및 공정거래에 관한 법률에 의한 계열회사가 아니어야 한다고 규정하고 있 다. 국가계약법 시행규칙 제44조 제1항 제9호는 이와 같은 지역업체 의무참가 공 동계약의 방법에 위반한 입찰을 입찰무효사유로 정하고 있는 것이다.

한편 2016. 9. 2. 대통령령 제27475호로 개정되기 전의 국가계약법 시행령 제72조 제3항은 "공사현장을 관할하는 특별시·광역시·도 및 특별자치도에 주된 영업소가 있는 자"로 지역업체를 규정하고 있었다. 이에 따라 해당 구역에 등기 부상의 본점을 두고 있는 경우라 하더라도 본점이 실질적인 주된 영업소로서의 역할을 수행하지 않고 있는 경우도 많았고, 이에 따라 다른 업체가 해당 사무소 가 주된 영업소에 해당하지 않는다고 다투어 분쟁이 발생하는 경우가 많았다.[12] 2016. 9. 2. 대통령령 제27475호로 개정된 국가계약법 시행령 제72조 제3항은 지역업체를 "공사현장을 관할하는 특별시·광역시·도 및 특별자치도에 법인등기 부상 본점소재지가 있는 자"로 지역업체의 정의 부분을 개정하여 이와 같은 분쟁 의 소지를 차단하였다.

(10) 대안입찰의 경우 원안을 설계한 자 또는 원안을 감리한 자가 공동으로 참여한 입찰(국가계약법 시행규칙 제44조 제1항 제10호)

원안을 설계하거나 감리한 자가 막상 대안입찰에 참가하여 원안보다 더 뛰 어난 대안을 제출하는 것은 처음부터 원안의 설계나 감리를 부실하게 하였다고 볼 수 있고, 또한 원안의 설계자 또는 감리자가 원안보다 뛰어난 대안을 제시하 는 것은 공정한 경쟁을 저해한다고 볼 수 있기 때문에 무효사유로 정한 것이다.

기획재정부는 기본설계를 한 자도 여기서의 원안을 설계한 자에 해당한다고 해석하고 있다.[13]

---

12) 예컨대 작은 사무실 하나를 임차하여 두고 형식상 본점으로만 등기하여 둔 경우 등이 있 었는데, 이 경우 소송진행 과정에서 상대방은 전기요금, 수도요금 부과 내역 등의 제출을 요구하며 해당 사무실이 주된 영업소가 아니라고 다투는 것이 일반적이었다.
13) 회계제도과-945, 2010. 6. 18; 박현석, 앞의 책, 322-323면에서 재인용.

(11) 실시설계 기술제안입찰 또는 기본설계 기술제안입찰의 경우 원안을 설
계한 자 또는 원안을 감리한 자가 공동으로 참여한 입찰(국가계약법 시
행규칙 제44조 제1항 제10호의2)

이 경우 역시 위와 마찬가지다.

(12) 제1호부터 제10호까지 외에 기획재정부장관이 정하는 입찰유의서에 위
반된 입찰

이는 공사입찰유의서 제15조 각 호에 규정된 입찰무효사유를 의미한다. 공
사입찰유의서 제15조 각 호에 규정된 입찰무효사유는 아래와 같다.

1. 입찰자(법인인 경우 대표자를 말한다. 이하 같다)가 직접 입찰을 하지 아니
하고 대리인을 통하여 입찰을 할 경우에 제8조 제2항에 의한 대리인이 아
닌 자가 한 입찰 또는 대리권이 없는 자가 한 입찰
2. 동일사항에 대하여 타인의 대리를 겸하거나 2인 이상을 대리한 입찰
3. 입찰서의 입찰금액 등 중요한 부분이 불분명하거나, 정정한 후 정정날인을
누락한 입찰
4. 담합하거나 타인의 경쟁참가를 방해 또는 관계공무원의 공무집행을 방해한
자의 입찰
5. 입찰자의 기명날인이 없는 입찰(입찰자의 성명을 기재하지 아니하고 대리
인 성명 또는 회사명을 기재한 경우 및 입찰참가신청서 제출시 신고한 인감
과 다른 인감으로 날인된 경우도 포함한다)
6. 입찰서에 기재한 중요부분에 착오가 있음을 이유로 개찰현장에서 입찰자가
입찰의 취소의사를 표시한 것으로서 계약담당공무원이 이를 인정한 입찰
7. 시행령 제14조에 의한 내역입찰에 있어서 타인의 산출내역서와 복사 등의
방법으로 동일하게 작성한 산출내역서가 첨부된 입찰(동일한 내용의 산출
내역서를 제출한 자 모두 해당) 또는 정부입찰·계약집행기준제9장에서 무
효입찰로 규정한 입찰
7의2. 시행령 제14조에 의한 내역입찰에 있어서 정당한 권한이 없는 자의 명
의로 기명날인된 산출내역서가 첨부된 입찰

8. 삭제
9. 건설산업기본법령에 의하여 종합공사를 시공하는 업종을 등록한 건설업자가 도급받아서는 아니되는 공사금액의 하한을 위반한 입찰
9의2. 전기공사업법령에 의하여 대기업인 전기공사업자가 도급받아서는 아니되는 공사금액의 하한을 위반한 입찰
9의3. 정보통신공사업법령에 의하여 대기업인 정보통신공사업자가 도급받아서는 아니되는 공사금액의 하한을 위반한 입찰
10. 제9조 제1항 및 제4항에 위반하여 소정의 입찰서를 사용하지 않거나 입찰서의 금액을 아라비아 숫자로만 기재한 입찰 또는 전산서식에 의한 입찰서를 훼손하거나 전산표기방법과 상이하게 작성·기재하여 전산처리가 되지 아니한 입찰
11. 공동계약의 공동수급체구성원이 동일 입찰건에 대하여 공동수급체를 중복적으로 결성하여 참여한 입찰, 입찰등록 시 공동수급표준협정서를 제출하지 아니한 입찰, 공동계약운용요령 제9조를 위반한 입찰

위 제3호와 관련하여 대법원은 "예산회계법시행령 제97조 제3항, 계약사무처리규칙 제25조 제6호, 제9호, 입찰유의서 제6조, 제10조 제7호 및 제11호, 총액단가입찰집행요령 제4조의 각 규정에 의하면 산출내역서를 포함한 입찰서의 기재사항 중 말소 또는 정정한 곳이 있을 때에 입찰에 사용하는 인감으로 날인하지 아니한 입찰, 입찰서상의 금액과 산출내역서상의 금액이 일치하지 아니하는 입찰 또는 입찰서의 입찰금액 등 중요한 부분이 불분명하거나 정정한 후 정정날인을 누락한 입찰에 해당하면 입찰이 무효라고 되어 있다. 그러나 위 각 조항 어디에도 말소 또는 정정된 곳 자체에 정정인을 날인하여야 한다는 규정이 없을 뿐만 아니라 위 법령들이 정정한 곳이 있을 때에는 반드시 정정날인을 하도록 요구하고 있는 것은 입찰자의 의사에 의하지 아니하고 제3자에 의하여 권한없이 정정되는 것을 방지하려는데 그 취지가 있으므로 비록 원고가 입찰서에 첨부한 산출내역서 기재를 정정하면서 정정할 곳에 횡선을 긋고 정정인을 찍는 통상적인 방법을 사용하지 않고 입찰서상의 투찰금액과 다른 금액이 기재된 산출내역서 1페이지 총괄집계표상의 기재금액을 산출내역서의 끝장에 별도의 총괄집계표를 첨

부하고 거기에 위 1페이지의 총괄집계표는 계산착오로 무효이고 이를 총괄집계
표로 한다는 취지로 정정한 후 그 곳에 정정인을 찍는 방법으로 정정하였어도 전
체적으로 입찰서상의 투찰금액에 맞추어 제대로 정정된 이상 원고의 위 입찰내역
서의 작성이 정정의 방법에 위반되거나 그로 인하여 입찰서의 금액과 산출내역서
상의 금액이 일치하지 아니하는 입찰 또는 입찰서의 입찰금액 등 중요한 부분이
불분명하거나 정정한 후 정정날인을 누락한 입찰로 되어 입찰무효사유에 해당한
다고 볼 수 없다."라고 판시한 바 있다(대법원 1994. 12. 2. 선고 94다41454 판결).
따라서 반드시 정정할 곳에 횡선을 긋고 정정인을 날인하는 방법에 의한 정정만
이 적법한 것이라고 볼 수는 없다.

3. 공동수급체에서 대표자 외 구성원에게 입찰무효사유가 있는 경우

국가계약법 시행규칙 제44조 제2항은 공동수급체의 경우 대표자 외의 구성
원에게 입찰무효의 사유가 있는 경우 해당 구성원에 대해서만 입찰을 무효로 한
다고 규정하고 있다. 해당 조항은 2016. 9. 23. 개정에서 추가된 것인데, 동 시행
규칙의 개정이유에서 "공동수급체의 구성원 중 일부에 입찰무효 사유가 있는 경
우 입찰무효를 할 수 있는 근거가 없어 입찰무효와 관련한 분쟁이 지속적으로 발
생하고 있는바, 공동수급체 중 대표자를 제외한 나머지 구성원의 일부에 입찰무
효사유가 있는 경우에는 해당 구성원을 제외한 나머지 공동수급체에 대하여 입찰
적격 여부를 판단할 수 있도록 입찰무효사유를 정비함."이라고 해당 조항을 추가
한 이유를 밝히고 있다.

위 조항이 추가되기 전에도 대법원은 "공동수급체 구성원 중 일부에 입찰참
가 무효사유가 있어 그 구성원이 입찰절차에서 배제된다고 하여 그러한 사유가
없는 나머지 구성원의 입찰참가가 당연히 무효가 된다고 볼 수는 없고, 나머지
구성원만으로 입찰적격을 갖출 수 있는지 여부 등 일부 구성원의 입찰참가 무효
사유가 공동수급체 입찰에 미치는 영향을 고려하여 나머지 구성원들 입찰의 효력
유무를 판단하여야 한다."라고 판시하였는바(대법원 2012. 9. 20.자 2012마1097 결정),
위 조항은 이러한 대법원의 태도를 반영한 것으로 볼 수 있을 것이다.

4. 입찰무효의 효과

(1) 부적격자를 입찰절차에서 제외

발주기관은 입찰을 무효로 하는 경우에는 무효여부를 확인하는데 장시간이 소요되는 등 부득이한 사유가 없는 한 개찰장소에서 개찰에 참가한 입찰자에게 이유를 명시하고 그 뜻을 알려야 한다(국가계약법 시행규칙 제45조 본문). 다만, 전자조달시스템 또는 각 중앙관서의 장이 지정·고시한 정보처리장치를 이용하여 입찰서를 제출하게 하는 경우에는 입찰공고에 표시한 절차와 방법으로 입찰자에게 입찰무효의 이유를 명시하고 그 뜻을 알려야 한다(국가계약법 시행규칙 제45조 단서).

이 경우 입찰절차에서 해당 입찰자의 입찰만이 무효가 되는 것일 뿐, 입찰절차의 진행이나 다른 입찰참가자들의 입찰에는 아무런 영향이 없는 것이 원칙이다. 낙찰자로 결정된 자가 계약을 체결하기 전 입찰무효사유가 발견된 경우에도 해당 부적격자를 제외하고 2인 이상 유효한 입찰이 성립되어 있다면 차순위자 순으로 필요한 심사 등을 하여 낙찰자를 결정하면 된다(공사입찰유의서 제18조 제6항). 다만 부적격자를 제외할 경우 2인 이상 유효한 입찰이 성립되지 않는다면 재입찰을 할 수밖에 없을 것이다.

(2) 사법상 '당연무효'와의 구별

입찰의 무효에서 주의해야 할 것은 국가계약법령이 비록 '무효'라는 용어를 사용하고 있지만, 이는 사법상 효력으로서의 무효, 즉 당연무효가 아니라는 점에 주의해야 한다.

대법원은 일찍이 "계약담당공무원이 입찰절차에서 국가를당사자로하는계약에관한법률 및 그 시행령이나 그 세부심사기준에 어긋나게 적격심사를 하였다 하더라도 그 사유만으로 당연히 낙찰자 결정이나 그에 기한 계약이 무효가 되는 것은 아니고, 이를 위배한 하자가 입찰절차의 공공성과 공정성이 현저히 침해될 정도로 중대할 뿐 아니라 상대방도 이러한 사정을 알았거나 알 수 있었을 경우 또는 누가 보더라도 낙찰자의 결정 및 계약체결이 선량한 풍속 기타 사회질서에 반하는 행위에 의하여 이루어진 것임이 분명한 경우 등 이를 무효로 하지 않으면 그 절차에 관하여 규정한 국가를당사자로하는계약에관한법률의 취지를 몰각하는 결과가 되는 특별한 사정이 있는 경우에 한하여 무효가 된다고 해석함이 타당하다."라고 판시하며(대법원 2001. 12. 11. 선고 2001다33604 판결), 입찰절차에서 일부 하자가 존재하더라도 ① 그 하자가 입찰절차의 공공성과 공정성이 현저히 침해될 정도로 중대하고, 상대방도 이러한 사정을 알았거나 알 수 있었을 경우, 또는 ② 낙찰자의 결정 및 계약체결이 선량한 풍속 기타 사회질서에 반하는 행위에 의하여 이루어진 것임이 분명한 경우에 이를 정도의 하자가 존재하여야만 입찰절차에서의 하자로 인하여 낙찰자 결정 또는 계약이 무효가 되어 제3자가 이를 다툴 수 있는 것이라는 원칙을 세웠고, 국가계약법령에서 규정하고 있는 입찰무효사유가 존재하는 입찰에서도 이와 동일한 원칙을 적용하였다(대법원 2006. 6. 19.자 2006마117 결정, 대법원 2012. 9. 20.자 2012마1097 결정, 대법원 2014. 1. 23.자 2013마2088 결정 등).

따라서 국가계약법령에서 규정하고 있는 입찰무효 사유가 존재하였음에도 이러한 사실이 간과된 채로 낙찰자가 결정되고 계약이 체결되었다면, 해당 사유가 입찰절차의 공공성과 공정성이 현저히 침해될 정도로 중대하고 계약상대자도 이러한 사정을 알았거나 알 수 있었을 경우 또는 해당 낙찰자 결정 및 계약체결이 선량한 풍속 기타 사회질서에 반하는 행위에 의하여 이루어진 것이 분명한 경우[14]에 해당하지 않는다면, 제3자로서는 낙찰자 결정 및 계약체결의 효력을 다투기 어려울 것이다.

한편 하급심 판결은 발주기관이 입찰 과정에서의 담합행위가 존재하였음을 이유로 입찰의 무효를 주장하며 설계보상비의 반환을 청구한 사건에서, "입찰의 무효사유가 있다고 하여 입찰이 당연 무효가 된다면 그에 따라 체결된 계약 역시 무효에 이르게 되어 법적 안정성을 해치게 되는 점 등에 비추어 보면, 입찰의 무효사유가 존재하는 경우 그에 따른 입찰이 당연 무효가 되는 것이 아니라, 계약 체결 전이라면 입찰무효를 선언하고 재입찰을 공고할 수 있고, 계약 체결 후라면

---

14) 대법원 판결 중에는 건설회사 임직원과 관계 공무원 간의 공모로 최종 낙찰 예정가를 사전에 알아내어 그에 거의 근접한 금액으로 낙찰을 받은 경우, 그 입찰은 담합하거나 타인의 경쟁참가를 방해 또는 관계 공무원의 공무집행을 방해한 자의 입찰에 해당하여 무효이고, 이에 터잡아 이루어진 공사도급계약 역시 무효라고 판단한 예가 있는데(대법원 1997. 7. 25. 선고 97다15852 판결), 해당 판결의 사안은 전체 공정의 20% 정도가 진행된 상태에서 검찰의 수사가 진행되어 공사가 중지되었다가 수사결과 위와 같은 사실이 드러나자 발주기관이 계약해지를 통보한 사안이었다.

약정해제권이 유보된 것으로서 계약을 해제할 수 있는 것으로 해석함이 상당하다. 그런데 원고가 이 사건 입찰을 무효로 보아 재입찰을 공고하거나 ○○○ 공동수급체에 공사도급계약의 해제를 통보하지 않았고, 위 공동수급체가 이 사건 입찰에 따른 공사를 계속 수행하고 있는 사실은 당사자 사이에 다툼이 없으므로, 이 사건 공동행위가 있었다는 사실만으로 이 사건 입찰이 무효가 되었다고 볼 수 없다."라고 판시하여 국가계약법령상의 입찰무효사유가 있는 경우 계약당사자인 발주기관조차도 해당 계약의 당연무효를 주장할 수 있는 것이 아니라 재입찰을 하거나 계약해제권을 행사할 수 있을 뿐이라고 판시하였다(서울중앙지방법원 2016. 1. 15. 선고 2015가합553575 판결). 결국, 담합 등 국가계약법령에서 규정하고 있는 입찰무효사유가 존재하는 경우에도 발주기관은 계약을 해제할 수 있을 뿐 발주기관의 해제 없이 계약이 당연히 무효가 되는 것은 아니라고 할 것인데, 공사도급계약의 경우 원칙적으로 계약해제의 소급효가 제한되고(대법원 1989. 2. 14. 선고 88다카4819 판결, 대법원 1995. 3. 31. 선고 91다42630 판결 등), 민법 제668조는 건물 등의 경우 공사가 완성된 이후에는 계약을 해제할 수 없다고 규정하고 있다는 점에서 공사도급계약의 이행이 완료되거나 계약이행이 상당 부분 이루어진 상황에서는 발주기관이 공사도급계약을 해제하기 어려운 경우가 많을 것이다.

제9조 입찰보증금

제9조 (입찰보증금)
① 각 중앙관서의 장 또는 계약담당공무원은 경쟁입찰에 참가하려는 자에게 입찰보증금을 내도록 하여야 한다. 다만, 대통령령으로 정하는 경우에는 입찰보증금의 전부 또는 일부의 납부를 면제할 수 있다.
② 제1항에 따른 입찰보증금의 금액, 납부방법, 그 밖에 필요한 사항은 대통령령으로 정한다.
③ 각 중앙관서의 장 또는 계약담당공무원은 낙찰자가 계약을 체결하지 아니하였을 때에는 해당 입찰보증금을 국고에 귀속시켜야 한다. 이 경우 제1항 단서에 따라 입찰보증금의 전부 또는 일부의 납부를 면제하였을 때에는 대통령령으로 정하는 바에 따라 입찰보증금에 해당하는 금액을 국고에 귀속시켜야 한다.
[전문개정 2012.12.18]

I. 입찰보증금의 의의

국가계약법 제9조 제1항 본문은 발주기관이 경쟁입찰에 참가하려는 자에게 입찰보증금을 내도록 하여야 한다고 규정하고 있다. 이와 같이 경쟁입찰에 참가하려는 자가 입찰시 납부하는 보증금을 입찰보증금이라고 한다.

만일 낙찰자가 계약을 체결하지 아니할 경우 발주기관은 입찰보증금을 국고에 귀속시켜야 하므로(국가계약법 제9조 제3항 본문), 입찰보증금은 낙찰자가 계약을 체결하지 않음으로써 국가가 입을 수 있는 손해를 담보하는 손해배상액의 예정으로서의 성질을 가진다고 볼 수 있고, 이는 입찰자에게 계약체결을 강제하는 효과가 있다. 대법원 또한 일반적인 경우 국가나 공공기관이 실시하는 입찰에서 입찰보증금을 손해배상액의 예정으로 보고 있다(대법원 1965. 9. 7. 선고 65다1420 판결, 대법원 1983. 12. 27. 선고 81누366 판결, 대법원 1997. 3. 28. 선고 95다48117 판결, 대법원 2004. 4. 16. 선고 2003다63661 판결).[1]

---

1) 다만 구체적인 사안에 따라 위약벌로 인정될 수 있는 경우도 있을 것이다(대법원 1979.

한편 입찰보증금은 계약이 체결되기 전에 계약체결을 하지 않은 자에게 부과되는 손해배상액으로서의 성격을 가진다는 점에서 발주기관의 신뢰를 보호하기 위한 것으로 볼 수 있고, 이러한 점에서 계약체결상의 과실책임의 한 유형으로도 볼 수 있을 것이다.

II. 입찰보증금의 납부

1. 납부 금액

국가계약법 시행령 제37조 제1항은 입찰보증금은 입찰금액(단가에 대하여 실시하는 입찰인 경우에는 그 단가에 매회별 이행예정량 중 최대량을 곱한 금액)의 100분의 5 이상으로 하도록 규정하고 있다. 다만, 재난 및 안전관리 기본법 제3조 제1호의 재난이나 경기침체, 대량실업 등으로 인한 국가의 경제위기를 극복하기 위해 기획재정부장관이 기간을 정하여 고시한 경우에는 입찰보증금을 입찰금액의 1천분의 25 이상으로 할 수 있다.

법문상 '100분의 5 이상'으로 규정되어 있으므로, 반드시 100분의 5로 정해야 하는 것은 아닐 것이나, 비율을 과도하게 높게 정하여 입찰보증금액이 지나치게 클 경우에는 국가계약법 제5조 제3항의 부당특약에 해당하거나, 법원의 직권 감액 대상이 될 수 있을 것이다.

한편 대법원은 한국토지공사가 공급하는 분양용지의 당첨자가 계약을 체결하지 않는 경우 공급가액의 10%에 상당하는 분양신청예약금을 한국토지공사에 귀속시키도록 정한 것과 관련하여, 이는 약관으로 정해진 것인데 해당 약관조항은 제반 사정에 비추어 고객인 당첨자에 대하여 부당하게 과중한 손해배상의무를 부담시키는 것으로서 무효라고 본 바 있다(대법원 1996. 9. 10. 선고 96다19758 판결). 따라서 발주기관이 입찰보증금의 비율을 100분의 5보다 높게 정한 경우 이와 같이 정한 계약문서가 약관에 해당될 경우에는 위 판결과 같은 법리가 적용될 수도 있을 것이다.

---

9. 11. 선고 79다1270 판결).

2. 납부 방법

발주기관은 입찰보증금을 현금(체신관서나 은행법의 적용을 받는 은행이 발행한 자기앞수표를 포함) 또는 보증서 등으로 납부하게 하여야 한다(국가계약법 시행령 제37조 제2항). 보증서 등을 통한 납부가 실무상 일반적인 방법이고, 국가계약법 시행령 제37조 제2항 각 호가 정한 보증서 등은 다음과 같다.

1. 국가재정법 시행령 제46조제4항에 따른 금융기관(이하 "금융기관"이라 한다) 및 은행법에 따른 외국은행이 발행한 지급보증서
2. 자본시장과 금융투자업에 관한 법률 시행령 제192조에 따른 증권
3. 보험업법에 따른 보험회사가 발행한 보증보험증권
4. 다음 각 목의 어느 하나에 해당하는 기관이 발행한 채무액 등의 지급을 보증하는 보증서
   가. 건설산업기본법에 따른 공제조합
   나. 전기공사공제조합법에 따른 전기공사공제조합
   다. 신용보증기금법에 따른 신용보증기금
   라. 기술보증기금법에 따른 기술보증기금
   마. 정보통신공사업법에 따른 정보통신공제조합
   바. 엔지니어링산업 진흥법에 따른 엔지니어링공제조합
   사. 산업발전법에 따른 공제조합
   아. 소프트웨어 진흥법에 따른 소프트웨어공제조합
   자. 전력기술관리법에 따른 전력기술인단체(산업통상자원부장관이 기획재정부장관과 협의하여 고시하는 단체에 한정한다)
   차. 건설폐기물의 재활용촉진에 관한 법률에 따른 공제조합
   카. 골재채취법에 따른 공제조합
   타. 지역신용보증재단법에 따른 신용보증재단
   파. 관광진흥법에 따른 한국관광협회중앙회
   하. 방위사업법 제43조에 따라 보증업무를 수행하는 기관으로 지정받은 자
   거. 건설기술 진흥법에 따른 공제조합

너. 소방산업의 진흥에 관한 법률에 따른 소방산업공제조합

더. 국가유산수리 등에 관한 법률에 따른 국가유산수리협회

러. 건축사법에 따른 건축사공제조합

머. 중소기업협동조합법에 따른 중소기업중앙회

버. 콘텐츠산업 진흥법 제20조의2에 따른 콘텐츠공제조합

서. 폐기물관리법 제41조에 따른 폐기물 처리 공제조합

어. 공간정보산업 진흥법 제24조에 따른 공간정보산업협회

저. 한국해양진흥공사법에 따른 한국해양진흥공사

5. 제1호에 규정된 금융기관 및 외국금융기관과 체신관서가 발행한 정기예금 증서

6. 자본시장과 금융투자업에 관한 법률에 따라 신탁업자가 발행하는 수익증권

7. 자본시장과 금융투자업에 관한 법률에 따라 집합투자업자가 발행하는 수익 증권

입찰참가자는 입찰신청마감일까지 국가계약법 시행규칙 별지 제3호 서식의 입찰참가신청서와 함께 입찰보증금을 납부하여야 한다(국가계약법 시행규칙 제43조 제1항 본문). 다만 발주기관은 국가계약법 시행령 제37조 제2항 제4호에 따른 보증서 중 1회계연도 내의 모든 공사입찰에 대한 입찰보증금으로 납부할 수 있는 보증서의 경우에는 기획재정부장관이 정하는 바에 따라 매 회계연도 초에 제출하게 할 수 있다(같은 항 단서).

3. 납부 면제

국가계약법 제9조 제1항 단서는 대통령령으로 정하는 경우 입찰보증금의 전부 또는 일부의 납부를 면제할 수 있다고 규정하고 있고, 국가계약법 시행령 제37조 제3항은 이에 따라 납부를 면제할 수 있는 자를 각 호에 규정하고 있다. 이는 입찰자의 특성에 비추어 계약체결을 거부할 이유가 없다고 판단되는 자로 볼 수 있다.[2] 이에 따라 입찰보증금 납부를 면제받을 수 있는 자들은 다음과 같다.

---

2) 김성근, 앞의 책(Ⅰ), 337면.

1. 국가기관 및 지방자치단체
2. 공공기관의 운영에 관한 법률에 따른 공공기관
3. 국가 또는 지방자치단체가 기본재산의 100분의 50이상을 출연 또는 출자 (법률의 규정에 의하여 귀속시킨 경우를 포함한다. 이하 같다)한 법인
4. 농업협동조합법에 의한 조합·조합공동사업법인 및 그 중앙회(농협경제지주 회사 및 그 자회사를 포함한다), 수산업협동조합법에 따른 어촌계·수산업협 동조합 및 그 중앙회, 산림조합법에 따른 산림조합 및 그 중앙회, 중소기업 협동조합법에 따른 중소기업협동조합 및 그 중앙회
5. 건설산업기본법·전기공사업법·정보통신공사업법·건설폐기물의 재활용촉 진에 관한 법률·골재채취법 또는 국가유산수리 등에 관한 법률 등의 법령 에 따라 허가·인가·면허를 받았거나 등록·신고 등을 한 자로서 입찰공고 일 현재 관련 법령에 따라 사업을 영위하고 있는 자. 다만, 다음 각 목의 어 느 하나에 해당하는 자는 제외한다.
    가. 입찰공고일 이전 1년 이내에 제76조제2항제2호가목의 사유로 입찰참 가자격제한을 받은 자(입찰참가자격 제한 기간 중인 경우를 포함한다)
    나. 계약체결을 기피할 우려가 있어 각 중앙관서의 장 또는 계약담당공무 원이 입찰공고에 명시한 요건에 해당하는 자
5의2. 기후위기 대응을 위한 탄소중립·녹색성장 기본법 제60조제2항에 따라 녹색기술, 같은 법 제66조제4항에 따른 녹색제품 등에 대한 적합성 인증을 받거나 녹색전문기업으로 확인을 받은 자 중 기획재정부장관이 정하는 기 준에 해당하는 자
6. 기타 경쟁입찰에서 낙찰자로 결정된 후 계약체결을 기피할 우려가 없다고 인정되는 자

다만 입찰보증금의 납부를 면제받은 자라고 하더라도 입찰보증금의 국고귀 속사유가 발생할 수 있다. 그렇기 때문에 국가계약법 시행령 제37조 제4항은 입 찰보증금의 전부 또는 일부를 면제받은 자로 하여금 입찰보증금의 국고귀속사유 가 발생한 때에는 입찰보증금에 해당하는 금액의 지급을 확약하는 내용의 문서를 제출하게 하도록 규정하고 있다.

4. '0원' 입찰의 문제

이른바 '0원' 입찰이란 말 그대로 입찰금액을 '0원'으로 하는 입찰이다. 이 경우 그 유효성이 문제될 수 있는데, ① 국가계약법 시행규칙 제44조 등에 따르면, 입찰서에 입찰금액 등 중요한 부분이 불분명하게 적힌 경우의 입찰은 무효로 하고 있으나, 법정화폐단위로 인정되는 "원"을 입찰금액을 표시하는 단위로 사용한 이상 '0'은 금액의 크기를 의미하는 것이고, 그 객관적인 의미는 대가를 받지 않고 계약내용을 무상으로 이행하겠다는 취지로 해석할 수 있어 중요한 부분인 계약금액이 불분명한 것으로 볼 수 없는 점, ② 최저가격으로 입찰한 자를 낙찰자로 결정하겠다는 의미는 반대급부의 이행을 금전으로 하되, 금액의 결정은 부담이 적도록 되도록 최저가액으로 하려는 것이지 반드시 유상계약만을 체결하라는 취지는 아니라고 할 것인 점, ③ 대가를 받지 않겠다는 의미로 "0원"이라고 적은 것은 법률행위의 목적 실현이 원시적으로 불가능하다고 볼 수 없고, '0원' 입찰이 독점규제 및 공정거래에 관한 법률 제45조 제1항 제3호에서의 부당염매의 요건에 해당하여 같은 법에 따른 제재를 받는 것은 별론으로 하더라도 '0원' 입찰만으로는 강행규정에 반한다고 할 수 없고, 허용되는 1원 입찰과 사실상 동일하므로 이를 민법 제104조의 사회상규에 반하는 행위로 볼 수도 없는 점 등에 비추어 '0원' 입찰을 무효로 볼 수는 없다.

기획재정부 역시 "국가계약법령에 따른 경쟁입찰에서 '0원' 입찰은 국가를 당사자로 하는 계약에 관한 법률 시행규칙 제44조 및 회계예규 용역입찰유의서 제12조의 입찰무효 사유에 해당하지 않습니다"라고 해석하였다.[3]

기획재정부는 더 나아가 '0원' 입찰에서는 입찰보증금에 관한 규정이 적용될 수 없다고 해석하였고, 다만 계약담당공무원은 부정한 입찰을 방지하고 낙찰자의 계약체결을 담보하기 위하여 입찰보증금에 상응하는 민법상의 손해배상 가능성을 입찰공고시 함께 공고하는 등의 방법으로 계약체결에 관한 담보책임을 강구하여야 한다고 하였다.[4]

---

3) 회계제도과-2185, 2007. 12. 11.
4) 회계제도과-1183, 2009. 7. 16; 박현석, 앞의 책, 311면에서 재인용.

Ⅲ. 입찰보증금의 국고귀속

1. 낙찰자의 귀책사유 필요 여부

국가계약법 제9조 제3항 전문은 "각 중앙관서의 장 또는 계약담당공무원은 경쟁입찰에 참가하려는 자에게 입찰보증금을 내도록 하여야 한다"라고만 규정하여, 입찰보증금의 국고귀속을 위해 낙찰자에게 계약 미체결에 대한 귀책사유가 필요한지 여부에 대하여 규정하지 않고 있다.

그러나 입찰보증금의 국고귀속을 위해서는 당연히 낙찰자에게 귀책사유가 필요하다고 해석함이 타당하다. 발주기관이 계약상대자에게 책임이 없는 경우까지 손해배상책임을 묻는 것은 불합리하기 때문이다. 공사입찰유의서 또한 제7조 제2항에서 입찰보증금의 국고귀속과 관련하여 '정당한 이유없이'라는 요건을 명확하게 규정하고 있다.

여기서 정당한 이유란 천재지변 등 불가항력적인 사유, 발주기관의 책임있는 사유 등을 의미하는 것으로 볼 것이다. 낙찰자 결정 후 발주기관의 계약체결 철회 권유에 따라 상호 협의 후 계약을 체결하지 아니한 경우라면 당연히 계약을 체결하지 아니한 정당한 사유가 존재한다고 할 것이다.[5]

2. 입찰보증서 등으로 납부한 경우

낙찰자가 입찰보증금을 보증서 등으로 납부한 경우라면, 발주기관은 입찰보증금 국고귀속사유가 발생한 때 지체 없이 해당 금융기관 또는 보증기관과 관계수입징수관 또는 유가증권취급공무원 등에게 통지하고 기획재정부령이 정하는 바에 의하여 당해 입찰보증금을 현금으로 징수하게 하거나 정부소유유가증권으로 전환하게 하여야 한다(국가계약법 시행령 제38조 제1항).

3. 낙찰자가 입찰보증금의 납부를 면제받은 경우

낙찰자가 입찰보증금의 전부 또는 일부의 납부를 면제받은 자인데 입찰보증금의 국고귀속사유가 발생한 때에는, 관계수입징수관에게 낙찰자가 작성한 지급확약문서를 갖추어 국고귀속사유 발생 사실을 통지하고 당해 낙찰자로부터 입찰

---

5) 계약제도과-175, 2015. 2. 17; 박현석, 앞의 책, 313면에서 재인용.

보증금에 상당하는 금액을 현금으로 징수하게 하여야 한다(국가계약법 시행령 제
38조 제2항).

Ⅳ. 입찰보증금의 반환

각 중앙관서의 장 또는 계약담당공무원은 납부된 입찰보증금, 계약보증금의
보증목적이 달성된 때에는 계약상대자의 요청에 의하여 즉시 이를 반환하여야 하
는데(국가계약법 시행규칙 제63조 제1항), 입찰보증금의 보증목적이란 계약의 체결
을 의미하므로 낙찰자와 계약을 체결하였다면 계약상대자(낙찰자)가 요청을 할
경우 즉시 이를 반환하여야 할 것이다. 낙찰을 받지 못한 입찰자의 경우에도 마
찬가지로 계약이 체결된 이후에는 해당 입찰자의 요청에 따라 즉시 반환되어야
할 것이다.

한편 낙찰자로서 계약을 체결하게 된 자가 입찰보증금을 계약보증금으로 대
체납부할 것을 신청할 경우 발주기관은 이를 대체정리하여야 한다(국가계약법 시
행규칙 제51조 제2항).

제10조 경쟁입찰에서의 낙찰자 결정

제10조 (경쟁입찰에서의 낙찰자 결정)

① 세입의 원인이 되는 경쟁입찰에서는 최고가격의 입찰자를 낙찰자로 한다. 다만, 계약의 목적, 입찰 가격과 수량 등을 고려하여 대통령령으로 기준을 정한 경우에는 그러하지 아니하다.

② 국고의 부담이 되는 경쟁입찰에서는 다음 각 호의 어느 하나의 기준에 해당하는 입찰자를 낙찰자로 한다.

  1. 충분한 계약이행 능력이 있다고 인정되는 자로서 최저가격으로 입찰한 자

  2. 입찰공고나 입찰설명서에 명기된 평가기준에 따라 국가에 가장 유리하게 입찰한 자

  3. 그 밖에 계약의 성질, 규모 등을 고려하여 대통령령으로 특별히 기준을 정한 경우에는 그 기준에 가장 적합하게 입찰한 자

③ 각 중앙관서의 장 또는 계약담당공무원은 제2항에도 불구하고 공사에 대한 경쟁입찰로서 예정가격이 100억원 미만인 공사의 경우 다음 각 호에 해당하는 비용의 합계액의 100분의 98 미만으로 입찰한 자를 낙찰자로 하여서는 아니 된다. 〈신설 2019. 11. 26.〉

  1. 재료비 · 노무비 · 경비

  2. 제1호에 대한 부가가치세

④ 제2항 각 호에도 불구하고 각 중앙관서의 장 또는 계약담당공무원은 계약의 목적 · 성질 · 수량 등 대통령령으로 정하는 요건에 해당하여 1인의 낙찰자로는 계약목적 달성이 곤란하다고 판단되는 경우에는 둘 이상의 입찰자를 낙찰자로 결정할 수 있다. 이 경우 각 중앙관서의 장 또는 계약담당공무원은 둘 이상의 낙찰자를 결정한다는 취지를 입찰공고 또는 입찰통지에 명시하여야 한다. 〈신설 2024. 3. 26.〉

[전문개정 2012.12.18]

I. 경쟁입찰에서의 낙찰자 결정의 일반원칙

국가계약법 제10조는 제1항에서 세입의 원인이 되는 경쟁입찰에서의 낙찰

자 결정기준을, 같은 조 제2항에서 국고의 부담이 되는 경쟁입찰에서의 낙찰자 결정기준을 정하고 있다.

세입의 원인이 되는 경쟁입찰에서는 최고가격의 입찰자를 낙찰자로 하는 것을 원칙으로 하고 있고, 국고의 부담이 되는 경쟁입찰에서는 ① 충분한 계약이행 능력이 있다고 인정되는 자로서 최저가격으로 입찰한 자, ② 입찰공고나 입찰설명서에 명기된 평가기준에 따라 국가에 가장 유리하게 입찰한 자, ③ 그 밖에 계약의 성질, 규모 등을 고려하여 대통령령으로 특별히 기준을 정한 경우에는 그 기준에 가장 적합하게 입찰한 자를 낙찰자로 하는 것으로 정하고 있다.

한편, 각 중앙관서의 장 또는 계약담당공무원은 계약의 목적·성질·수량 등 대통령령으로 정하는 요건에 해당하여 1인의 낙찰자로는 계약목적 달성이 곤란하다고 판단되는 경우에는 둘 이상의 입찰자를 낙찰자로 결정할 수 있다. 이 경우 각 중앙관서의 장 또는 계약담당공무원은 둘 이상의 낙찰자를 결정한다는 취지를 입찰공고 또는 입찰통지에 명시하여야 한다.

Ⅱ. 입찰서 제출 후 낙찰자결정까지의 절차

1. 입찰서의 제출

발주기관은 입찰자가 입찰서를 제출하는 경우 전자조달시스템을 이용하여 입찰서를 제출하게 하여야 한다. 다만 미리 기획재정부장관과 협의한 경우에는 전자조달시스템 외에 각 중앙관서의 장이 지정·고시한 정보처리장치를 이용하여 입찰서를 제출하게 할 수 있다(국가계약법 시행령 제39조 제1항).

이 때 입찰자가 제출하는 입찰서의 양식은 국가계약법 시행규칙 별지 제5호 서식 또는 제6호 서식(입찰 및 낙찰자 결정을 전산처리에 의하여 하고자 하는 경우)에 의한다(국가계약법 시행규칙 제42조 제1항).

이와 같이 입찰서는 전자조달시스템 등을 이용하여 제출하는 것이 원칙이나, 국제입찰의 경우나 전자조달시스템을 이용하기 어려운 경우 등 각 중앙관서의 장이 필요하다고 인정하는 경우에는 입찰공고에 명시한 장소와 일시에 직접 또는 우편으로 제출하는 것도 가능하다(국가계약법 시행령 제39조 제2항).

한편 입찰서에 사용되는 인감은 입찰참가신청서 제출시 신고한 인감과 동일하여야 한다(국가계약법 시행규칙 제42조 제5항).

2. 입찰서의 접수

발주기관은 입찰서를 접수한 때에는 당해 입찰서에 확인인을 날인하고 개찰 시까지 개봉하지 아니하고 보관하여야 한다(국가계약법 시행규칙 제42조 제4항). 만일 입찰서가 접수된 즉시 입찰서를 확인할 수 있다면, 발주기관에서 특정인의 입찰 내용이 유출되어 입찰의 공정성과 투명성을 크게 훼손할 수도 있다는 점에서, 이는 입찰 과정에서 발주기관에 의한 부정행위를 차단하기 위한 규정이라고 볼 수 있다.

3. 입찰서의 취소

입찰자는 제출한 입찰서를 교환·변경 또는 취소하지 못하는 것이 원칙이다 (국가계약법 시행령 제39조 제3항 본문). 입찰서를 제출한 뒤 입찰서를 교환·변경· 취소할 경우 입찰절차의 공정성 내지 투명성이 훼손될 수 있기 때문이다.[1] 다만 국가계약법 시행령 제39조 제3항 단서는 기획재정부장관이 정하는 경우를 예외로 규정하고 있는데, 기획재정부 계약예규 공사입찰유의서 제10조 제4항은 입찰서에 기재한 중요부분에 오기가 있음을 이유로 개찰현장에서 입찰자가 입찰의 취소의사를 표시한 것으로서 계약담당공무원이 이를 인정하는 경우에는 입찰서를 취소할 수 있다고 규정하고 있다.

명백한 오기인 경우까지 입찰서를 취소할 수 없다면 자칫 입찰자에게 과다한 손해를 감수하도록 강요하는 것일 수 있고, 개찰현장에서 계약담당공무원이 인정하는 경우에 취소가 가능하다는 점에서 입찰절차의 공정성 내지 투명성이 훼손될 가능성이 희박하기 때문에 예외적으로 입찰의 취소가 인정되는 것이라 볼 수 있다.

공사입찰유의서의 위 조항은 '계약담당공무원이 이를 인정하는 경우'를 요건인 것처럼 규정하고 있어서 입찰서의 중요부분에 오기가 있음에도 계약담당공무원이 입찰서의 취소를 인정하지 아니할 경우 입찰자는 입찰에 참여할 수밖에 없는지, 발주기관이 해당 입찰자를 낙찰자로 결정할 경우 계약을 체결하여야

---

1) 김성근, 앞의 책(Ⅰ), 355면.

하는지가 문제될 수 있다. 대법원은 입찰서에 착오로 입찰금액을 잘못 기재한 입찰자가 계약체결을 거부하자 발주기관이 입찰참가자격제한 처분을 한 사안과 관련하여, "소외인은 입찰서상 입찰금액난에 금 60,780,000원을 기재한다는 것이 착오로 금 육백칠만팔천원정으로 잘못 기재하여 투찰하고 계약담당공무원인 소외 김ㅇ현이 개찰한 결과 위 금 6,078,000원이 예정가격 이하의 최저입찰금액으로 지정되고 원고를 낙찰자로 선언하자 비로소 위 소외인은 위 입찰금액의 기재가 금 60,780,000원의 착오에 인한 기재임을 깨닫고 즉시 개찰현장에서 착오에 인하였음을 고하고 위 김ㅇ현에게 입찰취소의 의사표시를 하였으나 위 김ㅇ현은 위 착오에 인한 것임을 인정하지 아니한 사실과 피고는 1980. 4. 12. 및 같은 달 17일 두 차례에 걸쳐서 시한을 정하여 원고에게 본건 공사계약 체결서류의 제출 및 같은 법 시행령 제77조 소정의 계약보증금과 같은 령 제102조 소정의 차액보증금의 지급을 통고하였으나 원고가 이에 불응하자 원고를 부정당업자로 보고 같은 법 제70조의 18, 같은 법 시행령 제89조 제1항 제5호에 따라 원고에게 1980. 4. 26.부터 같은 해 10. 25까지 6월간 입찰참가 자격정지(제한) 처분을 한 사실을 인정한 다음 위와 같은 입찰금액의 기재는 시설공사입찰유의서(재무부회계예규 1201, 04-101) 제10조 제10호 소정의 입찰서에 기재한 중요부분의 착오가 있는 경우에 해당되어 이를 이유로 위와 같이 즉시 입찰취소의 의사표시를 한 이상 피고는 본건 입찰을 무효로 선언하였음이 마땅하므로 원고가 이건 공사계약체결에 불응하였음에는 정당한 이유가 있다고 할 것이므로 원고를 위와 같이 부정당업자로서 제재한 본건 처분은 피고가 그 재량권을 일탈하여 행사한 것으로서 위법하다고 판시하였는바 이를 기록에 대조하여 살펴보면 원심의 위와 같은 사실인정에 의한 판단조치는 정당하다"라고 판단하였다(대법원 1983. 12. 27. 선고 81누366 판결).

생각하건대, 입찰서에 기재한 중요부분에 오기가 있는지 여부는 발주기관이 판단할 수밖에 없을 것이므로, 계약담당공무원의 인정이 없더라도 입찰자의 취소의 의사표시만으로 곧바로 입찰이 취소되었다고 보기는 어려울 수 있지만, 실제로 입찰서의 중요부분에 오기가 있었음에도 발주기관이 입찰자의 취소의 의사표시를 무시하고 해당 입찰자를 낙찰자로 결정하였다면 적어도 이러한 경우에는 입찰자에게 계약을 체결하지 아니할 정당한 사유가 존재한다고 보아야 할 것이다.

4. 개찰

발주기관은 지정된 시간까지 입찰서를 접수한 때에는 입찰서의 접수마감을 선언하고, 입찰공고에 표시한 장소와 일시에 입찰자가 참석한 자리에서 개찰하여야 한다(국가계약법 시행령 제40조 제1항 전문, 국가계약법 시행규칙 제48조 제1항 본문). 이 경우 입찰자로서 출석하지 아니한 자가 있는 때에는 입찰사무에 관계없는 공무원으로 하여금 개찰에 참여하게 할 수 있다(국가계약법 시행령 제40조 제1항 후문).

다만 전자조달시스템 또는 각 중앙관서의 장이 지정·고시한 정보처리장치를 이용하여 입찰서를 제출하게 하는 경우에는 입찰공고에 표시한 절차와 방법으로 입찰서의 접수를 마감하고 입찰서를 개봉하여야 한다(국가계약법 시행규칙 제48조 제1항 단서).

5. 낙찰선언

발주기관은 제출된 입찰서를 확인하고 유효한 입찰서의 입찰금액과 예정가격을 대조하여 적격자를 낙찰자로 결정한 때에는 지체없이 낙찰선언을 하여야 한다. 다만 국가계약법 시행령 제42조 제1항에 따라 계약이행능력을 심사하여 낙찰자를 결정하거나 같은 조 제4항에 따라 각 입찰자의 입찰가격, 공사수행능력 및 사회적 책임 등을 종합적으로 심사하여 낙찰자를 결정하는 등 낙찰자결정에 장시간이 소요되는 때에는 그 절차를 거친 후 낙찰선언을 할 수 있다(국가계약법 시행령 제40조 제2항).

전자조달시스템 또는 각 중앙관서의 장이 지정·고시한 정보처리장치를 이용하여 입찰서를 제출하는 방식의 경우에는 입찰공고에 표시한 절차와 방법에 의하여 개찰 및 낙찰선언을 하여야 한다(국가계약법 시행령 제40조 제3항).

Ⅲ. 공사계약의 구체적인 낙찰자 결정 방법

국가계약법 시행령 제42조 제1항은 "각 중앙관서의 장 또는 계약담당공무원은 국고의 부담이 되는 경쟁입찰에 있어서는 예정가격 이하로서 최저가격으로 입찰한 자의 순으로 당해 계약이행능력 및 기획재정부장관이 정하는 일자리창출 실적 등을 심사하여 낙찰자를 결정한다."라고 규정하고 있는바, 이는 국가가 실시하는 경쟁입찰에서의 원칙적인 낙찰자 결정방법을 규정한 것으로 볼 수 있다.[2] 공사계약의 경우 최저가 입찰자 순으로 당해 공사의 이행능력이 있는지의 여부를 심사하여 적정하다고 인정될 경우 낙찰자로 결정하는 입찰제도를 '적격심사제'라 한다.

한편 구 국가계약법 시행령 제42조 제4항(2015. 12. 31. 대통령령 제26829호로 개정되기 전의 것)은 "각 중앙관서의 장 또는 계약담당공무원은 제1항에 불구하고 추정가격이 100억원 이상인 공사입찰의 경우에는 예정가격 이하로서 최저가격으로 입찰한 자부터 입찰금액의 적정성을 심사하여 낙찰자를 결정한다."라고 규정하고 있었으나, 2015. 12. 31. 아래와 같이 개정되었다.

④ 각 중앙관서의 장 또는 계약담당공무원은 제1항에도 불구하고 다음 각 호의 공사입찰에 대해서는 각 입찰자의 입찰가격, 공사수행능력 및 사회적 책임 등을 종합 심사하여 합산점수가 가장 높은 자를 낙찰자로 결정한다.
1. 추정가격이 300억원 이상인 공사
2. 국가유산수리 등에 관한 법률 제2조 제1호에 따른 국가유산수리로서 국가유산청장이 정하는 공사

이후 2018. 12. 4. 개정에 의하여 같은 항 제3호로 "건설기술진흥법 제39조 제2항에 따른 건설사업관리 용역으로서 추정가격이 50억 원 이상인 용역", 제4호로 "건설기술 진흥법 시행령 제69조에 따른 건설공사기본계획 용역 또는 제71조에 따른 기본설계 용역으로서 추정가격이 30억 원 이상인 용역", 제5호로 "건설기술 진흥법 시행령 제73조에 따른 실시설계 용역으로서 추정가격이 40억 원 이상인 용역"이 각각 추가되었다.[3] 그리고 2019. 9. 17. 개정으로 제42조 제4항 제1호의 "추정가격 300억원" 부분이 "추정가격 100억 원"으로 변경되었고, 2021. 7. 6. 개정으로 제42조 제4항 본문이 다음과 같이 개정되었다.

④ 각 중앙관서의 장 또는 계약담당공무원은 제1항에도 불구하고 다음 각 호의 공사 또는 용역입찰에 대해서는 예정가격 이하로 입찰한 입찰자 중 각 입찰

2) 다만 일자리창출 실적에 대한 심사는 정부의 정책에 따라 2018. 12. 4.자 개정에서 추가된 내용이다.
3) 국가계약법 시행령이 2023. 11. 16. 개정되면서 금액이 일부 변경되었다.

자의 입찰가격, 공사수행능력(용역입찰의 경우에는 용역수행능력을 말하며, 제40조 제2항 단서 및 이하에서 같다) 및 사회적 책임 등을 종합 심사하여 합산점수가 가장 높은 자를 낙찰자로 결정한다.

2015. 12. 31. 개정 전 국가계약법 시행령 제42조 제4항에 근거한 입찰 방식을 '최저가낙찰제'라 하고, 2015. 12. 31. 개정 이후의 국가계약법 시행령 제42조 제4항에 근거한 입찰 방식을 '종합심사낙찰제'라 하는데, 현행 규정상 최저가낙찰제는 이미 폐지가 된 것이나 여전히 최저가낙찰제 방식에 의한 공사에 관한 분쟁이 계속되고 있으므로 여전히 이에 대하여 살펴볼 필요가 있다.

한편 국가계약법 시행령은 제6장에서 대형공사계약(대안입찰, 일괄입찰)에 대하여 별도로 규정하고 있는바, 이하에서는 먼저 적격심사제에 대하여 살펴본 후 최저가낙찰제와 종합심사낙찰제, 그 후 대안입찰과 일괄입찰, 그 밖의 계약상대자 결정 방법의 순으로 살펴보도록 하겠다.

1. 적격심사제

(1) 개요

적격심사제란 최저가 입찰자 순으로 시공능력과 입찰금액의 적정성 등 당해 공사의 계약이행능력이 있는지의 여부를 심사하여 적정하다고 인정될 경우 낙찰자로 결정함으로써 불량부적격자가 계약상대자로 선정되는 것을 배제하는 제도를 의미한다.

이는 최저가낙찰제의 가장 큰 단점으로 여겨지는 무리한 저가경쟁 또는 입찰담합의 문제점을 해소하고 입찰금액의 적정성까지도 심사하여 최적의 낙찰자를 선정하기 위하여 1995년도에 처음으로 도입된 제도이다.

100억 원 미만인 모든 공사에는 적격심사제가 적용된다(국가계약법 시행령 제42조 제1항, 제4항 제1호).

(2) 평가기준

조달청에서는 조달청 시설공사 적격심사세부기준(조달청지침 제8735호, 2024. 9. 30.)을 통해 아래의 9가지 기준을 마련하여 운용하고 있다.

1. 추정가격 100억원 미만 50억원 이상인 공사의 평가기준
2. 추정가격 50억원 미만 10억원 이상(전기·정보통신·소방시설·국가유산공사 등은 50억원 미만 3억원 이상)인 공사의 평가기준
3. 추정가격 10억원 미만 3억원 이상인 공사(건설산업기본법에 따른 건설공사에 해당)의 평가기준
4. 추정가격 3억원 미만 2억원 이상(전기·정보통신·소방시설·국가유산공사 등은 3억원 미만 8천만원 이상)인 공사의 평가기준
5. 추정가격 2억원 미만(전기·정보통신·소방시설·국가유산공사 등은 8천만원 미만)인 공사의 평가기준
6. 추정가격 100억원 미만 50억원 이상인 공사의 경영상태 평가기준
7. 추정가격 50억원 미만 10억원 이상(전기·정보통신·소방시설·국가유산공사 등은 50억원 미만 3억원 이상)인 공사의 경영상태 평가기준
8. 추정가격 10억원 미만 3억원 이상인 공사(건설산업기본법에 따른 건설공사)와 2억원 미만(전기·정보통신·소방시설·국가유산공사 등은 8천만원 미만)인 공사의 경영상태 평가기준
9. 추정가격 3억원 미만 2억원 이상(전기·정보통신·소방시설·국가유산공사 등은 3억원 미만 8천만원 이상)인 공사의 경영상태 평가기준

(3) 공사규모별 심사항목

위 적격심사세부기준에 따른 적격심사제에서 심사항목별 배점은 다음의 표와 같다.

(금액기준: 추정가격)

심사분야		50~100억	10~50억[주)1]	3~10억[주)2]	2~3억[주)3]	2억 미만[주)4]
당해공사	시공경험	15	15	10	5	-
	경영상태	15	15	10	5	10
	신인도	(±0.9)	(-1~+4)	(-1~+4)	(-1~+4)	(-1~+4)[주)5]
	수행능력	30	30	20	10	10

수행능력	하도급관리계획의 적정성	10	-	-	-	-
	자재 · 인력조달가격의 적정성	10	-	-	-	-
	소계	20	-	-	-	-
입찰가격		50	70	80	90	90
합계		100	100	100	100	100

주: 1) 전기 · 정보통신 · 소방시설 · 국가유산공사는 50억원 미만 3억원 이상
   2) 건설산업기본법에 따른 건설공사만 해당
   3) 전기 · 정보통신 · 소방시설 · 국가유산공사는 3억원 미만 8천만원 이상
   4) 전기 · 정보통신 · 소방시설 · 국가유산공사는 8천만원 미만
   5) 업종별 최근5년간 실적합계액이 당해 공사 예비가격기초금액 이상인 경우 특별신인도 가점 2점

입찰가격의 평가산식(추정가격 기준)은 아래와 같고, 이에 따른 공사규모별 낙찰하한선은 그 아래의 표와 같다.

- 50억원 이상 100억원 미만 공사   : 점수 = 50- 2 × | (a−b)×100 |
- 10억원 이상 50억원 미만 공사   : 점수 = 70- 4 × | (a−b)×100 |
- 3억원 이상 10억원 미만 일반건설공사 : 점수 = 80−20 × | (a−b)×100 |
- 3억원 미만 2억 원 이상 공사[4]   : 점수 = 90−20 × | (a−b)×100 |

> (a−b) = (88/100−입찰가격−A/예정가격−A)
> A = 국민연금, 건강보험, 퇴직공제부금비, 노인장기요양보험,
> 산업안전보건관리비, 안전관리비, 품질관리비의 합산액

공사규모별	낙찰하한율	적격통과점수	자재 및 인력조달 가격평가 상향 추정치	예상낙찰률
50억~100억	85.495%[5]	95점	0.25~1%	85.5~86.5%
10억~50억 이상(10억 이상의 전기 · 정보통신 · 소방시설 · 국가유산공사 포함)	86.745%	95점	-	86.75%

---

4) 전기 · 정보통신 · 소방공사 · 국가유산공사 등은 3억 원 미만 8천만 원 이상.
5) 소수점이하의 숫자가 있는 경우 소수점 다섯째자리에서 반올림한다.

3억~10억 전기· 정보통신· 소방시설· 국가유산공사	87.745	95점	-	87.75%
3억~10억	87.745%	95점	-	87.75%
2억~3억	87.745%	95점	-	87.75%
2억 미만	87.745%	95점	-	87.75%

주: 1) 낙찰하한율: 입찰가격을 제외한 수행능력분야를 모두 만점받는 경우 입찰가격평가에서 낙찰
　　　가능한 최소한의 비율임
　　2) 예상낙찰률: 50억원 이상인 공사에 적용하는 '자재 및 인력조달가격의 적정성평가'에서 만점
　　　에 부족한 점수만큼 낙찰률이 상승하게 됨
　　3) 100억원 이상 공사는 최저가낙찰제 적용

(4) 심사절차

　　최저가 입찰자부터 당해 공사 수행능력과 입찰자격, 자재 및 인력조달 가격
의 적정성, 하도급관리 계획의 적정성의 평가점수를 합산하여 예상종합평점이 적
격통과점수(95점 이상)에 미달되는 각 입찰자에게는 평가점수를 통보하고 통보일
로부터 3일 이내에 이의신청을 할 수 있도록 한다. 다만, 입찰가격점수와 다른 심
사분야의 배점한도를 합산한 종합평점이 적격통과점수에 미달하는 입찰자에게는
평가점수를 통보하지 아니할 수 있다(조달청지침 '조달청 시설공사 적격심사세부기준'
제4조 제1항).

　　예상종합 평점이 적격통과점수 이상인 최저가 입찰자를 적격심사대상자로
선정하고, 추정가격 50억 원 이상 공사에 대하여는 하도급관리 계획서, 자재 및
인력조달가격 평가서류(자재 및 인력조달가격 평가서류와 경영상태 평가서류는 추정가
격 100억원 미만 50억원 이상인 공사의 경우에 한함), 표준하도급계약서 등의 사용계
획서(신청자에 한함), 신인도 평가자료(신청자에 한함)를 제출케 하여 평가하며, 입
찰자(적격심사 대상자)가 재무비율 및 신용평가 중 신용평가를 선택한 경우는 회사
채·기업어음·기업신용평가등급 등 신용평가기관의 공시내용을 확인하여 평가하
고, 제출기한은 통보를 받은 날로부터 7일 이내로 한다(조달청 시설공사 적격심사세
부기준 제4조 제2항).

　　적격심사 결과 종합평점이 적격통과점수 이상인 경우에는 낙찰예정자로 선정
하며, 제출된 하도급 관리계획서류와 자재 및 인력조달가격 평가서류의 미비, 오류,
불명확 등으로 종합평점이 적격통과점수 미만인 때에는 1회에 한하여 보완할 수

있으며 그 기간은 3일 이내로 한다(조달청 시설공사 적격심사세부기준 제4조 제5항).

평가서류의 제출을 요구받고도 기한 내로 제출하지 않거나 보완서류를 기한 내로 제출하지 않은 경우, 보완 후에도 종합평점이 적격통과점수에 미달하는 경우에는 낙찰대상에서 제외하고 차순위 입찰자에 대하여 동일한 방법으로 심사하여 낙찰자를 결정한다(조달청 시설공사 적격심사세부기준 제4조 제7항).

(5) 낙찰자의 결정

심사결과 종합평점이 일정 점수 이상이면 낙찰자로 결정되는데, 종합평점이 95점 이상이어야 한다(기획재정부 계약예규 '적격심사기준' 제8조 제1항).

심사결과 최저가 입찰자의 종합평점이 낙찰자로 결정될 수 있는 점수 미만일 때에는 차순위 최저가 입찰자 순으로 심사하여 낙찰자 결정에 필요한 점수 이상이 되면 낙찰자로 결정한다(적격심사기준 제8조 제2항).

(6) 적격심사제의 한계

이와 같이 적격심사제가 적용되는 입찰에서는 입찰참가자의 공사수행능력(시공경험, 기술능력, 경영상태 등을 평가)과 입찰가격에 일정한 점수를 부여한 뒤 적격통과점수를 받은 자들 중 최저가 입찰금액을 제시한 자가 낙찰자로 선정된다. 그런데 실제로 제도를 운영한 결과, 특별한 사정이 없는 이상 공사수행능력 부분에서는 대부분의 입찰자가 만점에 가까운 점수를 받는 현상이 나타났고, 결국 대부분의 경우 해당 공사의 수주 여부는 낙찰하한률에 가까운 입찰가격을 제시하는지 여부에 따라 결정되는 상황이 되었다.

예컨대, 100억 원 미만 50억 원 이상 공사의 경우 적격통과점수가 95점이고, 입찰가격 평가산식이 '50 - |(a-b)×100|'이므로, 공사수행능력 등 부분에서 50점 만점을 받을 경우 입찰가격부분에서는 45점만 받아도 적격통과점수를 부여받게 된다. 따라서 공사수행능력 부분에서 50점을 받을 수 있는 입찰참가자는 예정가격의 85.495%[6]로 입찰을 하면, 적격통과점수(95점 = 공사수행능력 50점 + 가격점수 45점)를 부여받는 동시에 최저가로 입찰을 할 수 있다.

그런데 적격심사제로 발주되는 공사의 경우 발주기관이 미리 물량내역서를

---

6) 입찰가격점수를 산정하는 과정에서 소수점 다섯 자리 이하의 수를 반올림하고 있기 때문에 예정가격의 80%가 아닌 79.995%가 적격통과점수를 받을 수 있는 최저가 투찰금액이 된다.

작성하여 배포하므로, 만약 입찰참가자들이 이러한 물량내역서에 표준품셈 등을 적용하여 예정가격을 정확히 산정할 수 있다면, 모든 입찰참가자들이 낙찰 가능한 최저금액으로 입찰하는 것이 가능하게 된다. 따라서 이와 같은 사태를 방지하기 위해 물량내역서를 바탕으로 산출된 금액이 그대로 예정가격이 되는 것이 아니라, 예정가격을 결정하기 위해 작성된 기초금액(물량내역서에 표준품셈 등을 적용하여 산출된 금액)의 ±2%(지방계약법이 적용되는 공사의 경우는 ±3%)의 범위 내에서 15개의 복수예비가격을 산정한 다음 입찰자들로 하여금 무작위로 추첨하게 하여 가장 많이 추첨된 4개의 예비가격을 산술평균한 금액이 예정가격으로 결정된다(조달청훈령 '조달청 시설공사 계약업무 처리규정' 제9조 제4항, 조달청고시 '국가종합전자조달시스템 전자입찰특별유의서' 제12조 제1항). 이에 따라 입찰참가자들은 우선 가능한 예정가격의 범위(발주기관이 제시하는 물량내역서에 표준품셈 등을 적용하여 산출한 기초 예비가격의 ±2% 또는 ±3%) 내에서 가상 예정가격을 특정하여 투찰금액을 정하여 입찰에 참가하게 되고, 그 후 무작위 추첨으로 결정되는 실제 예정가격을 기준으로 낙찰 가능한 최저금액에 가장 가까운 최저가(다만 최저금액 미만으로 투찰하는 경우에는 적격통과점수 미달로 탈락하므로 최저금액 이상이어야 함)로 입찰한 입찰참가자가 해당 공사를 수주하게 된다.

이러한 이유로 적격심사제는 운 좋게 실제 예정가격을 정확히 맞춘 자가 낙찰자가 된다는 의미에서 실무상 '운찰제'라는 비판을 듣게 되었다.

2. 최저가낙찰제

(1) 개요

최저가낙찰제는 2001. 1.부터[7] 추정가격 1,000억 원 이상의 입찰참가자격사전심사(Pre-Qualification, 이하 "PQ심사") 대상 공사에 도입되었다가, 2006. 5.부터 추정가격 300억 원 이상의 공사로 적용 대상이 확대되었다.

최저가낙찰제는 전체 공사를 30여 개의 공종으로 세분화한 뒤 공종별로 입찰금액에 대한 적정성을 심사하여 낙찰자를 결정하는데, 이와 같이 최저가낙찰자에 입찰금액 적정성심사제도를 도입한 것은 과도하게 저가로 투찰하거나 저가투

---

7) 엄밀히 말하면 최저가낙찰제는 1962년에 최초로 도입되었는데, 성수대교 붕괴사고, 삼풍백화점 붕괴사고 등 부실시공이 사회적으로 문제가 되며 1999년에 폐지되었다가 2001년에 재도입된 것이다.

찰의 사유가 적정하지 못한 입찰자를 배제함으로써, 지나친 저가경쟁을 제한하기 위해서였다.

(2) 입찰절차

최저가낙찰제가 실시되는 공사에서의 입찰과정은 ① 입찰공고, ② PQ심사, ③ 입찰서 및 관계서류의 접수, ④ 입찰금액 적정성심사, ⑤ 낙찰자 결정의 순서로 이루어진다.

(3) 입찰금액 적정성심사

입찰금액 적정성심사는 2단계로 진행된다. 1단계 심사에서는 입찰참가자별로 부적정공종의 수, 즉 공종별 입찰금액이 발주기관이 작성한 금액(공종설계금액)의 110%를 초과하거나 해당 공종의 공종기준금액의 80% 이하인 공종[기획재정부 계약예규 '최저가낙찰제의 입찰금액 적정성 심사기준'(이하 "적정성 심사기준")8) 제8조 제1항]의 수를 판정하여 2단계 심사대상자를 결정하고(적정성 심사기준 제10조), 2단계 심사에서는 1단계 심사를 통과한 입찰자들의 각 부적정공종에 대한 적정성심사를 실시하여 낙찰자를 결정한다(적정성 심사기준 제13조).

가) 1단계 심사
① 공종평균입찰금액의 산정

최저가낙찰제 공사의 입찰참가자들은 입찰서를 제출할 때, 전체 입찰금액을 30개 공종으로 배분한 내역서를 함께 제출한다. 공종평균입찰금액은 각 입찰참가자가 제출한 공종별 입찰금액 중 공종별 상위 100분의 30 이상과 하위 100분의 10 이하에 해당하는 공종입찰금액을 제외한 나머지를 산술평균하여 산정한다(적정성 심사기준 제2조 제6호, 제8조 제3항).

---

8) 해당 예규는 개정된 국가계약법 시행령(대통령령 제26829호) 제42조 제4항이 2016. 1. 1. 시행되어 최저가낙찰제가 폐지되고 종합심사낙찰제가 시행됨에 따라 같은 날 폐지되었다.
한편 적정성 심사기준 제3조 제1항은 입찰금액 적정성 심사를 세 가지로 규정하고 있는데, 일반적인 경우 제2장의 규정(제5조 내지 제13조)이 적용되고, PQ 심사를 통과한 자의 수가 20인 이내로 예상되는 경우에는 제3장의 규정(제14조 내지 제16조), 순수내역입찰 및 물량내역수정입찰의 경우에는 계약담당공무원이 제4장의 규정(제17조 내지 제24조)을 참고하여 적정성심사에 필요한 기준을 정할 수 있는데(적정성 심사기준 제3조 제2항), 이하에서는 일반적으로 적용되는 제2장의 규정에 따라 설명한다.

② 공종기준금액의 산정

공종기준금액은 입찰참가자들의 공종별 입찰금액에 대한 적정성을 판단하는 데 기준이 되는 금액으로서, 공종설계금액의 70%와 공종평균입찰금액의 30%의 합으로 산정된다(적정성 심사기준 제2조 제7호).

③ 부적정공종수의 산정

공종입찰금액이 공종설계금액의 110%를 초과하는 경우에는 부적정공종수가 1개로 산정되고, 공종입찰금액이 공종기준금액의 80% 이하인 경우에는, 아래와 같이 차등적으로 산정된다.

구분		공종기준금액의 순위	
		상위 10% 이내	그외
공종입찰금액 / 공종기준금액	80% 미만 60% 이상	1.5개	1개
	60% 미만 50% 이상	3개	1.5개

④ 심사: 2단계 심사대상자 결정

부적정공종의 수가 전체 공종의 100분의 20 미만인 입찰참가자는 1단계 심사를 통과하여 2단계 심사대상자로 결정된다. 다만 입찰참가자 수가 10인 이내인 경우에는 부적정공종수가 전체 공종의 수의 100분의 30 미만인 자가 2단계 심사대상자로 결정된다(적정성 심사기준 제10조 제1항).

만일 전체 공종의 수가 10개 미만인 경우에는 부적정공종의 수가 2개 이하인 자가 2단계 심사대상자로 결정된다(적정성 심사기준 제10조 제2항).

나) 2단계 심사

2단계 심사에서는, 1단계 심사를 통과한 입찰참가자에 대하여 그들이 제출한 입찰금액사유서에 기초하여 부적정공종에 대한 입찰금액 적정성심사를 실시한다(적정성 심사기준 제11조 제1항).

2단계 심사의 경우 입찰금액적정성심사위원회에서 수행하고(적정성 심사기준 제25조), 부적정공종의 공종별 입찰금액 절감(또는 초과)사유 심사를 위한 심사항목은 아래와 같다(적정성 심사기준 제12조 제1항).

심사분야	심사항목	비고
가격 절감(또는 초과) 사유의 적정성	· 재료비, 노무비, 경비의 절감(또는 초과)사유 · 그 밖의 가격절감(또는 초과)사유	
자료의 일치성 및 신뢰성	· 입찰금액, 입찰금액 산출의 기초자료 및 사유서 의 내용(금액)이 각각 일치하는 정도 · 재료비, 노무비, 경비의 적정 구성 여부 등 · 사유서(증빙서류 포함)의 신뢰성 · 그 밖의 사항	
물량산출의 적정성	·「입찰금액 적정성 심사 (Ⅲ)」 적용공사의 경우 산출내역서의 물량, 규격 등의 적정성	
계		

부적정공종별로 최종 평가점수는 각 심사위원의 평점 중 최상위 점수와 최하위 점수를 제외하고 산술평균한 점수이다.

다) 낙찰자의 결정

계약담당공무원은 이와 같은 심사 절차를 거쳐 세부심사기준에 정한 합당한 자를 낙찰자로 결정한다. 다만 부적정공종이 없는 경우에는 별도의 심사 없이 바로 낙찰자를 결정할 수 있다(적정성 심사기준 제13조).

3. 종합심사낙찰제

(1) 의의

가) 기본개념

종합심사낙찰제는 입찰가격을 중심으로 평가하는 종전의 방식에서 나아가 입찰가격과 공사수행능력을 종합적으로 평가함으로써 공사수행능력이 우수한 업체가 적정가격으로 공사를 수행할 수 있도록 낙찰자를 결정하는 입찰심사방식으로, 추정가격이 100억 원 이상인 국가 및 공공기관이 발주하는 공사에서, ① 공사수행능력 점수, ② 가격 점수, ③ 사회적 책임 점수 등을 합산하여 총점이 가장 높은 자를 낙찰자로 선정하는 방식을 의미한다.

구체적으로는 공사수행능력 항목 40~50점, 입찰금액 항목 50~60점으로 총점을 100점 만점으로 하되, 사회적 책임 항목에 가점 1점처리, 계약 신뢰도 항목에서 감점처리한 후 최종점수에 따라 낙찰자를 선정하는 방식이다.

[기획재정부 계약예규 '종합심사낙찰제 심사기준' 별표1-1, 1-2]

[별표1-1] 일반공사의 분야별 심사항목 및 배점기준	[별표1-2] 고난이도공사의 분야별 심사항목 및 배점기준

※ 공사수행능력 점수와 입찰금액 점수를 합한 총점은 100점으로 한다.

심사분야	심사항목		가중치	비고
공사수행능력 (40~50점)	전문성	시공실적 (시공인력)	20~30%	
		매출액 비중	0~20%	
		배치 기술자	20~30%	
	역량	공공공사 시 공평가 점수	30~50%	
		규모별 시공 역량	0~20%	
		공동수급체 구성	1~5%	
	일자리	건설인력 고용	2~3%	
		소계	100%	
입찰금액 (50~60점)		금액	100%	
	가격 산출의 적정성	단가	감점	
		하도급계획		
사회적 책임 (가점 2점)		건설안전	40~60%	※ 공사수행능력에 가산
		공정거래	20~40%	
		지역경제 기여도	20~40%	
		소계	100%	
계약신뢰도 (감점)		배치기술자 투입계획 위반	감점	
		하도급관리계획 위반	감점	
		하도급금액 변경 초과 비율 위반	감점	
		고난이도공사의 시공 계획 위반	감점	

※ 공사수행능력 점수와 입찰금액 점수를 합한 총점은 100점으로 한다.

심사분야	심사항목		가중치	비고
공사수행능력 (40~50점)	전문성	시공실적 (시공인력)	20~30%	
		매출액 비중	0~20%	
		배치 기술자	20~30%	
	역량	공공공사 시 공평가 점수	30~50%	
		규모별 시공 역량	0~20%	
		공동수급체 구성	1~5%	
	일자리	건설인력 고용	2~3%	
		소계	100%	
입찰금액 (50~60점)		금액	100%	
	가격 산출의 적정성	하도급계획	감점	
		물량		
		시공계획		
사회적 책임 (가점 1점)		건설안전	40~60%	※ 공사수행능력에 가산
		공정거래	20~40%	
		지역경제 기여도	20~40%	
		소계	100%	
계약신뢰도 (감점)		배치기술자 투입계획 위반	감점	
		하도급관리계획 위반	감점	
		하도급금액 변경 초과 비율 위반	감점	
		시공계획 위반	감점	

나) 도입 취지

2001년 재도입된 최저가낙찰제는 2006. 5. 25.부터 추정가격 300억 원 이상의 공사에 적용되었으나 덤핑입찰과 공사품질 저하 등의 문제를 야기한다고 꾸준히 지적을 받아 왔다. 최저가낙찰제는 가격 위주의 낙찰방식으로 입찰자간 가격 경쟁을 유도해 국가예산을 절감할 수 있다는 장점을 갖고 있지만, 지나친 저가입찰과 이에 따른 공사 품질의 저하 등의 문제점도 동시에 가지고 있었다.

이로 인해 2003. 12.부터 입찰금액 적정성심사가 도입되어 시행되었는데, 도입 초기에는 입찰가의 평균을 기준으로 입찰금액 적정성심사가 도입되어 시행되었으나, 업체간 담합을 조장할 수 있어 2006. 5.부터는 주관식 평가를 포함한 2단계 평가로 개선되었고, 그 후 공사유형별로 세 가지 심사방법을 사용하여 심사를 해 왔다.

그럼에도 불구하고 기본적으로 가격만을 기준으로 낙찰자를 결정하는 최저

가 낙찰제의 폐해가 꾸준히 지적됨에 따라 2016년부터 추정가격 300억 원(현재
는 100억 원) 이상의 공사에 대해서는 종합심사낙찰제가 도입되기에 이르렀다.

(2) 기본 운영방향
가) 정량적, 객관적으로 평가항목별 점수 산출
① 공사수행능력 부문
동일공사 시공실적의 경우 발주기관이 지정한 기술이나 규모별 충족도를 대
한건설협회 신고자료 등 객관적인 증명자료로 평가한다. 매출액 비중 항목도 발
주기관이 평가기준을 입찰공고시 공고하고, 매출실적은 대한건설협회 자료를 활
용하여 평가한다. 배치기술자의 경력은 발주기관이 요구하는 기술자의 경력 요구
대비 충족도를 건설기술인협회의 경력신고자료를 활용하여 산정한다.
② 입찰가격 부문
적정가격대에 만점을 부여하는 형식으로 적격심사제와 유사하다.
③ 사회적책임 부문
건설인력 고용 항목의 경우 입찰자의 매출액 증감 정도와 사업장에서의 고
용보험 피보험자 증감 정도를 비교하여 평가한다. 공정거래 항목은 국토부와 공
정거래위원회의 공개자료를 활용하여 산출한다. 건설안전 항목은 산업안전보건
공단의 자료를 활용하여 사망만인율[9] 및 재해율을 평가한다.

나) 발주기관이 사업목적, 공사여건 등을 고려하여 항목별 배점을 선택하는 등
   사업의 특성을 반영

다) 공사 발주제도의 공공성을 확충하기 위하여 공정거래 기업, 성실 시공업체
   의 수주 기회를 확대하고, 글로벌 스탠더드에 부합하는 제도 운영을 통해
   업체의 경쟁력을 제고

---

9) 사망자수의 1만배를 전체 근로자 수로 나눈 값으로, 전 산업에 종사하는 근로자 중 산재로
   사망한 근로자가 어느 정도 되는지 파악할 때 사용하는 지표.

(3) 종합심사낙찰제 심사기준의 주요 내용

가) 입찰공고

기획재정부 계약예규 '종합심사낙찰제 심사기준'(이하 '종합심사낙찰제 심사기준') 제5조에 의하면, 종합심사낙찰제가 적용되는 입찰의 입찰공고에는 종합심사낙찰제 적용대상이라는 점(제1호), 심사기준 열람 관련 사항, 필요한 서류와 제출기한(제2호), 하도급계획서, 배치기술자 시공경력 평가시 제출한 계획서, 시공계획 심사시 제출한 계획서 등을 이행할 의무가 부여됨과 불이행시 받게 되는 불이익(제3호 내지 제5호), 우선순위 시공계획 및 물량심사대상자의 수 및 심사절차(단, 고난이도 공사에 한함, 제6호), 국가계약법 제5조의2에 따른 청렴계약서의 내용 및 청렴계약 위반시 받을 계약의 해제·해지, 입찰참가자격 제한 등(제7호), 법령, 행정규칙 등에서 입찰공고에 명시하도록 정한 사항(제8호)을 명시하여야 한다.

나) 균형가격의 산정

균형가격이란 입찰금액을 평가하기 위한 기준으로 종합심사낙찰제 심사기준 제8조에 따라 산정한 금액을 의미한다(종합심사낙찰제 심사기준 제2조 제4호).

균형가격을 산정하는데 있어서 ① 입찰서상의 금액과 산출내역서상의 금액이 일치하지 아니한 입찰인 경우, ② 입찰금액이 예정가격보다 높거나 예정가격의 100분의 70 미만인 경우, ③ 이윤 또는 세부공종에 음(-)의 입찰금액이 있는 경우[다만 발주기관의 금액이 음(-)의 금액인 경우에는 제외], ④ 항목별 입찰금액의 합계가 발주기관이 지정하여 투찰하도록 하거나 해당법령에서 정해진 금액 또는 비율에 의하여 산출한 금액의 합계의 1,000분의 997 미만인 경우(다만 국민건강보험료, 국민연금보험료, 노인장기요양보험료는 발주기관이 반영하도록 한 금액보다 낮은 경우), ⑤ 발주기관이 작성한 내역서상 세부공종에 표준시장단가가 적용된 경우로서 세부공종별 입찰금액이 발주기관 내역서상 세부공종별 금액의 1,000분의 997미만인 경우, ⑥ 입찰자의 산출내역서상 직접노무비가 발주기관이 작성한 내역서상 직접노무비의 100분의 80 미만인 경우, ⑦ 기타 발주기관의 세부 심사기준에서 제외토록 명시한 경우는 제외한다(종합심사낙찰제 심사기준 제8조 제1항). 균형가격은 이와 같은 입찰금액을 제외한 입찰금액의 상위 100분의 20 이상과 하위 100분의 20 이하에 해당하는 입찰금액을 제외한 입찰금액을 산술평균하여 산정한다. 다만 위와 같은 이유로 제외한 입찰금액이 10개 미만인 경우에는 상위

100분의 50 이상과 최하위 1개의 입찰서를 제외하고, 제외한 입찰금액이 10개 이상 20개 이내인 경우에는 상위 100분의 40 이상과 하위 100분의 10 이하를 제외한다(종합심사낙찰제 심사기준 제8조 제2항).

다) 종합심사 점수의 산정

일반공사는 공사수행능력점수, 사회적 책임점수(공사수행능력점수의 배점한도 내에서 가산), 입찰금액점수(단가 심사점수 및 하도급계획 심사점수 포함) 및 계약신 뢰도 점수를 합산하여 종합심사 점수를 산정한다(종합심사낙찰제 심사기준 제10조 제2항).

간이형 공사는 공사수행능력점수(경영상태점수 포함), 사회적 책임점수(공사 수행능력점수의 배점한도 내에서 가산한다), 입찰금액점수(단가 심사점수 및 하도급 계 획 심사점수 포함) 및 계약신뢰도 점수를 합산하여 종합심사 점수를 산정한다(종합 심사낙찰제 심사기준 제10조 제1항).

고난이도 공사는 공사수행능력점수, 사회적 책임점수(공사수행능력점수의 배 점한도 내에서 가산한다), 입찰금액점수(단가 심사점수, 하도급계획 심사점수, 물량심사 점수 및 시공계획 심사점수 포함) 및 계약신뢰도 점수를 합산하여 종합심사 점수를 산정한다(종합심사낙찰제 심사기준 제10조 제3항).

어느 경우에나 종합심사낙찰제 심사기준 제8조 제1항에 따라 균형가격 산정 에서 제외되는 입찰자는 종합심사 점수를 산정하지 아니하고 낙찰자에서 배제한 다(종합심사낙찰제 심사기준 제10조 제4항).

발주기관은 하도급계획 심사는 하도급 계획을 제외한 종합심사점수가 최고 점인 자부터 순차적으로 심사할 수 있다(종합심사낙찰제 심사기준 제10조 제5항).

라) 물량 및 시공계획 심사대상자 선정

발주기관은 고난이도 공사에 대하여 종합심사 점수를 산정한 후 물량·시공 계획 점수를 제외한 점수가 최고점인 순으로 입찰공고에서 정하는 일정한 수의 업체를 우선순위 물량심사 및 시공계획심사 대상자로 선정한다(종합심사낙찰제 심 사기준 제11조).

마) 낙찰자 결정

발주기관은 종합심사 점수가 최고점인 자를 낙찰자로 결정하여야 한다. 고난이도 공사의 경우 우선순위 물량·시공계획 심사대상자 중 1인 이상이 종합심사낙찰제 심사기준 제10조 제2항 및 제4항에 따른 종합심사 점수가 차순위 물량·시공계획 심사대상자의 종합심사 점수를 초과하는 경우 차순위자의 물량·시공계획 심사 없이 우선순위 물량·시공계획 심사대상자를 대상으로 낙찰자를 결정할 수 있다(종합심사낙찰제 심사기준 제13조 제1항).

종합심사 점수가 최고점인 자가 둘 이상일 경우에는 ① 공사수행능력점수와 사회적책임점수의 합산점수(사회적책임점수는 공사수행능력점수의 배점한도 내에서 가산)가 높은 자, ② 입찰금액이 균형가격에 근접한 자, 다만 다음 균형가격이 예정가격의 100분의 88 이상인 경우에는 입찰금액이 낮은 자,③ 공사수행능력점수가 높은 자, ④ 사회적책임점수가 높은 자, ⑤ 입찰공고일을 기준으로 최근 1년간 종합심사낙찰제로 낙찰받은 계약금액(공동수급체로 낙찰받은 경우에는 전체 공사부분에 대한 지분율을 적용한 금액)이 적은 자, ⑥ 추첨순으로 낙찰자를 결정한다(종합심사낙찰제 심사기준 제13조 제2항).

바) 입찰금액 평가

입찰금액의 평가 방식은 다음의 수식에 의한다(종합심사낙찰제 심사기준 [별표 3] 1. 가).

---

i) 균형가격 미만일 경우

$$입찰금액\ 심사점수 = \sqrt{1 - A \times (\frac{당해투찰금액 - 균형가격}{예정가격 - 균형가격})^2} \times 배점$$

ii) 균형가격일 경우

입찰금액 심사점수 = 배점한도

iii) 균형가격 초과일 경우

$$입찰금액\ 심사점수 = \sqrt{1 - B \times (\frac{당해투찰금액 - 균형가격}{예정가격 - 균형가격})^2} \times 배점$$

주: A계수 및 B계수는 발주기관이 각 평가항목별 변별력 등을 고려하여 결정하되 B계수는 A계수의 1배~2배 범위에서 정한다.

위 산식에 따르면, 균형가격을 써낸 경우 배점의 만점을 획득하고, 균형가격에서 부족하거나 균형가격을 넘을 경우 점수가 하락하되, 부족한 경우가 넘는 경우보다 급격하게 하락하게 된다. 이를 표로 나타내면 아래 그래프와 같다.[10]

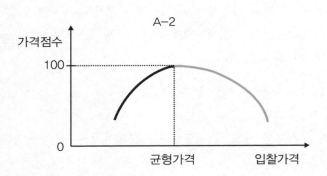

(4) 종합심사낙찰제의 시사점

가격 위주의 낙찰제도에서 가격과 품질을 함께 고려하는 낙찰제도로의 변화는 공공계약에서의 가격적 효율성 이상의 가치를 찾을 수 있을 것이지만, 품질을 고려하는 방식에 대해서는 세밀한 주의가 필요할 것이다.

특히 종합심사낙찰제에서 공사수행능력 부분에 포함된 평가항목이 실제 공사품질과 어느 정도 연관성이 있는지에 대한 연구가 선행될 필요가 있다. 구체적으로, 공공계약에서는 투명성에 대한 요구로 인해 실제 공사설계도에 대한 평가보다 객관적인 평가항목의 사용을 선호하게 되는데, 이러한 평가항목이 높은 공사품질로 이어지고 있는지 점검할 필요가 있다. 또한 적격심사제의 경우와 같이 시간이 지남에 따라 공사수행능력과 사회적 책임부문의 변별력이 상실될 경우 가격과 품질을 동시에 고려하고자 하는 본래의 제도 도입 취지를 전혀 살리지 못하게 될 위험이 있고, 종합심사낙찰제의 가격점수 책정방법의 특성(균형가격에서 크게 벗어나지 않는 것이 중요)상 업체 간 강한 담합의 유인을 제공하게 된다. 따라서 공사수행능력 부문의 변별력을 확실하게 하는 것이 계약제도의 효율성을 제고하면서 담합의 유인을 낮추는 해결책이 될 수 있을 것이다.[11]

---

10) 강희우, 종합심사낙찰제에 관한 소고(조세·재정 브리프, 2016), 6면.
11) 같은 취지, 강희우, 앞의 보고서, 12면.

4. 2인 이상의 낙찰자 결정

한편, 국가계약법이 2024. 3. 26. 법률 제20401호로 개정되면서, 계약의 목적·성질·수량 등 대통령령으로 정하는 요건에 해당하여 1인의 낙찰자로는 계약목적 달성이 곤란하다고 판단되는 경우에는 둘 이상의 낙찰자로 결정할 수 있는 근거를 두었다(국가계약법 제10조 제4항). 위 대통령령으로 정하는 사유는 다음과 같다(국가계약법 시행령 제47조의3 전문).

1. 물품이나 시설물의 특성상 둘 이상의 계약상대자가 유지·보수 등의 업무를 수행할 필요가 있는 경우
2. 공정성 및 정확성 제고를 위해 둘 이상의 계약상대자에게 평가·감정 등을 의뢰할 필요가 있는 경우
3. 예상하지 못한 계약 불이행 상황 발생 시 사회적 혼란이 우려되는 경우

한편, 각 중앙관서의 장 또는 계약담당공무원은 둘 이상의 낙찰자를 결정하려고 하는 경우 그 취지를 입찰공고 또는 입찰통지에 명시하여야 한다(국가계약법 시행령 제47조의3 후문).

5. 대형공사계약(대안입찰과 일괄입찰)

(1) 기본개념

국가계약법 시행령 제78조는 "대형공사계약 중 대안입찰 또는 일괄입찰에 의한 계약과 특정공사의 계약에 관하여는 이 장에 규정한 바에 의하되, 이 장에 특별한 규정이 없는 사항에 관하여는 이 영의 다른 장에 규정한 바에 의한다."라고 규정하고 있다. 즉 국가계약법 시행령 제6장의 규정은 대형공사계약 중 대안입찰 또는 일괄입찰, 특정공사계약에 관한 특칙에 해당한다.

여기서 대형공사는 총공사비 추정가격이 300억 원 이상인 신규복합공종공사를 의미하고(국가계약법 시행령 제79조 제1항 제1호), 특정공사는 총공사비 추정가격이 300억 원 미만인 신규복합공종공사 중 각 중앙관서의 장이 대안입찰 또는 일괄입찰로 진행함이 유리하다고 인정하는 공사를 의미한다(국가계약법 시행령 제79조 제1항 제2호). 대안입찰과 일괄입찰은 아래에서 항을 바꾸어 별도로 설명한다.

가) 대안입찰

대안입찰은 발주기관이 제시하는 원안에 따른 입찰(원안입찰)과 함께 따로 입찰자의 의사에 따른 대안이 허용된 공사의 입찰을 의미한다(국가계약법 시행령 제79조 제1항 제4호).

여기서 대안은 발주기관이 작성한 실시설계서상의 공종 중에서 대체가 가능한 공종에 대하여 기본방침의 변동 없이 발주기관이 작성한 설계에 대체될 수 있는 동등 이상의 기능 및 효과를 가진 신공법·신기술·공기단축 등이 반영된 설계로서 해당 실시설계서상의 가격이 정부가 작성한 실시설계서상의 가격보다 낮고 공사기간이 정부가 작성한 실시설계서상의 기간을 초과하지 아니하는 방법(공기단축의 경우에는 공사기간이 정부가 작성한 실시설계서상의 기간보다 단축된 것에 한한다)으로 시공할 수 있는 설계를 말한다(국가계약법 시행령 제79조 제1항 제3호). 대안으로서 대체될 수 있는 설계의 범위와 한계에 대하여 이의가 있는 경우 건설기술진흥법 제5조에 따른 중앙건설기술심의위원회의 심의를 거쳐 각 중앙관서의 장이 그 범위와 한계를 정하되, 기술자문위원회를 설치·운영하고 있는 각 중앙관서의 장은 기술자문위원회의 심의를 거쳐 그 범위와 한계를 정할 수 있다(국가계약법 시행령 제79조 제2항).

나) 일괄입찰

일괄입찰은 발주기관이 제시하는 공사일괄입찰기본계획 및 지침에 따라 입찰시에 그 공사의 설계서 기타 시공에 필요한 도면 및 서류를 작성하여 입찰서와 함께 제출하는 입찰을 의미한다. 즉 설계 부문과 시공 부문에 대하여 일괄하여 입찰을 실시하는 설계·시공일괄입찰을 줄여 일괄입찰이라 부르는 것이다(국가계약법 시행령 제79조 제1항 제5호).

일괄입찰은 실무상 '턴키(Turn-key)'로 부르기도 하는데, 이는 "도급인은 열쇠만 돌리면 된다."는 말에서 유래된 것으로, 이는 본래 건설업자가 금융, 토지조달, 설계, 시공, 기계설치, 시운전까지 책임을 지고 건축물을 완공하여 인도하는 계약 방식을 의미한다.[12] 통상 해외 플랜트 공사 등에서 이러한 턴키 방식의 계약을 흔히 볼 수 있는데, 본래의 의미에서의 턴키 계약에서는 수급인에게 책임이

---

12) 윤재윤, 『건설분쟁관계법(제5판)』, 박영사, 2014, 100면.

없는 사유로 인한 공사기간 변경, 설계변경 등이 발생하더라도 계약금액의 조정
이 허용되지 않는 경우가 대부분이다. 그러나 국가계약법이 적용되는 우리나라의
공공공사는 이와 같은 전형적인 턴키 방식의 계약이 아니라 내역입찰방식에 의한
계약의 요소가 혼합된 중간적 성격의 계약이라고 볼 수 있다(대법원 2002. 8. 23. 선
고 99다52879 판결).

[대법원 2002. 8. 23. 선고 99다52879 판결]

원고들과 피고 사이의 이 사건 계약문서 중의 하나인 입찰안내서(ii)의 기재에
의하면 피고는 입찰참가 희망자들에 대하여 이 사건 계약의 체결은 설계·시공
일괄입찰방식에 의할 것임을 표시하고 있고, 또한 공사계약일반조건 제14조 제4
항, 제5항은 계약상대자가 새로운 기술·공법(정부설계와 동등 이상의 기능·효
과를 가진 기술·공법, 기자재 등을 포함한다)을 사용함으로써 공사비의 절감,
시공기간의 단축 등에 효과가 현저할 것으로 인정되는 경우에는 계약상대자의
요청에 의하여 필요한 설계변경을 할 수 있고 이러한 경우에는 당해 계약금액을
감액하지 아니한다고 규정하고 있어, 이 사건 계약은 일응 설계·시공일괄입찰
방식(이른바 turn key base방식)에 의하여 체결된 것으로 보인다.

그러나 기록에 의하면, 이 사건 계약에 포함되는 문서로는 시설공사계약 입찰
유의서, 시설공사계약일반조건, 시설공사계약특수조건, 설계서 및 현장 설명사
항 등이 있는데, 그 중 설계서에는 공사시방서, 설계도면, 현장설명서, 공종별
목적 물량이 표시된 내역서(공사추정가액이 1억 원 이상인 경우)가 포함되어
있고, 한편 공사계약일반조건 제14조는 설계변경으로 인하여 공사량의 증감이
발생한 때에는 당해 계약금액을 조정한다고 되어 있으며, 제16조는 계약담당
공무원은 공사기간의 변경, 운반거리 변경 등 계약내용의 변경으로 계약금액
을 조정하여야 할 필요가 있는 경우에는 그 변경된 내용에 따라 실비를 초과하
지 아니하는 범위 안에서 이를 조정한다고 규정하고 있고, 공사계약 특수조건
제7조에서는 계약 일반조건 제15조에 의하여 물가변동에 의한 계약금액을 조
정할 경우에는 품목조정률을 적용한다고 규정하고 있는 사실, 나아가 입찰안
내서에 대한 유의사항 제6항에는 공사비는 예산회계법시행령 제78조 제1항
제2호를 기준으로 내역서를 작성하고 그에 대한 산출내역서를 제출한다고 규

정되어 있고, 시설공사계약일반조건 제21조 제6항은 기성 부분에 대한 대가를 지급하는 경우에는 산출내역서의 단가에 의하여 이를 계산한다고 규정하고 있는 것을 알 수 있는바, 이와 같은 이 사건 계약의 내용으로 되는 각 규정의 취지에 비추어 살펴보면 피고는 이 사건 계약의 규모가 100억 원 이상의 대형공사이므로 계약체결 당시 시행되고 있던 대형공사계약에관한예산회계법시행령특례규정에 따라 이 사건 계약을 설계·시공일괄입찰방식에 의한 도급계약의 형태로 체결하였으나, 실질적인 계약의 내용에 관하여는 앞서 본 바와 같이 설계요소의 변경뿐만 아니라 공사기간의 변경, 운반거리 변경 등 계약내용에 변경이 있을 경우 계약금액을 조정할 수 있다는 공사대금에 관한 조정 유보 규정을 둔 사실을 알 수 있으므로, <u>이 사건 계약은 계약이 체결된 후 공사기간 등의 변경이 있다 하더라도 공사대금의 조정을 할 수 없는 원래 의미의 설계·시공일괄입찰방식에 의한 계약이라기보다는 내역입찰방식에 의한 계약의 요소를 혼합하고 있는 중간적인 형태의 계약이라고 보아야 할 것이다.</u>
원심이 이 사건 계약의 성격에 관하여 명시적인 판단을 하지는 않고 있으나, 원심은 이 사건 계약 중 사토장소의 변경을 계약내용의 변경으로 보고 이러한 경우 공사대금의 감액을 인정하고 있는바, 이러한 원심의 조치는 이 사건 계약이 순수한 의미의 설계·시공일괄입찰방식에 의한 계약이 아니라 내역입찰방식에 의한 계약의 요소가 가미된 것을 전제로 하고 있는 것으로 보이므로, 결국 원심판결이 원고들의 이 사건 공사도급계약이 설계·시공일괄입찰방식에 의한 정액공사도급계약이므로 공사대금을 감액할 수 없다는 주장을 배척하고 있다고 못 볼 바 아니어서, 원심판결에 상고이유의 주장과 같은 판단유탈 혹은 심리미진의 위법이 있다거나 혹은 이 사건 계약의 성격에 관한 법리를 오해한 잘못이 있다고 할 수 없다.

따라서 만일 국가계약법이 적용되는 공공공사에서 발주기관이 일괄입찰 방식으로 공사를 발주하면서 일체의 계약금액 조정을 허용하지 않는 특수조건 등을 계약내용에 편입시킨다면, 이는 국가계약법 및 그 시행령에 반하여 계약상대자에게 불리한 특약인 부당특약으로서 그 효력을 인정받기 어려울 것이다.

(2) 입찰방법의 심의

각 중앙관서의 장은 대형공사 및 특정공사의 경우 입찰의 방법에 관한 사항, 실시설계적격자의 결정방법에 관한 사항, 낙찰자 결정방법에 관한 사항에 관하여 중앙건설기술심의위원회의 심의를 거쳐야 한다(국가계약법 시행령 제80조 제1항).

각 중앙관서의 장은 위의 심의를 받으려는 때에는 해당 연도 이후에 집행할 대형공사등의 집행기본계획서를, ① 기본설계서 작성 전에 일괄입찰로 발주할 공사와 그 밖의 공사, ② 일괄입찰로 발주하지 아니하기로 결정된 공사에 대하여는 실시설계서를 작성한 후 대안입찰로 발주하려는 공사의 순으로 국토교통부장관에게 제출하여야 한다(국가계약법 시행령 제80조 제2항). 한편 대형공사 등의 집행기본계획서의 작성방법과 제출시기 등에 관한 사항은 기획재정부령으로 정하도록 규정되어 있는데(국가계약법 시행령 제80조 제2항), 국가계약법 시행규칙은 각 중앙관서의 장이 공사명, 공사의 개요, 공사추정금액, 공사기간, 공사장의 위치, 입찰예정시기, 입찰방법, 사업효과 등의 내용이 포함된 집행기본계획서를 작성하여 해당연도의 1월 15일까지 국토교통부장관에게 제출하도록 규정하고 있다(국가계약법 시행규칙 제78조 제1항).

국토교통부장관은 중앙건설기술심의위원회가 각 중앙관서의 장이 제출한 대형공사 등의 집행기본계획서에 대한 심의를 거치면 심의결과에 따라 대안입찰 또는 일괄입찰의 방법에 의하여 집행할 대형공사 등과 그 실시설계적격자·낙찰자 결정방법을 신문 또는 전자조달시스템으로 공고하여야 하고(국가계약법 시행령 제80조 제3항, 국가계약법 시행규칙 제81조), 각 중앙관서의 장은 특별한 사유가 없는 한 이와 같이 공고된 입찰방법과 그 실시설계적격자·낙찰자 결정방법에 따라 입찰을 하여야 한다(국가계약법 시행령 제80조 제5항).

대형공사 등의 경우 공사의 규모가 크기 때문에 각 중앙관서의 장이 사전에 공사의 내용, 입찰방법 등을 임의로 정하지 않고 중앙건설기술심의위원회의 심의를 받게 한 것이고, 일반 국민들에게도 사전에 심의 결과를 공고하여 미리 준비할 수 있도록 한 것이 위 규정들의 취지라 할 것이다.

(3) 일괄입찰과 대안입찰의 입찰참가자격

일괄입찰 또는 대안입찰에 참가하기 위해서는 원칙적으로 건설산업기본법 제9조에 따라 해당 공사의 시공에 필요한 건설업의 등록을 한 자임과 동시에 건설기술 진흥법 제26조에 따른 건설엔지니어링사업자 또는 건축사법 제23조에 따라 건축사업무신고를 한 자여야 한다(국가계약법 시행령 제84조 제1항 본문 및 각 호). 건설업 등록 외에 건설엔지니어링사업자 또는 건축사업무신고를 한 자일 것을 요구하는 것은 일괄입찰 또는 대안입찰의 경우 입찰참가자가 직접 설계를 하여야 하기 때문이다.[13] 그런데 건설업자가 건설기술용역업자 또는 건축사업무신고를 한 자와 공동수급체를 구성할 경우 이와 같은 자격제한을 할 필요가 없을 것이므로, 국가계약법 시행령 제84조 제1항 단서는 하나의 자격만을 갖춘 자들도 공동으로는 입찰참가를 할 수 있도록 규정하고 있다.

대안입찰의 경우 대안을 제출하지 아니하고 원안에 의한 입찰을 하는 것도 가능한데, 이 경우 입찰참가자가 별도의 설계서를 작성하여 제출하는 것이 아니므로, 건설기술용역업자 또는 건축사업무신고를 한 자일 필요는 없다. 그렇기 때문에 국가계약법 시행령 제84조 제2항은 같은 취지로 규정하고 있다.

(4) 일괄입찰과 대안입찰의 입찰절차
가) 일괄입찰의 입찰절차

일괄입찰은 기본설계입찰을 실시하여 실시설계적격자로 선정된 자에 한하여 실시설계서를 제출하게 하여야 한다(국가계약법 시행령 제85조 제1항). 여기서 기본설계입찰이란 일괄입찰의 기본계획 및 지침에 따라 실시설계에 앞서 기본설계와 그에 따른 도서를 작성하여 입찰서와 함께 제출하는 입찰을 말한다(국가계약법 시행령 제79조 제1항 제6호).

일괄입찰에서 입찰참가자는 기본설계입찰서에 기본설계에 대한 설명서, 건설기술심의요청 시 첨부한 관계서류, 기타 공고로 요구한 사항에 관한 도서를 첨부하여 제출하여야 한다(국가계약법 시행령 제85조 제3항 제1호). 실시설계적격자로 선정되어 실시설계서를 제출할 경우에는 실시설계서와 함께 실시설계에 대한 구체적인 설명서, 건설기술심의요청 시 첨부한 관계서류, 산출내역서, 기타 참고사항을 기재한 서류를 함께 제출하여야 한다(국가계약법 시행령 제85조 제3항 제2호). 실제 시공은 실시설계서에 따라 이루어지기 때문에 기본설계서를 제출할 때와 달리 실시설계서를 제출할 때에는 산출내역서를 제출하도록 하는 것이다.

---

13) 같은 취지, 김성근, 앞의 책(Ⅰ), 683면.

나) 대안입찰의 입찰절차

대안입찰자가 원안입찰과 함께 대안을 제출하는 경우에는 대안설계에 대한 구체적인 설명서, 건설기술심의요청 시 첨부한 관계서류, 원안입찰 및 대안입찰에 대한 단가와 수량을 명백히 한 산출내역서, 대안 채택에 따른 이점 기타 참고 사항을 기재한 서류를 입찰서에 첨부하여야 한다(국가계약법 시행령 제85조 제2항). 대안 제출 없이 원안에 의한 입찰을 할 경우에는 이와 같은 서류를 제출할 필요가 없을 것이다.

다) 설계서 등에 대한 심의 절차

각 중앙관서의 장은 ① 대안입찰의 경우로서 원안설계서와 낙찰적격입찰의 대안입찰서를 제출받은 때, ② 일괄입찰의 경우로서 기본설계입찰서 또는 실시설계서를 제출받은 때, ③ 일괄입찰로 발주된 공사에 대하여 재공고입찰 결과 입찰자가 1인뿐인 경우로서 그 입찰자의 기본설계입찰서 또는 실시설계서를 제출받은 때에는 중앙건설기술심의위원회에 해당 설계의 적격여부에 대한 심의 및 설계점수평가를 의뢰하여야 한다(국가계약법 시행령 제85조 제5항 전문). 즉 대안입찰에서의 대안, 일괄입찰에서의 설계에 대한 심의는 발주기관이 아닌 중앙건설기술심의위원회가 수행한다. 다만 기술자문위원회가 설치되어 있는 경우 해당 위원회의 심의로 중앙건설기술심의위원회의 설계심의를 갈음할 수 있다(국가계약법 시행령 제85조 제6항).

이 경우 중앙건설기술심의위원회는 기술적 타당성을 검토하고 설계의 적격여부를 명백히 한 서류 및 설계점수를 해당 중앙관서의 장 또는 계약담당공무원에게 통지하여야 한다(국가계약법 시행령 제85조 제5항 후문). 중앙건설기술심의위원회 또는 기술자문위원회는 심의 과정에서 대안입찰서, 기본설계입찰서, 실시설계서나 첨부 도서의 내용이 미비하거나 불분명한 경우 보완을 요구할 수 있다(국가계약법 시행령 제85조 제7항).

(5) 일괄입찰에서의 낙찰자 결정 등
가) 실시설계적격자의 결정방법

일괄입찰의 경우, 발주기관은 중앙건설기술심의위원회 또는 기술자문위원회의 기본설계입찰서에 대한 심사 결과 설계점수가 높은 순으로 최대 6인(적격으로 통지된 입찰자가 6인 미만일 경우 적격으로 통지된 모든입찰자[14])을 선정한 후 중앙건설기술심의위원회에서 다음 방법 중 해당 공사에 가장 적합하다고 심의한 방법으로 실시설계적격자를 결정한다(국가계약법 시행령 제85조의2 제1항, 제87조 제1항).

1. 설계점수가 기획재정부장관이 정하는 범위에서 각 중앙관서의 장 또는 계약담당공무원이 정한 기준을 초과한 자로서 최저가격으로 입찰한 자를 실시설계적격자로 결정하는 방법
2. 입찰가격을 설계점수로 나누어 조정된 수치가 가장 낮은 자 또는 설계점수를 입찰가격으로 나누어 조정된 점수가 가장 높은 자를 실시설계적격자로 결정하는 방법
3. 설계점수와 가격점수에 가중치를 부여하여 각각 평가한 결과를 합산한 점수가 가장 높은 자를 실시설계적격자로 결정하는 방법
4. 계약금액을 확정하고 기본설계서만 제출하도록 한 경우 설계점수가 가장 높은 자를 실시설계적격자로 결정하는 방법

　　발주기관은 이 중 어떠한 방법을 통해 실시설계적격자를 선정할지를 입찰공고를 통해 명시하여야 한다(국가계약법 시행령 제85조의2 제3항).

　　한편 국가계약법 시행령 제85조의2 제5항은 일괄입찰에서의 실시설계적격자·낙찰자 결정 및 대안입찰에서의 낙찰자 결정 방법에 필요한 실시점수·가격점수의 산출방법과 가중치, 설계와 가격 조정을 위한 산식, 그 밖에 필요한 사항은 기획재정부장관이 정한다고 규정하였는데, 이에 따라 마련된 규정이 기획재정부 계약예규 '일괄입찰 등에 의한 낙찰자 결정기준'이다. 일괄입찰에서의 실시설계적격자 및 낙찰자 결정 방법은 해당 예규 제2장에 규정되어 있다.

나) 낙찰자 결정

　　실시설계적격자가 실시설계서를 제출하고 중앙건설기술심의위원회 또는 기술자문위원회가 이에 대한 설계심의를 거쳐 적격으로 통지할 경우, 발주기관은 해당 실시설계서를 제출한 자를 낙찰자로 결정한다(국가계약법 시행령 제87조 제2항).

---

14) 다만 기본설계적격자가 1인이거나 없을 경우에는 재공고입찰에 의한다(국가계약법 시행령 제87조 제1항 단서).

발주기관은 부득이한 사유가 없는 한 실시설계서 제출일로부터 60일 이내에 낙찰자 결정을 하여야 한다(국가계약법 시행령 제87조 제4항).

다) 예산초과의 경우

발주기관은 실시설계적격자로 결정된 입찰자의 입찰금액이 계속비대형공사에 있어서는 계속비예산, 일반대형공사에 있어서는 총공사예산을 초과할 경우 예산 범위 내로 조정하기 위하여 해당 입찰자와 협의하여야 하는데, 만일 협의가 성립하지 아니할 경우 재공고입찰을 실시하여야 한다(국가계약법 시행령 제87조 제3항).

라) 공사의 시급성 기타 특수한 사정이 있는 경우

발주기관은 낙찰자 결정에 있어서 공사의 시급성 기타 특수한 사정으로 인하여 필요하다고 인정하는 경우에는 실시설계적격자로 하여금 당해 공사를 공정별 우선순위에 따라 구분하여 실시설계서를 작성하게 할 수 있고, 당해 실시설계서에 대하여 중앙건설기술심의위원회 또는 기술자문위원회로부터 실시설계적격통지를 받은 때에는 그 실시설계적격자를 낙찰자로 결정하고 우선순위에 따라 공사를 시행하게 할 수 있다(소위 'Fast Track 방식', 국가계약법 시행령 제87조 제5항). 발주기관은 이와 같이 낙찰자를 결정하더라도 공사 시행 전에 총공사와 실시설계적격통지를 받은 공사에 대하여 산출내역서를 제출하게 하여 이에 따라 계약을 체결하여야 하고(국가계약법 시행령 제87조 제6항), 중앙건설기술심의위원회 또는 기술자문위원회로부터 총공사에 대한 최종실시설계적격통지가 있는 때에는 계약을 체결한 자로 하여금 산출내역서를 다시 작성하여 당초의 산출내역서와 대체하게 하도록 하며, 이 경우 당초의 계약금액은 증액할 수 없다(국가계약법 시행령 제87조 제7항).

발주기관은 이와 같은 방식으로 낙찰자를 결정하거나 계약을 체결하고자 하는 경우에는, 실시설계서를 우선 제출하여야 하는 공종의 범위 및 제출기간, 산출내역서의 작성·제출에 관한 사항을 입찰안내서 등에 명시하여 입찰에 참가하고자 하는 자가 입찰 전에 알 수 있도록 해야 한다(국가계약법 시행령 제87조 제8항).

(6) 대안입찰에서의 낙찰자 결정 등
가) 낙찰적격입찰의 선정

발주기관은 제출된 대안입찰서의 대안입찰가격이 입찰자 자신의 원안입찰보다 낮고, 총공사 예정가격 이하로서 대안공종에 대한 입찰가격이 대안공종에 대한 예정가격 이하일 경우 이를 낙찰적격입찰로 선정한다(국가계약법 시행령 제86조 제1항).

나) 대안의 채택 및 대안입찰가격의 조정 등

발주기관은 낙찰적격입찰의 대안입찰서에 대하여 중앙건설기술심의위원회 또는 기술자문위원회의 설계적격여부 및 설계점수의 통지를 받은 때 적격으로 통지된 대안입찰서 중 설계점수가 높은 순으로 최대 6개의 대안(적격으로 통지된 대안이 6개 미만인 경우에는 적격으로 통지된 모든 대안)을 선정한 후 대안설계점수가 원안설계점수보다 높은 것을 대안으로 채택하되, 수개의 대안공종 중 일부 공종에 대한 대안설계점수가 원안설계점수보다 낮은 경우 해당공종에 대한 대안공종은 채택하지 아니한다(국가계약법 시행령 제86조 제2항).

발주기관은 이와 같이 대안으로 채택되지 아니한 공종이 있는 경우 대안입찰자의 대안입찰서상 해당공종의 입찰가격을 원안입찰시에 제출한 산출내역서상의 해당공종의 입찰가격으로 대체하여 전체 대안입찰가격을 조정하여야 하고(국가계약법 시행령 제86조 제3항), 대안으로 채택되지 아니한 공종으로 인하여 불가피하게 채택된 공종에 대한 설계의 일부를 수정하여야 할 경우 수정은 가능하나 수정하게 되는 공종의 입찰가격은 증액할 수 없다(국가계약법 시행령 제86조 제4항). 다만 발주기관이 임의로 이와 같은 조정 및 수정을 할 수 있는 것은 아니고, 조정 및 수정을 위해서는 사전에 중앙건설기술심의위원회 또는 기술자문위원회의 심의를 거쳐야 한다(국가계약법 시행령 제86조 제8항).

다) 낙찰자 결정

발주기관은 채택된 대안을 제출한 자 중 ① 최저가격으로 입찰한 자를 낙찰자로 결정하는 방법, ② 입찰가격을 설계점수로 나누어 조정된 수치가 가장 낮은 자 또는 설계점수를 입찰가격으로 나누어 조정된 점수가 가장 높은 자를 낙찰자로 결정하는 방법, ③ 설계점수와 가격점수에 가중치를 부여하여 각각 평가한 결과를 합산한 점수가 가장 높은 자를 낙찰자로 결정하는 방법 중 하나의 방법으로 낙찰자를 결정하여야 하는데, 이 중 어떠한 방법을 채택할 것인지는 중앙건설기술심의위원회의 심의 결과에 따라 정한다(국가계약법 제85조의2 제2항, 제86조 제5항).

발주기관은 해당 입찰에서 어떠한 낙찰자 결정방법에 따를 것인지를 입찰공고를 통해 사전에 명시하여야 한다(국가계약법 시행령 제85조의2 제3항). 대안입찰에서의 낙찰자 결정 방법에 필요한 실시점수·가격점수의 산출방법과 가중치, 설계와 가격 조정을 위한 산식 등은 '일괄입찰 등에 의한 낙찰자 결정기준' 제3장에 규정되어 있다.

만일 대안을 제출한 자가 없거나, 입찰공고에서 명시된 낙찰자 결정방법에 따른 낙찰자가 없는 경우에는 원안입찰이 예정가격 이하로서 최저가격인 입찰을 제출한 자부터 ① 추정가격 100억 원 이상인 공사의 경우 입찰자의 입찰가격, 공사수행능력 및 사회적 책임 등을 종합 심사하여 낙찰자를 결정하고, ② 그 외의 공사의 경우 계약이행능력 등을 심사하여 낙찰자를 결정한다(국가계약법 시행령 제86조 제6항).

발주기관은 부득이한 사유가 없는 한 입찰일로부터 80일 이내에 낙찰자 결정을 하여야 한다(국가계약법 시행령 제86조 제7항).

(7) 설계비의 보상
가) 의의

일괄입찰이나 대안입찰의 경우 입찰에 참가하는 자가 직접 설계서를 작성하여야 한다. 입찰에 참가하였다가 낙찰을 받지 못하게 되면 설계비용은 고스란히 참가자의 손실이 될 수밖에 없는데, 특히 대형공사의 경우 공사의 규모나 복잡성 등에 따라 설계비용 역시 적지 않다는 점에서 자칫 설계비용에 대한 부담이 중소 건설업체에 대한 진입장벽으로 작용할 수도 있다.

이에 따라 국가계약법 시행령은 일정한 경우 발주기관으로 하여금 예산의 범위 안에서 설계비 중 일부를 보상할 수 있도록 규정하고 있고, 기획재정부 계약예규 정부 입찰·계약 집행기준은 국가계약법 시행령 제89조의 위임을 받아 설계보상비에 대한 세부적인 규정을 두고 있다.

나) 설계보상비 지급대상자

국가계약법 시행령 제89조 제1항 제1호는 국가계약법 시행령 제86조 제2항 및 제87조에 따라 선정된 자 중 낙찰자로 결정되지 아니한 자를 설계보상비 지급대상자로 규정하고 있다. 즉 적격으로 통지된 낙찰적격입찰의 대안입찰서 중 설계점수가 높은 순으로 선정된 (최대) 6개의 대안을 제출한 자, 일괄입찰의 입찰자 중 설계점수가 높은 순으로 6인에 선정된 자 중 낙찰자로 선정되지 아니한 자가 이에 해당한다고 할 것이다.

그리고 국가계약법 시행령 제89조 제1항 제2호는 발주기관의 귀책사유로 취소된 대안입찰 또는 일괄입찰에 참여한 자를 설계보상비 지급대상자로 규정하고 있다.

다) 발주기관의 의무

국가계약법 시행령 제89조 제1항은 "예산의 범위 안에서 설계비의 일부를 보상할 수 있다."라고 규정하여 설계보상비 지급여부는 발주기관의 재량인 것으로 규정하였다.

그러나 정부 입찰·계약 집행기준 제90조는 "계약담당공무원은 시행령 제79조 및 제98조에 규정한 대안입찰, 일괄입찰, 또는 기술제안입찰 공사의 입찰공고를 하는 경우에 입찰공고에 제87조 내지 제89조의 내용을 포함시켜야 한다."라고 규정하여 입찰공고시 설계보상비 지급과 관련된 내용을 의무적으로 포함시키도록 규정하였고, 설계비 보상기준에 관하여 규정한 정부 입찰·계약 집행기준 제87조 내지 제88조는 설계보상비 지급 요건이 충족되면 의무적으로 지급하도록 규정하고 있다. 정부 입찰·계약 집행기준은 그 자체로 대외적 효력을 가지는 것이 아니고 행정기관의 내부지침으로서 의미를 가지지만, 적어도 행정기관 내부적으로는 설계보상비 지급이 의무의 형태로 규정되어 있다는 점에서 발주기관이 대안입찰이나 일괄입찰을 실시하면서 설계보상비를 지급하지 않기는 어려울 것이다. 실무상으로도 대안입찰과 일괄입찰에서 설계보상비를 지급하지 않는 경우는 찾아보기 어렵다.

정부 입찰·계약 집행기준 제86조는 계약담당공무원에게 대형공사의 설계비 보상예산으로 해당 공사예산의 20/1,000을 확보할 것을 규정하고 있는바, 이 점에 비추어 보더라도 실무상 설계비에 대한 보상이 발주기관의 재량에 따라 이루어진다고 보기는 어렵다.

라) 일괄입찰의 설계비 보상기준

일괄입찰의 경우 계약담당공무원은 낙찰탈락자 중 중 설계점수가 입찰공고
에 명시한 일정점수를 초과하는 자('보상대상자')에 대하여 다음의 산식에 따라 설
계보상비를 지급한다(정부 입찰·계약 집행기준 제87조의2 제1항).

$$2\% \times \frac{설계점수}{보상대상자점수합계}$$

계약담당공무원은 국가계약법 시행령 제87조 제1항에 따라 실시설계적격자
로 결정되지 아니한 자에 대하여는 실시설계적격자를 결정한 때 아래 제1호에 따
른 설계보상비를 지급하며, 국가계약법 시행령 제87조 제2항에 따라 낙찰자를
결정한 때 제2호와 제1호의 차액을 추가로 지급한다(정부 입찰·계약 집행기준 제87
조의2 제2항 본문). 다만, 국가계약법 시행령 제87조 제1항에 따라 실시설계적격자
로 결정된 자가 국가계약법 시행령 제87조 제2항에 따라 낙찰자로 결정되지 아니
한 때는 제2호와 제1호의 차액을 추가로 지급하지 아니한다(정부 입찰·계약 집행
기준 제87조의2 제2항 단서).

$$1.\ 2\% \times \frac{설계점수}{보상대상자점수합계 + 실시설계적격자설계점수}$$

$$2.\ 2\% \times \frac{설계점수}{보상대상자점수합계}$$

한편, 발주기관의 귀책사유로 취소된 입찰에 참여한 자 중 보상대상자에 해
당하는 자에 대하여 위 제1항의 산식에 따라 설계보상비를 지급한다(정부 입찰·
계약 집행기준 제87조의2 제3항). 나아가 계약담당공무원은 국가계약법 시행령 제87
조에 따라 실시설계적격자 내지 낙찰자로 선정되기 전에 발주기관의 귀책사유로
입찰이 취소된 경우에는 위 경우에 따라 설계보상비를 지급한다(정부 입찰·계약
집행기준 제87조의2 제5항).

계약담당공무원은 어느 경우에나 보상대상자 1인에게 공사예산에서 토목의 경우에는 실시설계적격자 결정일의 엔지니어링사업대가의 기준의 기본설계 요율을 곱한 금액을 초과하여 지급할 수 없고, 건축의 경우에는 실시설계적격자 결정일의 공공발주사업에 대한 건축사의 업무범위와 대가 기준의 건축설계 대가요율 각 종별 중급의 40/100을 곱한 금액을 초과하여 지급할 수는 없다(정부 입찰·계약 집행기준 제87조의2 제4항).

마) 대안입찰의 설계비 보상기준

대안입찰의 경우 국가계약법 시행령 제86조 제2항에 따라 선정된 자 중 낙찰자로 결정되지 아니한 자(즉 적격으로 통지된 낙찰적격입찰의 대안입찰서 중 설계점수가 높은 순으로 선정된 (최대) 6개의 대안을 제출한 자)에 대하여 해당 공사의 설계보상비로 책정된 예산(해당 공사예산의 20/1,000)을 다음과 같이 지급한다(정부 입찰·계약 집행기준 제87조 제1항).

1. 낙찰탈락자가 5명인 경우: 공사예산의 20/1,000에 해당하는 금액을 설계점수가 높은 자 순으로 7/20, 5/20, 4/20, 2/20, 2/20를 지급
2. 낙찰탈락자가 4명인 경우: 공사예산의 20/1,000에 해당하는 금액을 설계점수가 높은 자 순으로 7/20, 5/20, 4/20, 2/20를 지급
3. 낙찰탈락자가 3명인 경우: 공사예산의 20/1,000에 해당하는 금액을 설계점수가 높은 자 순으로 7/20, 5/20, 4/20를 지급
4. 낙찰탈락자가 2명인 경우: 공사예산의 20/1,000에 해당하는 금액을 설계점수가 높은 자 순으로 7/20, 5/20를 지급
5. 낙찰탈락자가 1명인 경우: 공사예산의 20/1,000에 해당하는 금액의 1/4을 지급

적격으로 통지된 낙찰적격입찰의 대안입찰서를 설계점수가 높은 순으로 선정한 이후 발주기관의 귀책사유로 입찰이 취소되었다면, 선정된 대안이 6개인 경우에는 해당 공사의 설계보상비로 책정된 예산(해당 공사예산의 20/1,000)을 설계점수가 높은 자 순으로 7/20, 5/20, 4/20, 2/20, 1/20, 1/20을 지급하고, 선정된 대안이 5개 이하일 경우에는 위 표의 내용과 같이 지급한다(정부 입찰·계약 집행기준 제87조 제2항).

설계점수가 높은 순으로 대안입찰서를 선정하기 전에 발주기관의 귀책사유로 입찰이 취소된 경우에는 모든 입찰참여자에 대해 해당 공사의 설계보상비로 책정된 해당 공사예산의 20/1,000에 해당하는 금액을 균분하여 지급하되, 입찰참여 1인당 해당 금액의 1/4을 초과하여 지급할 수는 없다(정부 입찰·계약 집행기준 제87조 제3항).

바) 설계보상비에 대한 반환청구

최근 수년 간 일괄입찰에서의 담합 사례가 여러 차례 적발되었는데, 대부분의 경우 공사가 이미 완성되었거나, 상당 부분 진행된 단계에서 적발된 것이었다. 이에 따라 발주기관은 계약을 해제하지는 않은 상태로, 담합행위에 따라 입찰이 무효라는 이유로 설계보상비에 대한 부당이득반환청구를 하거나, "입찰의 무효에 해당하거나 무효에 해당하는 사실이 사후에 발견된 경우 설계비를 보상받은 자는 현금으로 즉시 반환한다"는 취지의 공사입찰 특별유의서 등의 규정을 근거로 설계보상비에 대한 약정상 반환청구를 하거나, 담합이라는 불법행위를 이유로 설계보상비 상당액을 손해배상액으로 청구하는 소송을 제기하는 사례가 상당수 있다.

이와 관련하여 하급심 판결은, 입찰무효 사유가 존재한다고 하여 입찰이 당연무효가 되는 것은 아니고, 계약 체결 전이라면 입찰무효를 선언하고 재입찰을 공고할 수 있고, 계약 체결 후라면 약정해제권이 유보된 것으로 계약을 해제할 수 있는 것으로 해석함이 상당하다고 전제한 후, 발주기관이 입찰을 무효로 보아 재입찰을 공고한 적이 없고, 공사가 완성되어 더 이상 공사계약을 해제할 수 없게 되었다면 입찰이 무효라고 볼 수 없으므로 설계보상비가 부당이득이 될 수 없고, 특별유의서의 설계보상비 반환 조항 또한 입찰이 무효가 되어야만 반환의무가 성립하는 것이라고 보았다(서울고등법원 2017. 10. 11. 선고 2016나2083748 판결, 서울중앙지방법원 2016. 1. 15. 선고 2015가합553575 판결15)). 그러나 위 서울고등법원 2016나20836748 판결의 상고심은 "1) 이 사건 특별유의서 제28조 제4항은 입찰에 참가하였다가 낙찰되지 아니한 자에 대한 설계비의 보상이 배제되는 경우로 '입찰이 무효에 해당하는 경우'와 '입찰의 무효에 해당하는 사실이 사후에 발견된 경우'를 구별하여 각각 규정하면서, 입찰의 무효사실이 발견되기 이전에 설계비를

---

15) 해당 사건은 2016. 2. 12. 확정되었다.

보상받은 자는 현금으로 즉시 반환하여야 한다고 정하고 있다. 설계비 보상이 배제되는 위 두 가지 사유를 구별하여 규정하고 있는 점을 고려하면서 설계비 반환규정의 위 문언에 주목하면, 입찰 무효의 근거가 될 사실이 나중에 밝혀지는 등 입찰 무효에 해당하는 사유가 존재하는 이상 비록 다른 사정 등에 의하여 입찰이 무효로 되지 않았더라도 위 사실관계가 밝혀지기 전에 설계비를 보상받은 자는 이를 반환하여야 한다고 해석함이 타당하다. 2) 설계비 보상 규정의 입법 취지를 고려하면 더욱 그렇다. 입찰에 참가하였다가 탈락한 자에게 설계비 상당액을 보상하려는 위 규정의 주된 취지는, 공공 공사 입찰에 참여하는 자의 수를 많게 함으로써 그들의 진정한 경쟁을 통하여 국가계약사무의 공정성과 공공성을 강화하기 위함이다. 따라서 설계비 보상 규정의 위와 같은 입법 취지에 반하여 서로 담합하는 등 경쟁을 제한하는 행위를 한 자에 대하여는 애초부터 설계비 상당액을 보상할 이유가 없다고 보아야 한다. 정당한 보상대상자가 될 수 없는 자에게 설계보상비가 지급되었다는 사정이 나중에 밝혀질 경우 그에 근거하여 설계보상비를 반환받는 것 또한 같은 맥락에서 위와 같은 입법 취지에 부합한다. 3) 그렇다면 피고 0000 등에 대하여 입찰 무효사유에 해당하는 이 사건 공동행위가 사후에 밝혀진 이상 이 사건 입찰의 무효 여부와 관계없이 원고는 이 사건 특별유의서 제28조 제4항에 근거하여 피고 0000 등을 상대로 이 사건 각 설계보상비의 반환을 구할 수 있다고 봄이 타당하다"고 판시하여 위 하급심 판결을 파기·환송하였다(대법원 2019. 8. 29. 선고 2017다276679 판결).

Ⅳ. 그 밖의 계약상대자 결정 방법

1. 협상에 의한 계약체결

(1) 기본 개념

발주기관은 물품·용역계약에 있어서 계약이행의 전문성·기술성·긴급성, 공공시설물의 안전성 및 그 밖에 국가안보목적 등의 이유로 필요하다고 인정되는 경우 다수 공급자들로부터 제안서를 제출받아 평가한 후 협상적격자를 선정한 후 협상절차를 통해 국가에게 가장 유리하다고 인정되는 자와 계약을 체결할 수 있는데, 이를 협상에 의한 계약이라 한다(국가계약법 시행령 제43조 제1항). 기획재정부는 계약예규 '협상에 의한 계약체결기준'에서 협상에 의한 계약 체결에 필요한 사항을 규정하고 있다.

(2) 입찰절차

발주기관은 협상에 의한 계약을 체결하고자 할 경우에는 입찰공고시 협상에 의한 계약이라는 뜻을 명시하여야 한다(국가계약법 시행령 제43조 제2항). 그 밖에 ① 사업명, 사업내용, 사업기간, 사업예산, ② 해당 계약이 협상에 의한 계약이라는 사실, ③ 제안요청서[16]의 요청기한 및 요청에 필요한 서류, ④ 제안요청서에 대한 설명을 실시하는 경우에는 그 장소·일시에 관한 사항, ⑤ 협상에 의한 계약에 필요한 기준 및 절차, ⑥ 제안서[17]의 제출기간 , ⑦ 제안서의 내용 ⑧ 제안서의 평가요소 및 평가방법, ⑨ 기술능력평가를 실시하는지 여부와 평가점수 부여기준, ⑩ 가격의 적정성 평가를 실시하는지 여부와 적정성 평가대상의 기준이 되는 금액, ⑪ 제안서 평가시 제안서에 대한 설명을 실시하는 경우 그 장소·일시에 관한 사항, ⑫ 기타 계약담당공무원이 필요하다고 인정하는 사항에 대하여도 입찰공고 시 명시하여야 한다(협상에 의한 계약체결기준 제4조 제2항). 입찰공고를 하여야 하는 시기는 제안서 제출마감일의 전일부터 기산하여 40일 전이나, 긴급을 요하는 경우 추정가격이 고시금액 미만인 경우 및 재공고입찰의 경우에는 제안서 제출마감일의 전일부터 기산하여 10일 전까지 고시할 수 있다(협상에 의한 계약체결기준 제4조 제1항).

입찰공고에 명시할 사항에서도 알 수 있듯이 발주기관은 협상에 의한 계약에 참가하고자 하는 자에게 제안요청서 등 필요한 서류를 교부하여야 하는데, 발주기관은 이를 전자조달시스템에 게재함으로써 교부에 갈음할 수 있다(국가계약법 시행령 제43조 제3항, 제4항). 또한 발주기관은 계약의 성질·규모 등을 고려하여 필요하다고 인정될 경우 제안요청서 등에 대한 설명을 실시할 수 있다(국가계약법 시행령 제43조 제5항). 이는 공사에 대한 입찰에서 실시하는 현장설명과 유사한 것으로 이해할 수 있다.

---

16) 제안요청서란 계약담당공무원이 협상에 의한 계약의 입찰에 참가하고자 하는 자에게 제안서의 제출을 요청하기 위하여 교부 또는 열람하게 하는 서류를 의미한다(협상에 의한 계약 체결기준 제2조 제1호).

17) 제안서란 협상에 의한 계약의 입찰에 참가하고자 하는 자가 제안요청서 또는 입찰공고에 따라 작성하여 계약담당공무원에게 제출하는 서류를 의미한다(협상에 의한 계약 체결기준 제2조 제2호).

협상에 의한 계약에 참가하고자 하는 자는 입찰공고 및 제안요청서에 정한 바에 따라 제안서 및 가격입찰서를 별도로 작성하여 계약담당공무원에게 제출하여야 하고, 계약담당공무원은 제출된 가격입찰서 모두를 봉함하여 개봉시까지 보관하여야 한다(협상에 의한 계약체결기준 제6조 제1항, 제2항).

계약에 참가하는 자가 제출한 제안서는 기술능력과 입찰가격을 종합적으로 평가하고, 구체적인 평가항목 및 배점한도는 협상에 의한 계약체결기준 [별표]에 규정되어 있다(협상에 의한 계약체결기준 제7조 제1항). 각 중앙관서의 장은 평가항목 및 배점한도를 기준으로 세부평가기준을 정할 수 있고, 이 경우 사업의 특성·목적 및 내용 등을 고려하여 필요한 때에는 [별표]의 분야별 배점한도를 10점의 범위 내에서 가·감 조정할 수 있으며, 평가항목을 추가하거나 제외할 수 있다. 다만 배점한도에 대하여 10점의 범위를 초과하여 가·감 조정할 경우에는 기획재정부장관과 협의하여야 한다(협상에 의한 계약체결기준 제7조 제2항). 발주기관은 제안서의 평가에 있어서 필요한 서류가 첨부되어 있지 않거나 제출된 서류가 불명확하여 인지할 수 없는 경우에는 제안서 내용의 변경이 없는 경미한 사항에 한하여 기한을 정하여 보완을 요구하여야 하는데, 보완요구한 서류가 기한까지 제출되지 아니한 경우에는 당초 제출된 서류만으로 평가하고, 당초 제출된 서류가 불명확하여 심사가 불가능한 경우에는 평가에서 제외한다(협상에 의한 계약체결기준 제7조 제3항, 제4항). 발주기관은 제안서를 평가하는 경우 제안서평가위원회의 심의를 거쳐야 한다(국가계약법 시행령 제43조 제8항, 협상에 의한 계약체결기준 제7조 제5항). 계약담당공무원은 제안서에 대한 평가를 실시한 후 지체 없이 입찰참가자가 참석한 자리에서 봉함된 가격입찰서를 개봉하고 입찰가격에 대한 평가를 실시하여야 한다(협상에 의한 계약체결기준 제7조의2 제1항). 단, 기술평가의 변별력을 확보할 필요성이 높은 계약에 대하여는 계약의 특성 및 사업내용 등을 고려하여 계약담당공무원이 입찰공고시 명시한 기준금액 미만의 입찰자에 대하여 원가절감의 적정성을 심사할 수 있다(협상에 의한 계약체결기준 제7조의2 제2항).

(3) 협상적격자 선정 및 협상절차
당초 국가계약법 시행령 제43조 제1항은 협상에 의한 계약체결시 계약담당공무원이 협상절차를 거쳐 계약을 체결하면 되는 것으로 규정하고 있었다. 그러나 국가계약법 시행령이 2021. 7. 6.자로 개정되면서 계약담당공무원이 우선적으로 협상적격자를 선정한 후 협상적격자와 계약을 체결할 수 있는 것으로 변경되었고 이 경우 발주기관에서 예정가격을 작성한 경우에는 예정가격 이하로 입찰한 자 중에서 협상적격자를 선정해야 한다(국가계약법 시행령 제43조 제1항).

계약담당공무원은 제안서의 기술능력과 입찰가격을 종합적으로 평가하여(협상에 의한 계약체결기준 제7조 제1항) 평가결과 입찰가격이 해당 사업예산(예정가격을 작성한 경우에는 예정가격) 이하인 자로서 기술능력평가 점수가 기술능력평가분야 배점한도의 85% 이상인 자를 협상적격자로 선정한다(협상에 의한 계약체결기준 제8조 제1항). 협상순서는 제8조 제1항에 따른 협상적격자의 기술능력평가 점수와 입찰가격평가 점수를 합산하여 합산점수의 고득점순에 따라 결정한다. 다만, 합산점수가 동일한 제안자가 2인 이상일 경우에는 기술능력 평가점수가 높은 제안자를 우선순위자로 하고, 기술능력 평가점수도 동일한 경우에는 기술능력의 세부평가항목 중 배점이 큰 항목에서 높은 점수를 얻은 자를 우선순위자로 한다(협상에 의한 계약체결기준 제8조 제2항).

계약담당공무원은 협상적격자와 협상순위가 결정된 경우에는 지체없이 협상적격자에게 협상순위, 협상적격자 전원의 기술능력과 입찰가격 평가점수와 합산점수 및 협상일정을 통보하여야 하고(협상에 의한 계약체결기준 제9조), 우선순위에 따라 협상을 실시하여 선순위자에 대한 협상이 성립된 때에는 다른 협상적격자와 협상을 실시하지 아니한다(협상에 의한 계약체결기준 제10조 제1항). 만일 선순위 협상적격자와 협상이 성립되지 않으면 동일한 기준과 절차에 따라 순차적으로 차순위 협상적격자와 협상을 실시하고, 모든 협상적격자와의 협상이 결렬될 경우에는 재공고입찰에 부칠 수 있다(협상에 의한 계약체결기준 제10조 제2항, 제3항).

계약담당공무원은 협상대상자가 제안한 사업내용, 이행방법, 이행일정 등 제안서 내용을 대상으로 협상을 실시하며 협상대상자와 협상을 통해 그 내용의 일부를 조정할 수 있으나, 협상대상자에게 당해 사업과 무관한 요구사항을 추가하는 행위, 기술 이전 요구 등 불공정한 요구를 하여서는 아니 된다(협상에 의한 계약체결기준 제11조).

가격협상시 기준가격은 해당 사업예산(예정가격을 작성한 경우에는 예정가격) 이하로서 협상대상자가 제안한 가격으로 한다(협상에 의한 계약체결기준 제12조 제1항). 계약담당공무원이 협상대상자가 제안한 내용을 가감하는 경우에는 그 가감되는 내용에 상당하는 금액을 해당 사업예산(예정가격을 작성한 경우에는 예정가격)

범위 내에서 조정할 수 있으나, 제안한 내용의 가감조정이 없는 경우에는 협상대
상자가 제안한 가격을 증감조정할 수 없다(협상에 의한 계약체결기준 제12조 제2
항). 발주기관이 가격협상을 위하여 예정가격을 작성할 경우에는 제안서 제출 전
까지 국가계약법 시행령 제9조(예정가격의 결정기준)에 따라 작성하여야 하고, 입
찰에 참가한 자의 제안가격 등을 기준으로 작성하여서는 아니 된다(협상에 의한
계약체결기준 제12조 제3항). 이는 발주기관이 사후적으로 예정가격을 작성하여 부
당하게 가격협상을 진행하는 것을 방지하기 위함이라 할 것이다.

협상기간은 협상대상자에게 통보된 날로부터 15일 이내로 하되, 해당 사업
의 규모, 특수성, 난이도 등에 따라 협상대상자와의 협의에 의하여 5일의 범위 내
에서 조정할 수 있고, 그 기간 내에 협상이 이루어지지 않을 경우에는 10일의 범
위 내에서 연장할 수 있다(협상에 의한 계약체결기준 제13조).

계약담당공무원은 협상이 성립되면 그 결과를 해당 협상대상자 및 다른 협
상적격자에게 서면으로 통보하여야 한다(협상에 의한 계약체결기준 제14조).

(4) 계약의 체결 및 이행

계약담당공무원은 협상이 성립된 후 10일 이내에 계약을 체결하여야 하고,
계약의 체결 및 이행에 관하여는 협상대상자에게 서면통보한 협상결과와 국가계
약법, 같은 법 시행령 및 시행규칙, 이에 근거한 계약의 일반조건, 특수조건, 입찰
유의서 및 일반원칙에 따른다(협상에 의한 계약체결기준 제15조 제1, 2항).

2. 지식기반사업의 계약방법

발주기관은 정보과학기술 등 집약도가 높은 지식을 활용하여 고부가가치를 창
출하는 사업 중 ① 엔지니어링산업 진흥법 제2조 제3호에 따른 엔지니어링사업(다
만 건설기술 진흥법 제2조 제3호의 규정에 의한 건설엔지니어링에 있어서는 고난도 또는
고기술을 요하는 경우에 한정), ② 정보통신산업 진흥법 제2조 제2호에 따른 정보통
신 사업, ③ 지능정보화 기본법 제3조 제2호에 따른 정보화에 관한 사업, ④ 산업
디자인진흥법 제2조의 규정에 의한 산업디자인에 관한 사업, ⑤ 문화산업진흥 기
본법 제2조 제1호의 규정에 의한 문화산업, ⑥ 온라인 디지털콘텐츠산업 발전법
제2조 제3호의 규정에 의한 온라인디지털콘텐츠산업, ⑦ 기초과학 및 응용과학에
관한 학술연구용역, ⑧ 그 밖에 각 중앙관서의 장이 이에 해당한다고 인정하는 사

업에 대한 계약을 체결하는 경우에는 국가계약법 시행령 제43조에 따라 협상에 의한 계약체결방법을 우선적으로 적용할 수 있다(국가계약법 시행령 제43조의2 제1항).

발주기관이 위 규정에 의하여 협상에 의한 계약을 체결하고자 하는 경우에는 기획재정부장관이 정하는 제안서 평가방법 및 협상절차 등에 따라 세부기준을 정하여 그 계약을 체결하여야 하는바(국가계약법 시행령 제43조의2 제2항), 여기서도 기획재정부 계약예규 '협상에 의한 계약체결기준'이 적용된다.

3. 경쟁적 대화에 의한 계약체결

국가계약법 시행령은 2018. 12. 4. 개정으로 제44조의3에 '경쟁적 대화에 의한 계약체결'에 관한 내용을 추가하였다.[18] 이는 시장에 존재하지 아니하는 혁신적인 제품이나 서비스 등 계약목적물의 세부내용을 미리 정하기 어려운 경우 등에는 입찰대상자들과 계약목적물의 세부내용 등에 관한 경쟁적·기술적 대화를 통하여 계약목적물의 세부내용 등을 조정·확정하고 평가를 통하여 계약을 체결하는 방식을 도입하여 혁신적인 제품이나 서비스의 개발·구매를 촉진하기 위하여 도입된 것이다.

발주기관은 전문성·기술성이 요구되는 물품 또는 용역계약으로서, ① 기술적 요구 사항이나 최종 계약목적물의 세부내용을 미리 정하기 어려운 경우, ② 물품·용역 등의 대안이 다양하여 최적의 대안을 선정하기 어려운 경우, ③ 상용화되지 아니한 물품을 구매하려는 경우, ④ 그 밖에 계약목적물의 내용이 복잡하거나 난이도가 높은 경우 등으로서 각 중앙관서의 장이 필요하다고 인정하는 경우에는 입찰대상자들과 계약목적물의 세부내용 등에 관한 경쟁적·기술적 대화(이하 "경쟁적 대화")를 통하여 계약목적물의 세부내용 및 계약이행방안 등을 조정·확정한 후 제안서를 제출받고 이를 평가하여 국가에게 가장 유리하다고 인정되는 자와 계약을 체결할 수 있다(국가계약법 시행령 제43조의3 제1항).

발주기관은 경쟁적 대화에 의한 계약을 체결하고자 할 경우 입찰공고 시 그 취지를 명시하여야 하고, 경쟁적 대화를 하기 전에 입찰대상자의 제안 내용 등을 심사하여 경쟁적 대화에 참여할 입찰대상자를 선정하여야 한다(국가계약법 시행령 제43조의3 제2항, 제3항). 발주기관은 경쟁적 대화를 통하여 확정된 제안요청서 등

---

18) 시행일은 2019. 3. 5.

필요한 서류를 경쟁적 대화에 참여한 입찰대상자에게 내주어야 한다(국가계약법 시행령 제43조의3 제4항).

발주기관은 경쟁적 대화에 참여하고 제안서를 제출한 자 중 낙찰자로 선정되지 아니한 참여자에게 예산의 범위에서 경쟁적 대화 참여비용의 전부 또는 일부를 지급할 수 있고, 그 밖에 경쟁적 대화에 의한 계약 체결 시 제안요청서에 대한 설명, 세부적인 계약체결기준 및 제안서 평가 등에 관하여는 협상에 의한 계약체결에 관한 규정(국가계약법 시행령 제43조 제4항, 제5항, 제7항 내지 제9항)을 준용한다(국가계약법 시행령 제43조의3 제5항, 제6항). 한편, 경쟁적 대화에 의한 계약체결의 경우 협상에 의한 계약체결과 마찬가지로 발주기관이 예정가격을 작성한 경우에는 예정가격 이하로 계약을 체결해야 한다(국가계약법 시행령 제43조의3 제1항 단서).

4. 품질 등에 의한 낙찰자의 결정

발주기관은 물품의 제조 또는 구매계약에 있어서 필요하다고 인정할 경우에는 국가계약법 시행령 제42조(국고의 부담이 되는 경쟁입찰에서의 낙찰자 결정)의 일반규정에도 불구하고, 당해 물품의 입찰가격 외에 품질 등을 종합적으로 참작하여 예정가격 이하로서 가장 경제성 있는 가격으로 입찰한 자를 낙찰자로 결정한다(국가계약법 시행령 제44조 제1항). 이러한 경우 입찰참가자가 발주기관이 어떠한 기준에 의하여 평가하는지를 사전에 알아야 하므로, 발주기관은 입찰 전에 당해 물품에 대한 품질 등의 평가기준을 결정하여 입찰참가자로 하여금 이를 열람하게 하여야 한다(국가계약법 시행령 제44조 제2항).

발주기관이 국가계약법 시행령 제44조 제1항의 규정에 의하여 물품의 제조 또는 구매계약을 체결하고자 하는 때에는 입찰시에 입찰자로 하여금 입찰서와 함께 당해 물품의 품질·성능·효율등이 표시된 품질등의 표시서를 제출하게 하여야 하고(국가계약법 시행규칙 제42조 제6항), 이를 입찰 전에 결정하여 입찰참가자에게 열람하게 한 평가기준에 따라 평가하여 낙찰자를 결정하여야 한다. 낙찰자 결정은 특별한 사유가 없는 한 입찰일 또는 개찰일부터 10일 이내에 한다(국가계약법 시행규칙 제46조).

5. 다량물품을 매각, 제조·구매할 경우의 낙찰자 결정

발주기관이 다량의 물품을 매각할 경우 일반경쟁입찰은 그 매각수량의 범위 안에서 수요자의 매수 희망수량과 단가를 입찰하게 할 수 있고, 다량의 수요물품을 제조·구매할 경우의 일반경쟁입찰은 그 수요수량의 범위 안에서 공급자가 공급할 희망수량과 단가를 입찰하게 할 수 있다(국가계약법 시행령 제17조 제1항, 제2항).

이와 같은 희망수량입찰에서, 다량의 물품을 분할하여 매각하고자 할 경우에는 국가계약법 시행령 제41조[19]의 일반원칙에도 불구하고, 예정가격 이상의 단가로 입찰한 자 중 최고가격으로 입찰한 자 순으로 매각수량에 도달할 때까지의 입찰자를 낙찰자로 결정한다(국가계약법 시행령 제45조). 마찬가지로, 다량의 물품을 희망수량에 따라 분할하여 제조·구매하고자 할 경우 국가계약법 제42조의 일반원칙에도 불구하고 예정가격 이하의 단가로 입찰한 자 중 최저가격으로 입찰한 자 순으로 수요수량에 도달할 때까지의 입찰자를 낙찰자로 결정한다(국가계약법 시행령 제46조).

V. 동일 가격 내지 동일 점수에서의 낙찰자 결정

만일 동일한 가격 또는 동일한 점수로 입찰한 자가 2인 이상일 경우에는 낙찰자 결정 방법이 문제될 수 있는데, 국가계약법 시행령 제47조 제1항은 각 낙찰이 될 수 있는 동일가격으로 입찰한 자가 2인(종합심사낙찰제에 따른 공사의 입찰에 해당하는 경우에는 합산점수가 동점인 상위 2인) 이상인 경우로서 다음 각 호의 어느 하나에 해당하는 경우에는 해당 각 호에서 정한 방법에 따라 낙찰자를 결정하여야 한다고 규정하고 있다.

1. 제17조에 따른 희망수량에 의한 일반경쟁입찰인 경우: 입찰수량이 많은 입찰자를 낙찰자로 결정하되, 입찰수량도 동일한 때에는 추첨에 의하여 낙찰

---

19) 국가계약법 시행령
   제41조(세입이 되는 경쟁입찰에서의 낙찰자 결정)
   세입의 원인이 되는 경쟁입찰에 있어서는 예정가격 이상으로서 최고가격으로 입찰한 자를 낙찰자로 한다.

자를 결정

2. 제42조 제1항(적격심사제)에 따라 낙찰자를 결정하는 경우: 이행능력 심사
   결과 최고점수인자를 낙찰자로 결정하되, 이행능력 심사결과도 동일한 때에
   는 추첨에 의하여 낙찰자를 결정

3. 삭제

4. 제42조 제3항에 따라 낙찰자를 결정하는 경우: 규격 또는 기술우위자를 낙
   찰자로 결정하되, 규격 또는 기술평가 결과도 동일한 때에는 추첨에 의하여
   낙찰자를 결정

5. 제42조 제4항(종합심사낙찰제)에 따라 낙찰자를 결정하는 경우: 공사수행
   능력과 사회적 책임의 합산점수가 높은 자로 결정하되, 해당 합산점수가 동
   일한 경우에는 공사의 규모·특성 등을 반영하여 기획재정부장관이 정한 기
   준에 따라 낙찰자를 결정

이 경우 만일 입찰자중 출석하지 아니한 자 또는 추첨을 하지 아니한 자가
있을 때에는 입찰사무에 관계없는 공무원으로 하여금 이를 대신하여 추첨하게 할
수 있다(국가계약법 시행령 제47조 제2항).

제11조 계약서의 작성 및 계약의 성립

제11조 (계약서의 작성 및 계약의 성립)
  ① 각 중앙관서의 장 또는 계약담당공무원은 계약을 체결할 때에는 다음 각 호의 사항을 명백하게 기재한 계약서를 작성하여야 한다. 다만, 대통령령으로 정하는 경우에는 계약서의 작성을 생략할 수 있다.
    1. 계약의 목적
    2. 계약금액
    3. 이행기간
    4. 계약보증금
    5. 위험부담
    6. 지체상금(遲滯償金)
    7. 그 밖에 필요한 사항
  ② 제1항에 따라 계약서를 작성하는 경우에는 그 담당 공무원과 계약상대자가 계약서에 기명하고 날인하거나 서명함으로써 계약이 확정된다.
[전문개정 2012.12.18]

Ⅰ. 요식행위로서의 계약서 작성의 원칙

국가계약법 제11조 제1항 본문 각 호 이외의 부분은 "각 중앙관서의 장 또는 계약담당공무원은 계약을 체결할 때에는 다음 각 호의 사항을 명백하게 기재한 계약서를 작성하여야 한다."라고 규정하여 발주기관에게 계약체결 시 계약서 작성의무를 부과하고 있다.

이와 관련하여, 대법원은 "지방재정법 제63조는 지방자치단체를 당사자로 하는 계약에 관하여 이 법 및 다른 법령에서 정한 것을 제외하고는 국가를당사자로하는계약에관한법률의 규정을 준용한다고 규정하고 있고, 이에 따른 준용조문인 국가를당사자로하는계약에관한법률 제11조 제1항, 제2항에 의하면 지방자치단체가 계약을 체결하고자 할 때에는 계약의 목적, 계약금액, 이행기간, 계약보증금, 위험부담, 지체상금 기타 필요한 사항을 명백히 기재한 계약서를 작성하여야 하고, 그 담당공무원과 계약상대자가 계약서에 기명·날인 또는 서명함으로써 계약이 확정된다고 규정하고 있는바, 위 각 규정의 취지에 의하면 지방자치단체가 사경제의 주체로서 사인과 사법상의 계약을 체결함에 있어서는 위 법령에 따른 계약서를 따로 작성하는 등 그 요건과 절차를 이행하여야 할 것이고, 설사 지방자치단체와 사인 사이에 사법상의 계약이 체결되었다 하더라도 위 법령상의 요건과 절차를 거치지 아니한 계약은 그 효력이 없다고 할 것이다."라고 판시하며 국가계약의 요식행위성을 밝힌 바 있고(대법원 2005. 5. 27. 선고 2004다30811 판결), "지방재정법 제63조가 준용하는 국가계약법 제11조는 지방자치단체가 당사자로서 계약을 체결하고자 할 때에는 계약서를 작성하여야 하고 그 경우 담당공무원과 계약상대자가 계약서에 기명날인 또는 서명함으로써 계약이 확정된다고 규정함으로써, 지방자치단체가 당사자가 되는 계약의 체결은 계약서의 작성을 성립요건으로 하는 요식행위"라고 판시하여, 계약서작성이 국가계약의 성립요건이라는 점을 명확하게 하였으며(대법원 2006. 6. 29. 선고 2005다41603 판결), 이러한 대법원의 태도는 현재까지 그대로 유지되고 있다(대법원 2009. 12. 24. 선고 2009다51288 판결, 대법원 2015. 1. 15. 선고 2013다215133 판결 등).

계약서의 작성은 담당 공무원과 계약상대자가 계약서에 기명하고 날인하거나 서명하는 것까지 포함하는 것이고, 이렇게 계약서가 작성될 경우 계약은 확정된다(국가계약법 제11조 제2항).

Ⅱ. 계약서의 서식 및 계약조건

1. 계약서 기재사항 및 서식

국가계약법 제11조 제1항 각 호는 계약서에 기재되어야 할 사항으로 ① 계약의 목적, ② 계약금액, ③ 이행기간, ④ 계약보증금, ⑤ 위험부담, ⑥ 지체상금, ⑦ 그 밖에 필요한 사항을 규정하고 있다.

국가계약법 시행령 제48조 제1항은 이에 따라 각 중앙관서의 장 또는 계약담당공무원이 작성하는 계약서의 서식 기타 필요한 사항을 기획재정부령으로 정하도록 위임하고 있는데, 이에 따라 기획재정부령인 국가계약법 시행규칙은 별지 제7호 서식으로 '공사도급표준계약서', 별지 제8호 서식으로 '물품구매표준계약서', 별지 제9호 서식으로 '용역표준계약서'를 두고 있다(국가계약법 시행규칙 제49

조 제1항). 다만 발주기관이 위 서식에 의하여 계약을 체결하기 곤란할 경우에는 별도의 양식에 의한 계약서에 의하여 계약을 체결할 수도 있다(국가계약법 시행규칙 제49조 제3항).

2. 계약일반조건 및 계약특수조건

(1) 개념

기획재정부는 국가계약법 시행령 제48조 제1항에 근거하여 계약예규로서 '공사계약일반조건', '물품구매(제조)계약일반조건', '용역계약일반조건'을 두고 있다. 이와 같은 계약일반조건이 계약예규의 형태로 규정되어 있다고 하더라도 그 내용이 당연히 계약상대자에게 효력을 미치는 것은 아니므로, 계약상대자에게 효력을 미치게 하기 위해서는 해당 계약예규를 계약내용에 편입시켜야 한다. 이러한 계약예규는 계약의 종류에 따라 계약내용에 포섭되는 것이 통상적이다.

국가계약법 시행규칙 제49조 제2항은 각 중앙관서의 장 또는 계약담당공무원에게 계약 일반사항 외에 당해 계약을 위해 필요한 특약사항을 명시하여 계약을 체결할 수 있도록 규정하였는데, 이에 따라 발주기관은 별도의 계약특수조건을 둘 수 있다.

(2) 약관성의 유무

계약일반조건 및 계약특수조건이 약관의 규제에 관한 법률(이하 "약관규제법")이 규정하는 약관, 즉 그 명칭이나 형태 또는 범위에 상관없이 계약의 한쪽 당사자가 여러 명의 상대방과 계약을 체결하기 위하여 일정한 형식으로 미리 마련한 계약의 내용(약관규제법 제2조 제1호)에 해당하는지 여부가 문제될 수 있다. 이에 해당한다면, 약관규제법이 규정하고 있는 불공정약관 무효의 법리가 적용될 수 있기 때문이다. 대법원은 국가가 계약의 일방당사자인 시설공사계약에서 공사계약일반조건의 약관성을 인정한 바 있는데(대법원 2002. 4. 23. 선고 2000다56976 판결), 국가나 지방자치단체, 공공기관 등이 특정한 종류의 계약을 체결하기 위하여 사전에 작성하여 두는 계약일반조건은 약관의 개념 징표인 일방성, 일반성, 고정성[1]을 갖추고 있으므로 약관으로서의 성격을 인정하는데 어려움이 없을 것이

---

1) 이와 같은 약관으로서의 개념 징표를 규정한 문헌으로, 중앙대학교산학협력단(연구책임자 이준형), 약관 주요 심결사례 평석 및 업종별 불공정조항 FAQ, 공정거래위원회 연구용

다. 계약특수조건과 관련하여, 대법원은 "구체적인 계약에서 일방 당사자와 상대방 사이에 교섭이 이루어져 계약의 내용으로 된 조항은 일방적으로 작성된 것이 아니므로 약관의 규제에 관한 법률의 규제 대상인 약관에는 해당하지 않는다"고 판시하면서 대한민국이 사인과 체결한 용역계약에서 사용한 계약특수조건이 약관에 해당하지 않는다고 본 반면(대법원 2011. 2. 10. 선고 2009다81906 판결), 공정거래위원회는 서울시가 공사계약에서 사용한 계약특수조건이 약관에 해당한다고 보기도 하였다[공정거래위원회 의결(약) 제2003-020호, 2003. 2. 21]. 계약특수조건의 약관성 여부는 일률적으로 판단할 수 있는 것은 아니고, 개별 사안 별로 일방성, 일반성, 고정성이 존재하는지 여부를 따져서 판단할 수밖에 없다. 공공계약에서 계약특수조건은 개별 계약 별로 따로 작성되는 것이 통상적이기는 하나, 각각의 계약특수조건 내에서도 계약의 개별성과 무관하게 동일하게 유지되는 조항이 존재한다면 해당 조항에 대하여는 약관성을 인정할 여지도 있을 것이다.

Ⅲ. 계약서 작성의 예외

국가계약은 요식계약으로 계약서를 작성하여야 계약이 성립하는 것이 원칙이나, 국가계약법 제11조 제1항 단서는 대통령령으로 정하는 경우에는 계약서의 작성을 생략할 수 있다고 예외를 규정하고 있다.

이와 관련하여 국가계약법 시행령 제49조는 각 호에서 ① 계약금액이 3천만 원 이하인 계약을 체결하는 경우, ② 경매에 부치는 경우, ③ 물품매각의 경우에 있어서 매수인이 즉시 대금을 납부하고 그 물품을 인수하는 경우, ④ 각 국가기관 및 지방자치단체 상호간에 계약을 체결하는 경우, ⑤ 전기·가스·수도의 공급계약 등 성질상 계약서의 작성이 필요하지 아니한 경우 등을 구체적인 예외사유로 규정하고 있다.

다만 발주기관이 위 규정에 따라 계약서의 작성을 생략하는 경우에는 계약상대자로부터 청구서·각서·협정서·승낙사항 등 계약성립의 증거가 될 수 있는 서류를 제출받아 비치하여야 한다(국가계약법 시행규칙 제50조 본문). 이러한 경우에도 기획재정부장관이 따로 정하는 회계경리에 관한 서식에 의한 경우에는 계약

역 보고서, 2006.

상대자로부터 청구서·각서·협정서·승낙사항 등 계약성립의 증거가 될 수 있는 서류를 제출받아 비치할 필요가 없다(국가계약법 시행규칙 제50조 단서).

Ⅳ. 국외공사계약 특례

각 중앙관서의 장 또는 계약담당공무원은 국외공사계약을 체결할 때에 현지 통화로 계약을 체결하는 것이 원칙이지만, 그것이 곤란할 경우에는 계약상대자와 협의하여 원화 또는 미화로 계약할 수도 있다(국가계약법 시행령 제48조의2 제1항).

각 중앙관서의 장 또는 계약담당공무원은 국외공사계약을 체결할 때 환율 또는 국제상 관례 등을 고려하여 계약금액 조정 관련 특례를 설정할 수 있다(국가 계약법 시행령 제48조의2 제2항).

제12조 계약보증금

I. 계약보증금의 의의 및 법적 성질

계약보증금은 국가와 계약을 체결하려는 자가 납부하는 금원으로 계약체결 이후 계약상대자가 계약상의 의무를 이행하지 아니하였을 때 국고에 귀속시키는 금원을 의미한다(국가계약법 제12조 제1항, 제3항).

기획재정부는 계약보증금은 일종의 손해배상의 예정으로서, 계약상대자에 대한 불신에 근거한 제도라기보다 국고지출의 원인이 되는 국가계약의 공익적 중대성을 감안하여 계약기간 동안 계약상대자의 성실한 계약이행을 보증 내지 담보하기 위한 제도로 볼 수 있다고 해석하였다.[1]

대법원은 과거 "도급계약에 있어 계약이행 보증금과 지체상금의 약정이 있는 경우에는 특별한 사정이 없는 한 계약이행 보증금은 위약벌 또는 제재금의 성질을 가지고, 지체상금은 손해배상의 예정으로 봄이 상당하다고 할 것이다(대법원

---

1) 계약제도과-763, 2011. 7. 4; 법무법인(유한)태평양 건설부동산팀, 앞의 책, 241면에서 재인용.

1989. 10. 10. 선고 88다카25601 판결, 대법원 1989. 7. 25. 선고 88다카6273, 88다카 6280 판결, 대법원 1994. 9. 30. 선고 94다32986 판결 등 참조). 이와 같은 견해에서 원심이 이 사건 선박건조계약을 체결함에 있어 구 예산회계법 등 관계 법령 소정의 계약이행보증금과 지체상금에 관한 내용을 이 사건 선박건조계약에 포함하여 약정하였으므로 이 사건 지체상금은 손해배상의 예정의 성질을 가진다."라면서 국가계약에서 계약보증금과 지체상금에 관한 내용이 모두 약정되었다면 계약보증금은 위약벌의 성격을 가진다고 판시하였으나, 비교적 최근에는 "도급계약서 및 그 계약내용에 편입된 약관에 수급인의 귀책사유로 인하여 계약이 해제된 경우에는 계약보증금이 도급인에게 귀속한다는 조항이 있을 때 이 계약보증금이 손해배상액의 예정인지 위약벌인지는 도급계약서 및 위 약관 등을 종합하여 구체적 사건에서 개별적으로 결정할 의사해석의 문제이고, 위약금은 민법 제398조 제4항에 의하여 손해배상액의 예정으로 추정되므로, 위약금이 위약벌로 해석되기 위하여는 특별한 사정이 주장·입증되어야 한다."라면서 특별한 사정이 없는 이상 계약보증금을 위약벌로 볼 수 없다고 판단하고 있다(대법원 2000. 12. 8. 선고 2000다35771 판결, 대법원 2001. 1. 19. 선고 2000다42632 판결).

Ⅱ. 계약보증금의 납부

계약보증금의 금액, 납부방법 등은 국가계약법 시행령에 위임되어 있다(국가계약법 제12조 제2항).

1. 납부금액

발주기관은 계약금액의 100분의 10 이상의 금액을 계약보증금으로 납부하게 하여야 한다. 다만, 재난 및 안전관리 기본법 제3조제1호의 재난이나 경기침체, 대량실업 등으로 인한 국가의 경제위기를 극복하기 위해 기획재정부장관이 기간을 정하여 고시한 경우에는 계약보증금을 계약금액의 100분의 5 이상으로 할 수 있다(국가계약법 시행령 제50조 제1항). 단가계약에 의한 경우로서 여러 차례 분할하여 계약을 이행하게 하는 경우에는 위 규정에도 불구하고 매회별 이행예정량 중 최대량에 계약단가를 곱한 금액의 100분의 10 이상을 계약보증금으로 납부하게 하여야 한다(국가계약법 시행령 제50조 제2항). 장기계속계약에 있어서는 제1차 계약체결시 부기한 총공사 또는 총제조 등의 금액의 100분의 10 이상을 계약보증금으로 납부하게 하여야 하는데, 이 경우 당해 계약보증금은 총공사 또는 총제조 등의 계약보증금으로 보며, 연차별계약이 완료된 때에는 당초의 계약보증금 중 이행이 완료된 연차별계약금액에 해당하는 분을 반환하여야 한다(국가계약법 시행령 제50조 제3항).

2. 납부시기 및 방법

국가계약법 시행규칙 제51조 제1항은 "각 중앙관서의 장 또는 계약담당공무원은 계약을 체결하고자 할 때에는 낙찰자 또는 계약상대자로 하여금 계약체결 전까지 별지 제10호 서식의 계약보증금납부서와 함께 소정절차에 따라 영 제50조의 규정에 의한 계약보증금을 납부하게 하여야 한다."라고 규정하고 있는바, 계약상대자는 계약체결 전까지 계약보증금납부서와 함께 계약보증금을 납부하면 충분하다.

구체적인 납부방법과 관련하여, 국가계약법 시행령은 제37조 제2항 각 호에 규정한 보증서 등에 의한 납부를 인정하고 있다(국가계약법 시행령 제50조 제7항). 즉 계약상대자는 현금(체신관서나 은행법의 적용을 받는 은행이 발행한 자기앞수표를 포함) 외에 보증서 등을 통한 납부도 가능하다.[2]

한편 계약상대자는 기왕에 납부한 입찰보증금을 계약보증금으로 대체할 수도 있는데, 이 경우 계약상대자는 국가계약법 시행규칙 별지 제11호 서식의 입찰보증금의 계약보증금 대체납부신청서 제출을 통해 발주기관에게 대체를 요청하면 된다(국가계약법 시행규칙 제51조 제2항).

3. 납부 면제

발주기관은 아래 1 내지 5와 같은 자들과 계약을 체결할 경우나 아래 6 내지 8에 해당하는 경우에는 계약보증금의 전부 또는 일부를 면제할 수 있다(국가계약법 시행령 제50조 제6항, 제37조 제3항 제1호 내지 제4호, 제5호의2).

---

2) 보증서 등의 구체적인 예는 **제9조 입찰보증금** 부분 **II. 2.** 참조.

1. 국가기관 및 지방자치단체
2. 공공기관의 운영에 관한 법률에 따른 공공기관
3. 정부가 기본재산의 100분의 50 이상을 출연(법률의 규정에 의하여 귀속시킨 경우를 포함한다. 이하 같다)한 법인
4. 농업협동조합법에 의한 조합·조합공동사업법인 및 그 중앙회(농협경제지주회사 및 그 자회사를 포함), 수산업협동조합법에 의한 어촌계·수산업협동조합 및 그 중앙회, 산림조합법에 의한 산림조합 및 그 중앙회, 중소기업협동조합법에 의한 중소기업협동조합 및 그 중앙회
5. 기후위기 대응을 위한 탄소중립·녹색성장 기본법 제60조 제2항에 따라 녹색기술, 같은 법 제66조 제4항에 따른 녹색제품 등에 대한 적합성 인증을 받거나 녹색전문기업으로 확인을 받은 자 중 기획재정부장관이 정하는 기준에 해당하는 자
6. 계약금액이 5천만 원 이하인 계약을 체결하는 경우
7. 일반적으로 공정·타당하다고 인정되는 계약의 관습에 따라 계약보증금 징수가 적합하지 아니한 경우
8. 이미 도입된 외자시설·기계·장비의 부분품을 구매하는 경우로서 당해 공급자가 아니면 당해 부분품의 구입이 곤란한 경우

발주기관이 위 1 내지 5에 해당하는 자, 위 6 및 8에 해당되는 경우로서 계약보증금의 전부 또는 일부를 면제한 경우에는, 계약보증금의 국고귀속사유가 발생한 때 해당 금액의 납입의 보장을 위하여 그 지급을 확약하는 문서를 제출하게 하여야 한다(국가계약법 시행령 제50조 제10항, 제37조 제4항).

국가계약법 제12조 제1항 단서는 "대통령령으로 정하는 경우에는 계약보증금의 전부 또는 일부의 납부를 면제할 수 있다."라고 규정하고 있는바, 국가계약법 시행령 제50조 제6항에 해당하는 경우에도 발주기관에게 계약보증금의 납부를 면제해야 할 의무가 있다고 보기는 어렵다. 기획재정부도 이와 관련하여, "계약보증금 납부를 면제할 수 있는 사유는 시행령 제50조 제6항 제4호에서 '일반적으로 공정·타당하다고 인정되는 계약의 관습에 따라 계약보증금 징수가 적합하지 아니한 경우'라고 규정하고 있음. 계약보증금 납부면제는 위 법령 규정을 확인

하여 각 중앙관서의 장 또는 계약담당공무원이 판단할 사항임"이라고 해석한 바
있다.3)

Ⅲ. 계약보증금의 국고귀속

1. 계약보증금의 국고귀속 사유

국가계약법 제12조 제3항은 "계약상대자가 계약상의 의무를 이행하지 아니
하였을 때에 해당 계약보증금을 국고에 귀속시켜야 한다."라고만 규정하고 있으
나, 국가계약법 시행령 제51조 제1항은 "정당한 이유없이 계약상의 의무를 이행하
지 아니한 때" 계약보증금을 국고에 귀속시켜야 한다고 규정하고 있다. 국가계약
법 제12조 제2항은 계약보증금과 관련하여 금액, 납부방법 외에도 그 밖에 필요한
사항을 대통령령에 위임하고 있다는 점, 계약보증금이 채무불이행에 대한 손해배
상의 예정으로서의 성격을 가지는 이상 그 국고귀속에는 계약상대자의 귀책사유
가 필요하다고 봄이 타당한 점에 비추어 보면, 국가계약법 제12조 제3항의 내용도
당연히 계약상대자가 정당한 이유 없이 계약상의 의무를 이행하지 아니하였을 때
계약보증금을 국고귀속하여야 한다는 취지로 이해함이 타당할 것이다.

결국 계약보증금의 국고귀속 여부는 계약상대자가 계약상의 의무를 이행하
지 아니하고 있는 상황에서 그 정당한 이유가 있는지 여부에 따라 결정될 것인데,
정당한 이유의 유무는 결국 구체적 사정에 따라 판단될 수밖에 없다. 다만 발주
기관이 계약보증금을 국고귀속시킬 경우 계약에 특별히 정한 것이 없는 한 계약
을 해제 또는 해지해야 한다는 점(국가계약법 시행령 제51조 제1항 후문, 제75조 제1
항)에 비추어 볼 때, 계약보증금을 국고귀속할지 여부는 계약상대자의 의무불이
행으로 인하여 계약의 목적달성이 불가능하게 되어 이를 해제 또는 해지하는 것
이 적절한지 여부에 따라 판단되어야 할 사안이라고 보인다.

한편 계약보증금의 국고귀속 사유는 계약상대자의 정당한 이유가 없는 계약
상 의무 불이행이므로 계약 체결 이전의 비위나 부정은 이에 해당하지 않는 것으
로 보인다. 기획재정부는 계약보증금의 국고귀속은 계약상의 의무 불이행에 따른
손해를 배상받기 위한 규정으로서 계약상대자가 부정 또는 허위의 적격심사서류

---

3) 계약제도과-791, 2015. 6. 23; 장훈기, 앞의 책, 880면에서 재인용.

를 제출한 것을 원인으로 하여 발주기관이 계약을 해제한 경우라고 하더라도 계약보증금을 국고귀속할 수는 없다고 해석하였다.[4]

2. 계약의 일부 불이행의 경우

계약상 의무의 일부를 불이행하였다고 하더라도, 계약상의 의무를 이행하지 아니한 때에 해당하므로 계약보증금을 귀속할 경우 원칙적으로 그 전액이 국고에 귀속될 수 있다.[5] 기획재정부 또한 용역계약에서 설계용역과 감리용역을 1건으로 계약한 후 계약의 일부를 이행하지 못하여 계약을 해제 또는 해지할 경우 계약서에 특별히 정한 것이 있는 경우를 제외하고는 납부한 계약보증금 전액을 귀속시키는 것이 타당하다고 해석하였다.[6]

다만, 다음의 경우에는 계약보증금의 일부를 국고에 귀속하여야 한다(국가계약법 시행령 제51조 제2항).

1. 성질상 분할할 수 있는 공사·물품 또는 용역 등에 관한 계약(법 제22조에 따른 단가계약은 제외한다)의 경우로서 기성부분 또는 기납부분을 검사를 거쳐 인수(인수하지 않고 관리·사용하고 있는 경우를 포함한다)한 경우: 당초의 계약보증금 중 기성부분 또는 기납부분에 해당하는 계약보증금은 제외하고 국고에 귀속
2. 법 제22조에 따른 단가계약의 경우로서 여러 차례로 분할하여 계약을 이행하는 경우: 당초의 계약보증금 중 이행이 완료된 부분에 해당하는 계약보증금은 제외하고 국고에 귀속

장기계속계약에 있어서 계약상대자가 2차 이후의 공사 또는 제조등의 계약을 체결하지 아니한 경우에도 위의 경우에 준하여 계약보증금의 일부를 귀속하여야 한다(국가계약법 시행령 제51조 제3항).[7]

---

4) 계약제도과-394, 2012. 4. 4; 장훈기, 앞의 책, 882면에서 재인용.
5) 법무법인(유한)태평양 건설부동산팀, 앞의 책, 246면.
6) 회제 41301-257, 2013. 3. 6; 장훈기, 앞의 책, 886-887면에서 재인용.
7) 본서의 초판에서 장기계속계약에서 계약상대자가 정당한 이유 없이 2차 이후의 계약을 체결하지 않은 경우에, 장기계속계약에서 해당 차수별 계약이 완료된 때에는 당초 계약보증금 중 이행이 완료된 부분에 해당하는 부분을 반환하여야 한다는 점과 단가계약으로서

한편, 계약보증금을 국고에 귀속시키는 경우 그 계약보증금을 기성부분에 대한 미지급액과 상계 처리해서는 안 된다. 다만, 계약보증금의 전부 또는 일부를 면제한 경우에는 국고에 귀속시켜야 하는 계약보증금은 기성부분에 대한 미지급액과 상계 처리할 수 있다(국가계약법 시행령 제51조 제4항).

3. 계약보증금의 국고귀속 절차

발주기관은 계약보증금을 보증서등으로 받은 경우 계약보증금의 국고귀속사유가 발생한 때에는 지체없이 그 뜻을 국가계약법 시행령 제37조 제2항 각 호의 해당 금융기관 또는 보증기관과 관계수입징수관 또는 유가증권취급공무원 등에게 통지하고 기획재정부령이 정하는 바에 의하여 당해 계약보증금을 현금으로 징수하게 하거나 정부소유유가증권으로 전환하게 하여야 한다(국가계약법 시행령 제51조 제5항, 제38조 제1항). 발주기관은 계약보증금의 전부 또는 일부의 납부를 면제받은 자에게 계약보증금의 국고귀속사유가 발생한 때에는 그 뜻과 함께 지급을 확약한 문서를 갖추어 관계수입징수관에게 통지하고 당해 낙찰자로부터 입찰보증금에 상당하는 금액을 현금으로 징수하게 하여야 한다(국가계약법 시행령 제51조 제5항, 제38조 제2항).

구체적인 국고귀속 방법은 다음과 같다(국가계약법 시행규칙 제64조 제1항).

1. 현금의 경우에는 세입세출외현금출납공무원과 관계수입징수관에게 그 뜻을 통지하여 수입금으로 징수하도록 요청하여야 한다.
2. 유가증권인 경우에는 유가증권취급공무원에게 그 뜻을 통지하여 정부유가증권취급규정에 의하여 정부소유유가증권으로 처리하도록 요청하여야 한다. 이 경우 등록국채에 있어서는 그 뜻을 유가증권취급점과 유가증권취급공무원에게 통지하여야 한다.
3. 보증보험증권 등인 경우에는 관계수입징수관·유가증권취급공무원 및 관계보증기관에 그 뜻을 통지하고 당해보증금을 수입금으로 징수함에 있어서 필

여러 차례 분할하여 계약을 이행하는 경우에는 이행이 완료된 부분에 해당하는 계약보증금 부분에 대하여는 국고에 귀속하지 아니한다는 점을 고려할 때, 최초의 계약보증금 중 남은 차수별 계약에 해당하는 부분만을 국고에 귀속하는 것이 타당하다는 의견을 밝혔고, 국가계약법 시행령이 위와 같이 개정되었다.

요한 조치를 하게 하여야 한다.

4. 정기예금증서 등인 경우에는 관계수입징수관·유가증권취급공무원 및 당해
   금융기관에 그 뜻을 통지하고 당해보증금을 수입으로 징수함에 필요한 조치
   를 하게 하여야 한다.

Ⅳ. 계약보증금의 반환

발주기관은 계약보증금의 보증목적, 즉 계약의 이행이 달성된 때에는 계약
상대자의 요청에 의하여 즉시 계약보증금을 반환하여야 한다(국가계약법 시행규칙
제63조 제1항).

계속비공사의 경우 연차별 공사가 완료된 부분에 대하여 계약보증금을 반환
해야 하는 장기계속계약과 달리 전체 계약이 완료되었을 때 계약보증금을 반환하
여야 하므로, 사업구간이 상이한 두 개의 구간의 건설공사를 한 건의 계속비계약
으로 체결한 경우에는 한 구간의 공사가 완료되었더라도 해당 구간 부분 상당의
계약보증금을 먼저 반환하여야 하는 것은 아니다.[8]

Ⅴ. 공사계약에서의 이행보증

1. 계약이행보증 방법

(1) 원칙

발주기관은 공사계약을 체결하고자 하는 경우 계약상대자로 하여금 ① 계약보
증금을 계약금액의 100분의 15 이상 납부하는 방법(재난 및 안전관리 기본법 제3조
제1호의 재난이나 경기침체, 대량실업 등으로 인한 국가의 경제위기를 극복하기 위해 기획
재정부장관이 기간을 정하여 고시한 경우에는 1천분의 75), ② 계약보증금을 납부하지
않고 공사이행보증서[해당공사의 계약상 의무를 이행할 것을 보증한 기관이 계약상대자
를 대신하여 계약상의 의무를 이행하지 아니하는 경우에는 계약금액의 100분의 40(예정
가격의 100분의 70 미만으로 낙찰된 공사계약의 경우에는 100분의 50) 이상을 납부할
것을 보증하는 것이어야 함[9]를 제출하는 방법 중 하나를 선택하여 계약이행의 보증

---

8) 계약제도과-608, 2013. 5. 27; 장훈기, 앞의 책, 881-882면.

을 하게 하여야 한다(국가계약법 시행령 제52조 제1항 본문, 각 호).

공사이행보증서를 제출한 계약상대자가 계약을 이행하지 아니할 경우 보증기관이 계약을 이행할 의무를 부담하고, 보증기관도 이행하지 아니할 경우 보증서상의 금액이 국고에 귀속되게 된다.

(2) 예외

발주기관은 공사계약의 특성상 필요하다고 인정되는 경우에는 계약이행보증의 방법을 공사이행보증서의 제출로 한정할 수 있다(국가계약법 시행령 제52조 제1항 단서).

(3) 계약이행보증방법의 변경

발주기관은 계약상대자의 선택에 따라 계약이행의 보증을 하게 한 경우에는 계약상대자가 계약이행보증방법의 변경을 요청하는 경우 1회에 한하여 변경하게 할 수 있다(국가계약법 시행령 제52조 제2항).

2. 공사이행보증서

국가계약법 시행령 제52조 제4항은 기획재정부장관이 공사이행보증서의 제출 등에 관하여 필요한 사항을 정할 수 있다고 규정하고 있고, 이에 따라 정부 입찰·계약 집행기준은 공사이행보증서의 제출 등에 관한 내용을 규정하고 있다. 해당 집행기준 제40조는 "계약담당공무원은 시행령 제52조 제1항 제3호 및 시행규칙 제66조에 의한 공사이행보증서의 제출 등에 대해서는 이 장에 정한 바에 따라야 한다."라고 규정하고 있다.

(1) 보증기관

계약상대자가 제출할 공사이행보증서상의 보증기관은 국가계약법 시행령 제37조 제2항 제1호(금융기관 및 외국은행), 제3호(보험회사), 제4호(건설산업기본법에 따른 공제조합 등)이어야 한다(정부 입찰·계약 집행기준 제42조 제2항).

---

9) 공시이행보증서에 관한 구체적인 내용은 항을 바꾸어 기술한다.

(2) 보증채무의 범위

보증기관의 보증채무는 하자담보채무와 선금반환채무를 포함하지 않는 것이 원칙이나, 계약체결 시 하자담보채무에 대하여 별도의 특약을 체결한 경우에는 이를 포함할 수도 있다(정부 입찰·계약 집행기준 제43조 제2항).

(3) 보증채무 이행의 방법

계약담당공무원은 계약상대자가 계약상의 의무를 이행하지 아니한 경우 지체 없이 보증기관에 보증의무를 이행할 것을 청구하여야 한다(정부 입찰·계약 집행기준 제46조 제1항 전문). 보증기관은 계약상대자의 계약상 의무 불이행에 따라 계약이행보증의무를 이행할 때 직접 시공을 하는 것이 아니라 보증이행업체를 지정하여 보증이행업체를 통해 시공하게 하여야 하나, 보증기관이 공사이행보증서상의 보증금을 현금으로 납부하는 경우에는 그럴 필요가 없다(정부 입찰·계약 집행기준 제44조).

보증기관의 보증이행업체 지정 시 계약담당공무원은 ① 독점규제 및 공정거래에 관한 법률에 의한 계열회사가 아닌 자, ② 국가계약법 시행령 제76조에 의한 입찰참가자격제한을 받고 그 제한 기간 중에 있지 아니한 자, ③ 국가계약법 시행령 제36조에 의한 입찰공고에서 정한 입찰참가자격과 동등이상의 자격을 갖춘 자, ④ 국가계약법 시행령 제13조에 의한 입찰의 경우에는 입찰참가자격사전심사기준에 따른 심사 종합평점이 입찰적격 기준점수 이상이 되는 자로 지정하도록 하여야 하며, 보증이행업체지정에 관한 서류를 계약담당공무원에게 제출하게 하여 승인을 얻도록 하여야 한다. 보증기관이 지정된 보증이행업체를 변경하는 경우에도 마찬가지이다(정부 입찰·계약 집행기준 제45조 제1항). 계약담당공무원은 보증이행업체로 지정된 자가 부적격하다고 인정될 경우에는 보증기관에 보증이행업체의 변경을 요구할 수 있다(정부 입찰·계약 집행기준 제45조 제2항).

계약담당공무원은 보증기관에게 보증의무의 이행을 청구할 때 공사현장(기성부분, 가설물, 기계·기구, 자재 등)의 보존과 손해의 발생을 방지하여야 하며, 보증기관이 보증이행업체를 지정하여 보증채무를 이행하게 한 경우에는 그 보증이행업체에게 이를 인도하여야 한다(정부 입찰·계약 집행기준 제46조 제1항 후문). 보증기관이 공사보증이행의무를 완수한 경우 계속공사에 있어 계약상대자가 가지는 계약체결상의 이익을 갖게 된다(정부 입찰·계약 집행기준 제46조 제2항). 즉 보증기관은 계약금액 중 보증이행 부분에 상당하는 금액을 발주기관에게 직접 청구할 권리를 갖게 되며, 계약상대자는 해당 부분에 상당하는 금액을 청구할 권리를 상실하게 된다(정부 입찰·계약 집행기준 제46조 제3항).

계약담당공무원은 보증기관이 정당한 이유없이 계약상의 보증채무를 이행하지 아니한 경우에는 보증기관으로 하여금 공사이행보증서상의 보증금을 현금으로 납부하게 하여야 한다(정부 입찰·계약 집행기준 제46조 제4항).

(4) 공동계약에 있어서 보증채무의 이행

계약담당공무원은 공동이행방식으로 체결된 공동계약에 있어 공동수급체 구성원 중 일부가 부도·파산 또는 해산 등의 사유로 계약을 이행할 수 없는 경우로서 잔존구성원이 면허, 시공능력평가액 등 해당 계약이행요건을 갖추지 못한 경우로서 새로운 구성원을 추가하지 않은 때 또는 해당 계약이행요건을 갖추었더라도 계약을 이행하지 아니하는 때에는 보증기관에 보증채무의 이행을 청구하여야 한다(정부 입찰·계약 집행기준 제50조 제1항). 또한 계약담당공무원은 분담이행방식으로 체결된 공동계약에 있어 공동수급체 구성원 중 일부가 부도·파산 또는 해산 등의 사유로 계약을 이행할 수 없는 경우에는 위 규정에도 불구하고 잔존구성원의 자격요건 구비여부와 관계없이 보증기관에 보증채무의 이행을 청구하여야 한다(정부 입찰·계약 집행기준 제50조 제2항).

(5) 보증채무의 이행개시 기한 및 소멸시기

계약담당공무원은 보증기관으로 하여금 이행청구서가 접수된 날부터 30일 이내에 보증채무의 이행을 개시하게 하여야 한다. 다만 보증기관의 보증이행업체 선정 지연 등 불가피한 사유가 인정되는 때에는 30일의 범위 내에서 보증채무의 이행개시일을 연장할 수 있다(정부 입찰·계약 집행기준 제51조). 계약담당공무원은 보증기관이 위 기한 내에 보증채무의 이행을 개시할 경우 이행청구서가 접수된 날로부터 보증채무이행개시일 전일까지의 기간에 대하여는 지체상금을 부과할 수 없다(정부 입찰·계약 집행기준 제52조).

계약담당공무원이 보증채무의 이행을 보증기관에게 청구할 수 있는 기한은 공사이행보증서의 보증기간 말일 다음날부터 기산하여 6월 이내이다. 만일 계약담당공무원이 그 기한을 넘겨 보증채무의 이행을 청구할 경우 보증기관은 보증책임을 부담하지 않는다(정부 입찰·계약 집행기준 제47조).

(6) 계약담당공무원의 통지의무 등

계약담당공무원은 ① 공사의 전부 또는 일부의 시공을 중지하였을 경우, ② 물가변동, 설계변경, 기타 계약내용변경에 따라 계약금액을 조정하였을 경우, ③ 공사계약기간을 연장 또는 단축하고자 할 경우, ④ 계약상대자의 공사대금청구권에 대하여 타인으로부터 발주기관에 압류·가압류 또는 가처분 등의 강제집행이 있는 경우에는 지체없이 그 사실을 보증기관에 서면으로 통지하여야 한다(정부 입찰·계약 집행기준 제48조 제1항).

계약담당공무원은 ① 보증기관이 보증채무의 이행을 위하여 설계도서나 이미 공급한 지급자재내역에 대한 자료요청을 하는 경우, ② 보증기관이 공사진행 상황을 조사하고자 하는 경우, ③ 보증기관의 하도급내용에 대한 자료요청을 하는 경우에는 이에 협조하여야 한다(정부 입찰·계약 집행기준 제48조 제2항).

제13조 감독

제13조 (감독)
① 각 중앙관서의 장 또는 계약담당공무원은 공사, 제조, 용역 등의 계약을 체결한 경우에 그 계약을 적절하게 이행하도록 하기 위하여 필요하다고 인정하면 계약서, 설계서, 그 밖의 관계 서류에 의하여 직접 감독하거나 소속 공무원에게 그 사무를 위임하여 필요한 감독을 하게 하여야 한다. 다만, 대통령령으로 정하는 계약의 경우에는 전문기관을 따로 지정하여 필요한 감독을 하게 할 수 있다.
② 제1항에 따라 감독하는 자는 감독조서를 작성하여야 한다.
[전문개정 2012.12.18]

Ⅰ. 의의

국가계약법령에서 감독이란 계약상대자가 관련 법령 및 계약조건이 정하는 바에 따라 당해 계약을 이행하는지 여부를 확인 및 관리하는 것을 의미한다. 이는 당해 계약의 적정한 이행을 담보하는데 목적이 있다.[1]

공사계약의 경우 과도한 저가입찰이 이루어지는 경우가 있고, 이러한 경우 부실시공의 가능성이 존재하기 때문에 감독은 공사계약에서 특히 중요할 것이다. 국가계약법 시행령은 예정가격의 100분의 70 미만으로 낙찰되어 체결된 공사계약의 경우에는 부실시공을 방지하기 위하여 감독공무원의 수를 그 배치기준의 100분의 50 범위 내에서 추가하여 배치할 수 있고, 이에 따라 추가로 소요되는 비용은 당해 공사예산 중 예정가격과 낙찰금액 간의 차액으로 충당할 수 있다(국가계약법 시행령 제54조 제2항, 제3항).

---

1) 김성근, 앞의 책(Ⅰ), 708면.

Ⅱ. 감독의 주체

1. 발주기관의 감독

각 중앙관서의 장 또는 계약담당공무원은 계약의 적정 이행을 위하여 필요하다고 인정할 경우 계약서, 설계서, 그 밖의 관계 서류에 의하여 직접 감독하거나 그 소속 공무원에게 사무를 위임하여 필요한 감독을 하게 하여야 한다(국가계약법 제13조 제1항 본문).

2. 전문기관의 감독

각 중앙관서의 장 또는 계약담당공무원은 대통령령으로 정하는 계약의 경우에는 전문기관을 따로 지정하여 필요한 감독을 하게 할 수 있다(국가계약법 제13조 제1항 단서).

여기서 대통령령으로 정하는 계약이란 ① 건설기술 진흥법 제39조 제2항, 전력기술관리법 제12조, 국가유산수리 등에 관한 법률 제38조 또는 그 밖에 관련 법령상 의무적으로 건설사업관리 또는 감리를 하여야 하는 공사계약, ② 전문적인 지식 또는 기술을 필요로 하거나 기타 부득이한 사유로 인하여 발주기관이 직접 감독을 할 수 없는 제조 기타 도급계약을 의미한다(국가계약법 시행령 제54조 제1항).

Ⅲ. 감독에 따른 조치

감독 업무를 이행한 소속 공무원이나 전문기관은 감독 결과 계약이행의 내용이 당초의 계약내용에 적합하지 아니한 때에는 그 사실 및 조치에 관한 의견을 감독조서에 기재하여 소속 중앙관서의 장 또는 계약담당공무원에게 제출하여야 한다(국가계약법 시행규칙 제67조).

특히 발주기관이 전문기관에게 감독 업무를 수행하게 한 경우에는 해당 전문기관으로부터 그 결과를 문서로 통보받아 확인하여야 한다(국가계약법 시행규칙 제69조).

Ⅳ. 감독조서

계약의 이행을 감독하는 자(각 중앙관서의 장, 계약담당공무원, 또는 사무를 위임 받은 소속 공무원 및 전문기관)는 감독조서를 작성하여야 한다(국가계약법 제13조 제 2항). 국가계약법 제14조 제2항은 검사조서의 경우 일정한 경우 작성을 생략할 수 있도록 규정한 반면 감독조서의 경우 그러한 규정을 두고 있지 않다는 점에서, 감독조서의 작성은 생략할 수 없다고 봄이 타당하다.

제14조 검사

제14조 (검사)
① 각 중앙관서의 장 또는 계약담당공무원은 계약상대자가 계약의 전부 또는
일부를 이행하면 이를 확인하기 위하여 계약서, 설계서, 그 밖의 관계 서류에
의하여 검사하거나 소속 공무원에게 그 사무를 위임하여 필요한 검사를 하게
하여야 한다. 다만, 대통령령으로 정하는 계약의 경우에는 전문기관을 따로
지정하여 필요한 검사를 하게 할 수 있다.
② 제1항에 따라 검사하는 자는 검사조서를 작성하여야 한다. 다만, 대통령령
으로 정하는 경우에는 검사조서의 작성을 생략할 수 있다.
③ 각 중앙관서의 장 또는 계약담당공무원은 제1항에도 불구하고 다른 법령
에 따른 품질인증을 받은 물품 또는 품질관리능력을 인증받은 자가 제조한
물품 등 대통령령으로 정하는 물품에 대하여는 같은 항에 따른 검사를 하지
아니할 수 있다.
④ 물품구매계약 또는 물품제조계약의 경우 물품의 특성상 필요한 시험 등의
검사에 드는 비용과 검사로 인하여 생기는 변형, 파손 등의 손상은 계약상대
자가 부담한다.
[전문개정 2012.12.18]

Ⅰ. 의의

검사란 계약의 전부 또는 일부가 계약의 내용대로 이행되었는지 여부를 확
인하는 것을 의미한다. 감독이 계약 이행의 구체적인 행위 및 과정을 관리하는
것이라면, 검사는 계약을 이행하여 구체적인 성과가 발생한 경우 그 성과가 계약
의 목적에 부합되는지 여부를 확인하는 것이라는 점에서 양자의 차이가 있다.[1]

---

1) 김성근, 앞의 책(Ⅰ), 713면.

II. 검사의 주체

1. 발주기관의 검사

각 중앙관서의 장 또는 계약담당공무원은 계약상대자가 계약의 전부 또는 일부를 이행하면 이를 확인하기 위하여 계약서, 설계서, 그 밖의 관계 서류에 의하여 검사하거나 소속 공무원에게 그 사무를 위임하여 필요한 검사를 하게 하여야 한다(국가계약법 제14조 제1항 본문).

2. 전문기관의 검사

각 중앙관서의 장 또는 계약담당공무원은 대통령령으로 정하는 계약의 경우에는 전문기관을 따로 지정하여 필요한 검사를 하게 할 수 있다(국가계약법 제14조 제1항 단서).

여기서 대통령령으로 정하는 계약이란 ① 건설기술 진흥법 제39조 제2항, 전력기술관리법 제12조, 국가유산수리 등에 관한 법률 제38조 또는 그 밖에 관련 법령상 의무적으로 건설사업관리 또는 감리를 하여야 하는 공사계약, ② 전문적인 지식 또는 기술을 필요로 하거나 기타 부득이한 사유로 인하여 발주기관이 직접 감독을 할 수 없는 제조 기타 도급계약을 의미한다(국가계약법 시행령 제55조 제3항, 제54조 제1항 각 호).

III. 검사의 절차

1. 검사기간

검사는 계약상대자로부터 당해 계약의 이행완료 사실을 통지받은 날로부터 14일 이내(재난 및 안전관리 기본법 제3조 제1호의 재난이나 경기침체, 대량실업 등으로 인한 국가의 경제위기를 극복하기 위해 기획재정부장관이 기간을 정하여 고시한 경우에는 계약상대자로부터 해당 계약의 이행을 완료한 사실을 통지받은 날부터 7일)에 완료하여야 한다. 다만 기획재정부장관이 정하는 경우에는 7일(본문에 따라 7일 이내에 검사를 완료해야 하는 경우에는 3일)의 범위 내에서 그 기간을 연장할 수 있고, 천재·지

변 등 불가항력의 사유로 인하여 위 기간 내에 검사를 완료하지 못한 경우에는
그 사유가 소멸한 날로부터 3일 이내에 검사를 완료해야 한다(국가계약법 시행령
제55조 제1항, 제5항).

2. 총사업비의 적정성 여부에 대한 검사

조사설계용역계약에 대한 검사에서는 당해 용역계약의 상대자가 조사설계대
상사업의 총사업비를 적정하게 산정하였는지 여부를 함께 검사하여야 한다(국가
계약법 시행령 제55조 제2항).

기본설계(타당성 조사에 관한 내용 포함)와 실시설계를 구분하여 계약을 체결
한 경우에는 실시설계용역에 대한 이행검사를 하는 때에 실시설계대상사업의 총
사업비의 산정이 적정한지 여부를 기본설계서상의 총사업비와 실시설계서상의
총사업비를 비교하여 검사하여야 한다. 이 경우 기본설계서상의 총사업비와 실시
설계서상의 총사업비에 차이가 있는 경우에는 실시설계용역의 계약상대자로 하
여금 그 사유를 설명하는 자료를 제출하게 하여야 한다(국가계약법 시행령 제55조
제4항).

3. 비용의 부담

물품구매계약 또는 물품제조계약의 경우 물품의 특성상 검사를 위하여 시험
등이 필요할 수 있다. 국가계약법은 이 경우 시험 등에 필요한 비용, 시험 등으로
인하여 생기는 물품의 변형, 파손 등의 손상은 계약상대자가 부담하도록 규정하
고 있다(국가계약법 제14조 제4항). 계약상대자는 계약의 내용에 따라 계약을 이행
하여야 하므로, 시험 등 계약 목적물이 계약의 내용에 따라 이행되었는지 여부를
확인하는데 필요한 비용을 계약상대자의 부담으로 하더라도 이를 계약상대자에
게 부당하게 불리한 것으로 보기는 어려울 것이다.

4. 검사의 생략

발주기관은 다른 법령에 따른 품질인증을 받은 물품이나 품질관리능력을 인
증받은 자가 제조한 물품 등 대통령령으로 정하는 물품에 대하여는 검사를 생략
할 수 있다(국가계약법 제14조 제3항). 구체적으로 이에 해당하는 물품은 ① 산업
표준화법 제15조에 따라 인증을 받은 제품, ② 산업표준화법 제31조의4 제2항에

따라 수상자로 선정된 기업 등 및 개인이 제조한 제품, ③ 조달사업에 관한 법률 제18조에 따라 조달청장이 고시한 품질관리능력 평가기준에 적합한 자가 제조한 물품이다(국가계약법 시행령 제56조의2 본문, 각 호). 다만 해당 물품이 국민의 생명 보호, 안전, 보건위생 등을 위하여 검사가 필요하다고 인정하거나, 불량 자재의 사용, 다수의 하자 발생 등으로 품질의 확인이 필요한 것으로 인정되어 계약의 내용에 검사를 실시한다는 사항이 포함되도록 한 경우에는 검사를 생략할 수 없다(국가계약법 시행령 제56조의2 단서).

기성대가 지급시의 기성검사는 감독조서의 확인으로 갈음할 수 있으나, 기성검사 3회마다 1회는 반드시 실제로 검사를 실시하여야 한다(국가계약법 시행령 제55조 제7항).

Ⅳ. 검사에 따른 조치

검사 업무를 이행한 소속 공무원이나 전문기관은 검사 결과 계약이행의 내용이 당초의 계약내용에 적합하지 아니한 때에는 그 사실 및 조치에 관한 의견을 검사조서에 기재하여 소속 중앙관서의 장 또는 계약담당공무원에게 제출하여야 한다(국가계약법 시행규칙 제67조). 특히 발주기관이 전문기관에게 검사 업무를 수행하게 한 경우에는 해당 전문기관으로부터 그 결과를 문서로 통보받아 확인하여야 한다(국가계약법 시행규칙 제69조).

각 중앙관서의 장 또는 계약담당공무원은 검사를 함에 있어서 계약상대자의 계약이행내용의 전부 또는 일부가 계약에 위반되거나 부당함을 발견한 때에는 지체없이 필요한 시정조치를 하여야 한다. 이 경우 계약상대자로부터 그 시정을 완료한 사실을 통지받은 날부터 국가계약법 시행령 제55조 제1항의 규정에 의한 기간을 계산한다(국가계약법 시행령 제55조 제6항).

Ⅴ. 검사조서

계약의 이행을 검사하는 자(각 중앙관서의 장, 계약담당공무원, 또는 사무를 위임받은 소속 공무원 및 전문기관)는 검사조서를 작성하여야 한다(국가계약법 제14조 제2항 본문).

다만 ① 계약금액이 3천만 원 이하인 계약의 경우, ② 매각계약의 경우, ③ 전기·가스·수도의 공급계약 등 그 성질상 검사조서의 작성을 필요로 하지 아니하는 계약의 경우에는 검사조서의 작성을 생략할 수 있다(국가계약법 제14조 제2항 단서, 국가계약법 시행령 제56조).

Ⅵ. 감독과 검사직무의 겸직

원칙적으로 감독의 직무와 검사의 직무는 겸할 수 없다(국가계약법 시행령 제57조 본문). 이는 계약의 이행 과정에 대한 관리와 계약 이행의 결과에 대한 관리를 별개로 수행하게 함으로써 계약이행의 적정성을 확보하기 위한 차원이라 볼 수 있을 것이다.

다만 ① 특별한 기술을 요하는 검사에 있어서 감독을 행하는 자 외의 자로 하여금 검사를 행하게 하는 것이 현저하게 곤란한 경우, ② 유지·보수에 관한 공사 등 당해 계약의 이행 후 지체없이 검사를 하지 아니하면 그 이행의 확인이 곤란한 경우, ③ 계약금액이 3억원 이하인 물품의 제조 또는 공사계약의 경우, ③ 건설기술 진흥법 제39조 제2항, 전력기술관리법 제12조, 국가유산수리 등에 관한 법률 제38조 또는 그 밖에 관련 법령상 의무적으로 건설사업관리 또는 감리를 하여야 하는 공사계약, ④ 감독조서의 확인으로 기성검사에 갈음하는 경우에는 감독의 직무와 검사의 직무를 겸하는 것이 가능하다(국가계약법 시행령 제57조 각 호).

제15조 대가의 지급

제15조 (대가의 지급)
 ① 각 중앙관서의 장 또는 계약담당공무원은 공사, 제조, 구매, 용역, 그 밖에 국고의 부담이 되는 계약의 경우 검사를 하거나 검사조서를 작성한 후에 그 대가를 지급하여야 한다. 다만, 국제관례 등 부득이한 사유가 있다고 인정되는 경우에는 그러하지 아니하다.
 ② 제1항에 따른 대가는 계약상대자로부터 대가 지급의 청구를 받은 날부터 대통령령으로 정하는 기한까지 지급하여야 하며, 그 기한까지 대가를 지급할 수 없는 경우에는 대통령령으로 정하는 바에 따라 그 지연일수에 따른 이자를 지급하여야 한다.
 ③ 동일한 계약에서 제2항에 따른 이자와 제26조에 따른 지체상금은 상계할 수 있다.
[전문개정 2012.12.18]

I. 일반 원칙

 발주기관은 원칙적으로 공사, 제조, 구매, 용역, 그 밖에 국고의 부담이 되는 계약의 경우 검사를 하거나 검사조서를 작성한 후 대가를 지급하여야 한다(국가계약법 제15조 제1항 본문). 발주기관의 대가 지급 기한은 검사를 완료한 후 계약상대자의 청구를 받은 날로부터 5일 이내이다(국가계약법 제15조 제2항, 국가계약법 시행령 제58조 제1항 전문). 다만 계약당사자는 합의를 통하여 5일을 초과하지 아니하는 범위에서 대가의 지급을 연장할 수 있는 특약을 정할 수 있다(국가계약법 시행령 제58조 제1항 후문). 그리고 천재·지변 등 불가항력의 사유로 지급기한 내에 대가를 지급할 수 없게 된 경우에는 그 사유가 소멸된 날로부터 3일 이내에 대가를 지급하여야 한다(국가계약법 시행령 제58조 제2항). 위의 기간을 산정함에 있어서 공휴일 및 토요일은 제외한다(국가계약법 시행령 제58조 제6항).
 발주기관이 대가지급의 청구를 받은 경우 그 청구 내용의 전부 또는 일부가 부당함을 발견한 경우에는 그 사유를 명시하여 계약상대자에게 청구서를 반송할 수 있고, 이 경우 반송한 날부터 재청구를 받은 날까지의 기간은 대가지급기간에 산입하지 아니한다(국가계약법 시행령 제58조 제5항).

Ⅱ. 기성대가의 지급

1. 지급시기

계약 이행 부분 중 기성부분 또는 기납부분에 대한 대가를 지급할 경우에는 계약수량, 이행의 전망, 이행기간 등을 참작하여 적어도 30일마다 기성대가를 지급하여야 한다(국가계약법 시행령 제58조 제3항). 공사계약 등 이행기간이 장기인 계약의 경우 계약이행 과정에서 계약상대자의 비용 지출도 상당하므로 준공시기까지 아무런 대가를 받지 못할 경우 계약의 이행이 어려워질 수 있기 때문에 위와 같은 규정을 둔 것으로 볼 수 있을 것이다. 즉 해당규정은 계약상대자를 보호함과 동시에 계약이행의 적정성을 확보하기 위한 취지의 규정으로 보인다.

2. 지급기한

발주기관이 기성대가를 지급할 경우 검사를 완료하는 날 이전까지 계약상대자로 하여금 대가지급을 청구하게 할 수 있고, 검사완료일로부터 5일 이내에 검사된 내용에 따라 대가를 확정하여 지급하여야 한다(국가계약법 시행령 제58조 제4항 본문). 다만 계약상대자가 검사완료일 후에 대가의 지급을 청구한 때에는 그 청구를 받은 날부터 5일 이내에 기성대가를 지급하여야 한다(국가계약법 시행령 제58조 제4항 단서).

다만, 재난 및 안전관리 기본법 제3조제1호의 재난이나 경기침체, 대량실업 등으로 인한 국가의 경제위기를 극복하기 위해 기획재정부장관이 기간을 정하여 고시한 경우에는 계약상대자의 청구를 받은 날부터 3일이내에 지급하여야 한다(국가계약법 시행령 제58조 제1항).

3. 관련 자료의 제출

국가계약에서 거의 예외 없이 계약내용으로 들어가는 기획재정부 계약예규 '공사계약일반조건' 제39조 제1항은 하수급인 및 자재·장비업자에 대한 대금지급계획과 하수급인과 직접 계약을 체결한 자재·장비업자(이하 "하수급인의 자재·장비업자")에 대한 대금지급계획을 첨부하여야 한다고 규정하고 있고, 같은 조 제3항은 계약담당공무원이 기성대가를 지급할 때 계약상대자가 첨부한 대금지급계획상의 하수급인, 자재·장비업자 및 하수급인의 자재·장비업자에게 기성대가지급 사실을 통보하고, 이들로 하여금 대금 수령내역(수령자, 수령액, 수령일 등) 및 증빙서류를 제출하게 하여야 한다고 규정하고 있다.

이와 같은 조항들과 관련하여, 계약상대자의 하도급계약 체결 여부 및 하도급 대금 지급은 계약상대자의 책임 하에 이루어질 일이고, 계약상대자가 위법행위를 할 경우 하도급거래 공정화에 관한 법률 등에 의하여 규율하면 그만이므로, 발주기관이 위와 같이 관여를 하는 것은 사적자치의 원칙에 반하는 것이고, 위 조항들은 삭제됨이 바람직하다는 견해도 있다.[1] 그러나 위 조항들은 계약상대자로 하여금 자신을 위하여 노무나 자재, 장비 등을 제공한 자들에 대한 대가의 지급을 담보함과 동시에 계약상대자가 하수급인 등에 대한 대가 지급을 빙자하여 허위로 계약대가를 수령하는 것을 방지하기 위한 취지의 규정으로 볼 수 있을 것이고, 이는 계약담당공무원에게 국가계약의 적정한 이행을 담보하도록 하기 위함일 것이므로 현행대로 유지하는 것이 오히려 바람직해 보인다.

Ⅲ. 국민건강보험료 등의 사후정산

1. 의의 및 국가계약에서의 적용 관련 근거

정부 입찰·계약 집행기준은 국민건강보험료, 노인장기요양보험료, 국민연금보험료, 퇴직급여충당금(이하 "국민건강보험료 등")의 사후정산에 관한 규정을 두고 있다. 이는 계약상대자가 계약금액에 포함된 국민건강보험료 등을 다른 목적으로 유용하는 것을 방지하기 위함이다.

그리고 공사계약일반조건은 정부 입찰·계약 집행기준 제93조 제1호에 따라 입찰공고 등에 의하여 사전에 국민건강보험료 등을 사후정산하기로 한 계약에 대하여는 대가지급 시 정부 입찰·계약 집행기준에 의거하여 정산하도록 규정하고 있으므로(공사계약일반조건 제40조의2), 입찰공고 시 국민건강보험료 등의 사후정

---

1) 김성근, 앞의 책(Ⅰ), 725-726면.

산을 예정한 국가계약에는 정부 입찰·계약 집행기준의 관련 규정이 적용된다. 다만 정부 입찰·계약 집행기준 제93조 제1호는 국민건강보험료 등의 사후정산을 입찰공고 등에 명시하여야 한다고 규정하고 있으므로, 만일 입찰공고 등에 해당 사항이 명시되지 않았다면 이를 정산해야 하는 것으로 볼 수 없을 것이다.

2. 정산절차

계약담당공무원은 계약상대자의 기성부분에 대한 대가지급 청구시 국민건강보험료 등의 청구와 관련하여 ① 국민건강보험료 등의 납입확인서(하수급인의 보험료 납입확인서를 포함), ② 전회분 기성대가에 포함하여 지급된 국민건강보험료 등의 지급액 중 해당부분을 하수급인에게 지급하였음을 증빙하는 서류를 첨부하게 하여야 한다(정부 입찰·계약 집행기준 제94조 제1항).

계약담당공무원은 계약대가의 지급청구를 받은 때에는 하도급계약을 포함하여 해당 계약 전체에 대한 보험료 납부여부를 최종 확인하여야 하며, 이를 확인 후 입찰공고 등에 고지된 국민건강보험료 등의 범위 내에서 최종 정산하여야 한다. 다만 최종보험료 납입확인서가 준공대가 신청 이후에 발급이 가능한 경우에는 해당보험료를 준공대가와 별도로 정산해야 한다(정부 입찰·계약 집행기준 제94조 제2항).

계약담당공무원은 위와 같은 절차에 따라 사업자 부담분의 국민건강보험료 등에 대한 납입확인서의 금액을 정산하되, 보다 구체적으로는 다음과 같은 방법에 의한다(정부 입찰·계약 집행기준 제94조 제3항).

1. 일용근로자는 해당 사업장단위로 기재된 납입확인서의 납입금액으로 정산한다.
2. 생산직 상용근로자(직접노무비 대상에 한정)는 소속회사에서 납부한 납입확인서에 의하여 정산하되 현장인 명부 등을 확인하여 해당 사업장 계약이행기간 대비 해당 사업장에 실제로 투입된 일자를 계산(현장명부 등 발주기관이나 감리가 확인한 서류에 의함)하여 보험료를 일할 정산한다. 다만, 해당 사업장단위로 보험료를 별도 분리하여 납부한 경우에는 위 1을 준용한다.

3. 퇴직급여충당금은 계약체결 후 발주기관이 승인한 산출내역서 금액과 계약
    상대자가 실제 지급한 금액을 비교하여 정산한다.

Ⅳ. 지연이자의 지급

1. 지연이자의 산정 방법

발주기관이 계약상대자에게 국가계약법 시행령 제58조에 정한 대가지급기
한(국고채무부담행위에 의한 계약의 경우에는 다음 회계연도 개시 후 국가재정법에 의하
여 당해 예산이 배정된 날부터 20일까지)까지 대가를 지급할 수 없는 경우에는 지급
기한의 다음 날부터 지급하는 날까지의 일수에 당해 미지급금액 및 지연발생 시
점의 금융기관 대출평균금리(한국은행 통계월보상의 대출평균금리)를 곱하여 산출
한 금액을 이자로 지급하여야 한다(국가계약법 시행령 제59조).

2. 국가계약법 시행령 제59조의 강행규정성(효력규정성)

위 규정은 국가계약법 시행령이 2006. 5. 25. 대통령령 제19483호로 개정
될 당시 변경된 것인데, 기존 규정은 '금융기관의 일반자금 대출 시 적용되는 연
체이자율'을 적용하도록 규정하고 있었다. 한편 위 국가계약법 시행령 개정 당시
부칙 제4조는 "이 영 시행 전에 체결된 계약에 대한 대가지급지연에 대한 이자의
지급에 관하여는 제59조의 개정규정에 불구하고 종전의 규정에 의한다."라고 정하
였다.

이와 관련하여 대법원은 "국가계약법 제15조와 그 제59조 개정 전후의 문언
과 내용, 공공계약의 성격, 국가계약법령의 체계와 목적 등을 종합하면 대가지급
지연에 대한 이자에 관한 위 규정은 모든 공공계약에 적용되는 효력규정으로 보
아야 한다. 위 제59조가 계약의 효력에 영향을 미치는 규정이 아니라면 위 시행
령의 부칙 규정이 무의미하게 될 것이라는 점에서도 위와 같은 해석이 타당하다."
라고 판시하면서, 국가계약법 시행령 제59조와 2006. 5. 25. 개정 당시 부칙 제4
조가 효력규정이라는 전제 하에, 비록 계약당사자가 위와 같은 개정 내용이 반영
되기 전에 마련된 물품구매계약일반조건(대금지급지연과 관련하여 금융기관의 일반
자금 대출 시 적용되는 연체이자율을 적용)을 사용하였다고 하더라도 그 점만으로 계

약당사자가 개정 전 국가계약법 시행령 규정을 계약내용으로 정하려고 의도한 것으로 보기는 어렵고, 실제로 개정된 시행령의 내용에 부합하는 범위로 지연이자를 적용하였다면, 계약문서에 포함된 물품계약일반조건상의 지연이자율이 적용되는 것이 아니라고 보았다(대법원 2018. 10. 12. 선고 2015다256794 판결).

사견으로는 발주기관의 대금에 대한 지연이자 비율에 관한 규정을 효력규정으로 볼 필요가 있는지는 의문이다. 계약이행 여부에 관한 다툼이 있는 것이 아닌 이상 발주기관이 대금지급을 지연하는 경우는 흔한 경우라고 보기도 어렵고, 발주기관의 대금 지급에 따른 지연손해금은 일종의 손해배상액의 예정이라 볼 수 있을 것이므로 민법 제398조 제2항의 일반 원칙에 의하여 부당히 과다할 경우 감액을 하는 것으로도 충분한 것이 아닐까 한다. 대법원의 위와 같은 판시는 최근 심화되고 있는 국고주의적 경향의 발로로 보인다.

3. 계약상대자의 지연이자 청구의 요건

계약상대자가 발주기관에게 지연이자를 청구하기 위해서는 계약상대자가 적법하게 계약을 이행하고 검사를 통과하는 것과 계약상대자가 대가의 지급을 청구할 것이 요구된다(국가계약법 시행령 제58조 제1항). 따라서 계약상대자가 계약의 내용을 불완전하게 이행하여 발주기관이 청구서를 반송하는 경우 등에는 지연이자의 청구가 불가능하다.

계약상대자가 적법하게 계약을 이행하고 검사를 통과한 후 대가의 지급을 청구하였음에도 발주기관이 기한 내에 대가를 지급하지 않은 경우라도, 그 사유가 천재·지변 등 불가항력의 사유로 인한 것이라면 그러한 경우에도 지연이자의 지급을 면할 수 있는지가 문제될 수 있다. 국가계약법령은 이러한 경우 지연이자의 지급에 대하여는 언급하지 않고 있고 그와 같은 사유가 소멸된 날로부터 3일 이내에 대가를 지급하여야 한다고만 규정하고 있기 때문이다(국가계약법 시행령 제58조 제2항). 이러한 경우 발주기관이 지연이자의 지급을 면한다고 보는 것은 일응 불가항력에 따른 위험을 계약상대자에게 전가하는 것으로 보일 소지가 없는 것은 아니지만, 지연이자가 이행지체에 따른 손해배상이라는 점을 고려한다면 귀책사유가 없는 지체에 대하여 손해배상을 구하기는 어렵다는 점, 국가계약법령은 계약상대자의 이행지체의 경우에도 계약상대자의 책임없는 사유로 인한 지체가 인정될 경우에는 지체상금을 물을 수 없도록 규정한 점(국가계약법 시행령 제74조

제1항) 등을 감안한다면 이 경우 발주기관이 지연이자를 부담하지 않는다고 해석하더라도[2] 균형에 어긋나지는 않아 보인다.

4. 지체상금과 지연이자의 상계

계약상대자가 지체상금을 부담하고 있는 경우 발주기관에게도 대금에 대한 지연이자 지급 채무가 발생하였다면, 양자는 상계가 가능하다(국가계약법 제15조 제3항).

V. 하도급대가의 직접지급

하도급법이나 건설산업기본법에 따르면, 원사업자의 파산, 부도나 사업에 관한 허가·인가·면허·등록 등이 취소되어 원사업자가 하도급대금을 지급할 수 없게 된 경우로서 수급사업자가 하도급대금의 직접 지급을 요청한 때, 발주자가 하도급대금을 직접 수급사업자에게 지급하기로 발주자·원사업자 및 수급사업자 간에 합의한 때, 원사업자가 하도급대금의 2회분 이상을 해당 수급사업자에게 지급하지 아니한 경우로서 수급사업자가 하도급대금의 직접 지급을 요청한 때, 하수급인이 시공한 부분에 대한 하도급 대금지급을 명하는 확정판결을 받은 경우 등에는 발주자가 하수급인에게 하도급대금을 직접 지급하여야 하고(하도급법 제14조 제1항, 건설산업기본법 제35조 제2항), 위와 같은 사유가 발생한 경우 발주자의 대금지급채무와 수급사업자에 대한 원사업자의 하도급대금 지급의무는 그 범위 내에서 소멸한다(하도급법 제14조 제2항, 건설산업기본법 제35조 제3항). 이와 같은 하도급법 및 건설산업기본법의 규정은 국가계약에서도 적용될 수 있다. 공사계약일반조건 또한 이와 유사한 취지로 하도급대가의 직접지급 등에 관한 규정을 두고 있다(공사계약일반조건 제43조).

---

2) 천재·지변 등 불가항력의 경우 발주기관이 지연이자의 지급을 면한다는 견해로, 장훈기, 앞의 책, 1019-1017면; 김성근, 앞의 책(Ⅰ), 736면.

제16조 대가의 선납

제16조 (대가의 선납)
  각 중앙관서의 장 또는 계약담당공무원은 재산의 매각·대부, 용역의 제공, 그
밖에 세입의 원인이 되는 계약에서는 다른 법령에 특별한 규정이 없으면 계약
상대자에게 그 대가를 미리 내도록 하여야 한다.
[전문개정 2012.12.18]

위 조항은, 세입의 원인이 되는 국가계약의 경우 계약상대자에게 대가를 미
리 지급하게 하는 것을 원칙으로 정한 것이다. 국가가 재산의 매각, 대부, 용역의
제공 등을 이행하였음에도 그 대가를 지급받지 못하는 것을 방지하는 데 위 규정
의 취지가 있다고 볼 수 있다.

위 조항은 쌍무계약에서의 동시이행항변권을 정한 민법 규정에 대한 특칙으
로 이해될 수 있다. 계약상대자의 선이행을 요구한다는 점에서 이는 계약상대자
에게 불리한 것으로 여겨질 수도 있으나, 동시이행항변권은 상대방의 계약이행을
담보하는 것을 주 목적으로 하는 것인데 국가는 계약의 이행이 고도로 담보된 자
라는 데서 위 조항의 정당성을 인정할 수 있을 것이다.

제17조 공사계약의 담보책임

> **제17조 (공사계약의 담보책임)**
>   각 중앙관서의 장 또는 계약담당공무원은 공사의 도급계약을 체결할 때에는
> 그 담보책임의 존속기간을 정하여야 한다. 이 경우 그 담보책임의 존속기간은
> 「민법」 제671조에서 규정한 기간을 초과할 수 없다.
>   [전문개정 2012.12.18]

Ⅰ. 공사계약의 하자담보책임기간

1. 일반원칙

발주기관은 공사도급계약을 체결할 경우 담보책임의 존속기간을 정하여야
한다. 여기서 담보책임의 존속기간은, 토지, 건물 기타 공작물의 경우 5년, 목적
물이 석조, 석회조, 연와조, 금속 기타 이와 유사한 재료로 조성된 것일 경우에는
10년을 초과할 수 없다(국가계약법 제17조, 민법 제671조). 이는 국가계약법령상 공
사계약의 하자담보책임기간에 관한 일반원칙이라 할 수 있는데, 보다 구체적인
내용은 국가계약법 시행령 및 시행규칙에서 정하고 있다.

2. 공사의 종류에 따른 구체적인 하자담보책임기간

발주기관은 공사도급계약을 체결할 때에는 전체 목적물을 인수한 날과 준공
검사를 완료한 날 중에서 먼저 도래한 날(공사계약의 부분 완료로 관리·사용이 이루
어지고 있는 경우에는 부분 목적물을 인수한 날과 공고에 따라 관리·사용을 개시한 날 중
에서 먼저 도래한 날을 말한다)부터 1년 이상 10년 이하의 범위에서 기획재정부령
이 정하는 기간 동안 해당 공사의 하자보수를 보증하기 위한 하자담보책임기간을
정하여야 한다(국가계약법 시행령 제60조 제1항 본문). 기획재정부령인 국가계약법
시행규칙은 제70조 제1항 본문 및 각 호에서 다음과 같이 공사의 종류에 따른 구
체적인 하자담보책임기간을 정하고 있다. 다만 기획재정부는 계약이 이행 중인
경우뿐만 아니라 하자담보책임기간 중인 경우라도 당사자 사이에 하자담보책임

기간 조정에 관한 합의가 이루어진 경우라면 기간 조정이 가능하다고 해석하고 있다.[1]

1. 건설산업기본법에 따른 건설공사(제2호의 공사는 제외한다): 건설산업기본 법 시행령 제30조 및 [별표 4]에 따른 기간
2. 건설산업기본법에 따른 건설공사 중 자갈도상 철도공사(궤도공사 부분으로 한정한다): 1년
3. 공동주택관리법에 따른 공동주택건설공사: 공동주택관리법 시행령 제36조 제1항 및 별표 4에 따른 기간
4. 전기공사업법에 따른 전기공사: 전기공사업법 시행령 제11조의2 및 [별표 3의2]에 따른 기간
5. 정보통신공사업법에 따른 정보통신공사: 정보통신공사업법 시행령 제37조 에 따른 기간
6. 소방시설공사업법에 따른 소방시설공사: 소방시설공사업법 시행령 제6조에 따른 기간
7. 국가유산수리 등에 관한 법률에 따른 국가유산 수리공사: 국가유산수리 등 에 관한 법률 시행령 제19조 및 [별표 9]에 따른 기간[2]
8. 지하수법에 따른 지하수개발·이용시설공사나 그 밖의 공사와 관련한 법령 에 따른 공사: 1년

한편 공사의 성질상 하자보수가 필요하지 아니한 경우로서 기획재정부령이 정하는 경우에는 하자담보책임기간을 정하지 아니할 수 있는데(국가계약법 시행령 제60조 제1항 단서), ① 건설산업기본법 시행령 [별표1]에 따른 건설업종의 업무내 용 중 구조물 등을 해체하는 공사, ② 단순암반절취공사, 모래·자갈채취공사 등 그 공사의 성질상 객관적으로 하자보수가 필요하지 아니한 공사, ③ 조경공사가

---

1) 회제 41301-420, 2003. 4. 12.; 정원, 앞의 책(Ⅰ)에서 재인용.
2) 2023. 8. 8. 법률 제19591호로 문화재수리 등에 관한 법률이 국가유산수리 등에 관한 법 률로 법제명이 변경되었고, 이에 따라 국가계약법 시행령에는 해당 사항이 반영되었으나, 국가계약법 시행규칙에는 반영되지 않았다. 본서에서는 편의상 국가유산수리 등에 관한 법률로 표기한다.

아닌 공사 중 계약금액이 3천만원을 초과하지 아니하는 공사가 그러한 공사에 해당한다(국가계약법 시행규칙 제70조 제2항, 제72조 제2항 각 호). 참고로 기획재정부는 위 조항과 관련하여, "법령의 규정체계 및 해석상 시행규칙 제70조 제2항 및 제72조 제2항 각 호의 공사는 일응 해당 공사의 성질상 하자보수가 필요하지 아니한 공사로 국가계약법령이 인정하고 있다고 보는 것이 타당할 것으로 판단되며, 따라서 시행규칙 제72조 제2항 각 호의 공사라면 비록 공사의 성질상 하자보수가 필요한 경우라도 동 시행령 제60조 제1항 및 제62조 제1항 단서조항의 적용대상으로 보는 것이 타당할 것으로 판단됨."이라고 해석한 바 있다.[3]

3. 장기계속공사에서의 하자담보책임기간

장기계속공사에서는 연차계약별로 하자담보책임기간을 정하여야 하나, 연차계약별로 하자담보책임을 구분할 수 없는 공사일 경우에는 제1차 계약을 체결할 때에 총공사에 대하여 하자담보책임을 정하여야 한다(국가계약법 시행령 제60조 제2항).

Ⅱ. 하자의 검사

1. 일반원칙

각 중앙관서의 장 또는 계약담당공무원은 하자담보책임기간 중 연 2회 이상 정기적으로 하자를 검사하거나 소속공무원에게 그 사무를 위임하여 검사하게 하여야 한다(국가계약법 시행령 제61조 제1항). 이에 따라 검사를 하는 자는 연 2회의 정기 하자검사 외에도 하자담보책임기간이 만료되는 때에는 지체없이 따로 검사를 하여야 한다(국가계약법 시행규칙 제71조 제1항).

2. 전문기관의 검사

발주기관은 하자검사에 특히 전문적인 지식 또는 기술이 필요한 경우이거나, 예정가격의 100분의 86 미만으로 낙찰된 공사로서 시설물의 안전 및 유지관리에 관한 특별법 제2조 제1호의 규정에 의한 시설물[4]에 대한 하자검사의 경우에는

---

3) 계약제도과-68, 2012. 1. 16; 장훈기, 앞의 책, 1131면에서 재인용.
4) 건설공사를 통하여 만들어진 교량, 터널, 항만, 댐, 건축물 등 구조물과 그 부대시설을 의

전문기관에 의뢰하여 필요한 검사를 하여야 한다(국가계약법 시행령 제61조 제2항). 발주기관의 재량이 아닌 의무의 형태로 규정된 것은 위와 같은 경우에는 국가계약을 통해 완성될 공공시설물 등의 안전확보를 위하여 전문적인 하자검사의 이행이 바람직하기 때문일 것이다.[5] 이와 같이 전문기관에 의한 하자검사가 이루어지는 경우 발주기관은 해당 전문기관으로부터 하자검사 결과를 문서로 통보받아 확인하여야 한다(국가계약법 시행규칙 71조 제2항). 전문기관의 하자검사의 경우에도 일반적인 경우와 마찬가지로 연 2회 이상 정기적으로 하자검사를 하여야 하고, 하자담보책임기간이 만료되는 때에는 정기검사 외에도 지체없이 따로 검사를 하여야 한다(국가계약법 시행규칙 제71조 제1항).

3. 하자검사조서의 작성

하자검사를 한 자는 하자검사조서를 작성하여야 한다. 이는 각 중앙관서의 장이나 계약담당공무원이 직접 하자검사를 하는 경우, 소속공무원에게 사무를 위임하여 하게 하는 경우, 전문기관에게 의뢰한 경우 모두 마찬가지이다. 다만 계약금액이 3천만 원 이하인 공사의 경우에는 하자검사조서의 작성을 생략할 수 있다(국가계약법 시행령 제61조 제3항).

4. 하자검사에 따른 조치

각 중앙관서의 장 또는 계약담당공무원은 하자검사결과 하자가 발견된 경우 지체없이 필요한 조치를 하여야 한다(국가계약법 시행규칙 제71조 제3항). 여기서 필요한 조치란 원칙적으로는 계약상대자로 하여금 하자보수를 이행하게 하는 것이 될 것이다.

각 중앙관서의 장 또는 계약담당공무원은 하자검사를 하는 때 당해 공사에 대한 하자보수관리부를 비치하고, 공사명 및 계약금액, 계약상대자, 준공연월일, 하자발생내용 및 처리사항, 그 밖에 기타 참고사항 등에 관한 사항을 기록·유지하여야 한다(국가계약법 시행규칙 제71조 제4항).

미하는 것으로 상세한 내용은 시설물의 안전 및 유지관리에 관한 특별법 제2조 제1호, 제7조 참조.

5) 시설물의 안전 및 유지관리에 관한 특별법 제2조 제1호의 규정에 의한 시설물에 대한 하자검사의 경우 예정가격 100분의 86 미만으로 낙찰된 공사로 한정하고 있는 것은, 저가로 낙찰된 공사의 경우 부실시공의 유인이 상대적으로 높기 때문일 것이다.

제18조 하자보수보증금

> 제18조 (하자보수보증금)
> ① 각 중앙관서의 장 또는 계약담당공무원은 공사의 도급계약의 경우 계약상
> 대자로 하여금 그 공사의 하자보수 보증을 위하여 하자보수보증금을 내도록
> 하여야 한다. 다만, 대통령령으로 정하는 경우에는 하자보수보증금의 전부 또
> 는 일부의 납부를 면제할 수 있다.
> ② 제1항에 따른 하자보수보증금의 금액, 납부시기, 납부방법, 예치기간, 그
> 밖에 필요한 사항은 대통령령으로 정한다.
> ③ 하자보수보증금의 국고 귀속에 관하여는 제12조 제3항을 준용한다. 다만,
> 그 하자의 보수를 위한 예산이 없거나 부족한 경우에는 그 하자보수보증금을
> 그 하자의 보수를 위하여 직접 사용할 수 있다.
> ④ 제3항 단서의 경우에 사용하고 남은 금액은 국고에 납입하여야 한다.
> [전문개정 2012.12.18]

I. 하자보수보증금의 의의 및 법적 성질

1. 의의

하자보수보증금은 발주기관이 계약상대자로 하여금 하자보수의 보증을 위하
여 납부하도록 하는 금원으로, 계약상대자가 하자보수 의무를 이행하지 아니하였
을 때 하자보수보증금은 국고에 귀속된다(국가계약법 제18조 제1항, 제3항 본문).
즉 이는 국가계약의 이행 과정에서 시공상의 하자가 발생하였을 경우 간접적으로
는 그 국고귀속을 원치 않는 계약상대자로 하여금 보수의무의 이행을 강제하면
서, 직접적으로는 계약상대자가 하자보수의무를 이행하지 않을 경우 이를 국고에
귀속되게 함으로써 계약상대자의 하자보수의무이행을 담보하기 위한 장치이다.

2. 법적 성질

국가계약법의 해석상 계약상대자가 하자보수의무를 이행하지 아니할 때, 하
자보수에 실제로 소요되는 비용이 얼마인지를 따지지 않고 하자보수보증금은 전

액 국고에 귀속된다(국가계약법 제18조 제3항, 제12조 제3항). 이와 같이 귀속되는 하자보수보증금의 성격이 위약벌에 해당하는 것인지 아니면 손해배상액의 예정 액에 해당하는지가 문제될 수 있다.

과거 대법원은 건설회사가 지방자치단체와 체결한 공사도급계약에서 약정한 하자보수보증금이 도급계약상의 수급인의 하자보수책임의 이행을 간접적으로 강 제하고 수급인이 그 책임을 이행하지 아니하는 경우에는 그에 대한 제재로서 그 금원을 지방자치단체의 소유로 귀속시키기로 하는 이른바 위약벌 내지 제재금에 해당한다고 본 적이 있다(대법원 1998. 1. 23. 선고 97다38329 판결).

그러나 대법원은 이후 선고된 판결에서는 "도급계약서 및 그 계약내용에 편 입된 약관에 수급인이 하자담보책임 기간 중 도급인으로부터 하자보수 요구를 받 고 이에 불응한 경우 하자보수보증금은 도급인에게 귀속한다는 조항이 있을 때 이 하자보수보증금이 손해배상액의 예정인지 위약벌인지는 도급계약서 및 위 약 관 등을 종합하여 구체적 사건에서 개별적으로 결정할 의사해석의 문제이고, 위 약금은 민법 제398조 제4항에 의하여 손해배상액의 예정으로 추정되므로, 위약 금이 위약벌로 해석되기 위하여는 특별한 사정이 주장·입증되어야 한다."라고 판 시하거나(대법원 2001. 9. 28. 선고 2001다14689 판결), "공사도급계약서 또는 그 계약내용에 편입된 약관에 수급인이 하자담보책임 기간 중 도급인으로부터 하자 보수요구를 받고 이에 불응한 경우 하자보수보증금은 도급인에게 귀속한다는 조 항이 있을 때 이 하자보수보증금은 특별한 사정이 없는 한 손해배상액의 예정으 로 볼 것이고(대법원 2001. 9. 28. 선고 2001다14689 판결 참조), 다만 하자보수보증 금의 특성상 실손해가 하자보수보증금을 초과하는 경우에는 그 초과액의 손해배 상을 구할 수 있다는 명시 규정이 없다고 하더라도 도급인은 수급인의 하자보수 의무 불이행을 이유로 하자보수보증금의 몰취 외에 그 실손해액을 입증하여 수급 인으로부터 그 초과액 상당의 손해배상을 받을 수도 있는 특수한 손해배상액의 예정으로 봄이 상당하다 … (중략) 기록에 의하면, 이 사건 도급계약의 내용으로 되어 있는 공사계약일반조건에 수급인이 하자보수의무를 이행하지 아니하는 경 우 하자보수보증금이 도급인에게 귀속한다고만 규정되어 있을 뿐이고 이와 별도 로 이 사건 하자보수보증금이 위약벌이라고 해석할 만한 특별한 사정이 없으므 로, 이 사건 하자보수보증금은 수급인이 하자보수의무를 이행하지 아니하는 경우 그 보증금의 몰취로써 손해의 배상에 갈음하되 이를 초과하는 손해가 있으면 그에 대하여 수급인이 추가의 배상책임을 지는 특수한 손해배상액의 예정이라고 보아야 할 것"이라고 판시하였다(대법원 2002. 7. 12. 선고 2000다17810 판결). 즉 대법원은 하자보수보증금이 국고귀속될 경우 그 성질이 원칙적으로 손해배상액의 예정에 해당한다고 판단하는 것으로 보인다.

Ⅱ. 하자보수보증금의 납부

1. 하자보수보증금률

하자보수보증금은 기획재정부령이 정하는 바에 의하여 계약금액의 100분의 2 이상 100분의 10 이하로 하여야 하는데(국가계약법 시행령 제62조 제1항), 국가계약법 시행규칙 제72조 제1항은 공종(공종 간의 하자책임을 구분할 수 없는 복합공사의 경우 주된 공종에 의함)에 따라 하자보수보증금률을 정하도록 하고 있다. 이에 따르면 발주기관은, ① 철도·댐·터널·철강교설치·발전설비·교량·상하수도구조물 등 중요구조물공사 및 조경공사의 경우 100분의 5, ② 공항·항만·삭도설치·방파제·사방·간척 등 공사의 경우 100분의 4, ③ 관개수로·도로(포장공사를 포함)·매립·상하수도관로·하천·일반건축 등 공사의 경우 100분의 3, ④ 위 어느 하나에 해당되지 않는 공사의 경우 100분의 2로 하자보수보증금률을 각각 정하여야 한다.

2. 납부시기 및 방법 등

발주기관은 당해 공사의 준공검사 후 그 공사의 대가를 지급하기 전까지 계약상대자에게 하자보수보증금을 납부하게 하여야 한다(국가계약법 시행령 제62조 제2항). 장기계속공사에 있어서는 연차계약별로 연차별계약의 준공검사 후 그 대가를 지급하기 전까지 하자보수보증금을 납부하게 하여야 하나, 연차별계약별로 하자담보책임을 구분할 수 없는 공사의 경우에는 총공사의 준공검사 후 하자보수보증금을 납부하게 하여야 한다(국가계약법 시행령 제62조 제3항). 계약상대자는 국가계약법 시행규칙 별지 제12호 서식의 하자보수보증금납부서와 함께 하자보수보증금을 납부한다(국가계약법 시행규칙 제52조).

구체적인 납부방법과 관련하여, 국가계약법 시행령은 제37조 제2항 각 호에 규정한 보증서 등에 의한 납부를 인정하고 있다(국가계약법 시행령 제62조 제5항).

즉 계약상대자는 현금(체신관서나 은행법의 적용을 받는 은행이 발행한 자기앞수표를 포함) 외에 보증서 등을 통한 납부도 가능하다.[1]

발주기관은 하자보수보증금을 납입받은 후 하자담보책임기간 동안 보관하여야 한다(국가계약법 시행령 제62조 제2항).

3. 납부 면제

발주기관은 아래와 같은 자들과 계약을 체결한 경우 하자보수보증금의 전부 또는 일부의 납부를 면제할 수 있다(국가계약법 제18조 제1항 단서, 국가계약법 시행령 제62조 제4항, 제37조 제3항 제1호 내지 제4호).

1. 국가기관 및 지방자치단체
2. 공공기관의 운영에 관한 법률에 따른 공공기관
3. 국가 또는 지방자치단체가 기본재산의 100분의 50 이상을 출연 또는 출자(법률의 규정에 의하여 귀속시킨 경우를 포함한다. 이하 같다)한 법인
4. 농업협동조합법에 의한 조합·조합공동사업법인 및 그 중앙회(농협경제지주회사 및 그 자회사를 포함), 수산업협동조합법에 의한 어촌계·수산업협동조합 및 그 중앙회, 산림조합법에 의한 산림조합 및 그 중앙회, 중소기업협동조합법에 의한 중소기업협동조합 및 그 중앙회

이와 별개로 국가계약법 시행령 제62조 제1항 단서는 공사의 성질상 하자보수가 필요하지 아니한 경우로서 기획재정부령이 정하는 경우에는 하자보수보증금을 납부하지 아니하게 할 수 있다고 규정하고 있는데, 그와 같은 경우는 다음과 같다(국가계약법 시행규칙 제72조 제2항).

1. 건설산업기본법 시행령 [별표1]에 따른 건설업종의 업무내용 중 구조물 등을 해체하는 공사
2. 단순암반절취공사, 모래·자갈채취공사 등 그 공사의 성질상 객관적으로 하자보수가 필요하지 아니한 공사
3. 조경공사를 제외하고 계약금액이 3천만원을 초과하지 아니하는 공사

---

1) 보증서 등의 구체적인 예는 **입찰보증금** 부분 Ⅱ. 2. 참조.

발주기관이 하자보수보증금의 전부 또는 일부의 납부를 면제한 경우라도, 면제를 받은 자로 하여금 하자보수보증금의 국고귀속사유가 발생한 때 하자보수보증금에 해당하는 금액을 납입할 것을 보장하기 위하여 그 지급을 확약하는 문서를 제출하게 하여야 한다(국가계약법 시행령 제62조 제5항, 제37조 제4항).

Ⅲ. 하자보수보증금의 국고귀속 및 직접사용

1. 하자보수보증금의 국고귀속 사유

국가계약법 제18조 제3항은 하자보수보증금의 국고귀속에 관하여 국가계약법 제12조 제3항을 준용한다고 규정하고 있고, 국가계약법 제12조 제3항은 "계약상대자가 계약상의 의무를 이행하지 아니하였을 때에 해당 계약보증금을 국고에 귀속시켜야 한다."라고 규정하고 있다. 국가계약법 제12조 제3항은 정당한 이유의 유무에 관하여 규정하고 있지는 않으나, 국가계약법 시행령 제51조는 계약보증금의 국고귀속을 위하여 정당한 이유가 없을 것을 요구하고 있는 점, 하자보수보증금의 국고귀속은 손해배상의 예정으로서의 성질을 가진다는 점에서 국고귀속을 위해서는 계약상대자의 귀책사유가 필요하다는 점에 비추어 볼 때, 하자보수보증금의 국고귀속을 위해서도 계약상대자가 하자보수의무를 이행하지 않는 것에 정당한 이유가 없을 것이 요구된다고 봄이 타당할 것이다.

2. 하자보수보증금의 국고귀속 절차

발주기관은 하자보수보증금을 보증서 등으로 받은 경우 하자보수보증금의 국고귀속사유가 발생한 때에는 지체없이 그 뜻을 국가계약법 시행령 제37조 제2항 각 호의 해당 금융기관 또는 보증기관과 관계수입징수관 또는 유가증권취급공무원 등에게 통지하고 기획재정부령이 정하는 바에 의하여 당해 하자보수보증금을 현금으로 징수하게 하거나 정부소유유가증권으로 전환하게 하여야 한다(국가계약법 시행령 제62조 제5항, 제38조 제1항). 발주기관은 하자보수보증금의 전부 또는 일부의 납부를 면제받은 자에게 하자보수보증금의 국고귀속사유가 발생한 때에는 그 뜻과 함께 지급을 확약한 문서를 갖추어 관계수입징수관에게 통지하고 당해 계약상대자로부터 하자보수보증금에 상당하는 금액을 현금으로 징수하게

218 국가계약법

하여야 한다(국가계약법 시행령 제62조 제5항, 제38조 제2항).

구체적인 국고귀속 방법은 다음과 같다(국가계약법 시행규칙 제64조 제1항).

1. 현금의 경우에는 세입세출외현금출납공무원과 관계수입징수관에게 그 뜻을 통지하여 수입금으로 징수하도록 요청하여야 한다.
2. 유가증권인 경우에는 유가증권취급공무원에게 그 뜻을 통지하여 정부유가증권취급규정에 의하여 정부소유유가증권으로 처리하도록 요청하여야 한다. 이 경우 등록국채에 있어서는 그 뜻을 유가증권취급점과 유가증권취급공무원에게 통지하여야 한다.
3. 보증보험증권 등인 경우에는 관계수입징수관·유가증권취급공무원 및 관계보증기관에 그 뜻을 통지하고 당해보증금을 수입금으로 징수함에 있어서 필요한 조치를 하게 하여야 한다.
4. 정기예금증서 등인 경우에는 관계수입징수관·유가증권취급공무원 및 당해금융기관에 그 뜻을 통지하고 당해보증금을 수입으로 징수함에 필요한 조치를 하게 하여야 한다.

3. 하자보수보증금의 직접사용

(1) 사용 용도 및 회계처리

계약상대자가 정당한 이유 없이 하자보수의무를 이행하지 않을 경우 하자보수보증금은 국고에 귀속되어야 하나, 하자의 보수를 위한 예산이 없거나 부족한 경우에는 하자보수보증금을 하자의 보수를 위하여 직접 사용할 수 있다(국가계약법 제18조 제3항 단서). 다만 이 경우에도 남은 금액은 국고에 납입하여야 한다(국가계약법 제18조 제4항). 하자보수보증금을 직접 사용할 경우 하자보수보증금을 세입으로 납입하지 아니하고 세입·세출 외로 구분하여 회계처리한다(국가계약법 시행령 제63조 제1항).

(2) 직접 사용을 위한 절차

발주기관이 하자보수보증금을 직접 사용하고자 할 때에는 세입세출외 현금출납공무원 또는 유가증권취급공무원에게 그 뜻을 통지하고 당해 하자보수에 필

요한 조치를 하여야 한다(국가계약법 시행규칙 제73조 제1항). 계약상대자에게 하자
보수보증금을 보증보험증권 등으로 제출하게 한 때에는 위 규정에 의한 통지와
동시에 당해 보증기관에 대하여 보증한 금액을 납부할 것을 통지하여야 한다(국
가계약법 시행규칙 제73조 제2항).

통지를 받은 유가증권취급공무원은 그가 보관하고 있는 유가증권 등에 관하
여 다음의 조치를 하여야 한다(국가계약법 시행규칙 제73조 제3항).

1. 하자보수보증금을 보증보험증권 등으로 보관하고 있는 경우에는 즉시 당해
   보증기관에 그 보증채무의 이행을 청구하여야 한다.
2. 하자보수보증금을 상장증권인 주식으로 보관하고 있는 경우에는 국유재산
   에 관한 법령에서 정하는 바에 의하여 매각하여야 하며, 그 매각수수료는
   매각대금 중에서 지급한다. 다만, 해당 상장증권의 매각대금이 하자보수보
   증금 상당액에 미달할 것으로 판단되는 경우에는 이를 매각할 수 없다.
3. 하자보수보증금을 상장증권인 국채, 지방채, 국가가 지급보증을 한 채권 또
   는 사채 등 원리금의 상환기일이 확정되어 있는 채권으로 보관하고 있는 경
   우에는 국유재산에 관한 법령에서 정하는 바에 의하여 매각하여야 하며, 그
   매각수수료는 매각대금 중에서 지급한다. 다만, 해당 상장증권의 매각대금
   이 하자보수보증금 상당액에 미달할 것으로 판단되는 경우 또는 해당 상장
   증권의 최종원리금상환기일이 매각하고자 하는 날부터 30일이내에 도래하
   는 경우에는 이를 매각할 수 없다.
4. 하자보수보증금을 정기예금증서로 보관하고 있는 경우에는 즉시 당해 금융
   기관에 현금지급을 청구하여야 한다.

유가증권취급공무원은 보관하고 있는 유가증권 등을 위 규정에 의하여 매각
하거나 당해 보증채무의 이행을 받은 때에는 보증기관 등으로 하여금 그 대금을
직접 세입세출외 현금출납공무원에게 납입하도록 하여야 한다(국가계약법 시행규
칙 제73조 제4항).

발주기관은 하자보수보증금의 직접 사용을 위하여 지출원인행위를 한 때에
는 그 지출원인행위의 관계서류를 세입세출외 현금출납공무원에게 송부하고, 세
입세출외 현금출납공무원은 지출원인행위 관계 서류를 송부받은 때에는 당해 하

자보수보증금 중에서 그 하자보수의 대가를 지급하여야 한다(국가계약법 시행규칙 제73조 제5항, 제6항). 다만 발주기관은 하자보수보증금으로 제출된 상장유가증권의 매각대금이 하자보수보증금 상당액에 미달될 것으로 판단되거나 상장증권의 최종원리금 상환기일이 매각하고자 하는 날부터 30일 이내에 도래하는 경우로서 매각할 수 없는 경우에는 지출원인행위를 할 수 없다(국가계약법 시행규칙 제73조 제5항).

발주기관이 하자담보책임기간 동안 하자보수의 대가를 지급하고도 잔액이 있는 때에는 국가계약법 시행규칙 제64조 제1항의 규정에 의하여 처리하여야 한다(국가계약법 시행규칙 제73조 제7항).

IV. 하자보수보증금의 반환

발주기관은 하자보수보증금의 보증목적, 즉 하자담보책임 기간이 만료될 때까지 하자가 발생하지 아니하였거나, 그 기간 중에 하자가 발생한 경우라도 그에 대한 하자보수의무의 이행이 완료되고 하자담보책임 기간도 만료된 경우 계약상대자의 요청에 의하여 즉시 하자보수보증금을 반환하여야 한다(국가계약법 시행규칙 제63조 제1항). 다만 하자담보책임기간이 서로 다른 공종이 복합된 건설공사에 있어서는 공종별 하자담보책임기간이 만료되어 보증목적이 달성되었을 때 해당 공종의 하자보수보증금을 계약상대자의 요청에 따라 즉시 반환하여야 한다(국가계약법 시행규칙 제63조 제2항).

제19조 물가변동 등에 따른 계약금액 조정

제19조 (물가변동 등에 따른 계약금액 조정)
  각 중앙관서의 장 또는 계약담당공무원은 공사계약·제조계약·용역계약 또는
  그 밖에 국고의 부담이 되는 계약을 체결한 다음 물가변동, 설계변경, 그 밖에
  계약내용의 변경(천재지변, 전쟁 등 불가항력적 사유에 따른 경우를 포함한
  다)으로 인하여 계약금액을 조정할 필요가 있을 때에는 대통령령으로 정하는
  바에 따라 그 계약금액을 조정한다.[개정 2019. 11. 26.]
  [전문개정 2012. 12. 18.]

I. 총설

1. 의의

국가계약법은 제19조에서 "물가변동, 설계변경, 그 밖에 계약내용의 변경으로 인하여 계약금액을 조정할 필요가 있을 때에는 대통령령으로 정하는 바에 따라 그 계약금액을 조정한다."라고 규정하여, 계약금액 조정제도에 관한 총론적 규정을 두고 있다.

같은 법 시행령은 제64조 내지 제66조로 각각 물가변동, 설계변경, 기타 계약내용의 변경으로 인한 계약금액 조정에 관하여 규정하고 있고, 같은 법 시행규칙은 제74조, 제74조의2, 제74조의3으로 각각 물가변동, 설계변경, 기타 계약내용의 변경으로 인한 계약금액 조정에 관하여 규정하고 있다. 그리고 대부분의 공공공사와 관련된 계약에서 계약문서로 편입되는 계약예규 공사계약일반조건은 제19조 내지 제23조에서 물가변동, 설계변경, 기타 계약내용의 변경으로 인한 계약금액 조정에 관하여 세부적으로 규정하고 있다.

2. 사정변경의 원칙

계약금액은 계약이행의 대가로서 계약의 당사자에게 지급되는 것으로서 계약의 가장 중요한 요소 중 하나이기 때문에 계약을 체결하면서 정액으로 정해지는 것이 통상적이다. 그런데 국가계약법상의 공사계약, 제조계약, 용역계약 등의

경우 계약이행이 일회성·단발성이 아니라 장기적·지속적으로 이루어지는 경우
가 많기 때문에 이행 도중 여러 가지 변수가 발생할 수 있고, 이러한 변수의 발생
에도 불구하고 계약금액을 계약체결 당시 정해둔 대로 고수한다면 일방 당사자에
게 불공평한 결과가 발생할 수 있다.

국가계약법 및 관련 규정상의 계약금액 조정에 관한 규정은 이러한 불공평
한 결과가 발생하는 것을 방지함에 그 취지가 있는 것으로서, 사정변경의 원칙에
기초하고 있다고 하겠다.[1)]

한편 물가변동으로 인한 계약금액 조정은 계약 체결 당시의 환경 또는 기초
에 해당하는 물가가 급격하게 변동되는 것을 원인으로 하는 것이므로 사정변경의
원칙에 따른 제도에 해당하지만, 설계변경으로 인한 계약금액 조정이나 기타 계
약내용변경으로 인한 계약금액 조정은 이와 달리 계약의 내용 그 자체가 변경된
것이므로 사정변경의 원칙에 따른 제도로 볼 수 없다는 견해도 존재한다.[2)] 그러
나 설계변경이나 기타 계약내용변경이라는 사정도 결국은 최초 당사자들이 예정
내지 예상하였던 환경이나 기초가 변경됨에 따라 발생한 것이라는 점에서 넓게
본다면 이 역시 사정변경의 원칙에 기초를 두고 있다고 봄이 타당할 것이다.

3. 강행규정성 여부

관련 규정의 문언이나 제도의 취지에 비추어 보면 계약금액 조정사유가 발
생한 경우 각 중앙관서의 장이나 계약담당공무원은 계약금액을 조정하여야 한다.
즉 이는 발주기관의 권한이 아니라 의무로 해석하여야 한다.

그런데 만일 국가계약을 체결하면서 계약금액 조정을 배제하는 특약을 둔 경
우 그 효력이 인정될 수 있는지, 즉 계약금액 조정에 관한 국가계약법령의 규정이
강행규정에 해당하는지가 문제이다. 국가계약법령상 관련 규정의 문언이나 입법
취지, 공공계약에서 현실적으로 존재하는 당사자 사이의 힘의 불균형 등을 고려한
다면 계약금액 조정에 관한 규정은 강행규정으로 해석함이 타당할 것이다.[3)]

다만 대법원은 물가변동으로 인한 계약금액 조정에 관한 국가계약법령의 규

---

1) 같은 취지, 이영동, 「공공계약의 법적 통제」, 『행정소송 Ⅱ』, 한국사법행정학회(2008),
   190면; 김성근, 『정부계약법해설(Ⅱ)』, 건설경제, 2013, 129면.
2) 법무법인(유한)태평양 건설부동산팀, 앞의 책, 302면.
3) 같은 취지, 법무법인(유한)태평양 건설부동산팀, 같은 책, 304면.

정이 강행규정이 아니라고 판단하였는바(대법원 2017. 12. 21. 선고 2012다74076 전원합의체 판결), 해당 부분에서 이에 관하여 상세히 서술하겠다.

Ⅱ. 물가변동으로 인한 계약금액 조정

1. 의의

물가변동으로 인한 계약금액 조정제도는 계약체결 이후 일정한 기간이 경과한 시점에서 계약금액을 구성하는 품목이나 비목의 가격이 변동하여 계약금액을 조정할 필요가 있을 경우 계약금액을 조정하는 것을 의미한다.

국가계약법 제19조는 물가변동으로 인한 계약금액 조정에 관하여 포괄적인 조항을 두고 있고, 국가계약법 시행령 제64조, 국가계약법 시행규칙 제74조에 보다 상세한 내용이 규정되어 있다. 국가계약에서 통상적으로 계약문서로 포함되는 기획재정부 계약예규 공사계약일반조건 제22조에도 이와 관련된 내용이 규정되어 있고, 기획재정부 계약예규 정부 입찰·계약 집행기준 제67조 내지 제70조의5에도 이와 관련한 상세한 내용이 규정되어 있다.

2. 계약금액 조정의 요건

(1) 기간 요건
가) 계약을 체결한 날부터 90일 이상 경과

국가계약법 시행령 제64조 제1항은 계약을 체결한 날(장기계속공사계약이나 장기물품제조계약에서는 제1차 계약을 체결한 날을 의미한다)부터 90일 이상이 경과할 것을 물가변동으로 인한 계약금액 조정의 요건으로 규정하고 있다. 물가변동으로 인한 계약금액 조정의 횟수에는 제한이 없으나, 일단 한 번 조정을 하였다면 기존 조정기준일로부터 90일 이내에는 다시 조정을 할 수 없다. 여기서 조정기준일이란 조정사유가 발생한 날을 의미한다.

기간의 계산과 관련하여 국가계약법에 별도의 규정이 없는 이상 민법상 기간의 산정방법에 따라야 할 것인데, 초일불산입 원칙에 따라 계약체결일 또는 조정기준일 다음날부터 기산하여 최소 90일이 경과하여야 한다.[4]

---

4) 같은 취지, 박현석, 앞의 책, 559면.

나) 90일 요건의 예외

국가계약법 시행령 제64조 제5항은 "제1항의 규정을 적용함에 있어서 천재·지변 또는 원자재의 가격급등으로 인하여 당해 조정제한기간 내에 계약금액을 조정하지 아니하고는 계약이행이 곤란하다고 인정되는 경우에는 동항의 규정에도 불구하고 계약을 체결한 날 또는 직전 조정기준일부터 90일 이내에 계약금액을 조정할 수 있다."라고 규정하여 90일 요건의 예외를 규정하고 있다.

다만 이 경우는 "조정한다"가 아니라 "조정할 수 있다"라고 규정하여 조정여부를 각 중앙관서의 장 또는 계약담당공무원의 재량 사항으로 규정하고 있는 바, "천재·지변 또는 원자재의 가격급등으로 인하여 당해 조정제한기간 내에 계약금액을 조정하지 아니하고는 계약이행이 곤란하다고 인정되는 경우"에 해당하는지 여부는 실질적으로 중앙관서의 장 또는 계약담당공무원의 판단에 달려있다고 볼 수 있다. 그리고 사유를 천재·지변 또는 원자재의 가격급등으로만 한정하고 있으므로 이와 다른 사정은 국가계약법 시행령 제64조 제5항의 사유로 인정되기 어려울 것으로 보인다.

정부 입찰·계약 집행기준은 90일 내에 계약금액을 조정하지 아니하고는 계약이행이 곤란하다고 인정되는 경우란 원자재의 가격급등과 관련하여, 공사, 용역, 물품제조계약에서 품목조정률이나 지수조정률이 5퍼센트 이상 상승한 경우, 물품구매 계약에서 품목조정률이나 지수조정률이 10퍼센트 이상 상승한 경우, 공사, 용역계약에서 품목조정률이나 지수조정률이 3퍼센트, 물품구매계약에서 6퍼센트 이상 상승하고 기타 객관적 사유로 조정제한기간 내에 계약금액을 조정하지 아니하고는 계약이행이 곤란하다고 계약담당공무원이 인정하는 경우로 규정하고 있다(정부 입찰·계약 집행기준 제70조의4 제1항). 이에 해당되는 경우는 계약금액을 조정하는 것이 타당할 것이다.

한편 국가계약법 시행령 제64조 제6항은 "제1항 각 호에도 불구하고 각 중앙관서의 장 또는 계약담당공무원은 공사계약의 경우 특정규격의 자재(해당 공사비를 구성하는 재료비·노무비·경비 합계액의 1천분의 5를 초과하는 자재만 해당한다)별 가격변동으로 인하여 입찰일을 기준일로 하여 산정한 해당자재의 가격증감률이 100분의 15 이상인 때에는 그 자재에 한하여 계약금액을 조정한다."라고 규정하여, 특정 품목의 가격변동이 현저한 경우 이를 별도로 계약금액 조정사유로 하는 소위 단품슬라이딩 제도를 두고 있다. 위 조항은 "제1항 각 호에 불구하고"라고 규정하여 제1항 각 호 외의 부분, 즉 90일 요건은 해당 조항에서도 적용되는 것인지 의문이 있을 수 있으나, 이는 특정 품목의 가격변동이 현저한 예외적인 사유로서 규정된 것이므로 90일 요건의 예외로 봄이 타당할 것이다.[5]

(2) 조정률 변동 요건
가) 개관

물가변동으로 인한 계약금액 조정을 인정하기 위해서는 당연히 물가변동이 필요하다. 다만 물가는 여러 가지 상품이나 서비스의 가치를 종합적이고 평균적으로 본 개념이므로 계약금액 조정의 요건으로서 물가의 변동을 책정하기 위해서는 일정한 기준이 필요하다. 국가계약법 시행령 제64조 제1항은 제1호로 품목조정률의 변동, 제2호로 지수조정률의 변동을 규정하여 품목조정률과 지수조정률이라는 두 가지 기준을 상정하고 있다.

입찰일(수의계약의 경우 계약체결일), 2차 이후의 계약금액 조정에서는 직전 조정기준일을 기준으로 품목조정률과 지수조정률이 100분의 3 이상 변동되어야 한다. 앞서 90일 경과 요건의 기준일은 계약체결일이었던 것과 달리 조정률 변동 요건의 기준일은 원칙적으로 입찰일이다. 입찰절차를 거치게 되는 계약에서는 자연스럽게 입찰일과 계약체결일 사이에 공백이 존재하게 되는데, 만일 계약체결일을 조정률 변동의 기준일로 삼을 경우 입찰일과 계약체결일 사이에 발생하는 물가변동에 대하여는 계약 일방 당사자가 위험을 감수하게 되는 문제가 발생한다. 조정률 변동 요건의 기준일을 계약체결일이 아닌 입찰일로 정한 것은 이러한 상황을 상정한 규정으로 볼 수 있다.

국가계약법 시행령 제64조 제2항은 각 중앙관서의 장 또는 계약담당공무원이 물가변동으로 인한 계약금액을 조정을 함에 있어서 동일한 계약에 대해서는 품목조정률과 지수조정률 중 하나의 방법에 따르도록 규정하고 있다. 이는 중앙관서의 장이나 계약담당공무원이 동일한 계약과 관련하여 임의로 두 조정률 중 하나를 번갈아 선택할 수 있다면, 우월적 지위를 악용하여 발주기관에게 유리한 조정률만을 선택할 수 있게 되기 때문에 둔 규정이라 할 것이다. 또한 국가계약법 시행령 제64조 제2항은 계약체결 당시에 계약상대자가 지수조정률에 의한 방법을 원하는 경우가 아닌 이상 원칙적으로 품목조정률에 의한 방법을 따른다는

---

5) 김성근, 앞의 책(Ⅱ), 156면.

취지를 계약에 명시하도록 하고 있는데,[6] 이는 통상적으로 품목조정률에 따르는 것이 지수조정률에 따르는 것보다 계약상대자에게 유리하기 때문이다. 품목조정률과 달리 지수조정률에 의할 경우 재료비, 노무비, 경비만을 대상으로 조정률을 산출한다는 점에서 일반관리비와 이윤이 반영되지 못하는 면에서 그렇다.[7] 다만 지수조정률 방법으로 정한 경우라도 특정규격의 자재별 가격변동으로 계약금액을 조정할 경우에는 품목조정률 방법으로 조정하여야 하는데(공사계약일반조건 제22조 제2항 단서), 이는 공사의 원가를 구성하는 항목들을 일정한 비목 별로 분류하여 조정률을 산정하는 지수조정률 방법보다는 모든 품목 및 비목을 개별 항목으로 놓고 조정률을 산정하는 품목조정률 방법이 위 경우에 더 합리적이기 때문이다.

한편 대법원은 최근, 국가계약법 제19조와 그 시행령 제64조의 개정 전후 문언과 내용, 공공계약의 성격, 국가계약법령의 체계와 목적 등을 종합할 때, 계약상대자는 계약 체결 시 계약금액 조정방법으로 지수조정률 방법을 선택할 수 있지만, 계약상대자가 그와 같은 조정률 선택에 따른 권리 행사에 아무런 장애가 없었음에도 지수조정률을 원한다는 의사를 표시하지 않은 경우에는 품목조정률 방법에 따라 계약금액을 조정해야 한다고 판단하였다.[8]

나) 품목조정률의 산정방법

품목조정률의 구체적인 산정 방법은 다음과 같다.

1. 품목조정률 $= \dfrac{\text{각 품목 또는 비목의 수량에 등락폭을 곱하여 산출한 금액의 합계액}}{\text{계약금액}}$

2. 등락폭 = 계약단가 × 등락률

3. 등락률 $= \dfrac{\text{물가변동당시가격} - \text{입찰당시가격}}{\text{입찰당시가격}}$

여기서 품목, 비목, 계약금액 등은 조정기준일 이후에 이행될 부분을 그 대

---

6) 이와 같이 별도의 합의가 없는 이상 품목조정률을 우선 적용한다는 내용은 2005. 9. 8. 개정 당시 추가된 것이다. 그 이전에는 계약 체결 시 계약상대자와 발주기관이 협의하여 계약금액 조정방법을 계약서에 명시한다고만 규정되어 있었다.
7) 김성근, 앞의 책(Ⅱ), 158-159, 173면.
8) 대법원 2019. 3. 28. 선고 2017다213470 판결.

상으로 하고, "계약단가"는 산출내역서상의 각 품목 또는 비목의 계약단가(단, 산출내역서상의 단가가 예정가격의 단가보다 높은 경우에는 예정단가)를, "물가변동당시가격"은 물가변동 당시 산정한 각 품목 또는 비목의 가격을, "입찰당시가격"은 입찰서 제출 마감일 당시 산정한 각 품목 또는 비목의 가격을 의미한다(국가계약법 시행규칙 제74조 제1항). 요컨대 품목조정률이란 계약금액을 구성하는 모든 품목과 비목의 수량에 등락폭을 곱하여 합계한 금액을 계약금액으로 나누어서 산출한 수치를 의미하는 것으로 볼 수 있다.

예정가격을 기준으로 계약을 체결한 경우라면 위 산식 중 각 품목 또는 비목의 수량에 등락폭을 곱하여 산출한 금액의 합계액에는 이에 비례하여 증감되는 일반관리비와 이윤이 포함되어야 한다(국가계약법 시행규칙 제74조 제2항).

등락폭을 산정함에 있어서는, 물가변동당시가격이 계약단가보다 높고 동 계약단가가 입찰당시가격보다 높을 경우의 등락폭은 물가변동당시가격에서 계약단가를 뺀 금액으로 하고, 물가변동당시가격이 입찰당시가격보다 높고 계약단가보다 낮을 경우의 등락폭은 0으로 한다(국가계약법 시행규칙 제74조 제3항).

다) 지수조정률의 산정방법

국가계약법 시행규칙 제74조 제4항은 조정기준일 이후에 이행될 부분의 계약금액의 산출내역을 구성하는 비목군 및 한국은행이 조사하여 공표하는 생산자물가기본분류지수 또는 수입물가지수, 정부·지방자치단체 또는 공공기관 운영에 관한 법률에 따른 공공기관이 결정·허가 또는 인가하는 노임·가격 또는 요금의 평균지수 등의 변동률에 따라 지수조정률을 산출한다고 규정하고 있다. 한편 국가계약법 시행규칙 제74조 제10항은 기획재정부장관이 같은 조 제4항에 따른 지수조정률의 산출 요령 등 물가변동으로 인한 계약금액의 조정에 관하여 필요한 세부사항을 정할 수 있다고 규정하였는데, 이에 따라 정부 입찰·계약 집행기준 제68조 내지 제70조의2는 지수조정률 산정에 관하여 상세하게 규정하고 있다.

국가계약법 시행규칙 제74조 제4항의 "비목군"이라 함은 계약금액의 산출내역 중 재료비, 노무비 및 경비를 구성하는 제비목을 노무비, 기계경비, 표준시장단가 또는 한국은행이 조사 발표하는 생산자물가기본분류지수 및 수입물가지수표상의 품류에 따라 입찰시점(수의계약의 경우에는 계약체결시점)에 계약담당공무원이 다음 각목의 예와 같이 분류한 비목을 말하며 이하 "A, B, C, D, E, F, G, H,

I, J, K, L, M, ····· Z"로 한다(정부 입찰·계약 집행기준 제68조 제1항 제1호).

가. A : 노무비(공사와 제조로 구분하며 간접노무비 포함)

나. B : 기계경비(공사에 한함)

다. C : 광산품

라. D : 공산품

마. E : 전력·수도·도시가스 및 폐기물

바. F : 농림·수산품

사. G : 표준시장단가(공사에 한하며, G1 : 토목부문, G2 : 건축부문, G3 : 기계설비부문, G4 : 전기부문, G5 : 정보통신부문으로 구분하며, 일부공종에 대하여 재료비·노무비·경비중 2개이상 비목의 합계액을 견적받아 공사비에 반영한 경우에는 이를 해당 부분(G1, G2, G3, G4, G5)의 표준시장단가에 포함한다. 이하 같다.)

아. H : 산재보험료

자. I : 산업안전보건관리비

차. J : 고용보험료

카. K : 건설근로자 퇴직공제부금비

타. L : 국민건강보험료

파. M : 국민연금보험료

하. N : 노인장기요양보험료

거. Z : 기타 비목군

위 "A, B, C, D, E, F, G, H, I, J, K, L, M, ····· Z"의 각 비목군에 해당하는 산출내역서상의 금액(예정조정기준일 전에 이행이 완료되어야 할 부분에 해당되는 금액은 제외)이 동 내역서상의 재료비, 노무비 및 경비의 합계액(예정조정기준일전에 이행이 완료되어야 할 부분에 해당되는 금액은 제외)에서 각각 차지하는 비율로서 이하 "a, b, c, d, e, f, g, h, i, j, k, l, m, ····· z"로 표시하는 것을 "계수" 또는 "가중치"라 한다(정부 입찰·계약 집행기준 제68조 제1항 제2호).

"지수 등"이라 함은 각 비목과 관련하여 다음과 같은 방법으로 산출한 수치를 의미한다(정부 입찰·계약 집행기준 제68조 제1항 제3호).

A에 대하여는 국가계약법 시행규칙 제7조 제1항에 의하여 조사·공표된 해당 직종의 평균치

B에 대하여는 각 중앙관서의 장 또는 그가 지정하는 단체에서 제정한 "표준품셈"의 건설기계 가격표상의 전체기종에 대한 시간당 손료의 평균치(해당공사에 투입된 기종을 의미하는 것은 아님)

C, D, E, F에 대하여는 생산자물가기본분류지수표 및 수입물가지수표상 해당 품류에 해당하는 지수

G에 대하여는 국가계약법 시행령 제9조 제1항 제3호에 의하여 각 중앙관서의 장이 발표한 공종별(G_1, G_2, G_3, G_4, G_5) 표준시장단가의 전체 평균치를 말하며, 이하 기준시점인 입찰시점의 지수 등은 각각 "A_0, B_0, C_0, D_0, E_0, F_0, G_0"로, 비교시점인 물가변동시점의 지수 등은 각각 "A_1, B_1, C_1, D_1, E_1, F_1, G_1"으로 표시하되 통계월보상의 지수는 매월말에 해당하는 것으로 보고 각 비목군의 지수상승률을 산출

H, I에 대하여는 다음 공식에 의하여 산출하며, J, K, L, M에 대하여는 H 산출 방식을 준용

H_0 = A_0 × 입찰시 산재보험료율
H_1 = A_1 × 조정기준일 당시 산재보험료율
I_0 = 변동전(직접노무비계수 + 재료비계수 + 표준시장단가계수) × 입찰시 산업안전보건관리비율
　＊ 변동전 재료비계수 = c + d + e + f
I_1 = 변동후(직접노무비계수 + 재료비계수 + 표준시장단가계수) × 조정기준일당시 산업안전보건관리비율
　＊ 변동후 계수 = 변동전계수 × 지수변동률

Z_0 또는 Z_1의 경우에는 A_0부터 G_0까지 또는 A_1부터 G_1까지 각 비목의 지수를 해당비목의 가중치에 곱하여 산출한 수치의 합계를 비목군수로 나눈 수치로 하여 아래 공식에 의하여 산출하되, 노무비(A)는 지수화(100%)하여 적용

Z_0 = $(aA_0 + cC_0 + dD_0 + eE_0 + fF_0 + gG_0)$/비목군수
Z_1 = $(aA_1 + cC_1 + dD_1 + eE_1 + fF_1 + gG_1)$/비목군수

지수조정률은 위와 같이 산출한 계수, 지수 등을 토대로 아래와 같은 산식으로 산출한다.

$$
\begin{aligned}
K = (& a\,\frac{A_1}{A_0} + b\,\frac{B_1}{B_0} + c\,\frac{C_1}{C_0} + d\,\frac{D_1}{D_0} + e\,\frac{E_1}{E_0} + f\,\frac{F_1}{F_0} + g\,\frac{G_1}{G_0} + h\,\frac{H_1}{H_0} + i\,\frac{I_1}{I_0} + \\
& j\,\frac{J_1}{J_0} + k\,\frac{K_1}{N_0} + l\,\frac{L_1}{L_0} + m\,\frac{M_1}{M_0} \,\cdots\cdots\cdots + z\,\frac{Z_1}{Z_0}) - 1
\end{aligned}
$$

단, $z = 1 - (a+b+c+d+e+f+g+h+I+j+k+l+m\cdots\cdots)$

지수조정률 산출에 있어서 소수점 이하의 숫자가 있는 경우에는, 지수, 지수 변동율 및 지수조정률은 소수점 다섯째 자리 이하는 절사하고 소수점 넷째 자리까지 산정한다. 한편 이론상 비목군의 계수의 합은 1이 되어야 하는데, 소수점 처리 방법에 따를 경우 1이 아닌 값이 나올 수 있다. 이러한 경우에 대비하여 일부는 절상하고 일부는 절하하여 계수의 합이 1이 되도록 계약당사자가 상호 협의하여야 한다(정부 입찰·계약 집행기준 제70조의2).

3. 계약금액 조정의 절차

(1) 계약금액 조정신청

계약상대자가 물가변동을 이유로 계약금액을 조정받고자 할 경우에는 계약금액 조정을 청구하여야 한다(공사계약일반조건 제22조 제3항). 발주기관에게 항상 물가변동으로 인한 계약금액 조정 요건이 충족되었는지를 확인하고 있을 것을 요구하기는 어렵다는 점에서 요건 충족시 계약상대자에게 청구하도록 규정한 것이다.

대법원은 "물가변동으로 인한 계약금액 조정에 있어, 계약금액 조정은 계약체결일부터 일정한 기간이 경과함과 동시에 품목조정률이 일정한 비율 이상 증감함으로써 조정사유가 발생하였다 하더라도 그 자체로 자동적으로 이루어지는 것이 아니라, 계약당사자의 상대방에 대한 적법한 계약금액 조정신청에 의하여 비로소 이루어진다고 할 것이다."라고 판시하여 계약금액 조정신청이 계약금액 조정의 요건임을 분명히 하였다(대법원 2006. 9. 14. 선고 2004다28825 판결).

(2) 내역서의 첨부

공사계약일반조건 제22조 제4항은 계약상대자가 계약금액의 증액을 청구할 경우 계약금액 조정 내역서를 첨부하도록 규정하였는데, 이는 발주기관 입장에서 조정요건의 충족 여부를 확인할 수 있도록 하기 위함으로 보인다.

계약상대자가 내역서를 첨부하지 않고 계약금액 증액의 의사표시만을 할 경우 이를 적법한 계약금액 조정신청으로 볼 수 있는지가 문제될 수 있는데, 공사계약일반조건 제22조 제4항이 "계약금액 조정 내역서를 첨부하여야 한다"라고 규정하고 있는 점에 비추어 볼 때 내역서 첨부는 단순히 절차상의 편의를 위한 규정이 아니라 적법한 계약금액 조정신청의 요건으로 봄이 타당하다. 기획재정부역시 단순히 계약금액의 조정을 요청하는 공문만을 제출한 경우에는 적법한 신청으로 볼 수 없다고 해석하였다.9)

하급심은 "물가변동으로 인한 계약금액의 조정신청은 조정을 요구하는 의사표시만으로 성립한다고 할 수는 없으나, 그와 같은 의사표시와 함께 계약금액 조정요건의 성립을 증명할 수 있는 관계서류를 첨부함으로써 족하고, 나아가 시행령 제64조 및 시행규칙 제74조에서 정한 방식에 따라 조정금액을 산출하여 신청할 것까지는 요하지 않는다"고 판시하였는바(서울고등법원 2004. 5. 12. 선고 2003나72988 판결), 이에 따르면 내역서는 국가계약법령으로 정한 방식으로 내역을 산정할 것까지는 요구되지 않고 계약금액 조정요건을 증명할 수 있을 정도면 충분하다고 볼 수 있다.

한편 공사계약일반조건 제22조 제3항과 제4항은 계약상대자가 계약금액 증액신청을 하는 경우에 대해서만 규정하고 있고, 발주기관이 계약금액을 감액하고자 할 경우에 대해서는 규정하고 있지 않다. 정부 입찰·계약 집행기준은 제70조의5로 계약금액 감액조정 등에 대하여 규정하고 있지만, 여기서도 발주기관이 계약금액을 감액할 경우의 절차에 대하여는 규정하지 않고 있다. 이에 발주기관이 물가변동을 이유로 계약금액을 감액하고자 할 경우에는 어떠한 절차를 거쳐야 하는지가 문제될 수 있는데, 위 서울고등법원 판결(서울고등법원 2004. 5. 12. 선고 2003나72988 판결)은 계약금액의 증액의 경우와 달리 감액의 경우에는 관련 법령에서 그 구체적인 신청절차를 규정하지 않고 있으나 계약금액의 증액과 감액을

---

9) 회제 45107-51, 1995. 1. 13.

다르게 취급할 합리적인 근거가 없다고 보았고, 발주기관이 계약상대자에게 단순히 조정요구 공문만을 보내고 계약금액 감액조정요건의 성립을 증명할 수 있는 관계서류를 보내지 않았다면 적법한 계약금액 조정을 요청한 것으로 볼 수 없다고 판단하였다. 결국 발주기관이 계약금액 감액조정을 하고자 할 경우에도 내역서를 첨부하여 계약금액 조정을 요청하여야 할 것이다.

(3) 조정신청 시기

공사계약일반조건 제22조 제3항은 준공대가(장기계속계약의 경우 각 차수별 준공대가) 수령 전까지 계약금액 조정신청을 하여야 조정금액을 지급받을 수 있다고 규정하고 있다. 발주기관의 입장에서는 계약상대자가 계약의 이행을 완료한 후 그에 따른 준공대가를 수령한 이상 그 이후 더 이상 추가적인 대가를 지급할 의무는 남아 있지 않다고 신뢰할 것이라는 점에서, 위 규정은 이러한 신뢰를 보호하기 위한 규정으로 볼 수 있다.[10]

한편 물가변동으로 인한 계약금액 조정요건이 발생하였는데 조정기준일 이후 별도의 계약금액 조정신청 없이 계약을 이행하고 기성대가를 지급받았다면 조정기준일 이후 이행한 부분이 차후에 계약금액 조정의 대상이 될 수 있는지가 문제될 수 있다. 대법원은 이 문제와 관련하여 "물가변동으로 인한 계약금액 조정에 있어서 조정기준일 이후에 이행된 부분의 대가(기성대가)라 할지라도 그 대가가 조정에 앞서 이미 지급된 경우에는, 증액조정이나 감액조정을 불문하고 그것이 개산급(槪算給)으로 지급되었거나 계약당사자가 계약금액 조정을 신청한 후에 지급된 것이라면 이는 차후 계약금액의 조정을 염두에 두고 일단 종전의 계약내용에 따라 잠정적으로 지급된 것으로서 물가변동적용대가(계약금액 중 조정기준일 이후에 이행되는 부분의 대가)에 포함되어 계약금액 조정의 대상이 되나, 이와 달리 당사자 사이에 계약금액 조정을 염두에 두지 않고 확정적으로 지급을 마친 기성대가는 당사자의 신뢰보호 견지에서 물가변동적용대가에서 공제되어 계약금액 조정의 대상이 되지 않는다."고 판시하여 계약금액 조정신청 없이 기성대가를 지급받았다면 원칙적으로 조정기준일 이후의 물가변동분에 대하여 지급받을 수 없음을 분명히 하였다(대법원 2006. 9. 14. 선고 2004다28825 판결).

---

10) 같은 취지, 김성근, 앞의 책(Ⅱ), 162면.

(4) 발주기관의 조치

발주기관은 계약상대자의 계약금액 조정신청을 받은 날로부터 30일 이내에 계약금액을 조정하여야 하나, 예산배정의 지연 등 불가피한 경우에는 계약상대자와 협의하여 조정기한을 연장할 수 있고, 계약금액을 증액할 예산이 없는 경우에는 공사량 등을 조정하여 그 대가를 지급할 수 있다(국가계약법 시행규칙 제74조 제9항, 공사계약일반조건 제22조 제5항).

한편 계약담당공무원은 계약상대자의 계약금액 조정 청구 내용이 일부 미비하거나 불분명한 경우에는 지체없이 보완요구를 하여야 하며, 이 경우 계약상대자가 보완요구를 통보받은 날부터 발주기관이 그 보완을 완료한 사실을 통지받은 날까지의 기간은 위 30일에 산입하지 아니한다(공사계약일반조건 제22조 제6항 본문). 다만 계약상대자의 계약금액 조정 청구내용이 계약금액 조정요건 자체를 충족하지 않았거나 관련 증빙서류가 첨부되지 아니한 경우 계약담당공무원은 그러한 사유를 명시하여 계약상대자에게 청구서를 반송하여야 하며, 이 경우 계약상대자는 그 반송사유를 충족하여 계약금액 조정을 다시 청구하여야 한다(공사계약일반조건 제22조 제6항 단서). 이러한 경우는 최초 계약금액 조정신청 당시 적법한 계약금액 조정신청이 이루어지지 아니한 것으로 볼 수 있을 것이다.

계약상대자의 하수급인은 특정규격 자재의 가격변동으로 인한 계약금액 조정요건(국가계약법 시행령 제64조 제6항)이 충족되었음에도 계약상대자가 계약금액 조정신청을 하지 않을 경우 이러한 사실을 계약담당공무원에게 통보할 수 있고, 통보받은 계약담당공무원은 이를 확인한 후 계약상대자에게 계약금액 조정신청과 관련된 필요한 조치 등을 하도록 하여야 한다(공사계약일반조건 제22조 제7항). 하도급법 제16조 제1항 제1호에 따르면 원사업자(계약상대자)에게는 경제상황의 변동 등을 이유로 계약금액을 증액받은 경우 그 내용과 비율에 따라 하도급대금도 증액하여 지급할 의무가 있다. 특정규격 자재와 관련된 물품 제조나 공사를 하도급받은 하수급인으로서는 해당 자재의 가격변동으로 인한 계약금액 조정과 깊은 이해관계를 가질 뿐만 아니라 그만큼 그 요건 충족을 인지할 가능성이 높을 것이므로, 하수급인의 보호를 위하여 위와 같은 규정을 둔 것으로 이해된다.

4. 계약금액 조정의 효과

(1) 물가변동적용대가에 조정률 반영

발주기관은 계약체결 당시 따르기로 한 조정률(품목조정률 또는 지수조정률)이 100분의 3 이상 증감하였다면, 조정기준일 이후 이행되는 부분의 대가(이하 "물가변동적용대가")에 조정률을 곱하여 산정한 금액을 증액하거나 감액한다. 계약상 조정기준일 이전에 이행이 완료되었어야 할 부분은 물가변동적용대가에서 제외하나, 발주기관에 책임 있는 사유나 불가항력의 사유로 이행이 지연되어 미처 이행되지 못한 부분은 물가변동적용대가에 포함시킨다(국가계약법 시행규칙 제74조 제5항). 결국 물가변동적용대가란 계약상대자에게 책임이 없었을 경우 전체 계약에서 이행되는 부분 중 조정기준일 이전에 이행이 완료되었을 부분을 제외한 나머지 부분의 대가를 의미하는 것으로 이해할 수 있다. 그리고 이와 같이 물가변동적용대가가 계약금액 조정의 대상이 되는 것이고, 총계약금액이 조정의 대상이 되는 것은 아니다.[11]

국가계약법 시행규칙 제74조 제5항이 조정기준일 이전에 이행이 완료되었어야 할 부분을 물가변동적용대가에서 제외하고 있는 것은 계약상대자가 자신의 귀책사유로 이행을 지체하던 도중 계약금액 증액사유가 발생하였는데 지체된 부분에 대해서까지 증액을 인정한다면 계약상대자가 스스로의 잘못으로 인하여 오히려 이익을 얻게 되는 부당한 결과가 발생하기 때문이다. 반면 이행이 지체된 것이 계약상대자의 책임이 아니라 발주기관의 책임이나 불가항력으로 인한 것이었는데 단순히 이행이 지체되었다는 이유로 계약상대자가 지체된 부분의 물가변동으로 인한 위험을 감수하는 것은 불합리하기 때문에, 이러한 경우는 조정기준일 이전까지 해당 부분이 이행되지 못하였다고 하더라도 물가변동적용대가에 포함시키는 것으로 볼 수 있다.

(2) 선금의 공제

국가계약법 시행령 제64조 제3항은 계약상대자가 선금을 지급받은 경우 물가변동을 반영하여 산출한 증가액에서 기획재정부령이 정하는 바에 의하여 산출

---

11) 법무법인(유한)태평양 건설부동산팀, 앞의 책, 310면.

한 금액을 공제하도록 규정하고 있다. 기획재정부령이 정하는 공제방식은 "공제금액 = 물가변동적용대가 × (품목조정률 또는 지수조정률) × 선금급률"이다(국가계약법 시행규칙 제74조 제6항 3문). 이와 같은 규정을 둔 것은 발주기관이 계약 체결 후 선금을 지급하였다면 계약상대자는 자재 등의 물가가 변동되기 전에 그 자재 등을 구입하였다고 볼 수 있어 선금으로 구비한 자재 등의 물가변동분을 제외하는 것이 타당하기 때문일 것이다.[12]

한편 물가변동적용대가를 산정함에 있어서 장기계속공사계약, 장기물품제조계약, 계속비계약 등에서는 당해 연도 계약체결분 또는 당해 연도 이행금액을 기준으로 한다(국가계약법 시행규칙 제74조 제6항 후문).

5. 환율변동으로 인한 계약금액 조정

국가계약법 시행령 제64조 제7항은 "각 중앙관서의 장 또는 계약담당공무원은 환율변동을 원인으로 하여 제1항에 따른 계약금액 조정요건이 성립된 경우에는 계약금액을 조정한다."라고 규정하여, 물가변동의 특수한 형태로서 환율변동을 규정하고 있다.

환율변동으로 인한 계약금액 조정은 환율의 변동으로 인하여 계약금액을 구성하는 품목 등의 가격이 변동하는 것을 요건으로 한다. 국가계약법 시행령 제64조 제7항은 제1항에 따른 계약금액 조정요건이 성립할 것을 요건으로 하고 있으므로, 환율변동을 이유로 품목조정률 또는 지수조정률이 100분의 3 이상 변동되어야 할 것이다. 위 규정상 국가계약법 시행령 제64조 제6항(특정규격 자재의 가격변동)이 환율변동으로 인한 계약금액 조정에서도 적용될 수 있는지 불분명하나, 기획재정부는 적용될 수 있다고 해석한 바 있다.[13]

6. 물가변동으로 인한 계약금액 조정 조항의 강행규정성 여부

(1) 기존 실무에서의 입장

국가계약법, 같은 법 시행령 및 시행규칙, 공사계약일반조건, 정부 입찰·계약집행기준 등 물가변동으로 인한 계약금액 조정을 규정하고 있는 제 규정들은 물가변동으로 인한 계약금액 조정 규정을 배제하는 특약을 하였을 경우 그 특약이

---

12) 김성근, 앞의 책(Ⅱ), 193면.
13) 회계제도과-1002, 2009. 6. 2; 김성근, 앞의 책(Ⅱ), 206면에서 재인용.

효력이 있는지에 대해서는 전혀 언급하지 않고 있다.

이에 따라 물가변동으로 인한 계약금액 조정 조항이 강행규정에 해당하는지가 기존부터 논의되어 왔다. 물가변동으로 인한 계약금액 조정 조항이 강행규정이 아니라는 견해도 있으나,[14] 실무에서 다수의 견해는 이를 강행규정으로 보고 있다.[15] 기획재정부도 물가변동으로 인한 계약금액 조정은 발주기관과 계약상대자의 의무사항으로 규정되어 있어서 당사자 사이에 이를 배제하는 특약을 정하는 것은 법령의 규정에 위배된다고 유권해석을 하여 동일한 입장을 취하고 있었다.[16]

(2) 대법원의 판단

대법원은 전원합의체 판결을 통하여 국가계약법상 물가변동으로 인한 계약금액 조정 조항이 강행규정이 아니라고 판시하였다(대법원 2017. 12. 21. 선고 2012다74076 전원합의체 판결). 아래는 해당 판결의 판결요지 부분을 인용한 것이다.

[대법원 2017. 12. 21. 선고 2012다74076 전원합의체 판결의 판결요지 부분]

[다수의견] 국가를 당사자로 하는 계약이나 공공기관의 운영에 관한 법률의 적용 대상인 공기업이 일방 당사자가 되는 계약(이하 편의상 '공공계약'이라 한다)은 국가 또는 공기업(이하 '국가 등'이라 한다)이 사경제의 주체로서 상대방과 대등한 지위에서 체결하는 사법상의 계약으로서 본질적인 내용은 사인 간의 계약과 다를 바가 없으므로, 법령에 특별한 정함이 있는 경우를 제외하고는 서로 대등한 입장에서 당사자의 합의에 따라 계약을 체결하여야 하고 당사자는 계약의 내용을 신의성실의 원칙에 따라 이행하여야 하는 등[구 국가를 당사자로 하는 계약에 관한 법률(2012. 12. 18. 법률 제11547호로 개정되기 전의 것, 이하 '국가계약법'이라 한다) 제5조 제1항] 사적 자치와 계약자유의 원칙을 비롯한 사법의 원리가 원칙적으로 적용된다.

한편 국가계약법상 물가의 변동으로 인한 계약금액 조정 규정은 계약상대자가

---

14) 이범상, 건설관련소송(법률문화원, 2008), 172면; 김성근, 앞의 책(Ⅱ), 141면에서 재인용.

15) 윤재윤, 앞의 책, 188면; 김성근, 앞의 책(Ⅱ), 142면; 법무법인(유한)태평양 건설부동산팀, 앞의 책, 304면.

16) 회제 41301-622, 2007. 6. 19.

계약 당시에 예측하지 못한 물가의 변동으로 계약이행을 포기하거나 그 내용에 따른 의무를 제대로 이행하지 못하여 공공계약의 목적 달성에 지장이 초래되는 것을 막기 위한 것이다. 이와 더불어 세금을 재원으로 하는 공공계약의 특성상 계약 체결 후 일정 기간이 지난 시점에서 계약금액을 구성하는 각종 품목 또는 비목의 가격이 급격하게 상승하거나 하락한 경우 계약담당자 등으로 하여금 계약금액을 조정하는 내용을 공공계약에 반영하게 함으로써 예산 낭비를 방지하고 계약상대자에게 부당하게 이익이나 불이익을 주지 않으려는 뜻도 있다.

따라서 계약담당자 등은 위 규정의 취지에 배치되지 않는 한 개별 계약의 구체적 특성, 계약이행에 필요한 물품의 가격 추이 및 수급 상황, 환율 변동의 위험성, 정책적 필요성, 경제적 변동에 따른 위험의 합리적 분배 등을 고려하여 계약상대자와 물가변동에 따른 계약금액 조정 조항의 적용을 배제하는 합의를 할 수 있다. 계약금액을 구성하는 각종 품목 등의 가격은 상승할 수도 있지만 하락할 수도 있는데, 공공계약에서 위 조항의 적용을 배제하는 특약을 한 후 계약상대자가 이를 신뢰하고 환 헤징(hedging) 등 물가변동의 위험을 회피하려고 조치하였음에도 이후 물가 하락을 이유로 국가 등이 계약금액의 감액조정을 요구한다면 오히려 계약상대자가 예상하지 못한 손실을 입을 수 있는 점에 비추어도 그러하다.

위와 같은 공공계약의 성격, 국가계약법령상 물가변동으로 인한 계약금액 조정 규정의 내용과 입법 취지 등을 고려할 때, 위 규정은 국가 등이 사인과의 계약관계를 공정하고 합리적·효율적으로 처리할 수 있도록 계약담당자 등이 지켜야 할 사항을 규정한 데에 그칠 뿐이고, 국가 등이 계약상대자와의 합의에 기초하여 계약당사자 사이에만 효력이 있는 특수조건 등을 부가하는 것을 금지하거나 제한하는 것이라고 할 수 없으며, 사적 자치와 계약자유의 원칙상 그러한 계약 내용이나 조치의 효력을 함부로 부인할 것이 아니다.

다만 국가를 당사자로 하는 계약에 관한 법률 시행령(이하 '국가계약법 시행령'이라 한다) 제4조는 '계약담당공무원은 계약을 체결함에 있어서 국가계약법령 및 관계 법령에 규정된 계약상대자의 계약상 이익을 부당하게 제한하는 특약 또는 조건을 정하여서는 아니 된다'고 규정하고 있으므로, 공공계약에서 계약상대자의 계약상 이익을 부당하게 제한하는 특약은 효력이 없다. 여기서 어떠한 특약이 계약상대자의 계약상 이익을 부당하게 제한하는 것으로서 국가계약법 시행령 제4조에 위배되어 효력이 없다고 하기 위해서는 그 특약이 계약상대자에게 다소 불이익하다는 점만으로는 부족하고, 국가 등이 계약상대자의 정당한 이익과 합리적인 기대에 반하여 형평에 어긋나는 특약을 정함으로써 계약상대자에게 부당하게 불이익을 주었다는 점이 인정되어야 한다. 그리고 계약상대자의 계약상 이익을 부당하게 제한하는 특약인지는 그 특약에 의하여 계약상대자에게 생길 수 있는 불이익의 내용과 정도, 불이익 발생의 가능성, 전체 계약에 미치는 영향, 당사자들 사이의 계약체결과정, 관계 법령의 규정 등 모든 사정을 종합하여 판단하여야 한다.

[대법관 고영한, 대법관 김재형의 반대의견] 국가계약법령은 물가변동이나 환율변동에 따른 계약금액 조정의 요건과 효과에 관하여 명확한 규정을 두고 있다. 공공계약 체결 후 계약금액을 구성하는 각종 품목 등의 가격이 물가변동이나 환율변동으로 급격하게 상승하면, 상대방이 경제적 어려움으로 계약의 이행을 중단·포기하여 계약의 목적을 달성할 수 없거나 계약을 부실하게 이행할 우려가 있다. 반면 물가변동이나 환율변동으로 위와 같은 품목 등의 가격이 급격하게 하락하면, 세금을 재원으로 하는 공공계약의 특성상 국가나 공공기관의 예산이 불필요하게 과다 집행될 수 있다. 물가변동이나 환율변동으로 인해 계약을 통해서 달성하고자 하는 목적이 좌절되거나 더 큰 사회적 비용이 들지 않도록 하고 적정 예산이 집행되도록 하려는 공익적 목적을 달성하기 위하여 계약담당공무원에게 계약 체결 후 일정 기간이 지난 시점에서 계약금액을 구성하는 각종 품목 등의 가격 변동을 반영하여 계약금액을 조정하는 의무를 부과하는 규정이 도입된 것이다.

공공계약을 체결할 당시에 약정으로 물가변동이나 환율변동으로 인한 위험을 미리 배분하는 것이 효율적인 경우도 있을 수 있다. 그러나 국가계약법 제19조는 그러한 약정을 허용하는 것보다 조정을 강제하는 것이 바람직하다는 입법적 선택을 한 것이다. 이러한 입법이 헌법에 반한다거나 감당할 수 없이 부당한 극히 예외적인 상황이 아니라면 국가와 그 상대방은 이에 따라야 한다.

이 규정에 따른 계약금액 조정은 '물가의 변동이나 환율변동으로 인하여 계약 금액을 조정할 필요가 있을 때'라는 법률요건을 충족한 경우에 한하여 적용되고 그 요건에 관해서는 법률의 위임에 따라 시행령과 시행규칙에서 구체적으로 명확하게 규정하고 있다. 따라서 <u>위 요건의 해석·적용과 시행령과 시행규칙에 있는 세부적인 규율을 통하여 계약금액 조정을 둘러싼 부당한 결과를 회피할 수 있는 장치가 마련되어 있다.</u>

이러한 규정은 공공계약에 대하여 <u>사적 자치와 계약 자유의 원칙을 제한하는 것으로서 강행규정 또는 효력규정에 해당한다.</u> 따라서 공공계약의 당사자인 국가와 그 상대방은 공공계약 체결 이후 물가변동이나 환율변동에 따른 손실의 위험을 공정하고 형평에 맞게 배분하기 위하여 계약금액을 조정하여야 하고, 이를 배제하는 약정은 효력이 없다.

이러한 결론은 <u>법 규정의 문언에서 명백하게 드러나 있을 뿐만 아니라, 공공계약과 국가계약법의 성격, 입법 경위에서 알 수 있는 입법자의 의사, 법 규정의 체계와 목적 등에 비추어 보아도 타당하다.</u>

위 대법원 판결에서 다수의견은, 공공계약은 사법(私法)의 영역이므로 사적 자치의 원칙 및 계약자유의 원칙 등 사법의 원리가 원칙적으로 적용되는 영역이고, 물가변동으로 인한 계약금액 조정 규정은 계약상대자의 보호 그 자체보다는 계약상대자가 물가변동으로 인하여 손해를 입게 될 경우 계약이행을 포기하는 것을 막아 공공계약의 목적을 달성할 수 있게 하는데 근본적인 취지가 있는 것이므로, 발주기관으로서는 개별 계약에서의 구체적인 사정을 고려하여 계약상대자와 물가변동으로 인한 계약금액 조정 조항의 적용을 배제하는 합의를 할 수 있는 것이고, 다만 이러한 합의가 계약상대자의 정당한 이익과 합리적인 기대에 반하여 형평에 어긋나는 정도에 이르러야 비로소 구 국가계약법 시행령 제4조(현 국가계약법 제5조 제3항)의 부당특약에 해당되어 효력이 없다고 보았다.

반면에, 반대의견은 입법 방식상 국가계약법은 위험을 사전에 배분하는 방식이 아니라 물가변동 등으로 인한 비용증가를 계약금액에 반영하는 것을 강제하는 입법적 방식을 택한 것이므로 발주기관은 이에 따라야 하고, 국가계약법 시행령과 시행규칙은 물가변동으로 인한 계약금액 조정과 관련하여 세부적인 시행 방안을 규정하여 불합리한 결과가 발생하는 것을 사전에 차단할 수 있도록 하였으며, 이러한 점에서 보더라도 이는 사적자치와 계약자유의 원칙을 제한하는 강행규정에 해당하는 것이라 보았고, 이렇게 보는 것이 관련 법 규정의 문언, 입법 경위, 법 규정의 체계와 목적 등에 부합하는 것이라 보았다.

(3) 위 전원합의체 판결의 다수의견에 대한 비판적 고찰

가) 국가계약법 제19조, 국가계약법 시행령 제64조 제1항은 법문상 '조정한다'는 단정적인 표현을 사용하고 있는데, 소수의견이 지적하고 있는 것처럼 이는 '조정하여야 한다'라고 해석함이 타당할 것이다.

물론 이러한 규정형식만으로 해당 조항을 강행규정으로 해석할 수는 없을 것이지만, 국가계약법 시행령 제64조 제1항 전문 및 각 호는 물가변동에 의한 계약금액 조정이 필요한 경우, 즉 계약금액 조정의 요건에 대하여 상세하게 규정하고 있고, 같은 법 시행규칙 제74조 제1, 3, 4항은 그와 같은 요건을 더욱 구체적으로 규정하고 있으며, 제5항은 이에 따른 조정금액의 산출 방식을 규정하고 있다. 이러한 규정은 물가변동으로 인한 계약금액 조정의 요건이 갖추어질 경우 계약금액 조정이 이루어져야 하는 것을 당연한 전제로 하고 있는 것으로 볼 수 있다.

나) 입법 연혁적으로도 국가계약법상 물가변동으로 인한 계약금액 조정에 관한 규정은 계약담당공무원에게 재량의 여지를 두지 않고 물가변동에 따른 계약금액 조정 의무를 부과하는 방향으로 변경이 이루어져 왔다.

또한 정부가 1995. 7. 10. 국가계약법령의 하위규정으로서 공사계약일반조건, 지수조정률산출요령 등 회계예규를 제정한 점, 1999. 9. 9. 국가계약법 시행령 개정을 통해 계약상대자로부터 계약금액 조정신청을 받은 날로부터 30일 이내에 계약금액을 조정하도록 한 점, 2006. 12. 29. 국가계약법 시행령 개정을 통해 공사계약의 경우 특정규격의 자재별 가격변동으로 인하여 입찰일을 기준일로 하여 산정한 해당자재의 가격증감률이 15% 이상인 때에는 그 자재에 한하여 계약금액을 조정하도록 하는 소위 단품슬라이딩제도를 도입한 점 등[17]을 고려해 본다면, 물가변동에 의한 계약금액 조정 조항의 입법 목적과 취지가 계약상대자에 대한 배려나 보호에 있음을 부정하기 어렵다. 특히 우리나라는 광복 이래 지

---

17) 김성근, 앞의 책(Ⅱ), 138-139면.

속적인 경제성장을 해 왔고, 이에 따라 물가도 꾸준히 상승하여 왔다는 점에 비추어 보면, 물가변동으로 인한 계약금액 조정은 물가상승으로 인한 계약금액 증액에 가깝다는 점에서 해당 규정은 계약상대자를 위한 규정으로서의 측면이 매우 강하다고 할 것이다.

다) 다수의견이 물가변동으로 인한 계약금액 조정 조항의 강행규정성을 부정하는 근거로서 사적자치와 계약자유의 원칙을 정면에 내세운 것 또한 타당하다고 보기 어렵다.

사법상의 계약이 사적 자치와 계약자유의 원칙을 기본원칙으로 삼고 있는 것은 당사자 상호 간의 관계가 대등한 것을 전제로 하고 있기 때문이다. 따라서 '당사자 상호 간 대등의 원칙'이 유지될 수 없는 경우에는 사법상의 계약이라고 하더라도, 사적 자치와 계약자유의 원칙은 어느 정도 완화될 수밖에 없다. 지상권자, 차주, 임차인, 여행자를 위한 편면적 강행규정인 민법 제289조, 제608조, 제652조, 제674조의9가 그 단적인 예로 볼 수 있다.

실질적인 측면에서 살펴보면, 공공계약에서 국가 등과 사인인 계약상대자는 상호 대등한 관계라고 보기 어렵다. 계약상대자가 임의로 계약 체결을 거부하거나 이행을 거절할 경우 단순히 손해배상책임을 부담하는 것을 넘어 입찰참가자격 제한 처분 등 행정적인 제재를 받게 된다는 점에서 국가 등은 우월적 지위에서 계약상대자의 계약 체결 및 이행을 상당 부분 통제하고 있다고 볼 수 있고, 대다수의 공공 공사계약에서는 발주기관이 내부적인 예산 소요 계획 등을 이유로 공사 일정을 사실상 임의로 결정하고 있으며, 계약 체결 및 변경 과정에서도 발주기관의 이해관계가 강하게 작용하는 경우가 다수이다. 이러한 측면에서, 공공계약에서 사적 자치와 계약자유의 원칙을 강조한 다수의견의 입장은 공공계약의 현실을 도외시한 판단이라는 비판을 면하기 어렵다.

라) 공공계약의 일방당사자는 국가나 지방자치단체 또는 이에 준하는 공공기관이다. 이중 국가는 국민이나 법규범·법질서에 대한 보호의무를 직접적으로 부담하는 주체에 해당한다.

국가가 물가변동으로 인한 계약금액 조정 조항에 반하는 특약을 체결하도록 허용하는 것은, 국가가 입법기관으로서는 국가계약법 및 관련 규정상 물가변동으로 인한 계약금액 조정 조항을 의무규정의 형식으로 제정하여 놓고서는, 계약상 행위주체의 지위에서는 앞서 스스로 제정한 법령의 내용을 위반하여 국민(계약상대자)에게 불리한 내용의 계약을 체결하게 허용하는 것이나 다름없다. 이러한 행태는 결코 정의 관념에 부합한다고 볼 수 없다.

대법원의 다수의견은 사적 자치나 계약자유의 원칙을 내세워 국가의 법위반 행위를 정당화한 것이라는 비판을 받아 마땅하다.

Ⅲ. 설계변경으로 인한 계약금액 조정

1. 의의

설계변경으로 인한 계약금액 조정제도는 계약체결 이후 설계변경으로 인하여 공사량의 증감이 발생하였을 때 계약금액을 조정하는 것을 의미한다.

국가계약법 제19조는 설계변경으로 인한 계약금액 조정에 관하여 포괄적인 조항을 두고 있고, 국가계약법 시행령 제65조는 설계변경의 요건과 조정기준, 절차에 관한 규정을 두고 있다. 국가계약법 시행규칙 제74조의2는 설계변경의 시점 등에 대하여 규정하면서 기획재정부장관에게 설계변경으로 인한 계약금액의 조정에 관한 세부사항의 규정을 위임하였는데, 이에 따라 기획재정부 계약예규 공사계약일반조건은 제19조 내지 제21조에서 설계변경에 관한 상세한 규정을 두고 있다.

2. 설계서의 의미

설계변경으로 인한 계약금액 조정제도는 설계변경을 요건으로 하고 있으므로, 여기서 설계변경의 기준이 되는 설계서의 의미가 무엇인지 이해할 필요가 있다. 공사계약일반조건 제2조 제4호는 공사시방서, 설계도면, 현장설명서, 공사기간의 산정근거(국가계약법 시행령 제6장 및 제8장의 계약 및 현장설명서를 작성하는 공사는 제외), 공종별 목적물 물량내역서(가설물의 설치에 소요되는 물량을 포함하며, 이하 "물량내역서")를 설계서로 규정하고 있고, 같은 조 제5호 내지 제8호는 설계서에 포함되는 위 도서들에 대한 개념을 정의하고 있다.

(1) 공사시방서

공사시방서란 공사에 쓰이는 재료, 설비, 시공체계, 시공기준 및 시공기술에 대한 기술설명서와 이에 적용되는 행정명세서로, 설계도면에 대한 설명 또는 설계도면에 기재하기 어려운 기술적인 사항을 표시해놓은 도서를 말한다(공사계약일반조건 제2조 제5호).

(2) 설계도면

설계도면은 시공될 공사의 성격과 범위를 표시하고 설계자의 의사를 일정한 약속에 근거하여 그림으로 표현한 도서로서 공사목적물의 내용을 구체적인 그림으로 표시해 놓은 도서를 말한다(공사계약일반조건 제2조 제6호). 이는 시공될 공사의 성격과 범위를 표시하고 공사목적물의 모양과 크기를 일정한 축척에 따라 점, 선, 기호, 문자 및 숫자 등으로 표현한 도서로서 공사비 계산의 기준이 되며, 현장시공에 있어 기본도로 사용하는 도면이다.[18]

(3) 현장설명서

현장설명서는 현장설명 시 교부하는 도서로서 시공에 필요한 현장상태 등에 관한 정보 또는 단가에 관한 설명서 등을 포함한 입찰가격 결정에 필요한 사항을 제공하는 도서를 의미한다(공사계약일반조건 제2조 제7호).

(4) 물량내역서

물량내역서는 공종별 목적물을 구성하는 품목 또는 비목과 그 품목 또는 비목의 규격·수량·단위 등이 표시된 내역서 중 국가계약법 시행령 제14조 제1항에 따라 계약담당공무원 또는 입찰에 참가하려는 자가 작성한 내역서, 국가계약법 시행령 제30조 제2항 및 계약예규 정부 입찰·계약 집행기준 제10조 제3항에 따라 견적서제출 안내공고 후 견적서를 제출하려는 자에게 교부된 내역서를 의미한다(공사계약일반조건 제2조 제8호).

여기서 국가계약법 시행령 제14조 제1항에 따라 입찰에 참가하려는 자가 작성한 내역서란, 국가계약법 시행령 제42조 제4항의 종합심사낙찰제 방식의 입찰에서 중앙관서의 장 또는 계약담당공무원이 입찰참가자에게 직접 작성하게 한 물량내역서를 의미한다.

---

18) 고상진, 박채규, 김성근, 『설계변경과 클레임』, 도서출판 삼일(2010), 35면; 김성근, 앞의 책(Ⅱ), 218면에서 재인용.

(5) 설계서에서 제외되는 내역서

공사계약일반조건 제2조 제4호는 일괄입찰을 실시하여 체결된 공사와 대안 입찰을 실시하여 체결된 공사에서 대안이 채택된 부분의 산출내역서, 실시설계 기술제안입찰을 실시하여 체결된 공사와 기본설계 기술제안입찰을 실시하여 체 결된 공사의 산출내역서, 수의계약으로 체결된 공사의 산출내역서(다만 국가계약 법 시행령 제30조 제2항 본문에 따라 체결된 수의계약 공사의 물량내역서는 제외)는 설 계서에 포함되지 않는다고 규정하고 있다.

공사의 입찰시 제출되는 산출내역서란 발주기관이 작성한 물량내역서에 입 찰참가자가 단가를 적는 방법으로 작성하는 것인데(국가계약법 시행령 제14조 제6 항, 제7항), 위와 같은 산출내역서는 공종별 목적물을 구성하는 품목 또는 비목과 그 품목 또는 비목의 규격·수량·단위 등이 표시되어 있다는 점에서 물량내역서 로서의 성격을 가진다고 볼 수도 있다. 그러나 설계·시공 일괄입찰 공사 등의 경 우에는 입찰참가자나 계약상대방이 직접 산출내역서의 공종 등 세부내역을 모두 결정하여 작성한 것이라는 점에서 그 물량부분을 설계로 인정하게 될 경우 계약 상대자 등이 계약체결 당시 추후 설계변경으로 인한 증액을 받을 의도로 특정 부 분의 물량을 적게 산정하는 등 편법을 사용할 수 있기 때문에 이러한 내역서를 설계서의 범위에서 제외하고 있는 것으로 보인다.[19]

국가계약법 시행령 제65조 제1항 단서도 입찰에 참가하려는 자가 직접 물량 내역서를 작성하고 해당 물량내역서에 단가를 기입한 산출내역서를 제출한 경우 에는 물량내역서의 누락·오류 등을 정정하는 설계변경을 하더라도 계약금액을 변경할 수 없다고 규정하고 있다.

(6) 산출내역서

공사계약일반조건은 제2조 제9호에서 별도로 산출내역서에 대하여 정의하 고 있다.

이에 따르면 산출내역서란, 공사의 입찰에 참가하려는 자가 발주기관이 제 공한 물량내역서에 단가를 적는 방법으로 작성한 내역서(공사계약일반조건은 제2 조 제9호 가목), 대안입찰자가 대안을 제출하는 경우 원안입찰 및 대안입찰에 대

---

19) 같은 취지, 김성근, 앞의 책(Ⅱ), 221면.

한 단가와 수량을 기재한 문서, 일괄입찰자가 실시설계서를 제출하며 실시설계에 관한 단가 및 수량을 기재한 문서(공사계약일반조건 제2조 제9호 나목), 실시설계 기술제안입찰에서 발주기관이 교부한 설계서 및 입찰자가 제출하는 기술제안서의 내용을 반영하여 물량과 단가를 명백히 기재한 문서, 기본설계 기술제안입찰에서 실시설계에 관한 단가 및 수량을 명백히 기재한 문서(공사계약일반조건 제2조 제9호 다목), 수의계약으로 체결된 공사에서 착공신고서 제출시까지 제출한 내역서(공사계약일반조건 제2조 제9호 라목)를 의미한다.

3. 계약금액 조정의 요건으로서 설계변경 및 이와 관련하여 이행되어야 할 절차

설계변경은 말 그대로 공사가 진행되는 도중 당초의 설계 내용에 변경이 발생하는 것을 의미한다. 다만 이와 같이 이해할 경우 구체적으로 어떠한 경우에 설계변경이 인정될 수 있는지 불분명할 수 있는데, 공사계약일반조건은 제19조 제1항에서 설계변경이 인정될 수 있는 구체적인 사유를 규정하고 있고, 제19조의2 내지 제19조의5에서 각 사유의 세부적인 내용 및 해당 사유가 발생한 경우 계약금액 조정을 위하여 취하여야 할 절차를 규정하고 있다.

(1) 설계서 내용의 불분명 및 누락·오류 또는 상호 모순되는 점의 존재(공사계약일반조건 제19조 제1항 제1호)

가) 의미

설계서의 내용이 불분명한 경우란 설계서만으로는 시공방법이나 투입자재 등을 확정할 수 없는 경우를 의미한다(공사계약일반조건 제19조의2 제2항 제1호). 예컨대, 암파쇄 굴착공법의 경우 대형브레이커 기계굴착, 유압파쇄, 전력파암공법 중 구체적인 공법을 선정하여야 하는데 그 중 어느 공법에 의할 것인지가 설계서에 명시되지 않았다면 설계서의 내용이 불분명한 경우로 볼 수 있다.[20]

설계서에 누락이 있는 경우란 당해 공사의 목적달성을 위해 필수적으로 이행되어야 할 사항이 빠져 있는 것을 의미한다.[21] 특정 공종 부분이 빠져있는 경

---

20) 김성근, 앞의 책(Ⅱ), 233면.
21) 윤승보, 설계변경으로 인한 분쟁의 해결방안에 대한 고찰(경희대학교 행정대학원 석사학위논문, 2010), 39-40면.

우 외에 공사원가를 구성하는 항목 중 일부가 빠져 있는 경우도 이에 해당한다고 볼 수 있다.

설계서의 오류는 설계를 함에 있어 기준이 되는 관련 법령, 표준시방서, 전문시방서, 설계기준 및 지침 등에 상반되거나 상이한 설계내용이 있는 경우를 의미한다. 이는 부작위에 의한 오류, 즉 당해 공사의 목적달성을 위해 필수적으로 이행되어야 할 사항이 설계서에 누락되어 있는 경우와 구분된다.[22]

설계서의 상호모순이란 설계도면, 공사시방서, 현장설명서, 물량내역서 등 각 설계서에서 동일항목에 대하여 상이하게 규정하고 있는 경우를 의미한다. 대표적으로 설계도면 또는 공사시방서에 따르면 이행되어야 할 사항이 물량내역서에 누락되어 있거나 실제 투입되어야 할 수량에 비하여 부족하게 계상되어 있는 경우를 들 수 있다.[23]

나) 계약상대자가 이행하여야 할 절차

계약상대자는 공사계약의 이행 도중 설계서의 내용이 불분명하거나 설계서에 누락·오류 및 설계서간 상호모순 등이 있는 사실을 발견한 경우 설계변경이 필요한 부분의 이행 전에 해당사항을 분명히 한 서류를 작성하여 계약담당공무원과 공사감독관에게 동시에 이를 통지하여야 한다(공사계약일반조건 제19조의2 제1항).

실무상 계약상대자가 공사 진행 도중 설계변경사유가 발생하였다고 판단할 경우 현장설계변경요청서(Field Change Request, FCR)를 작성하여 발주기관의 공사감독관(책임감리원이 있는 경우에는 책임감리원[24])에게 설계변경을 요청하고 있다.

한편 위 규정은 공사감독관 이외에 계약담당공무원에게도 동시에 통지할 것을 요구하고 있으나, 실무상으로는 주로 공사감독관(책임감리원이 있는 경우에는 책임감리원)에게 설계변경을 요청하고 있고, 설계변경사유의 발생 여부 및 그 적정성은 공사현장을 감독하는 공사감독관(책임감리원)이 보다 정확하게 판단할 수 있으며, 관련 규정상 계약금액 조정은 계약담당공무원의 권한이기 때문에(국가계약

---

22) 윤승보, 앞의 논문, 39면.
23) 윤승보, 앞의 논문, 40면.
24) 구 건설기술관리법상 책임감리는 발주청의 감독권한을 대행하는 것으로 규정되어 있었다 (구 건설기술관리법 제2조 제11호).

법 시행령 제65조 제1항, 공사계약일반조건 제20조 제1항)에서 계약담당공무원은 추후 설계변경에 따른 계약금액 조정 및 변경계약 체결 과정에서는 자연스럽게 그 내용을 알게 된다는 점에서 설계변경사유는 공사감독관(책임감리원)에게 통지하면 충분하다고 보아야 할 것이다.[25]

다) 계약담당공무원이 이행하여야 할 절차

계약담당공무원이 계약상대방으로부터 위의 통지를 받은 경우 취하여야 할 조치는 다음과 같다.

설계서의 내용이 불분명한 경우 계약담당공무원은 설계자의 의견 및 발주기관이 작성한 단가산출서 또는 수량산출서 등의 검토를 통하여 당초 설계서에 의한 시공방법·투입자재 등을 확인한 후, 확인된 사항대로 시공하여야 하는 경우에는 설계서를 보완하되 별도의 계약금액 조정은 하지 아니하며, 확인된 사항과 다르게 시공하여야 하는 경우에는 설계서를 보완하고 계약금액을 조정하여야 한다(공사계약일반조건 제19조의2 제2항 제1호).

여기서 '확인된 사항대로 시공하여야 하는 경우'라 함은 당초 예정된 사항대로 시공하여야 하는 경우를 의미하는 것으로, 이 경우 설계서의 내용은 보완해야 하더라도 공사량의 증감이 없기 때문에 별도의 계약금액 조정을 하지 않는 것이다.

---

25) 서울중앙지방법원 2016. 11. 25. 선고 2014가합579204 판결은 계약상대자가 책임감리원에게만 설계변경사유를 통지하여 설계변경 절차의 적법성이 문제된 사안에서, "① 책임감리가 계약상대자와 설계변경 여부 및 계약금액 조정에 관한 협의를 하는 경우 책임감리에게 독자적 권한이 없으므로 계약담당공무원의 지시를 받아서 하는 것으로 보는 것이 경험칙에 부합하는 점, ② 건설교통부고시인 책임감리업무수행지침서에도 '감리원은 시공자가 현지여건과 설계도서가 부합하지 않거나 공사비의 절감과 공사건설의 품질향상을 위한 개선사항 등 설계변경이 필요하다고 설계변경사유서, 설계변경도면, 개략적인 수량증감내역 및 공사비 증감내역 등의 서류를 제출하면 이를 검토·확인하여 필요시 기술검토의견서를 첨부하여 발주청에 실정보고하고, 발주청의 방침을 득한 후 시공하도록 조치하여야 한다'라고 규정하고 있는데, 이 사건 공사현장에서도 같은 방식으로 설계변경 합의가 이루어졌을 것으로 보이는 점, ③ 비록 계약상대자가 책임감리에게 통지하는 것과 별도로 직접 계약담당공무원에게 설계변경 사유를 통지하거나, 계약금액 조정신청을 하지 아니하였다고 하더라도 공사감독관을 통하여 그와 같은 내용이 계약담당공무원에게 전달되었다면 계약상대자의 설계변경사유 통지의무는 이행되었다고 보는 것이 합리적인 점" 등을 근거로 계약상대자가 책임감리원에게 설계변경 사유 통지를 하였다면 이로써 계약담당공무원에 대한 통지 또는 신청의무도 이행되었다고 봄이 타당하다고 판시하였다.

설계서에 누락·오류가 있는 경우 계약담당공무원은 그러한 사실을 조사·확인한 후, 계약목적물의 기능 및 안전을 확보할 수 있도록 설계서를 보완하여야 한다(공사계약일반조건 제19조의2 제2항 제2호).

설계서 간 상호모순의 경우 계약담당공무원은, (i) 먼저 설계도면과 공사시방서는 서로 일치하나 물량내역서와 상이한 경우라면 설계도면 및 공사시방서에 물량내역서를 일치시켜야 하고, (ii) 설계도면과 공사시방서가 상이한 경우로서 물량내역서가 설계도면과 상이하거나 공사시방서와 상이한 경우에는 설계도면과 공사시방서 중 최선의 공사시공을 위하여 우선되어야 할 내용으로 설계도면 또는 공사시방서를 확정한 후 확정된 내용에 따라 물량내역서를 일치시켜야 한다(공사계약일반조건 제19조의2 제2항 제3호, 제4호).

여기서 설계도면과 공사시방서가 상이한 경우에는 실질적으로 어떠한 문서가 우선되어야 하는지 판단이 어려울 수 있다. 만일 공사계약특수조건 등 계약문서에 설계서의 우선순위에 관한 규정을 두고 있는 경우에는 이에 따르면 될 것이고, 만일 계약문서에 설계서의 우선순위에 관한 규정이 존재하지 않는 경우에는 국토교통부고시인 '건축물의 설계도서 작성기준'에 따라 공사시방서가 우선하는 것으로 해석할 수도 있을 것이다.26) 공사계약일반조건 제19조의2 제3항 단서는 설계·시공 일괄입찰, 대안입찰(대안이 채택된 부분에 한함), 실시설계 기술제안입찰, 기본설계 기술제안입찰, 수의계약의 경우에는 설계도면과 공사시방서가 상호모순되는 경우에는 관련 법령 및 입찰에 관한 서류 등에 정한 내용에 따라 우선 여부를 결정하여야 한다고 규정하고 있다.

한편 공사계약일반조건 제19조의2 제3항 본문은 일괄입찰, 대안입찰에서 대

---

26) **건축물의 설계도서 작성기준**(국토교통부고시 제2016-1025호, 2016. 12. 30., 일부개정)
   9. 설계도서 해석의 우선순위
   설계도서·법령해석·감리자의 지시 등이 서로 일치하지 아니하는 경우에 있어 계약으로 그 적용의 우선 순위를 정하지 아니한 때에는 다음의 순서를 원칙으로 한다.
   가. 공사시방서
   나. 설계도면
   다. 전문시방서
   라. 표준시방서
   마. 산출내역서
   바. 승인된 상세시공도면
   사. 관계법령의 유권해석
   아. 감리자의 지시사항

안으로 채택된 부분, 실시설계 기술제안입찰, 기본설계 기술제안입찰, 수의계약으로 체결된 공사에서는 제19조의2 제2항 제3호와 제4호가 적용되지 않는다고 규정하고 있는데, 이는 위와 같은 방식으로 체결된 공사계약에서는 물량내역서 자체를 입찰자나 계약상대자가 작성하기 때문에 계약담당공무원으로 하여금 물량내역서를 수정하도록 할 필요가 없기 때문으로 볼 수 있다.

(2) 현장상태와 설계서의 상이(공사계약일반조건 제19조 제1항 제2호)

가) 의미

현장상태는 공사현장의 지질, 용수 등 지질학적 구조나 지하에 매설된 지장물이나 구조물의 상태를 의미한다. 통상적인 경우 발주기관은 공사에 관한 입찰을 실시하기 전 설계용역업자 등을 통해 지반조사 내지 지질조사를 수행하여야 하나, 현실적으로는 기간 부족 등의 사정으로 정확한 지반조사 내지 지질조사가 이루어지지 않아 현장상태와 설계서가 상이한 경우가 빈번하게 발생한다.[27] 이러한 경우 설계서를 실제 현장상태와 동일하게 변경을 하여야 비로소 시공이 가능하므로, 이를 설계변경 사유로 규정하고 있는 것이다. 이는 가장 전형적인 설계변경 사유라고 볼 수 있다.

지질, 용수 이외에 건축물과 댐, 지하 매설물 등 인위적인 지장물은 물론 소유권, 통행권 등 무형적 지장물의 경우에도 설계서와 달리 되어 있으면 설계변경 사유가 된다.[28]

나) 계약상대자와 계약담당공무원이 이행하여야 할 절차

계약상대자는 이와 같이 현장상태와 설계서가 상이한 사실을 발견하였을 때 지체없이 설계서에 명시된 현장상태와 상이하게 나타난 현장상태를 기재한 서류를 작성하여 계약담당공무원과 공사감독관에게 동시에 이를 통지하여야 한다(공사계약일반조건 제19조의3 제1항). 위 규정상 '지체없이'란 이와 관련한 공사 부분을 이행하기 전으로 이해될 수 있을 것이다.

계약담당공무원은 위와 같은 통지를 받은 즉시 현장을 확인하고 현장상태에 따라 설계서를 변경하여야 한다(공사계약일반조건 제19조의3 제2항).

---

27) 윤승보, 앞의 논문, 40면.
28) 윤재윤, 앞의 책, 189면.

(3) 새로운 기술·공법사용으로 공사비 절감 등의 효과가 현저(공사계약일반조
건 제19조 제1항 제3호)

가) 의미

이는 계약상대자가 당초 설계와는 다른 새로운 기술 내지 공법사용을 제안
함에 따른 설계변경사유이다. 여기서 '새로운 기술·공법'이란 발주기관의 설계와
동등 이상의 기능·효과를 가진 기술·공법 및 기자재를 포함하는 의미이다(공사계
약일반조건 제19조의4 제1항).

다만 단순히 새로운 기술·공법이면 족한 것이 아니라 공사비의 절감이나 시
공기간의 단축 등에 효과가 현저하여야 한다. 공사비 절감이나 시공기간의 단축
은 새로운 기술·공법에 따른 효과의 예시이므로, 당해 공사 목적물의 효용을 향
상시키는 등 다른 효과가 현저하더라도 설계변경의 요건을 충족한다고 볼 수 있
을 것이다.

새로운 기술·공법은 특허나 건설기술 진흥법상의 '신기술'의 요건을 충족할
필요까지는 없고, 발주기관의 기존 설계상의 기술·공법보다 동등 이상의 기능·
효과를 가지면 충분할 것이다.[29]

나) 계약상대자와 계약담당공무원이 이행하여야 할 절차

계약상대자는 자신의 새로운 기술·공법이 공사비 절감 및 시공기간의 단축
등에 효과가 현저할 것으로 판단될 경우 제안사항에 대한 구체적인 설명서, 제안
사항에 대한 산출내역서, 이에 따를 경우의 수정공정예정표, 공사비의 절감 및 시
공기간의 단축효과 등을 기재한 서류 등을 첨부하여 공사감독관을 경유하여 계약
담당공무원에게 서면으로 설계변경을 요청할 수 있다(공사계약일반조건 제19조의4
제1항).

계약상대자가 이와 같은 요청을 할 경우 계약담당공무원은 이를 검토하여
그 결과를 계약상대자에게 통지하여야 하는데, 만일 계약담당공무원이 설계변경
요청에 이의가 있을 경우는 이를 바로 거절할 것이 아니라 건설기술 진흥법 시행
령 제19조에 따른 기술자문위원회(기술자문위원회가 설치되어 있지 아니한 경우에는
건설기술 진흥법 제5조에 따른 건설기술심의위원회)의 심의를 받아야 한다(공사계약일

---

29) 같은 취지, 법무법인(유한)태평양 건설부동산팀, 앞의 책, 323면; 김성근, 앞의 책(Ⅱ), 241면.

반조건 제19조의4 제2항). 설계변경 요청에 이의가 있다는 것은 '새로운 기술·공법 등의 범위와 한계'에 관하여 이의가 있는 것으로 이해할 수 있을 것이다(국가계약법 시행령 제65조 제5항 전문). 만일 심의를 거쳤음에도 계약상대자의 새로운 기술·공법 이 설계변경사유로 적합하지 아니하다는 판단이 이루어질 경우 계약상대자는 이에 대하여 이의를 제기할 수 없다(공사계약일반조건 제19조의4 제4항). 한편 공사계약일 반조건 제19조의4 제2항은 설계변경 요청에 대하여 이의가 있을 경우 기술자문위 원회에 심의를 요청하도록 규정하고 있고 이는 계약담당공무원의 계약상 의무에 해당하므로, 계약담당공무원은 설계변경 요청에 대하여 이의가 있을 경우 기술자 문위원회에게 심의 요청을 하지 않고 곧바로 설계변경 요청을 거절할 수는 없는 것이고, 계약상대자는 계약담당공무원이 심의 요청을 하지 않고 있다면 심의 요 청을 할 것을 청구할 수 있을 것이다.

계약담당공무원이 설계변경 요청을 승인할 경우 계약상대자는 지체없이 새 로운 기술·공법으로 수행할 공사에 대한 시공상세도면을 제출하여야 한다(공사계 약일반조건 제19조의4 제3항).

설계변경이 이루어졌음에도 차후 계약상대자의 새로운 기술·공법을 통한 시 공이 불가능한 것으로 판명될 경우, 계약상대자는 그 때까지 새로운 기술·공법을 통해 일부 시공을 하였다고 하더라도 그 비용을 발주기관에게 청구할 수 없다(공 사계약일반조건 제19조의4 제4항). 이는 새로운 기술·공법을 통한 일부 시공 부분이 계약 목적을 달성하는데 도움이 되지 않는 부분이라는 점에서 당연한 귀결이라 할 것이다.

(4) 발주기관이 설계서를 변경할 필요가 있다고 인정할 경우(공사계약일반조건 제19조 제1항 제4호)

가) 의미

공사계약일반조건 제19조 제1항 제4호는 설계변경 사유로서 발주기관이 설 계서를 변경할 필요가 있다고 인정할 경우를 규정하고 있다. 그 구체적 의미는 해당 공사의 일부 변경이 수반되는 추가공사의 발생, 특정공종의 삭제, 공정계획 의 변경, 시공방법의 변경, 기타 공사의 적정한 이행을 위한 변경의 사유가 발생 하여 설계변경의 필요성이 발생한 경우를 의미한다(공사계약일반조건 제19조의5 제 1항). 여기서 '기타 공사의 적정한 이행을 위한 변경'은 사실상 일반조항으로서의 성격을 가진다고 볼 수 있는데, 국가계약법에 따른 공공 공사는 발주기관의 사업 목적 달성을 위하여 이루어지는 것이라는 점에서 발주기관에게는 이와 같이 비교적 폭넓은 설계변경 권한을 인정하는 것이 타당해 보인다.

공사계약일반조건 제19조 제1항은 발주기관이 설계를 변경할 필요가 있다고 인정할 경우에는 계약상대자에게 서면으로 이를 통보할 수 있도록 규정하고 있는데, 실무상 발주기관이 설계변경을 지시하는 서류를 현장설계변경지시서(Field Change Notice, FCN)라고 한다.

한편 발주기관은 특정공종을 삭제하는 설계변경을 할 수도 있는데, 특정공종의 삭제는 공사비의 절감을 가져오게 된다는 점에서 계약상대자 입장에서는 쉽사리 수용하기 어려운 측면이 있다. 만일 발주기관이 정당한 사유 없이 특정공종을 삭제할 경우 계약상대자가 손해배상을 청구할 수 있다는 견해도 있지만,[30] 공공 공사계약에서 계약금액은 불변의 것이 아니고 공사계약일반조건이 처음부터 발주기관의 필요에 따른 설계변경을 인정하고 있다는 점에서 계약상대자가 현실적으로 손해배상을 받기는 쉽지 않을 것이다.

나아가 실무에서 발주처가 비용절감 등을 목적으로 특정공종을 삭제하고자 하는 경우가 있고, 이러한 설계변경이 가능한지 문제가 되는 경우가 있는데, 이러한 목적의 특정공종의 삭제는 계약상대자의 이익을 지나치게 제한하는 것으로 허용될 수 없다고 보아야 할 것이다. 서울고등법원 또한 "공사계약일반조건 제19조의5에서 정한 특정공종의 삭제 등은 설계변경의 대상이 되는 공사내용을 더 이상 수행할 필요가 없는 경우 등이라고 해석하여야" 한다고 판시하며, 수급인의 파산선고 등으로 말미암아 발주기관이 제3자로 하여금 수급인이 아직 이행하지 않은 잔여공사를 다른 업체에 의뢰하여 마무리하게 한 경우, 이는 공사계약일반조건 제19조의5의 발주기관의 필요에 의한 설계변경 사유로 볼 수 없다고 판시하였다(서울고등법원 2008. 2. 19. 선고 2006나78277 판결[31]). 또한 기획재정부는 '계약상대자가 이행하기로 계약서등에 명시되어 있는 특정공종을 발주기관이 비용절감 목적으로 새로운 입찰에 부쳐 시행할 수 있는지'에 관한 질의에 대하여, "공사계약일반조건 제19조의5에서는 발주기관의 필요에 의한 설계변경에 관하여 규정하고

---

30) 김성근, 앞의 책(Ⅱ), 244면.
31) 원고와 피고 모두 상고하였으나 심리불속행기각으로 위 판결이 확정되었다(대법원 2008. 7. 24.자 2008다24371 판결).

있으며, 제1항 제2호에서 규정하고 있는 '특정공종의 삭제'의 내용은 원칙적으로 발주기관의 부득이한 사정으로 인한 사업계획의 변경 등의 사유발생으로 특정공종이 불필요하게 되는 경우 등에 발주기관이 특정공종을 삭제하는 설계변경사항을 계약상대자에게 서면으로 통보할 수 있다는 것이며, 발주기관이 공사계약일반조건 제19조에서 규정하는 설계변경의 사유 없이 단지 비용절감 목적으로 계약상대자와 이미 계약한 내용의 일부인 특정공종을 삭제할 수 있다는 의미는 아니라고 판단"된다고 해석한 바 있다(기획재정부 계약제도과-873, 2013. 7. 11.).

나) 계약상대자와 계약담당공무원이 이행하여야 할 절차

계약담당공무원은 공사계약일반조건 제19조의5 제1항 각 호의 사유로 인하여 설계를 변경하고자 할 경우 이를 계약상대자에게 서면으로 통보하는데(공사계약일반조건 제19조의5 제1항), 이 때 원칙적으로 설계변경개요서, 수정설계도면 및 공사시방서, 그 밖에 필요한 서류를 첨부하여야 하나, 발주기관이 설계서를 변경 작성할 수 없을 때에는 설계변경 개요서만을 첨부하여 설계변경을 통보할 수 있다(공사계약일반조건 제19조의5 제2항).

계약상대자는 위 통보를 받은 즉시 공사이행상황 및 자재수급 상황 등을 검토하여 설계변경 통보 내용의 이행가능 여부를 계약담당공무원과 공사감독관에게 동시에 서면으로 통지하여야 하는데, 만일 이행이 불가능하다고 판단될 경우에는 그 사유와 근거자료를 첨부하여 통지하여야 한다(공사계약일반조건 제19조의5 제3항).

(5) 소요자재의 수급방법 변경
가) 의미

공사에서 필요한 자재는 그 수급방법에 따라 발주기관이 직접 공급하는 관급자재와 계약상대자가 구입하여 투입하는 사급자재로 구별할 수 있다.

공사계약일반조건 제19조의6은 이러한 소요자재의 수급방법의 변경을 설계변경 사유의 하나로 규정하고 있다. 소요자재 수급방법이 변경될 경우 소요자재의 가격이나 수급에 필요한 비용이 변동될 수 있어서 공사금액에 변동이 발생할 수 있기 때문이다.

나) 관급자재를 사급자재로 변경할 경우

계약담당공무원은 발주기관의 사정으로 인하여 당초 관급자재로 정한 품목을 계약상대자와 협의하여 사급자재로 변경하고자 하는 경우 또는 관급자재 등의 공급지체로 공사가 상당기간 지연될 것이 예상되어 계약상대자가 대체사용 승인을 신청한 경우로서 이를 승인한 경우에는 이를 서면으로 계약상대자에게 통보하여야 한다(공사계약일반조건 제19조의6 제1항 전문). 여기서 발주기관의 사정으로 인하여 관급자재를 사급자재로 변경하고자 하는 경우란, 관급자재 품목의 수요 폭증으로 인하여 수급이 어려운 경우 등을 상정할 수 있을 것이다. 즉 이러한 경우 원칙적으로 계약담당공무원이 사급자재의 변경을 협의하여 통보하여야 하는 것인데, 만일 계약상대자가 이러한 사정에 따른 공사지연을 예측한 경우라면 계약상대자가 먼저 대체사용 승인을 신청할 수 있도록 규정한 것이다. 만일 발주기관이 관급자재의 공급이 어려워졌음에도 사급자재 변경 협의 절차를 거치지 않았고, 계약상대자도 대체사용 승인을 신청하지 아니하여 공사가 지연되었다면, 이는 발주기관의 책임으로 인한 지연으로 봄이 타당하다. 관급자재의 공급은 계약상 발주기관의 의무이므로, 계약상대자가 대체사용 승인을 신청하지 않았다고 하더라도 계약상대자를 탓할 수 있는 것은 아니기 때문이다.

위 조항에서의 협의는 실질적인 합의를 의미한다고 해석함이 타당하다. 만일 계약담당공무원이 형식적인 협의 절차만 거치고 사급자재 변경을 통보할 수 있다고 한다면, 발주기관이 자신의 편의에 따라 임의로 관급자재를 사급자재로 변경할 수 있을 것이기 때문이다.[32]

계약담당공무원이 계약상대자와 협의하여 변경된 방법으로 일괄하여 자재를 구입할 수 없는 경우에는 분할하여 구입하게 할 수 있으며, 분할 구입하게 할 경우에는 구입시기별로 이를 서면으로 계약상대자에게 통보하여야 한다(공사계약일반조건 제19조의6 제1항 후문).

공사계약일반조건 제19조의6 제1항에 의하여 자재의 수급방법을 변경한 경우 계약담당공무원은 통보당시의 가격에 의하여 그 대가를 기성대가 또는 준공대가에 합산하여 지급하여야 하고, 계약상대자의 대체사용 승인신청에 따라 자재가 대체사용된 경우에는 계약상대자와 합의된 장소 및 일시에 현품으로 반환할 수도

---

32) 같은 취지, 김성근, 앞의 책(Ⅱ), 287면.

있다(공사계약일반조건 제19조의6 제3항).

이와 같이 관급자재를 사급자재로 변경할 경우 공사계약일반조건 제20조에 따라 계약금액을 조정하여야 한다(공사계약일반조건 제19조의6 제5항).

다) 사급자재를 관급자재로 변경할 경우

원칙적으로 계약담당공무원은 당초 계약시의 사급자재를 관급자재로 변경할 수 없다(공사계약일반조건 제19조의6 제4항 본문). 사급자재로 계약된 부분에는 순수한 자재비 외에 간접비 등이 반영되기 때문에 발주기관이 사급자재로 계약된 부분을 임의로 관급자재로 변경할 경우 계약상대자로서는 그 상당의 손실을 입게 되기 때문이다.

다만 원자재의 수급 불균형에 따른 원자재 가격 급등 등 사급자재를 관급자재로 변경하지 않으면 계약목적을 이행할 수 없다고 인정될 때에는 계약당사자간의 협의에 의하여 변경할 수 있다(공사계약일반조건 제19조의6 제4항 단서).

이와 같이 사급자재를 관급자재로 변경할 경우에도 공사계약일반조건 제20조에 따라 계약금액을 조정하여야 한다(공사계약일반조건 제19조의6 제5항).

(6) 계약심의위원회 등의 승인

계약담당공무원은 예정가격의 100분의 86 미만으로 낙찰된 공사계약의 계약금액을 증액조정하려는 경우 해당 증액조정금액이 당초 계약서의 계약금액의 100분의 10 이상인 경우에는 계약심의위원회, 예산집행심의회 또는 기술자문위원회의 심의를 거친 후 소속 중앙관서의 장의 승인을 얻어야 한다(국가계약법 시행령 제65조 제2항). 이와 같은 규정을 둔 이유는 예정가격보다 현저하게 낮은 가격으로 입찰하여 낙찰된 계약상대자가 설계변경을 이유로 계약금액 증액을 시도하는 것을 사전에 방지하기 위한 취지로 보인다.[33]

2차 이후의 계약금액 조정에서 계약심의위원회 등의 심의 및 중앙관서의 장의 승인이 필요한지 여부의 기준, 즉 증액조정금액이 당초 계약금액의 100분의 10 이상인지 여부와 관련하여, 기존 유권해석은 만일 이를 누계 설계변경금액으로 본다면 한번 누계금액이 100분의 10 이상이 된 이후에는 사소한 설계변경이

---

[33] 같은 취지, 법무법인(유한)태평양 건설부동산팀, 앞의 책, 329면.

라고 하더라도 모두 승인이 필요하다는 점에서 절차가 지나치게 번잡해지기 때문에, '누계금액'이 아닌 '각각의 설계변경'으로 인한 증액조정금액이 당초 계약금액의 100분의 10 이상인지로 보아야 한다고 해석하였다.[34]

그런데 국가계약법 시행령은 2005. 9. 8. 개정 당시 계약심의위원회 등의 심의 규정 외에 2차 이후의 계약금액 조정에서 증액조정금액은 기존 설계변경으로 인하여 변경된 금액과 이후 증액조정하려는 금액을 모두 합한 금액을 의미한다는 내용을 추가하였다.[35] 따라서 기존 유권해석의 취지와 반대로 누계 설계변경금액이 당초 계약금액의 100분의 10을 넘어선다면 사소한 증액이라고 하더라도 계약심의위원회 등의 심의 및 소속 중앙관서의 장의 승인을 얻어야 할 것이다.

(7) 설계변경에 따른 추가적 조치

계약담당공무원은 설계변경을 하는 경우 그 변경사항이 목적물의 구조변경 등으로 인하여 안전과 관련이 있는 때에는 하자발생시 책임한계를 명확하게 하기 위하여 당초 설계자의 의견을 들어야 한다(공사계약일반조건 제19조의7 제1항).

한편 계약담당공무원은 공사계약일반조건 제19조의2(설계서의 불분명 등), 제19조의3(현장상태와 설계서의 상이), 제19조의5(발주기관의 필요)에 의하여 설계변경을 하는 경우 계약상대자로 하여금 해당공종의 수정공정예정표, 해당공종의 수정도면 및 수정상세도면, 조정이 요구되는 계약금액 및 기간, 여타의 공정에 미치는 영향을 계약담당공무원과 공사감독관에게 동시에 제출하게 할 수 있고, 계약상대자는 이에 응하여야 한다(공사계약일반조건 제19조의7 제2항). 다만 계약담당공무원은 계약상대자가 계약담당공무원의 이러한 요청에 따라 당초의 설계도면이나 시공상세도면을 수정하여 제출할 경우 그에 소요된 비용을 지급하여야 한다(공사계약일반조건 제19조의7 제3항). 설계도면 등의 작성 내지 수정은 원칙적으로 발주기관의 역무라는 점에서 계약상대자가 해당 역무를 수행한 경우 발주기관

---

34) 회제 41301-820, 2002. 6. 19, 회제 45101-1081, 1994. 8. 4; 법무법인(유한)태평양 건설부동산팀, 앞의 책, 330면에서 재인용.
35) 그 이전의 국가계약법 시행령(2005. 9. 8. 대통령령 제19035호로 개정되기 전의 것) 제65조 제2항은 "계약담당공무원은 예정가격의 100분의 86 미만으로 낙찰된 공사계약의 계약금액을 제1항의 규정에 의하여 증액조정하고자 하는 경우로서 당해 증액조정금액이 당초 계약금액의 100분의 10 이상인 경우에는 소속 중앙관서의 장의 승인을 얻어야 한다."라고만 규정하고 있었다.

이 그 비용을 보상해야 함은 당연할 것이다.

(8) 계약금액 조정신청

계약상대자는 설계변경으로 계약금액을 조정받고자 할 경우 계약금액 조정을 신청하여야 한다. 공사계약일반조건 제20조 제10항은 계약금액 조정신청은 준공대가 수령 전까지 하여야 하고, 장기계속계약일 경우에는 각 차수별 준공대가의 수령 전까지 하여야 한다고 규정하고 있다.

다만 공사기간의 연장에 따른 계약금액 조정과 관련하여 서울고등법원은 총괄계약의 독립성을 인정하는 입장에서 "총괄계약 자체에 계약금액 조정사유가 있다면 이는 총괄계약의 변경을 통하여 이루어져야 하고, 이를 위해서는 총괄계약의 최종 기성대가 수령 전에 적법한 방법으로 계약금액 조정신청이 있으면 된다."라고 판시하였고(서울고등법원 2016. 7. 15. 선고 2015나2006713 판결, 서울고등법원 2014. 11. 5. 선고 2013나2020067 판결), 다수의 1심 판결들도 위와 같은 법리를 따르고 있다(서울중앙지방법원 2017. 6. 8. 선고 2015가합513584 판결, 서울중앙지방법원 2016. 4. 15. 선고 2014가합547740 판결, 서울중앙지방법원 2015. 12. 16. 선고 2014가합546143 판결 등).

비록 위 하급심 판결들은 공사기간 연장에 따른 계약금액 조정과 관련된 것이지만, 터널굴착공사 등과 같이 실질적으로는 하나의 연속된 공정이 여러 차수별 계약에 걸쳐 이루어지는 경우라면 해당 공정에 대한 설계변경 및 계약금액 조정은 각 차수별 계약이 준공될 때까지 이루어지지 않고 해당 공정이 모두 완료된 후 해당 공정에 대한 준공대가를 수령하기 전까지만 이루어져도 무방하다고 봄이 타당할 것이다. 특히 터널굴착공사의 경우 굴착과정에서 실제 암질이 설계상 예상 암질과는 매우 많이 달라서 설계변경사유가 너무 빈번하게 발생하게 되기 때문에 실무상으로도 각 차수별 계약마다 설계변경 및 계약금액 조정을 하는 것이 아니라 터널굴착공정이 모두 완료된 후 한꺼번에 설계변경 및 계약금액 조정이 이루어지는 경우가 많다는 점에서 더더욱 그렇게 봄이 타당하다.

한편 대법원은 총괄계약의 독립성·구속력을 부정하였고(2018. 10. 30. 선고 2014다235189 전원합의체 판결), 최근 설계변경에 따른 계약금액 조정신청도 각 차수별 준공대가 수령 전까지 이루어져야 한다고 판시하였다(대법원 2020. 10. 29. 선고 2019다267679 판결, 2020. 11. 12. 선고 2019다240858 판결 등). 위 대법원 전원합의체 판결은 "Ⅳ. 그 밖의 계약내용 변경과 계약금액 조정 2. 공사기간변경과 계약금액 조정" 부분에서 상세하게 기술한다.

발주기관은 원칙적으로 계약상대자의 조정신청을 받은 날로부터 30일 이내에 계약금액을 조정하여 주어야 하나, 예산배정의 지연 등 불가피한 경우에는 계약상대자와 협의하여 조정기한을 연장할 수 있다(공사계약일반조건 제20조 제8항). 다만 계약상대자의 조정신청 내용이 부당한 경우 발주기관은 지체없이 필요한 보완요구 등의 조치를 하여야 하고, 이 경우 계약상대자가 보완요구 등의 조치를 통보받은 날부터 발주기관이 그 보완을 완료한 사실을 통지받은 날까지의 기간은 위 기간에 산입하지 아니한다(공사계약일반조건 제20조 제9항).

한편 계약상대자가 계약담당공무원이 아니라 공사감독관(책임감리원)에게만 계약금액 조정신청을 한 경우 그러한 계약금액 조정신청이 적법한 것인지 문제될 수 있는데, 이 경우 공사감독관(책임감리원)이 계약상대자로부터 받은 조정신청을 계약담당공무원에게 전달하였다면 이는 공사감독관(책임감리원)을 경유하는 방법으로 계약금액 조정신청을 한 것으로 적법하게 볼 수 있을 것이다. 다만 일부 하급심 판결은 기타 계약내용 변경으로 인한 계약금액 조정과 관련된 사건에서 책임감리원에게만 "2007. 5. 25. 제2차 공사정지가 시작되었고, 정지기간 동안 직원 4명 및 경비원 2명으로 하여금 현장을 관리하도록 할 계획이므로 위 관리인원으로 인하여 추가로 발생되는 간접비를 예산에 반영하여 주시기 바란다."라는 내용의 현장관리계획 보고서를 제출하였다면 이는 도급계약의 상대방인 발주기관이 아닌 책임감리원에게 제출된 것으로서 적법한 계약금액 조정신청이라고 할 수 없다고 판단하기도 하였는데(서울고등법원 2013. 11. 8. 선고 2013나11869 판결36)), 실무상 계약상대자는 공사감독관 또는 책임감리원을 통해 발주기관과 의사소통을 하는 것이 일반적이라는 점, 계약상대자로서는 발주기관의 감독 권한을 대행하는 책임감리원에게 계약금액 조정신청을 하였다면 그 취지가 계약담당공무원에게도 전달될 것이라고 신뢰함이 상당할 것이라는 점에서 이와 같은 판단은 부당해 보이지만, 계약금액 조정신청서의 경우 공사감독관(책임감리원)에게 제출하는 것과 별도로 직접 계약담당공무원에게도 제출하는 것이 절차상 안전할 것으로 보인다.

---

36) 위 판결은 상고심에서 심리불속행기각으로 확정되었다(대법원 2014. 4. 30. 선고 2014다185 판결).

4. 계약금액 조정의 요건으로서 공사량의 증감

국가계약법 시행령 제65조 제1항은 '공사량의 증감이 발생하는 것'을 설계 변경으로 인한 계약금액 조정의 요건으로 하고 있다.

계약금액 조정제도는 실제 계약 이행에 드는 비용이 변동될 경우 예정된 계약금액을 조정하여 주는 제도라는 점에서 설계 내용의 변경 외에 공사량의 증감 또한 그 요건이 되는 것이다. 따라서 설계가 변경되었다고 하더라도 실제 공사의 이행에 들어가는 비용에는 전혀 변동이 없는 경우라면, 국가계약법 시행령 제65조 제1항의 요건을 충족하였다고 볼 수 없다.

그런데 여기서 공사량의 변경이란 단순히 외형적·직접적인 공사량을 의미하는 것이 아니라, 실질적인 비용의 증감을 의미하는 것이라고 봄이 타당할 것이다.[37]

예컨대, 물량내역서상 가설자재인 강재의 사용에 따라 발생하는 비용인 강재사용료 항목의 경우 강재의 사용기간에 따라 그 금액이 변경될 수 있다. 그런데 강재사용료 항목의 경우 공사자재의 치수 등이 기재된 다른 항목과 달리 물량내역서의 '규격'[38]란에 강재의 사용기간이 기재되어 있는 것이 일반적이다. 따라서 강재의 사용기간에 관한 설계서의 내용에 오류가 있어서 이를 시정하는 것, 즉 강재의 사용기간을 변경하는 것은 물량내역서 중 강재사용료 항목의 '규격'의 변동을 초래하게 된다. 그리고 규격이 달라졌다는 것은 물량내역서상의 강재사용료 항목에서 기존의 비목이 삭제되고 신규비목[39]이 생성된 것, 즉 설계서가 변경되었다는 것을 의미한다.[40] 이러한 기존비목의 삭제 및 신규비목의 생성에 따른 수

---

37) 같은 취지, 김성근, 앞의 책(Ⅱ), 228면("전체적인 공사량의 증감이 발생하지 않더라도 각 공종이나 세부항목별로 공사량의 증감에 따라 그 비용에 차이가 발생한 경우에는 공사량의 증감이 발생하지 않았다고 볼 수 없을 것이므로 설계변경으로 인한 계약금액을 조정해야 한다."라고 기술하고 있는데, 위와 같은 취지로 보인다).

38) 규격의 사전적인 의미는 '제품이나 재료의 품질, 모양, 크기, 성능 따위의 일정한 표준'이지만, 여기서 열거된 '품질, 모양, 크기, 성능'은 예시에 불과하므로 반드시 품질, 모양, 크기, 성능에 관한 것이 아니더라도 품목의 종류를 구별하는 일정한 기준이 되는 것이면 '규격'에 해당한다고 볼 수 있을 것이다.

39) 공사계약일반조건 제20조 제1항 제2호는 동일한 품목이라도 성능이나 규격이 다를 경우 신규비목에 해당한다고 정의하고 있다.

40) 가설재는 공사과정에서 반드시 필요한 주요자재에 해당하지만 골조가 완성되면 해체된다는 가설재의 특성상 사용기간에 따라 단가가 달라지게 되고 표준품셈상으로도 사용기간에

량의 증감은 그 자체로 공사량의 변동을 의미한다고 볼 수 있다. 더욱이 강재사용료(가설자재비)는 재료비에 해당하고(기획재정부 계약예규 예정가격작성기준 제17조 제2항 제3호), 강재의 사용기간이 변동되어 강재사용료가 증감한다는 것은 공사량의 증감으로 공사비용이 증감되는 것으로 해석하지 않을 수 없을 것이므로, 이러한 경우도 설계변경으로 인한 계약금액 조정사유가 발생하였다고 보아야 한다.

다음으로, 공사현장의 상태가 당초의 설계와 달라지면서 작업환경이 완전히 달라진 경우를 상정해 볼 수 있다. 보다 구체적으로, 지하 시설물의 토목공사를 실시함에 있어서 당초 예정되었던 작업 내용은 주차장 부지를 철거하고 상부를 복공하지 않은 채 토사굴착공사를 하는 것이었는데, 공사 예정지가 변경되어 기존 도로의 지하에서 상부가 막힌 채 토사굴착공사를 하는 경우의 예를 들어 보겠다. 이러한 경우 토사굴착공사 그 자체의 물량, 즉 굴착되어야 할 토사의 양에는 변화가 없더라도, 작업효율은 현저하게 감소될 수밖에 없고, 당연히 시간당 작업량도 감소될 수밖에 없다.[41] 이러한 경우 토사굴착 공종은 작업 내용의 측면에서 완전히 새로운 공종이 되는 것이고, 토사굴착 공종에 들어가는 재료비나 노무비, 경비 등 세부 비목의 단가도 증가하게 되어 결국 공사비용이 상승하게 된다. 즉 이 또한 설계변경에 따라 세부적인 공사량(공사비용)이 증가된 경우에 해당한다고 할 것이다.

5. 설계변경의 시기

설계변경은 그 설계변경이 필요한 부분의 시공 전에 완료하여야 한다(국가계약법 시행규칙 제74조의2 제1항 본문, 공사계약일반조건 제19조 제3항 본문).

여기서 '설계변경'은 계약금액 조정의 합의나 변경계약의 체결까지 의미하는 것은 아니고 설계서의 변경을 의미하는 것이고, '시공 전'은 시공의 완료가 아니라 시공의 착수를 의미하는 것이다. 즉 설계를 변경해야 하는 필요성이 발생하였다면, 해당 부분의 시공을 착수하기 전에 설계서를 변경하면 족하고, 해당 부분과 관련하여 계약금액 조정 합의까지는 이루어지지 않았더라도 계약상대자는 추후 계약금액의 조정을 신청할 수 있다.

따라 각기 다른 항목으로 취급되고 있다.
41) 단가산출의 기초가 되는 표준품셈은 작업효율에 따른 계수를 두고 있는데 보통의 굴삭기 작업과 관련하여 '보통'의 상태와 '불량'의 상태에는 각각 다른 계수가 적용된다.

각 중앙관서의 장 또는 계약담당공무원은 공정이행의 지연으로 품질저하가 우려되는 등 긴급하게 공사를 수행하게 할 필요가 있는 때에는 계약상대자와 협의하여 설계변경의 시기 등을 명확히 정하고, 설계변경을 완료하기 전에 우선 시공을 하게 할 수 있다(국가계약법 시행규칙 제74조의2 제1항 단서, 공사계약일반조건 제19조 제3항 단서). 이는 긴급한 필요성이 있을 때에는 설계서의 내용을 확정하기 전에 우선적으로 시공을 할 수 있게 한 것이다.

공사계약일반조건은 위와 같이 변경 시공 전에 설계변경을 완료하는 것을 원칙으로 하고 있으나, 실무상으로는 공사진행 도중 설계변경사유가 자주 발생하는 반면에 설계변경절차를 완료하는데 상당한 시간과 노력이 필요하기 때문에 설계변경사유가 발생하게 되면 계약상대자에 의한 현장설계변경요청(FCR) 또는 발주기관의 현장설계변경지시(FCN)만이 이루어진 상태에서 우선 변경시공을 한 다음 연말에 그 동안의 설계변경사유를 모아서 한꺼번에 설계변경 및 계약금액 조정절차를 완료하는 것이 일반적이다. 특히 공기가 촉박하거나 발주기관이 준공기한에 맞추기 위해 공정을 독촉하는 경우 등에는 정식의 현장설계변경요청(FCR) 또는 현장설계변경지시(FCN)가 아닌 약식 또는 구두 보고·지시만으로 변경시공이 이루어지고 추후 현장설계변경요청(FCR) 등 설계변경을 위한 서류작업이 이루어지는 경우도 흔히 있다. 즉 조문 구조상으로는 예외 규정으로 되어 있는 공사계약일반조건 제19조 제3항 단서가 실무상으로는 오히려 일반화되어 있는 것이 현실이다.

6. 계약금액 조정 방법

(1) 기존비목의 경우

원칙적으로 증감된 공사량의 단가는 산출내역서상의 단가(이하 "계약단가")에 따라 조정하게 된다(국가계약법 시행령 제65조 제3항 제1호 본문, 공사계약일반조건 제20조 제1항 1호 본문). 계약단가는 계약상대자가 입찰에 참가하면서 해당 공사에서 적용하기로 하기로 발주기관에 제안한 단가로서, 계약의 이행 도중 해당 비목의 물량이 변동되더라도 그 단가를 적용하는 것이 합리적이기 때문이다.

다만 특정 비목의 계약단가가 예정가격의 단가(이하 "예정가격단가")보다 높은 경우로서 물량 증가에 따른 계약금액 조정 시에는 예정가격단가로 계약금액을 조정한다(국가계약법 시행령 제65조 제3항 제1호 단서, 공사계약일반조건 제20조 제1항

1호 단서). 만일 이러한 경우에도 계약단가에 따른 계약금액 조정을 허용한다면 계약상대자가 입찰 단계에서 설계변경이 예상되는 비목의 단가를 의도적으로 높게 기입하여 산출내역서를 작성하는 폐단이 발생할 수 있기 때문으로 보인다.[42]

(2) 신규비목의 경우

설계변경을 하다 보면 기존 설계서상에는 존재하지 않았던 새로운 비목, 즉 신규비목을 추가해야 하는 경우가 발생할 수 있다. 이러한 신규비목에는 기존 산출내역서상의 단가가 존재할 수 없기 때문에 어떻게 단가를 산정해야 하는지가 문제될 수 있는데, 국가계약법 시행령 제65조 제3항 제2호와 공사계약일반조건 제20조 제1항 제2호는 해당 비목의 설계변경 당시의 단가에 낙찰률을 곱하여 산정한 단가를 적용하는 것으로 규정하고 있다. 낙찰률이란 낙찰금액 또는 계약금액을 예정가격으로 나눈 값을 의미하는 것이므로, 신규비목에 낙찰률을 적용하게 되면 기존비목에 계약단가를 적용하는 것과 비슷한 효과를 볼 수 있기 때문으로 보인다.

공사계약일반조건 제20조 제1항 제2호는 신규비목의 단가 산정의 기준이 되는 '설계변경 당시'의 개념과 관련하여, 설계도면의 변경을 요하는 경우는 변경도면을 발주기관이 확정한 때, 설계도면의 변경을 요하지 않는 경우에는 계약당사자 사이에 설계변경을 문서에 의하여 합의한 때, 공사계약일반조건 제19조 제3항에 따라 설계변경 전 우선시공을 하는 경우에는 발주기관이 우선시공을 하게 한 때로 각각 규정하고 있다.

(3) 발주기관이 설계변경을 요구한 경우(계약상대자에게 책임이 없는 경우)

국가계약법 시행령과 공사계약일반조건은 발주기관이 설계변경을 요구한 경우(계약상대자에게 책임이 없는 사유로 인한 경우를 포함)에 대해서는 위 방식과는 다른 단가 산정 방법을 별도로 규정하고 있다. 이 경우에는 증가된 물량과 신규비목에 대하여 계약단가(계약단가가 예정가격단가보다 높은 경우는 예정가격단가)나 설계변경 당시의 단가에 낙찰률을 적용한 단가가 아니라 계약당사자 사이에 협의한 단가 또는 중간단가를 적용하도록 규정하고 있다(국가계약법 시행령 제65조 제3항

---

42) 장훈기, 앞의 책, 1282-1283면.

제3호, 공사계약일반조건 제20조 제2항). 위 규정들은 발주기관이 설계변경을 요구한 경우에 계약상대자의 책임 없는 사유로 인한 경우를 포함하는 것으로 규정하고 있는데, 그렇다면 발주기관이 설계변경을 요구한 경우는 계약상대자의 책임 없는 사유의 한 예시로 볼 수 있을 것이다. 결국 이와 같은 조정 방식은 설계변경에 책임이 없는 계약상대자를 배려하기 위한 취지로 볼 수 있다.

계약상대자의 책임 없는 사유로 인한 설계변경에서는, 기존비목 중 증가된 물량과 신규비목 모두 설계변경 당시를 기준으로 산정한 단가와 해당 단가에 낙찰률을 곱한 단가의 범위 안에서 계약상대자와 발주기관이 상호 협의하여 결정하되(협의단가), 협의가 이루어지지 아니하는 경우에는 설계변경 당시를 기준으로 산정한 단가와 해당 단가에 낙찰률을 곱한 단가를 합산한 금액의 2분의 1(중간단가)로 결정하여야 한다(국가계약법 시행령 제65조 제3항 제3호, 공사계약일반조건 제20조 제2항). 이러한 경우 계약상대자는 자신에게 유리한 설계변경 당시를 기준으로 산정한 단가 자체를, 발주기관은 반대로 해당 단가에 낙찰률을 적용한 단가를 주장할 것이어서 현실적으로 협의가 이루어지기는 쉽지 않을 것이므로, 결국 대부분의 경우 중간단가로 조정될 것으로 보인다.

한편 발주기관의 설계변경 요구 등 계약상대자에게 책임 없는 사유로 인한 설계변경에서도 표준시장단가가 적용된 공사의 경우에는 증가된 물량과 신규비목에 대하여 표준시장단가가 적용된다. 기존비목의 경우 공사량이 증가될 경우 예정가격 산정시 표준시장단가가 적용되었다면, 설계변경 당시를 기준으로 하여 산정한 표준시장단가를 적용하고, 신규비목의 단가를 표준시장단가를 기준으로 산정하고자 할 경우에도 설계변경 당시를 기준으로 하여 산정한 표준시장단가를 적용한다(공사계약일반조건 제20조 제3항).

(4) 새로운 기술·공법에 의한 설계변경의 경우

만일 설계변경의 사유가 새로운 기술·공법의 사용(공사계약일반조건 제19조의 4)이었다면, 발주기관은 새로운 기술·공법으로 절감될 공사비 전액이 아니라 100분의 30만큼만을 감액하여야 한다(국가계약법 시행령 제65조 제4항, 공사계약일반조건 제20조 제4항).

공사계약일반조건 제19조의4는 계약상대자의 기술 개발·혁신을 장려하는 취지에서 마련된 규정이므로, 계약상대자가 그 취지에 따라 새로운 기술이나 공법을 개발하여 계약이행에 적용하려 할 때에는 이로 인하여 감액되는 공사비 중 100분의 30만을 감액하여 나머지 100분의 70은 계약상대자의 이익으로 돌려주는 것이라 하겠다.

다만 계약상대자가 도입하고자 하는 새로운 기술·공법의 범위와 한계에 관하여 계약당사자 사이에 이견이 발생할 수도 있는데, 이러한 경우에는 기술자문위원회의 심의를 받아야 한다(국가계약법 시행령 제65조 제5항 전문).

(5) 1식단가

1식단가란 일부 공종의 단가가 세부공종별로 분류되어 작성되지 아니하고 총계방식으로 작성되어 있는 경우를 의미한다. 이러한 경우에도 설계도면 또는 공사시방서가 변경되어 1식단가를 구성하는 내용이 변경될 경우에는 계약금액을 조정하여야 한다(공사계약일반조건 제20조 제7항). 일부 공종이 비록 1식단가로 작성되어 있다고 하더라도 해당 공종 또한 실제로는 설계변경의 기준이 되는 세부비목으로 구성되어 있다는 점에서 이는 당연한 귀결로 볼 수 있다.

다만 1식단가로 구성될 경우 세부 품목별 단가가 결정되어 있지 않기 때문에 설계변경에 따라 계약금액을 조정할 경우 구체적으로 어떠한 단가를 적용할 것인지가 문제될 수 있는데, 이 경우에는 계약상대자가 제출한 일위대가표, 단가산출서 등을 참고하거나 계약당사자가 이를 제출하지 아니하였을 경우에는 발주기관의 일위대가표, 단가산출서 등을 참고하여 세부품목별 계약단가를 산출할 수밖에 없을 것이다.[43]

(6) 일반관리비 및 이윤 등의 반영

공사금액에는 재료비와 노무비, 경비 외에도 이를 합산한 금액에 일정한 비율을 곱하여 산정하는 일반관리비와 재료비, 노무비, 경비, 일반관리비에 일정한 비율을 곱하여 산정하는 이윤 등의 항목이 있고, 경비의 항목에 포함되는 산재보험료, 산업안전보건관리비 등도 일정한 요율을 곱하여 산정하는 비용이다.

그렇다면, 설계변경에 따른 계약금액 조정이 이루어질 경우 단순히 재료비나 노무비의 증감 외에도 위와 같은 승률비용과 일반관리비 및 이윤 등도 변경된

---

43) 김성근, 앞의 책(Ⅱ), 276면.

재료비, 노무비 등에 따라 변경되는 것이 타당할 것인바, 관련 규정은 이와 같은 금액은 산출내역서상의 비율 등에 따라 반영하되 기획재정부령이 정하는 율을 초과할 수 없다고 규정하고 있다(국가계약법 시행령 제65조 제6항, 공사계약일반조건 제20조 제5항).

기획재정부령인 국가계약법 시행규칙이 정한 바에 따르면, 공사의 경우 일반관리비는 100분의 6(제8조 제1항 제1호), 이윤은 100분의 15를 각 초과할 수 없다(제8조 제2항 제1호).

7. 설계변경으로 인한 계약금액 조정의 제한

발주기관이 설계서를 작성한 경우에는 설계서의 내용이 변경될 경우 원칙적으로 그에 대한 책임을 발주기관이 져야 하기 때문에 계약상대자에게 계약금액을 조정해 주어야 하는 것이 원칙이지만, 발주기관이 아니라 계약상대자가 설계서를 작성한 경우에는 설계서의 내용이 변경되더라도 발주기관의 책임 있는 사유 또는 불가항력에 의한 사유에 의한 경우가 아닌 한 설계서의 변경에 대하여는 발주기관이 아니라 설계서의 작성자인 계약상대자가 책임을 져야 하기 때문에 계약금액의 조정이 제한될 수 있다.

이에 따라 공사계약일반조건 제21조는 설계변경으로 인한 계약금액 조정이 제한되는 경우에 대하여 규정하고 있다.

(1) 일괄입찰 등의 경우
가) 일반론: 계약금액 증액 및 감액의 제한

국가계약법 시행령 제78조에 따른 일괄입찰 및 대안입찰(대안이 채택된 부분에 한함)을 실시하여 체결한 공사계약, 국가계약법 시행령 제98조에 따른 기본설계 기술제안입찰 및 실시설계 기술제안입찰(기술제안이 채택된 부분에 한함)을 실시하여 체결한 공사계약의 경우, 설계변경으로 계약내용을 변경하더라도 발주기관의 책임 있는 사유 또는 천재·지변 등 불가항력의 사유로 인한 경우를 제외하고는 계약금액을 증액할 수 없다(국가계약법 시행령 제91조 제1항, 공사계약일반조건 제21조 제1항).

일괄입찰은 정부가 제시하는 공사일괄입찰기본계획 및 지침에 따라 입찰시 그 공사의 설계서 기타 시공에 필요한 도면 및 서류를 작성하여 입찰서와 함께 제출하는 설계·시공일괄입찰방식을 의미하고(국가계약법 시행령 제79조 제1항 제5호), 대안입찰은 원안입찰과 함께 따로 입찰자의 의사에 따라 대안(정부가 작성한 실시설계서상의 공종 중 대체가 가능한 공종에 대하여 기본방침의 변동없이 정부가 작성한 설계에 대체될 수 있는 동등이상의 기능 및 효과를 가진 신공법·신기술·공기단축 등이 반영된 설계로서 가격, 공사기간의 측면에서 정부가 작성한 실시설계서보다 나은 설계를 의미)이 허용된 공사의 입찰을 의미하며(국가계약법 시행령 제79조 제1항 제3, 4호), 기본설계 기술제안입찰은 발주기관이 작성하여 교부한 기본설계서와 입찰안내서에 따라 입찰자가 기술제안서(입찰자가 발주기관이 교부한 설계서 등을 검토하여 공사비 절감방안, 공기단축방안, 공사관리방안 등을 제안하는 문서를 의미)를 작성하여 입찰서와 함께 제출하는 입찰을 의미하고(국가계약법 시행령 제98조 제3호), 실시설계 기술제안입찰은 발주기관이 교부한 실시설계서 및 입찰안내서에 따라 입찰자가 기술제안서를 작성하여 입찰서와 함께 제출하는 입찰을 의미한다(국가계약법 시행령 제98조 제2호).

이와 같은 계약의 경우 발주기관이 교부한 설계서에 따라 시공하는 일반공사와 달리 계약상대자가 직접 설계서를 작성하였기 때문에 설계 등의 하자로 계약금액을 조정하더라도 이는 원천적으로 계약상대자의 귀책사유에 의한 것으로 볼 수 있기 때문에 계약금액의 증액을 제한하는 것으로 볼 수 있다.

한편 설계·시공일괄입찰의 경우에는 발주기관이 작성한 기본계획 및 지침과 계약상대자가 작성한 기본설계설계서에 따라 일단 실시설계적격자와 계약금액이 정해지고[44] 그 후 실시설계가 작성되면서 산출내역서의 세부물량이 정해지므로, 당초의 계약금액이 산출내역서의 세부물량에 따라 정해진 경우가 아니기 때문에 실제 시공과정에서 산출내역서의 세부물량이 일부 감소하더라도 최종 준공물이 발주기관이 작성한 기본계획 및 지침을 충족하는 한 계약금액을 감액할 수 없다고 해석하는 것이 타당하다.

이와 관련하여 공사계약일반조건 제21조 제7항은 설계·시공일괄입찰 공사에서 현장상태와 설계서의 상이 등으로 설계변경을 하는 경우 전체공사에 대하여

---

44) 설계시공일괄입찰의 경우 실시설계적격자의 입찰금액이 예산을 초과하는 경우 예산의 범위 안으로 가격을 조정하기 위하여 예외적으로 실시설계적격자와 협의하고 협의가 되지 않을 경우 재공고입찰을 하는 것으로 규정되어 있으나(국가계약법 시행령 제87조 제3항), 그 외의 경우에는 실시설계적격자가 낙찰자로 결정될 경우 실시설계적격자의 입찰금액이 그대로 계약금액이 된다.

증감되는 금액을 합산하여 계약금액을 조정하되, 계약금액을 증액할 수는 없다고 규정하고 있고, 이에 따라 발주기관은 현장상태와 설계서의 상이 등으로 설계변경을 하는 경우 전체공사에 대하여 증감되는 금액을 합산하여 계약금액이 증액되는 경우에는 기존 계약금액을 조정하지 않지만 감액되는 경에는 계약금액을 감액 조정하고 있는 것으로 보인다. 그러나 설계·시공일괄입찰의 경우 최종 준공물이 발주기관이 작성한 기본계획 및 지침을 충족한다면 계약상대자가 제출한 산출내역서의 세부 물량이 일부 감소하더라도 계약금액을 감액할 수 없다고 해석하는 것이 타당하다. 그렇지 않을 경우 계약상대자는 산출내역서의 세부 물량에 따라 당초의 계약금액을 인정받은 것이 아님에도 추후 그 물량이 증가되는 경우에는 계약금액을 증액받지 못하는 반면에, 물량이 감소되는 경우에는 발주기관의 기본계획 및 지침을 충족하여 계약목적 달성에 전혀 지장을 초래하지 않더라도 계약금액을 감액당하게 되어 형평에 반하기 때문이다.

또한 이러한 경우에도 설계변경 사유가 발주기관의 책임 있는 사유에 의한 것이거나 천재·지변 등 불가항력의 사유로 인한 경우라면 계약금액을 증액할 수 있다. 이는 계약상대자가 책임질 사유에 의한 설계변경이 아니기 때문이다.

나) 정부에 책임있는 사유 또는 불가항력의 사유의 의미

공사계약일반조건 제21조 제5항은 같은 조 제1항의 '정부의 책임 있는 사유 또는 불가항력의 사유'에 대하여, ① 사업계획 변경 등 발주기관의 필요에 의한 경우, ② 발주기관 외에 해당공사와 관련된 인허가기관 등의 요구가 있어 이를 발주기관이 수용하는 경우, ③ 공사관련법령(표준시방서, 전문시방서, 설계기준 및 지침 등 포함)의 제·개정으로 인한 경우, ④ 공사관련법령에 정한 바에 따라 시공하였음에도 불구하고 발생되는 민원에 의한 경우, ⑤ 발주기관 또는 공사 관련기관이 교부한 지하매설 지장물 도면과 현장 상태가 상이하거나 계약 이후 신규로 매설된 지장물에 의한 경우, ⑥ 토지·건물소유자의 반대, 지장물의 존치, 관련기관의 인허가 불허 등으로 지질조사가 불가능했던 부분의 경우, ⑦ 공사계약일반조건 제32조(불가항력)에 정한 사항 등 계약당사자 누구의 책임에도 속하지 않는 사유에 의한 경우라고 규정하고 있다.

다) 일괄입찰, 기본설계 기술제안입찰에서 계약 체결 전 실시설계적격자에게 책
임이 없는 사유로 실시설계를 변경하는 경우

일괄입찰이나 기본설계 기술제안입찰에서는 입찰 이후 계약체결 이전 단계
에서 먼저 실시설계적격자를 선정하고 실시설계적격자에게 실시설계서를 제출하
게 하는데(국가계약법 시행령 제87조 제2항, 제105조 제3항), 실시설계자가 실시설계
서를 작성하는 과정 또는 실시설계서를 제출한 이후 계약 체결 전에 실시설계자
에게 책임 없는 사유로 인하여 실시설계를 변경해야 할 경우가 발생할 수 있다.
공사계약일반조건 제21조 제3항은 이러한 경우 발주기관에게 계약체결 이후 즉
시 설계변경에 의한 계약금액 조정을 할 의무를 부과하고 있다.

위 조항은 "설계변경에 의한 계약금액 조정을 하여야 한다"라고만 규정하고
있으나, 실시설계적격자에게 책임이 없는 사유로 한정하고 있는 점, 공사계약일
반조건 제21조 제7항(제3항 각 호의 사유 및 제5항 각 호의 사유에 해당되지 않는 경우
로서 현장상태와 설계서의 상이 등으로 인하여 설계변경을 하는 경우에는 전체공사에 대
하여 증·감되는 금액을 합산하여 계약금액을 조정하되, 계약금액을 증액할 수는 없다)의
반대해석상 이러한 경우에는 증액조정이 가능하다고 해석된다.

한편 여기서 실시설계적격자에게 책임이 없는 경우란, 민원이나 환경·교통
영향평가 또는 관련 법령에 따른 인허가 조건 등과 관련하여 실시설계의 변경이
필요한 경우, 발주기관이 제시한 기본계획서·입찰안내서 또는 기본설계서에 명
시 또는 반영되어 있지 아니한 사항에 대하여 해당 발주기관이 변경을 요구한 경
우, 중앙건설심의위원회 또는 기술자문위원회가 실시설계 심의과정에서 변경을
요구한 경우를 의미한다(공사계약일반조건 제21조 제3항 각 호).

라) 계약금액 조정의 기준

실시설계 기술제안입찰의 경우에는 국가계약법 시행령 제65조 제3항에 따
라 계약금액을 조정하고(국가계약법 시행령 제108조), 대안입찰 또는 일괄입찰의
경우에는 국가계약법 시행령 제91조 제3항(감소된 공사량의 단가는 산출내역서상의
단가, 증가된 공사량의 단가는 설계변경 당시를 기준으로 산정한 단가와 산출내역서 상의
단가의 범위 안에서 협의한 단가 또는 중간단가, 신규비목의 경우 설계변경 당시를 기준으
로 산정한 단가)에 따라 조정하며, 기본설계 기술제안 입찰의 경우에도 동일하다
(국가계약법 시행령 제108조).

(2) 순수내역입찰 및 물량내역수정입찰의 경우

국가계약법 시행령 제42조 제4항은 추정가격이 100억 원 이상인 공사, 국가유산수리 등에 관한 법률 제2조 제1호에 따른 국가유산수리로서 국가유산청장이 정하는 공사 등에 대한 입찰에서는 입찰가격, 공사수행능력 및 사회적 책임 등을 종합적으로 심사하여 합산점수가 가장 높은 자를 낙찰자로 결정하도록 정하고 있는데, 국가계약법 시행령 제14조 제1항 단서는 발주기관이 이러한 입찰의 경우 입찰참가자에게 물량내역서를 직접 작성하게 하거나 발주기관이 교부하는 물량내역 기초자료를 참고하여 작성하게 할 수 있도록 정하고 있다.

관련 규정은 이와 같은 순수내역입찰의 경우 물량내역서의 누락사항이나 오류 등으로 설계를 변경할 때에도 계약금액을 변경할 수 없다고 규정하고 있다(국가계약법 시행령 제65조 제1항, 공사계약일반조건 제21조 제2항 본문). 물량내역서를 작성한 것이 계약상대자라는 점에서 물량내역서의 누락이나 오류 등은 계약상대자의 책임 있는 사유에 해당하기 때문이다.

물량내역수정입찰의 경우에도 입찰참가자가 물량내역을 수정한 부분에 누락이나 오류가 있을 경우 설계변경을 하더라도 계약금액을 변경할 수 없음은 마찬가지이나, 해당 입찰에서도 처음부터 입찰참가자의 물량수정이 허용되지 않은 공종에서는 계약금액 변경이 허용된다(공사계약일반조건 제21조 제2항 단서).

8. 설계변경과 물가변동의 관계

(1) 설계변경으로 인한 계약금액 조정 후 물가변동으로 인한 계약금액 조정을 할 경우

물가변동으로 인한 계약금액 조정은 계약체결 후 90일 이상 경과하고 입찰당시를 기준으로 100분의 3 이상의 조정률 변동이 있을 것을 요건으로 한다. 그런데 만일 설계변경으로 인한 계약금액 조정이 이루어진 후 물가변동으로 인한 계약금액 조정을 해야 할 경우 설계변경일을 기준으로 90일을 경과하여야 하는지, 아니면 당초 계약체결일을 기준으로 90일을 경과하여야 하는지가 문제될 수 있다.

이와 관련하여 기획재정부는 설계변경으로 추가된 물량에 대한 등락률 산정시 기존비목의 경우 최초 계약체결시를 기준으로 하지만, 신규비목의 경우는 설계변경당시를 기준으로 하여 산정하여야 한다고 해석하였다.[45] 기존비목의 경우 설계변경으로 인한 계약금액 조정이 이루어지더라도 해당 비목의 수량만이 변경된 것이지 해당 비목의 단가가 변경된 것이 아니기 때문에 계약체결일을 기준으로 90일이 경과하였다면 물가변동으로 인한 계약금액 조정 요건이 충족되었다고 볼 수 있는 반면 신규비목의 경우 설계변경으로 인하여 새로이 추가된 비목이기 때문에 설계변경 이후 90일이 경과하여야 한다고 봄이 타당할 것이다.

(2) 조정기준일 전후의 설계변경의 문제

물가변동으로 인한 계약금액 조정은 조정기준일을 기준점으로 하여 변경될 계약금액을 산정하게 된다. 그런데 조정기준일 이전에 설계변경 사유가 발생한 경우 설계변경 부분이 물가변동적용대가에 반영되어야 하는지 여부가 문제될 수 있다.

이와 관련하여 기획재정부는 조정기준일 이전에 설계변경이 이루어지고 설계변경으로 인한 계약금액 조정은 조정기준일 이후에 이루어진 경우에는 설계변경으로 조정된 산출내역서를 기준으로 물가변동적용대가를 산정하여야 한다고 해석한다.[46] 그러나 조정기준일 이후에 설계변경이 이루어진 부분은 물가변동적용대가에 포함되지 않으며, 물가변동으로 인하여 계약금액을 조정한 후 설계변경으로 인한 계약금액을 조정하는 경우 계약단가는 물가변동으로 인하여 조정된 단가를 적용한다고 해석한다.[47]

물가변동적용대가는 조정기준일을 기준으로 산출하므로, 조정기준일 이전에 설계변경에 대한 합의가 성립하였다면 이에 따른 구체적인 계약금액 조정까지는 이루어지지 않더라도 물가변동적용대가 또한 설계변경을 반영한 내역을 토대로 산정함이 합리적인 반면 조정기준일 이후 설계변경에 대한 합의가 이루어졌다면 조정기준일을 기준으로 산출하는 물가변동적용대가에 설계변경이 반영된 내역이 적용될 수는 없다는 점에서 타당한 해석이다.

---

45) 회제 45107-236, 1997. 2. 4; 김성근, 앞의 책(Ⅱ), 294면에서 재인용.
46) 회계제도과-513, 2009. 3. 17; 김성근, 앞의 책(Ⅱ), 295면에서 재인용.
47) 회제 41301-3133, 1997. 11. 14; 김성근, 앞의 책(Ⅱ), 295면에서 재인용.

Ⅳ. 그 밖의 계약내용 변경과 계약금액 조정

1. 의의

각 중앙관서의 장 또는 계약담당공무원은 공사계약·제조계약·용역계약 등 국고의 부담이 되는 계약에서 물가변동·설계변경의 경우 외에 공사기간·운반거리 등 그 밖의 계약내용이 변경되어 계약금액을 조정해야 할 필요가 있는 경우에는 실비를 초과하지 않는 범위에서 계약금액을 조정해야 한다(국가계약법 제19조, 같은 법 시행령 제66조 제1항).

그 밖의 계약내용 변경에 따른 계약금액 조정제도는 빈번하게 발생하는 물가변동이나 설계변경 외에 계약체결 당시 예상하지 못했던 사정으로 계약금액을 조정할 필요가 있는 경우를 대비한 제도로서, 사정변경의 원칙을 구체화하였다고 볼 수 있다.[48] 그 밖의 계약내용 변경에 따른 계약금액 조정은 문언이나 제도의 취지에 비추어 각 중앙관서의 장 또는 계약담당공무원의 재량이 아니라 기속행위로 해석해야 한다.

2. 공사기간 변경과 계약금액 조정

일반적으로 공사비는 재료비(직접재료비, 간접재료비), 노무비(직접노무비, 간접노무비), 경비(임차료, 보험료 등), 일반관리비, 이윤 등으로 구성된다(예정가격 산정기준 제9조부터 제12조까지, 제14조, [별표2]). 공사기간이 연장되는 경우 그에 따라 발생하는 추가비용은 주로 재료비, 직접노무비 등의 직접공사비가 아니라 공사현장을 유지·관리하기 위한 간접노무비, 경비 등의 간접공사비이다.[49]

---

48) 김성근, 앞의 책(Ⅱ), 302면.
49) 법무법인(유한)태평양, 앞의 책, 343면.

[정부 입찰 · 계약 집행기준에 따른 공사원가 항목]

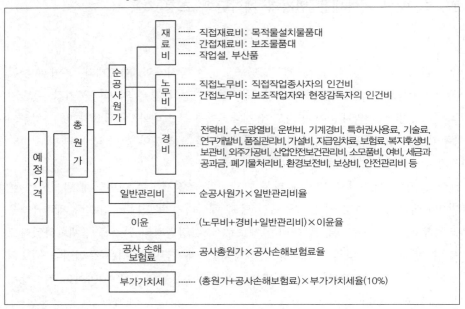

(1) 공사기간 변경에 따른 계약금액 조정요건
가) 계약상대자의 책임 없는 공사기간 연장

계약상대자의 책임으로 공사기간이 지체되면 계약상대자는 지체상금을 부담할 뿐이고(반면에 공사계약일반조건 제25조 제3항은 불가항력, 발주기관의 책임 등 계약상대자의 책임에 속하지 아니한 사유로 인하여 지체된 경우 지체책임을 부정하고 있다),50) 각 중앙관서의 장 또는 계약담당공무원이 공사기간 연장으로 발생한 추가비용을 반영하여 계약금액을 조정해야 할 이유가 없다. 따라서 계약상대자가 공사기간 연장에 따라 계약금액 조정을 청구하기 위해서는 계약상대자의 책임 없는 사유로 공사기간이 연장되어야 한다. 즉 예산부족, 공사용지 미확보 등 발주기관의 책임으로 공사기간이 연장되거나, 불가항력 등 계약당사자 중 누구의 책임으로도 볼 수 없는 사유로 공사기간이 연장된 경우에 공사기간 연장에 따른 계약금액 조정이 인정된다.

---

50) 공사계약일반조건은 기획재정부 계약예규이지만 국가계약에서는 일반적으로 해당 계약예규가 계약문서에 포함되어 그 내용이 계약내용에 포섭된다.

나) 계약기간의 연장

계약상대자는 자신의 책임 없는 사유로 공사기간이 연장된 경우에는 계약기간(장기계속공사의 경우에는 연차별 계약기간)이 종료되기 전에 계약담당공무원과 공사감독관에게 서면으로 계약기간의 연장을 신청해야 한다(공사계약일반조건 제26조 제1항 본문). 계약담당공무원은 계약기간 연장신청이 접수된 때에는 즉시 그 사실을 조사·확인하고 계약기간을 연장해야 한다(공사계약일반조건 제26조 제2항). 계약담당공무원은 계약기간을 연장한 경우에는 변경된 계약내용에 따라 실비를 초과하지 않는 범위에서 계약금액을 조정해야 한다(공사계약일반조건 제26조 제4항). 이처럼 계약금액 조정은 계약기간 연장신청에 따른 계약기간의 연장을 전제로 한다.

다) 계약금액 조정의 필요성

연장된 공사기간 동안 계약상대자가 실제로 간접노무비(현장소장, 총무, 경리, 급사 등의 현장사무원, 기획·설계부문종사자, 노무관리원, 자재·구매관리원, 시험관리원, 교육·산재담당원, 복지후생부문종사자, 경비원, 청소원 등), 경비(현장사무소 임차료, 보험료 등), 보증수수료, 유휴장비비 등 추가비용을 지출하여 이러한 비용을 보전해 줄 필요가 있어야 한다.

(2) 계약금액 조정절차

계약상대자는 자신의 책임 없는 사유로 공사기간이 연장된 경우에는 계약기간이 종료되기 전에 수정공정표를 첨부하여 계약담당공무원과 공사감독관에게 서면으로 계약기간의 연장을 신청해야 하고(공사계약일반조건 제26조 제1항 본문), 계약기간을 연장하는 계약내용의 변경은 변경되는 부분의 이행에 착수하기 전에 완료해야 한다(국가계약법 시행규칙 제74조의3 제1항 본문, 공사계약일반조건 제23조 제2항). 계약내용의 변경으로 계약금액을 증액하여 조정하려면, 계약상대자의 신청이 있어야 한다(공사계약일반조건 제23조 제4항). 공사계약일반조건은 "계약상대자는 제40조에 의한 준공대가(장기계속계약의 경우에는 각 차수별 준공대가) 수령 전까지 제4항에 의한 계약금액 조정신청을 하여야 한다."라고 규정하고 있다(제26조 제5항).

"계약내용의 변경은 변경되는 부분의 이행에 착수하기 전에 완료하여야 한

다."라고 규정하고 있는 국가계약법 시행규칙 제74조의3 제1항 본문, 공사계약일반
조건 제23조 제2항의 의미를 두고, 계약기간 연장신청뿐만 아니라 계약금액 조정신
청 역시 연장된 계약기간이 개시되기 이전에 이루어져야 한다는 견해가 있다.[51]

그러나 대법원은 계속비계약과 관련된 사안에서, 연장된 공사기간의 개시
전에 계약금액 조정신청까지 할 필요는 없다는 입장이다(대법원 2012. 6. 28. 선고
2011다45989 판결).

[대법원 2012. 6. 28. 선고 2011다45989 판결]

계약상대자가 변경되는 부분의 이행에 착수하기 전까지 공사기간 연장으로 인
한 계약금액 조정신청을 하지 않으면 발주자를 상대로 추가로 지출한 간접공
사비를 청구할 수 없다는 피고의 주장에 대하여, 원심은 그 판시와 같은 사정
을 근거로 계약상대자는 공사기간의 변경으로 계약금액을 조정하여야 할 필요
가 있는 경우에는 연장되는 공사기간의 개시 전에 발주기관의 승인을 받는 등
으로 발주기관과의 공사기간 연장에 관한 합의가 있으면 충분하고, 계약금액
의 조정신청이나 그에 따른 조정까지 반드시 변경된 공사기간의 개시 전에 완
료될 필요는 없으며, 다만 확정적으로 지급을 마친 기성대가는 당사자의 신뢰
보호 견지에서 계약금액 조정의 대상이 되지 아니하므로 계약상대자는 늦어도
최종 기성대가(또는 준공대사)의 지급이 이루어지기 전에 계약내용의 변경으
로 인한 계약금액 조정 신청을 마치면 된다고 판단하여 피고의 위 주장을 배척
하였다.
이 사건 공사계약일반조건 해당 조항의 문언적 의미, 그와 같은 조항을 두게
된 목적과 취지 등을 종합적으로 고려하면, 원심의 위와 같은 판단은 정당한
것으로 수긍이 가고, 거기에 상고이유로 주장하는 바와 같은 공사간접비 청구
기한에 관한 법리 등을 오해한 위법이 있다고 할 수 없다.

---

51) 인천지방법원 2010. 7. 16. 선고 2009가합11576 판결. "계약금액의 조정은 계약내용이
변경되는 부분에 대한 이행에 착수하기 전에 완료하여야 하므로, 원고들이 공사기간 연장
으로 인한 계약금액의 조정을 신청하지 아니한 채 피고와 이 사건 공사의 준공기한을 연
장하기로 합의하고 그 변경된 계약기간 안에 이 사건 공사의 이행에 착수한 경우에는, 원
고들은 그 변경된 계약기간에 관하여는 공사기간 연장으로 인하여 추가로 지출한 간접공
사비를 청구할 수 없다."

공사계약일반조건 제23조 제2항은 그 문언상 '계약내용의 변경'을 변경되는 부분의 이행에 착수하기 전에 완료해야 한다고 규정하고 있는데, 같은 조건 제23조 제1항은 공사기간·운반거리 등 계약내용의 변경으로 계약금액을 조정해야 할 필요가 있는 경우에는 그 변경된 내용에 따라 실비를 초과하지 않는 범위에서 이를 조정하도록 하고 있다. 그러므로 공사계약일반조건 제23조 제2항은 변경된 공사기간이 시작되기 전에 계약기간의 변경을 완료해야 한다는 의미일 뿐, 계약내용의 변경에 따른 계약금액의 조정까지도 변경된 공사기간의 시작 이전에 완료되어야 한다는 의미는 아니다. 오히려 공사계약일반조건 제20조 제8항은 계약담당공무원에게 계약상대자의 계약금액 조정신청이 있은 날부터 30일 이내에 계약금액을 조정하도록 하고 있다. 게다가 변경된 공사기간이 시작되고 구체적인 공사가 진행되기 전에는 연장된 공사기간에 지출될 실비를 정확하게 산정하기도 어렵다. 따라서 계약상대자는 공사기간의 변경으로 계약금액을 조정하여야 할 필요가 있는 경우에는 연장되는 공사기간의 개시 전에 발주기관의 승인을 받는 등으로 발주기관과의 공사기간 연장에 관한 합의가 있으면 충분하고, 반드시 변경된 공사기간의 개시 전에 계약금액 조정신청까지 해야 할 필요는 없다.[52]

공사계약일반조건 제26조 제5항은 계약상대자가 계약금액 조정신청을 준공대가(장기계속계약의 경우에는 각 차수별 준공대가) 수령 전까지 해야 한다고 규정하고 있으므로, 장기계속계약이 아닌 단년도 계약과 계속비계약의 경우에는 '준공대가 수령 전까지' 계약금액 조정을 신청하면 된다.[53] 장기계속계약의 경우에는 뒤에서 자세히 검토할 내용과 같이, 다수의 하급심 판결은 최종 기성대가(또는 준공대가)의 지급이 이루어지기 전에 계약내용의 변경에 따른 계약금액 조정신청을 하면 된다는 입장이었다(서울고등법원 2011. 5. 18. 선고 2010나76841 판결 등).

[서울고등법원 2011. 5. 18. 선고 2010나76841 판결]

계약상대자는 공사기간의 변경으로 계약금액을 조정하여야 할 필요가 있는 경우에는 연장되는 공사기간의 개시 전에 발주기관의 승인을 받는 등으로 발주기관과의 공사기간 연장에 관한 합의가 있으면 충분하고, 계약금액의 조정신

---

52) 서울고등법원 2011. 5. 18. 선고 2010나76841 판결, 서울중앙지방법원 2013. 8. 23. 선고 2012가합22179 판결 등.
53) 대법원 2012. 6. 28. 선고 2011다45989 판결.

청이나 그에 따른 조정까지 반드시 변경된 공사기간의 개시 전에 완료될 필요는 없다고 할 것이다. 다만 확정적으로 지급을 마친 기성대가는 당사자의 신뢰보호 견지에서 계약금액 조정의 대상이 되지 아니한다고 할 것이므로(대법원 2006. 9. 14. 선고 2004다28826 판결 참조), 계약상대자는 늦어도 최종 기성대가(또는 준공대가)의 지급이 이루어지기 전에 계약내용의 변경으로 인한 계약금액 조정 신청을 마쳐야 한다고 봄이 타당하다.

다만 대법원 전원합의체 판결은 장기계속계약의 총괄계약상 총공사금액 및 총공사기간의 법적 구속력을 부정하였고(대법원 2018. 10. 30. 선고 2014다235189 전원합의체 판결), 장기계속계약에서의 계약금액 조정신청은 해당 차수별 준공대가 수령 전까지 해야 한다고 판단하였다(대법원 2020. 10. 29. 선고 2019다267679 판결, 대법원 2020. 11. 12. 선고 2019다240858 판결 등).

(3) 계약금액의 조정

국가계약법 시행령 제66조 제1항, 공사계약일반조건 제23조 제1항에 따라 공사기간 연장으로 조정되는 계약금액은 '실비'를 한도로 한다. 실비는 계약상대자가 실제로 지출한 비용을 의미한다. 다수의 하급심 판결은 "공사기간 연장에 따른 계약금액의 조정 기준이 되는 '실비'는 공사기간의 연장에 따라 추가로 지출하게 된 비용으로 공사기간의 연장과 객관적인 관련성이 있어야 할 뿐만 아니라 필요하고 상당한 범위 내의 것이어야 한다."라는 입장이다(서울고등법원 2016. 7. 15. 선고 2015나2006713 판결, 서울고등법원 2016. 6. 16. 선고 2015나2005994 판결, 서울고등법원 2015. 11. 27. 선고 2014나2033107 판결).

공사계약일반조건 제23조 제3항에 따라 준용되는 공사계약일반조건 제20조 제5항은 "제1항 및 제2항에 의한 계약금액의 증감분에 대한 간접노무비, 산재보험료 및 산업안전보건관리비 등 승률비용과 일반관리비 및 이윤은 산출내역서상의 간접노무비율, 산재보험료율 및 산업안전보건관리비율 등의 승률비율과 일반관리비율 및 이윤율에 의하되 설계변경당시의 관계법령 및 기획재정부장관 등이 정한 율을 초과할 수 없다"고 규정하고 있다. 또한 정부 입찰·계약 집행기준 제16장은 실비 산정방식을 규정하고 있다. 다수의 하급심 판결은 위 규정들은 계약상대방 사이에 합의가 이루어지는 경우에 적용되는 규정이므로, 그렇지 않은 경우에는 계약상대방에게 공사기간 연장과 객관적으로 관련 있는 간접공사비를 지급해야 한다는 입장이다(서울고등법원 2016. 7. 15. 선고 2015나2006713 판결 등).

[서울고등법원 2016. 7. 15. 선고 2015나2006713 판결]

국가계약법 시행령 제66조 제1항은 '각 중앙관서의 장 또는 계약담당공무원은 법 제19조의 규정에 의하여 공사·제조 등의 계약에 있어서 제64조 및 제65조의 규정에 의한 경우 외에 공사기간·운반거리의 변경 등 계약내용의 변경으로 계약금액을 조정하여야 할 필요가 있는 경우에는 그 변경된 내용에 따라 실비를 초과하지 아니하는 범위 안에서 이를 조정한다'고 정하고 있고, 위 규정에 의한 실비를 산정하는 기준은 기획재정부 계약예규 중 정부입찰·계약집행기준 제14장에서 정하고 있다. 그런데 위 정부입찰·계약집행기준에서 정하고 있는 간접공사비 산정방식은 그 문언상 계약상대자의 계약금액 조정신청에 따라 당사자들 사이에 계약금액 조정이 이루어질 경우, 즉 계약당사자들 사이에 합의가 이루어지는 경우 계약담당공무원이 그 연장된 공사기간에 예상되는 간접공사비를 산정하는 기준이므로, 이 사건과 같이 계약당사자들 사이에 계약금액 조정에 대한 합의가 이루어지지 않아, 원고들이 연장된 공사기간에 실제로 지출한 간접공사비를 청구하는 경우에는 위 기준이 반드시 적용되어야 한다고는 보기 어렵고, 원고들이 실제 지출한 공사비용 중에 공사기간의 연장과 객관적으로 관련성이 있고 상당한 범위 안에서 간접공사비를 산정하면 된다고 할 것이다.

가) 간접노무비

기획재정부 계약예규 예정가격작성기준은 간접노무비에 대하여, '직접 제조작업에 종사하지 않고 보조작업에 종사하는 노무자, 종업원과 현장감독자 등의 기본급과 제수당, 상여금, 퇴직급여충당금의 합계액'으로 정의하고 있다(예정가격 작성기준 제10조 제2항). 계약담당공무원은 간접노무비 산출을 위해서 계약상대자에게 급여연말정산서류, 임금지급대장, 공사감독의 현장확인복명서 등 간접노무비 지급 관련서류를 제출하게 해서 이를 활용할 수 있다(정부 입찰·계약 집행기준 제72조 제2항). 간접노무비는 연장 또는 단축된 기간 중 해당 현장에서 '예정가격 작성기준' 제10조 제2항, 제18조에 해당하는 사람이 수행해야 할 노무량을 산출하고, 그 노무량에 급여연말정산서, 임금지급대장, 공사감독의 현장확인복명서 등 객관적인 자료로 지급이 확인된 임금을 곱하여 산정한다. 다만 정상적인 공사기간 중에 실제로 지급된 임금수준을 초과할 수는 없다(정부 입찰·계약 집행기준 제73조 제1항). 노무량을 산출하는 경우 계약담당공무원은 계약상대자에게 공사이행기간의 변경사유가 발생하는 즉시 현장 유지·관리에 소요되는 인력투입계획을 제출하도록 하고, 공사의 규모, 내용, 기간 등을 고려해서 해당 인력투입계획을 조정할 필요가 있다고 인정되는 경우에는 계약상대자에게 그 조정을 요구해야 한다(정부 입찰·계약 집행기준 제73조 제2항).

간접노무비는 간접공사비의 일부이므로, 당사자 간 합의로 계약금액이 조정되지 않은 경우에는 공사계약일반조건, 정부 입찰·계약 집행기준에서 정한 산정방식이 아니라, 실제 지출한 공사비용을 공사기간의 연장과 객관적으로 관련성이 있고 상당한 범위 안에서 간접공사비로 인정해야 한다(서울고등법원 2011. 5. 18. 선고 2010나76841 판결).

[서울고등법원 2011. 5. 18. 선고 2010나76841 판결]

이 사건의 경우에도 공사기간의 연장에 따른 간접공사비는 일응 위 관련 규정에 따라 산정하여야 할 것이나, 다만 위 관련 규정에서 정하고 있는 간접노무비의 산정방식은 당사자 사이에 공사기간의 연장에 따른 계약금액의 조정에 대하여 합의가 이루어져 그 연장된 공사기간 동안에 예상되는 간접노무비를 산정하는 규정이므로, 이 사건과 같이 계약금액의 조정에 대하여 합의가 이루어지지 않은 채 원고들의 귀책사유 없이 공사기간이 연장되어 원고들이 그 연장된 공사기간 동안 실제로 간접노무비를 지출한 경우에는 위 규정에 따라 간접노무비를 산정할 수 없고, 실제 지출한 간접노무비를 공사기간의 연장과 객관적으로 관련성 있고 상당한 범위 안에서 간접공사비로 인정하여야 할 것이다.

나) 경비

경비는 제품의 제조를 위해서 소비된 제조원가 중 재료비, 노무비를 제외한 원가를 말한다. 기업의 유지를 위한 관리활동부문에서 발생하는 일반관리비와 구분된다(예정가격작성기준 제11조 제1항). 경비에는 전력비·수도광열비, 운반비, 감가상각비, 수리수선비, 특허권사용료, 기술료, 연구개발비, 시험검사비, 지급임차

료, 보험료, 복리후생비, 보관비, 외주가공비, 산업안전보건관리비, 소모품비, 여비·
교통비·통신비, 세금과 공과, 폐기물처리비, 도서인쇄비, 지급수수료, 법정부담금,
기타 법정경비, 품질관리비, 안전관리비가 있다(예정가격작성기준 제11조 제3항).

경비 중 지급임차료, 보관비, 가설비, 유휴장비비 등 직접계상이 가능한 비목
의 실비는 계약상대자로부터 제출받은 경비 지출 관련 계약서, 요금고지서, 영수
증 등 객관적인 자료에 따라 확인된 금액을 기준으로 변경되는 공사기간에 상당
하는 금액을 산출하고, 수도광열비, 복리후생비, 소모품비, 여비·교통비·통신비,
세금과 공과, 도서인쇄비, 지급수수료와 산재보험료, 고용보험료 등은 그 기준이
되는 비목의 합계액에 계약상대자의 산출내역서상 해당 비목의 비율을 곱하여 산
출된 금액과 당초 산출내역서상 금액의 차액으로 한다(정부 입찰·계약 집행기준 제
73조 제3항). 계약상대자의 책임 없는 사유로 공사기간이 연장되면서 이에 따라 당
초 제출한 계약보증서·공사이행보증서·하도급대금지급보증서, 공사손해보험 등
의 보증기간을 연장하게 되어 소요되는 추가비용은 계약상대자에게서 제출받은
보증수수료의 영수증 등 객관적인 자료로 확인된 금액을 기준으로 산출한다(정부
입찰·계약 집행기준 제73조 제4항).

다) 건설장비 등의 유휴비용

계약상대자는 공사기간 연장으로 건설장비를 사용하지 못하고 방치하게 되
는 경우 즉시 발생사유 등 사실관계를 계약담당공무원과 공사감독관에게 통지해
야 하고, 계약담당공무원은 장비의 유휴가 계약의 이행 여건상 타당하다고 인정
될 경우에는 유휴비용을 다음 기준에 따라 계산한다(정부 입찰·계약 집행기준 제73
조 제5항).

임대장비: 유휴 기간 중 실제로 부담한 장비임대료
보유장비: (장비가격 × 시간당 장비손료계수) × (연간표준가동기간 ÷ 365일)
　　　　　 × (유휴일수) × 1/2

실무상 발주기관의 사정으로 공사가 중단되었다가 재개되면서 사후적으로
공사기간을 연장하는 변경계약을 체결하는 경우가 많은데, 공사가 중단될 당시
발주기관이 공사 재개 일정에 대한 정확한 통보를 하지 않는 경우가 있고, 이러

한 경우 계약상대자로서는 언제 다시 공사를 재개해야 할지 모르는 상황에서 임대장비를 반납하기 어려울 수 있다. 이와 관련한 명확한 규정이 없다면 계약상대자가 실제 공사를 진행하여 장비를 가동하지는 않았기 때문에 사후적으로 그 비용에 대한 다툼이 발생할 수 있기 때문에 기획재정부는 위와 같은 규정을 마련한 것으로 보인다.[54]

라) 일반관리비와 이윤

계약금액 증감분의 일반관리비와 이윤 등은 계약상대자가 입찰시 제출한 산출내역서의 일반관리비율과 이윤율 등에 따른다. 다만 기획재정부령이 정하는 비율을 초과할 수 없다(국가계약법 시행령 제66조 제3항, 제65조 제6항, 공사계약일반조건 제20조 제5항, 정부 입찰·계약 집행기준 제76조). 국가계약법 시행규칙 제8조는 공사의 경우 일반관리비의 최대 비율을 100분의 6, 최대 이윤율을 100분의 15로 규정하고 있다.

일반관리비와 이윤이 추가 간접공사비에 포함되는지 그렇지 아닌지를 두고 다툼이 있는데, 하급심 판결은 "정부 입찰·계약 집행기준 제76조는 실비를 산정할 때 이윤을 포함하도록 규정하고 있고, 이 사건과 같이 원고들의 귀책사유 없이 총공사기간이 연장되어 그 연장된 공사기간 동안 원고들이 실제로 간접공사비를 지출한 경우에는 이에 따른 이윤도 이 사건 각 공사에 투입된 비용이라고 할 것이므로, 간접공사비를 산정함에 있어서 도급내역서에 정한 이윤율에 따른 이윤을 포함시켜야 한다"(서울고등법원 2016. 6. 16. 선고 2015나2005994 판결)고 판단하였다.

한편 계약상대자가 입찰에 참가하면서 산출내역서에 일반관리비와 이윤을 '0원'으로 기재하는 경우가 종종 있다. 이 경우 연장된 공사기간의 일반관리비와 이윤을 어떻게 산정해야 할지가 문제이다. 하급심 판결 중에는 일반관리비와 이윤을 다른 비용에 포함시키는 방법으로 '0원'으로 조정하였기 때문이라는 이유로 산출내역서가 아니라 설계내역서상 일반관리비율, 이윤율, 낙찰률을 적용하여 일반관리비와 이윤을 산정해야 한다고 본 판결이 있다(서울고등법원 2011. 5. 18. 선고 2010나76841 판결, 서울중앙지방법원 2017. 11. 15. 선고 2015가합574848 판결).[55]

---

54) 전력회사 등이 발주하는 대규모 민간공사의 경우에도 이와 관련한 분쟁이 발생하는 경우가 있다.

55) 반면 하급심 판결 중에는 ① 공사계약일반조건 제23조 제3항, 제20조 제4항은 공사기간

[서울고등법원 2011. 5. 18. 선고 2010나76841 판결]

또한 이 사건 도급계약의 내역서에 일반관리비와 이윤이 0원으로 산정되어 있기는 하나, 제1심 감정인 C에 대한 사실조회결과에 변론 전체의 취지를 종합하면 이는 원고들이 위 내역서를 작성할 때 설계내역서의 세부 비용항목 전체에 낙찰률을 적용하여 위 내역서상의 비용을 산출한 것이 아니라 일반관리비 및 이윤에 해당하는 비용을 다른 비용에 포함시키는 방법으로 일반관리비 및 이윤을 0원으로 조정하였기 때문이었음을 알 수 있으므로, 위와 같은 사정만으로는 원고들이 일반관리비와 이윤을 포기하였다고 볼 수 없다. 게다가 이 사건과 같이 원고들의 귀책사유 없이 공사기간이 연장되어 그 연장된 공사기간 동안 원고들이 실제로 간접공사비를 지출한 경우에는 이에 따른 일반관리비 및 이윤도 이 사건 공사에 투입된 비용이라고 할 것이므로, 위와 같은 간접공사비를 산정함에 있어서는 원고들이 실제 지출한 간접공사비에 설계내역서상의 일반관리비율 및 이윤율, 낙찰률을 적용하여 일반관리비 및 이윤을 산정하는 것이 타당하다.

[서울중앙지방법원 2017. 11. 15. 선고 2015가합574848 판결]56)

살피건대, 을 제7호증의 기재에 의하면, 원고가 이 사건 도급계약에 대한 설계변경으로 인한 공사대금 증액 시, 공사원가계산서상 이윤율을 0%로 하여 기재한 사실은 인정된다. 그러나 위 인정사실에 앞서 든 증거, 갑 제8호증의 기재

이나 운반거리 변경 등 계약내용 변경으로 인한 계약금액 증가분의 일반관리비와 이윤은 산출내역서상 일반관리비율 및 이윤율에 따르도록 규정하고 있고, ② 이윤에 해당하는 비용을 다른 항목에 반영하였기 때문에 산출내역서상 이윤율을 0%로 기재하였다는 주장은 선행행위에 모순되어 신의칙에 어긋난다는 이유로, 산출내역서에 일반관리비와 이윤이 '0원'으로 기재된 경우 일반관리비와 이윤을 인정하지 않는 판결도 존재한다(서울중앙지방법원 2015. 12. 16. 선고 2014가합546143 판결).
56) 위 판결의 항소심 판결은 이와 같은 사정에 더하여, 설령 원고가 이 사건 공사에 입찰할 당시 이윤을 포기할 의사였다 하더라도 이는 어디까지나 최초의 계약기간에 한하여 별도의 이윤을 지급받지 않고 공사를 수행하겠다는 의사를 표시한 것으로 볼 수 있을 뿐이고, 원고와 피고 사이에 계약의 전제가 되지 않았고 발주자의 책임 있는 사유로 인하여 공사기간이 연장되는 경우에도 그 연장된 기간 동안 이윤 없이 공사를 수행하겠다는 의사를 표기한 것으로 볼 수 없다고 판단하였다(서울고등법원 2018. 7. 6. 선고 2018나2000686 판결). 항소심 판결 선고 후 쌍방이 상고하였으나 심리불속행 기각으로 확정되었다(대법원 2018. 11. 29. 선고 2018다259558 판결).

및 변론 전체의 취지를 더하여 인정되는 다음과 같은 사정들, 즉 ① 원고가 이 사건 공사에 관한 공사원가계산서를 작성할 때 이윤율을 0%로 기재하였으나, 이는 이윤에 해당하는 비용을 다른 비용에 포함시키는 방법으로 이윤율을 0%로 조정하였기 때문이고, 원고가 이윤을 포기하였다고 보기는 어려운 점, ② 이 사건과 같이 원고의 귀책사유 없이 공사기간이 연장되어 그 연장된 공사기간 동안 원고가 실제로 간접공사비를 지출한 경우에는 이에 따른 이윤도 이 사건 공사에 투입된 비용이라고 봄이 상당한 점, ③ 한편 국군재정관리단이 이 사건 공사에 관한 입찰참가자들에게 제공한 이 사건 공사에 관한 설계내역서상의 공사원가계산서에는 이윤율이 8%로 기재되어 있는 점 등을 종합해 보면, 위와 같은 간접공사비를 산정함에 있어서는 원고가 실제 지출한 간접공사비에 피고가 작성한 설계내역서상의 이윤율 8%를 적용하여 이윤을 산정하는 것이 타당하다.

2016. 1. 1. 이전에는 최저가낙찰제와 관련하여 '입찰금액 적정성 심사'를 하였는데,[57] '이윤'과 '일반관리비'[58]는 적정성 심사의 대상에서 제외되었다. 계약상대자가 산출내역서에 이윤율을 '0'으로 기재하는 것은 입찰금액 적정성 심사 대상에서 제외되는 이윤을 '0'으로 하여 적정성 심사 기준에 부합하는 범위 내에서 가능한 한 저가로 투찰하기 위한 고육지책이었다. 부득이한 이유로 형성된 관행에 따라 산출내역서에 이윤율을 '0'으로 기재하였다는 이유로 계약상대자가 최저가낙찰공사에서 이윤을 포기하였다고 볼 수는 없다. 그러므로 다른 비용에 포함시킨 일반관리비와 이윤 때문에 계약상대자가 중복해서 이득을 얻는 등의 상황이 아니라면, 계약상대자가 실제 지출한 간접공사비에 설계내역서상 일반관리비율, 이윤율과 낙찰률을 적용하여 추가 간접공사비의 일반관리비와 이윤을 산정해

---

57) 정부는 입찰금액 적정성 심사만으로는 최저가낙찰제에서 발생하는 부실공사 등의 문제를 막을 수 없다고 판단하여, 2015. 12. 31. 국가계약법 시행령 제42조 제4항을 개정하여 입찰금액 적정성 심사제도를 폐지하였고, 2016. 1. 1.부터 추정가격 300억 원 이상의 공사분야 입찰에서는 최저가낙찰제에 입찰가격, 공사수행능력, 사회적 책임 등을 평가해서 낙찰자를 결정하는 '종합심사낙찰제'를 시행하고 있다.
58) 간접노무비, 경비 등 합계, 일반관리비는 이윤과 달리 2007. 10. 12. '최저가낙찰제의 입찰금액 적정성 심사기준'이 개정되면서 적정성 심사대상에서 제외되었다. 이윤은 2007. 10. 12. 이전부터 이미 적정성 심사대상이 아니었다.

야 한다. 가사 계약상대자가 입찰 당시에는 이윤을 포기할 의사로 산출내역서 상
의 이윤을 '0'원으로 기재하였다고 하더라도 이는 어디까지나 최초의 계약기간에
한하여 별도의 이윤을 지급받지 않고 공사를 수행하겠다는 의사를 표시한 것으로
볼 수 있을 뿐이고, 당사자 사이에 계약의 전제가 되지 않았고 발주기관의 책임
있는 사유로 인하여 공사기간이 연장되는 경우에도 그 연장된 기간 동안 이윤 없
이 공사를 수행할 의사를 표시한 것으로 볼 수는 없기 때문이다(서울고등법원
2018. 7. 6. 선고 2018나2000686 판결).

마) 하수급업체가 지출한 추가 간접공사비

계약상대자의 하수급업체가 지출한 추가 간접공사비를 계약상대자가 지출한
간접공사비로 볼 수 있는지 견해가 대립한다. 하급심 판결은 하수급업체가 계약
상대자의 이행대행자에 해당하므로 하수급업체가 지출한 추가 간접공사비를 계
약상대자가 지출한 추가 간접공사비로 보아야 한다는 입장이다(서울중앙지방법원
2015. 12. 16. 선고 2014가합546143 판결, 서울중앙지방법원 2016. 8. 19. 선고 2014가
합550319 판결 등).

[서울중앙지방법원 2015. 12. 16. 선고 2014가합546143 판결]

도급인인 피고에 대한 관계에서 원고 대림산업 하수급업체들은 수급인인 원고
대림산업의 이행대행자이므로 이들의 공사수행은 원고 대림산업의 공사수행으
로 평가할 수 있는 점, 건설산업기본법 제36조 제1항 및 하도급거래 공정화에
관한 법률 제16조 제1항에서 수급인이나 원사업자가 설계변경 또는 경제 상황
등의 변동에 따라 발주자로부터 계약금액을 늘려 지급받은 경우에 그 내용과 비
율에 따라 증액하여 하수급인 또는 수급사업자에게 지급하도록 규정하고 있고,
원고 대림산업이 피고로부터 자체의 현장 직원 배치 또는 현장사무소 유지·관
리 등에 대한 간접공사비만을 정산받았다는 이유로 하수급업체에 대한 간접공
사비 지급을 거절하기는 곤란하다고 보이는 점, 직접적인 계약관계는 없는 원
고 대림산업의 하수급업체들이 피고에게 직접 공사기간 연장에 다른 추가 간
접공사비를 청구할 수 없는 점 등을 종합하여 보면, 원고 대림산업 하수급업체
들이 지출한 추가 간접공사비 또는 피고가 원고 대림산업에게 지급해야 할 간
접공사비 금액으로 보는 것이 타당하다.

[서울중앙지방법원 2016. 8. 19. 선고 2014가합550319 판결]

피고 경기도는 하도급업체가 지출한 간접공사비는 원고에게 지급할 추가 간접 공사비에서 제외하여야 한다고 주장한다. 그러나 ① 계약기간이 연장될 경우, 하수급인도 추가로 간접공사비를 지출하는 것은 경험칙상 명백한 점, ② 그러 나 하수급인이 직접 계약관계가 없는 발주자에 대하여 직접 추가 간접공사비 를 청구할 수는 없고, 원수급인에 대하여만 추가 간접공사비를 청구할 수 있는 점, ③ 하수급인이 지출한 간접공사비는 직접공사비와 달리 원수급인이 지출 한 간접공사비와 중첩되지 않으므로 사실상 발주자가 별도로 원수급인에게 지 급하여야만 원수급인이 하수급인에게 지급할 수 있는 점, ④ 하수급인의 공사 수행은 발주자와의 관계에서 원수급인의 이행대행자로서 공사 수행을 한 것으 로 평가할 수 있는 점을 종합하여 보면, 원고의 하도급업체인 ○○○○ 주식회 사가 지출한 부분을 기준으로 산정한 추가 간접공사비 또한 피고 경기도가 원 고에게 지급해야 할 간접공사비 금액으로 보는 것이 타당하다. 따라서 피고 경 기도의 위 주장은 받아들이지 아니한다.

발주기관의 입장에서는 계약상대자가 하수급업체를 이용하여 공사를 수행하 든 직접 공사를 수행하든 아무런 차이가 없으므로, 단지 계약상대자가 하수급업 체를 통해서 공사를 수행하였다는 이유만으로 하수급업체가 지출한 간접공사비 에 상당하는 금액의 지급의무를 면하는 것은 부당하다. 따라서 추가로 간접공사 비를 지급해야 할 사유가 발생한 이상 하수급업체가 지출한 추가 간접공사비도 계약상대자의 간접공사비에 포함되는 것으로 보는 것이 타당하다.

바) 설계변경, 물가변동과 동시에 그 밖의 사유로 공사기간 연장이 이루어지는
   경우 계약금액의 증액

여러 해에 걸쳐서 계속되는 장기계속공사와 계속비 공사에서는 설계변경·물 가변동으로 계약금액이 증액되는 동시에 공사기간 연장으로 계약금액이 증액되 는 경우가 종종 일어난다. 이러한 경우 설계변경·물가변동으로 증액된 계약금액 에 공사기간 연장에 따라 발생한 간접공사비가 포함되는지, 포함된다면 이를 어 떻게 처리해야 할지 문제이다.

일부 하급심 판결은 설계변경·물가변동으로 증액된 계약금액에는 공사기간 연장으로 추가된 간접공사비가 포함되지 않는다는 입장이다.

[서울고등법원 2014. 11. 5. 선고 2013나2020067 판결]

피고측은, 연장된 기간 동안에 물가변동으로 인하여 계약금액 조정이 이루어진 간접공사비 부분은 공제되어야 한다고 주장하나, 공사기간 연장과 무관한 물가변동으로 인하여 조정된 금액을 공사기간 연장으로 인하여 추가로 지출한 간접공사비에서 공제할 별다른 이유가 없으므로, 피고측의 위 주장은 받아들일 수 없다.

다만 일부 하급심 판결은 설계변경·물가변동으로 증액된 계약금액에 공사기간 연장으로 추가된 간접공사비가 포함되지 않는다는 원칙적인 입장을 유지하면서도, 연장된 총공사기간 중 일부는 설계변경·물가변동이 그 원인이라고 보인다는 점 등을 고려하여, 추가 간접공사비를 감액할 수 있다고 하였다.

[서울고등법원 2016. 7. 15. 선고 2015나2006713 판결][59]

그러나 설계변경으로 인한 계약금액 조정과 공사기간의 변경 등 기타 계약내용의 변경으로 인한 계약금액 조정은 조정사유와 조정금액 산정방법 등을 전혀 달리할 뿐만 아니라, 설계변경으로 인하여 공사금액이 변경되고 간접비도 증액되었다고 할지라도 이는 종전의 총공사기간을 전제로 한 간접비의 증액일 뿐이고, 총공사기간의 연장에 따른 간접비의 증액이 반영되었다고 볼 수는 없다. 피고의 주장은 이유 없다. (중략)

이 사건 도급계약에 의하면 공사기간 연장이라는 계약내용의 변경으로 인한 계약금액 조정은 당사자 사이의 합의에 따라 조정하도록 하는 원칙과 그 합의 시 '실비를 초과하지 않는 범위 안에서'라는 조정금액의 한도를 제시하고 있을 뿐이고, 설계변경 또는 물가변동으로 인한 계약금액 조정과 같이 계약단가나 낙찰률 또는 조정률 등에 의하여 일정한 산식에 따라 조정금액이 곧바로 산출되지는 않으므로, 법원으로서는 신의칙 및 공평의 원칙상 이 사건 도급계약 내

59) 서울고등법원 2016. 6. 16. 선고 2015나2005994 판결도 유사한 내용이다.

용이 변경된 원인과 과정, 당해 공사기간 중 쌍방 합의에 의한 계약금액 조정 과정과 당시 최초 산정금액 대비 조정 비율, 이 사건 계약금액 조정이 이루어지지 않은 이유, 수급인이 지출한 비용, 계약금액이 합의에 따라 조정되었을 경우에 예상되는 금액 등을 고려하여 실비의 한도 내에서 적정한 조정금액을 결정할 수 있다.

그런데 앞서 본 사실과 감정인의 감정결과에 변론 전체의 취지를 보태어 인정되는 다음의 사정들, 즉 당사자 사이의 협의로 공사기간 변경에 따른 계약금액 조정절차가 진행되었을 경우 실비의 범위 내에서 그보다 적은 금액으로 계약금액 조정이 이루어졌을 가능성을 배제할 수 없는 점, 연장된 공사기간 중 일부는 설계변경에서 비롯된 것으로 보이는 점, 그 밖에 이 사건 각 도급계약의 공사기간이 연장된 경위, 그 동안 이 사건 각 공사의 계약금액 결정 및 조정 과정, 원고들이 공사기간 연장으로 인해 지출한 비용의 규모 및 내용 등을 모두 참작하면, 위에서 산정된 공사비를 10% 정도 감액함이 상당하다.

사) 착공지연의 경우 추가 간접공사비의 산정 대상기간

착공이 지연되어 공사기간이 연장되는 경우, 발주처는 공기연장에 따른 추가 간접공사비는 연장된 공사기간 동안이 아니라 착공이 지연된 기간 동안 발생한 비용을 기준으로 산정하여야 한다고 주장하는 경우가 있다.

그러나 착공이 지연된 기간은 당연히 당초의 공사기간에 포함되어 있는 기간이기 때문에 그 기간 동안 발생한 간접공사비는 기존의 계약금액에 따라 처리되어야 하고, 발주기관이 계약상대자에게 지급하여야 할 추가 간접공사비는 당초의 공사기간 이후로 연장된 공사기간 동안에 발생한 비용을 기준으로 산정되어야 한다(서울고등법원 2018. 9. 7. 선고 2017나2058473 판결). 즉 착공지연의 경우에도 추가 간접공사비 산정 대상기간은 착공이 지연된 기간이 아니라 연장된 공사기간이다.

아) 간접공사비에 대한 법원의 직권감액 가능 여부

앞서 언급한 서울고등법원 2016. 7. 15. 선고 2015나2006713 판결은 감정인이 산정한 추가 간접공사비에 대하여 직권감액을 하였다. 그리고 위 판결의 상고심에서 대법원은 원심의 이와 같은 감액이 정당하다고 인정하기도 하였다(대법원 2018. 12. 28. 선고 2016다245098 판결). 법원이 간접공사비에 대하여 감액할 경우 내세우는 논리는, 계약금액 조정은 실비를 초과하지 않는 범위 내에서 당사자들의 합의에 따라 조정하는 것이 원칙이라는 것이다. 즉 당사자 사이에 합의가 이루어지지 않은 상황에서 법원의 판결로 계약금액 조정에 갈음하는 것이므로 법원이 실비의 범위 내에서 적당하게 정할 수 있다는 생각이 그와 같은 판단에 내재되어 있다고 볼 수 있다.

그러나 소송상 계약금액 조정에 따른 추가 공사대금을 청구하는 것은 본래의 급부의 이행을 청구하는 것이다. 본래의 급부에 대한 이행청구는 손해배상청구와 달리 과실상계 내지 책임제한 등을 통한 직권감액과 친하지 않다. 그리고 소송상 계약금액 조정에 따른 추가공사대금 청구가 이루어지는 것은 당연히 당사자 사이에 합의가 성립하지 않았기 때문이다. 더욱이 공사기간 연장에 따른 추가 간접비공사비 청구소송의 경우 추가 간접공사비의 액수에 대한 이견이 있어서 이루어지는 것이라기보다는 추가 간접공사비의 존재 자체에 대한 이견, 즉 발주기관이 추가 간접공사비 자체를 지급할 수 없다는 입장을 취하고 있어서 이루어지는 경우가 대부분이다. 이러한 사정이 존재함에도 법원이 당사자 사이에 실제로 합의가 이루어졌으면 실비보다 적은 금액이 지급되었을 수 있다는 등의 사정을 들며 감정 과정을 통해 산출된 실비를 감액하는 것은 결코 타당하지 않다. 더군다나 법원은 추가로 지급되어야 할 간접공사비의 산정과 관련하여 "공사기간 연장과 객관적인 관련성이 있어야 할 뿐만 아니라 필요하고 상당한 범위 내의 것"이라고 판시하며(서울고등법원 2016. 7. 15. 선고 2015나2006713 판결, 서울고등법원 2016. 6. 16. 선고 2015나2005994 판결, 서울고등법원 2015. 11. 27. 선고 2014나2033107 판결 등), 계약 당사자(시공사)가 공사기간의 연장과 관련하여 실제로 지출한 추가비용을 전부 인정하는 것이 아니라 감정결과 등을 토대로 공사기간 연장과 관련된 적정 금액만을 공사기간 연장에 따른 추가비용으로 인정하고 있을 뿐이다. 그런데 법원은 여기서 더 나아가 이와 같이 산출된 금액에서 재차 감액 조정을 하고 있는 것이다. 법원이 이러한 입장을 고수한다면, 발주기관으로서는 더더욱 계약상대자와 공사기간 연장에 따른 계약금액 조정 합의를 할 필요가 없게 될 것이고, 일단 지급을 미룬 뒤 소송 과정을 통해 계약상대자가 실제 지출한 비용보다 감액된 금액을 지급하고자 할 것이다. 결국 법원의 추가 간접공사비에 대한 직권감액은 오히려 법원이 내세우는 신의성실의 원칙, 형평의 원칙에 반하는 결과를 초래할 수 있다. 이와 유사한 취지에서 추가 간접공사비의 감액을 부정한 하급심 판결이 있다.

[서울고등법원 2015. 11. 27. 선고 2014나2033107 판결]

그러나 위 인정사실에 비추어 알 수 있는 다음과 같은 사정들, 즉 ① 이 사건 공사계약일반조건 제22조는 정부의 계약담당공무원이 실비를 초과하여 계약금액 증액의 합의를 함으로써 무분별한 재정지출을 하는 것을 제한하려는 취지일 뿐 실비 범위 내에서 반드시 그보다 적은 금액으로 조정하라는 취지라고는 볼 수 없는 점, ② 공사기간 변경 당시의 금액 조정을 위한 실비 산정과는 다르게 이미 공사가 완료된 이 사건의 경우에는 연장된 기간에 실제 지출한 자료를 기준으로 간접공사비를 산정하는 것이 부득이하고 합리적인 측면도 있는 점, ③ 이 사건 공사계약의 총공사대금에서 차지하고 있는 간접공사비는 당초 준공기한인 2010. 3. 31.까지의 공사기간에 대한 것이고, 당초 예정된 공사기간에 모두 지출되었다고 봄이 상당한 점(설계변경으로 증액된 공사비에 반영되어 있는 간접공사비 189,565,264원은 예외이나, 이를 별도로 공제하였음은 앞에서 살펴본 바와 같다) 등을 고려하면 원고가 공사기간 연장에 따라 추가로 지출한 간접공사비 실비 전액을 지급받는 것이 신의칙이나 형평의 원칙에 반한다고 볼 수 없다. 피고의 위 주장도 이유 없다.

3. 장기계속공사계약과 관련된 쟁점

(1) 개설

장기계속공사에서는 총공사를 대상으로 입찰이 이루어지고(국가계약법 시행령 제14조 제8항), 입찰공고에는 총공사계약의 착수일과 완료일, 즉 총공사기간이 기재되어 있으며(국가계약법 시행령 제36조 제7호), 총공사금액을 차수별 계약에 부기해야 한다(국가계약법 시행령 제69조 제2항). 이러한 계약을 차수별 계약에 대비하여 실무상 '총괄계약'이라고 부른다. 총괄계약과 별도로 각각의 회계연도 예산 범위에서 총공사 중 일부 공사를 대상으로 계약을 체결하게 되는데, 이를 '차수별 계약'이라고 한다. 장기계속계약에서 회계연도마다 예산의 범위 내에서 체결되는 차수별 계약은 계약의 독립성과 구속력이 인정된다. 반면 총괄계약의 경우 그 독자적 구속력을 인정할 것인지는 다투어져 왔다. 총괄계약의 경우 그 독립성과 구속력을 인정할 것인지는 공사기간 연장에 따른 계약금액 조정의 대상을 무엇으로 볼 것인지, 계약금액 조정신청의 기한이 언제까지인지, 증액된 간접공사비 청구권의 소멸시효는 언제부터 기산하는지, 공백기가 계약금액 조정대상에 포함되는지 등의 결론에 영향을 준다.

(2) 총괄계약의 독립성과 구속력

총괄계약의 독립성 및 구속성을 인정할 수 있는지 여부와 관련하여, 기존에는 아래와 같이 이를 부정하는 하급심 판결과 인정하는 하급심 판결이 함께 존재하였다.

가) 부정하는 입장

먼저 부정하는 입장은, 장기계속계약에서 구체적인 권리·의무는 차수별 계약에 따라 결정되는 것이므로, 차수별 계약만이 독자적인 계약으로서 계약당사자 사이에 구속력이 있다는 입장이다.

> [서울중앙지방법원 2014. 11. 28. 선고 2012가합80465 판결]
>
> 위 기초사실과 채택증거들 및 법리를 종합하여 알 수 있는 다음과 같은 사정들에 비추어 보면, 장기계속공사계약에 있어서 공사기간의 연장으로 인한 수급인의 간접비 청구가 가능한지 여부는 도급인이 우월적 지위를 이용하여 상대방의 조정신청을 방해하는 등의 특별한 사정이 없는 한, 총괄계약이 아니라 각 차수별 계약을 기준으로 판단하여야 하고, 각 차수별 계약의 공사기간 연장에 따른 간접비 청구와 별도로 총괄계약의 공사기간 연장에 따른 간접비 청구는 허용되지 않는다고 봄이 타당하다.
>
> ① 국가재정법 제22조에 의한 계속비예산으로 체결되는 계속비계약의 경우 총공사비 예산이 일괄적으로 의회의 의결을 받아 확정되기 때문에 연차별 계약을 하지 않고 1회의 총괄계약만 체결한 후 연부액을 부기하는 방식으로 이루어지는 반면 국가계약법 제21조 및 같은 법 시행령 제69조의 규정에 의하여 체결되는 장기계속계약은 공사비 예산이 세출예산으로써 1년 단위로 편성되기

때문에 연차별로 계약을 체결하고 총공사금액을 부기하는 형식으로 체결되므로, 계속비계약과는 달리 각 연차별(차수별) 계약의 독립성을 강하게 인정하여야 할 필요성이 크다.

② 장기계속공사계약의 경우 공사기간의 장기화로 인하여 차수별로 계약을 체결하게 되고, 총괄계약은 총공사금액이나 총공사기간이 나중에 변경될 가능성이 매우 크므로, 각 차수별 계약체결시 총공사대금과 총공사기간이 부기되기는 하지만 총괄계약이 부기된 내용대로 확정적으로 체결되었다고 보기 어려우며, 계약 당사자들도 총공사금액과 총공사기간을 각 차수별 계약을 체결하는 데 있어 잠정적 기준으로만 활용할 의사를 가지고 있다고 봄이 상당하다.

③ 이 사건 각 도급계약의 대부분에 적용되는 '변경 후 공사계약일반조건'에서는, 계약상대자의 계약금액 조정청구는 준공대가(장기계속계약의 경우 각 차수별 준공대가) 수령 전까지 하여야 한다고 명시하고 있다(제23조 제5항, 제20조 제9항). 그런데 만일 해당 차수별 계약의 준공대가 수령 이후에도 별도로 총괄계약의 공사기간연장으로 인한 간접비를 청구할 수 있다고 해석한다면, 위 조항을 둔 의미가 퇴색될 뿐만 아니라, 수급인들이 각 차수별 계약의 준공대가 수령 전에 해당 차수별 계약기간의 연장에 따른 조정신청을 하였는지 여부와 상관없이, 총괄계약을 기준으로 총공사가 완료되어 그 공사대금이 전부 지급될 때까지는 언제든지 조정신청을 할 수 있게 되는데, 이는 차수별 계약을 기준으로 적법한 조정신청을 해태한 자를 지나치게 보호하는 결과가 되고, 계약상대방(도급인 내지 발주처)의 신뢰보호 및 거래안전에도 지장을 초래할 우려가 있다.

④ 또한 장기계속공사계약의 경우 총괄계약기간 중에 차수별 계약이 존재하지 아니하는 공백기가 발생할 수 있고, 이러한 공백기 동안에 발생하는 간접비용 등은 특별히 발주처와 수급업체 사이에 이를 보전하여 주기로 하는 약정이 없는 한 수급업체들이 부담하게 되는데, 수급업체들은 이러한 사정을 잘 알고 발주처와 장기계속공사계약을 체결하였다고 할 것이다. 그런데 발주처가 차수별 계약의 공사기간 연장뿐만 아니라 총괄계약의 공사기간 연장에 따른 계약금액 조정의무까지 부담하도록 할 경우 수급업체들은 총괄계약의 공사기간 연장 이전에는 자신들이 부담하였던 차수별 계약 사이의 공백기 동안에 발생하는 간

접비용을 총괄계약의 공사기간이 연장되었다는 이유만으로 발주처로부터 전부 지급받을 수 있는 부당한 결과를 초래할 수도 있다.

⑤ 장기계속공사계약에 관하여, 국가계약법 시행령 제74조 제1항은 연차별 계약금액을 기준으로 공기지연으로 인한 지체상금을 부과하도록 규정하고 있고, 국가계약법 시행령 제62조 제3항은 연차계약별로 하자보수보증금을 납부하도록 하고 있으며, 기획재정부 계약예규 중 정부입찰·계약 집행기준 제33조 제4항은 선금 산정의 기준금액은 총공사대금이 아니라 각 차수별 계약금액으로 한다고 규정하고 있는데, 총괄계약의 공사기간 연장으로 인한 간접비를 따로 청구할 수 있다고 해석하는 것은 위 관련 법령의 내용과 취지에도 반한다.

⑥ 원고들은 총괄계약의 공사기간을 연장하면서 해당 차수별 계약의 공사기간을 연장하지 않는 경우, 즉 해당 차수별 계약의 공사기간을 원래 예상할 수 있었던 기간보다 긴 기간을 공사기간으로 하여 차수별 계약을 체결하거나, 차수별 계약 자체를 예정된 숫자보다 추가해서 체결하는 경우에는 차수별 계약을 기준으로 보면 공사기간 연장이라는 개념이 성립할 수 없고, 이러한 경우에도 차수별 계약에 대해서만 계약금액 조정신청이 가능하고 총괄계약에 대해서는 별도로 계약금액 조정신청이 불가능하다고 해석하는 것은 공사기간이 연장되었음에도 그에 대한 계약금액 조정을 받을 수 없는 부당한 결과를 초래한다고 주장한다. 그러나 공사비 예산이 세출예산으로써 1년 단위로 편성되기 때문에 연차별로 계약을 체결하고 총공사대금을 부기하는 형식으로 체결되는 장기계속계약의 본질상, 당초부터 '차수별 계약의 숫자'가 예정되거나 차수별 계약기간을 발주처의 사정이나 일방적 의사에 따라 예정 공사기간보다 길게 하여 정할 가능성은 거의 없다고 보이고, 더욱이 총괄계약 체결 당시 예정된 차수별 계약의 숫자보다 더 많은 차수별 계약이 체결되는 경우라면 그 증가된 차수별 계약대금에 수급업체들의 간접공사비 등을 반영할 수 있으므로, 부당한 결과를 가져온다고 단정하기도 어렵다.

나) 인정하는 입장

그러나 다수의 하급심 판결은 총괄계약의 독립성과 구속력을 인정하면서 총괄계약상 총공사기간의 연장이 계약금액 조정대상이 된다고 보았다.

[서울고등법원 2015. 11. 27. 선고 2014나2033107 판결]

① 장기계속계약에서 총공사기간과 총공사대금을 정하여 체결된 총괄계약은 차수별 계약과 별도로 계약당사자 사이에 구속력이 있고, 총괄계약에서 총공사대금은 총공사기간에 관한 간접공사비 등을 포함한 전체 공사비이므로, 차수별 계약과 별도로 총공사기간의 연장이 있는 경우 총공사금액이 조정되어야 하는 점, ② 만약 차수별 계약만으로 독립된 계약으로 보아 차수별 계약의 변경에 따른 공사기간 연장의 경우에만 계약금액 조정신청이 가능하다고 한다면 계약상대방으로서는 총공사기간의 연장에 따른 계약금액 조정의 기회 자체를 박탈당하게 되어 부당한 점 등을 종합하면, 장기계속계약에서 총공사기간이 연장된 경우 계약상대방은 이를 원인으로 하여 총공사금액의 조정을 신청할 수 있다고 봄이 타당하다.

따라서 원고는 장기계속계약의 경우에도 차수별 계약기간의 변경 이외에 총공사기간의 연장을 원인으로 하여 피고에 대하여 계약금액 조정을 청구할 수 있고, 이것은 계약기간 중 계약형태가 장기계속계약에서 계속비계약으로 변경되었다고 하더라도 마찬가지이다.

[서울중앙지방법원 2013. 8. 23. 선고 2012가합22179 판결]

한편 피고 서울시가 원고들의 공사기간 연장에 따른 조정신청에 응하지 아니한 점, 이 사건 공사에 관한 각 차수별 계약 및 총괄계약에서 공사금액은 계약물량 조정, 물가변동 및 설계변경 등의 사유로 공사금액의 증감이 이루어지기는 하였으나, 공사기간 연장으로 인하여 공사금액이 변경된 적은 없는 것으로 보이는 점, 총공사기간 변경 당시의 총공사금액에서 차지하게 되는 간접공사비는 직접공사비에 연동되어 일정한 승률로 계산되는 간접공사비로 연장되는 기간 동안 추가적으로 지출될 수밖에 없는 간접공사비가 포함되지 않는 것으로 보이는 점, 연장된 공사기간 내의 차수별 계약에서 직접공사비에 연동되어 지급된 간접공사비는 당초 준공기한인 2011. 3. 31.까지 지급되어야 했던 공사비가 지급된 것으로 볼 수 없는 점 등에 비추어 볼 때, 다른 특별한 사정이 없는 한 원고들과 피고 서울시 사이에 체결된 공사기간을 변경하는 총괄계약의 총공사대금에서 차지하고 있는 간접공사비는 당초 준공기한인 2011. 3.
31.까지의 공사기간에 대한 것이고 당초 예정된 공사기간에 모두 지출되었다
고 봄이 상당하다.

일부 하급심 판결 중에는 원칙적으로 총괄계약의 독립성과 구속력을 인정하면
서도 예외적으로 차수별 계약의 공사기간이 연장되지 않고 총괄계약의 공사기간만
연장된 경우에도 총괄계약의 계약금액 조정을 인정해야 한다는 입장도 있었다.[60]

다) 대법원 전원합의체 판결의 입장

그런데 대법원은 전원합의체 판결을 통해, 장기계속공사계약에서 총괄계약
은 그 자체로 총공사금액이나 총공사기간에 대한 확정적인 의사의 합치에 따른
것이 아니라 각 연차별 계약의 체결에 따라 연동되는 것으로, 각 연차별 계약을
체결하는 데 잠정적 기준으로 활용할 의사를 가지고 있을 뿐, 그 자체로 공사금
액과 공사기간에 관하여 확정적인 권리의무를 발생시키거나 구속력을 갖게 하려
는 의사를 갖고 있다고 보기 어렵다고 판시하며 총괄계약의 독립성과 구속력을
부정하였다(대법원 2018. 10. 30. 선고 2014다235189 전원합의체 판결, 이하 이 장에서
"이 사건 전원합의체 판결"). 이 사건 전원합의체 판결은 총괄계약의 효력은 계약상
대방의 결정, 계약이행의사의 확정, 계약단가 등에만 미칠 뿐이고, 계약상대방이
이행할 급부의 구체적인 내용, 계약상대방에게 지급할 공사대금의 범위, 계약의
이행기간 등은 모두 연차별 계약을 통하여 구체적으로 확정된다고 보아야 한다면
서 총괄계약의 효력을 극히 제한적으로 인정하였다.

그 근거로는 ① 총괄계약의 총공사기간의 구속력을 인정할 경우 예산일년주
의에 반하거나 국회의 예산심의·확정권 내지 의결권을 침해할 여지가 있는 점,
② 개정된 공사계약일반조건 제20조 제9항이 장기계속공사계약의 경우 계약상대
자의 계약금액 조정 청구를 각 차수별 준공대가 수령 전까지 하도록 정하고 있는
점, ③ 국가계약법 시행령이 연차별 계약 완료 시 계약보증금 중 이행이 완료된
부분에 해당하는 부분을 반환하도록 하고 있고(제50조 제3항), 하자담보책임기간
이나 하자보수보증금 및 지체상금 등도 모두 연차별 계약을 기준으로 산정하고

---

60) 서울중앙지방법원 2015. 12. 16. 선고 2014가합546143 판결.

있는 점(제60조, 제62조, 제74조), ④ 계약상대방이 아무런 이의 없이 연차별 계약을 체결하고 공사를 수행한 후 공사대금까지 수령한 후 최초 준공예정기한으로부터 상당한 기간이 지난 후 그 기간 동안의 추가공사비를 한꺼번에 청구하는 것을 허용할 경우, 예산의 편성 및 집행에 큰 부담을 줄 뿐만 아니라 각 회계연도 예산의 범위 내에서 장기계속공사계약의 집행을 하도록 규정하고 있는 법의 취지에도 반한다는 점, ⑤ 장기계속공사에서 전체 공사가 완료된 후 한꺼번에 공기연장에 따른 추가공사비의 청구를 허용할 경우 연차별 공사대금정산의 원칙에 반할 뿐 아니라, 기간의 경과에 따른 정확한 실비 산정도 어렵게 된다는 점을 들었다.

이 사건 전원합의체 판결로 인하여 법원의 태도는 총괄계약의 독립성과 구속력을 부정하는 방향으로 정리된 것으로 볼 수 있다.

다만 이와 같은 대법원 다수의견에 대하여 반대의견은, ① 다수의견은 의사의 합치가 있음을 전제로 총괄계약의 성립을 인정하면서도, 그 근거에 대한 설명 없이 공사계약에서 가장 중요한 사항이라고 할 수 있는 공사대금과 공사기간에 대한 효력을 제한하고 있는 점, ② 다수의견에 따르면, 공사업체는 총공사기간이 연장됨에 따라 발생하는 간접공사비를 일방적으로 부담하면서도 한편으로는 발주자가 연차별 계약 체결을 요구하면 이에 응해야 하는 지위에 서게 되어, 발주기관은 간접공사비를 추가로 부담하지 않은 채 실질적으로 총공사기간을 연장할 수 있게 되어 오히려 신의성실의 원칙에 반한다는 점, ③ 관련 규정에 의하면, 총괄계약에서 정한 총공사기간이나 총공사대금이 장기계속공사계약의 집행기준으로 정하고 있는 점, ④ 장기계속공사계약은 국회가 스스로 입법한 국가계약법에 따라 인정되는 것인바, 이에 따른 계약을 예산일년주의에 반한다거나 국회의 예산심의 확정권 또는 의결권을 침해한다고 보기 어려운 점, ⑤ 장기계속공사계약에 적용되는 관련 법령이나 계약조건은 국가가 입법하거나 정한 것으로 이러한 규정이 명확하지 않은 경우 작성자 불이익 원칙을 적용하여야 한다는 점, ⑥ 총공사기간과 총공사금액에 대한 총괄계약의 구속력을 인정하는 것이 계약상대자뿐만 아니라 국가 등을 위해서도 필요하고(가령 공사업체가 필요한 장비와 인력을 투입하지 않고 최초 약정된 총공사기간의 두 배가 넘는 기간에 걸쳐 연차별 계약 체결을 요구하며 공사를 지연하는 경우), 총괄계약의 구속력이 없다면 별도로 준공기한 연장 신청을 하고 이를 승인하는 절차를 둘 이유가 없다는 점 등을 지적하며 다수의견을 비판하였다.

살펴건대, 장기계속공사는 총공사를 대상으로 입찰이 이루어지고, 입찰참가
자는 입찰공고된 총공사기간에 총공사가 완료된다는 전제에서 입찰금액을 정하
고, 이러한 입찰금액이 총괄계약상 총공사금액이 된다. 또한 총괄계약에 대하여
는 별도의 계약서 작성 없이 차수별 계약서에 총괄계약에 따른 총공사대금과 총
공사기간이 부기되는 형태로 계약이 체결되는 것이라고 하더라도, 이점이 계약서
에 부기된 총괄계약상의 총공사대금의 구속력을 부정할 근거는 될 수 없다고 생
각된다. 사견으로는 반대의견의 지적이 다수의견의 논거보다 타당하다고 생각되
고, 총괄계약은 차수별 계약과 별도의 독립성을 갖고, 계약당사자는 총괄계약에
구속된다고 보아야 할 것이다.

한편 이 사건 전원합의체 판결에 따라 당초의 총공사기간 이후 새롭게 차수
별 계약을 체결할 경우 총공사기간 연장에 따라 실질적으로 증가한 간접비를 반
영할 수 있을지, 차수별계약 사이에 존재하는 공백기 동안 지출된 간접공사비는
어떻게 해결해야 하는지의 문제 등이 발생할 수 있는데, 이에 대하여는 항을 바
꾸어 뒤에서 기술하기로 한다.

(3) 계약금액 조정신청의 기한

공사계약일반조건 제26조 제5항은 '준공대가 수령 전까지(장기계속계약의 경
우에는 각 차수별 준공대가 수령 전까지)' 계약금액 조정신청을 하도록 규정하고 있
다. 이와 관련하여 '각 차수별 준공대가 수령 전까지'의 의미를 둘러싸고 견해가
대립하고 있었다.

가) 차수별 계약의 준공대가 지급 전까지 계약금액 조정신청을 해야 한다는 입장

기존 하급심 판결 중 총괄계약의 독립성과 구속력을 부정하는 판결에 따르면,
차수별 계약별로 연장된 공사기간만이 계약금액 조정의 대상이 되고, 계약상대자
는 각 차수별 계약의 준공대가 수령 전까지 계약금액 조정신청을 마쳐야 한다.

[광주고등법원 2010. 6. 23. 선고 2009나5420 판결]

계약금액 조정을 위한 조정신청을 아무런 기간의 제한 없이 할 수 있다고 한다
면 거래상대방의 신뢰보호 및 거래안전에 커다란 지장을 초래할 우려가 있으

므로 조정신청기간을 합리적으로 제한하여야 할 필요성이 있는 점, 이 사건 도급계약의 내용이 되는 공사계약일반조건에서도 공사기간의 변경 등 계약내용의 변경으로 계약금액을 조정하여야 할 필요가 있는 경우 변경되는 부분의 이행에 착수하기 전에 계약내용의 변경을 완료하여야 한다고 정하고 있는 점(제23조 제2항), 계약금액의 조정은 계약당사자간의 이해가 상반되는 사항이고 계약내용의 중요한 부분이므로 계약내용을 변경하면 그에 부수하여 계약금액도 함께 변경될 필요가 있고 통상 그렇게 하는 것이 일반적이라고 보이는 점, 특히 장기계속공사계약의 경우 공사기간의 장기화로 인하여 통상 차수별로 계약을 체결하게 되는데 각 차수별 계약은 하나의 독립된 계약이라고 보아야 하고, 동일 차수에서도 여러 차례 변경계약을 체결하는 동안 공사기간의 변경으로 인한 공사금액의 증액 또는 감액이 각 차수별 계약내용에 반영된다고 봄이 상당한 점, 차수별로 공사가 완성되고 그 대금이 지급되면 당해 공사계약에 따른 계약당사자 쌍방의 의무이행이 완료되어 특별한 사정이 없는 한 그 이후에는 당해 계약과 관련한 이행의 문제가 남지 않는다는 점, 계약금액 조정사유가 존재함에도 불구하고 조정신청을 하지 아니하였고 공사완공으로 인한 공사대금 지급이 완료되었는데도 불구하고 그 후 아무런 기간의 제한 없이 이미 지급된 공사대금에 관하여 조정신청을 할 수 있다고 한다면 조정신청을 해태한 자를 보호하기 위하여 지나치게 계약상대방의 지위를 불안하게 만들 뿐 아니라 거래의 안전을 해칠 우려가 있는 점 등을 종합하여 보면, 장기계속공사로서 각 차수별로 계약이 체결되어 당해 공사의 완공에 따라 대금이 지급되는 경우에는, 공사기간의 연장으로 인한 계약금액 조정신청은 일방 당사자가 우월적 지위를 이용하여 상대방의 조정신청을 방해하는 등의 특별한 사정이 없다면, 당해 차수별 공사의 기성금액의 지급 전에 하여야 하는 것으로 봄이 거래안전 및 신뢰보호원칙상 타당하다고 할 것이다(따라서 장기계속계약에 있어 계약금액의 조정신청을 차수별 계약이 아닌 전체분 계약의 준공대가 완료 전에 하여야 한다는 원고들의 주장이나, 차수별 계약의 이행에 착수하기 전에 하여야 한다는 피고의 주장 모두 이유 없다).

　　나) 총괄계약의 준공대가 지급 전까지 계약금액 조정신청을 해야 한다는 입장

　　한편 총괄계약의 독립성 및 구속력을 인정하는 기존의 다수의 하급심 판결에 따를 경우에는 총괄계약상 연장된 총공사기간도 계약금액 조정대상이 될 수 있고, 최종 준공대가 수령 전까지 계약금액 조정신청을 하면 되었다.

[서울고등법원 2014. 11. 5. 선고 2013나2020067 판결]

그러나 총괄계약도 전체 공사계약에 관하여 당사자 사이의 합의에 따라 총공사대금 및 공사기간 등을 정하는 독립성을 가지는 계약인 점, 원고들은 총공사기간이 연장되었음을 이유로 그 기간 동안 추가 지출한 간접공사비에 관해 계약금액 조정신청을 한 것인 점, 위 기초사실에 본 바와 같이 당초 총공사준공일 무렵의 각 공부별 차수별 계약의 공사기간이 1회 연장된 바 있으나, 이는 각 차수별 계약 고유의 사유가 아니라 총공사기간 연장에 그 원인이 있는 것으로 보이는 점, 피고측의 주장과 같이 총괄계약만에 대해서 별도로 계약금액 조정신청을 하는 것이 불가능하다고 볼 경우, 계약상대자는 총공사기간의 연장에 따른 계약금액의 조정을 받을 수 있는 기회 자체를 박탈당하게 되는 결과가 발생할 수도 있는 점(총공사기간을 연장하는 변경계약을 체결하였지만 차수별 계약의 공사기간을 연장하는 변경계약이 체결되지 않은 경우, 즉 차수별 계약을 체결하면서 연장된 총공사기간을 반영하여 원래 예상할 수 있었던 기간보다 긴 기간을 공사기간으로 하여 계약을 체결하거나 차수별 계약 자체를 예정된 숫자보다 추가해서 체결하는 경우에는 차수별 계약을 기준으로 보면 공사기간 연장이라는 개념이 성립할 수 없는바, 이러한 경우에도 차수별 계약에 대해서만 계약금액 조정신청이 가능하고 총괄계약에 대해서는 별도로 계약금액 조정신청이 불가능하다고 하면 공사기간이 연장되었음이 분명함에도 그에 대한 계약금액 조정을 받을 수 없는 결과가 된다. 이 사건의 경우도 위와 같이 각 차수별 계약의 공사기간이 1회만 변경되고 그 이후의 차수별 계약은 공사기간의 연장이 없었다), 피고측은 위 주장의 근거로 계약금액 조정신청은 각 차수별 준공대가 수령 전까지 하여야 한다는 취지의 2006. 5. 25. 개정 공사계약일반조건 제20조 제9항도 들고 있으나, 이는 각 차수별 계약에서 공사기간의 연장이 있고 그로 인한 계약금액 조정신청이 있을 경우를 상정한 규정으로

총 공사기간이 연장되었음을 이유로 그 기간 동안 추가 지출한 간접공사비를 구하는 이 사건에도 그대로 적용될 수 있는지는 의문이고, 그에 따른다 하더라도 원고들의 계약금액 조정신청은 앞서 본 바와 같이 총공사기간을 연장하는 계약을 체결할 무렵 이루어졌고 이는 당시 진행되던 차수별 계약의 대가를 수령하기 전인 것으로 보이는 점 등을 종합해 보면, 총괄계약에 대해서 독자적인 계약금액 조정신청은 불가능하다는 전제 하에 계약금액 조정신청의 적법 여부를 각 차수별 계약을 기준으로 판단하여야 한다는 취지의 피고측의 위 주장은 받아들일 수 없다.

[서울중앙지방법원 2013. 8. 23. 선고 2012가합22179 판결][61]

총괄계약에서 총공사금액은 총공사기간 동안의 간접공사비 등을 포함한 전체 공사비인바, 차수별 계약의 공사기간이 증감되더라도 총공사기간 내에 공사를 완료한 경우에는 차수별 계약에서 연장한 공사기간에 대해서는 계약금액 조정 사유에 해당되지 않는다. 장기계속공사계약에서 통상 물가변동, 설계변경으로 인한 계약금액의 조정은 차수별 계약금액 변경에 수반하여 총공사금액이 변경될 것이지만 예산부족 등을 이유로 총공사기간이 연장되는 경우는 차수 계약이 늘어나는 형태로써 차수별 계약 내에서 공사기간의 연장과 별개로 계약금액의 조정이 되어야 하고, 이는 공사가 중단되었는지와 관련이 없으므로, 공사의 중단없이 차수별 계약이 체결되고 그에 따라 공사가 진행되었다고 하더라도 연장된 공사기간에 대하여 총공사금액 조정을 할 수 있으며, 이 경우 계약 상대자들의 총공사기간 연장에 대한 공사금액 조정신청은 차수별 계약과 상관없이 1회로 충분하다.

이러한 입장에 따를 경우, 총괄계약을 기준으로 공사기간 연장에 따른 계약금액 조정신청을 하는 경우에는 차수별 계약과 관계없이 최종 준공대가를 지급받기 전에 1회 계약금액 조정신청을 하면 충분하였다.

다만 일부 하급심 판결은 총공사기간과 차수별 공사기간의 연장이 중첩되는 경우(차수별 계약의 공사기간도 일부 연장되고 당초 예정된 횟수보다 추가로 더 체결되

---

61) 서울고등법원 2014. 11. 5. 선고 2013나2020067 판결의 제1심 판결.

는 형태)에는 총공사기간이 연장된 기간과 차수별 계약의 공사기간이 연장된 기간을 구별하여, 총공사기간이 연장된 일수에서 각 차수별 계약이 연장된 일수의 합계를 제외해야 한다는 입장이었다.[62] 원칙적으로 차수별 준공대가의 지급 전까지 계약금액 조정신청을 해야 하지만, 총공사기간만이 연장되고 별도로 차수별 계약의 공사기간이 연장되지 않는 경우에는 최종 준공대가의 지급이 이루어지기 전에 계약금액 조정신청을 마쳐야 한다는 하급심 판례도 사실상 같은 입장으로 볼 수 있다.[63]

다) 대법원의 입장

이 사건 전원합의체 판결은 계약금액 조정신청을 언제까지 하여야 하는지에 관하여 명시적으로 판단하지는 않았다.

그런데 대법원은 위 전원합의체 판결 이후, 공사계약일반조건이 장기계속계약의 경우 각 차수별 준공대가 수령 전까지 계약금액 조정청구를 하여야 한다고 규정하고 있고 발주기관의 사유로 인한 돌관공사(휴일, 또는 야간작업)의 경우에도 위 일반조건의 규정이 준용되고 있는 사안과 관련하여, 총괄계약의 효력은 계약상대방의 결정, 계약이행의사의 확정, 계약단가 등에만 미칠 뿐이고, 계약상대방이 이행할 급부의 구체적인 내용, 계약상대방에게 지급할 공사대금의 범위, 계약의 이행기간 등은 모두 연차별 계약을 통하여 구체적으로 확정된다고 보아야 한다고 전제한 뒤, "총괄계약에서 정한 본공사 기간의 단축으로 인하여 계약금액 조정을 청구하는 경우에는 본공사에 관한 최종 준공대가 수령 전 계약금액 조정청구로 충분하다고 보아, 원고들의 야간 및 휴일작업으로 인한 공사비 증액청구를 인용"한 원심의 판단에는, "장기계속공사계약에서 총괄계약과 연차별 계약의 관계 및 총괄계약의 효력 등에 관한 법리 오해, 각 차수별 계약금액 조정신청 시기에 관한 심리미진으로 판결에 영향을 미친 잘못이 있다."라고 판단하였다(대법원 2019. 3. 28. 선고 2016다252454 판결).

이 사건 전원합의체 판결이 총괄계약상의 총공사기간의 구속력을 부정하였다는 점, 해당 판결이 총괄계약의 구속력을 부정하면서 계약금액 조정신청을 각

---

62) 서울고등법원 2016. 7. 15. 선고 2015나2006713 판결, 서울고등법원 2016. 6. 16. 선고 2015나2005994 판결.
63) 서울중앙지방법원 2015. 12. 16. 선고 2014가합546143 판결.

차수별 준공대가 수령 전까지 하여야 한다고 규정된 공사계약일반조건 제20조 제 9항을 들었다는 점에 비추어 보면, 대법원은 총괄계약을 기준으로 공사기간 연장에 따른 계약금액 조정신청을 하는 경우에는 차수별 계약과 관계없이 최종 준공대가를 지급받기 전에 1회 계약금액 조정신청을 하면 충분하다는 기존의 다수 하급심 판결의 태도를 이미 부정한 것으로 볼 수 있고, 이러한 대법원의 태도는 그 이후 선고된 위 판결(대법원 2019. 3. 28. 선고 2016다252454 판결)을 통해 명확하게 확인되었으며, 이후로도 대법원은 차수별 계약의 준공대가 수령 전에 계약금액 조정신청을 해야 한다는 점을 명확히 하였다(대법원 2020. 10. 29. 선고 2019다267679 판결, 대법원 2020. 11. 12. 선고 2019다240858 판결 등).

(4) 당초의 총공사기간 이후 새롭게 차수별 계약을 체결할 경우 총공사기간 연장에 따라 실질적으로 증가된 간접비를 반영할 수 있는지

이 사건 전원합의체 판결의 심리 과정에서 대법원은 기획재정부와 조달청에 질의를 하여 의견 회신을 요청하였고, 두 기관은 이에 회신하였다. 대법원의 질의 내용과 이에 대한 두 기관의 회신 내용은 각각 다음과 같다.

[대법원의 질의 및 조달청의 회신]

대법원 질의 내용

4. 다음과 같은 사안에서 2016. 1. 1. 이후 차수별 계약이 체결된다면, 그 차수별 계약시 총공사기간(예정)이 연장됨을 이유로 증가한 간접비를 반영 요청할 수 있는지? 만일, 반영해 주지 않는다면 그 이유는 무엇인지?

> 2010. 1. 1.부터 2015. 12. 31.까지 6년간을 총공사기간으로 예정한 공사입니다. 그러나 실제 공사는 발주자의 예산 사정으로 인하여 예정된 공사기간보다 2년이 더 지난 2017. 12. 31. 완료되었습니다. 공사업자가 총공사기간이 2년 연장되었음을 이유로 간접비 증액을 구하고 있습니다.

조달청 회신 내용

계약상대방에게 책임 없는 사유로 인하여 총공사기간 내 공사를 완료하지 못하고 총공사기간이 연장된 경우 계약상대방은 공사계약일반조건 제23조 제1항에 의하여 연장된 기간에 따른 간접비를 새롭게 체결되는 차수별 계약에 반영해줄 것을 요청할 수 있음.

> * 공사계약일반조건 제23조(기타 계약내용의 변경으로 인한 계약금액의 조정) ① 계약담당공
> 무원은 공사계약에 있어서 제20조 및 제22조에 의한 경우 외에 공사기간·운반거리의 변경
> 등 계약내용의 변경으로 계약금액을 조정하여야 할 필요가 있는 경우에는 그 변경된 내용에
> 따라 실비를 초과하지 아니하는 범위 안에서 이를 조정하며, 계약예규 정부입찰·계약 집행기
> 준 제14장(실비의 산정)을 적용한다.

[대법원의 질의 및 기획재정부의 회신]

대법원 질의 내용

다. 차수별 공사 사이에 공백기에 발생하는 간접비를 그 다음 차수별 계약에
반영할 수 있는지 여부 및 당초 예정보다 늦게 차수별 계약을 체결하는 경우
총공사기간이 연장됨을 이유로 간접비 반영을 요청할 수 있는지 여부

기획재정부 회신 내용

계약상대자의 책임 없는 사유로 총공사기간 내에 공사를 완료하지 못하고 총
공사기간이 연장된 경우에는 국가를 당사자로 하는 계약에 관한 법률 시행령
제66조에 따라 기타계약내용으로 인한 계약금액 조정이 가능할 것입니다.

위와 같은 조달청과 기획재정부의 회신 내용에 따르면, 대법원이 제시한 사
례에서 예정되어 있던 당초 총공사기간이 연장된 경우에 2016. 1. 1. 이후 2년
동안 '새롭게 체결되는 차수별 계약', 즉 2016년의 제7차 차수별 계약, 2017년의
제8차 차수별 계약에서 공사계약일반조건 제23조 제1항에 따라 각 연도에 발생
하는 추가 간접공사비의 지급을 청구할 수 있다는 의미로 이해된다. 즉 예정되어
있던 당초 총공사기간이 연장된(그로 인해 추가로 차수별 계약을 체결하는) 경우 계
약상대자는 공사계약일반조건 제23조 제1항에 따라 연장된 기간에 따른 간접공
사비를 '새롭게 체결되는 차수별 계약'에 반영해 줄 것을 요청할 수 있을 것으로
보인다.

이 경우 실무상 '잠정적 기준'으로서 총괄계약에서 정한 총공사대금은 증액
되어야 할 것인데, 그 증액된 금액에 상응하는 추가 간접공사비는 '새롭게 체결되
는 차수별 계약'에 배정되어 집행되는 수순을 밟게 될 것으로 보인다. 다만 시기
적으로 추가 예산배정에 어려움이 있는 경우에는 "예산배정의 지연 등 불가피한

경우에는 계약상대자와 협의하여 그 조정기한을 연장할 수 있으며, 계약금액을 조정할 수 있는 예산이 없는 때에는 공사량 등을 조정하여 그 대가를 지급할 수 있다."는 규정(공사계약일반조건 제23조 제5항, 제20조 제8항)이 적용될 수 있을 것이다. 이 경우 해당 차수별 계약에 추가될 간접공사비를 반영하되, 그에 상응하여 공사량을 줄이는 방식으로 당초 예정된 차수별 계약금액에 맞추는 방식이 될 수 있을 것이다.

그러나 만일 발주기관이 당초 예정하였던 총공사기간 이후 새롭게 체결되는 차수별 계약에서 실질적으로 연장된 공사기간에 상응하는 간접비를 반영하여 주지 않을 경우 계약상대자로서는 반영되지 않은 간접비 상당액에 대하여 이의를 유보하고 차수별 계약을 체결하였다가 추후 소송을 제기할 수밖에 없을 것이다. 결국 이 사건 전원합의체 판결은 새로운 분쟁의 소지를 만들었다고 볼 수 있다.

(5) 총공사기간과 절대공기

장기계속계약에는 차수별 계약에 총공사기간이 부기된다. 그런데 총괄계약상 총공사기간이 발주기관의 사정이나 불가항력적인 사정 등으로 공사를 중단하는 기간을 제외하고 당해 공사를 실제로 수행하는 기간인 이른바 '절대공기'를 의미한다고 보아야 한다는 주장이 있다. 일부 발주기관의 경우 계약 체결 후에 차수별 계약 기간 내임에도 계약상대자로 하여금 공사를 중단케 하며 계약기간에서도 제외하는, 이른바 '휴지기'를 설정하기도 하는데, 결국 "총공사기간은 절대공기를 의미한다."라는 주장은 "휴지기는 총공사기간(절대공기)에서 제외되므로 발주기관은 해당 기간 동안 발생한 간접비 등을 지급할 의무가 없다."라는 주장으로 연결된다. 특히 대부분의 발주기관은 계약기간(또는 공사기간)을 "2012. 1. 1.~2017. 12. 31." 또는 "2012. 1. 1.부터 60개월" 등으로 특정하여 입찰공고를 하고 있는 반면에, 일부 발주기관은 계약기간(또는 공사기간)을 "총공사기간: 1,500일" 등으로 공고한 다음 계약 체결 후 휴지기 등을 지정하여 휴지기는 위 총공사기간(절대공기)에서 제외된다, 즉 총공사기간(절대공기)은 실제 공사일수만을 의미한다는 주장을 하고 있는 것이다.

그러나 일부 발주기관의 위와 같은 총공사기간 또는 절대공기 관련 주장은 국가계약법령에도 명백하게 배치되는 것이다. 즉 국가계약법 시행령 제36조는 입찰공고의 내용 중 하나로 '계약의 착수일과 완료일'(제7호)을 명시하고 있으므로, 발주기관은 입찰 당시부터 계약의 착수일과 완료일을 분명히 특정하여야 한다. 따라서 일부 발주기관이 "총공사기간: 1,500일"이라고 공고하였다고 하더라도, 이는 착공일로부터 역수상 계산하여 1,500일이 되는 날이 완공일이라고 해석하는 것이 타당하다.

주류적인 하급심 판결도 총공사기간을 절대공기로 볼 수 없다는 입장이다.[64]

[서울고등법원 2015. 11. 27. 선고 2014나2033107 판결]

이 사건 공사계약 중 총괄계약과 1차 계약 체결 당시 총공사기간을 '착공일로부터 60개월'로 정하였음은 앞서 본 바와 같으나, 이 사건 공사계약상 총공사기간에 관한 '착공일로부터 60개월'이라는 표현은 그 문언에 비추어 보더라도 실제로 공사를 수행하지 않는 기간을 제외한다고 단정하기 어려울 뿐만 아니라 이 사건 공사 총괄계약의 변경계약이나 후속 차수별 계약에서 약정준공일을 이 사건 공사의 착공일(2005. 4. 1.)로부터 60개월 후인 '2010. 3. 31.'로 특정한 점에 비추어 보면, 피고의 위 주장도 받아들일 수 없다.

[서울고등법원 2016. 6. 16. 선고 2015나 2005994 판결]

그러나 을 제12, 13호증의 각 기재에 변론 전체의 취지를 보태어 보면, 이 사건 각 공사에 관한 입찰안내서에 "공사기간: 착공일로부터 1,140일 ※ 상기 공사기간은 시운전기간, 공휴일 및 동절기 등의 공사 휴지일수가 포함되어 있음"이라고 기재되어 있는 사실이 인정되고, 이 사건 각 도급계약의 각 1차년도 계약 체결 당시 총공사기간을 위 1,140일의 기간에 맞추어 2005. 5. 19.부터 2008. 7. 1.까지로 정한 사실은 앞서 본 바와 같다. 그리고 이후 차수별 계약 사이에 휴지기가 발생함에 따라 총공사기간을 연장하면서 당초 정하였던, 1,140일을 절대공기로 표시하기는 하였으나, 변경계약시마다 총공사기간 최종 종료일을 명확히 기재하였으며, 원고들은 당초 예정된 공사 종료일인 2008. 7.

---

64) 반면 총공사기간은 변경되지 않고 총공사기간의 종료일만 연장된 경우와 같이 계약내용에 따라서 총공사기간을 절대공기로 인정할 수 있다고 판단한 일부 하급심 판결도 있다(서울중앙지방법원 2014. 12. 10. 선고 2012가합102778 판결). 다만 위 하급심 판결 부분은 서울고등법원 2016. 6. 16. 선고 2015나2005994 판결로 취소되었다.

1. 즉시 공사기간 연장에 따른 추가 간접비 조정 신청을 하였다.

이러한 제반 사정 및 이 사건 공사는 장기계속공사로서 그 특성상 각 차수별 계약 사이에 휴지기가 발생할 수 있는 점 등을 고려해 보면, 계약 당사자들이 각 차수별 계약시 최종 공사종료일을 연장하여 변경계약을 체결하면서 실제 공사가 진행되는 공사일수를 부기하여 기재하였다고 하여 휴지기는 총공사기간에서 제외하고 실제 공사가 진행된 각 차수별 계약의 공사기간 일수의 합계가 1,140일이 되는 2009. 1. 12.을 준공기간으로 정하였다고 보기는 어렵다. 따라서 총공사기간은 2008. 7. 2.부터 연장되었다고 봄이 타당하다.

다만 이와 같은 논의는 총괄계약상 총공사기간의 구속력을 전제로 한 논의이다. 이 사건 전원합의체 판결의 판시와 같이 총괄계약상 총공사기간의 구속력을 부정하는 입장을 관철한다면, 휴지기가 총공사기간에 포함되는지 여부는 더 이상 중요치 않게 된다. 중요한 것은 휴지기 동안에 발생한 간접공사비 등을 어떠한 형태로 청구하여야 하는지의 문제이다. 이에 대하여는 항을 바꾸어 설명한다.

(6) 차수별 계약 사이의 공백기 또는 휴지기 동안 계약상대자가 실제로 지출한 비용 분담의 문제

장기계속계약에서 차수별 계약은 회계연도마다 체결되지만 차수별 계약 사이(정확히는 전회 차수별 계약의 준공일과 차회 차수별 계약의 착공일 사이)에 이른바 '공백기'가 존재하게 된다.

기존 다수의 하급심 판결은 총괄계약의 독립성과 구속력을 인정하였는데, 이 경우 총공사기간에는 그 기간 내내 계약상대방에게 공사현장을 유지·관리해야 할 의무가 부여되기 때문에, 총공사기간이 연장되지 않는 범위 내에서는 차수별 계약의 계약기간이 연장되더라도 계약금액을 조정할 필요가 없었다. 총공사기간 내에는 차수별 계약기간과 공백기를 가리지 않고 계약상대방에게 공사현장 유지·관리 의무가 부여되고 공백기 동안에 발생하는 간접비 또한 총괄계약상의 총공사금액에 포함되어 있는 것으로 해석되었기 때문이다. 이와 같은 입장에 따를 때, 총공사기간 내 차수별 계약의 계약기간이 연장되어 차수별 계약들 사이의 공백기가 줄어든다고 하더라도(그래서 실제로 공사를 수행한 기간이 증가한다고 하더라도) 총공사기간 자체가 연장되지 않는 이상 추가 간접공사비가 발생한다고 볼 여지는 없었다. 반면 총공사기간이 연장되고 그 기간 내에 공백기가 포함되어 있는 경우 공백기 동안 지출한 간접공사비에 대해서도 총공사기간 연장에 따른 추가간접공사비로서 당연히 지급되어야 한다는 것이 기존 다수의 하급심 판결의 입장이었다.

[서울고등법원 2016. 6. 16. 선고 2015나2005994 판결][65]

갑 제3호증의 2, 4의 각 기재에 변론 전체의 취지를 보태어 보면, 이 사건 각 도급계약에 관한 특수조건(Ⅰ) 제12조 제2항은 "계약상대자는 공사의 보호, 공공의 안전 및 편의를 위하여 울타리, 경비, 안내 및 경고표지판, 조명, 소방시설 등 현장관리를 위하여 필요한 제반시설을 유지하고 관리하여야 한다."라고 규정하고 있는 사실, 이 사건 각 도급계약에 관한 특수조건(Ⅲ) 제11조 제1항은 "계약상대자는 본 계약의 완료 시까지 공사에 관련된 모든 기기, 자재 및 장비와 진행 중인 용역, 공사에 대한 보호 및 보안의 책임을 지며, 이로 인하여 발생되는 비용을 부담하여야 한다."라고 규정하고 있는 사실, 원고들은 이 사건 각 도급계약의 차수별 계약 사이의 휴지기 동안에 공사현장의 유지·관리업무를 수행하면서 간접공사비를 지출한 사실을 인정할 수 있다.
이러한 사정에 비추어 보면, 차수별 계약 사이의 휴지기 역시 이 사건 각 공사를 위한 총공사기간에 포함된다고 보아야 하고, 그 기간 동안 이 사건 각 공사를 이행하기 위한 간접공사비가 실제로 지출되었으므로, 총공사기간 연장에 따른 공사대금 조정에는 휴지기 동안 지출된 간접비도 포함되어야 한다. 피고의 주장은 이유 없다.

반면에, 만약 총괄계약의 독립성과 구속력을 부정한다면 차수별 계약만이 구속력 있는 계약이 되고 차수별 계약 사이의 공백기는 차수별 계약기간에 포함되지 않게 되므로, 공백기는 아무런 계약기간에도 해당하지 않게 된다. 이 경우 공백기는 계약금액 조정 대상에서 제외된다고 볼 수 있고,[66] 다른 한편으로 계약

---

65) 서울고등법원 2016. 7. 15. 선고 2015나2006713 판결, 서울고등법원 2015. 11. 27. 선고 2014나2033107 판결, 서울중앙지방법원 2015. 12. 16. 선고 2014가합546143 판결도 모두 같은 취지이다.

상대자 또한 공백기 동안에는 별도의 특약이 없는 이상 어떠한 계약상 의무도 부담하지 않는 것으로 볼 수 있다.

　이 사건 전원합의체 판결에 따른다면 총괄계약상 총공사기간은 법적 구속력을 가지지 못하고 구속력을 가지는 계약기간은 차수별 계약의 계약기간뿐이므로, 차수별 계약 사이에 존재하는 공백기 동안에는 계약상대자 역시 별도의 특약이 없는 이상 어떠한 의무도 부담하지 않는다고 해석될 것이다. 이 경우 계약상대자가 공백기 동안 공사현장의 유지·관리업무를 수행하며 비용을 지출하였다면, 이는 계약상 의무 없이 자신의 비용을 지출한 것이고, 반대로 발주기관은 공사현장의 유지·관리에 필요한 비용 상당액의 지출을 면하는 이익을 얻은 것이 된다. 즉 계약상대자가 공백기 동안 공사현장 유지·관리를 위한 비용을 지출하였다면, 계약상대자는 발주기관에게 부당이득반환청구권을 갖게 된다고 볼 수 있다.

　원칙적으로 선의의 수익자는 받은 이익이 현존하는 한도에서 반환하여야 할 책임이 있고, 악의의 수익자는 그 이익에 이자를 붙여 반환해야 하는데(민법 제748조 제1항, 제2항), 계약상대자가 공백기 또는 휴지기 동안 공사현장을 유지·관리하였고 그 기간 동안 특별한 문제가 발생하지 않았다면 현장의 유지·관리에 실제로 투입된 비용 상당액이 현존이익으로 남아 있다고 봄이 타당할 것이고, 이 사건 전원합의체 판결 선고 전까지 발주기관은 선의로 봄이 타당할 것이므로 그때까지는 투입 비용상당액에 대한 이자는 부담하지 않는다고 볼 수 있을 것이다. 그러나 수익자가 이익을 받은 후 법률상 원인 없음을 안 때에는 그 때부터 악의의 수익자로서 이익반환 책임이 있으므로(민법 제749조 제1항), 계약상대자로서는 적어도 발주기관이 이 사건 전원합의체 판결이 선고된 다음 날부터는 악의의 수익자에 해당한다는 전제 하에 이자까지 반환할 것을 주장할 수 있을 것으로 보인다.

　한편 앞서 언급한 바와 같이 일부 발주기관의 경우 차수별 계약 기간 내의 기간 중에 휴지기를 지정하기도 한다. 휴지기의 본래적 의미는 혹한기, 혹서기 등 여건상 공사를 수행하기 어려운 기간을 공사일수에서 제외하는 것을 의미하지만, 실제로는 해당 발주기관의 사정(주로 예산상의 사정)에 따라 차수별 계약 기간 내에 임의로 휴지기가 설정되는 것이다. 휴지기 제도가 이와 같이 운영되는 것은 앞서 기술한 절대공기의 문제와 관련된다. 해당 발주기관은 총공사기간을 '착공

---

66) 법무법인(유한)태평양 건설부동산팀, 앞의 책, 369면.

일로부터 ○○○일'로 하여 공고하는데, 여기서 '○○○일'을 절대공기를 의미한다는 입장을 취함으로써 휴지기를 계약기간에서 제외하고자 하는 것이다. 즉 운영의 측면에서 살펴볼 때, 휴지기는 '○○○일'로 정해진 총공사일수와 실제로 공사가 이루어지는 일수를 맞출 용도로 이용되는 것으로서 공백기와 그 성질이 다르지 않고, 결국 휴지기의 설정은 공백기의 재배치와 다를 바가 없다. 따라서 계약상대자는 휴지기 동안에도 공사현장을 유지·관리할 의무를 부담하지 않고, 만약 계약상대자가 휴지기 동안 공사현장을 유지·관리하면서 비용을 지출하였다면, 공백기의 경우와 마찬가지로 발주기관에게 그 비용 상당의 부당이득반환을 청구할 수 있을 것이다.[67]

계약상대자가 실제로 공백기나 휴지기 동안 지출한 비용 상당액의 부당이득반환을 청구할 경우 소송 실무상 소멸시효가 문제될 수 있는데, 부당이득반환청구권의 소멸시효는 원칙적으로 10년이므로(민법 제162조 제1항) 이 경우에도 10년의 소멸시효기간이 적용될 것이다. 소멸시효의 기산점과 관련하여서는 '부당이득이 발생하였을 때(부당이득반환청구권이 성립한 때)'의 원칙에 따라 공백기나 휴지기 동안의 공사현장 유지·관리비용 상당의 부당이득반환청구권에 대한 소멸시효는 해당 비용이 발생한 시점부터 기산된다고 해석될 수도 있다. 그러나 대법원은 "소멸시효의 진행은 당해 청구권이 성립한 때로부터 발생하고 원칙적으로 권리의 존재나 발생을 알지 못하였다고 하더라도 소멸시효의 진행에 장애가 되지 않는다고 할 것이지만(대법원 1992. 3. 31. 선고 91다32053 판결 등 참조), 이 사건과 같이 법인의 이사회결의가 부존재함에 따라 발생하는 제3자의 부당이득반환청구권처럼 법인이나 회사의 내부적인 법률관계가 개입되어 있어 청구권자가 권

---

67) 공정거래위원회는, 착공일과 준공일을 특정하지 않고 일수로 계약기간을 정하면서(예컨대, 착공 후 1,500일) 차수별 계약기간 사이 또는 차수별 계약기간 중에 수 차례 휴지기를 설정하고 해당 기간을 계약기간에서 제외하면서도 해당 기간 동안에는 추가 비용 청구 없이 계약상대자의 책임으로 공사현장에 대한 유지·관리를 이행하도록 하는 이른바 '휴지기 특약'을 둔 발주기관에 대하여 해당 특약에 대한 시정명령과 과징금 부과처분을 한 바 있다. 해당 처분과 관련하여 서울고등법원은 휴지기 특약의 의미를 실제 계약상대자가 그 기간 동안 지출한 비용을 청구할 수 없는 것은 아니라고 보면서 공정거래위원회의 시정명령 및 과징금 부과처분을 취소하였고(서울고등법원 2017. 7. 21. 선고 2015누945 판결), 대법원은 이와 같은 원심의 판단을 그대로 유지하였다(대법원 2018. 1. 25. 선고 2017두58076 판결). 이에 비추어 보면, 대법원은 계약상대자는 휴지기 동안 지출한 비용에 대하여 청구할 수 있고, 발주기관은 휴지기 지정을 이유로 이와 같은 비용청구를 거절할 수 없다고 해석한 것으로 볼 수 있다.

리의 발생 여부를 객관적으로 알기 어려운 상황에 있고 청구권자가 과실 없이 이를 알지 못한 경우에도 청구권이 성립한 때부터 바로 소멸시효가 진행한다고 보는 것은 정의와 형평에 맞지 않을 뿐만 아니라 소멸시효제도의 존재이유에도 부합한다고 볼 수 없으므로, 이러한 경우에는 이사회결의부존재확인판결의 확정과 같이 객관적으로 청구권의 발생을 알 수 있게 된 때로부터 소멸시효가 진행된다고 보는 것이 타당하다."라거나(대법원 2003. 4. 8. 선고 2002다64957 판결), "대상청구권에 대하여는 특별한 사정이 없는 한 매매 목적물의 수용 또는 국유화로 인하여 매도인의 소유권이전등기의무가 이행불능되었을 때 매수인이 그 권리를 행사할 수 있다고 보아야 할 것이고 따라서 그 때부터 소멸시효가 진행하는 것이 원칙이라 할 것이나, 국유화가 된 사유의 특수성과 법규의 미비 등으로 그 보상금의 지급을 구할 수 있는 방법이나 절차가 없다가 상당한 기간이 지난 뒤에야 보상금청구의 방법과 절차가 마련된 경우라면, 대상청구권자로서는 그 보상금청구의 방법이 마련되기 전에는 대상청구권을 행사하는 것이 불가능하였던 것이고, 따라서 이러한 경우에는 보상금을 청구할 수 있는 방법이 마련된 시점부터 대상청구권에 대한 소멸시효가 진행하는 것으로 봄이 상당할 것이다. 대상청구권자가 보상금을 청구할 길이 없는 상태에서 추상적인 대상청구권이 발생하였다는 사유만으로 소멸시효가 진행한다고 해석하는 것은 대상청구권자에게 너무 가혹하여 사회정의와 형평의 이념에 반할 뿐만 아니라 소멸시효제도의 존재이유에 부합된다고 볼 수 없기 때문이다."라고 판시한 바 있는데(대법원 2002. 2. 8. 선고 99다23901 판결), 이 사건 전원합의체 판결 선고 이전까지 계약상대자로서는 공백기나 휴지기 동안의 현장 유지·보수 의무를 이행할 필요가 없음을 객관적으로 알 수 없었다는 점을 감안한다면, 계약상대자의 입장에서 비로소 객관적으로 그 부당이득반환청구권의 존재를 알 수 있었던 이 사건 전원합의체 판결 선고 시점부터 소멸시효가 기산한다고 봄이 타당해 보인다.

앞서 살펴본 바와 같이, 이와 같은 공백기 내지 휴지기는 이 사건 전원합의체 판결이 말하는 '계약의 이행기간'에 속하지 않으므로, 계약상대자는 이러한 기간 동안 공사현장을 유지·관리할 어떠한 법률상·계약상 의무도 부담하지 않고, 공사부지와 기시공 부분의 소유자는 발주기관이라는 점에서, 공백기 내지 휴지기 동안 공사현장을 유지·관리하는 업무는 발주기관의 사무에 해당한다고 볼 수 있다. 따라서 계약상대자가 위 기간 동안 공사현장의 유지·관리업무를 수행하였다면, 이는 그로 인한 이익을 발주기관에게 귀속시킬 의사 하에 타인인 발주기관의 사무를 처리한 것으로서 민법 제734조의 사무관리에 해당한다고도 볼 수 있다.

그러나 대법원은 총괄계약의 구속력을 부정하는 전제하에 공백기 내지 휴지기에 공사현장의 유지·관리에 필요한 비용을 지출하였다고 하더라도 이를 가지고 발주처가 법률상 원인 없이 이익을 얻었다거나 계약상대자가 발주처를 위하여 사무를 처리한 것으로 볼 수 없다는 원심의 판결을 수긍하였다(대법원 2020. 12. 24. 선고 2020다216851 판결).

(7) 차수별 계약과 공사기간 연장에 따른 간접공사비의 반영

총공사기간의 연장기간에 체결된 차수별 계약 또는 차수별 계약의 변경계약에는 공사기간 연장에 따른 간접공사비가 반영되어 계약상대자에게 추가로 지급할 간접공사비가 없다는 주장이 있을 수 있다.

그러나 다수의 하급심 판결은 총공사기간의 연장기간에 체결된 차수별 계약 또는 차수별 계약의 변경계약에는 공사기간 연장에 따른 간접공사비가 포함되어 있지 않다는 입장이다.

[서울중앙지방법원 2013. 8. 23. 선고 2012가합22179 판결]

위 인정사실에 의해 알 수 있는 사정, 즉 공사기간 연장을 이유로 변경계약을 체결하는 경우에는 계약금액의 조정 없이 준공기한만 연장한 것으로 보이는 점, 총공사기간 변경 당시의 총공사금액에서 차지하게 되는 간접공사비는 직접공사비에 연동되어 일정한 승률로 계산되는 간접공사비로 연장된 공사기간에 추가적으로 지출되는 간접공사비가 포함되지 않은 것으로 보이는 점, 피고 서울시는 계약금액 조정신청에 대해 장기계속공사계약의 경우에 공사의 중단, 중지 등의 사정이 없으므로 공사계약일반조건 제23조에 해당하지 않는다고 회신하였는데, 이를 보면 피고 서울시가 차수별 계약이나 총괄계약을 체결하면서 총공사기간의 연장에 따른 총공사금액 조정을 염두에 두지 않은 것으로 보이는 점, 이 사건 공사는 국가의 예산 및 기금의 보조·지원을 받는 지방자치단체의 사업으로서 총사업비관리지침(기획재정부) 제3조에 의하면 총사업비 관리대상사업으로 지정되어 있고, 총사업비관리지침 제64조에 의하면, 물가변동,

시설의 안전강화 등의 불가피한 사유를 제외하고는 총사업비를 조정하지 못하게 되어 있는데, 위 불가피한 사유에는 기타 계약내용 변경으로 인한 계약금액 조정은 포함되어 있지 아니한 점 등을 종합하여 볼 때, 공사기간을 연장하는 내용의 차수별 계약 및 총괄계약을 체결하면서 총공사금액에 공사기간 연장에 따른 간접공사비가 반영되지 아니하였다고 판단되므로, 피고측이 제출한 증거만으로는 피고측의 주장을 인정하기 부족하고 달리 이를 인정할 증거가 없으므로, 피고측의 위 주장은 이유 없다.

연장된 기간 동안 체결된 각 차수별 계약에서 산정·반영된 간접공사비는 당초 준공기한까지 직접 공사물량의 일정비율에 따라 산정된 것으로 당초 총공사대금에서 정한 간접공사비의 일부이므로, 이에는 공사기간 연장으로 추가 지출된 간접공사비가 포함되어 있다고 볼 수 없다.

[서울중앙지방법원 2015. 12. 16. 선고 2014가합546143 판결]
또한 최초 도급계약 체결 당시 직접공사비에 비례하여 총계약금액에 반영된 간접공사비는 당초 준공기한인 2012. 5. 30. 및 2012. 6. 23.에 공사가 완료될 것을 전제로 한 금액으로 이는 당초 예정된 공사기간에 모두 지출되었다고 보인다. 그 후 공사기간 연장으로 당초 준공기한 이후에 원고들이 지출한 추가 간접공사비가 계약금액에 반영되지 않는 이상 원고들의 청구를 이중청구라 볼 수도 없다.

(8) 간접공사비 채권 소멸시효의 기산점
공사기간 연장에 따른 간접공사비 채권은 공사대금 채권으로서 '3년'의 단기 소멸시효가 적용된다(민법 제163조 제3호).

앞서 기술한 바와 같이 대법원은 이 사건 전원합의체 판결을 통해 총괄계약의 독립성과 구속력을 부정하였고, 이후 장기계속공사의 입찰에서 담합이 이루어진 경우 발주기관의 손해배상채권의 소멸시효의 기산점과 관련하여, 1차 계약 체결 당시 총공사준공일 및 총공사금액을 부기하는 형태로 총괄계약이 체결되었다고 하더라도 계약상대방이 이행할 급부의 구체적인 내용, 계약상대방에게 지급할 공사대금의 범위, 계약의 이행기간 등은 모두 연차별 계약을 통해 구체적으로 확정되므로, 손해배상책임의 소멸시효는 총괄계약이 함께 체결된 1차 계약 체결시점이 아니라 각 연차별 계약을 통해 발주기관이 계약상대자에게 지급할 각 공사대금이 구체적으로 확정된 시점(즉 각 연차별 계약의 체결시점)부터 진행된다고 판단하였다(대법원 2018. 12. 27. 선고 2016다43872 판결). 그렇다면, 간접공사비 채권의 소멸시효도 마찬가지로, 각 차수별(연차별) 계약의 준공대가를 청구할 수 있는 시점, 즉 차수별 계약의 준공시점부터 진행된다고 해석될 것으로 보인다.

제20조 회계연도 시작 전의 계약체결

제20조 (회계연도 시작 전의 계약체결)
  각 중앙관서의 장 또는 계약담당공무원은 임차계약·운송계약·보관계약 등 그
  성질상 중단할 수 없는 계약의 경우 대통령령으로 정하는 바에 따라 「국고금
  관리법」 제20조에도 불구하고 회계연도 시작 전에 해당 연도의 확정된 예산
  의 범위에서 미리 계약을 체결할 수 있다.
  [전문개정 2012.12.18]

  국고금 관리법 제20조는 국가의 지출행위는 중앙관서의 장이 배정된 예산
또는 기금운용계획의 금액 범위에서 하는 것을 원칙으로 정하고 있다. 이에 따라
계약의 체결 또한 회계연도가 시작되어 예산이 배정된 이후에 하는 것이 원칙이
라 할 수 있다.

  이와 관련하여 국가계약법 제20조는 임차계약·운송계약·보관계약 등 그 성
질상 중단할 수 없는 계약의 경우 회계연도 시작 전에 해당 연도의 확정된 예산
의 범위 내에서 미리 계약을 체결할 수 있도록 정하고 있는데, 이는 국고금 관리
법 제20조가 규정한 원칙에 대한 예외규정이라 할 수 있다.

  다만 발주기관은 국가계약법 제20조에 근거하여 회계연도 개시 전에 계약을
체결하는 경우에도 그 회계연도 개시일 이후에 계약의 효력이 발생하도록 하여야
한다(국가계약법 시행령 제67조).

제21조 계속비 및 장기계속계약

> 제21조 (계속비 및 장기계속계약)
> ① 각 중앙관서의 장 또는 계약담당공무원은 「국가재정법」 제23조에 따른 계속비사업에 대하여는 총액과 연부액을 명백히 하여 계속비계약을 체결하여야 한다.
> ② 각 중앙관서의 장 또는 계약담당공무원은 임차, 운송, 보관, 전기ㆍ가스ㆍ수도의 공급, 그 밖에 그 성질상 수년간 계속하여 존속할 필요가 있거나 이행에 수년이 필요한 계약의 경우 대통령령으로 정하는 바에 따라 장기계속계약을 체결할 수 있다. 이 경우 각 회계연도 예산의 범위에서 해당 계약을 이행하게 하여야 한다. 〈개정 2020. 6. 9.〉
> [전문개정 2012.3.21]

I. 의의: 회계연도 독립의 원칙에 대한 예외

국가재정법 제3조는 "각 회계연도의 경비는 그 연도의 세입 또는 수입으로 충당하여야 한다."라고 '회계연도 독립의 원칙'을 규정하고 있다. 이에 따르면 매 회계연도의 세출예산은 다음 연도에 이월하여 사용할 수 없고, 기존 회계연도에 다음 회계연도의 예산을 미리 편성하여 둘 수도 없다. 이에 따르면 국가계약에 있어서도 이행기간이 1회계연도인 단년도계약을 체결할 수밖에 없게 된다.

그런데 국가계약의 경우 계약의 이행에 장기간이 필요한 공사계약 등 1년을 초과하는 계약기간으로 계약을 체결할 필요가 있는 경우가 존재한다. 이에 따라 헌법은 제55조 제1항에 "한 회계연도를 넘어 계속하여 지출할 필요가 있을 때에는 정부는 연한을 정하여 계속비로서 국회의 의결을 얻어야 한다."라고 규정하여 회계연도 독립의 원칙에 대한 예외로서 '계속비'의 개념을 마련하였고, 국가재정법은 제23조 제1항에 완성에 수년도를 요하는 공사나 제조 및 연구개발사업 등 계속비사업에 대해서는 그 경비의 총액과 연부액을 정하여 미리 국회의 의결을 얻은 범위 안에서 수년도에 걸쳐 지출할 수 있도록 규정하였으며, 이에 따라 국가계약법도 제21조 제1항에 계속비계약에 관한 규정을 두었다.

한편 임차, 운송, 보관계약이나 정기적인 전기·가스·수도의 공급계약 등 그 성질상 수년간 계속하여 존속할 필요가 있거나 이행에 수년을 요하는 계약의 필요성도 존재하는데, 국가계약법은 이를 장기계속계약으로 체결할 수 있도록 제21조 제2항에 근거를 마련한 것이다.

요컨대 국가계약법 제21조는 국가재정법 제3조의 회계연도 독립의 원칙에 대한 예외로서 계속비계약 내지 장기계속계약을 체결할 수 있게 하는 근거조항으로서 의미를 가진다고 볼 수 있다.

Ⅱ. 계속비계약

1. 의의

계속비란 한 회계연도를 넘어 계속하여 지출할 필요가 있을 때에는 정부가 연한을 정하여 국회의 의결을 얻은 경비를 의미한다(헌법 제55조 제1항). 이 경우 총액과 연부액을 정하여 미리 국회의 의결을 얻은 범위 내에서 수년도에 걸쳐 지출할 수 있는데(국가재정법 제23조 제1항), 이와 같이 계속비로 지출하도록 정한 사업에 관한 계약을 계속비계약이라 한다.

2. 계약체결 및 이행

국가재정법 제23조 제1항은 계속비의 경우 총액과 연부액을 정하여 미리 국회의 의결을 얻은 범위 내에서 지출하도록 규정하고 있으므로, 계속비계약을 체결할 때에는 그 총액과 연부액을 명백히 하여 계약을 체결하여야 한다(국가계약법 제21조 제1항). 특히 계속비예산으로 집행하는 공사에 있어서는 총공사와 연차별 공사에 관한 사항을 명백히 하여 계약을 체결하여야 한다(국가계약법 시행령 제69조 제5항).

다만 계속비예산으로 국가가 지출할 수 있는 연한은 그 회계연도부터 5년 이내가 원칙이고, 사업규모 및 국가재원 여건을 고려하여 예외적으로 10년 이내로 할 수 있으며, 기획재정부장관이 필요하다고 인정하는 경우에 국회의 의결을 거쳐 위 지출연한을 연장할 수 있을 뿐이다(국가재정법 제23조 제2항, 제3항). 따라서 계속비계약의 경우 원칙적으로 사업기간 5년의 적용을 받고, 예외적으로만 그 이상의 기간을 부여받을 수 있다.

계속비계약은 단 1회만 체결되고 계약 당시 연부액을 부기할 뿐이라는 점이 후술하는 장기계속계약과 다른 점이다. 계약 자체가 하나의 계약으로 이루어지는 것이므로, 하자보수보증금, 지체상금, 준공처리 등도 모두 총공사계약금액을 기준으로 산정된다.[1] 다만 선금 지급의 경우 총계약금액이 아니라 해당연도 이행금액을 기준으로 한다(정부 입찰·계약 집행기준 제34조 제6항).

Ⅲ. 장기계속계약

1. 의의

계속비계약의 경우 여러 회계연도에 걸친 사업에 소요되는 예산을 사전에 확보하여 둔다는 장점이 있으나, 사업기간이 원칙적으로 5년으로 제한되고, 총액과 연부액에 대한 국회의 의결을 얻어야 한다는 점에서 신축적인 예산의 편성 및 집행이 어렵다는 문제가 있다. 이에 따라 여러 회계연도에 걸친 사업을 계획, 수립, 시행하면서도 매 회계연도의 예산사정을 고려하여 신축적인 예산집행이 가능한 계약제도를 모색할 필요성이 대두되었고, 그 결과 입법된 것이 장기계속계약이다.[2]

2. 계약체결 및 이행

장기계속계약의 대상은 임차, 운송, 보관, 전기·가스·수도의 공급, 그 밖에 그 성질상 수년간 계속하여 존속할 필요가 있거나 이행에 수년을 요하는 계약이다(국가계약법 제21조 제2항 전문). 장기계속계약을 체결한 경우 발주기관은 계약상대자에게 각 회계연도 예산의 범위 내에서 해당 계약을 이행하게 하여야 한다(국가계약법 제21조 제2항 후문). 즉 발주기관은 배정받은 예산에 따라 장기계속계약을 이행하게 할 수밖에 없으므로, 실무상 장기계속공사계약의 경우 매 연도별로 계약상대자가 시공하는 공사량이 크게 달라지는 경우가 많다.

장기계속계약에서 하자보수보증금, 지체상금, 준공처리 등의 기준이 되는 것은 총괄계약이 아닌 각 연차별(차수별) 계약이다. 장기계속공사에서 하자보수보

---

1) 장훈기, 앞의 책, 149면.
2) 법무법인(유한)태평양 건설부동산팀, 앞의 책, 377면.

중금은 연차별 계약별로 납부하는 것이 원칙이고(국가계약법 시행령 제62조 제3항),
지체상금 역시 연차별 계약을 기준으로 하여 하나의 장기계속계약 내에서도 특정
연차별 계약이 지체된 경우라면 지체상금을 납부하게 된다(국가계약법 시행령 제74조
제1항). 연차별 계약별로 지체상금을 납부할 수 있다는 것은 연차별 계약별로 준공
검사를 받아 준공처리를 한다는 의미이다. 발주기관이 선금을 지급하는 경우에도
각 연차별 계약금액을 기준으로 지급한다(정부 입찰·계약 집행기준 제34조 제6항).

국가계약법 시행령은 장기계속계약의 구체적인 체결방법에 관하여 제69조
제1항 내지 제4항에서 규정하고 있다.

(1) 단가계약

국가계약법 시행령 제69조 제1항은 ① 운송·보관·시험·조사·연구·측량·
시설관리 등의 용역계약 또는 임차계약, ② 전기·가스·수도 등의 공급계약, ③
장비, 정보시스템 및 소프트웨어의 유지보수계약을 장기계속계약으로 체결할 경
우 각 소속중앙관서의 장의 승인을 받아 단가에 대한 계약으로 체결할 수 있다고
규정하고 있다. 즉 위 ① 내지 ③ 유형의 계약을 장기계속계약으로서 단가계약의
형태로 체결할 경우에는 소속중앙관서의 장의 승인이 필요하다는 것이다.

이를 반대로 해석하자면, 위 유형의 계약이 아닌 계약, 예컨대 물품제조계약
의 경우 각 소속중앙관서의 장의 승인을 얻지 않더라도 장기계속계약을 체결할
수 있고, 위 ① 내지 ③ 유형의 계약을 장기계속계약으로 체결하는 경우에도 단
가계약이 아닌 총액계약의 형태로 체결할 경우에는 소속중앙관서의 장의 승인을
얻지 않고 체결할 수 있다고 할 것이다. 소속중앙관서의 장의 승인을 얻지 않고
도 체결할 수 있다는 것은 국가계약법 제6조 제1항에 따라 중앙관서의 장으로부
터 계약사무의 위임을 받은 공무원이 바로 계약을 체결할 수 있는 것을 의미한다.
기획재정부 역시 동일하게 해석하고 있다.[3]

(2) 장기계속공사계약

발주기관은 먼저 예정가격을 결정하여야 하는데, 장기계속공사계약의 경우
예산상의 총공사금액(관급자재 금액은 제외)의 범위 안에서 이를 결정한다(국가계

---

3) 계약제도과-743, 2012. 6. 8, 계약제도과-1873, 2013. 12. 30; 박현석, 앞의 책, 627면
에서 재인용.

약법 시행령 제8조 제2항).

낙찰 등으로 계약상대자가 결정된 경우 해당 절차에 의하여 정해진 총공사 금액을 부기하고, 당해 연도의 예산의 범위 안에서 제1차공사를 이행하도록 계약을 체결하여야 하는데, 이 경우 제2차공사 이후의 계약은 부기된 총공사금액(계약 이행 도중 계약금액 조정이 이루어진 경우는 조정된 총공사금액)에서 이미 계약된 금액을 공제한 금액의 범위 안에서 계약을 체결할 것을 부관으로 약정하여야 한다(국가계약법 시행령 제69조 제2항). 한편 제1차 및 제2차 이후의 계약금액은 총공사계약의 계약단가에 의하여 결정한다(국가계약법 시행령 제69조 제4항).

(3) 장기계속물품제조등 계약

국가계약법 제69조 제3항은 장기물품제조등과 정보시스템 구축사업(구축사업과 함께 해당 정보시스템의 운영 및 유지보수사업을 포괄하여 계약을 체결하는 경우를 포함)의 계약체결방법에 관하여는 제2항을 준용한다고 규정하고 있다. 따라서 장기계속물품제조등 계약에서도 낙찰 등으로 결정된 총금액을 부기하고, 당해 연도의 예산 범위 안에서 제1차수 계약을 이행하도록 계약을 체결하여야 하며, 제2차수 이후의 계약은 부기된 총금액에서 이미 계약된 금액을 공제한 금액의 범위 안에서 계약을 체결할 것을 부관으로 약정하여야 한다. 마찬가지로, 제1차 및 제2차 이후의 계약금액은 총계약의 계약단가에 의하여 결정한다(국가계약법 시행령 제69조 제4항).

3. 총괄계약의 구속력

장기계속공사계약에서는 총공사를 대상으로 입찰이 이루어지므로(국가계약법 시행령 제14조 제8항), 발주기관은 총공사계약의 착수일과 완료일, 즉 총공사기간을 기재하여 입찰을 공고해야 하고(국가계약법 시행령 제36조 제7호), 총공사금액을 차수별 계약에 부기해야 한다(국가계약법 시행령 제69조 제2항). 이러한 계약을 차수별 계약에 대비하여 실무상 '총괄계약'이라고 부른다.

앞서 '**제19조 물가변동 등에 따른 계약금액 조정**' 부분에서 상세히 기술한 바와 같이, 기존에 총괄계약의 구속력 여부에 관하여 견해의 대립이 있었는데, 최근 대법원 전원합의체 판결(대법원 2018. 10. 30. 선고 2014다235189 전원합의체 판결)은 총괄계약의 구속력에 대하여 명시적으로 판단하였다. 즉 총괄계약은 계약상대방의 결정, 계약이행의사의 확정, 계약단가 등에만 영향을 미칠 뿐 계약상대 방이 이행할 급부의 내용, 계약상대방에게 지급할 공사대금의 범위, 계약의 이행 기간 등에는 효력을 미치지 못한다는 것이다. 다만 이와 같이 볼 경우 차수별 계 약 사이에 존재하는 공백기 동안 공사현장 유지·관리의 책임 소재의 문제가 발 생할 수 있고, 기존 차수별 계약의 기간연장 없이 차수별 계약이 추가되어 총괄 계약이 연장된 경우 총공사기간의 연장에 따라 실질적으로 증가한 간접비는 지급 될 수 있는지에 대한 의문이 남게 되었다.[4]

---

4) 이에 대한 상세한 내용은 '**제19조 물가변동 등에 따른 계약금액 조정 부분**' IV. 3. 참조.

제22조 단가계약

제22조 (단가계약)
　　각 중앙관서의 장 또는 계약담당공무원은 일정 기간 계속하여 제조, 수리, 가
　　공, 매매, 공급, 사용 등의 계약을 할 필요가 있을 때에는 해당 연도 예산의 범
　　위에서 단가에 대하여 계약을 체결할 수 있다.
　　[전문개정 2012.12.18]

　　일반적인 경우 계약은 계약 목적물 전체에 대하여 총액으로 체결하는 형태
로 이루어지고, 이를 총액계약이라 한다. 이에 대응하는 개념이 단가계약인데, 이
는 계약의 목적물인 물품이나 용역 등의 단가를 기준으로 계약을 체결하는 것을
의미한다. 국가계약법 제22조는 일정 기간 계속하여 제조, 수리, 가공, 매매, 공
급, 사용 등의 계약을 체결할 필요가 있을 때에는 해당 연도 예산의 범위에서 단
가에 대하여 계약을 체결할 수 있다고 규정하여 국가계약에서의 단가계약의 근거
를 두고 있다.

　　단가계약의 대상은 광범위하여 정부의 각종 사무용품 등의 납품이나 도로 등
의 유지·보수계약에 많이 활용되고 있으며, 단가계약 형태의 장기계속계약을 체
결하는 형태로도 활용이 가능하여 일정기간 동안 계약목적물의 안정적인 공급을
가능하게 하는 등의 편리한 점이 있다. 특히 물품구매계약에 있어 '제3자를 위한
단가계약'(조달사업에 관한 법률 제12조)과 '다수공급자계약(MAS: Multiple Award
Schedule)'(조달사업에 관한 법률 제13조)이 주로 조달청에서 운용되고 있다.[1]

　　단가계약의 경우 납기 및 수량 등 계약 내용의 상당 부분이 발주기관의 물품
납품통지서에 의하여 확정된다.[2]

　　한편 제조, 수리, 가공, 매매, 공급, 사용계약 외의 계약, 예컨대 공사계약에
서도 단가계약의 체결이 가능한지 의문이 있을 수 있는데, 기획재정부는 "공사의
경우에도 계약목적물의 특성상 표준단위 설정 및 단위당 단가의 산정이 가능한

---

1) 장훈기, 앞의 책, 142면.
2) 정원, 앞의 책, 111면.

경우 등에는 국가를 당사자로 하는 계약에 관한 법률 제22조의 단가계약이 가능할 것임. 그러나 동종의 공사인 경우에도 복수의 표준단위 및 단가를 적용하여야 한다면 단일 계약 목적물로 볼 수는 없는바, 복수의 계약목적물을 하나의 입찰에 부쳐 1인의 낙찰자를 결정하는 단가계약은 법적 근거가 없다고 할 것임."이라면서, 일정한 조건의 충족을 전제로 공사계약에서도 단가계약의 체결이 가능하다고 해석하였다.[3]

계약제도과-1532, 2011. 12. 16; 정원, 앞의 책, 111면에서 재인용.

제23조 개산계약

제23조 (개산계약)
① 각 중앙관서의 장 또는 계약담당공무원은 다음 각 호의 어느 하나에 해당하는 계약으로서 미리 가격을 정할 수 없을 때에는 대통령령으로 정하는 바에 따라 개산계약(槪算契約)을 체결할 수 있다.
1. 개발시제품의 제조계약
2. 시험·조사·연구 용역계약
3. 「공공기관의 운영에 관한 법률」에 따른 공공기관과의 관계 법령에 따른 위탁 또는 대행 계약
4. 시간적 여유가 없는 긴급한 재해복구를 위한 계약
② 제1항에 따른 개산계약의 사후정산의 절차·기준 등에 관하여 필요한 사항은 대통령령으로 정한다.
③ 각 중앙관서의 장 또는 계약담당공무원은 제1항에 따라 개산계약을 체결하는 경우 제2항에 따른 사후정산의 절차·기준 등에 대하여 입찰공고 등을 통하여 입찰참가자에게 미리 알려주어야 한다.
[전문개정 2012.12.18]

I. 개산계약

1. 개념

국가계약은 계약체결 전에 발주기관에서 미리 예정가격을 작성하고 입찰 절차 등을 통해 계약상대방이 결정될 경우 계약금액을 확정하여 체결하는 방식으로 이루어지는 것이 통상적이며, 이와 같이 사전에 계약금액이 확정되는 계약을 확정계약이라 한다. 이에 대응하는 개념이 개산계약으로서, 이는 사전에 계약금액을 확정하기 어려운 경우 개략적인 금액으로 계약을 체결한 뒤 계약이행이 완료된 후 정산하는 방식의 계약을 의미한다.

2. 체결 대상

국가계약법 제23조 제1항은 각 호에서 ① 개발시제품의 제조계약, ② 시험·조사·연구 용역계약, ③ 공공기관과의 관계 법령에 따른 위탁 또는 대행계약, ④ 시간적 여유가 없는 긴급한 재해복구를 위한 계약으로 개산계약의 체결 대상을 정하고 있다.

해당 규정이 '등'이라는 표현을 사용하지 않고 있는 것은 개산계약의 체결 대상을 위 ① 내지 ④ 중 어느 하나에 해당되는 계약만으로 한정하기 위한 것으로 볼 수 있다. 이는 개산계약이 국가계약에서 예외적인 형태의 계약에 해당할 뿐만 아니라, 계약금액이 확정되지 않았다는 점에서 계약상대자의 계약상 지위가 불안정해질 가능성이 있으므로, 발주기관이 개산계약의 형태로 계약을 체결할 가능성을 억제하기 위함으로 볼 수 있다.

3. 계약 체결 전·후의 절차

발주기관은 개산계약을 체결하고자 할 경우에는 사전에 개산가격을 결정하여야 하고, 특히 중앙관서의 장은 입찰 전에 계약목적물의 특성·계약수량 및 이행기간 등을 고려하여 원가검토에 필요한 기준 및 절차 등을 정하여야 하며, 이를 입찰에 참가하고자 하는 자가 열람할 수 있도록 하여야 한다(국가계약법 시행령 제70조 제1항, 제2항). 계약담당공무원은 개산계약이 체결된 후에는 감사원에 그 사실을 통지하여야 한다(국가계약법 시행령 제70조 제3항).

한편 개산계약은 필연적으로 사후정산 절차를 수반하게 되는데, 발주기관은 사후정산의 절차 및 기준 등에 대하여 입찰공고 등을 통하여 사전에 입찰참가자에게 알려주어야 한다(국가계약법 제23조 제3항). 사후정산의 절차·기준은 예정가격 결정 기준(국가계약법 시행령 제9조) 및 중앙관서의 장이 사전에 정하여 공고한 기준에 의한다(국가계약법 제23조 제2항, 국가계약법 시행령 제70조 제3항). 계약담당공무원이 사후정산을 하는 경우에는 소속중앙관서의 장의 승인을 얻어야 한다(국가계약법 시행령 제70조 제3항).

국가계약법령이 이와 같은 규정들을 둔 것은 개산계약의 체결 대상을 한정한 것과 마찬가지로 계약상 지위가 불안정해질 수 있는 계약상대자를 보호하기

위함이라 할 것이다.[1]

Ⅱ. 사후원가검토조건부계약

사후원가검토조건부계약이란, 입찰 전에 예정가격을 구성하는 일부 비목별 금액을 결정할 수 없는 경우 계약금액을 잠정적으로 정한 후 계약이행이 완료되면 원가를 검토하여 계약금액을 정산하는 것을 조건으로 체결하는 계약을 의미한다(국가계약법 시행령 제73조 제1항). 이는 계약금액이 사후적으로 확정된다는 점에서 개산계약과 유사하다.

각 중앙관서의 장이 사후원가검토조건부계약을 체결하고자 할 때에는 입찰 전에 계약목적물의 특성·계약수량 및 이행기간 등을 고려하여 사후원가검토에 필요한 기준 및 절차 등을 정하여야 하고, 이를 입찰에 참가하고자 하는 자가 열람할 수 있도록 하여야 한다(국가계약법 시행령 제73조 제2항). 계약의 이행이 완료된 후에는 위와 같이 사전에 정한 기준 및 절차나 예정가격 결정기준(국가계약법 시행령 제9조)에 의하여 원가를 검토하여 정산하여야 한다(국가계약법 시행령 제73조 제3항).

사후원가검토조건부계약은 주로 외국의 첨단부품을 수입하거나 제작에 장기간이 소요되는 특수물품 조달 시에 이용된다.[2]

---

1) 같은 취지, 법무법인(유한)태평양 건설부동산팀, 앞의 책, 384면.
2) 장훈기, 앞의 책, 141면.

제24조 종합계약

> **제24조 (종합계약)**
> ① 각 중앙관서의 장 또는 계약담당공무원은 같은 장소에서 다른 관서, 지방
> 자치단체 또는 「공공기관의 운영에 관한 법률」에 따른 공기업 및 준정부기관
> 이 관련되는 공사 등에 대하여 관련 기관과 공동으로 발주하는 계약(이하 "종
> 합계약"이라 한다)을 체결할 수 있다.
> ② 종합계약을 체결하는 데에 관련되는 기관의 장은 그 계약체결에 필요한 사
> 항에 대하여 협조하여야 한다.
> [전문개정 2012.12.18]

Ⅰ. 개념

종합계약이란, 각 중앙관서의 장 또는 계약담당공무원이 같은 장소에서 다
른 관서, 지방자치단체 또는 공기업 및 준정부기관이 관련되는 공사 등에 대하여
관련 기관과 공동으로 발주하는 계약을 의미한다(국가계약법 제24조 제1항). 기획
재정부장관은 종합계약의 체결에 있어서 필요하다고 인정할 때에는 종합계약의
체결방법 기타 필요한 사항을 정할 수 있는데(국가계약법 시행령 제71조), 이에 따
라 마련된 기획재정부 계약예규 '종합계약집행요령' 제2조 제1호는, '동일 장소에
서 서로 다른 국가기관 중 2개 기관 이상이 관련되는 공사 등에 대하여 관련기관
협의체를 구성하여 공동으로 체결하는 계약'으로 종합계약을 정의하고 있다.

Ⅱ. 적용대상

국가계약법 제24조 제1항과 종합계약집행요령 제2조 제1호 모두 법문에 '공
사 등'이라는 표현을 사용하고 있다는 점에 비추어 보면, 종합계약은 주로 공사계
약을 염두에 두고 마련된 제도로 보이지만, 위 법문상의 표현상으로도 공사계약
에만 적용될 수 있는 것이 아님은 명백하다. 기획재정부 역시 용역계약의 경우에

도 종합계약의 체결이 가능하다고 해석하였다.[1]

Ⅲ. 종합계약공사

1. 개념

종합계약공사란 조달청장이 종합계약에 의하는 것이 적합하다고 인정한 간선시설공사로서 도로관리청이 해당 계약방식에 의할 것을 조건으로 허가·협의 또는 승인하거나, 사업실시계획의 승인 또는 인가권자가 같은 계약방식에 의하도록 승인·인가한 사업실시계획상의 간선시설공사를 의미한다(종합계약집행요령 제2조 제3호). 여기서 간선시설공사는 아래의 두 종류로 구분된다(종합계약집행요령 제2조 제2호).

○ 공사기간 동안 도로의 점용·굴착 또는 기타의 사유로 인해 교통체증, 소음 등을 유발함으로써 인근지역 주민들의 생활에 지장을 초래할 것이 예상되는 공사로 추정금액이 30억원 이상인 도로 등 토목공사와 추정금액이 10억원 이상인 전기·전기통신·가스·상하수도·교통안전시설·포장공사 등
○ 택지개발촉진법, 주택법, 산업입지 및 개발에 관한 법률, 도시 및 주거환경 정비법 등에서 규정하는 택지·주택단지·대지·공단조성지역 및 정비구역 등의 사업시행지역 내에서 집행하려는 도로 등 토목공사와 전기·전기통신·가스·상하수도·교통안전시설·포장공사 등

2. 절차

(1) 사업계획서 등의 작성·제출

간선시설공사를 집행하려는 각 국가기관의 장은 도로관리청에 제출하는 도로점용에 관한 사업계획서에 공사의 개요, 공사의 예상금액, 공사기간, 공사장의 위치, 기타 공사집행에 필요한 사항을 명시하여야 한다(종합계약집행요령 제3조 제1항).

택지개발촉진법, 주택법, 산업입지 및 개발에 관한 법률, 도시 및 주거환경

---

1) 계약제도과-370, 2010. 11. 12; 박현석, 앞의 책, 657면에서 재인용.

정비법 등에서 규정하는 택지·주택단지·대지·공단조성지역 및 정비구역 등의 사업시행지역 내에서 사업을 진행하려는 사업시행자 또는 사업시행주체는 간선시설공사 등의 관련기관들과 협의하여 사업의 실시계획서를 작성하고, 이를 인가권자에게 제출하여야 하며, 사업의 실시계획서에 간선시설공사 등에 대한 위의 사업계획서 사항을 명시하여야 한다(종합계약집행요령 제3조 제2항).

(2) 종합계약 적격여부 심사

사업계획서를 제출받은 도로관리청은 해당 사업계획서상 동일 도로에서 집행될 공사의 기간조정 등을 통하여 동시에 공사시행이 가능하다고 판단될 경우에는 그 대상공사 및 사업계획서를 조달청장에게 통보하고(종합계약집행요령 제4조 제1항), 택지개발촉진법, 주택법, 산업입지 및 개발에 관한 법률, 도시 및 주거환경 정비법 등에서 규정하는 택지·주택단지·대지·공단조성지역 및 정비구역 등의 사업시행지역 내에서 사업을 진행하려는 사업시행자 또는 사업시행주체로부터 사업의 실시계획서를 제출받은 인가권자는 간선시설공사의 공사기간조정 등을 통하여 동시에 공사시행이 가능하다고 판단될 경우에는 그 대상공사 및 그 사업의 실시계획서를 조달청장에게 통보한다(종합계약집행요령 제4조 제2항).

위와 같이 사업계획서 및 사업의 실시계획서를 통보받은 조달청장은 종합계약에 의하는 것이 적합한지를 심사하여 그 결과를 도로관리청 및 인가권자에게 통보한다(종합계약집행요령 제4조 제3항).

도로관리청 또는 인가권자는 조달청장으로부터 종합계약에 의하는 것이 적합하다고 통보받은 경우 종합계약에 의한 공사의 집행을 조건으로 도로점용을 허가하거나 사업의 실시계획을 인가하고(종합계약집행요령 제4조 제4항), 간선시설공사를 지하구형태로 집행하는 것이 가능하거나 공동굴착이 기술상 가능하다고 판단될 경우에는 이에 의한 공사의 집행을 조건으로 허가 또는 인가한다(종합계약집행요령 제4조 제5항).

(3) 관련기관협의체의 구성

종합계약에 의하여 공사를 집행하도록 된 기관들은 종합계약의 집행을 위한 관련기관협의체를 구성하여야 하고(종합계약집행요령 제5조 제1항), 그 구성기관들은 해당 협의체를 대표하는 기관(이하 '대표관련기관')을 선임하여야 한다(종합계약

집행요령 제5조 제2항). 대표관련기관을 선임할 때에는 원칙적으로 종합계약공사로 판정이 난 공사 중 도로공사가 있는 경우에는 도로공사를 집행하는 기관으로 정하고, 도로공사가 없는 경우에는 공사의 예상금액이 가장 높은 기관으로 정한다(종합계약집행요령 제5조 제3항). 이와 같이 선임된 대표관련기관은 계약상대자 및 제3자에 대하여 관련기관협의체를 대표한다(종합계약집행요령 제5조 제4항).

(4) 관련기관 협정서의 작성

관련기관협의체는 계약을 체결하고자 하는 경우 관련기관 상호간의 권리, 의무 및 책임 등에 관하여 필요한 사항을 규정하기 위하여 관련기관 협정서를 작성·비치하고 계약체결 요청시에는 그 1부를 조달청장에게 제출한다(종합계약집행요령 제6조 제1항). 관련기관협의체는 직접 공사계약을 체결하고자 하는 경우 관련기관협의체의 협의에 의하여 대표기관집행방식과 공동집행방식 중 하나를 택일하고 이에 따라 종합계약 관련기관 협정서를 작성한다(종합계약집행요령 제6조 제2항).

(5) 종합집행계획서의 작성

관련기관협의체는 각 관련기관의 사업계획서와 사업시행자의 사업실시계획서 등을 참고하여 공사의 개요, 공사의 종합설계서 및 총설계금액, 공사기간, 발주방법 및 발주예정시기, 공사장의 위치, 기타 공사집행에 필요한 사항의 내용이 포함된 종합집행계획서를 작성하여 기획재정부장관, 도로관리청장과 사업시행자에게 제출하도록 하며, 이 경우 종합집행계획서의 작성 및 제출 책임은 대표관련기관의 장이 진다(종합계획집행요령 제7조 제1항).

(6) 예산배정 및 지출한도액의 통지

종합집행계획서를 제출받은 기획재정부장관은 예산배정 및 지출한도액 통지를 함에 있어 해당 공사가 차질없이 집행될 수 있도록 협조한다(종합계획집행요령 제8조).

(7) 예정가격의 작성 및 계약체결

관련기관협의체는 종합집행계획서 1부를 첨부하여 조달청장에게 계약체결을 요청하여야 하는데(종합계약집행요령 제9조 제1항), 이 경우 조달청장은 종합계약공사의 예정가격을 작성한다(종합계약집행요령 제11조). 계약체결의 요청을 받은 조달청장은 조달사업에 관한 법률 시행규칙 제11조 내지 제15조에 의하여 계약 업무를 집행하여야 한다(종합계약집행요령 제9조 제3항).

관련기관협의체는 종합계약공사의 시공, 감독, 하자보수 등에 관한 기술적 특수성 또는 종합계약의 특수성을 고려하여 직접 공사계약을 체결함이 적합하다 고 인정되는 공사로서 조달청장과 미리 협의한 경우에는 조달청장에게 계약체결 을 요청함 없이 직접 공사계약을 체결할 수 있는데(종합계약집행요령 제9조 제2항), 이 경우에는 대표관련기관이 운영협의체의 계약업무 담당자들과 협의하여 예정 가격을 작성한다(종합계약집행요령 제11조).

(8) 입찰공고

관련기관협의체는 입찰공고 시 국가계약법 시행령 제36조에 정한 입찰공고 의 내용에 더하여 해당 공사가 종합계약에 의한다는 사실을 명시하여야 하고(종 합계약집행요령 제10조 제1항), 관련기관협의체는 입찰공고 시 종합계약공사 중 2 개 이상 공종의 복합공사로서 일괄발주가 가능한 간선시설공사들은 일괄하여 복 합공사로 발주할 수 있으며, 이 경우 특별한 사유가 없는 한 공동계약이 가능하 다는 사실을 입찰공고에 명시하여야 한다(종합계약집행요령 제10조 제2항).

3. 운영협의체의 운영

관련기관협의체는 각 구성기관의 장이 임명한 계약업무담당자를 위원으로 하는 운영협의체를 설치하여 계약집행에 관한 제반 사항을 협의한다(종합계약집 행요령 제14조 제1항). 관련기관협정서에 규정되지 아니한 사항 및 구성기관 사이 의 분쟁은 운영협의체에서 협의하여 처리하고, 구성기관 사이에 협의가 이루어지 지 않을 때에는 대표관련기관의 장이 결정한다(종합계약집행요령 제14조 제2항).

제25조 공동계약

제25조 (공동계약)
  ① 각 중앙관서의 장 또는 계약담당공무원은 공사계약·제조계약 또는 그 밖의 계약에서 필요하다고 인정하면 계약상대자를 둘 이상으로 하는 공동계약을 체결할 수 있다.
  ② 제1항에 따라 계약서를 작성하는 경우에는 그 담당 공무원과 계약상대자 모두가 계약서에 기명하고 날인하거나 서명함으로써 계약이 확정된다.
  [전문개정 2012.12.18.]

I. 공동계약

1. 공동계약의 의의

공동계약은 계약상대자가 2인 이상인 국가계약을 의미한다. 공동계약은 건설공사뿐만 아니라 물품제조와 구매, 용역 등 다양한 분야에서 체결될 수 있다(국가계약법 제25조 제1항, 공동계약운용요령 제2조 제1호).

각 중앙관서의 장 또는 계약담당공무원은 경쟁을 통해서 국가계약을 체결하고자 할 때는 계약의 목적과 성질상 공동계약이 부적절하다고 인정되는 경우를 제외하고는 가능한 한 공동계약으로 체결해야 한다(국가계약법 시행령 제72조 제2항). 특히 지식기반사업 중 수개의 전문분야가 요구되는 복합사업에 입찰참가자가 공동으로 참가하고자 하는 경우에는 특별한 사유가 없는 한 이를 허용해야 한다(국가계약법 시행령 제72조의2).

계약담당공무원은 입찰공고를 하면서 국가계약법 시행령 제72조 제2항에 따라 동일현장에 2인 이상의 수급인을 투입하기 곤란하거나 긴급한 의무이행이 필요한 경우 등 계약의 목적과 성질상 공동계약을 체결하기 곤란하다고 인정되는 경우를 제외하고는 가능한 한 공동계약을 체결할 수 있다는 뜻을 명시해야 한다. 계약담당공무원은 공동계약의 이행방식과 공동수급체 구성원의 자격제한 사항을 입찰공고에 명시해야 한다(공동계약운용요령 제8조 제1항, 제2항).

2. 관련 법령의 체계

국가계약법 시행령은 공동계약의 체결방법 등 필요한 사항을 기획재정부장관이 정하도록 하였고(제72조 제1항), 이에 따라 기획재정부장관은 계약예규인 '공동계약운용요령'(이하 "운용요령")을 제정하여 운용하고 있다. 운용요령은 공동계약의 계약상대방에게 공동계약운용요령에 첨부된 '공동수급표준협정서'(이하 "표준협정서")를 참고하여 공동수급협정서를 작성하도록 하고 있다(운용요령 제5조 제1항). 공동수급협정서는 공동수급체 구성원들의 권리·의무 등 공동계약 수행을 위한 중요사항을 규정한 계약서로서, 공동수급체의 대표자는 입찰참가 신청서류를 제출할 때 공동수급협정서를 함께 제출해야 한다(운용요령 제2조 제4호, 제5조 제2항).

대법원은 공동계약에 공동수급협정서가 계약문서에 포함된다는 규정이 없어 공동수급협정서가 공동계약의 내용을 이루지 못한 사안에서, "공동수급협정서의 내용은 발주자와의 공동도급계약의 체결조건에 불과할 뿐, 공동도급계약의 내용을 이루는 것은 아니라고 봄이 상당하고, 발주자가 공동수급협정서의 내용에 따른 권리를 취득하는 것은 공동수급협정서가 공동도급계약의 내용을 이루기 때문이 아니라 제3자인 발주자로 하여금 직접 공동수급협정 당사자들에 대하여 권리를 취득하게 하는 것을 목적으로 하여 체결된 제3자를 위한 계약에 해당하기 때문이라고 보아야 할 것이다"(대법원 2000. 9. 26. 선고 99다52077 판결)라고 하여, 공동수급협정서는 제3자를 위한 계약에 해당한다고 판단하였다.

공동계약을 규율하고 있는 국가계약법 제25조는 공동계약의 체결방법 등을 국가계약법 시행령 등에서 정할 수 있도록 위임하고 있지 않다. 그러나 국가계약법 시행령 제72조는 공동계약을 규율하고 있는 법률의 집행을 위해서 필요한 사항을 행정주체가 직권으로 제정하는 집행명령에 해당하므로, 법률의 위임을 필요로 하지 않는다.

3. 공동계약의 유형

공동계약은 2인 이상의 계약상대방이 결성한 공동수급체가 도급받은 사업을 이행하는 방식에 따라 공동이행방식, 분담이행방식, 주계약자관리방식으로 나눌 수 있다.

(1) 공동이행방식

공동수급체 구성원이 일정한 출자비율에 따라 연대하여 계약을 이행하는 방식의 공동계약을 의미한다(운용요령 제2조의2 제1호). 즉 공동수급체의 구성원이 미리 정한 출자비율에 따라 자금, 인원, 기자재 등을 출연하여 전체사업을 공동으로 시행하고, 계약을 이행한 후에 이익 또는 손실이 발생하였을 경우에는 각 구성원의 출자비율에 따라 그 이익 또는 손실을 배당하거나 분담한다(공동이행방식의 표준협정서 제10조). 공동수급체가 도급받은 사업을 구성원 전원이 일체가 되어 이행하고, 구성원 전원이 연대하여 공사 전체에 대한 시공책임을 진다.[1] 현재 대부분의 공동계약은 이 방식으로 체결되고 있고, 국가계약법령상 원칙적인 공동계약방식이다.[2]

공동수급체 구성원은 공동이행방식의 공동계약에서 공동계약을 이행하는데 필요한 면허·허가·등록 등의 자격요건을 각자 갖추어야 한다(운용요령 제9조 제1항 제2호). 국가계약법 시행령 제21조 제1항에 따른 시공능력, 공사실적, 기술보유상황 등은 건설산업기본법 등 관련법령에서 규정하고 있는 면허와 동일한 경우에는 공동수급체 구성원 모두의 것을 합산하여 적용한다(운용요령 제9조 제2항). 즉 공동이행방식의 공동계약은 주로 '실적보완'을 위해서 이루어진다.[3]

(2) 분담이행방식

공동수급체 구성원 각자가 일정한 분담내용에 따라 전체 사업을 나누어 계약을 이행하는 공동계약을 의미한다(운용요령 제2조의2 제2호). 즉 공동수급체의 구성원은 전체 사업의 일부를 분담하여 수행한다. 각 구성원은 도급인에게 각자가 분담한 부분만 책임을 지고, 하도급자와 납품업자에게도 하도급계약을 체결한 구성원만이 책임을 진다. 출자비율과 손익분배사항을 정하지 않고 공동수급체 구성원 각각의 책임으로 손익을 계산한다.[4] 구간을 나누어 진행하는 토목공사처럼 목적물, 공구의 분할이 용이할 경우 주로 활용된다.[5]

---

1) 이균용, 「공동수급체의 성질과 그 법률관계」, 『대법원판례해설』 제35호(2001. 6), 법원도서관, 88면.
2) 진상범, 「공동이행방식의 공동수급체에 있어서 공사대금채권의 귀속주체 및 형태」, 『대법원판례해설』 제91호(2012년 상반기), 법원도서관, 136면.
3) 박현석, 『국가계약법 해설과 실무』, 건설경제, 2016, 674면.
4) 이균용, 앞의 논문, 88면; 진상범, 앞의 논문, 136면.
5) 어재원, 「공동이행방식의 건설공사공동수급체에 있어서 공사대금채권의 귀속에 관한 문제」,

계약담당공무원은 건설산업기본법 시행령 제7조에 따른 설비공사를 발주하는 경우에는 설비제조업체와 시공업체 간 분담이행방식의 공동계약방법으로 입찰에 참가하게 할 수 있다. 다만 단일 설비제조업체의 설비부분이 전체 추정가격의 50% 이상인 경우에 한한다(운용요령 제8조의2 제1항). 계약담당공무원은 설비공사를 일괄입찰방식으로 발주하는 경우에 설비제조업체, 시공업체 및 기술용역등록업체 간 분담이행방식의 공동계약방법으로 입찰에 참가하게 할 수 있다(운용요령 제8조의2 제2항).

공동수급체 구성원은 분담이행방식의 공동계약에서 계약을 이행하는데 필요한 면허ㆍ허가ㆍ등록 등의 자격요건을 공동으로 갖추어야 한다(운용요령 제9조 제1항 제1호). 국가계약법 시행령 제21조 제1항에 의한 시공능력, 공사실적, 기술보유상황 등은 건설산업기본법 등 관련법령에서 규정하고 있는 면허와 동일한 경우에는 공동수급체 구성원 모두의 것을 합산하여 적용한다(공동계약운용요령 제9조 제2항). 즉 분담이행방식의 공동계약은 '면허 등의 보완'을 위해서 이루어진다.

(3) 주계약자관리방식

건설산업기본법에 따른 건설공사를 시행하기 위한 공동수급체의 구성원 중 주계약자를 선정하고, 주계약자가 전체 건설공사 계약의 수행에 관하여 종합적인 계획ㆍ관리 및ㆍ조정을 하는 공동계약을 의미한다(운용요령 제2조의2 제3호). 주계약자관리방식의 공동계약은 원칙적으로 공동수급체 구성원이 공사를 분담하여 수행하고, 주계약자가 건설공사를 종합적으로 계획ㆍ관리ㆍ조정하므로 분담이행방식의 변형된 형태라고 할 수 있다.[6] 또한 공동이행방식이나 분담이행방식의 공동계약과 달리 건설공사 분야에 한정된 형태의 공동계약 이행방식으로 볼 수 있다. 분담이행방식과 마찬가지로 공동수급체의 구성원은 분담한 공사 부분에서 발생한 손익을 각자 부담한다.

당초 운용요령에 의하면 계약담당공무원은 종합심사낙찰제 대상공사 중 추정가격 300억 원 이상 공사에 한해 주계약자관리방식에 의한 공동계약으로 할 수 있고(운용요령 제2조의3 제1항), 주계약자관리방식의 공동계약으로 발주하고자 하는 경우에는 부계약자[7]로 참여할 수 있는 전문건설업자의 수가 충분한지 고려해

『재판실무연구』, 광주지방법원, 2014, 20면; 진상범, 앞의 논문, 137면.
6) 박현석, 앞의 책, 674면.

야 한다고 규정하고 있었다(운용요령 제2조의3 제2항). 그러나 운용요령이 2020. 12. 28. 개정되면서 위와 같은 제한이 삭제되었는데, 기획재정부 개정 이유에 의하면 "21년부터 건설업역 개편이 시행됨에 따라 기존 업역체계를 전제로 설계된 주계약자 공동도급 규율을 보완"하기 위해 "공사규모 제한 없이 모든 공사에 주계약자공동도급 방식을 허용"한다는 점을 명시하고 있다.

주계약자관리방식의 공동계약에서, 주계약자는 전체 건설공사를 이행하는데 필요한 면허·허가·등록 등의 자격요건을, 공동수급체의 다른 구성원은 분담한 건설공사를 이행하는데 필요한 자격요건을 갖추어야 한다(운용요령 제9조 제1항 제3호). 국가계약법 시행령 제21조 제1항에 따른 시공능력, 공사실적, 기술보유상황 등은 건설산업기본법 등 관련법령에서 규정하고 있는 면허와 동일한 경우에는 공동수급체 구성원 모두의 것을 합산하여 적용한다(운용요령 제9조 제2항).

계약담당공무원은 주계약자관리방식의 공동계약에서 대표자에게 공사시방서·설계도면·계약서·예정공정표·품질보증계획 또는 품질시험계획·안전 및 환경관리계획·산출내역서 등에 따라 건설공사의 품질과 시공상태를 확인하게 한다. 건설공사의 품질과 시공상태가 적정하지 못하다고 인정되는 경우에는 재시공 지시 등을 통해 필요한 조치를 하게 해야 한다(운용요령 제4조 제3항). 계약담당공무원은 주계약자관리방식의 공동계약에서 대표자에게 건설공사 진행의 경제성과 효율성 등을 감안해서, 공동수급체 구성원과 협의를 거쳐 자재와 장비 등을 일원화하여 조달하게 해야 한다(운용요령 제4조 제4항).

4. 공동계약의 체결 방법

공동계약은 계약담당공무원과 공동수급체의 구성원 전원이 공동계약서에 기명하고 날인하거나 서명하면 확정된다(국가계약법 제25조 제2항, 운용요령 제6조).

공동수급협정서는 공동수급체의 구성원이 서명하면 그와 동시에 효력이 발생하고, 공동계약이 모두 이행되면 종결된다. 다만 발주자 또는 제3자에게 계약과

---

7) 주계약자관리방식으로 도급계약을 체결하는 경우 대부분 종합건설업자는 주계약자로, 전문건설업자는 부계약자로 공사에 참여한다. 전문건설업자가 종합건설업자의 하수급업체가 아니라 종합건설업자와 같이 공동수급체를 구성하여 계약상대자로 공사에 참여하게 되면 전문건설업자는 도급단계가 상승하므로 그 지위를 보장받을 수 있다. 그러나 전문건설업자는 특정한 공종의 시공능력만을 가지고 있어 공사 전반에 참여할 필요가 없으므로, 주계약자관리방식은 종합건설업자가 하수급업체를 효율적으로 활용할 수 없도록 하여 공사수행을 어렵게 하기도 한다.

관련된 권리·의무관계가 남아 있는 한 그 효력이 존속된다(표준협정서 제4조).

5. 공동계약내용의 변경

(1) 출자비율 또는 분담내용의 변경

공동계약을 체결한 이후에는 원칙적으로 공동수급체 구성원의 출자비율 또는 분담내용을 변경할 수 없다. 다만 물가변동, 설계변경, 기타 계약내용의 변경[8]이나 공동수급체 구성원의 파산, 해산, 부도, 법정관리 및 워크아웃,[9] 중도탈퇴 사유 때문에 당초 협정서의 내용대로 계약을 이행하기 곤란한 구성원이 생겨서 공동수급체 구성원이 연명으로 출자비율 또는 분담내용의 변경을 요청한 경우(운용요령 제12조 제1항, 표준협정서 제9조 제2항 제2호), 주계약자관리방식의 공동계약에서 공동수급체의 구성원이 정당한 사유없이 계약을 이행하지 않거나 지체하는 경우 또는 주계약자의 계획·관리·조정 등에 협조하지 않아 계약이행이 곤란하다고 판단되는 경우(운용요령 제12조 제1항, 제4항, 주계약자관리방식의 표준협정서 제9조 제2항), 발주기관의 계약내용 변경에 따라 계약금액이 증감된 경우(표준협정서 제9조 제1항)에는 공동수급체 구성원의 출자비율 또는 분담내용을 변경할 수 있다.

주계약자관리방식의 공동계약에서 구성원의 출자비율 또는 분담내용, 해당 구성원을 변경하는 경우, 주계약자는 변경사유와 변경내용 등을 계약담당공무원에게 통보해야 한다. 또한 계약담당공무원은 주계약자의 변경내용이 계약의 원활한 이행을 저해하지 않는 한 이를 승인해야 한다(운용요령 제12조 제4항 후문).

(2) 출자지분 또는 분담내용의 전부 이전

계약담당공무원은 공동수급체 구성원의 출자비율 또는 분담내용의 변경을 승인하면서 구성원 각각의 출자지분 또는 분담내용 전부를 다른 구성원에게 이전하게 해서는 안 된다. 다만 주계약자관리방식의 공동계약에서 공동수급체 구성원 중 일부가 파산, 해산, 부도 등으로 계약을 이행할 수 없는 사유 등으로 공동수급체 구성원의 출자비율 또는 분담내용의 변경을 승인하는 경우에는 그렇지 않다(운용요령 제12조 제2항).

---

8) 국가계약법 시행령 제64조부터 제66조까지의 계약금액 조정 사유를 의미한다.
9) 기업구조조정촉진법에 따라 채권단이 구조조정 대상으로 결정하여 구조조정 중인 경우를 의미한다.

기획재정부 유권해석(계약제도과-905, 2014. 7. 16.) "공동이행방식에서의 중도탈퇴에 관한 질의"

질의내용 공동이행방식에서 일부구성원이 사업이행 내역이 전혀 없는 경우 공동계약운용요령 제12조에 따라 도급내용 변경이 가능한지 여부

답변내용 기획재정부 계약예규 공동계약운용요령 제12조 제2항에서는 "계약담당공무원은 제1항 단서에 의하여 공동수급체 구성원의 출자비율 또는 분담내용의 변경을 승인함에 있어 구성원 각각의 출자지분 또는 분담내용 전부를 다른 구성원에게 이전하게 하여서는 아니된다. 다만, 주계약자관리방식에서 공동수급체 구성원 중 일부가 파산, 해산, 부도 등으로 계약을 이행할 수 없는 사유 등으로 공동수급체 구성원의 출자비율 또는 분담내용의 변경을 승인하는 경우에는 그러하지 아니하다."고 규정하고 있습니다. 따라서 공동이행방식에서 일부 구성원의 이행내역이 전혀 없는 경우에는 공동수급체구성원의 출자비율을 변경하여 공동도급내용을 변경하는 것은 적정하지 않을 것입니다. 다만, 공동계약운용요령 [별첨1] 공동수급표준협정서(공동이행방식) 제12조 제1항 각호의 어느 하나에 해당하는 경우에는 중도탈퇴 조치를 할 수는 있을 것입니다.

기획재정부 유권해석(계약제도과-1035, 2014. 8. 14.) "공동계약운용요령 해석에 관한 질의"[10]

공동계약운용요령 제12조 제2항의 "공동수급체 구성원의 출자비율 또는 분담내용의 변경을 승인함에 있어 구성원 각각의 출자지분 또는 분담내용 전부를 다른 구성원에게 이전하여서는 아니된다"는 것은 공동수급체 구성원이 출자비율 중 일부를 이행한 경우에 한하여 출자비율 변경이 가능하다는 의미로 해석하여야 할 것입니다.

　　즉 공동수급체에서 일부 구성원에게 파산 등의 사유가 발생한 경우, ① 그 구성원이 일부라도 의무를 이행한 부분이 있다면 출자지분 또는 분담내용을 다른 구성원에게 이전하여 출자지분 또는 분담내용을 변경할 수 있다고 보아야 한다. 운용요령 제12조 제2항 본문은 출자지분 또는 분담내용 '전부'를 다른 구성원에

---

10) 박현석, 앞의 책, 695면에서 재인용.

게 이전하지 못하도록 하고 있으므로, 그 구성원이 출자지분 또는 분담내용에 해당하는 부분을 일부라도 이행한 경우에는 출자지분 또는 분담내용 '전부'를 이전한다고 볼 수 없기 때문이다.[11] ② 파산 등의 사유가 발생한 구성원이 의무를 이행한 부분이 전혀 없는 경우에는 파산 등의 사유가 발생한 구성원을 중도탈퇴하도록 할 수밖에 없다. 구성원이 중도탈퇴한 경우 탈퇴자의 출자비율을 잔존 구성원의 출자비율에 따라 분할하여 가산하거나(공동이행방식의 표준협정서 제12조 제3항), 잔존 구성원이 탈퇴자의 분담부분을 이행해야 한다(분담이행방식의 표준협정서 제13조 제2항). 주계약자관리방식의 공동계약에서는 주계약자가 탈퇴자의 분담부분을 이행할 수 있고, 주계약자가 이행할 수 없을 때에는 다른 구성원에게 재배분하거나 보증기관이 이행해야 한다(주계약자관리방식의 표준협정서 제13조 제2항).

(3) 공동수급체 구성원의 추가

원칙적으로 공동수급체 구성원은 추가할 수 없다. 다만 계약내용의 변경이나 공동수급체 구성원의 파산, 해산, 부도, 법정관리 및 워크아웃, 중도탈퇴 사유때문에 잔존 구성원만으로는 면허, 시공능력 및 실적 등 계약이행에 필요한 요건을 갖추지 못해서 공동수급체 구성원이 연명으로 구성원의 추가를 요청한 경우에는 구성원을 추가할 수 있다(운용요령 제12조 제3항). 그러므로 잔존 구성원만으로도 면허, 시공능력 및 실적 등 계약이행에 필요한 요건을 모두 갖추고 있는 경우에는 잔존 구성원이 계약을 이행하면 된다.

Ⅱ. 공동수급체

1. 공동수급체의 의의

(1) 공동수급체의 개념

공동수급체란 2인 이상의 수급인이 계약을 공동으로 수행하기 위해 잠정적으로 결성한 인적 결합을 말한다(운용요령 제2조 제2호). 영미법의 Joint Venture에 해당한다. 국토교통부장관이 만든 건설공사 공동도급운영기준 역시 건설공사를 공동으로 이행하기 위해서 2인 이상의 수급인(업종을 불문한다)이 공동수급협

---

11) 박현석, 앞의 책, 693면.

정서를 작성하여 결성한 조직을 공동수급체로 보고 있다.[12]

공동수급체는 복수의 기업이 공동·제휴하여 하나의 사업을 경영하는 경영방식의 형태로서 건설업에 국한된 경영방식은 아니다.[13]

(2) 공동수급체의 연혁

공동수급체는 과거 무역업에서 자본을 집중하고 위험을 분산하기 위해 만든 인적 결합에 기원을 두고 있다.[14] 특히 건설공동수급체는 1930년대 미국에서 후버댐 건설 등 대규모 공공건설사업을 계기로 고안되었다고 한다.[15]

(3) 공동수급체의 기능

공동수급체의 구성원이 되는 개개의 사업자는 사업을 수행하기 위해서 필요한 거액의 자금을 확보하고 사업을 수행하는 과정에서 발생하는 위험을 다른 구성원에게 분산시킬 수 있다. 자신이 갖추지 못한 면허·자격 요건을 보완할 수도 있고, 구성원 사이의 기술교류도 기대할 수 있다. 또한 도급인은 공동수급체를 구성하는 일부 구성원의 파산 등에도 불구하고 나머지 구성원들을 통해서 사업 목적 달성을 보장받을 수 있다.[16]

2. 공동수급체의 법적 성질

공동수급체의 법적 성질을 둘러싼 견해의 대립은 기성대가의 귀속과 관련된 문제를 해결하기 위해 시작된 것으로 보인다.[17] 즉 공동수급체의 법적 성질이 민법상 조합이라면 도급인에 대한 기성대가청구권이 공동수급체 구성원들에게 합유의 형태로 귀속되므로, 공동수급체가 아닌 그 구성원에 대한 채권자는 기성대가청구권으로부터 만족을 얻지 못하게 된다. 이러한 불합리를 해결하기 위해 공동수급체의 법적 성질을 가능한 한 민법상 조합이 아닌 다른 형태의 단체로 해석

---

12) 건설공사 공동도급운영기준은 공동계약운용요령에 따라 공동계약이 체결되지 않는 경우에만 적용된다(건설공사 공동도급운영기준 제15조).
13) 이균용, 앞의 논문, 86면.
14) 이균용, 앞의 논문, 86면.
15) 이동진, 「건설공사공동수급체의 법적 성격과 공사대금청구권의 귀속」, 『민사판례연구』 제35권, 박영사, 2013, 525면.
16) 이균용, 앞의 논문, 87면.
17) 이동진, 앞의 논문, 555면.

하려는 견해가 나타난 것으로 보인다.

(1) 민법상 조합설

공동수급체는 계약에 따라 성립하고 공동수급표준협정서 외에 별도의 정관이 없는 점, 공동수급체 대표자가 대금의 청구·수령, 공동수급체 재산의 관리 권한을 가지고 그 업무집행의 효과가 각 구성원 개인에게 미치는 점, 구성원 개인이 공동수급체의 채무를 개인재산으로 책임져야 할 의무를 부담한다는 점을 근거로 공동수급체는 민법상 조합에 해당한다는 견해이다.[18]

(2) 비법인사단설[19]

구성원이 2인인 공동수급체는 1명이 파산하여 공동수급체에서 당연 탈퇴하는 경우 구성원이 1명으로 되는데 구성원이 1명인 조합은 그 본질상 인정될 수 없다는 점, 1인의 잔존 구성원이 공사를 계속할 수 있는 이론적인 근거는 공동수급체가 갖는 사단의 성질로 보아야 하는 점, 특히 공동수급체를 사단으로 보면 하도급인 등 제3자에 대한 법률구성이 간명하다는 점 등을 근거로 공동수급체는 비법인사단에 해당한다는 견해이다.[20]

(3) 지분적 조합설

민법상 조합은 공동사업을 계속하면서 재산을 합유하고 외부로는 구성원 전원의 이름으로 활동하는 이른바 합수적 조합이지만, 공동수급체는 구성원이 조합재산의 지분소유권을 가지는 지분적 조합[21]이라고 보는 견해이다. 공동수급체를 지분적 조합으로 보면, 공동수급체 구성원이 파산한 경우처럼 민법상 조합에 적용되는 강행규정(민법 제717조)과 운용요령, 표준협정서의 규정이 다른 경우를 원만하게 해결할 수 있다고 하거나,[22] 선금 또는 기성대가를 공동수급체 구성원 각

---

18) 이균용, 앞의 논문, 89면에서 재인용.
19) 일본의 학설이다.
20) 윤재윤, 앞의 책, 372면에서 재인용.
21) 조합계약을 체결할 때 조합원이 조합재산에 관하여 지분소유권을 보유하도록 합의할 수 있다. 따라서 합유재산이 없는 조합이 유효하게 생겨날 수 있는데, 이를 지분적 조합이라고 한다(집필대표 곽윤직, 민법주해[XVI] 채권(9), 박영사, 2009, 21면)
22) 이완수, 「공동수급체의 법적 성질에 관한 판례 소고」, 『건설재판실무논단』, 2006, 377-378면.

자의 계좌번호로 직접 입금하도록 하고 있는 표준협정서 규정을 근거로 든다.[23]

(4) 이분설

공동이행방식의 공동수급체는 민법상 조합의 성격을 갖지만, 분담이행방식의 공동수급체는 민법상 조합으로 볼 수 없고 공동수급체와 도급인 사이에서 분담 부분별로 체결해야 할 여러 개의 도급계약을 1개의 계약으로 체결하였다고 보는 견해이다.[24]

(5) 대법원의 입장

대법원은 공동이행방식의 공동수급체는 민법상 조합의 성질을 갖는다고 보면서도(대법원 2017. 1. 12. 선고 2014다11574, 11581 판결, 대법원 2012. 5. 17. 선고 2009다105406 전원합의체 판결; 대법원 2000. 12. 2. 선고 99다49620 판결 등), 공동수급체의 법적 성질이 민법상 조합이라고 하더라도 일정한 경우 기성대가청구권이 당연히 공동수급체 구성원들의 합유로 귀속되는 것은 아니라고 판시하고 있다(대법원 2012. 5. 17. 선고 2009다105406 전원합의체 판결). 분담이행방식의 공동수급체가 어떤 법적 성질을 지니는지 명시적으로 밝힌 판례는 없다. 다만 공사의 성질상 어느 구성원이 분담한 부분의 공사가 지체되어 다른 구성원이 분담한 부분의 공사도 지체될 수밖에 없는 경우라도 특별한 사정이 없는 한 공사 지체를 직접 야기시킨 구성원만 분담 부분에 한하여 지체상금 납부의무를 부담한다고 판시하여(대법원 1998. 10. 2. 선고 98다33888 판결), 공동이행방식의 공동수급체와 다르게 보고 있는 듯하다.[25] 주계약자관리방식의 공동수급체가 어떤 법적 성질을 지니는지에 대하여 판단한 대법원 판례는 아직 찾기 어렵다.[26]

(6) 검토

민법상 조합의 조합원은 출자의무를 부담하고, 조합원 개인의 재산으로 조합채무를 책임진다. 사단은 자신의 명의로 재산을 소유할 수 있고, 사단의 법률행

---

23) 김성근, 앞의 책(Ⅱ), 362면.
24) 윤재윤, 앞의 책, 373-374면.
25) 진상범, 앞의 논문, 139면.
26) 법무법인(유한)태평양 건설부동산팀, 앞의 책, 394면.

위는 조합원이 아니라 사단 자신에게 귀속된다.[27]

공동이행방식의 공동계약에서 조합원은 모두 출자의무를 부담하고(공동이행방식의 표준협정서 제9조 제1항), 계약을 이행하기 위해서 필요한 비용을 분담한다(공동이행방식의 표준협정서 제10조의2). 계약을 이행한 후에 손실이 발생한 경우에는 각 구성원이 출자비율에 따라 손실을 부담한다(공동이행방식의 표준협정서 제10조). 따라서 공동이행방식의 공동수급체는 민법상 조합의 성질을 가지고 있다고 보아야 한다.

분담이행방식의 공동계약은 구성원 각자의 시공부분이 구분되어 있고 계약이행책임과 제3자에 대한 책임은 분담내용에 따라 구성원별로 각자 책임을 진다. 또한 각 구성원은 자기 책임으로 분담 부분의 일부를 하도급할 수 있고 공사대금도 각자가 별도로 청구하고 손익분배는 분담공사별로 배분하게 되어 있다. 분담이행방식의 공동계약에서 구성원이 출자의무를 부담하거나 공동수급체의 책임을 부담한다고 보기 어려우므로, 분담이행방식의 공동수급체가 민법상 조합의 성질을 갖는다고 볼 수는 없다.[28]

3. 공동수급체의 구성

(1) 중복구성의 금지

계약담당공무원은 공동수급체 구성원이 공동수급체를 중복 결성하여 동일한 입찰에 참가하게 해서는 안 되고, 지역의무 공동도급제에 따른 공동계약의 경우와 주계약자관리방식의 공동계약의 경우 독점규제법에 따른 상호출자 제한기업집단 소속 계열회사가 공동수급체를 구성하게 해서는 안된다(운용요령 제9조 제4항).

(2) 구성원의 수와 최소지분율

공동이행방식의 공동계약에서 구성원의 수는 5인 이하, 구성원별 최소지분율은 10% 이상이어야 하고(운용요령 제9조 제5항 나호),[29] 분담이행방식의 공동계약에서는 구성원의 수가 5인 이하이어야 한다(운용요령 제9조 제5항 가호). 주계

---

27) 이균용, 앞의 논문, 92면.
28) 윤재윤, 앞의 책, 373면.
29) 국가계약법 시행령 제6장 및 제8장에 따른 공사 중 추정가격이 1,000억원 이상인 공사의 경우에는 10인 이하, 5% 이상.

약자관리방식의 공동계약에서 구성원의 수는 10인 이하, 구성원별 최소지분율은 5% 이상이어야 한다(운용요령 제9조 제5항 다호). 다만 공사의 특성 및 규모를 고려하여 계약담당공무원이 필요하다고 인정할 경우에는 공동계약의 유형별 구성원 수와 구성원별 계약참여 최소지분율을 각각 20% 범위 내에서 가감할 수 있다(운용요령 제9조 제5항 단서).

계약담당공무원은 종합심사낙찰제 대상공사 입찰의 경우에 공동수급체 대표자의 출자비율 또는 분담내용이 100분의 50 이상이 되도록 하여야 한다. 다만 주계약자관리방식에 의한 공동계약의 경우에는 공사의 내용과 특성에 따라 분담내용을 정한다(운용요령 제4조 제5항).

4. 공동수급체와 도급인의 법률관계

(1) 보증금 반환채권

각 중앙관서의 장 또는 계약담당공무원은 국가와 계약을 체결하려는 사람에게 계약보증금을 내도록 해야 한다(국가계약법 제12조 제1항 본문). 또한 공사도급계약인 경우에는 계약상대자에게 하자보수보증금을 내도록 해야 한다(국가계약법 제18조 제1항 본문). 공동수급체 구성원은 각종 보증금 납부시 공동수급협정서에서 정한 구성원의 출자비율 또는 분담내용에 따라 분할 납부해야 한다. 다만 공동이행방식 또는 주계약자관리방식의 공동계약일 경우에는 공동수급체 대표자 또는 공동수급체 구성원 중 1인에게 일괄 납부하게 할 수 있다(운용요령 제10조).

각 중앙관서의 장 또는 계약담당공무원은 계약보증금과 하자보수보증금의 보증목적이 달성된 때에는 계약상대자의 요청에 따라 즉시 반환해야 한다(국가계약법 시행규칙 제63조 제1항). 이 경우 계약보증금과 하자보수보증금 반환채권이 공동수급체 구성원의 준합유에 해당하는지, 보증금을 납부한 구성원의 개별채권인지 문제된다. 대법원은 공동수급체 구성원들의 준합유로 판단하고 있는 듯하다(대법원 2003. 9. 2. 선고 2002다13522 판결, 대법원 2003. 2. 11. 선고 2002다44908 판결).

표준협정 제8조는 "공동계약운용요령 제11조에 정한 바에 의한 선금, 기성대가 등은 다음 계좌로 지급받는다"고 규정하고 있어 계약금보증금, 하자보수보증금 등 보증금 납부를 규정하고 있는 운용요령 제10조를 제외하고 있다. 따라서 공동수급체와 도급인 사이에서 공동수급체의 구성원에게 공사대금채권을 출자지분에 따라 직접 도급인에게 청구할 수 있도록 하는 묵시적인 약정이 이루어졌다고 본 최근 대법원 전원합의체 판결이 보증금 반환채권에도 적용된다고 해석하기는 어려운 측면이 있다.

기획재정부 유권해석(계약제도과-1115, 2015. 8. 17.) "공동수급체 탈퇴 구성원의 하자보수보증금 납부책임 관련 질의 회신"[30]

기획재정부 계약예규 공동계약운용요령 제10조에 따르면 공동수급체(공동이행방식) 구성원은 하자보수보증금 납부시 공동수급협정서에서 정한 구성원의 출자비율에 따라 분할 납부하여야 합니다. 다만 발주처는 공동수급체 구성원 중 1인으로 하여금 일괄 납부하게 할 수 있습니다. 질의하신 상황과 같이 공동이행방식에서 공동수급체의 일부 구성원이 강제탈퇴된 경우에도 하자보수보증금 전체를 표준협정서(공동이행방식) 제12조에 따라 산출된 비율에 따라 공동수급체 잔존구성원이 분할 납부하게 하거나, 잔존구성원 중 1인이 일괄 납부하게 할 수 있을 것입니다. 다만, 탈퇴구성원이 이미 이행한 부분에 대한 하자보수보증금 납부책임이 없다고 할 수 없으므로 이 부분은 잔존구성원이 탈퇴구성원에게 구상권을 행사할 수 있을 것입니다.

기획재정부 유권해석(계약제도과-1035, 2014. 8. 14.) "공동계약운용요령 해석에 관한 질의"[31]

기획재정부 계약예규 공동계약운용요령 제12조 제1항에서는 공동도급내용의 변경을 금지하고 있으나, 파산, 해산, 부도, 법정관리, 워크아웃, 중도탈퇴의 사유로 인하여 당초 협정서의 내용대로 계약이행이 곤란한 구성원이 발생하여 공동수급체 구성원 연명으로 출자비율 또는 분담내용의 변경을 요청한 경우에는 도급내용의 변경을 인정하고 있습니다. 수급체 구성원의 공동 연명에 의한 도급내용 변경요청을 발주기관이 승인한 경우에는 출자비율 변경 또는 중도탈퇴는 부정당업자 제재 사유에 해당하지 않는다고 보는 것이 타당할 것입니다.

(2) 선급금 반환의무

계약담당공무원이 선금을 지급하기 위해서는 공동수급체 구성원별로 구분

---

30) 박현석, 앞의 책, 691면에서 재인용.
31) 박현석, 앞의 책, 605면에서 재인용.

기재된 신청서를 공동수급체 대표자가 제출하도록 해야 한다. 다만 공동수급체 대표자가 부도, 파산 등의 부득이한 사유로 신청서를 제출할 수 없는 경우에는 공동수급체의 다른 모든 구성원이 연명으로 이를 제출할 수 있다(운용요령 제11조 제1항).

계약담당공무원은 선금지급신청에 따라 신청된 금액을 공동수급체 구성원 각자에게 지급해야 한다. 다만 주계약자관리방식의 공동계약인 경우에는 공동수급체 대표자가 부도, 파산 등의 부득이한 사유로 신청서를 제출할 수 없는 경우를 제외하고는 선금을 공동수급체 대표자에게 지급해야 한다(운용요령 제11조 제2항).

공동수급체가 선금을 수령하였으나 그 중 일부 구성원에게 선금금반환사유가 발생한 경우, 그 반환의무가 공동수급체 구성원의 연대채무인지 반환사유가 발생한 구성원만의 채무인지 문제된다. 대법원은 "도급계약의 내용에 선금금반환 채무 등에 관한 다른 구성원의 의무에 관하여는 명시적인 규정이 없고, 선금금에 관하여는 별도의 규정을 두어 그 반환채무의 담보방법으로 수급인이 제출하여야 할 문서로서 보험사업자의 보증보험증권이나 건설공제조합의 지급보증서 등 그 담보력이 충분한 것으로 제한하고 있다면, 공동수급체의 각 구성원의 연대책임의 범위는 선금금 반환채무에까지는 미치지 아니한다"고 하여, 공공계약의 경우 공동수급체의 구성원은 특별한 사정이 없는 한 다른 구성원의 선금금 반환채무를 연대하여 책임지지 않는다는 입장이다(대법원 2004. 11. 26. 선고 2002다68362 판결, 2002. 8. 23. 선고 2001다14337 판결, 대법원 2002. 1. 25. 선고 2001다61623 판결). 또한 대법원은 기성공사대금을 가지고 선금금을 반환해야 할 구성원의 선금금에 충당하는 경우에는 그 공사대금 중 그 구성원의 지분비율에 해당하는 금액에만 충당된다고 보아야 하고 이와 달리 다른 구성원의 몫까지 포함한 총공사대금에 충당할 수는 없다는 입장이다(대법원 2001. 7. 13. 선고 99다68584 판결). 이러한 대법원의 입장은 선금금반환채무가 원칙적으로 조합채무라는 전제에서 연대책임을 배제하는 묵시적 약정이 있었다고 이해할 수도 있고, 더 나아가 선금금반환채무를 처음부터 조합채무가 아닌 구성원 각자의 개인채무로 귀속시키기로 하는 묵시적 약정이 있었다고 이해할 수도 있다.32)

이와 관련하여 공사대금채권을 공동수급체 구성원의 준합유로 보는 기존의 태

---

32) 진상범, 앞의 논문, 149면.

도와 모순된다는 이유로 대법원의 입장을 비판하는 견해가 있다.[33] 또한 공동수급체와 도급인 사이에 구성원별로 선급금을 정산하기로 하는 명시적·묵시적인 약정이 있는 경우에는 공동수급체의 구성원이라 하더라도 다른 구성원이 받은 선급금의 반환의무를 부담하지 않는다고 보는 것이 논리상 간명하다는 견해도 있다.[34]

(3) 기성대금채권

1996. 1. 8. 개정 이전의 운용요령은 공동수급체의 대표자가 구성원 전원을 위해 기성대금을 청구하여 발주처로부터 이를 일괄 수령한 후, 구성원들에게 분배하도록 규정하였다. 1996. 1. 8. 공동도급계약운용요령 제11조를 개정하여 기성대가 등을 구성원 각자에게 구분하여 직접 지급하도록 하였는데, 그 이유는 기성대가 등을 일괄하여 수령한 대표자가 구성원들에게 그 지급을 지체하거나 어음으로 지급하는 등의 문제점이 있어서 이를 시정하기 위한 것이었다.[35]

대법원은 운용요령의 개정 이후에도 기성대금채권의 귀속형태에 관하여 공동수급체 구성원의 합유로 귀속한다고 하면서도(대법원 2000. 11. 24. 선고 2000다32482 판결), 개별 구성원에게 구분하여 귀속한다고 보기도 하여(대법원 2002. 1. 11. 선고 2001다75332 판결), 혼란스러운 모습을 보였다.

그 후 대법원은 기성대금채권의 귀속형태와 관련해서, 공동수급체를 민법상 조합으로 보더라도 공사도급계약의 내용에 따라서 기성대금채권의 준합유를 배제할 수 있고,[36] 공동수급협정서를 입찰 참가 신청서류와 함께 제출하고 도급인이 별다른 이의를 유보하지 않은 채 이를 수령한 다음 공동도급계약을 체결하게 되면 공동수급체와 도급인 사이에서 공동수급체의 개별 구성원으로 하여금 공사대금채권에 관하여 그 출자지분의 비율에 따라 직접 도급인에 대하여 권리를 취득하게 하는 묵시적인 약정이 이루어진다고 판단하였다(대법원 2012. 5. 17. 선고 2009다105406 전원합의체 판결).

---

33) 윤재윤, 앞의 책, 383-384면.
34) 김홍준, 『건설재판실무』, 유로, 2017, 183면.
35) 남효순, 「조합인 공동이행방식의 공동수급체의 채권의 귀속형태」, 『법조』 통권 720호(2016. 12.) (별책) 최신판례분석, 법조협회, 457면.
36) "공사도급계약의 내용에 따라서는 공사도급계약과 관련하여 도급인에 대하여 가지는 채권이 공동수급체의 구성원 각자에게 그 지분비율에 따라 구분하여 귀속될 수도 있고, 위와 같은 약정은 명시적으로는 물론 묵시적으로도 이루어질 수 있다."

[대법원 2012. 5. 17. 선고 2009다105406 전원합의체 판결]

공동이행방식의 공동수급체는 기본적으로 민법상의 조합의 성질을 가지는 것이므로(대법원 2000. 12. 12. 선고 99다49620 판결 등 참조), 공동수급체가 공사를 시행함으로 인하여 도급인에 대하여 가지는 채권은 원칙적으로 공동수급체의 구성원에게 합유적으로 귀속하는 것이어서 특별한 사정이 없는 한 구성원 중 1인이 임의로 도급인에 대하여 출자지분의 비율에 따른 급부를 청구할 수 없고, 구성원 중 1인에 대한 채권으로써 그 구성원 개인을 집행채무자로 하여 공동수급체의 도급인에 대한 채권에 대하여 강제집행을 할 수 없다(대법원 1997. 8. 26. 선고 97다4401 판결, 대법원 2001. 2. 23. 선고 2000다68924 판결 등 참조). 그러나 공동이행방식의 공동수급체와 도급인이 공사도급계약에서 발생한 채권과 관련하여 공동수급체가 아닌 개별 구성원으로 하여금 그 지분비율에 따라 직접 도급인에 대하여 권리를 취득하게 하는 약정을 하는 경우와 같이 공사도급계약의 내용에 따라서는 공사도급계약과 관련하여 도급인에 대하여 가지는 채권이 공동수급체의 구성원 각자에게 그 지분비율에 따라 구분하여 귀속될 수도 있고(대법원 2002. 1. 11. 선고 2001다75332 판결 참조), 위와 같은 약정은 명시적으로는 물론 묵시적으로도 이루어질 수 있다. (중략)

공동이행방식의 공동수급체의 구성원들이 기성대가 등을 공동수급체의 구성원별로 직접 지급받기로 하는 공동수급협정은 특별한 사정이 없는 한 도급인에 대한 관계에서 공사대금채권을 공동수급체의 구성원 각자가 그 출자지분의 비율에 따라 구분하여 취득하기로 하는 구성원 상호 간의 합의라고 보는 것이 타당하고, 나아가 공동수급체의 대표자가 개정된 공동도급계약운용요령 제11조에 따라 공동수급체 구성원 각자에게 공사대금채권을 지급할 것을 예정하고 있는 도급인에게 위와 같은 공사대금채권의 구분 귀속에 관한 공동수급체 구성원들의 합의가 담긴 공동수급협정서를 입찰 참가 신청서류와 함께 제출하고 도급인이 별다른 이의를 유보하지 않은 채 이를 수령한 다음 공동도급계약을 체결하게 되면 공동수급체와 도급인 사이에서 공동수급체의 개별 구성원으로 하여금 공사대금채권에 관하여 그 출자지분의 비율에 따라 직접 도급인에 대하여 권리를 취득하게 하는 묵시적인 약정이 이루어졌다고 보는 것이 타당하다. 이는 공동도급계약운용요령과 공동수급협정서에서 공동이행방식의 공동수급체 대표자가 부도 등의 부득이한 사유로 신청서를 제출할 수 없는 경우 공동수급체의 다른 모든 구성원의 연명으로 이를 제출하게 할 수 있다고 규정하고 있거나, 공동수급체 구성원들의 각 출자비율과 실제의 시공비율이 일치하지 않더라도 달리 볼 것이 아니다.

그러나 위 대법원 전원합의체 판결 이후에도 대법원은 구체적 사실관계에 따라 명시적, 묵시적 약정을 부정하기도 하였다(대법원 2013. 7. 11. 선고 2011다60759 판결).

이러한 대법원의 입장에 대해서, 민법 제185조는 물권법정주의를 규정하고 있고, 민법 제278조는 조합의 재산 귀속형태를 물권인 합유·준합유로 법정하고 있으므로, 민법상 조합의 재산 귀속형태에 관한 규정은 강행규정이고 이를 배제하는 약정은 무효라는 점, 조합재산의 귀속형태를 정하는 조합계약이란 조합원 사이에서 체결되는 계약을 의미하므로, 제3자인 도급인과 체결하는 제3자를 위한 계약의 형식으로 체결되는 도급계약은 조합계약에 해당하지 않는다는 점, 민법 제408조 이하의 다수당사자의 채권관계에 관한 규정은 민법 제278조가 말하는 '다른 법률에 특별한 규정이 있는' 경우에 해당하지 않고, 채권의 준합유와 물권편에 규정되어 있어 채권편에 규정되어 있는 분할채권을 비롯한 다수당사자의 채권관계와 그 법적 성질이 전혀 다르므로 분할채권을 비롯한 다수당사자의 채권관계는 채권 준합유의 특칙이 될 수 없다는 점을 근거로 계약예규의 관련 조항들은 기성대금의 귀속에 관한 합의로 보기는 어렵고, 공동수급체 구성원과 도급인 사이에서 공사대금의 지급방식을 정한 것에 불과하다는 비판이 있다.[37]

민법 제271조 제2항은 "합유에 관하여는 전항의 규정 또는 계약에 의하는 외에 다음 3조의 규정에 의한다"고 규정하고 있다. 그러므로 합유관계의 자세한 내용은 합유자 사이의 계약에 의해서 정해지나, 그러한 특별한 계약이 없으면 제272조부터 제274조까지의 원칙에 의해서 규율된다. 따라서 제272조부터 제274조까지의 규정은 임의규정이다.[38] 그러므로 공동수급체의 구성원은 공동도급계

---

37) 남효순, 앞의 논문.
38) 곽윤직·김재형, 『물권법』, 박영사, 2015, 297면.

약에 따라 각자가 발주자에게 직접 기성대금채권을 취득할 수 있다. 즉 발주자와 공동수급체가 각 구성원(제3자)을 위한 계약을 체결한 것과 유사하다. 처음부터 공동수급체의 각 구성원이 발주자에 대하여 직접 출자지분의 비율에 따른 개별적인 기성대금채권을 취득한 것으로 볼 수 있다. 조합재산의 합유·준합유에 관한 규정이 물권편에 있기는 하지만, 이는 본질적으로 채권의 공동귀속에 관한 문제, 즉 채권에 관한 문제이다. 따라서 대법원 전원합의체 판결과 같이 처음부터 공동수급체의 각 구성원이 발주자에 대하여 직접 출자지분의 비율에 따른 개별적인 기성대금채권을 취득하였다고 보는 것이 타당하다.

(4) 계약이행책임과 지체상금

공동이행방식의 공동수급체 구성원은 계약상의 시공·제조·용역의무 이행을 연대하여 책임져야 한다. 다만 공사이행보증서가 제출된 경우에는 계약이행의무를 이행하지 못한 구성원만이 자신의 출자비율에 따라 책임을 진다(운용요령 제7조 제1항 제1호, 공동이행방식의 공동수급표준협정서 제6조). 2014. 1. 10. 위 단서 조항이 신설되어 공동수급체 구성원의 연대책임을 제한하고 있다.

구성원 중 일부가 탈퇴한 경우에는 잔존 구성원이 연대하여 계약을 이행한다. 다만 잔존구성원만으로 면허, 실적, 시공능력공시액 등 잔여계약이행에 필요한 요건을 갖추지 못할 경우에는 잔존구성원이 발주기관의 승인을 얻어 새로운 구성원을 추가하는 등의 방법으로 해당 요건을 충족해야 한다(공동이행방식의 표준협정서 제12조 제2항).

기획재정부 유권해석(계약제도과-1029, 2014. 8. 12.) "공동계약의 지분율 변경에 관한 질의"

질의내용 공동계약운용요령」「별첨1」공동수급표준협정서 제12조 제2항 단서(중도탈퇴 승인에 이은 변경계약)에 따른 변경계약을 한다면 「공동계약운용요령」 제12조 제1항 단서에 의해 비대표자이자 입찰자격요건인 실적이 전무한 잔존업체의 출자비율을 높이는 것이 가능한지 여부

답변내용 공동계약운용요령 [별첨1] 공동수급표준협정서(공동이행방식) 제12조 제2항 단서에 따르는 경우에 있어서 잔존구성원이 중도탈퇴한 구성원의

출자지분 전부를 이전받을 수는 없을 것이나 계약담당공무원의 승인을 받아 일부를 이전받는 것은 가능할 것입니다.

기획재정부 유권해석(계약제도과-420, 2014. 4. 4.) "공동이행방식에서의 잔존구성원의 계약이행능력 관련 질의"

질의내용 공동이행방식에서 일부구성원의 탈퇴시 잔존구성원의 계약이행요건 (시공능력공시액, 실적 등)을 탈퇴한 구성원의 ① 최초분담공사 또는 ② 탈퇴시의 잔여공사를 기준으로 하는지

답변내용 기획재정부 계약예규 공동계약운용요령 [별첨1] 공동수급표준협정서(공동이행방식) 제12조 제2항에서는 "동조 제1항에 의하여 구성원중 일부가 탈퇴한 경우에는 잔존 구성원이 공동연대하여 해당계약을 이행한다. 다만, 잔존구성원만으로 면허, 실적, 시공능력공시액 등 잔여계약이행에 필요한 요건을 갖추지 못할 경우에는 잔존구성원이 발주기관의 승인을 얻어 새로운 구성원을 추가하는 등의 방법으로 해당 요건을 충족하여야 한다."고 규정하고 있습니다. 따라서 공동이행방식에서 구성원 중 일부가 탈퇴한 경우에 잔존 구성원이 공동연대하여 해당계약을 이행할 수 있는지 여부를 판단하는 경우에 면허, 실적, 시공능력공시액 등의 요건을 갖추었는지의 여부는 잔여계약이행에 필요한 요건으로 평가하는 것이 적정할 것입니다.

기획재정부 유권해석(회계제도과-100, 2008. 3. 25.)[39]

질의내용 공동수급체 구성원 일부가 부도 등의 사유로 계약이행이 불가능한 경우 잔존구성원은 잔여계약이행요건으로 면허보유뿐만 아니라 시공능력공시액도 충족해야 하는지, 시공능력공시액을 충족해야 한다면 총계약금액(300억 원), 당초 입찰공고시 입찰참가자격요건(750억 원 이상), 부도일 현재 잔여공사금액(200억 원) 중 어느 것을 충족해야 하는지

답변내용 국가기관이 공동이행방식에 의한 공동계약을 체결함에 있어 공사이행보증서 제출로 계약이행을 보증하게 한 경우 수급체 구성원 중 일부가 부도

---

39) 박현석, 앞의 책, 708면에서 재인용.

등의 사유로 계약이행이 불가능하여 잔존구성원만으로 계약을 이행해야 할 경우 잔존구성원은 회계예규 "정부입찰·계약집행기준" 제50조 규정에 따라 면허, 도급한도액 등 당해 계약이행요건을 갖추어야 합니다. 이 경우 당해 계약이행요건이란 공동수급표준협정서 제12조와 같이 잔여계약이행에 필요한 요건을 의미합니다. 따라서 잔존구성원은 잔여계약이행요건으로 면허보유뿐만 아니라 시공능력공시액도 충족해야 합니다. 구체적인 경우가 이에 해당하는지 여부는 입찰공고문, 공사진척률 등을 검토하여 계약담당공무원이 판단·처리할 사항입니다.

대법원은 공동이행방식의 공동수급체 구성원 중 1인이 공사를 지체하여 전체 공사가 지연되면 지체상금의 기준이 되는 계약금액은 전체 공사대금이라는 입장이다.

[대법원 1994. 3. 25. 선고 93다42887 판결]

이 사건 공사 중 원고 및 위 소외 회사가 각 책임지기로 한 부분이 특정되어 있기는 하나, 그 공사이행에 관하여 상호연대보증을 하였으며 도급인인 피고의 입장에서 보면 원고 및 위 소외 회사가 맡은 위 각 공사는 전체로서 지하차도 확장공사라는 하나의 시설공사를 이루고 있는 것이고, 또한 위 공사의 성질상 위 소외 회사가 맡은 포장공사는 원고가 맡은 나머지 공사를 완공한 후에 할 수 있는 공사이어서, 원고가 자신이 맡은 공사를 완공하지 못하는 경우는 위 소외 회사도 그가 맡은 포장공사를 준공기한 내에 하지 못하는 것이며, 위 도급계약에서 정한 준공기한도 원고가 맡은 공사만의 준공기한이 아니라 위 소외 회사가 맡기로 한 포장공사까지 포함한 이 사건 공사 전체의 준공기한이므로, 원고가 자신이 맡은 공사를 위 준공기한 내에 하지 못함으로써 지체상금을 부담하는 경우 그 지체상금의 기준이 되는 계약금액은 원고가 맡은 부분에 해당하는 공사대금뿐만이 아니라 이 사건 공사의 전체 공사대금으로 보아야 할 것이다.

분담이행방식의 공동수급체 구성원은 계약상의 시공·제조·용역의무 이행에 대해서 분담내용에 따라 각자 책임을 진다(운용요령 제7조 제1항 제2호, 분담이행방식의 표준협정서 제6조). 공동수급체 구성원 중 일부가 파산 또는 해산, 부도 등으로 계약을 이행할 수 없는 경우에는 잔존구성원이 이를 이행한다. 다만 잔존구성원만으로는 면허, 실적, 시공능력공시액 등 잔여계약이행에 필요한 요건을 갖추지 못할 경우에는 발주자의 승인을 얻어 새로운 구성원을 추가하는 등의 방법으로 해당요건을 충족하여야 한다(분담이행방식의 표준협정서 제13조 제2항).

공동수급인이 분담이행방식으로 공동계약을 체결한 경우에는, 공사의 성질상 어느 구성원의 분담 부분 공사가 지체됨으로써 타 구성원의 분담 부분 공사도 지체될 수밖에 없는 경우라도, 특별한 사정이 없는 한 공사 지체를 직접 야기시킨 구성원만 분담 부분에 한하여 지체상금의 납부의무를 부담한다(대법원 1998. 10. 2. 선고 98다33888 판결). 공동이행방식의 공동계약과 달리 분담이행방식의 공동계약에서 지체상금의 기준이 되는 계약금액은 지체책임을 부담하는 구성원의 분담 부분에 한정된다.

주계약자관리방식의 공동수급체 구성원은 계약상의 시공·제조·용역의무 이행에 대해서 각자 자신이 분담한 부분에 한정해서만 책임을 지고, 불이행시 그 구성원의 보증기관이 책임을 진다. 주계약자는 최종적으로 계약 전체를 책임지고, 불이행시 주계약자의 보증기관이 책임을 진다. 다만 주계약자가 탈퇴한 후에 주계약자의 계약이행의무가 대행되지 않은 경우에는 주계약자 외의 구성원은 자신의 분담부분에 대한 계약을 이행하지 않은 것으로 본다(운용요령 제7조 제1항 제3호, 주계약자관리방식의 표준협정서 제6조). 주계약자관리방식의 경우 주계약자는 직접시공에는 참여하지 않더라도 시공관리, 품질관리, 하자관리, 공정관리, 안전관리, 환경관리 등 시공의 종합적인 계획·관리 및 조정에만 참여하는 경우에도 이를 계약이행으로 본다(운용요령 제13조 제4항).

공동수급체 구성원 중 일부가 파산, 해산, 부도 등으로 계약을 이행할 수 없는 경우에는 해당 구성원의 분담부분을 주계약자가 이행할 수 있으며, 주계약자가 이행할 수 없는 경우에는 다른 구성원에게 재배분하거나 보증기관으로 하여금 이행하도록 해야 한다. 주계약자가 탈퇴할 경우에는 보증기관이 계약을 이행해야 한다(주계약자관리방식의 표준협정서 제13조 제2항, 제3항).

(5) 하자담보책임

공동이행방식의 공동수급체 구성원은 공동수급체가 해산한 후 해당 공사에서 하자가 발생한 경우에는 연대하여 책임을 진다(공동이행방식의 표준협정서 제13조 본문). 분담이행방식의 공동수급체 구성원은 공동수급체가 해산한 후 해당 공사에서 하자가 발생한 경우에는 분담내용에 따라 그 책임을 진다(분담이행방식의 표준협정서 제14조). 주계약자관리방식의 공동수급체 구성원은 공동수급체가 해산한 후 해당 공사에서 하자가 발생한 경우에는 분담내용에 따라 그 책임을 진다. 구성원이 하자담보책임을 이행하지 않은 경우에는 그 구성원의 보증기관이 하자담보책임을 이행해야 한다. 주계약자를 포함한 공동수급체 구성원 사이에서 하자담보책임을 구분하기가 곤란한 경우에는 주계약자가 하자담보책임의 분담내용을 조정할 수 있고, 조정이 불가능한 경우에는 하자와 관련된 구성원이 공동으로 하자담보책임을 이행해야 한다(주계약자관리방식의 표준협정서 제14조).

조합채무가 조합원 전원을 위하여 상행위가 되는 행위 때문에 부담하게 된 것이라면 상법 제57조 제1항을 적용하여 조합원들의 연대책임을 인정해야 한다. 따라서 공동수급체의 구성원들이 상인인 경우 공사도급계약에 따라 도급인에게 하자보수를 이행할 의무는 그 구성원 전원의 상행위에 의하여 부담한 채무로서 공동수급체의 구성원들은 연대하여 도급인에게 하자보수를 이행할 의무가 있다(대법원 2015. 3. 26. 선고 2012다25432 판결, 대법원 2013. 5. 23. 선고 2012다57590 판결 등 참조).

대법원은 하자보수보증보험은 보증의 성질을 가지므로, 민법상 보증과 관련된 규정, 특히 보증인의 구상권과 관련된 민법 제441조 이하가 준용된다는 입장이다.

[대법원 2008. 6. 19. 선고 2005다37154 전원합의체 판결]

구 건설공제조합법(1996. 12. 30. 법률 제5230호로 제정된 건설산업기본법 부칙 제2조 제1호로 폐지)에 따라 건설공제조합(이하, '조합'이라고만 한다)이 조합원으로부터 보증수수료를 받고 그 조합원이 다른 조합원 또는 제3자와 사이의 도급계약에 따라 부담하는 하자보수의무를 보증하기로 하는 내용의 이 사건 보증계약은, 무엇보다 채무자의 신용을 보완함으로써 일반적인 보증계약과 같은 효과를 얻기 위하여 이루어지는 것으로서, 그 계약의 구조와 목적, 기능 등에 비추어 볼 때 그 실질은 의연 보증의 성격을 가진다 할 것이므로, 민법의 보증에 관한 규정, 특히 보증인의 구상권에 관한 민법 제441조 이하의 규정이 준용된다 할 것이다(대법원 1997. 10. 10. 선고 95다46265 판결, 대법원 2004. 2. 13. 선고 2003다43858 판결 등 참조). 따라서 조합과 주계약상 보증인은 채권자에 대한 관계에서 채무자의 채무이행에 관하여 공동보증인의 관계에 있다고 보아야 할 것이므로, 그들 중 어느 일방이 변제 기타 자기의 출재로 채무를 소멸하게 하였다면 그들 사이에 구상에 관한 특별한 약정이 없다 하더라도 민법 제448조에 의하여 상대방에 대하여 구상권을 행사할 수 있다고 할 것이다.

[대법원 2015. 3. 26. 선고 2012다25432 판결]

보증보험이란 피보험자와 어떠한 법률관계를 맺은 보험계약자(주계약상의 채무자)의 채무불이행으로 피보험자(주계약상의 채권자)가 입게 될 손해의 전보를 보험자가 인수하는 것을 내용으로 하는 손해보험으로서, 보증보험계약에 따른 보험금청구권이 발생하기 위하여는 보험계약자의 주계약상 채무불이행이라고 하는 보험사고의 발생과 이에 근거한 피보험자의 재산상 손해의 발생이라는 두 가지 요건이 필요한데(대법원 1999. 6. 22. 선고 99다3693 판결 참조), 공동수급체 구성원이 개별적으로 출자비율에 따른 하자보수보증보험계약을 체결한 경우 피보험자인 도급인으로부터 하자보수를 요구받은 보험계약자가 그 이행기간 내에 의무를 이행하지 아니하면 그때 보험사고와 이에 근거한 재산상 손해가 발생하여 보험자는 피보험자인 도급인에 대하여 보험금지급의무를 부담한다(대법원 2008. 6. 19. 선고 2005다37154 전원합의체 판결 참조).

그리고 이러한 상태에서 연대채무를 부담하는 다른 공동수급체 구성원의 면책행위에 의하여 보험계약자의 주계약상의 채무가 소멸한 경우, 면책행위를 한 다른 공동수급체 구성원은 민법 제425조 제1항에 따라 자신과 연대하여 하자보수의무를 부담하는 보험계약자의 부담부분에 대하여 구상권을 행사할 수 있다. 보증보험은 형식적으로는 보험계약자의 채무불이행을 보험사고로 하는 보험계약이지만 실질적으로는 보증의 성격을 가지고 보증계약과 같은 효과를 목적으로 하는 것이므로 민법의 보증에 관한 규정이 준용될 뿐만 아니라(대법원

2012. 2. 23. 선고 2011다62144 판결 등 참조), 구상권의 범위 내에서 법률상 당연히 변제자에게 이전되는 채권자의 담보에 관한 권리에는 질권, 저당권이나 보증인에 대한 권리 등과 같이 전형적인 물적·인적 담보는 물론, 채권자와 채무자 사이에 채무의 이행을 확보하기 위한 특약이 있는 경우에 그 특약에 기하여 채권자가 가지는 권리도 포함되므로(대법원 1997. 11. 14. 선고 95다11009 판결 등 참조), 면책행위를 한 다른 공동수급체 구성원은 하자보수를 요구받은 보험계약자에게 구상권을 행사할 수 있는 범위에서 민법 제481조에 따라 채권자인 도급인의 담보에 관한 권리인 하자보수보증보험계약에 따른 보험금청구권을 대위행사할 수 있다고 보아야 한다.

5. 공동수급체 구성원 사이의 법률관계

(1) 공동수급체 대표자의 권한

계약담당공무원은 공동수급체의 구성원이 상호 협의해서 대표자를 선임하게 한다. 입찰공고 등에서 요구한 자격을 갖춘 업체를 우선적으로 선임하게 해야 한다(운용요령 제4조 제1항 본문).

공동수급체 대표자는 발주기관과 제3자를 상대로 공동수급체를 대표한다(운용요령 제4조 제2항). 대표자는 발주자와 제3자에게 공동수급체를 대표하고, 공동수급체의 재산관리와 대금청구 등의 권한을 가진다(공동이행방식과 분담이행방식의 표준협정서 각 제3조 제3항). 주계약자관리방식의 공동계약에서는 주계약자가 공동수급체의 대표자가 된다(운용요령 제4조 제1항 단서). 당초 종합건설업자와 전문건설업자가 공동으로 도급받은 경우에는 종합건설업자가 주계약자가 되는 것으로 규율하고 있었으나 해당 내용은 삭제되었다(운용요령 제2조의2 제3호). 주계약자는 전체 건설공사 계약의 수행을 종합적으로 계획·관리·조정한다(운용요령 제2조 제5호).

(2) 공동원가분담금 지급의무

공동원가는 공동수급체가 공동계약을 이행하는 과정에서 지출하는 하도급대금, 재료비, 노무비, 경비 등의 공동 필요 경비를 의미한다. 공동원가는 출자비율에 따라 각 구성원이 분담한다(공동이행방식의 표준협정서 제10조의2 제1항). 공동이행방식의 공동계약에서 공동수급체 구성원은 각 구성원이 분담할 비용의 납부

시기, 납부방법 등을 상호 협의하여 별도로 정할 수 있다(공동이행방식의 표준협정서 제10조의2 제2항). 분담이행방식의 공동계약에서는 분담공사금액의 비율에 따라 각 구성원이 공동원가를 분담한다(분담이행방식의 표준협정서 제10조). 주계약자관리방식의 공동계약에서는 분담내용의 금액비율에 따라 각 구성원이 공동원가를 분담하는 것을 원칙으로 하되, 전체계약의 보증금 등의 일괄납부에 소요되는 비용의 재원은 공동수급체 구성원의 합의에 따라 별도로 정할 수 있다. 공동수급체 구성원은 각 구성원이 분담할 주계약자의 계획·관리·조정업무에 대한 대가와 지급시기, 지급방법 등을 상호 협의하여 별도로 정할 수 있다(주계약자관리방식의 표준협정서 제10조).

공동수급체의 구성원들은 공동수급협정서를 통해 대표자가 업무집행조합원으로서 공사 때문에 발생하는 공동원가를 집행하고, 나머지 구성원들이 지분비율에 따라 공동원가를 분담하기로 약정하는 경우가 대부분이다. 공동수급체 구성원의 공동원가분담의무를 공동수급체에 대한 출자의무로 본다면, 대표자는 공동원가를 선지출하기 전에는 공동수급체의 업무집행자로서 공동수급체를 대표하여, 공동원가를 선지출한 경우에는 구성원의 출자의무를 대신 변제한 대위변제자로서, 각각 나머지 구성원들을 상대로 공사원가분담금을 청구할 수 있다.[40]

공동이행방식의 표준협정서 제10조의2 제3항은, 공동수급체 구성원이 공동원가분담금을 납부하지 않을 경우에는 출자비율에 따라 산정한 미납 공동원가분담금에 상응하는 기성대가는 공동수급체 구성원 공동명의의 계좌에 보관하고 납부를 완료하는 경우에는 해당 구성원에게 지급한다고 규정하고 있으나, 근래에는 운용요령 제11조 및 공동이행방식의 표준협정서 제8조에 따라 발주기관이 각 구성원에게 개별적으로 기성대가를 지급하는 것이 일반적인 형태이므로, 실제로 공동원가분담금을 납부하지 않은 구성원의 기성대가를 위와 같이 공동명의의 계좌에 보관하면서 공동원가분담금 납부를 압박하기는 어려워 보인다. 다만 분담금을 3회 이상 미납한 경우에 나머지 구성원은 발주기관의 동의를 얻어 해당 구성원을 탈퇴시킬 수 있다. 여기서 탈퇴시킬 수 있는 미납 횟수는 분담금 납부주기 등에 따라 발주기관의 동의를 얻어 다르게 정할 수 있다(공동이행방식의 표준협정서 제10조의2 제4항).

---

40) 김홍준, 앞의 책, 191-192면.

공동수급체의 구성원 중 일부가 공동원가를 선지출한 대표자에게 공동원가 분담금을 지급하지 않는 경우, 공동수급체의 다른 구성원들이 변제능력 없는 구성원의 공동원가분담금 지급의무에 대해서 연대책임을 부담하는지 문제이다. 이는 공동수급체 각 구성원이 공동원가를 선지출한 대표자에게 부담하는 공동원가분담금 지급채무가 공동수급체 구성원들에게 합유적으로 귀속하는 조합채무로서 민법 제712조, 제713조 또는 상법 제57조 제1항의 적용을 받는지, 아니면 각 구성원이 대표자에게 부담하는 개별채무인지에 따라 결론이 달라질 수 있다.[41]

이와 관련하여 대법원은 아래와 같이 공동수급체 구성원들은 대표자에게 그 지분비율에 따른 공동원가분담금채무만을 지급할 의무가 있고 무자력 상태에 있는 다른 구성원이 변제하지 못한 공동원가분담금을 지급할 의무가 없다고 판단한 사례들이 있다.

> **[대법원 2015. 2. 12. 선고 2014다33284 판결]**
>
> 원심은 그 판시와 같은 이유로 원고가 이 사건 공사를 위한 공동원가를 선지출하였다고 하더라도 이는 이 사건 협정에 따라 공동수급체의 대표사 지위에서 공사에 필요한 비용을 선지출한 것일 뿐, 이를 들어 원고가 이 사건 공동수급체에게 위 비용 상당의 돈을 대여하였다고 보기 어렵고, 이 사건 공동수급체의 구성원의 공동원가분담의무는 구성원으로서의 출자의무에 다름없으므로, 원고가 이 사건 협정에 따라 공동원가를 선지출한 경우 다른 구성원인 피고나 △◧건설 주식회사는 이 사건 협정에 따라 원고에 대하여 그 지분비율에 따른 개별적인 공동원가분담의무를 부담할 뿐 민법 제713조에 따라 변제자력이 없는 다른 조합원의 공동원가분담의무에 대해서까지 보충적 책임을 지지 않는다고 판단하여, 원고가 공동원가를 선지출한 경우 이 사건 공동수급체에 대한 채권자 지위에 서게 됨을 전제로 하는 원고의 이 사건 청구를 기각하였다. 기록에 비추어 살펴보면 원심의 위와 같은 사실인정과 판단은 정당하고, 거기에 상고이유의 주장과 같이 필요한 심리를 다하지 아니하거나 논리와 경험의 법칙에 반하여 사실을 인정하거나 계약의 해석, 민법 제688조 및 제713조의 적용에 관한 법리를 오해하는 등의 잘못이 없다.

---

41) 김홍준, 앞의 책, 192면.

> **[대법원 2016. 6. 10. 선고 2013다31632 판결]**
>
> 원심42)은, (1) 조합에 해당하는 이 사건 공동수급체의 내부관계는 먼저 그 구성원인 원고, 피고, 신△건설 주식회사가 체결한 약정의 내용에 따라야 한다고 전제한 다음, (2) 이 사건 협약서 등 채택증거를 종합하여 인정한 판시와 같은 사실을 기초로 하여, 약정에 따르면 피고나 신△건설은 대표사인 원고에 대하여 그 지분비율에 따른 개별적인 공동원가 분담금 채무를 부담한다고 판단하고, (3) 이와 달리 위 채무가 조합 구성원들에게 합유적으로 귀속되는 조합채무로서 민법 제712조, 상법 제57조 제1항에 의하여 피고가 신△건설의 분담금에 대하여 연대책임을 부담한다는 취지의 원고의 주장을 배척하였다. 원심판결 이유를 관련 법리와 기록에 비추어 살펴보면, 원심의 위와 같은 판단에 상고이유 주장과 같이 조합의 내부관계와 조합규정의 적용범위, 처분문서의 해석 등에 관한 법리를 오해하여 판결에 영향을 미친 위법이 있다고 할 수 없다.

---

42) 원심(대구고등법원 2013. 4. 4. 선고 2012나1475 판결)은 "공동수급체의 구성원들로서는 공동수급체의 공사대금채권과 공동원가 분담의무를 서로 연관지워 약정함이 통상적이다. 즉 건설공동수급체의 공사대금채권을 조합채권으로 정하는 취지는 공사대금을 건설공동수급체에게 귀속시켜 공사대금이 건설공동수급체 외부로 유출되지 않고 공동원가로 사용되도록 하는 데 있으므로, 공사대금채권이 조합채권인 건설공동수급체에 있어서는 공동원가 분담채무를 조합채무로 볼 수 있으나, 건설공동수급체가 공사대금채권을 지분율에 따른 구성원들의 개별채권으로 정한 이 사건의 경우 공동원가에 대한 채무 또한 공사대금의 귀속주체인 구성원들의 지분율에 따른 개별채무로 봄이 타당하다. 더욱이 구성원 중 일부가 분담 청구된 공동원가를 2개월 이상 지연하는 경우 그 구성원의 개별채권인 매월의 기성금을 대표사가 받아서 미지급된 공동원가 분담금을 해결할 수 있도록 한 것으로 보아도 이 사건 공동수급체는 각 구성원의 공동원가 분담금을 대표사와 각 구성원 사이의 개별적 채권·채무관계로 약정하였다고 봄이 타당하다"라는 이유로 공동수급체의 구성원들이 무자력 상태에 있는 다른 구성원이 변제하지 못한 공동원가 분담금을 지분비율에 따라 대표자에게 상환해야 한다고 판시한 제1심 판결(대구지방법원 2012. 2. 14. 선고 2010가합11259 판결) 중 피고 패소 부분을 취소하고 원고의 청구를 기각하였다.

[대법원 2016. 6. 10. 선고 2013다31632 판결]

원심[43]은, (1) 조합에 해당하는 이 사건 공동수급체의 내부관계는 먼저 그 구성원인 원고, 피고, 신△건설 주식회사가 체결한 약정의 내용에 따라야 한다고 전제한 다음, (2) 이 사건 협약서 등 채택증거를 종합하여 인정한 판시와 같은 사실을 기초로 하여, 약정에 따르면 피고나 신△건설은 대표사인 원고에 대하여 그 지분비율에 따른 개별적인 공동원가 분담금 채무를 부담한다고 판단하고, (3) 이와 달리 위 채무가 조합 구성원들에게 합유적으로 귀속되는 조합채무로서 민법 제712조, 상법 제57조 제1항에 의하여 피고가 신△건설의 분담금에 대하여 연대책임을 부담한다는 취지의 원고의 주장을 배척하였다. 원심판결 이유를 관련 법리와 기록에 비추어 살펴보면, 원심의 위와 같은 판단에 상고이유 주장과 같이 조합의 내부관계와 조합규정의 적용범위, 처분문서의 해석 등에 관한 법리를 오해하여 판결에 영향을 미친 위법이 있다고 할 수 없다.

공동수급체 각 구성원이 부담하는 공동원가분담금 지급채무는 조합 내부관계에서 발생한 채무일 뿐이므로, 제3자가 조합의 채권자인 경우에 적용되는 민법 제712, 713조가 적용되기는 어렵다. 따라서 위 문제는 조합 내부관계를 규율하는 조합계약의 해석을 통해서 해결해야 하므로, 대법원의 입장이 타당하다고 볼 수 있다.[44]

---

43) 원심(대구고등법원 2013. 4. 4. 선고 2012나1475 판결)은 "공동수급체의 구성원들로서는 공동수급체의 공사대금채권과 공동원가 분담의무를 서로 연관지워 약정함이 통상적이다. 즉 건설공동수급체의 공사대금채권을 조합채권으로 정하는 취지는 공사대금을 건설공동수급체에게 귀속시켜 공사대금이 건설공동수급체 외부로 유출되지 않고 공동원가로 사용되도록 하는 데 있으므로, 공사대금채권이 조합채권인 건설공동수급체에 있어서는 공동원가 분담채무를 조합채무로 볼 수 있으나, 건설공동수급체가 공사대금채권을 지분율에 따른 구성원들의 개별채권으로 정한 이 사건의 경우 공동원가에 대한 채무 또한 공사대금의 귀속주체인 구성원들의 지분율에 따른 개별채무로 봄이 타당하다. 더욱이 구성원 중 일부가 분담 청구된 공동원가를 2개월 이상 지연하는 경우 그 구성원의 개별채권인 매월의 기성금을 대표사가 받아서 미지급된 공동원가 분담금을 해결할 수 있도록 한 것으로 보아도 이 사건 공동수급체는 각 구성원의 공동원가 분담금을 대표사와 각 구성원 사이의 개별적 채권·채무관계로 약정하였다고 봄이 타당하다"라는 이유로 공동수급체의 구성원들이 무자력 상태에 있는 다른 구성원이 변제하지 못한 공동원가 분담금을 지분비율에 따라 대표자에게 상환해야 한다고 판시한 제1심 판결(대구지방법원 2012. 2. 14. 선고 2010가합11259 판결) 중 피고 패소 부분을 취소하고 원고의 청구를 기각하였다.
44) 김홍준, 앞의 책, 194-195면.

　　분담이행방식의 공동계약에서, 공동수급체의 각 구성원은 분담내용에 따라
계약을 이행한다. 이 경우 분담내용에 따라 실제 투입된 비용과 무관하게 사전에
협의하여 정한 실행단가를 적용하여 산출한 실행예산 금액이 각 구성원별로 부담
하는 공사원가분담금이 되고 실제 투입된 비용이 당초 예상과 달리 늘어나더라도
그 증가분의 분담을 다른 구성원에게 청구할 수 없는 것이 원칙이다. 다만 대법
원은 예외적으로 공사원가분담금의 증가를 공동원가에 반영하여 다른 공동수급
체들이 함께 분담하도록 하는 특별한 약정을 한 경우에는 그에 따라야 한다고 판
단하였다(대법원 2013. 2. 28. 선고 2011다79838 판결).

　　공동수급체는 통상 공동수급협정서 외에 공동운영협정 등의 명칭으로 공동
수급체의 세부적인 법률관계를 정하는데, 이러한 공동운영협정에는 실행예산을
초과하는 경우에는 각 구성원의 현장소장으로 구성된 기술분과위원회의 검증이
나 운영위원회의 승인을 얻도록 하는 취지의 규정이 포함되어 있는 경우가 많다.
따라서 대표자 또는 특정 구성원이 주도적으로 공사를 시행하면서 공동원가를 집
행하였으나 적자가 발생한 경우, 공동원가의 적정성과 분담비율 등을 둘러싸고
공동수급체 사이에서 분쟁이 많이 발생하고 있으며, 특히 기술분과위원회의 검증
이나 운영위원회의 승인 없이 지출된 공동원가를 다른 구성원이 분담할 의무가
있는지가 다투어지고 있다.45)

　　대법원은 "공동원가분담금 정산과 관련하여 각 공동수급체의 현장소장으로
구성된 기술분과위원회의 검증을 거치도록 한 것은 어느 공동수급체 구성원이 감
리원의 승인 내지 확인하에 토취장을 변경하여 공사비가 증가한 경우 그 적정성
과 타당성을 심사함으로써 공동수급체 구성원들 상호 간에 공정하고 원활한 분담
금 정산이 이루어지도록 하는데 그 취지가 있는 것으로서, 이는 공동수급체 구성
원들이 공동으로 부담하여야 할 분담금의 유무와 액수를 조사·결정하기 위한 절
차일 뿐, 그 자체가 공동원가분담금채권의 발생 요건이라고 볼 수는 없다. 토취장
변경에 따른 공사비 증가에 관하여 기술분과위원회 또는 시공운영위원회에서 전
부 혹은 일부 승인 내지 불승인 결정 등을 한다 하더라도 그러한 조치는 토취장
변경으로 공사비가 증가한 공동수급체 구성원이 다른 구성원들에 대하여 갖는 공
동원가분담금채권의 존부 및 범위를 실체적으로 확정시키는 효력은 없고, 그에

---

45) 법무법인(유)태평양 건설부동산팀, 앞의 책, 421-422면.

대하여 이의가 있는 공동수급체 구성원은 다른 구성원들을 상대로 민사소송을 제
기하여 정당한 공동원가분담금의 지급을 청구할 수 있다고 보아야 할 것이다."
라고 하여, 공동원가 분담금 채권을 행사하기 위해서 기술분과위원회의 검증이나
시공운영위원회의 승인을 반드시 거쳐야 하는 것은 아니라고 판단했다(대법원
2013. 2. 28. 선고 2011다79838 판결).

공동수급체 구성원들 사이에서 단순히 기술분과위원회의 검증이나 시공운영
위원회의 승인절차를 거치기로 한 것에서 더 나아가 위원회의 검증결과나 결정에
구속력을 인정하여 기술분과위원회의 검증을 통과하거나 시공운영위원회에서 승
인한 공사원가에 대해서만 공사원가분담금지급의무를 부담하고 위원회의 검증결
과나 결정에 대해서는 이의를 제기하지 않기로 약정한 경우에는 각 위원회가 의
도적으로 검증이나 승인을 회피하거나 각 위원회의 검증결과나 결정이 현저히 불
합리하다는 등의 특별한 사정이 없는 한, 그러한 약정에 따라야 한다는 견해가
있다.[46]

민법 제163조 제3호에서 3년의 단기소멸시효에 걸리는 것으로 규정한 '도급
받은 자의 공사에 관한 채권'은 수급인이 도급인에게 갖는 공사 관련 채권을 말
하는 것이므로(대법원 1963. 4. 18. 선고 63다92 판결 등 참조), 공동수급체 구성원
들 사이의 정산금 채권 등에는 위 규정이 적용될 수 없다(대법원 2013. 2. 28. 선고
2011다79838 판결).

(3) 기성대금 정산의무

공동이행방식의 공동수급체와 도급인 사이의 공사도급계약에서 공동수급체
의 개별 구성원으로 하여금 지분비율에 따라 직접 도급인에게 공사대금채권을 취
득하게 하는 약정이 이루어진 경우 특별한 사정이 없는 한, 개별 구성원들은 실
제 공사를 누가 어느 정도 수행하였는지에 상관없이 도급인에 대한 관계에서 공
사대금채권 중 각자의 지분비율에 해당하는 부분을 취득하고, 공사도급계약의 이
행에 있어서의 실질적 기여비율에 따른 공사대금의 최종적 귀속 여부는 도급인과
는 무관한 공동수급체 구성원들 내부의 정산문제일 뿐이다(대법원 2016. 8. 29. 선
고 2015다5811 판결, 대법원 2013. 2. 28. 선고 2012다107532 판결 등 참조).

---

46) 김홍준, 앞의 책, 198면.

따라서 공동이행방식의 공동수급체와 도급인 사이에 공동수급체의 개별 구성원으로 하여금 지분비율에 따라 직접 도급인에게 공사대금채권을 취득하게 하는 약정이 이루어진 경우, 일부 구성원만이 실제로 공사를 수행하거나 일부 구성원이 그 공사대금채권에 관한 자신의 지분비율을 넘어서 공사를 수행하였다면, 구성원들 사이에서 실질적 기여비율에 따른 공사대금의 정산이 이루어져야 한다.[47] 다만 일부 구성원이 다른 구성원으로부터 실질적 기여비율에 따른 공사대금의 정산을 받지 못하였다는 이유로 미지급 부분 상당액의 지급을 도급인에게 청구할 수는 없다. 애당초 개별 구성원들이 도급인에 대하여 가지는 권리는 실제 기여비율과 무관하게 공사도급계약의 내용이 된 지분비율에 따라 확정되는 것이기 때문이다.

(4) 채무불이행에 따른 손해배상책임

조합의 구성원들 사이에 내부적인 법률관계를 규율하기 위한 약정이 있는 경우에, 그들 사이의 권리와 의무는 원칙적으로 그 약정에 따라 정해진다고 보아야 한다. 이 경우 한쪽 당사자가 그 약정에 따른 의무를 이행하지 않아 상대방이 도급인에 대한 의무를 이행하기 위하여 손해가 발생하였다면, 그 상대방에게 채무불이행에 기한 손해배상책임을 진다(대법원 2017. 1. 12. 선고 2014다11574, 11581 판결).

(5) 이익의 분배

건설공동수급체의 구성원이 그 출자의무를 불이행하였더라도 그 구성원이 공동수급체에서 제명되지 아니하고 있는 한, 공동수급체는 구성원에 대한 출자금채권과 그 연체이자채권, 그 밖의 손해배상채권으로 구성원의 이익분배청구권과 직접 상계할 수 있을 뿐이고, 달리 출자의무의 이행과 이익분배를 직접 연계시키는 특약(출자의무의 이행을 이익분배와의 사이에서 선이행관계로 견련시키거나 출자의무의 불이행 정도에 따라 이익분배금을 전부 또는 일부 삭감하는 것 등)을 두지 않는 한 출자의무의 불이행을 이유로 이익분배 자체를 거부할 수는 없다(대법원 2006. 8. 25. 선고 2005다16959 판결).

---

47) 김흥준, 앞의 책, 200면.

(6) 구성원의 탈퇴에 따른 법률관계

공동이행방식의 경우에는, 공동수급체의 구성원은 발주자 및 구성원 전원이 동의하는 경우(공동이행방식의 표준협정서 제12조 제1항 제1호), 파산, 해산, 부도 기타 정당한 이유없이 해당 계약을 이행하지 않거나 제10조의2에 따른 비용을 미납하여 공동수급체의 다른 구성원이 발주자의 동의를 얻어 탈퇴조치를 하는 경우(제2호), 공동수급체 구성원 중 파산, 해산, 부도 기타 정당한 이유없이 계약을 이행하지 않아 국가계약법 시행령 제76조 제2항 제2호 가목에 따라 입찰참가자격 제한조치를 받은 경우(제3호)를 제외하고는 입찰 및 계약 이행을 완료하는 날까지 탈퇴할 수 없다. 다만 제3호의 경우에는 다른 구성원이 반드시 탈퇴조치를 해야 한다(공동이행방식의 표준협정서 제12조 제1항 단서).

분담이행방식의 경우에는, 공동수급체의 구성원은 발주자 및 구성원 전원이 동의하는 경우(분담이행방식의 표준협정서 제13조 제1항 제1호), 파산, 해산, 부도 기타 정당한 이유없이 해당 계약을 이행하지 않아 공동수급체의 다른 구성원이 발주자의 동의를 얻어 탈퇴조치를 하는 경우(제2호)를 제외하고는 입찰 및 계약 이행을 완료하는 날까지 탈퇴할 수 없다(분담이행방식의 표준협정서 제13조 제1항).

주계약자관리방식의 경우에는, 공동수급체의 구성원은 발주자 및 구성원 전원이 동의하는 경우(주계약자관리방식의 표준협정서 제13조 제1항 제1호), 파산, 해산, 부도 기타 정당한 이유없이 해당 계약을 이행하지 않아 공동수급체의 다른 구성원이 발주자의 동의를 얻어 탈퇴조치를 하는 경우(제2호), 공동수급체 구성원이 정당한 이유없이 계약을 이행하지 않거나 지체하여 이행하는 경우 또는 주계약자의 계획·관리 및 조정 등에 협조하지 않아 계약이행이 곤란하다고 판단되는 경우(제3호)를 제외하고는 입찰 및 계약 이행을 완료하는 날까지 탈퇴할 수 없다(주계약자관리방식의 표준협정서 제13조 제1항).

민법 제717조는 조합원이 사망, 파산, 성년후견의 개시, 제명된 경우 조합으로부터 탈퇴된다고 규정하고 있어서 조합원 중에 파산자가 발생하면 그 파산관재인은 파산의 목적을 달성하기 위하여 파산한 조합원을 조합으로부터 탈퇴시켜 그 지분을 변제에 충당해야 한다. 만일 조합원들이 조합계약 당시 위 민법규정과 달리 차후 조합원 중에 파산하는 자가 발생하더라도 조합에서 탈퇴하지 않기로 약정한다면 이는 장래의 불특정 다수의 파산채권자의 이해에 관련된 것을 임의로 위 법규정과 달리 정하는 것이어서 원칙적으로는 허용되지 않는다. 다만 파산절차에서도 파산자의 기존 사업을 반드시 곧바로 청산해야 하는 것이 아니라 그 사업을 계속하는 것이 파산자의 채권자를 위하여 유리할 때에는 일정한 범위 내에서 사업을 계속할 수 있고[채무자 회생 및 파산에 관한 법률(이하 "채무자회생법") 제119조 참조], 그 중 파산자의 사업이 제3자와 조합체를 구성하여 진행하는 것일 때에는 파산한 조합원이 그 공동사업의 계속을 위하여 조합에 잔류할 필요가 있는 경우가 있을 수 있다. 그러므로 이와 같이 파산한 조합원이 제3자와의 공동사업을 계속하기 위하여 그 조합에 잔류하는 것이 파산한 조합원의 채권자들에게 불리하지 아니하여 파산한 조합원의 채권자들의 동의를 얻어 파산관재인이 조합에 잔류할 것을 선택한 경우까지 조합원이 파산하여도 조합으로부터 탈퇴하지 않는다고 하는 조합원들 사이의 탈퇴금지의 약정이 무효라고 할 것은 아니다(대법원 2004. 9. 13. 선고 2003다26020 판결).

기획재정부 유권해석(계약제도과-27, 2015. 1. 7.) "공동계약의 중도탈퇴자에 대한 부정당업자 제재 가능 여부"[48]

공동수급표준협정서에서는 발주자 및 구성원 전원이 동의하는 경우에는 일부 구성원의 중도탈퇴가 가능하다고 규정하고 있습니다.
질의와 관련하여 국가계약법 시행령 제76조 제1항 제6호에서는 정당한 이유 없이 계약을 이행하지 아니한 자에 대하여 입찰참가자격제한 조치를 하도록 하고 있으나, 공동계약운용요령과 공동수급표준협정서에 의하여 발주자 및 구성원 전원이 동의하여 탈퇴한 경우에는 정당한 이유가 있는 것으로 보아야 할 것입니다.

구성원 중 일부가 탈퇴한 경우에 탈퇴자의 출자비율을 잔존구성원의 출자비율에 따라 분할하여 잔존 구성원의 기존 출자비율에 가산한다(공동이행방식의 표준협정서 제12조 제3항). 탈퇴하는 자의 출자금은 계약이행 완료 후에 손실을 공제한 잔액을 반환한다(공동이행방식의 표준협정서 제12조 제4항).

공동이행방식의 공동수급체는 민법상 조합의 성질을 가지는데, 조합의 채무는 조합원의 채무로서 특별한 사정이 없는 한 조합채권자는 각 조합원에 대하여 지분의 비율에 따라 또는 균일적으로 그 권리를 행사할 수 있지만, 조합채무가

---

48) 박현석, 앞의 책, 694면.

조합원 전원을 위하여 상행위가 되는 행위로 인하여 부담하게 된 것이라면 상법 제57조 제1항을 적용하여 조합원들의 연대책임을 인정해야 한다. 그러므로 공동 수급체의 구성원들이 상인인 경우 탈퇴한 조합원에 대하여 잔존 조합원들이 탈퇴 당시의 조합재산상태에 따라 탈퇴 조합원의 지분을 환급할 의무는 그 구성원 전 원의 상행위에 의하여 부담한 채무로서 공동수급체의 구성원들인 잔존 조합원들 은 연대하여 탈퇴한 조합원에게 지분환급의무를 이행할 책임이 있다(대법원 2016. 7. 14. 선고 2015다233098 판결).

  구성원 일부가 탈퇴한 경우 탈퇴조합원이 납부한 계약보증금을 몰취할 수 있는지 문제된다. 공동이행방식의 경우 잔존구성원이 계약을 정상적으로 이행한 다면 계약불이행 사실 자체가 없으므로 탈퇴조합원이 납부한 계약보증금을 몰취 할 수 없을 것이다. 반대로 분담이행방식의 경우에는 잔존구성원이 발주기관에 대하여 연대책임을 부담하지 않으므로 계약불이행이 되어 탈퇴조합원이 납부한 계약보증금을 몰취할 수 있다.[49]

(7) 일부 구성원에 대한 회생절차가 개시된 경우 대표자의 해당 구성원에 대한 원가분담금 채권의 법적 성격

  앞서 언급한 바와 같이 표준협정서에 따르면, 파산, 해산, 부도는 공동수급체 탈퇴사유로 규정되어 있으므로, 일부 구성원에 대한 회생절차가 개시될 경우 해 당 구성원은 다른 구성원 및 발주자의 의사에 의하여 공동수급체로부터 탈퇴당할 수 있다. 다만 이는 필요적 탈퇴사유가 아니기 때문에, 다른 구성원이나 발주자가 해당 구성원의 도급계약의 이행에 반대하지 않고 회생절차에 돌입한 해당 구성원 의 관리인이 도급계약의 이행을 선택할 경우[50] 해당 구성원은 여전히 공동수급 체 구성원으로서 도급계약을 이행하고 기존 공동수급협약의 적용을 받게 된다. 이와 같이 회생절차에 돌입한 구성원의 관리인이 도급계약의 계속 이행을 선택한 경우 해당 구성원이 공동수급협약의 적용을 받게 되는 이상 그 구성원은 여전히 공동수급체 대표자에게 원가분담금 정산의무를 부담하게 되는데, 이 경우 공동수

---

49) 김성근, 앞의 책(Ⅱ), 413-414면.
50) 채무자회생법 제119조 제1항 본문은 "쌍무계약에 관하여 채무자와 그 상대방이 모두 회 생절차개시 당시에 아직 그 이행을 완료하지 아니한 때에는 관리인은 계약을 해제 또는 해지하거나 채무자의 채무를 이행하고 상대방의 채무이행을 청구할 수 있다."라고 규정하 고 있다.

급체 대표자가 해당 구성원에게 가지는 원가분담금 채권 중 회생절차개시결정 이후에 발생한 원가분담금 채권은 공익채권임에 다툼이 없으나(채무자회생법 제179조 제1항 제5호: 채무자의 업무 및 재산에 관하여 관리인이 회생절차개시 후에 한 자금의 차입 그 밖의 행위로 인하여 생긴 청구권), 회생절차개시결정 이전에 발생한 원가분담금 채권이 회생채권인지 아니면 공익채권인지가 문제된다.[51]

회생절차개시결정 이전에 발생한 원가분담금 채권이 회생채권으로 해석될 경우, 해당 구성원은 발주자로부터 지급받은 지분비율 상당의 공사대금을 그대로 보유하는 반면에 공동수급체 대표자는 회생채권 변제율에 따른 금액만을 변제받을 수밖에 없게 되어 공익채권으로 해석되는 것보다 큰 손실을 입게 된다. 이에 대해서는 회생채권으로 보아야 한다는 입장도 존재할 수 있으나, 다음과 같은 이유로 이 또한 공익채권으로 봄이 타당하다.

우선, 수급인의 공사완성의무는 그 전체가 불가분의 관계에 있는 것이므로 회생절차개시결정을 기준으로 하여 전의 것과 후의 것으로 분리하여 구분할 수는 없다.[52] 도급은 일의 완성 그 자체를 목적으로 하는 것이므로 일의 성질·당사자의 의사·법률의 규정에 의하여 금지되지 않는 이상 일의 전부나 일부를 하도급계약 등을 통해 제3자에게 맡길 수 있는데, 하도급계약에 따른 하도급대금의 지

---

51) 과거에는 공동수급체가 도급인에 대하여 가지는 공사대금채권의 성질이 조합채권으로 이해되었고, 이에 따라 구성원 중 1인이 임의로 도급인에 대해 출자지분의 비율에 따른 급부를 청구할 수 없고, 구성원 중 1인에 대한 채권으로써 그 구성원 개인을 집행채무자로 하여 공동수급체의 도급인에 대한 채권에 대해 강제집행을 할 수는 없다고 이해되었다(대법원 2000. 12. 12. 선고 99다49620 판결, 대법원 1997. 8. 26. 선고 97다4401 판결, 대법원 2001. 2. 23. 선고 2000다68924 판결 등). 반면 공동수급체의 대표사는 공동수급체의 업무집행조합원으로서 도급인(발주기관)에게 공동수급체의 공사대금을 청구할 수 있었는데, 이에 따라 대표사는 구성원 중 1인이 공사원가분담금 지급 등 출자의무를 불이행할 경우에 발주기관으로부터 받은 공사대금에서 해당 구성원의 미이행 공사원가분담금을 공제하거나 상계한 다음 나머지 공사대금을 해당 구성원에게 지급함으로써 구성원 중 1인이 회생절차개시결정을 받아 그 결정 이전에 발생한 공사원가분담금채권이 회생채권으로 인정된다 하더라도 위와 같은 방식을 통하여 해당 채권을 회수할 수 있었다.
그런데 대법원이 전원합의체 판결(대법원 2012. 5. 17. 선고 2009다105406 전원합의체 판결)을 통해 공동이행방식의 공사도급계약에서 도급인에 대하여 가지는 공사대금채권이 약정을 통해 공동수급체 구성원 각자에게 지분비율에 따라 구분하여 귀속될 수도 있다고 판시함으로써, 위와 같은 약정이 존재할 경우 공동수급체 대표사는 일부 구성원에 대하여 회생절차개시결정이 이루어질 경우 과거와 같은 방식으로 회생절차개시결정 이전의 원가분담금채권을 회수할 수는 없게 되었다.
52) 대법원 2003. 2. 11. 선고 2002다65691 판결, 대법원 2004. 8. 20. 선고 2004다3512 판결 등.

급은 통상적으로 공동수급체 대표자가 공사원가를 선집행하는 방식으로 이루어진다. 즉 공동수급체 대표자의 경우 공사원가를 선집행하는 방법으로, 구성원의 경우 대표자에게 원가분담금을 지급하는 방법으로 각각 수급인으로서 도급인에 대한 공사완성의무를 이행하는 것이다. 결국 공동수급체 구성원이 대표자에게 공사원가분담금을 지급하는 것은 수급인으로서 공사완성의무를 이행하는 것이므로, 수급인의 공사완성의무가 전체가 불가분의 관계에 있는 이상, 공동수급체의 도급인(발주기관)에 대한 공사대금채권의 경우와 마찬가지로, 공동원가분담금채권 역시 이를 회생절차개시결정의 전과 후로 나누어 양자의 성질을 다르게 볼 이유는 전혀 없다. 공동수급체 대표자가 해당 구성원에게 가지는 원가분담금 채권 중 회생절차개시결정 이후에 발생한 원가분담금 채권이 채무자회생법 제179조 제1항 제5호에 해당하는 이상, 그와 불가분의 관계에 있는 회생절차개시결정 이전에 발생한 원가분담금채권 또한 같은 규정이 적용(또는 유추적용)되어 공익채권에 해당한다고 봄이 타당하다.

또한 이를 공익채권으로 보는 것이 오히려 회생채무자인 구성원에게 유리하다. 회생절차가 개시된 공동수급체 구성원의 관리인은 해당 공사가 이익이 많이 날 것으로 예상될 경우에는 도급계약 및 공동수급약정의 이행을 선택하려 할 것이고, 이익이 적거나 손실이 날 것으로 예상될 경우에는 도급계약 및 공동수급약정의 해제 또는 해지를 선택하려고 할 것이다. 회생채무자로서는 영업 이익이 발생하는 계약을 계속 유지해야 회사의 계속기업가치를 높이고, 정해진 회생계획에 따른 변제를 정상적으로 이행할 수 있기 때문이다. 그런데 만약 회생절차개시결정 전에 발생한 공사원가분담금 채권을 회생채권으로 해석한다면, 공동수급체 대표자는 회생채무자에 대한 공사원가분담금을 회수하지 못하는 손실을 입게 되므로, 대표자로서는 해당 공사 현장의 이익률이 좋을 것으로 예상되는 경우(도급금액과 공사원가의 차이가 큰 경우)에는 위와 같이 발생한 손실을 만회하기 위하여 회생절차가 개시된 구성원에 대하여 회생절차개시결정 전의 공사원가분담금 중 일부를 지급하지 않는다는 이유로 공동수급협약에서 정한 바에 따라 공동수급체에서 탈퇴시키고 그 지분율을 대표자가 모두 가지거나 다른 잔존 구성원과 지분비율에 따라 안분하는 등의 방법으로 향후 발생할 추가적인 이익을 통하여 손실을 최소화하고자 할 것이다. 발주자의 입장에서도 회생절차에 들어가 향후 도급계약의 정상적인 이행 여부가 불분명한 구성원을 구태여 공동수급체의 구성원으로 남겨 둘 아무런 실익이 없으므로, 해당 구성원은 탈퇴 처리될 가능성이 높다. 즉 회생절차개시결정 전의 공사원가분담금 채권을 회생채권으로 해석할 경우 회생절차에 들어가는 구성원은 오히려 이익률 좋은 공사의 경우 공동수급체로 부터 강제로 탈퇴를 당하게 됨으로써 회생절차의 목적 달성에 악영향을 끼치게 될 것이다. 이와 같은 상황에서 회생절차가 개시된 구성원의 관리인으로서는 공사도급계약의 계속 이행을 위해서는 불가피하게 공사원가분담금을 제대로 지급할 필요가 있을 것이고, 이 경우 이러한 비용의 지출은 채무자회생법 제179조 제1항 제15호(제1호부터 제8호까지, 제8호의2, 제9호부터 제14호까지에 규정된 것 외의 것으로서 채무자를 위하여 지출하여야 하는 부득이한 비용)에 해당되는 것으로도 볼 수 있을 것이다.

6. 공동수급체와 제3자의 법률관계

(1) 하도급 공사대금 지급의무

공동수급체 구성원 중 일부 구성원이 단독으로 하도급계약을 체결하고자 하는 경우에는 다른 구성원의 동의를 받아야 한다(공동이행방식의 표준협정서 제7조). 공동이행방식의 공동계약에서 공동수급체의 구성원은 연대책임을 지므로, 다른 구성원 전원의 동의가 있어야 한다. 이 경우 공동수급체 대표자 명의로 하도급계약을 체결해야 하고, 대표자 아닌 다른 구성원 명의로 하도급계약을 체결할 경우에는 개별 하도급계약 체결 행위에 대하여 각 구성원의 대리권 수여행위가 필요하다.

공동이행방식의 공동수급체는 기본적으로 민법상의 조합의 성질을 가지고, 조합채무가 특히 조합원 전원을 위하여 상행위가 되는 행위로 부담하게 되었다면 상법 제57조 제1항에 따라 조합원들이 연대책임을 부담하는 것이 원칙이겠으나, 공동수급체가 하도급계약을 체결할 때 공동수급체가 아닌 개별 구성원으로 하여금 그 지분비율에 따라 직접 하수급인에 대하여 채무를 부담하게 하는 약정을 한 경우와 같이 하도급계약의 내용에 따라서는 공동수급체의 개별 구성원이 하수급인에게 부담하는 채무가 공동수급체의 구성원 각자에게 그 지분비율에 따라 구분하여 귀속될 수도 있다(대법원 2013. 3. 28. 선고 2011다97898 판결).

공동수급체는 대표자를 선정해야 하고 그 대표자가 공동수급체의 업무를 처리할 권한을 가진다는 점 등에 비추어 볼 때, 공동수급체 대표자가 아닌 다른 구성원이 개별 명의로 하도급계약을 체결한 경우, 당해 하도급계약은 공동수급체가 체결한 하도급계약으로 보기 어렵다.[53] 다만 구체적인 경위에 비추어 볼 때 대표권 없는 구성원의 행위이지만 묵시적인 대리권 수여사실이 인정되거나 공동수급체를 위하여 이루어진 것으로 믿을 만한 사정이 있는 경우에는 표현대리가 될 수 있다는 견해가 있다.[54]

공동수급체 대표자가 하도급계약을 체결한 경우 당연히 그 하도급계약을 공동수급체가 체결한 계약으로 보아 구성원들이 책임을 부담한다고 볼 수는 없으나, 구성원들이 대표자에게 하도급계약을 체결할 권한을 명시적, 묵시적으로 위임한 경우에는(민법 제709조에 따라 대표자의 대리권은 추정된다) 특별한 사정이 없는 한 대표자가 체결한 하도급계약은 공동수급체가 체결한 계약으로서 구성원들이 그에 대한 책임을 부담한다. 원칙적으로 민법 제712조에 따른 각 구성원의 분담비율이 책임부담의 범위가 되지만, 상법 제57조 제1항에 따라 조합원 전원을 위하여 상행위가 되는 행위일 경우에는 각 구성원이 연대책임을 부담하게 된다.[55]

분담이행방식의 경우에는 공동수급체의 각 구성원은 자기 책임하에 부담부분의 일부를 하도급할 수 있다(분담이행방식의 표준협정서 제7조). 각 구성원은 각자 분담하여 계약을 이행하게 되므로, 다른 구성원의 동의가 없더라도 자신이 분담한 부분의 일부를 하도급할 수 있다.

주계약자관리방식의 경우에는 주계약자를 제외한 공동수급체의 구성원은 자신의 분담 부분을 직접 시공하여야 한다. 다만 공동수급체 구성원이 종합건설업자인 경우에는 다른 법령이나 시공품질의 향상 및 현장사정 등 불가피한 사유가 있는 경우에는 주계약자와 합의하고 계약담당공무원의 승인을 얻어 하도급할 수 있다(주계약자관리방식의 표준협정서 제7조 제1항).

(2) 불법행위에 따른 손해배상책임

공동수급체 공사수행과정에서 제3자에게 불법행위를 한 경우, 당해 공사를 공동수급체 구성원 전원이 수행하였다면 당연히 공동수급체 구성원 전원이 불법행위책임을 부담하고(민법 제760조), 이러한 불법행위책임은 공동수급체 구성원

---

53) 윤재윤, 앞의 책, 393면.
54) 윤재윤, 앞의 책, 393면.
55) 진상범, 앞의 논문, 144면.

들 사이에서 부진정연대관계에 있다.[56]

공동불법행위자 중 1인에 대하여 구상의무를 부담하는 다른 공동불법행위자가 수인인 경우에는 특별한 사정이 없는 이상 그들의 구상권자에 대한 채무는 각자의 부담 부분에 따른 분할채무로 봄이 상당하지만, 구상권자인 공동불법행위자 측에 과실이 없는 경우, 즉 내부적인 부담 부분이 전혀 없는 경우에는 이와 달리 그에 대한 수인의 구상의무 사이의 관계를 부진정연대관계로 봄이 상당하다(대법원 2012. 3. 15. 선고 2011다52727 판결, 대법원 2005. 10. 13. 선고 2003다24147 판결).

해당 계약을 공동수급체 구성원 중 일부가 수행하였다면, 원칙적으로 실제 공사를 한 구성원만이 불법행위책임을 진다. 공동수급체 구성원들은 상법 제57조 제1항에 따라 도급인이나 하수급인 등에게 연대책임을 부담하는 경우가 있지만, 위 규정은 계약책임을 전제로 한다.

(3) 구성원 탈퇴에 관한 법률관계

공동수급체 구성원 중 일부가 탈퇴한 경우에는 잔존 구성원이 연대하여 해당 계약을 이행한다(공동이행방식의 표준협정서 제12조 제2항 본문). 출자비율은 탈퇴자의 출자비율을 잔존구성원의 출자비율에 따라 분할하여 공동수급체 각 구성원의 출자비율에 가산한다(공동이행방식의 표준협정서 제12조 제3항). 다만 잔존구성원만으로 면허, 실적, 시공능력공시액 등 잔여계약이행에 필요한 요건을 갖추지 못할 경우에는 잔존구성원이 발주기관의 승인을 얻어 새로운 구성원을 추가하는 등의 방법으로 해당 요건을 충족하여야 한다(공동이행방식의 표준협정서 제12조 제2항 단서).

7. 공동수급체와 입찰의 일부 무효

공동수급체 구성원 중 일부에게 입찰참가 무효사유가 있어 그 구성원이 입찰절차에서 배제되더라도 그러한 사유가 없는 나머지 구성원의 입찰참가가 당연히 무효가 된다고 볼 수는 없다. 나머지 구성원만으로 입찰적격을 갖출 수 있는지 여부 등 일부 구성원의 입찰참가 무효사유가 공동수급체 입찰에 미치는 영향을 고려하여 나머지 구성원들 입찰의 효력 유무를 판단해야 한다(대법원 2012. 9. 20.자 2012마1097 결정).

---

56) 법무법인(유)태평양 건설부동산팀, 앞의 책, 410면.

계약담당공무원은 국가계약법 시행령 제72조의 규정에 의하여 공동계약을 허용한 경우로서 공동수급체를 구성하여 입찰에 참가하고자 하는 자가 제8조의 규정에 의한 입찰적격자 선정 이후 낙찰자 결정 이전에 공동수급체구성원 중 일부 구성원이 부도, 부정당업자제재, 영업정지, 입찰무효 등의 결격사유가 발생한 경우(결격사유가 입찰참가등록 마감일 이전에 소멸되는 경우는 제외, 이하 이항에서 같음)에는 잔존구성원의 출자비율 또는 분담내용을 변경하거나 결격사유가 발생한 구성원을 대신할 새로운 구성원을 추가하도록 하여 제8조 제4항의 규정에 의한 입찰적격자 선정범위에 해당되는지를 재심사하여야 하며, 잔존구성원만으로 또는 새로운 구성원을 추가하도록 하여 입찰적격자 선정범위에 해당되는 때에는 해당 공동수급체를 입찰에 참가하게 하여야 한다. 다만 공동수급체 대표자가 부도, 부정당업자제재, 영업정지, 입찰무효 등의 결격사유가 발생한 경우에는 해당 공동수급체를 입찰에 참가하게 하여서는 아니되고, 입찰 이후에는 낙찰자 결정대상에서 제외하여야 한다(입찰참가자격사전심사요령 제10조 제2항).

8. 지역의무공동계약

각 중앙관서의 장 또는 계약담당공무원은 공동계약을 체결할 때, 추정가격이 고시금액57) 미만이고 건설업 등의 균형발전을 위하여 필요하다고 인정되는 사업이나 저탄소·녹색성장의 효과적인 추진, 국토의 지속가능한 발전, 지역경제 활성화 등을 위하여 특별히 필요하다고 인정하여 기획재정부장관이 고시하는 사업58)(다만 외국건설업자59)가 계약상대자에 포함된 경우는 제외한다)인 경우에는 공사현장을 관할하는 특별시·광역시·특별자치시·도 및 특별자치도에 법인등기부상 본점소재지가 있는 자60) 중 1인 이상을 공동수급체의 구성원으로 해야 한다. 다만 해당 지역에 공사의 이행에 필요한 자격을 갖춘 자가 10인 미만인 경우에는 지역의무공동계약을 체결하지 않는다(국가계약법 시행령 제72조 제3항61)).

---

57) 기획재정부 고시 제2022-32호(2022. 12. 30.)에 따라 금액이 세분화되어 있다.
58) 기획재정부 고시 제2020-20호(2020. 6. 30.)에 해당하는 사업이 나열되어 있다.
59) 건설산업기본법 제9조에 따라 건설업의 등록을 한 외국인 또는 외국법인을 말한다.
60) 2016. 9. 2. 개정 이전에는 '주된 영업소가 있는 자'를 기준으로 지역업체인지를 판단하였다. 그러나 주된 영업소의 실체 등을 두고 분쟁이 끊이지 않아, 이를 해결하기 위해서 법인등기부상 본점소재지로 판단기준을 변경하였다.
61) 국가계약법 시행령[대통령령 제30597호(2020. 4. 7.)] 부칙 제2조의 규정에 의하여 위 시행령 제72조 제3항 제2호는 2029. 12. 31.까지 유효하다. 다만 2029. 12. 31.까지 입찰

지역의무공동계약의 경우 공동수급체의 구성원 중 해당 지역 업체와 다른 지역 업체는 독점규제 및 공정거래에 관한 법률에 의한 계열회사가 아니어야 한다(국가계약법 시행령 제72조 제4항). 계약담당공무원은 국가계약법 시행령 제72조 제3항에 따른 공동계약의 경우에 공사의 특성 등을 고려하여 지역업체의 최소지분율을 정할 수 있으며, 이를 입찰공고에 명시하여야 한다(운용요령 제9조 제6항). 국가계약법 시행령 제72조 제3항 제1호에 따른 공동계약은 30% 이상이어야 한다. 국가계약법 시행령 제72조 제3항 제2호에 따른 공동계약의 경우 사업에 따라 40% 또는 20% 이상이어야 한다. 다만, 이 경우 공동수급체의 구성원이 되는 지역업체는 입찰공고일 현재 90일 이상 해당 공사현장을 관할하는 특별시·광역시 및 도에 본점소재지가 소재한 업체이어야 한다(운용요령 제9조 제7항).

공고한 사업에 대해서는 그 사업이 종료될 때까지 제72조 제3항 제2호의 개정규정을 적용한다.

제26조 지체상금

제26조 (지체상금)
  ① 각 중앙관서의 장 또는 계약담당공무원은 정당한 이유 없이 계약의 이행을
지체한 계약상대자로 하여금 지체상금을 내도록 하여야 한다.
  ② 제1항에 따른 지체상금의 금액, 납부방법, 그 밖에 필요한 사항은 대통령
령으로 정한다.
  ③ 제1항의 지체상금에 관하여는 제18조제3항 단서를 준용한다.
[전문개정 2012.12.18]

Ⅰ. 지체상금의 의의

1. 개념 및 취지

국가계약법상 지체상금이란 계약상대자가 정당한 이유 없이 계약의 이행을
지체할 경우, 즉 정해진 기간까지 계약의 이행을 완료하지 못할 경우 발주기관에
게 지급하여야 하는 금액을 의미한다.

각 중앙관서의 장 또는 계약담당공무원이 계약상대자에게 지체상금을 부과
하기 위해서는 사전에 지체상금약정을 하여야 하는데, 이는 계약상대자가 정해진
기간 내에 계약이행을 완료하지 못한 것을 정지조건으로 하여 효력이 발생하는
정지조건부계약으로 볼 수 있다.[1]

이러한 지체상금약정은 계약상대자의 계약이행을 강제하고, 발주기관의 증
명 곤란을 덜어주고 손해를 전보하여 분쟁을 예방하려는 목적에서 이루어지는 것
으로 볼 수 있다.[2]

2. 관련 규정

국가계약법 제26조 제1항은 각 중앙관서의 장 또는 계약담당공무원에게 정

---

1) 윤재윤, 앞의 책, 241면; 김성근, 앞의 책(Ⅱ), 52면.
2) 윤재윤, 앞의 책, 240면.

당한 이유 없이 계약의 이행을 지체한 계약상대자에게 지체상금을 부과할 의무를 규정하였다. 지체상금은 계약상대자가 정당한 이유 없이 계약의 이행을 지체하였을 때 부과되는 것이지만, 이는 민법 제387조 이하에 규정된 이행지체에 따른 손해배상책임 규정에 따른 일반적인 손해배상책임이 아니라 지체상금약정이라는 별도의 약정에 따른 금원이기 때문에, 지체상금약정이 없다면 지체상금의 부과는 불가능하다. 국가계약법 제26조 제1항은 중앙관서의 장 또는 계약담당공무원에게 국가계약에서 사전에 지체상금약정을 체결할 의무를 부과하고 있는 것이라고 볼 수 있다.

국가계약법 제26조 제2항은 제1항에 따른 지체상금의 금액, 납부방법, 그 밖에 필요한 사항을 대통령령에 위임하였고, 국가계약법 시행령 제74조 제1항은 지체상금의 납부방법을 정하면서 지체상금에 적용되어야 할 율을 다시 기획재정부령에 위임하였다. 이에 따라 국가계약법 시행규칙 제75조는 계약의 종류에 따른 지체상금률을 규정하였다.

3. 법적 성격

지체상금은 손해배상액의 예정의 성질을 가진 것과 위약벌의 성질을 가진 것으로 나눌 수 있다. 둘 중 어느 것에 해당하는지는 구체적인 사안에 따라 달라질 수 있는 것이지만, 민법 제398조 제4항이 위약금의 약정을 손해배상액의 예정으로 추정하고 있다는 점에서 특별한 사정이 없는 한 국가계약법상 지체상금 또한 손해배상액의 예정으로 추정함이 상당하다.[3]

대법원은 과거 물품매매계약에서 지체상금을 위약벌로 본 적도 있으나(대법원 1986. 2. 25. 선고 85다카2025, 2026 판결), 공사도급계약에 있어서는 손해배상액의 예정이라고 일관되게 판시하고 있다(대법원 1999. 3. 26. 선고 98다26590 판결, 대법원 2002. 9. 4. 선고 2001다1386 판결 등).

이와 관련하여 대법원은, 손해배상의 예정은 채무불이행의 경우에 채무자가 지급하여야 할 손해배상액을 미리 정해두는 것으로서 그 목적은 손해의 발생사실과 손해액에 대한 입증곤란을 배제하고 분쟁을 사전에 방지하여 법률관계를 간이하게 해결하는 것 외에 채무자에게 심리적으로 경고를 줌으로써 채무이행을 확보

---

3) 윤재윤, 앞의 책, 241면.

하려는 데에 있으므로 채무자가 실제로 채권자에게 손해발생이 없다거나 손해액
이 예정액보다 적다는 것을 입증하더라도 채무자는 그 예정액의 지급을 면하거나
감액을 청구하지 못하고(대법원 2008. 11. 13. 선고 2008다46906 판결), 다만 이러
한 사정은 아래에서 기술하는 법원의 직권 감액에서는 고려될 수 있는 사정에 해
당한다.[4] 마찬가지로 채권자가 입은 손해가 예정액보다 크고 채권자가 이를 입증
한 경우에도 채권자는 예정액을 초과하는 금액을 청구할 수는 없다.[5]

한편 대법원은 공사도급계약을 체결하면서 지체상금약정과 별도로 도급계약
의 해제 또는 해지를 원인으로 하는 손해배상약정을 한 사안에서, "위 일반조건
제27조의 지체상금약정은 수급인이 공사완성의 기한 내에 공사를 완성하지 못한
경우에 완공의 지체로 인한 손해배상책임에 관하여 손해배상액을 예정하였다고
해석할 것이고, 수급인이 완공의 지체가 아니라 그 공사를 부실하게 한 것과 같
은 불완전급부 등으로 인하여 발생한 손해는 그것이 그 부실공사 등과 상당인과
관계가 있는 완공의 지체로 인하여 발생한 것이 아닌 한 위 지체상금약정에 의하
여 처리되지 아니하고 도급인은 위 일반조건 제33조 제2항에 기하여 별도로 그
배상을 청구할 수 있다고 봄이 상당하다. 이 경우 손해배상의 범위는 민법 제393
조 등과 같은 그 범위확정에 관한 일반법리에 의하여 정하여지고, 그것이 위 지
체상금약정에 기하여 산정되는 지체상금액에 제한되어 이를 넘지 못한다고 볼 것
이 아니다."라고 판시하였다(대법원 2010. 1. 28. 선고 2009다41137 판결). 따라서 공사
도급계약의 이행지체와 관련된 손해(예컨대, 완공이 지체되어 임대가 늦어지면서 발생
한 임대료 상당의 손해 등)에 대한 배상은 모두 지체상금약정의 범위에 포함되고,
이행지체와 관련이 없는 손해(예컨대, 하자로 인한 손해 등)의 경우에 한하여 지체상
금과 별도로 추가로 손해배상을 청구할 수 있을 것이다.

민법 제398조 제2항은 손해배상의 예정액이 부당히 과다한 경우에는 법원
은 적당히 감액할 수 있다고 규정하고 있으므로, 위약벌과 손해배상액의 예정과
의 차이는 법원의 직권감액 가능성 여부에 있다. 감액의 기준이 되는 '부당히 과
다한 경우'의 의미와 관련하여 과거 대법원은 차임 지급 지체에 대하여 월 4푼의
비율에 의한 지연손해금을 지급하기로 한 손해배상액의 예정이 부당하게 과다하
다고 본 적이 있는데(대법원 1992. 11. 24. 선고 92다22350 판결), 그 이후 대법원은

---

4) 집필대표 곽윤직, 민법주해[IX], 670면.
5) 집필대표 곽윤직, 앞의 책, 675면.

"소론은 이 사건과 같이 지체상금을 계약총액에 지체상금률을 곱하여 산출하도록 약정되어 있는 경우 지체상금이 과다한지 여부는 지체상금률 그 자체가 과다한지 여부를 판단하여야 하고 그 지체상금률 자체는 과다하지 않은데 단순히 지체일수가 증가함에 따라 지체상금 총액이 증가했다고 해서 그 지체상금 총액을 기준으로 판단하여서는 아니된다는 것이나, 민법 제398조 제2항에 의하면 손해배상액의 예정액이 부당히 과다한 경우에는 법원은 적당히 감액할 수 있다고 규정되어 있고 여기의 손해배상의 예정액이란 문언상 그 예정한 손해배상액의 총액을 의미한다고 해석되므로, 손해배상의 예정에 해당하는 지체상금의 과다 여부는 지체상금 총액을 기준으로 하여 판단하여야 할 것이다."라고 판시하여 지연손해금 비율 그 자체만으로는 부당히 과다한지 여부를 판단할 수는 없다고 보았다(대법원 1996. 4. 26. 선고 95다11436 판결). 생각하건대, 법문상 손해배상 예정액 그 자체가 직권 감액 판단 기준이 되어야 하므로 지연손해금 비율 그 자체만으로 손해배상액이 부당히 과다하다고 판단하기는 어려워 보인다. 최근 대법원은 채권자와 채무자의 각 지위, 계약의 목적 및 내용, 손해배상액을 예정한 동기, 채무액에 대한 예정액의 비율, 예상 손해액의 크기, 그 당시의 거래관행 등 모든 사정을 참작하여 일반 사회 관념에 비추어 예정액의 지급이 경제적 약자의 지위에 있는 채무자에게 부당한 압박을 가하여 공정성을 잃는 결과를 초래한다고 인정되는지 여부에 따라 부당하게 과다한지가 결정된다고 판시하고 있는바(대법원 2017. 8. 18. 선고 2017다228762 판결, 대법원 2017. 7. 11. 선고 2016다52265 판결, 대법원 2017. 8. 18. 선고 2017다228762 판결 등), 결국 제반 사정을 감안하여 판단할 수밖에 없을 것이나, 지연손해금 비율 그 자체는 과하지 않다고 하더라도 본래의 계약금액 자체가 커서 이에 따라 지연손해금 총액도 커진다면 지연손해금이 부당하게 과다하다고 판단될 가능성이 있다.

Ⅱ. 지체상금의 발생요건

1. 지체상금 약정의 존재

앞서 언급한 바와 같이 지체상금은 별도의 약정이 존재할 경우 인정되는 것이므로, 지체상금약정이 존재하지 않는다면 계약상대자가 이행을 지체하였다고 하더라도 발주기관은 구체적인 손해액을 주장·입증하여 손해배상을 청구함은 별론으로 하더라도 지체상금 그 자체를 청구할 수는 없다.

다만 공공공사계약에서는 공사계약일반조건이 계약문서로 포섭되는 경우가 일반적이므로, 이에 따라 계약상대자와 발주기관 사이에 지체상금약정이 체결되는 것으로 볼 수 있을 것이다.

2. 계약상대자의 이행지체

(1) 이행지체의 의미

국가계약법 제26조 제1항은 '계약 이행의 지체'를 지체상금 부과의 요건으로 정하고 있는데, 이는 정해진 기간 내에 이행을 완료하지 못한 것을 의미한다고 할 것이므로, 물품제조계약의 경우에는 약정된 공급일까지 물품을 공급하지 못하는 것을 의미하고, 공사계약의 경우에는 준공기한까지 공사를 완성하지 못한 경우를 의미한다고 할 것이다.

공사계약일반조건은 지체상금 발생의 기준이 되는 준공기한의 의미를 '계약서상 준공신고서 제출기일'이라고 정하고 있다(공사계약일반조건 제25조 제1항).

(2) 이행지체의 판단기준: 공사의 '미완성'과 공사의 '하자'의 구별

이행지체는 계약상 이행기까지 계약의 이행을 완료하지 못하는 것, 즉 공사의 '미완성'을 의미하는데, 특히 공사계약에 있어서는 계약에서 정한 내용과 다른 구조적·기능적 결함이 있거나, 거래관념상 통상 건축물이 갖추어야 할 내구성, 강도 등의 품질을 제대로 갖추고 있지 아니한 결과 그 사용가치 또는 교환가치를 감쇄시키는 결점을 의미하는 '하자'[6]와의 구별이 문제될 수 있다. 이행기가 도래한 시점에 공사가 미완성된 경우라면 지체상금이 발생할 수 있지만, 미완성이 아닌 단순한 하자가 발생한 것에 불과하다면 하자담보책임의 추궁만이 가능할 뿐 지체상금의 부과는 불가능하기 때문이다.

대법원은 공사의 미완성과 하자의 구별에 관하여 다음과 같은 구별 기준을 제시하고 있다.

---

6) 윤재윤, 앞의 책, 268면.

> **[대법원 1997. 10. 10. 선고 97다23150 판결]**
>
> 공사가 도중에 중단되어 예정된 최후의 공정을 종료하지 못한 경우에는 공사가 미완성된 것으로 볼 것이지만, 공사가 당초 예정된 최후의 공정까지 일응 종료하고 그 **주요 구조 부분이 약정된 대로 시공**되어 사회통념상 일이 완성되었고 다만 그것이 **불완전하여 보수를 하여야** 할 경우에는 공사가 완성되었으나 **목적물에 하자가 있는 것**에 지나지 아니한다고 해석함이 상당하고, 예정된 최후의 공정을 종료하였는지 여부는 수급인의 주장이나 도급인이 실시하는 준공검사 여부에 구애됨이 없이 당해 공사 도급계약의 구체적 내용과 신의성실의 원칙에 비추어 객관적으로 판단할 수밖에 없고, 이와 같은 기준은 공사 도급계약의 수급인이 공사의 준공이라는 일의 완성을 지체한 데 대한 손해배상액의 예정으로서의 성질을 가지는 지체상금에 관한 약정에 있어서도 그대로 적용된다고 할 것이다.

즉 공사가 완성되었는지 여부는 주요구조 부분이 약정대로 시공되었는지 여부에 따라 결정되어야 할 것이고, 주요구조 부분이 약정대로 시공되었다면 나머지 부분에 일부 미시공된 부분이 있더라도 공사는 이미 완성된 것이고, 단지 미시공 부분에 대하여는 하자보수 또는 이에 갈음하는 손해배상을 청구할 수 있을 뿐이다. 대법원은 다른 판결에서도 "건물 신축공사의 공정이 종료되고 주요 구조 부분이 약정한 대로 시공되었다면 그 공사는 완성된 것이고, 일부 미시공된 부분이 있다고 하더라도 이는 건물에 하자가 있는 것에 불과하다. 이와 같이 공사가 완성된 때에는 일부 미시공된 하자 부분에 관하여도 수급인의 공사대금채권은 성립하고, 도급인은 위 하자 부분에 관하여 하자보수청구 또는 하자보수에 갈음하는 손해배상청구를 할 수 있을 뿐이다."라면서 같은 취지로 판시하였다(대법원 2015. 10. 29. 선고 2015다21469, 21407 판결).

보다 구체적으로 대법원은, 아파트 공사에서의 내화피복이나 방화구획, 설비배관, 보일러실 등과 관련하여, 골프장 공사에서의 진입도로 법면부 소단과 관련하여, 전기 관련 전시실 공사에서의 레이저시스템 열교환기 등과 관련하여, 각 시공에 미진한 점이 있었다고 하더라도, 이는 도급계약상 주요구조 부분의 미시공이 아닌 부수적인 부분에 관한 미시공에 불과하여 하자의 존재 및 그에 따른 하자담보책임을 인정할 사유는 될 수 있을지언정 공사의 미완성 및 그에 따른 지체책임을 인정할 수 있는 사유는 아니라고 보았다(대법원 2009. 6. 25. 선고 2008다18932, 18949 판결, 대법원 2006. 4. 28. 선고 2004다39511 판결, 대법원 1997. 10. 10. 선고 97다23150 판결).

3. 귀책사유의 존재

민법상 지체상금 약정과 같은 손해배상액의 예정에서 채무자의 귀책사유가 필요한지에 대해서는 견해의 대립이 존재하는데, 손해배상액의 예정은 귀책사유의 유무에 관한 일체의 분쟁을 피하기 위한 것이므로 귀책사유를 요구하지 않는 것이 그 취지에 부합하므로 귀책사유가 불필요하다는 견해가 종래의 다수설이었으나,[7] 이후 손해배상액의 예정이란 손해배상 방식에 관한 특약일 뿐이므로 손해배상의 요건인 채무불이행을 여느 경우와 달리 해석할 특별한 사정이 없는 한 수급인의 귀책사유를 요건으로 하지 않는 일종의 결과책임을 인정한 것이라고 볼 수 없다는 점을 근거로 귀책사유가 필요하다는 견해가 강하게 대두되었다.[8]

다만 국가계약법 제26조 제1항은 계약상대자가 '정당한 이유 없이' 계약의 이행을 지체할 경우 지체상금을 내도록 하여야 한다고 규정하고 있으므로, 이와 같은 견해의 대립과 무관하게 국가계약법상의 계약에서는 당연히 계약상대자의 귀책사유가 존재하여야 지체상금이 부과될 수 있다.

Ⅲ. 지체상금의 부과

1. 지체상금의 산정방식

국가계약법 시행령 제74조 제1항 전문은 계약금액(장기계속공사계약·장기계속물품제조계약·장기계속용역계약의 경우에는 연차별 계약금액을 말한다)에 기획재정부령이 정하는 율과 지체일수를 곱하여 지체상금을 산정하도록 규정하고 있다.

---

7) 곽윤직, 『채권총론』, 박영사, 1995, 233면.
8) 최병조, 건물신축도급계약의 약정해제와 지체상금약정의 효과(민사판례연구 12집), 229면; 곽종훈, 선이행의무에 대한 이행거절권능과 이행지체책임(대법원판례해설 29호), 130면; 윤재윤, 앞의 책, 245-246면에서 재인용.

(1) 계약금액

계약금액은 계약이행의 대가로 계약상대자에게 지급되는 금액을 의미하는데, 물가변동, 설계변경, 기타계약내용의 변경 등으로 계약금액이 변경된 경우에는 변경된 계약금액이 기준이 된다.[9] 즉 지체상금 부과의 기준이 되는 계약금액은 지체상금 산정 당시의 최종적인 계약금액을 의미한다.

장기계속계약의 경우 총괄계약 외에도 각 차수별 계약이 별도로 체결되는데, 이 경우 총괄계약의 계약금과 차수별 계약의 계약금 중 어느 금액이 기준이 될지 문제될 수 있지만, 국가계약법 시행령 제74조 제1항은 이러한 경우 연차별(차수별) 계약금액을 기준으로 한다고 규정하여 논란의 여지를 없앴다. 따라서 중간 단계의 차수별 계약에서 계약상대자의 책임 있는 사유로 인한 이행지체가 발생하였다면 총괄계약에서는 준공기간이 준수되었다고 하더라도 지체상금이 부과될 수 있고, 반면 마지막 차수별 계약에서 이행지체가 발생하였다면 이에 따라 총괄계약에서의 준공기간(이행기)도 준수하지 못한 결과가 발생하겠지만 총계약금액이 아닌 마지막 차수별 계약금액을 기준으로 지체상금이 부과되어야 할 것이다.

한편 계약의 목적물이 성질상 분할할 수 있는 것이고 실제로 일부가 먼저 이행될 수 있는 경우, 그 일부분에 대하여 발주기관의 검사를 거쳐 인수까지 이루어지거나, 인수절차 없이 발주기관이 사실상 관리·사용하고 있다면 해당 부분에 상당하는 금액은 지체상금 산정의 기준이 되는 계약금액에서 제외된다(국가계약법 시행령 제74조 제2항, 공사계약일반조건 제25조 제2항). 이미 이행이 완료된 부분에 대하여 이행지체에 따른 손해배상을 하는 것은 논리적으로 맞지 않기 때문이다.

(2) 지체상금률

국가계약법 시행령 제74조 제1항 전문의 '기획재정부령이 정하는 율'은 국가계약법 시행규칙 제75조에 규정되어 있다.

이에 따르면 공사계약의 경우 1천분의 0.5, 물품의 제조·구매계약의 경우 1천분의 0.75(다만 계약 이후 설계와 제조가 일괄하여 이루어지고, 그 설계에 대하여 발주한 중앙관서의 장의 승인이 필요한 물품 제조·구매의 경우에는 1천분의 0.5), 물품의 수리·가공·대여·용역계약의 경우 1천분의 1.25, 군용 음·식료품 제조·구매는

---

9) 김성근, 앞의 책(Ⅱ), 79면.

1천분의 1.5, 운송·보관 및 양곡가공의 경우 1천분의 2.5에 해당한다.

공사계약일반조건 제25조 제1항은 '계약서에 정한 지체상금률을 계약금에 곱하여 산출한 금액'이라는 표현을 사용하고 있어서, 국가계약법상의 공사계약에서 1천분의 0.5가 아닌 다른 지체상금률을 정할 수 있는지 문제될 수 있는데, 국가계약법 및 같은 법 시행령과 시행규칙은 발주기관이 계약체결을 함에 있어서 담당 공무원이 따라야 하는 기준이라는 점에서 발주기관이 위와 다른 지체상금률을 정할 가능성은 높지 않을 것이고, 만일 위 기준보다 높은 지체상금률을 정한 경우 이는 국가계약법 시행령 제4조의 부당특약에 해당하여 효력이 제한되거나, 부당하게 과다한 손해배상액의 예정으로서 법원의 직권 감액의 대상이 될 수 있을 것이다.

(3) 지체일수

지체일수란 이행기 다음날부터 이행이 완료된 날까지의 일수를 의미한다.

공사계약일반조건은 준공기한 내 준공신고서를 제출하였다면 원칙적으로 준공검사에 시간이 소요되더라도 해당 기간을 지체일수에 산입하지 아니하나, 준공기한 내에 준공신고서를 제출한 경우라도 준공기한 이후에 계약내용의 위반 등이 발견되어 발주기관이 시정조치를 하였다면 시정조치를 한 날부터 최종 준공검사에 합격한 기간을 지체일수에 산입하도록 규정하고 있다(공사계약일반조건 제25조 제6항 제1호). 또한 준공신고서가 준공기한을 경과하여 제출된 때에는 준공기한 다음 날부터 준공검사에 합격한 날까지의 기간을 모두 지체일수에 산입하도록 규정하고 있다(공사계약일반조건 제25조 제6항 제2호).

그런데 지체상금은 공사가 준공기한까지 '미완성'되었을 때 비로소 발생하는 것이고, 앞서 서술한 바와 같이 공사의 '미완성'은 주요구조 부분이 약정대로 시공되었는지 여부에 따라 결정되어야 하는 것이다. 따라서 준공검사 과정에서 시정조치가 있었다고 하더라도 그 내용이 주요구조 부분에 대한 보완공사 등이 아니라 그 외 부분에 대한 지적이었다면 이는 이미 완성은 되었지만 하자가 존재하는 공사에 대한 하자보수를 지시한 것에 해당할 것이다. 따라서 공사계약일반조건 제25조 제6항 제1호 단서는 시정조치의 내용이 주요구조 부분에 대한 시정을 명하는 경우로 한정하여 해석하여야 할 것이다.

또한 공사계약일반조건 제25조 제6항 제2호에 따르면 당초의 준공기한 경과 이후에 공사가 완성되는 경우 공사의 완성 이후 발주기관이 완성 여부를 확인하는 기간, 즉 준공검사기간을 지체일수에 포함시키게 된다. 그러나 이행지체는 이행기까지 계약 이행을 완료하였는지 여부에 따라 결정되는 것이고, 계약 이행의 완료 여부는 공사의 완성이라는 사실에 따라 결정되는 것이며, 국가계약법 어디에도 공사의 완성을 준공검사의 합격으로 규정하고 있지도 않다. 따라서 공사계약일반조건 제25조 제6항 제2호는 그 문언에도 불구하고 당초의 준공기한 경과 이후 준공신고서를 제출한 경우에는 준공신고서를 제출한 때 공사가 완성되어 있었다면 그 준공신고서 제출일까지만 지체일수에 포함시키는 것으로 제한 해석하여야 할 것이다. 만일 그와 같이 해석하지 않고 발주기관의 준공검사 완료일까지를 지체일수에 포함시킨다면, 공사계약일반조건 제25조 제6항 제2호는 약관의 규제에 관한 법률에 위반되는 불공정약관으로 무효라고 해석될 가능성이 높다.

한편 불가항력의 사유에 의한 경우, 계약상대자가 대체 사용할 수 없는 중요 관급자재 등의 공급이 지연되어 공사의 진행이 불가능하였을 경우, 발주기관의 책임으로 착공이 지연되거나 시공이 중단되었을 경우, 계약상대자의 부도 등으로 보증기관이 보증이행업체를 지정하여 보증시공할 경우, 계약상대자의 책임없는 사유에 따른 설계변경으로 인하여 준공기한 내에 계약을 이행할 수 없을 경우, 원자재의 수급 불균형으로 인하여 해당 관급자재의 조달지연 또는 사급자재의 구입곤란, 기타 계약상대자의 책임에 속하지 아니하는 사유에 해당하는 사유로 공사가 지체되었다고 인정될 경우 그 해당 일수를 지체일수에 산입하지 아니한다(공사계약일반조건 제25조 제3항). 지체상금은 계약상대자에게 귀책사유가 있는 경우에 한하여 부과될 수 있는 것이기 때문이다.

여기서 '불가항력'이란 태풍·홍수 기타 악천후, 전쟁 또는 사변, 지진, 화재, 전염병, 폭동 기타 계약당사자의 통제범위를 벗어난 사태의 발생 등의 사유(이하 "불가항력의 사유")로 인하여 공사이행에 직접적인 영향을 미친 경우로서 계약당사자 누구의 책임에도 속하지 않는 경우를 의미한다(공사계약일반조건 제32조 제1항).

2. 지체상금의 납부방식

국가계약법 시행령 제74조 제1항은 현금으로 납부하게 하여야 한다고 규정하고 있다. 따라서 지체상금의 원칙적인 납부방식은 현금납부가 될 것이다.

다만 반드시 직접 현금으로 납부하게 할 필요는 없을 것이고, 준공대가와 상계하는 방식으로 납부하게 하는 것도 가능할 것이다. 실무상으로도 지체상금이 발생한 경우 준공대가와 상계하는 경우가 대부분이다.

Ⅳ. 지체상금과 계약의 해제

1. 계약해제시 지체상금약정의 적용 여부

지체상금은 지체상금약정의 존재를 전제로 하여 발생할 수 있는 것인데 지체상금약정은 본 계약에 대한 종된 계약이므로, 만일 본 계약이 해제되었다면 지체상금약정도 이에 따라 소멸하여 계약 해제에 따른 손해배상책임을 묻는 것은 별론으로 하고 지체상금을 청구할 수 있는지에 대하여 의문이 있을 수 있다.

이와 관련하여 대법원은 "건물신축의 도급계약은 그 건물의 준공이라는 일의 완성을 목적으로 하는 계약으로서 그 지체상금에 관한 약정은 수급인이 이와 같은 일의 완성을 지체한데 대한 손해배상액의 예정을 한 것이라고 보아야 할 것이므로 수급인이 약정된 기간 내에 그 일을 완성하여 도급인에게 인도하지 아니하는 한 특별한 사정이 있는 경우를 제외하고는 지체상금을 지급할 의무가 있게 되는 것이라고 보아야 할 것이고 이 사건의 경우에 있어서와 같이 약정된 기일 이전에 그 공사의 일부만을 완료한 후 공사가 중단된 상태에서 약정기일을 넘기고 그 후에 도급인이 계약을 해제함으로써 일을 완성하지 못한 것이라고 하여 지체상금에 관한 위 약정이 적용되지 아니한다고 할 수는 없을 것"이라고 판시하여 이행지체가 발생한 상황에서 계약이 해제되더라도 지체상금 지급 의무는 존속한다고 보았다(대법원 1989. 7. 25. 선고 88다카6273 판결).

대법원은 그 이후 도급계약의 해제와 지체상금약정의 적용과 관련하여, "지체상금 약정의 적용범위를 정하는 것은 도급계약에 나타난 당사자 의사의 해석 문제로서, 당사자 의사가 명확하지 아니한 경우, 그 약정의 내용과 약정이 이루어지게 된 동기 및 경위, 당사자가 이로써 달성하려는 목적, 거래의 관행 등을 종합적으로 고려하여 보고, 특히 건설공사 도급계약의 경우 지체상금 약정을 하는 것은 공사가 비교적 장기간에 걸쳐 시행되기 때문에 그 사이에 공사의 완성에 장애가 되는 사정이 발생할 가능성이 많으므로 이러한 경우에 대비하여 도급인의 손해액에 대한 입증 곤란을 덜고 손해배상에 관한 법률관계를 간이화할 목적에서라는 점을 감안하여 당사자의 의사를 합리적으로 해석한 다음 그 적용 여부를 결정하여야 한다."라고 판시하였는데(대법원 1999. 1. 26. 선고 96다6158 판결, 대법원 1999. 3. 26. 선고 96다23306 판결 등), 이에 따르면 계약이 해제된 경우 지체상금 약정이 일률적으로 적용되는 것은 아니라는 취지로 보이나, 적어도 지체상금약정이 주된 계약의 종된 계약이기 때문에 주된 계약이 해제되었을 때에는 지체상금 약정도 당연히 소멸한다는 취지는 아닌 것으로 보인다.

2. 계약해제시 지체상금의 산정방식

계약이 해제된 경우에도 지체상금이 부과될 수 있다면, 지체상금 발생요건이 충족된 상황에서 계약이 해제된 경우 지체상금은 어떻게 산정해야 하는지가 문제될 수 있다. 만일 계약상대자가 비록 자신의 책임이기는 하더라도 사실상 공사를 전혀 이행할 수 없는 상태에 빠져 있음에도 불구하고 발주기관이 한참 동안 계약해제를 하지 않고 있다가 뒤늦게 계약을 해제하고 새로운 계약상대자에게 잔존 부분을 시공하게 한 경우 당초의 준공기한부터 새로운 계약상대자가 공사를 완성할 때까지 지체상금을 부과시킨다면 이는 지나치게 부당하기 때문이다.

대법원은 민간공사에서 계약이행이 지체되어 계약이 해제된 사안에서 "지체상금 발생의 시기는 특별한 사정이 없는 한 약정준공일 익일인 1983. 7. 1.이 될 것이나 그 종기는 원고나 피고가 건물을 준공할 때까지 무한히 계속되는 것이라고 할 수 없고 원고가 공사를 중단하거나 기타 해제사유가 있어 피고가 이를 해제할 수 있었을 때(실제로 해제한 때가 아니고)부터 피고가 다른 업자에게 의뢰하여 이 사건 건물을 완성할 수 있었던 시점까지로 제한되어야 할 것이고 또 원고가 책임질 수 없는 사유로 인하여 공사가 지연된 경우에는 그 기간만큼 공제되어야 할 것이며 그렇게 하여 산정된 지체상금액이 부당히 과다하다고 인정되는 경우에는 법원이 민법 제398조 제2항에 의하여 적당히 감액할 수 있다고 보아야 할 것이다."라고 판시하여, 지체상금의 발생시기를 '준공기한 다음 날', 지체상금의 종기를 '도급인이 계약을 해제할 수 있었던 시점에 새로운 수급인과 계약을 체결하였다면 새로운 수급인이 계약이행을 완료할 수 있었을 시점'으로 제한하였다(대법원 1989. 7. 25. 선고 88다카6273 판결). 대법원은 그 이후에 선고한 판결에서도 동일한 입장을 취하였다(대법원 1999. 3. 26. 선고 96다23306 판결, 대법원 1999. 10. 12. 선고 99다14846 판결 등).

Ⅴ. 계약보증금과 지체상금의 상한의 문제

1. 과거 규정에 따른 해석론

계약보증금이란 계약상대자의 성실한 계약 이행을 담보할 목적으로 납부하도록 하는 금원이고, 계약상대자가 계약상의 의무를 이행하지 아니하였을 때 해당 계약보증금이 국고에 귀속된다는 점(국가계약법 제12조 제3항)에서 이는 계약상대자의 계약 불이행으로 인한 손해를 담보하는 성격을 가지고 있다.

지체상금은 계약상대자의 계약 불이행(이행지체)으로 인한 손해배상액 예정이라는 성격을 가지고 있으므로, 지체상금 또한 계약보증금의 보증 대상에 포함된다고 볼 수 있다. 대법원 역시 동일한 입장이다(대법원 2006. 4. 28. 선고 2004다39511 판결[10]).

한편 구 국가계약법 시행령(2018. 12. 4. 대통령령 제29318호로 개정되기 전의 것) 제75조 제2항은 발생한 지체상금이 계약보증금 상당액에 달할 경우, 계약상대자의 귀책사유로 계약을 수행할 가능성이 없음이 명백한 경우에는 계약보증금을 국고에 귀속시키고 계약을 해제 또는 해지하고, 계약상대자의 계약 이행 가능성이 있고 계약을 유지할 필요가 있다고 인정되는 경우에는 이행이 완료되지 아니한 부분에 상당하는 계약보증금을 추가로 납부하게 하고 계약을 유지한다고 규정하고 있었다. 구 공사계약일반조건(2018. 12. 31. 기획재정부계약예규 제411호로 개정되기 전의 것) 제44조 제1항도 동일한 취지이다.[11] 이는 계약상대자가 지체

---

10) '계약보증'은 건설공사도급계약의 수급인이 도급계약을 약정대로 이행하는 것을 보증하고, 만약 수급인의 귀책사유로 도급계약을 불이행하는 경우에는 그로 인한 수급인의 도급인에 대한 손해배상채무의 이행을 계약보증금의 한도에서 보증하는 것이므로(대법원 1997. 8. 26. 선고 97다18813 판결, 대법원 1999. 10. 12. 선고 99다14846 판결 등 참조), 수급인의 귀책사유로 도급계약의 목적이 된 공사의 완공이 지연되는 경우에 그 지연으로 인한 손해배상채무도 당연히 계약보증의 대상이 되는 것이고, 이 경우 만일 도급인과 수급인 사이에 공사완공의 지연에 대비한 지체상금의 약정이 있다면 그 약정에 따라 산정되는 지체상금액이 계약보증의 대상이 되는 것이다.

11) **공사계약일반조건**
제44조(계약상대자의 책임있는 사유로 인한 계약의 해제 및 해지)
① 계약담당공무원은 계약상대자가 다음 각 호의 어느 하나에 해당하는 경우에는 해당 계약의 전부 또는 일부를 해제 또는 해지할 수 있다. 다만, 제3호의 경우에 계약상대자의 계약이행 가능성이 있고 계약을 유지할 필요가 있다고 인정되는 경우로서 계약상대자가 계

상금이 계약보증금 상당액에 달할 정도로 계약이행을 지체하였다면 그러한 계약상대자에게는 향후 계약의 이행을 기대하기 어렵다고 볼 수도 있으므로 발주기관의 판단에 따라 계약을 해제 또는 해지할 수 있도록 정한 것이고, 그 기준을 계약보증금으로 정한 것은 만일 지체상금이 계약보증금을 넘어설 경우 넘어서는 부분의 손해에 대해서는 담보할 것이 없기 때문으로 볼 수 있다.

그런데 2010. 9. 8. 기획재정부 회계예규 제2200.04-104-22호로 개정되기 전의 구 공사계약일반조건 제44조 제1항은 "계약담당공무원은 계약상대자가 다음 각호의 1에 해당하는 경우에는 당해 계약의 전부 또는 일부를 해제 또는 해지할 수 있다. 다만 제3호의 경우에는 해제 또는 해지하여야 한다."라고 규정하고 있었고, 같은 항 제3호는 "제25조 제1항의 규정에 의한 지체상금이 시행령 제50조 제1항의 규정에 의한 당해 계약(장기계속공사계약인 경우에는 차수별 계약)의 계약보증금상당액에 달한 경우"라고 규정하고 있었다. 또한 당시의 구 공사계약일반조건 제26조 제5항은 "계약담당공무원은 제1항 내지 제4항의 규정에 불구하고 계약상대자의 의무불이행으로 인하여 발생한 지체상금이 시행령 제50조 제1항의 규정에 의한 계약보증금상당액에 달한 경우로서 계약목적물이 국가정책사업 대상이거나 계약의 이행이 노사분규 등 불가피한 사유로 인하여 지연된 때에는 계약기간을 연장할 수 있다."라고 규정하고 있었고, 같은 조 제6항은 "제5항의 규정에 의한 계약기간의 연장은 지체상금이 계약보증금상당액에 달한 때에 하여야 하며, 연장된 계약기간에 대하여는 제25조의 규정에 불구하고 지체상금을 부과하여서는 아니된다."라고 규정하고 있었다.

위와 같은 구 공사계약일반조건 제44조 제1항, 제26조 제5항, 제6항의 내용을 고려하면, 계약상대자의 지체상금이 계약보증금상당액에 달한 경우, 계약담당공무원은 해당 공사계약일반조건 제44조 제1항 제3호에 의한 계약해제 또는 해지를 하여야 하는데, 다만 해당 공사가 국가정책사업 대상이라고 판단되는 경우 계약담당공무원은 계약을 해제 또는 해지하는 대신 계약기간 연장을 선택할 수 있고, 그 경우에는 계약상대방에게 계약보증금상당액을 넘어서는 지체상금을 부과

약이행이 완료되지 아니한 부분에 상당하는 계약보증금을 추가납부하는 때에는 계약을 유지한다.

3. 제25조 제1항에 의한 지체상금이 시행령 제50조 제1항에 의한 해당 계약(장기계속공사인 경우에는 차수별 계약)의 계약보증금상당액에 달한 경우

할 수 없다는 해석이 가능하였다고 볼 수 있다.

즉 구 공사계약일반조건 제44조 제1항이 "계약을 해제 또는 해지할 수 있다"가 아니라 "계약을 해제 또는 해지하여야 한다"고 규정하여 계약해제 내지 해지를 계약담당공무원의 '의무'로 규정한 이유는, 지체상금이 계약보증금상당액에 이를 때까지 계약상대자가 공사를 완성하지 못한 경우에는 일응 계약상대자를 이 사건 공사에서 배제하는 것이 발주기관의 이익에 부합한다는 전제에서 계약담당공무원으로 하여금 공사계약을 해제 또는 해지하도록 하려는 것이라고 볼 수 있다. 만약 계약담당공무원이 계약을 해제 내지 해지하지 않고 계약상대방으로 하여금 계속 공사를 수행하도록 한다면, 이는 해당 공사가 국가정책사업 대상이기 때문에 계약상대방으로 하여금 해당 공사를 계속 수행하도록 하는 것이 발주기관에게 더 이익이 된다고 판단하여 위 공사계약일반조건 제44조 제1항에 의한 계약해제 내지 해지권을 더 이상 행사하지 않을 의사를 밝힌 것으로 볼 수 있고, 이러한 경우에는 위 공사계약 제26조 제5항에 따라 계약기간의 연장이 가능하게 될 것이다. 다만 이러한 경우 계약담당공무원이 공사계약을 해제 또는 해지하지 않으면서 계약기간도 연장하여 주지 않을 경우에는, 계약상대방은 발주기관의 이익을 위하여 계속 이 사건 공사를 수행하면서도 이 사건 공사가 완성될 때까지 계약보증금을 넘어서 계속적으로 지체상금을 부담해야 하는 불합리한 상황이 발생하게 된다.

따라서 구 공사계약일반조건이 적용되는 공사계약에서 당사자 사이에는, 지체상금이 계약보증금 상당액에 달한 경우 계약담당공무원이 의무적으로 공사계약을 해제 또는 해지하여 계약상대자를 해당 공사에서 배제하는 것을 원칙으로 하되, 만약 발주기관이 해제 또는 해지권을 행사하지 않기로 하는 경우에는, 계약상대자로 하여금 발주기관의 이익을 위하여 해당 공사를 계속 수행하도록 하고 그 대신 발주기관은 해당 공사의 계약기간을 연장하여 계약보증금 상당액을 초과하는 지체상금이 발생하지 않도록 하기로 하는 의사의 합치가 있었다고 해석되어야 할 것으로 보인다. 즉 이 경우 계약보증금은 지체상금의 상한액으로서 기능한다고 볼 수 있을 것이다.

2. 지체상금 상한 규정 등의 신설

2018. 12. 4. 개정된 국가계약법 시행령은 제74조 제3항으로 지체상금의 상한

에 관한 조항을 신설하였고,[12] 2018. 12. 31. 기획재정부계약예규 제411호로 개정
된 공사계약일반조건에도 유사한 취지로 제25조 제1항 단서가 신설되었다.[13] 기
존 규정상으로는 지체상금의 한도에 관한 규정이 존재하지 않았기 때문에 지체
상금이 어느 정도까지 부과될 수 있는 것인지에 대한 의문이 있을 수 있었는데,
이제 위와 같은 규정의 신설로 인하여 지체상금이 부과될 수 있는 한도가 명확
해졌다.

　　한편 개정 전 국가계약법 시행령 제75조 제2항에 따라 지체상금이 계약보증
금상당액(계약금액의 100분의 10 이상)에 달한 경우라도 계약을 계속 유지하는 경
우에는 계약상대자는 '계약이행이 완료되지 아니한 부분에 상당하는 계약보증
금'(제2호)만을 추가로 납부하면 되었다. 여기서 계약이행이 완료되지 아니한 부
분에 상당하는 계약보증금의 액수는 결국 이행의 정도를 어떻게 보느냐에 따라
달라진다는 점에서 당사자 사이에 다툼의 여지는 있었지만, 적어도 이는 원래의
계약보증금 액수를 넘을 수는 없었다. 그런데 2018. 12. 4. 개정으로 인하여 국
가계약법 시행령 제75조 제2항 제2호가 "계약이행이 완료되지 아니한 부분에 상
당하는 계약보증금(당초 계약보증금에 제74조 제3항에 따른 지체상금의 최대금액을 더
한 금액을 한도로 한다)"으로 변경되면서 제75조 제2항에 따라 계약이 유지되는 경
우 계약상대자가 추가로 납부해야 할 계약보증금액은 크게 늘어나게 되었다.

---

12) **제74조(지체상금)**
　　③ 제1항 및 제2항에 따라 납부할 지체상금이 계약금액(제2항에 따라 기성부분 또는 기
　　납부분에 대하여 검사를 거쳐 인수한 경우에는 그 부분에 상당하는 계약을 계약금액에서
　　공제한 금액을 말한다)의 100분의 30을 초과하는 경우에는 100분의 30으로 한다.

13) **제25조(지체상금)**
　　① (중략) 다만, 납부할 금액이 계약금액(제2항에 따라 기성부분 또는 기납부분에 대하여
　　검사를 거쳐 이를 인수한 경우에는 그 부분에 상당하는 금액을 계약금액에서 공제한 금액
　　을 말한다)의 100분의 30을 초과하는 경우에는 100분의 30으로 한다.

제27조 부정당업자의 입찰 참가자격 제한 등

제27조 (부정당업자의 입찰 참가자격 제한 등)

① 각 중앙관서의 장은 다음 각 호의 어느 하나에 해당하는 자(이하 "부정당업자"라 한다)에게는 2년 이내의 범위에서 대통령령으로 정하는 바에 따라 입찰 참가자격을 제한하여야 하며, 그 제한사실을 즉시 다른 중앙관서의 장에게 통보하여야 한다. 이 경우 통보를 받은 다른 중앙관서의 장은 대통령령으로 정하는 바에 따라 해당 부정당업자의 입찰 참가자격을 제한하여야 한다. 〈개정 2012. 12. 18., 2016. 3. 2., 2017. 7. 26., 2020. 6. 9., 2020. 10. 20., 2021. 1. 5., 2023. 3. 28., 2023. 7. 18.〉

1. 계약을 이행할 때에 부실·조잡 또는 부당하게 하거나 부정한 행위를 한 자
2. 경쟁입찰, 계약 체결 또는 이행 과정에서 입찰자 또는 계약상대자 간에 서로 상의하여 미리 입찰가격, 수주 물량 또는 계약의 내용 등을 협정하였거나 특정인의 낙찰 또는 납품대상자 선정을 위하여 담합한 자
3. 건설산업기본법, 전기공사업법, 정보통신공사업법, 소프트웨어 진흥법 및 그 밖의 다른 법률에 따른 하도급에 관한 제한규정을 위반(하도급통지의무위반의 경우는 제외한다)하여 하도급한 자 및 발주관서의 승인 없이 하도급을 하거나 발주관서의 승인을 얻은 하도급조건을 변경한 자
4. 사기, 그 밖의 부정한 행위로 입찰·낙찰 또는 계약의 체결·이행 과정에서 국가에 손해를 끼친 자
5. 독점규제 및 공정거래에 관한 법률 또는 하도급거래 공정화에 관한 법률을 위반하여 공정거래위원회로부터 입찰참가자격 제한의 요청이 있는 자
6. 대·중소기업 상생협력 촉진에 관한 법률 제28조의2제2항에 따라 중소벤처기업부장관으로부터 입찰참가자격 제한의 요청이 있는 자
7. 입찰·낙찰 또는 계약의 체결·이행과 관련하여 관계 공무원(제29조제1항에 따른 국가계약분쟁조정위원회, 건설기술 진흥법에 따른 중앙건설기술심의위원회·특별건설기술심의위원회 및 기술자문위원회, 그 밖에 대통령령으로 정하는 위원회의 위원을 포함한다)에게 뇌물을 준 자
8. 계약을 이행할 때에 산업안전보건법에 따른 안전·보건 조치 규정을 위

반하여 근로자에게 대통령령으로 정하는 기준에 따른 사망 등 중대한
위해를 가한 자

9. 그 밖에 다음 각 목의 어느 하나에 해당하는 자로서 대통령령으로 정하
는 자

가. 입찰·계약 관련 서류를 위조 또는 변조하거나 입찰·계약을 방해하는
등 경쟁의 공정한 집행을 저해할 염려가 있는 자

나. 정당한 이유 없이 계약의 체결 또는 이행 관련 행위를 하지 아니하거나
방해하는 등 계약의 적정한 이행을 해칠 염려가 있는 자

다. 다른 법령을 위반하는 등 입찰에 참가시키는 것이 적합하지 아니하다고
인정되는 자

② 각 중앙관서의 장은 제1항제2호 또는 제5호에 따라 입찰 참가자격을 제한
받은 부정당업자가 독점규제 및 공정거래에 관한 법률 제44조에 따라 부당한
공동행위를 한 사실의 자진신고 등을 통하여 시정조치나 과징금을 감경 또는
면제받은 경우에는 대통령령으로 정하는 바에 따라 제1항에 따른 입찰 참가
자격 제한처분을 감경 또는 면제할 수 있다. 〈신설 2024. 3. 26.〉
③ 각 중앙관서의 장 또는 계약담당공무원은 제1항에 따라 입찰 참가자격을
제한받은 자와 수의계약을 체결하여서는 아니 된다. 다만, 제1항에 따라 입찰
참가자격을 제한받은 자 외에는 적합한 시공자, 제조자가 존재하지 아니하는
등 부득이한 사유가 있는 경우에는 그러하지 아니하다. 〈개정 2012.12.18〉
④ 제1항에도 불구하고 각 중앙관서의 장은 제1항 각 호의 행위가 종료된 때
(제5호 및 제6호의 경우에는 중소벤처기업부장관 또는 공정거래위원회로부터
요청이 있었던 때)부터 5년이 지난 경우에는 입찰 참가자격을 제한할 수 없
다. 다만, 제2호 및 제7호의 행위에 대하여는 위반행위 종료일부터 7년으로
한다. 〈신설 2016. 3. 2., 2017. 7. 26., 2020. 6. 9.〉
⑤ 각 중앙관서의 장은 제1항에 따라 입찰참가자격을 제한할 경우, 그 제한내
용을 대통령령으로 정하는 바에 따라 공개하여야 한다. 〈신설 2016.3.2〉
[제목개정 2012.12.18, 2016.3.2]

I. 입찰참가자격제한 처분의 의의

1. 개념 및 취지

구 국가계약법(2016. 3. 2. 법률 제14038호로 개정되기 전의 것) 제27조 제1항
전문은 "각 중앙관서의 장은 경쟁의 공정한 집행이나 계약의 적정한 이행을 해칠

염려가 있거나 그 밖에 입찰에 참가시키는 것이 적합하지 아니하다고 인정되는 자(이하 '부정당업자'라 한다)에게는 2년 이내의 범위에서 대통령령으로 정하는 바에 따라 입찰참가자격을 제한하여야 하며, 그 제한사실을 즉시 다른 중앙관서의 장에게 통보하여야 한다."라고 규정하고 있었는바, 입찰참가자격제한 처분은 입찰참가자 또는 계약상대방이 입찰이나 계약체결 또는 계약이행 과정 등에서 법령이 정한 위법행위를 한 경우 법령이 정하는 바에 따라 일정기간 입찰참가자격을 제한하는 제재를 가하는 것으로 이해할 수 있다.

국가계약법이 부정당업자의 입찰참가자격을 제한하는 제도를 둔 취지는 국가를 당사자로 하는 계약에서 공정한 입찰 및 계약질서를 어지럽히는 행위를 하는 자에 대하여 일정기간 동안 입찰참가를 배제함으로써 국가가 체결하는 계약의 성실한 이행을 확보함과 동시에 국가가 입게 될 불이익을 미연에 방지하기 위함에 있다(헌법재판소 2005. 6. 30.자 2005헌가1 결정, 대법원 2007. 11. 29. 선고 2006두16548 판결).

2. 연혁

국가계약에 관하여 최초로 규정하고 있었던 법령은 1961. 12. 19. 제정된 예산회계법 제70조였다. 다만 해당 조항은 "계약의 방법과 준칙"이라는 표제 하에 "각 중앙관서의 장은 매매, 대차, 도급 기타의 계약을 할 경우에는 모두 공고를 하여 경쟁에 붙여야 한다. 단, 각 중앙관서의 장은 각령의 정하는 바에 의하여 지명경쟁 또는 수의계약에 의할 수 있다."라고 극히 대략적인 내용만을 규정하였고, 부정당업자에 대한 제재에 관하여는 시행령에 위임하고 있었다.[1] 예산회계

---

1) **구 예산회계법 시행령 제86조(부정당업자 자격정지)**
   ① 각 중앙관서의 장은 다음의 각 호의 1에 해당한다고 인정하는 자를 인정한 날로부터 6월 이상 3년 이하의 기간 경쟁에 참가하게 하지 아니할 수 있다. 자격이 정지된 자를 대리인, 지배인 기타 사용인으로 사용하는 자에 대하여도 또한 같다.
   1. 계약의 이행에 있어서 고의로 공사나 제조를 조잡히 하거나 또는 물건의 품질, 수량에 관하여 부정한 행위가 있는 자
   2. 경쟁에 있어서 부당하게 가격을 경상하게 하거나 또는 경하하게 할 목적으로 담합한 자
   3. 경쟁참가를 방해하거나 또는 경락자의 계약체결이나 이행을 방해한 자
   4. 검사감독에 있어서 그 직무집행을 방해한 자
   5. 정당한 이유없이 계약을 체결하지 아니한 낙찰자
   6. 정당한 이유없이 계약을 이행하지 아니한 자

법은 1975. 12. 31. 개정 이후 비로소 법률에 입찰참가자격제한에 대한 근거를
두었다.[2] 이후 한동안 입찰참가자격제한은 예산회계법에 근거를 두고 이루어져
오다가 1995년 국가계약법 및 같은 법 시행령, 시행규칙의 신설로 국가계약법령
에서 규정하게 되었다.[3]

　　한편 2016. 3. 2. 법률 제14038호로 개정되기 전의 국가계약법은 제27조 제
1항 전문에서 부정당업자의 제재에 대하여 포괄적으로만 규정하였고, 입찰참가
자격의 구체적인 제한 사유는 같은 법 시행령에 규정되어 있었으나, 2016. 3. 2.
개정 후에는 국가계약법 제27조 제1항에 제1호부터 7호까지 구체적인 제재 사유
를 규정하고, 제8호로 '입찰·계약 관련 서류를 위조 또는 변조하거나 입찰·계약
을 방해하는 등 경쟁의 공정한 집행을 저해할 염려가 있는 자', '정당한 이유 없
이 계약의 체결 또는 이행 관련 행위를 하지 아니하거나 방해하는 등 계약의 적
정한 이행을 해칠 염려가 있는 자', '다른 법령을 위반하는 등 입찰에 참가시키는
것이 적합하지 아니하다고 인정되는 자'에 대하여 세부적인 사유를 시행령으로
정하도록 위임하였다. 다만 이는 기존 국가계약법 시행령(2016. 9. 2. 대통령령 제
27475호로 개정되기 전의 것) 제76조 제1호, 제2호, 제3호, 제3의2호, 제7호, 제10호,
제17호로 규정되어 있던 것들을 법률의 형식으로 체계를 끌어 올려 규정한 것이
고, 기존 국가계약법 시행령에 규정되어 있던 나머지 사유들은 개정 국가계약법
시행령(2016. 9. 2. 대통령령 제27475호로 개정된 이후의 것) 제76조 제1항(현행 국가계
약법 시행령 제76조 제2항)의 제1 내지 제3호[4]에 세부 유형별로 규정한 것이라는

　　7. 제85조의 규정에 의한 자격에 관한 서류를 위조 또는 변조한 자
　　② 각 중앙관서의 장은 제119조 제2항의 규정에 의한 자격정지에 관한 재무부장관의 통보
　를 받았을 때에는 지체없이 경쟁참가의 자격정지를 위하여 필요한 조치를 하여야 한다.
2) 구 예산회계법 제70조의18(부정당업자의 입찰참가자격제한)
　　① 각 중앙관서의 장은 대통령령이 정하는 바에 의하여 경쟁의 공정한 집행 또는 계약의
　적정한 이행을 해할 염려가 있거나 기타 입찰에 참가시키는 것이 불적합하다고 인정되는
　자에 대하여는 일정한 기간입찰참가자격을 제한하여야 한다.
　　② 제1항의 규정에 의하여 입찰참가자격을 제한받은 자는 그 자격제한기간에 있어서는 국
　가에서 시행하는 모든 입찰에의 참가자격이 제한된다. 다른 법령의 규정에 의하여 입찰참
　가자격의 제한을 받은 자도 또한 같다.
3) 김성근, 앞의 책(Ⅱ), 510-511면.
4) 제1호: 경쟁의 공정한 집행을 저해할 염려가 있는 자로서 다음 각 목의 어느 하나에 해당
　하는 자
　　제2호: 계약의 적정한 이행을 해칠 염려가 있는 자로서 다음 각 목의 어느 하나에 해당하
　는 자

점에서 내용적인 측면에서는 실질적인 변경이 있었다고 보기 어렵다.

3. 다른 법령에서의 규정

부정당업자에 대한 입찰참가자격 제한을 규정하고 있는 법률은 국가계약법 외에도 지방계약법, 공공기관운영법, 방위사업법 등이 있다.

이 중 지방계약법은 2016. 3. 2. 법률 제14038호로 개정되기 전의 국가계약법과 같이 법률 제31조 제1항에서 부정당업자에게 입찰참가자격을 제한할 수 있다는 취지로 규정하고, 세부적인 제재 사유는 같은 법 시행령 제92조 제1항 각 호에서 규정하는 방식을 취하고 있다. 반면 공공기관운영법은 제39조 제2항에 공기업과 준정부기관은 부정당업자에 대하여 입찰참가자격을 제한할 수 있다는 취지의 규정을 두고, 같은 조 제3항에서 세부적인 사항을 기획재정부령에 위임하는 형태를 취하고 있으며, 이에 관하여 위임을 받은 공기업·준정부기관 계약사무규칙은 제15조에서 공정한 경쟁이나 계약의 적정한 이행을 해칠 것이 명백하다고 판단되는 자에 대하여 국가계약법 제27조에 따라 입찰참가자격을 제한할 수 있도록 규정하고 있다.

4. 법적 성격

(1) 국가, 지방자치단체에 의한 입찰참가자격 제한의 경우

국가계약법 제5조 제1항은 "계약은 서로 대등한 입장에서 당사자의 합의에 따라 체결되어야 하며, 당사자는 계약의 내용을 신의성실의 원칙에 따라 이행하여야 한다."라고 규정하여 국가계약이 사적(私的) 영역의 문제임을 명시하고 있고, 대법원은 국가계약법이나 지방계약법이 적용되는 "이른바 공공계약은 사경제의 주체로서 상대방과 대등한 위치에서 체결하는 사법(私法)상의 계약으로서 그 본질적인 내용은 사인 간의 계약과 다를 바가 없으므로, 그에 관한 법령에 특별한 정함이 있는 경우를 제외하고는 사적 자치와 계약자유의 원칙 등 사법의 원리가 그대로 적용된다."라고 판시하며 국가계약은 사법상의 계약이라고 명백히 밝혔다 (대법원 2006. 6. 19.자 2006마117 결정, 대법원 2012. 9. 20.자 2012마1097 결정).

이와 같이 국가계약이 사법상 계약임을 이유로 입찰참가자격제한 또한 사법

제3호: 다른 법령을 위반하는 등 입찰에 참가시키는 것이 적합하지 아니하다고 인정되는 자로서 다음 각 목의 어느 하나에 해당하는 자

상 행위로 보는 견해도 일부 존재하나,[5] 국가계약법상 입찰참가자격제한은 해당
입찰 또는 계약 이외에 다른 중앙관서의 장이 발주하는 모든 국가계약에 대한 입
찰참가자격을 일정기간 동안 배제한다는 점, 지방자치단체나 공공기관운영법상
의 공기업·준정부기관이 발주하는 입찰에서의 참가자격도 일정기간 배제된다는
점(지방계약법 제31조 제4항 후문, 공공기관운영법 제39조 제2항, 제3항, 공기업·준정부
기관 계약사무규칙 제15조, 국가계약법 제27조, 국가계약법 시행령 제76조 제13항)[6] 등을
고려해 볼 때 공공기관의 장이 사법상의 계약 당사자와는 별개의 공권력 행사의
주체로서 행사하는 행정처분으로 봄이 타당하다.[7] 대법원 또한 예산회계법을 근
거로 입찰참가자격제한 처분이 이루어질 당시부터 이미 이것이 행정처분임을 전
제로 판단하여 왔고(대법원 1986. 3. 11. 선고 85누793 판결), 이는 지금까지도 마찬가
지이다.

지방계약법에 근거한 입찰참가자격제한도 해당 입찰 또는 계약 이외에 다른
지방자치단체의 장이 발주하는 모든 지방계약에 대한 입찰참가자격을 일정기간
동안 배제한다는 점, 중앙관서나 공공기관운영법상의 공기업·준정부기관이 발주
하는 입찰에서의 참가자격도 일정기간 배제된다는 점 등을 고려해 볼 때 역시 마
찬가지이다. 대법원도 동일하게 이를 행정처분으로 보고 있다(대법원 2008. 2. 28.
선고 2007두13791 판결).

(2) 공기업 등에 의한 제한의 경우

과거 대법원은 한국토지개발공사나 한국전력공사의 입찰참가자격제한과 관
련하여, 해당 조치는 정부투자기관회계규정에 근거한 것이고 해당 회계규정은 정
부투자기관의 회계처리의 기준과 절차에 관한 사항을 재무부장관이 정하도록 규
정한 구 정부투자기관 관리기본법 제20조에 의하여 제정된 것이나, 위 회계규정
이 구 정부투자기관 관리기본법 제20조와 결합하여 대외적인 구속력이 있는 법
규명령으로서의 효력을 가진다고 할 수 없고, 위 공사를 예산회계법상의 중앙행
정기관으로 볼 수 있다거나 위 공사가 행정소송법 소정의 행정청 등으로부터 제

---

5) 이상규, 「입찰참가자격제한행위의 법적 성질」, 130-132면; 김성근, 앞의 책(Ⅱ), 519면에서
   재인용.
6) 이에 대한 상세한 내용은 후술한다.
7) 김성근, 앞의 책(Ⅱ), 524면; 법무법인(유한)태평양 건설부동산팀, 앞의 책, 445면; 박현석,
   앞의 책, 729면.

재처분의 권한을 위임받았다고 볼 수 있는 것도 아니므로, 이는 행정처분이 아니라 향후 상대방을 위 공사가 실시하는 입찰에 참가시키지 않겠다는 뜻을 담은 사법상의 통지에 불과하다고 보았다(대법원 1995. 2. 28. 선고 94두36 판결, 대법원 1999. 11. 26.자 99부3 결정).

그러나 대법원은 1999. 2. 5. 정부투자기관 관리기본법 개정 이후에는 정부투자기관의 입찰참가자격제한 조치를 행정처분으로 인정하였는데, 이는 위 정부투자기관 관리기본법 제20조 제2항에 정부투자기관의 입찰참가자격제한에 대한 법률상의 근거가 마련되었기 때문으로 보인다.[8]

한편 정부투자기관 관리기본법은 2007. 1. 19. 공공기관운영법이 신설되며 폐지되었는데, 공공기관운영법이 제39조 제2항에서 공기업·준정부기관이 일정한 경우 입찰참가자격을 제한할 수 있다고 규정한 이상 공공기관운영법에 근거하여 공기업이나 준정부기관이 하는 입찰참가자격제한 역시 행정처분에 해당할 것이다(대법원 2014. 11. 27. 선고 2013두18964 판결[9]).

다만 공공기관운영법 제39조 제2항은 "공기업·준정부기관은 공정한 경쟁이나 계약의 적정한 이행을 해칠 것이 명백하다고 판단되는 사람·법인 또는 단체 등에 대하여 2년의 범위 내에서 일정기간 입찰참가자격을 제한할 수 있다."라고 규정하고 있을 뿐이어서, 공기업이나 준정부기관이 아닌 기타공공기관의 경우 공공기관운영법상 입찰참가자격제한의 근거가 존재하지 않는다. 따라서 기타공공기관은 기획재정부훈령인 기타공공기관 계약사무 운영규정에 기초하여 입찰참가자격제한 조치를 행하고 있더라도 해당 운영규정에 대한 법률상의 근거가 존재하지 않는 이상 이는 해당 기관이 실시하는 입찰에 참가시키지 않겠다는 의사를 표시하는 것에 불과하고 다른 기관에서의 입찰참가에 효력을 미치는 것이 아니므로, 행정처분으로 보기는 어려울 것이다.[10] 대법원 역시 최근 수도권매립지관리공사의 입찰참가자격제한은 신청인을 해당 기관이 실시하는 입찰에 참가시키지 않겠다는 사법상의 통지에 불과하고, 이와 같은 통지를 하였다고 하여 신청인에게 국가에서 시행하는 모든 입찰에서의 참가자격을 제한하는 효력이 발생한다고 볼 수

8) 안철상, 「정부투자기관의 입찰참가제한의 법적 성질(대법원 1999. 11. 26.자 99부3 결정)」, 『행정판례평선』, 박영사, 2011. 6. 30.
9) 해당 판결은 공기업인 한국전력공사의 입찰참가자격제한에 관한 것이었는데, 대법원은 한국전력공사의 입찰참가자격제한이 행정처분에 해당한다는 전제 하에 판단하였다.
10) 법무법인(유한)태평양 건설부동산팀, 앞의 책, 486면.

없으므로, 이에 대한 효력정지 신청은 부적법하다고 판시하였다(대법원 2010. 11. 26.자 2010무137 결정). 다만 국민의 권리가 공권력 또는 이에 준하는 작용에 의하여 구체적으로 제한될 경우 이를 행정처분으로 보는 '실질설'에 의한다면 기타 공공기관의 입찰참가자격제한 역시 행정처분으로 볼 수 있다는 견해도 있다.[11]

[대법원 2010. 11. 26.자 2010무137 결정]

그런데 관계 법령과 기록에 의하면, 재항고인은 수도권매립지관리공사의 설립 및 운영 등에 관한 법률의 규정에 의하여 설립된 공공기관(법인)으로서 공공기관의 운영에 관한 법률 제5조 제4항에 의한 '기타 공공기관'에 불과하여 같은 법 제39조에 의한 입찰참가자격 제한 조치를 할 수 없을 뿐만 아니라, 재항고인의 대표자는 국가를 당사자로 하는 계약에 관한 법률 제27조 제1항에 의하여 입찰참가자격 제한 조치를 할 수 있는 '각 중앙관서의 장'에 해당하지 아니함이 명백하다. 따라서 재항고인은 행정소송법에 정한 행정청 또는 그 소속 기관이거나, 그로부터 이 사건 제재처분의 권한을 위임받은 공공기관에 해당하지 아니하므로, 재항고인이 한 이 사건 제재처분은, 행정소송의 대상이 되는 행정처분이 아니라 단지 신청인을 재항고인이 시행하는 입찰에 참가시키지 않겠다는 뜻의 사법상의 효력을 가지는 통지행위에 불과하다 할 것이고, 따라서 재항고인이 이와 같은 통지를 하였다고 하여 신청인에게 국가를 당사자로 하는 계약에 관한 법률 제27조 제1항에 의한 국가에서 시행하는 모든 입찰에의 참가자격을 제한하는 효력이 발생한다고 볼 수는 없으므로, 신청인이 재항고인을 상대로 하여 제기한 이 사건 효력정지 신청은 부적법하다고 할 것이다.

II. 입찰참가자격제한 처분의 요건

1. 주체

(1) 발주기관의 장

입찰참가자격제한 처분의 주체와 관련하여, 국가계약법 제27조 제1항은 "각

---

11) 김성근, 앞의 책(II), 525면.

중앙관서의 장"으로 규정하고 있고, 지방계약법 제31조 제1항은 "지방자치단체의 장"으로 규정하고 있으며, 공공기관운영법 제39조 제2항은 "공기업·준정부기관"으로 규정하고 있다. 법문상 발주기관의 장인 각 중앙관서의 장, 지방자치단체의 장, 공기업 또는 준정부기관의 장이 입찰참가자격제한 처분의 주체가 되는 것은 명백하다. 반면에 공공기관운영법 제5조 제1항 제2호에 따른 기타공공기관은 입찰참가자격제한 처분을 할 수 없다(대법원 2019. 2. 14. 선고 2016두33247 판결 등).

한편 국가계약법 제4조 제3항,[12] 국가재정법 제6조,[13] 정부조직법 제2조 제2항[14]에 따르면, 국가계약법상의 중앙행정기관은 원칙적으로 부·처 및 청인 것으로 해석된다.

(2) 위임·위탁사무의 경우

지방계약법 제7조 제1항에 따르면 지방자치단체의 장이 소관 계약사무를 처리하기 위하여 필요하다고 인정될 경우 그 사무의 전부 또는 일부를 중앙행정기관의 장, 다른 지방자치단체의 장 등에게 위임·위탁하여 처리할 수 있고, 실제로 지방자치단체의 장이 조달청장에게 계약 체결 등을 요청하여 조달청장이 계약을 체결하는 경우가 많았다. 그런데 구 지방계약법(2013. 8. 6. 법률 제12000호로 개정되기 전의 것) 제7조 제2항은 이러한 경우 계약사무의 처리는 지방계약법을 따르도록 규정하고 있었고, 제31조 제1항은 지방계약법에 따른 입찰참가자격제한 처분의 주체로 지방자치단체장만을 규정하고 있었기 때문에 구 지방계약법 제7조

---

12) **국가계약법**
  제4조(국제입찰에 따른 정부조달계약의 범위)
  ③ 국가재정법 제6조에 따른 중앙관서의 장(이하 "각 중앙관서의 장"이라 한다) 또는 제6조에 따라 위임·위탁 등을 받아 계약사무를 담당하는 공무원(이하 "계약담당공무원"이라 한다)은 계약의 목적과 성질 등을 고려하여 필요하다고 인정하면 제1항에 해당하지 아니하는 경우에도 대통령령으로 정하는 바에 따라 국제입찰에 의하여 조달할 수 있다.
13) **국가재정법**
  제6조(독립기관 및 중앙관서)
  ② 이법에서 "중앙관서"라 함은 헌법 또는 정부조직법 그 밖의 법률에 따라 설치된 중앙행정기관을 말한다.
14) **정부조직법**
  제2조(중앙행정기관의 설치와 조직 등)
  ② 중앙행정기관은 이 법과 다른 법률에 특별한 규정이 있는 경우를 제외하고는 부·처 및 청으로 한다.

제1항에 따라 지방자치단체의 장이 조달청장에게 계약 체결 등을 위탁하여 조달청장이 계약을 체결한 경우 입찰참가자격제한 처분의 정당한 주체가 누구인지가 문제되었다.

대법원은 "지방계약법 제7조 제1항, 제2항, 제31조 제1항 및 조달사업에 관한 법률 제5조의2 제1항, 제2항 등 관련 규정들을 모두 종합하여 보면, 지방자치단체의 장이 조달청장에게 수요물자 구매에 관한 계약 체결을 요청한 경우 그 계약사무의 처리에 관하여는 지방계약법이 적용되고 그 계약의 이행 등과 관련한 입찰 참가자격 제한에 관한 권한은 지방계약법 제31조 제1항에 따라 지방자치단체의 장에게 있다고 할 것이다."라고 판시하여 이러한 경우 입찰참가자격제한 처분의 주체는 계약 체결 등을 위탁한 지방자치단체의 장이고, 조달청장은 해당 처분의 주체가 될 수 없다고 하였다(대법원 2012. 11. 15. 선고 2011두31365 판결).

이후 2013. 8. 6. 개정된 지방계약법15)은 제31조 제1항에서 지방자치단체의 장이 제7조 제1항에 따라 중앙행정기관의 장 또는 다른 지방자치단체의 장에게 계약사무를 위임하거나 위탁하여 처리하는 경우에는 그 위임이나 위탁을 받은 중앙행정기관의 장 또는 다른 지방자치단체의 장을 입찰참가자격제한 처분을 할 수 있는 주체에 포함된다는 취지를 추가하였고, 이에 따라 현재는 조달청장 등이 계약 체결을 위탁받은 경우 직접 입찰참가자격제한 처분을 할 수 있게 되었다.

한편 조달사업에 관한 법률 제5조의2 제1, 2항에 따르면 수요기관의 장16)은 수요물자의 구매 또는 공사계약의 체결을 조달청장에게 요청할 수 있는데, 이에 따라 지방자치단체의 장이 아닌 중앙관서의 장이 조달청장에게 계약사무를 위탁한 경우 조달청장이 입찰참가자격제한 처분을 할 수 있는지와 관련하여, 대법원은 이와 같은 요청조달계약에서 조달청장은 수요기관으로부터 요청받은 계약 업무를 이행하는 것에 불과하여 조달청장이 수요기관을 대신하여 입찰참가자격제한 처분을 하기 위해서는 법률상 별도의 수권이 필요한데, 각 중앙관서의 장이 대통령령으로 정하는 바에 따라 그 소관의 계약에 관한 사무를 다른 관서에 위탁할 수 있다고 규정하고 있는 국가계약법 제6조 제3항이 입찰참가자격제한 처분에 대한 수권도 포함하고 있는 규정에 해당하므로, 조달청장이 국가계약법 제27조

---

15) 2014. 2. 7. 시행.
16) 조달사업에 관한 법률 제2조 제5호에 따르면, 조달물자, 시설공사계약의 체결 또는 시설물의 관리가 필요한 국가기관, 지방자치단체, 그 밖에 대통령령으로 정하는 기관을 의미한다.

제1항에 따라 계약상대방에게 입찰참가자격제한 처분을 할 수 있다고 판시하였다(대법원 2017. 10. 12. 선고 2016두40993 판결).

[대법원 2017. 10. 12. 선고 2016두40993 판결]

조달청장이 조달사업에 관한 법률 제5조의2 제1항 또는 제2항에 따라 수요기관으로부터 계약 체결을 요청받아 그에 따라 체결하는 계약(이하 '요청조달계약'이라 한다)에 있어 조달청장은 수요기관으로부터 요청받은 계약 업무를 이행하는 것에 불과하므로, 조달청장이 수요기관을 대신하여 국가를 당사자로 하는 계약에 관한 법률 제27조 제1항에 규정된 입찰참가자격 제한 처분을 할 수 있기 위해서는 그에 관한 수권의 근거 또는 수권의 취지가 포함된 업무 위탁에 관한 근거가 법률에 별도로 마련되어 있어야 한다(대법원 2017. 6. 29. 선고 2014두14389 판결 참조). 구 국가를 당사자로 하는 계약에 관한 법률(2012. 12. 18. 법률 제11547호로 개정되기 전의 것, 이하 '국가계약법'이라 한다) 제6조 제3항은 "각 중앙관서의 장은 대통령령이 정하는 바에 의하여 그 소관에 속하는 계약에 관한 사무를 다른 관서에 위탁할 수 있다."라고 규정하고 있는데, ① 국가계약법에 계약 업무 위탁에 관하여 법률 규정을 별도로 두고 있는 취지는 조달청에서 운영하고 있는 전문적이고 체계적인 조달시스템을 완전하게 이용하도록 하기 위한 것인 점, ② 이 사건 요청조달계약의 수요기관은 중앙관서의 장으로서 위탁 전 독자적인 입찰참가자격 제한 처분 권한을 보유하고 있던 점, ③ 중앙관서의 장으로부터 조달청장에게 계약업무가 전적으로 위탁된 이상, 조달청장은 국가계약법에서 정한 제반 절차에 따라 위탁기관의 계약과 관련한 사무를 처리하여야만 하는 점 등을 종합하여 보면, 국가계약법 제6조 제3항의 <u>'계약에 관한 사무 위탁'에는 국가계약법에 정한 중앙관서의 장의 입찰참가자격 제한 처분 권한에 관한 수권도 당연히 포함되는 것으로 볼 수 있다.</u> 이러한 법리와 관련 규정의 내용 및 취지에 비추어 보면, 중앙관서의 장인 경찰청장으로부터 국가계약법 제6조 제3항에 따라 요청조달계약의 형식으로 계약에 관한 사무를 위탁받은 피고(조달청장)는 국가계약법 제27조 제1항에 의하여 원고들에 대하여 이 사건 처분을 할 수 있는 권한이 있다고 봄이 타당하다.

　　동일한 논리로 수요기관이 공공기관운영법상의 공공기관일 경우 조달청장이 이를 대신하여 입찰참가자격제한 처분을 하기 위해서도 법률상 수권의 근거가 필요할 것이다. 이와 관련하여 공공기관운영법 제44조 제2항은 공기업·준정부기관이 필요하다고 인정하는 때에는 수요물자 구매나 시설공사계약의 체결을 조달청장에게 위탁할 수 있다고 규정하고 있는데, 대법원은 공공기관운영법 제44조 제2항이 입찰참가자격제한 처분의 수권 근거에 해당한다고 보면서, 공기업·준정부기관과 달리 기타공공기관의 경우 위 규정에 포함되어 있지 않았으므로 조달청이 기타공공기관을 수요기관으로 하여 계약의 체결을 위탁받은 경우에는 입찰참가자격제한 처분을 할 수 없다고 판시하였다(대법원 2017. 6. 29. 선고 2014두14389 판결).[17)]

[대법원 2017. 6. 29. 선고 2014두14389 판결]

특히 요청조달계약에 있어 조달청장은 수요기관으로부터 요청받은 계약 업무를 이행하는 것에 불과하므로, 조달청장이 수요기관을 대신하여 국가계약법 제27조 제1항에 규정된 입찰참가자격 제한 처분을 할 수 있기 위해서는 그에 관한 수권의 취지가 포함된 업무 위탁에 관한 근거가 법률에 별도로 마련되어 있어야 한다. 그런데 공공기관의 운영에 관한 법률 제44조 제2항은 "공기업·준정부기관은 필요하다고 인정하는 때에는 수요물자 구매나 시설공사계약의 체결을 조달청장에게 위탁할 수 있다."라고 규정함으로써, 공기업·준정부기관에 대해서는 입찰참가자격 제한 처분의 수권 취지가 포함된 업무 위탁에 관한 근거 규정을 두고 있는 반면 기타공공기관은 여기에서 제외하고 있음을 알 수 있다. 따라서 수요기관이 기타공공기관인 요청조달계약의 경우에 관하여는 입찰참가자격 제한 처분의 수권 등에 관한 법령상 근거가 없으므로, 조달청장이 국가계약법 제27조 제1항에 의하여서는 계약상대방에 대하여 입찰참가자격 제한 처분을 할 수는 없고, 그 밖에 그러한 처분을 할 수 있는 별도의 법적 근거도 없다고 봄이 타당하다.

---

17) 공공기관운영법상 기타공공기관은 국가계약법 제27조에 따른 입찰참가자격제한 처분을 할 권한이 없다는 점에서, 조달청이 기타공공기관의 계약체결 업무를 위탁받은 경우에도 이를 할 수 없음은 논리적으로 당연하다.

2. 상대방

(1) 부정당업자

입찰참가자격제한 처분의 상대방은 계약상대자, 입찰자 또는 국가계약법 시행령 제30조 제2항에 따라 전자조달시스템을 이용하여 견적서를 제출하는 자, 독점규제법 또는 하도급법을 위반하여 공정거래위원회로부터 입찰참가자격 제한의 요청이 있는 자, 대·중소기업 상생협력 촉진에 관한 법률(이하 "상생협력법")에 따라 중소벤처기업부장관으로부터 입찰참가자격 제한의 요청이 있는 자(이하 "부정당업자")이다(국가계약법 시행령 제76조 제3항).

부정당업자가 직접 입찰참가자격제한 처분의 사유가 되는 행위를 하는 경우뿐만 아니라, 부정당업자의 대리인, 지배인 또는 그 밖의 사용자 등이 해당 행위를 하는 경우에도 부정당업자가 입찰참가자격제한 처분을 받게 되는데, 부정당업자가 대리인 등의 이러한 행위를 방지하기 위하여 상당한 주의와 감독을 게을리하지 아니한 경우에는 책임을 면할 수 있다(국가계약법 시행령 제76조 제3항 단서). 이는 책임주의의 원칙상 당연한 것이지만, 형사법상 양벌규정에 대한 면책사유로 규정된 '상당한 주의와 감독'이 인정되는 경우가 매우 드문 점에 비추어 보면 부정당업자가 상당한 주의와 감독을 주장하여 입찰참가자격제한 처분을 면하기는 현실적으로 쉽지 않아 보인다.

(2) 공동수급체의 경우

공동수급체의 경우 실제로 원인을 제공한 구성원에 대하여만 입찰참가자격제한 처분을 할 수 있다(국가계약법 시행령 제76조 제5항). 이는 공동수급체의 형식(공동이행방식, 분담이행방식, 주계약자관리방식)을 따지지 않는다. 공동수급체는 발주기관에 대하여 계약상 의무에 따른 연대책임을 부담하면 충분하고, 일부 구성원이 다른 구성원의 위법행위에 대한 행정적 책임까지 부담할 이유가 없다는 점에 비추어 보면 이는 극히 당연하다고 하겠다.[18]

---

18) 김성근, 앞의 책(Ⅱ), 592면.

(3) 법인 또는 단체의 대표자나 중소기업협동조합에서 원인을 제공한 조합원

법인 또는 단체가 입찰참가자격제한 처분을 받을 경우에는 그 대표자에게도 입찰참가자격제한 처분을 한다(국가계약법 시행령 제76조 제6항 제1호). 이는 실제로 입찰참가자격 제한사유에 해당하는 행위를 주도한 대표자가 개인 자격으로 또는 새로운 법인이나 단체를 설립하여 입찰에 참가하는 것을 제한하기 위한 취지이다. 실제로 일부 군소업체의 경우에는 낙찰 확률을 높이기 위하여 수십여 개의 페이퍼컴퍼니를 설립·운영하는 경우도 있는데, 이러한 경우 대표자에게 입찰참가자격제한 처분을 하지 않는다면 제재의 실효성이 크게 저하될 수 있다.

다만 하나의 법인이나 단체에 여러 명의 대표자가 존재할 경우 대표자에 대한 제재는 해당 입찰 및 계약에 관한 업무를 소관하는 대표자로 한정되고(국가계약법 시행령 제76조 제6항 제1호), 중소기업협동조합법에 따른 중소기업협동조합에 대한 입찰참가자격제한 처분을 하면서 조합원에 대하여 동일한 처분을 할 경우에도 마찬가지로 원인을 제공한 조합원만 처분의 대상이 된다(국가계약법 시행령 제76조 제6항 제2호).

[대법원 2007. 10. 11. 선고 2005두6027 판결]

법 제27조 및 법 시행령 제76조 제1항 제10호에 따라 중소기업협동조합에 대하여 입찰참가자격을 제한하는 처분은 중소기업협동조합의 이사장 및 이사, 종업원 등 사용인이 계약의 체결·이행과 관련하여 관계공무원에게 뇌물을 제공한 경우로 제한되고, 법 시행령 제76조 제1항 소정의 계약상대자 본인 또는 그 사용인에 법인의 사원(社員)이 포함된다고 확대하여 해석할 수 없는 이상, 법인의 사원(社員)에 불과한 조합원의 행위가 법률상 중소기업협동조합의 행위로 되거나 이와 동일시 할 수 있는 특별한 사정이 없는 한 조합원이 이 사건 계약체결과 관련하여 관계공무원에게 뇌물을 주었다고 하여 위 규정을 근거로 중소기업협동조합에게 입찰참가자격제한처분을 할 수 없는 한편 법 시행령 제76조 제4항이 '제1항 내지 제3항의 규정에 의하여 입찰참가자격의 제한을 받은 자가 중소기업협동조합인 경우에는 그 원인을 직접 야기시킨 조합원에 대하여도 제1항의 규정을 적용한다'고 규정하고 있으나, 이는 중소기업협동조합이 입찰참가자격제한을 받는 경우, 즉 조합이 체결한 단체적 계약이 조합원인

회사에 직접 효력을 미치게 되어 그 계약체결과정 또는 이행과정에서 실제로는 조합원인 회사가 법 시행령 제76조 제1항 각 호 소정의 입찰참가자격 제한 사유를 야기하였으나 이것이 바로 그 단체적 계약의 당사자인 조합의 행위로 되는 결과가 발생함으로써 조합이 입찰자격 제한을 받게 되는 경우에 계약당사자인 중소기업협동조합 이외에 그 원인을 직접 야기시킨 조합원(법인 기타 단체인 경우에는 그 대표자)에 대하여도 입찰참가자격 제한규정을 적용하는 일종의 양벌적 제재규정이라고 해석함이 상당하므로, 조합원 회사가 중소기업협동조합과 무관하게 관계공무원에게 뇌물을 주는 등 중소기업협동조합의 행위로 볼 수 없는 행위를 한 경우에 위 규정을 근거로 하여 중소기업협동조합에 대하여 입찰참가자격 제한처분을 할 수도 없다고 할 것이다.

한편 입찰참가자격제한 처분의 상대방은 법에서 제한적으로 열거하고 있으므로, 상위법령의 위임없이 이를 확대하는 것은 무효이다. 대법원도 입찰참가자격을 제한받은 자가 법인이나 단체인 경우에는 그 대표자에 대하여도 입찰참가자격 제한을 할 수 있도록 규정한 구 공기업·준정부기관 계약사무규칙 제15조 제4항은 상위법령인 공공기관운영법의 위임없이 처분대상을 확대한 것이므로 대외적인 효력을 인정할 수 없다고 판시하였다(대법원 2017. 6. 15. 선고 2016두52378 판결). 따라서 공공기관운영법에 따라 공기업, 준정부기관의 장이 입찰참가자격제한 처분을 하는 경우 법인이나 단체의 대표자에 대하여는 입찰참가자격제한 처분을 할 수 없다

[대법원 2017. 6. 15. 선고 2016두52378 판결]

공공기관운영법 제39조 제2항은 입찰참가자격 제한 대상을 '공정한 경쟁이나 계약의 적정한 이행을 해칠 것이 명백하다고 판단되는 사람·법인 또는 단체 등'으로 규정하여 입찰참가자격 제한 처분 대상을 해당 부정당행위에 관여한 자로 한정하고 있다. 반면 계약사무규칙 제15조 제4항(이하 '이 사건 규칙 조항'이라고 한다)은 '입찰참가자격을 제한받은 자가 법인이나 단체인 경우에는 그 대표자'에 대하여도 입찰참가자격 제한을 할 수 있도록 규정하여, 부정당행위에 관여하였는지 여부와 무관하게 법인 등의 대표자 지위에 있다는 이유만

으로 입찰참가자격 제한 처분의 대상이 될 수 있도록 함으로써, 법률에 규정된 것보다 그 처분대상을 확대하고 있다.

그러나 공공기관운영법 제39조 제3항에서 부령에 위임한 것은 '입찰참가자격의 제한기준 등에 관하여 필요한 사항'일 뿐이고, 이는 그 규정의 문언상 입찰참가자격을 제한하면서 그 기간의 정도와 가중·감경 등에 관한 사항을 의미하는 것이지 처분대상까지 위임한 것이라고 볼 수는 없다. 따라서 이 사건 규칙 조항에서 위와 같이 처분대상을 확대하여 정한 것은 상위법령의 위임 없이 규정한 것이므로 이는 위임입법의 한계를 벗어난 것으로서 그 대외적 효력을 인정할 수 없다(대법원 2013. 9. 12. 선고 2011두10584 판결 참조). 이러한 법리는 계약사무규칙 제2조 제5항이 "공기업·준정부기관의 계약에 관하여 계약사무규칙에 규정되지 아니한 사항에 관하여는 국가를 당사자로 하는 계약에 관한 법령을 준용한다."고 규정하고 있다고 하여 달리 볼 수 없다.

3. 사유

앞서 서술한 바와 같이 구 국가계약법(2016. 3. 2. 법률 제14038호로 개정되기 전의 것)은 세부적인 제재 사유를 직접 규정하지 않고 시행령 제76조 제1항 각 호에서 규정하였으나, 2016. 3. 2. 개정 이후에는 법 제27조 제1항 제1호 내지 제9호로 제재 사유를 직접 규정하였고, 시행령 제76조로 법 제27조 제1항 제9호의 사유를 보다 구체적으로 상세화하여 규정하는 것으로 규정 체계가 변경되었다.

국가계약법 제27조 제1항은 "다음 각 호의 어느 하나에 해당하는 자"로 제한사유를 규정하였고, 국가계약법 제27조 제1항 제1호 내지 제9호, 같은 법 시행령 제76조 제2항 제1 내지 제3호에 개방적·포괄적으로 규정된 항목은 없다. 더욱이 위 규정들은 침익적 처분의 사유에 관한 규정들이므로 제한적으로 엄격하게 해석되는 것이 타당하다는 점에서, 국가계약법과 같은 법 시행령에 규정된 입찰참가자격 제한사유는 한정적 열거로 봄이 타당하다. 대법원 역시 같은 입장이다(대법원 2008. 2. 28. 선고 2007두13971 판결, 대법원 2015. 9. 10. 선고 2013두13372 판결).

[대법원 2008. 2. 28. 선고 2007두13791 판결]

침익적 행정처분의 근거가 되는 행정법규는 엄격하게 해석·적용하여야 하고 행정처분의 상대방에게 불리한 방향으로 지나치게 확장해석하거나 유추해석하여서는 안 되며, 그 입법 취지와 목적 등을 고려한 목적론적 해석이 전적으로 배제되는 것은 아니라 하더라도 그 해석이 문언의 통상적인 의미를 벗어나서는 안 될 것인바, 국가계약법 시행령 제76조 제1항 본문이 입찰참가자격 제한의 대상을 '계약상대자 또는 입찰자'로 정하고 있는 점 등에 비추어 보면, 같은 항 제7호에 규정된 '특정인의 낙찰을 위하여 담합한 자'는 '당해 경쟁입찰에 참가한 자'로서 당해 입찰에서 특정인이 낙찰되도록 하기 위한 목적으로 담합한 자를 의미한다고 봄이 상당하고, 당해 경쟁입찰에 참가하지 아니함으로써 경쟁입찰의 성립 자체를 방해하는 담합행위는 설사 그 경쟁입찰을 유찰시켜 수의계약이 체결되도록 하기 위한 목적에서 비롯된 것이라 하더라도 위 '계약상대자 또는 입찰자'에 해당한다고 할 수 없다.

[대법원 2015. 9. 10. 선고 2013두13372 판결]

원심판결 이유에 의하면, 원심은 공공기관의 운영에 관한 법률(이하 '공공기관법'이라고 한다) 제39조 제2항에 의한 입찰참가자격 제한은 제재적 행정처분으로서 그 처분사유는 법령이 정하고 있는 사유로 한정되는데, 피고가 이 사건 제3처분사유의 근거로 삼은 이 사건 청렴계약특수조건 위반은 공공기관법 제39조 제2항, 국가를 당사자로 하는 계약에 관한 법률 시행령(이하 '국가계약법 시행령'이라고 한다) 제76조 제1항 각 호에서 정한 입찰참가자격 제한처분의 사유에 해당하지 아니하므로, 이 사건 제3처분사유는 적법한 처분사유가 될 수 없다고 판단하였다.
관련 법리에 비추어 기록을 살펴보면, 원심의 위와 같은 판단은 정당하고, 거기에 상고이유 주장과 같이 처분사유에 관한 법리를 오해하거나 필요한 심리를 다하지 아니한 잘못이 없다.

한편 공공기관운영법 제39조 제2항은 "공기업·준정부기관은 공정한 경쟁이나 계약의 적정한 이행을 해칠 것이 명백하다고 판단되는 사람·법인 또는 단체 등에 대하여 2년의 범위 내에서 일정기간 입찰참가자격을 제한할 수 있다"고 규정하고 있고, 같은 조 제3항은 "제1항과 제2항의 규정에 따른 회계처리의 원칙과 입찰참가자격의 제한기준 등에 관하여 필요한 사항은 기획재정부령으로 정한다"고 규정하고 있는데, 이와 관련하여 대법원은 공공기관운영법 제39조 제2항의 요건을 완화하거나 처분대상을 확대하는 내용의 하위법령은 대외적 효력이 없다고 판시하고 있다.

[대법원 2013. 9. 12. 선고 2011두10584 판결]

위와 같은 공공기관법 및 이 사건 규칙 조항의 내용을 대비해 보면, 입찰참가자격 제한의 요건을 공공기관법에서는 '공정한 경쟁이나 계약의 적정한 이행을 해칠 것이 명백할 것'을 규정하고 있는 반면 이 사건 규칙 조항에서는 '경쟁의 공정한 집행이나 계약의 적정한 이행을 해칠 우려가 있거나 입찰에 참가시키는 것이 부적합하다고 인정되는 자'라고 규정함으로써, 이 사건 규칙 조항이 법률에 규정된 것보다 한층 완화된 처분요건을 규정하여 그 처분대상을 확대하고 있다. 그러나 공공기관법 제39조 제3항에서 부령에 위임한 것은 '입찰참가자격의 제한기준 등에 관하여 필요한 사항'일 뿐이고, 이는 그 규정의 문언상 입찰참가자격을 제한함에 있어서 그 기간의 정도와 가중·감경 등에 관한 사항을 의미한다고 할 것이지 처분의 요건까지를 위임한 것이라고 볼 수는 없다. 따라서 이 사건 규칙 조항에서 위와 같이 처분의 요건을 완화하여 정한 것은 상위법령의 위임 없이 규정한 것이므로 이는 앞서 본 법리에 비추어 행정기관 내부의 사무처리준칙을 정한 것에 지나지 아니한다 할 것이다.

원심이 같은 취지에서 이 사건 규칙 조항이 대외적 구속력이 없다고 판단한 것은 정당하고, 거기에 피고가 주장하는 위임규정의 존부 등에 관한 법리를 오해한 위법은 없다.

따라서 공공기관운영법에 따라 입찰참가자격제한처분을 하기 위해서는 국가계약법에 따른 요건 이외에 공공기관운영법 제39조 제2항에 따른 요건(공정한 경쟁이나 계약의 적정한 이행을 해칠 것이 명백할 것)도 충족해야 하는 것으로 해석된다. 또한 국가계약법 제27조 제1항 제8호는 "입찰·계약 관련 서류를 위조 또는 변조하거나 입찰·계약을 방해하는 등 경쟁의 공정한 집행을 저해할 염려가 있는

자" 또는 "정당한 이유 없이 계약의 체결 또는 이행 관련 행위를 하지 아니하거나 방해하는 등 계약의 적정한 이행을 해칠 염려가 있는 자"로서 대통령령으로 정하는 자를 입찰참가자격 제한사유로 규정하고 있다는 점에서, 입찰참가자격 제한사유를 "공정한 경쟁이나 계약의 적정한 이행을 해칠 것이 명백하다고 판단되는 자"로 규정하고 있는 공공기관운영법은 국가계약법보다 요건이 더 엄격하다고 볼 수 있다.

아래에서는 국가계약법 및 같은 법 시행령에 규정된 각 사유들을 개별적으로 살펴보겠다.

(1) 계약이행에서의 부실, 조잡, 부당, 부정한 행위(국가계약법 제27조 제1항 제1호)

계약을 이행함에 있어서 부실·조잡 또는 부당하게 하거나 부정한 행위를 하는 것은 입찰참가자격 제한사유에 해당한다. 이와 같은 표현은 다소 애매하고 추상적인 측면이 있기는 하나, 국가계약법 시행규칙 [별표2] 2. 개별기준 비고 부분에 그 구체적인 의미가 규정되어 있다.

이에 따르면 계약이행에서의 부실은 건설기술 진흥법 제53조 제1항 각 호 이외의 부분에 따른 부실벌점[19]을 받는 것을 의미하고, 부실벌점의 점수에 따라 제재기간도 달리 정해지게 된다.

계약이행에서의 조잡은 공사에서는 하자비율, 물품에서는 보수비율이 각 일정 부분 이상인 것을 의미하는데, 하자비율은 하자담보책임기간 중 하자검사결과 하자보수보증금에 대한 하자발생 누계금액비율을 의미하고, 보수비율은 물품보증기간 중 계약금액에 대한 보수비용발생 누계금액비율을 의미한다.

계약이행을 부당하게 하거나 부정한 행위를 하는 것은 설계서(또는 규격서)와 달리 구조물 내구성 연한의 단축, 안전도의 위해를 가져오는 등 부당한 시공(제조)을 하는 것, 설계서상의 기준규격보다 낮은 자재를 쓰는 등 부정한 시공을 하는 것, 이러한 행위들에 대하여 감리의무를 성실하게 수행하지 아니하는 것을 의미한다.

최근 대법원은 국가계약법 제27조 제1항 제1호 소정의 '부정한 행위를 한

---

19) 건설기술 진흥법 제53조 제4항은 제1항에 따른 벌점에 관한 세부사항을 대통령령에 위임하고 있고, 같은 법 시행령 제87조 제5항에 세부적인 내용이 규정되어 있다.

자'의 해석과 관련하여, "설계서상의 기준규격보다 낮은 다른 자재를 쓰거나 이와 같은 정도로 사회통념상 허용되지 않는 옳지 못한 방법을 적극적으로 사용하여 계약상 의무를 위반한 자"로 보아야 한다고 판시하였다(대법원 2024. 6. 27. 선고 2024두3239 판결[20])).

[대법원 2024. 6. 27. 선고 2024두3239 판결]

> 국가계약법 제27조 제1항 제1호는 '계약을 이행할 때에 부실·조잡 또는 부당'하게 하거나 '부정한 행위를 한 자'로 전단과 후단을 나누어 규정하고, 개별기준 역시 부실한 이행(제1호)과 조잡한 이행(제2호), 부당·부정한 행위(제3호)를 나누어 각 행위별로 제재기간을 달리 정하고 있다. 개별기준 제3호 (나)목은 '부정한 행위를 한 자'의 구체적인 예시로 '설계서상의 기준규격보다 낮은 자재를 쓰는 행위'를 들고 있다.
>
> 개별기준의 구체적 내용을 보면 제1, 2호는 하자의 정도에 따라 제재기간에 차등을 두는 점 등에 비추어 제조된 물품의 객관적 상태가 품질기준에 미치지 못하는 등 계약이행의 결과에 대하여 제재하려는 목적임이 명백하다. 반면 제3호는 시공방법이나 사용한 자재가 설계서와 다른 경우를 예시로 들고 있으므로 계약을 위반하는 행위 자체를 제재하고자 하는 취지로 해석된다.
>
> 또한 국가계약법령은 국가계약법 제27조 제1항 제9호 (나)목, 같은 법 시행령 제76조 제2항 제2호 (가)목, 개별기준 제13호에서 정당한 이유 없이 계약을 이행하지 않거나 계약의 주요조건을 위반하여 계약의 적정한 이행을 해칠 염려가 있는 자를 제재할 수 있도록 하여, 계약당사자가 계약상 책임을 소극적으로 이행하지 아니함으로 인해 계약의 적정한 이행을 해칠 우려가 있는 경우에 대해서 법 제27조 제1항 제1호와는 별도의 규정으로 처리하도록 하고 있다.
>
> 한편 국가계약법 제27조 제1항 제4호는 부정당업자의 다른 유형으로 '사기, 그 밖의 부정한 행위로 입찰·낙찰 또는 계약의 체결·이행 과정에서 국가

---

20) 한편, 위 대법원 판결은 "계약이행의 결과에 객관적 하자가 있다는 것만으로는 원고가 계약을 이행할 때에 사회통념상 옳지 못한 행위를 하였다고 단정할 수 없"다고 보아 입찰참가자격 제한처분의 적법성을 인정한 원심을 파기하였는데, 이는 본 조항이 문제되는 사례에서 중요한 판시가 될 것으로 보인다.

에 손해를 끼치는 경우'를 두면서 사기인지 그 밖의 부정한 행위인지를 구분하
지 않고 국가에 발생한 손해의 정도에 따라 제재기간에 차등을 두어(개별기준
제6호), '부정한 행위'를 사기에 준하는 행위로 규정하고 있다.

　　이러한 관련 법령의 체계와 내용을 종합하면, 국가계약법 제27조 제1항
제1호, 같은 법 시행령 제76조 제4항의 위임에 따른 개별기준 제3호 (나)목의
'부정한 행위를 한 자'란 설계서상의 기준규격보다 낮은 다른 자재를 쓰거나
이와 같은 정도로 사회통념상 허용되지 않는 옳지 못한 방법을 적극적으로 사
용하여 계약상 의무를 위반한 자를 말한다고 보아야 한다.

(2) 경쟁입찰, 계약 체결 등에서의 담합 등(국가계약법 제27조 제1항 제2호)

　　경쟁입찰, 계약 체결 또는 이행 과정에서 입찰자 또는 계약상대자 간에 서로
상의하여 미리 입찰가격, 수주 물량 또는 계약의 내용 등을 협정하였거나 특정인
의 낙찰 또는 납품대상자 선정을 위하여 담합하는 것은 입찰참가자격 제한사유가
된다. 즉 소위 가격담합이나 물량담합, 들러리합의 등이 여기서 말하는 전형적인
담합으로서의 입찰참가자격 제한사유가 된다고 하겠다.

　　담합의 요건과 관련하여, 대법원은 "입찰자가 입찰을 함에 즈음하여 실질적
으로는 단독입찰인 것을 그로 인한 유찰을 방지하기 위하여 경쟁자가 있는 것처
럼 제3자를 시켜 형식상 입찰을 하게 하는 소위 들러리를 세운다거나 입찰자들끼
리 특정한 입찰자로 하여금 낙찰받게 하거나 당해 입찰에 있어서 입찰자들 상호
간에 가격경쟁을 하는 경우 당연히 예상되는 적정한 가격을 저지하고 특정입찰자
에게 부당한 이익을 주고 입찰실시자에게 그 상당의 손해를 입히는 결과를 가져
올 정도로 싼 값으로 낙찰되도록 하기 위한 사전협정으로서 그 어느 경우이건 최
저가입찰자가 된 입찰자에게 책임을 돌릴 수 있는 경우를 말하고, 단지 기업이윤
을 고려한 적정선에서 무모한 출혈경쟁을 방지하기 위하여 일반거래 통념상 인정
되는 범위 내에서 입찰자 상호 간에 의사의 타진과 절충을 한 것에 불과한 경우
는 위의 담합에 포함되지 않는다."고 수차례 판시한 바 있다(대법원 1982. 11. 9.
선고 81다537 판결, 대법원 1994. 12. 2. 선고 94다41454 판결). 이러한 법리에 따르
면 가격 합의를 하더라도 그 금액이 무모한 경쟁을 방지하기 위한 차원으로 발주
기관에게 상당한 손해를 입히는 정도가 아니라고 한다면 이를 담합으로 보지 않

을 여지도 있을 것이나, 위법한 담합으로 인정되지 않을 정도의 합의 금액의 구
체적 기준은 실무상 명확하지는 않아 보인다.

한편 앞서 언급한 바와 같이 위 규정의 담합은 경쟁입찰, 계약 체결 또는 이
행 과정을 전제로 하는 것이므로, 만일 경쟁입찰 자체를 성립할 수 없도록 하여
특정인이 발주기관과 수의계약을 체결하도록 할 목적으로 경쟁입찰에 참여를 하
지 않은 경우는 위 규정의 담합으로 볼 수 없다(대법원 2008. 2. 28. 선고 2007두
13971 판결). 마찬가지로 전자조달시스템을 이용하여 견적서를 제출하는 수의계
약절차(국가계약법 시행령 제30조 제2항)에서는 담합이 존재하더라도 이는 경쟁입
찰절차가 아닌 수의계약절차이므로 본 호의 입찰참가자격 제한 사유가 되지 않는
다(기획재정부 유권해석 계약제도과-227, 2015. 3. 3).[21]

> **[기획재정부 유권해석 계약제도과-227(2015. 3. 3.)]**
>
> 국가를 당사자로 하는 계약에 관한 법률 시행령 제76조 제1항 제7호에서 규정
> 하고 있는 '입찰자간에 서로 상의하여 미리 입찰가격, 수주 물량 또는 계약의
> 내용 등을 협정하였거나 특정인의 낙찰 또는 납품대상자 선정을 위하여 담합
> 한 자'는 경쟁입찰을 전제로 하고 있으므로, 제30조 제2항에 따라 전자조달시
> 스템을 이용하여 견적서를 제출하는 수의계약의 절차에는 적용되지 않을 것입
> 니다.

국가계약법 시행령 제27조 제1항 제5호는 독점규제 및 공정거래에 관한 법
률(이하 "공정거래법")을 위반하여 공정거래위원회로부터 입찰참가자격 제한 요청
이 있는 것을 부정당업자제재 사유로 규정하고 있는데, 이는 당연히 제2호와는
별개의 사유이다. 즉 특정인이 담합행위를 하였다면 그 자체로 제2호의 사유가
성립하고, 이와 관련하여 공정거래위원회가 발주기관에게 입찰참가자격 제한 요
청을 하였다면 별도로 제5호의 사유가 성립하게 된다.[22]

최근 국가계약법이 2024. 3. 26. 법률 제20401호로 개정되면서 독점규제법
제44조에 따라 공동행위를 한 사실의 자진신고 등을 통하여 시정조치나 과징금
을 감경 또는 면제받은 경우에는 대통령령으로 정하는 바에 따라 입찰참가자격

---

21) 박현석, 앞의 책, 755면 재인용.
22) 박현석, 앞의 책, 754면.

제한처분을 감경 또는 면제할 수 있도록 하는 규정이 신설되었다(국가계약법 제27조 제2항). 나아가 국가계약법 시행령이 2024. 9. 20. 대통령령 제34900호로 개정되면서 제76조 제7항이 신설되었고, 입찰참가자격 제한처분에 대한 감경 또는 면제의 기준을 구체적으로 규정하였다.

1. 독점규제 및 공정거래에 관한 법률 제42조에 따라 시정조치만 받은 자가 같은 법 제44조에 따라 해당 시정조치를 면제받은 경우: 입찰 참가자격 제한처분 면제
2. 독점규제 및 공정거래에 관한 법률 제43조에 따라 과징금 부과처분만 받은 자: 다음 각 목의 구분에 따라 입찰 참가자격 제한처분 감경 또는 면제
   가. 독점규제 및 공정거래에 관한 법률 제44조에 따라 과징금을 면제받은 경우: 입찰 참가자격 제한처분 면제
   나. 독점규제 및 공정거래에 관한 법률 제44조에 따라 과징금을 감경받은 경우: 입찰 참가자격 제한 일수(日數)에서 다음 계산식에 따라 계산한 일수를 감경

> 입찰 참가자격 제한처분 감경일수(소수점 이하는 1일로 계산한다) = A×B
>
> A: 입찰 참가자격 제한의 시작일부터 그 종료일까지의 일수
> B: 「독점규제 및 공정거래에 관한 법률」 제44조에 따라 감경받은 과징금의 감경 비율

3. 독점규제 및 공정거래에 관한 법률 제42조 및 제43조에 따라 시정조치 및 과징금 부과처분을 모두 받은 자: 해당 시정조치의 감면 여부에 관계 없이 다음 각 목의 구분에 따라 입찰 참가자격 제한처분 감경 또는 면제
   가. 독점규제 및 공정거래에 관한 법률 제44조에 따라 과징금을 면제받은 경우: 입찰 참가자격 제한처분 면제
   나. 독점규제 및 공정거래에 관한 법률 제44조에 따라 과징금을 감경받은 경우: 입찰 참가자격 제한 일수에서 제2호나목의 계산식에 따라 계산한 일수를 감경

(3) 관련 법령상의 하도급제한규정 위반(국가계약법 제27조 제1항 제3호)
건설산업기본법, 전기공사업법, 정보통신공사업법, 소프트웨어산업진흥법

및 그 밖의 다른 법률에 따른 하도급에 관한 제한규정을 위반하여 하도급하거나
발주관서의 승인 없이 하도급을 하거나 발주관서의 승인을 얻은 하도급조건을 변
경한 경우 입찰참가자격 제한사유가 된다. 위 조항에서 명시적으로 언급하고 있
는 건설산업기본법, 전기공사업법, 정보통신공사업법, 소프트웨어산업진흥법 등
4개의 법률 외의 법률이라도 하도급에 관한 제한 규정을 둔 법률이라면 해당 법
률 규정을 위반하여 하도급을 하는 경우 등에는 동일하게 제재사유가 될 수 있다.
대표적으로는 소방시설공사업법, 국가유산 수리 등에 관한 법률이 여기에 해당한
다고 볼 수 있다.[23]

국가계약법 시행규칙 [별표2] 2. 개별기준 제5호는 같은 법 제27조 제1항
제3호의 사유와 관련하여, 다음과 같이 유형화하고 있다.

가. 전부 또는 주요부분의 대부분을 1인에게 하도급한 자: 1년
나. 전부 또는 주요부분의 대부분을 2인 이상에게 하도급한 자: 8개월
다. 면허·등록 등 관련 자격이 없는 자에게 하도급한 자: 8개월
라. 발주기관의 승인 없이 하도급한 자: 6개월
마. 재하도급금지 규정에 위반하여 하도급한 자: 4개월
바. 하도급조건을 하도급자에게 불리하게 변경한 자: 4개월

이 중 가.와 나.의 규정은 건설산업기본법 제29조 제1항의 일괄하도급제한
에 관련된 사유로 볼 수 있다.

다.의 규정은 일정한 자격을 필요로 하는 공사 등에서 그러한 자격이 없는
자에게 하도급을 하는 경우로서, 예컨대 건설업 등록이 취소된 자에게 하도급을
하는 경우 등을 상정할 수 있다. 이 경우 실제로 공사를 한 자가 건설산업기본법
제95조의2 제1호에 따라 처벌받는 것과 별개로 하도급을 한 자는 입찰참가자격
제한 처분을 받게 될 것이다.

라.의 규정은 그 자체로만 보면 일응 어떠한 경우이든 하도급에는 발주기관
의 승인이 필요한 것으로 해석될 여지가 있다. 실제로 하도급 관련 규정이 없는
경우에도 하도급을 위해서는 발주기관의 승인이 반드시 필요하다고 보는 견해도

23) 김성근, 앞의 책(Ⅱ), 536면; 법무법인(유한)태평양 건설부동산팀, 앞의 책, 454면.

있다.[24] 그러나 건설산업기본법 제29조는 하도급을 위하여 원칙적으로 발주기관의 승인이 필요하다는 취지의 규정은 두지 않고 있고, 건설업자가 동일 업종에 해당하는 건설업자에게 공사품질이나 시공상 능률을 위하여 하도급을 하는 경우(건설산업기본법 제29조 제2항)에만 발주기관의 승인을 받도록 규정하고 있다.[25] 그렇다면 시행규칙 [별표2]가 규정하고 있는 "발주기관의 승인 없이 하도급한 자"는 관련 법률상 하도급을 위하여 발주기관의 승인이 필요한 경우에 해당함에도 승인을 받지 않고 하도급한 경우를 말하는 것으로 해석하여야 한다. 즉 국가계약법 제27조 제1항 제3호의 "건설산업기본법, 전기공사업법, 정보통신공사업법, 소프트웨어산업진흥법 및 그 밖의 다른 법률에 따른 하도급에 관한 제한규정을 위반하여" 부분은 "발주관서의 승인 없이 하도급을 하거나" 부분도 수식하는 것으로 해석된다.

마.의 규정은 건설산업기본법 제29조 제3항의 규정과 같이 재하도급을 금지한 규정을 염두에 둔 규정으로 해석된다.

바.의 규정은 계약상대자가 하도급계약을 체결한 후 강압적으로 하도급조건을 하도급자에게 불리하게 변경하는 경우를 상정한 규정으로 볼 수 있다. 만일 하도급자에게 불리하게 변경되었다고 하더라도, 계약상대자와 하도급자가 제반 사정을 고려하여 자유로운 합의로서 변경한 경우까지 제재하는 것은 타당하다고 볼 수 없기 때문이다. 한편 계약상대자가 강압적으로 변경한 하도급자에게 불리한 하도급조건이 하도급거래 공정화에 관한 법률(이하 "하도급법")에도 위반되는 것이라면 계약상대자는 입찰참가자격제한 외에 하도급법상의 제재를 받을 수 있을 것이다.

한편 건설산업기본법 제29조 제2항은 전문공사에 대한 하도급제한을 규정하고 있는데, 국가계약법 시행규칙 [별표2] 2. 개별기준 제5호는 전문공사에 대한 하도급제한을 규정하고 있지 않다. 이에 따라 건설산업기본법 제29조 제2항에 관하여는 구체적인 제재 요건이 불비되어 있는 것이 아니냐는 의문이 제기될 수 있다. 그런데 건설산업기본법 제29조 제2항은 발주자가 공사품질이나 시공상 능률을 높이기 위하여 필요하다고 인정하여 서면으로 승낙하는 것을 동종업자 하도급의 요건으로 규정하고 있으므로, 결국 동종업자에 대한 하도급 사안은 발주기관의

---

24) 박현석, 앞의 책, 739면.
25) 다만 전기공사업법 제14조 제1항은 원칙적으로 하도급을 금지하고 있고, 정보통신공사업법 제31조 제3항은 하도급을 위하여 필수적으로 발주자의 승인을 받도록 하고 있다.

승인 유무의 문제로 귀결될 수 있고, 결국 건설산업기본법 제29조 제2항의 경우
에 대한 제재 요건의 불비는 발생하지 않을 것으로 보인다.

　건설산업기본법 제29조 제6항은 일정한 경우 발주자에 대한 하도급통지의
무를 부과하고 있는데, 국가계약법 제27조 제1항 제3호는 하도급통지의무 위반
은 입찰참가자격 제한사유에서 제외하고 있다.

(4) 사기, 그 밖의 부정행위로 입찰·낙찰 또는 계약의 체결·이행 과정에서 국가에 손해 발생(국가계약법 제27조 제1항 제4호)

　사기, 그 밖의 부정한 행위로 입찰·낙찰 또는 계약의 체결·이행 과정에서
국가에 손해를 끼치는 행위는 입찰참가자격 제한사유가 된다. 국가계약법 및 같
은 법 시행령, 시행규칙은 여기서 사기, 그 밖의 부정한 행위의 의미에 대하여 규
정하고 있지 않다. 대법원은 조세범처벌법의 해석과 관련하여, '사기나 그 밖의
부정한 행위'는 조세의 부과징수를 불능 또는 현저하게 곤란케 하는 위계 기타
부정한 적극적인 행위를 의미한다고 일관되게 판시하고 있다(대법원 1977. 5. 10.
선고 76도4078 판결, 대법원 1998. 5. 8. 선고 97도2429 판결, 대법원 2006. 6. 29. 선고
2004도817 판결). 대법원의 이와 같은 판시 내용은 국가계약법의 해석에 있어서도
원용할 수 있을 것이므로,26) 국가계약법 제27조 제1항 제4호의 사기, 그 밖의 부
정행위란 국가의 적정한 계약 절차 진행을 곤란케 하는 위계 또는 그에 준하는
적극적인 행위라고 해석할 수 있을 것이다. 악성프로그램을 이용하여 나라장터
전자입찰에서 낙찰 하한가를 알아내는 경우(대법원 2018. 5. 15. 선고 2016두57984 판
결) 등이 이에 해당한다.

　본 호의 사유는 입찰·낙찰 또는 계약의 체결·이행 과정에서의 행위를 전제
로 하는 것이므로 사업 기획 단계 등 그 이전의 단계나 계약 이행이 완료된 이후
의 단계(예컨대 하자보수 등)에서의 행위는 본 호의 행위에 해당한다고 할 수 없다.

　한편 본 호의 사유는 단순히 사기 또는 부정한 행위를 행하는 것만으로 성립
하는 것이 아니라 국가의 손해발생을 요건으로 한다. 여기서의 손해발생이란 단
순히 막연한 손해발생의 가능성이 아니라 현실적인 손해의 발생으로 해석함이 타
당할 것이다. 국가계약법 시행규칙 [별표2] 2. 개별기준 제6호는 손해액 10억 원

---

26) 김성근, 앞의 책(Ⅱ), 586면; 법무법인(유한)태평양 건설부동산팀, 앞의 책, 456면.

을 기준으로 그 이상의 경우는 2년, 그 미만일 경우는 1년으로 입찰참가자격제한 기간을 정하고 있다.

(5) 공정거래법 또는 하도급법의 위반을 이유로 한 공정거래위원회의 입찰참 가자격 제한 요청(국가계약법 제27조 제1항 제5호)

본 호의 사유가 성립하려면, 공정거래법 위반 또는 하도급법 위반과 이를 이유로 한 공정거래위원회의 입찰참가자격 제한 요청이라는 두 가지의 요건이 모두 갖추어져야 한다.

공정거래법 위반행위와 관련된 공정거래위원회의 요청은 '입찰에 있어서의 부당한 공동행위 심사지침(2021. 12. 28. 공정거래위원회예규 제392호)'이 기준이 될 수 있다.27) 이에 따르면 공정거래위원회는 법위반행위를 한 사업자에 대하여 필요한 경우 법위반행위의 정도, 횟수 등을 고려하여 입찰참가자격제한을 요청할 수 있지만, 과거 5년간 입찰담합으로 받은 벌점 누계가 5점을 초과한 사업자가 다시 입찰담합을 한 경우에는 입찰참가자격제한 요청을 하는 것을 원칙으로 하고 있다[위 지침 4. (2)].

하도급법 제26조 제2항, 같은 법 시행령 제17조 제2항, [별표3]에 따르면, 공정거래위원회는 서면의 발급 및 서류의 보존(같은 법 제3조 제1항 내지 제7항, 제12항), 부당특약 금지(같은 법 제3조의4), 부당한 하도급대금의 결정 금지(같은 법 제4조), 물품 등의 구매강제 금지(같은 법 제5조), 선급금의 지급(같은 법 제6조), 내국신용장의 개설(같은 법 제7조), 부당한 위탁취소의 금지(같은 법 제8조), 검사의 기준·방법 및 시기(같은 법 제9조), 부당반품의 금지(같은 법 제10조), 감액금지(같은 법 제11조), 물품구매대금 등의 부당결제 청구 금지(같은 법 제12조), 경제적 이익의 부당요구 금지(같은 법 제12조의2), 기술자료 제공 요구 금지(같은 법 제12조의3), 하도급대금의 지급 등(같은 법 제13조), 건설하도급 계약이행 및 대금지급 보증(같은 법 제13조의2), 하도급대금의 직접 지급(같은 법 제14조), 관세 등 환급액의 지급(같은 법 제15조), 설계변경 등에 따른 하도급대금의 조정(같은 법 제16조), 원재료의 가격 변동에 따른 하도급대금의 조정에 대한 협의 거부나 태만 금지(같은 법 제16조의2 제7항), 부당한 대물변제 금지(같은 법 제17조), 부당한 경영

---

27) 해당 지침은 담합에 관하여 일반적으로 생각할 수 있는 유형과 처리지침을 예시적으로 열거한 것이다[해당지침 2. (1)].

간섭 금지(같은 법 제18조), 보복조치의 금지(같은 법 제19조), 탈법행위의 금지(같은 법 제20조)의 규정을 위반한 사업자에 대하여 그 위반 및 피해의 정도를 고려하여 대통령령으로 정하는 벌점을 부과하고, 그 벌점이 대통령령으로 정하는 기준(5점, 하도급법 시행령 제17조 제2항 제1호)을 초과하는 경우에는 관계 행정기관의 장에게 입찰참가자격의 제한을 위하여 필요한 조치를 취할 것을 요청하여야 한다.

다만 국가계약법 제27조 제1항 제5호와 관련하여, 이에 따르면 국가계약법과 직접적인 관련이 없는 법령 위반행위에 대하여 국가계약법상의 입찰참가자격 제한 처분을 할 수도 있는 것이기 때문에 과잉입법에 해당한다는 비판도 있다.[28]

담합의 경우와 동일하게 독점규제법 제44조에 따라 공동행위를 한 사실의 자진신고 등을 통하여 시정조치나 과징금을 감경 또는 면제받은 경우에는 대통령령으로 정하는 바에 따라 입찰참가자격 제한처분이 감경 또는 면제될 수 있다(국가계약법 제27조 제2항).

(6) 대·중소기업상생협력 촉진에 관한 법률에 따른 중소벤처기업부장관의 입찰참가자격 제한 요청(국가계약법 제27조 제1항 제6호)

중소벤처기업부장관이 상생협력법 제28조의2 제2항에 따라 입찰참가자격 제한 요청을 하는 것은 입찰참가자격 제한사유에 해당한다. 상생협력법 제28조의2 제2항, 같은 법 시행령 제18조의2 제1, 2항, [별표 3]에 따르면, 중소벤처기업부장관이 같은 법 제21조 내지 제23조, 제25조 제1항 내지 제3항을 위반한 위탁기업에게 같은 법 시행규칙이 정하는 바에 따라 그 위반 및 피해의 정도에 따라 벌점을 부과할 수 있고, 벌점이 5점을 넘을 경우 입찰참가자격의 제한을 요청할 수 있다. 다만, 중소벤처기업부장관이 입찰참가자격 제한을 요청하려는 경우에는 그 요청 여부에 대하여 공정거래위원회와 미리 협의해야 한다(상생협력법 시행령 제18조의2 제3항).

구체적으로 상생협력법 제21조 내지 제23조, 제25조 제1항 내지 제3항을 위반한 경우란, 약정서 내지 수령증의 미발급(같은 법 제21조), 비밀유지계약 체결의무 위반(같은 법 제21조의 2), 납품대금의 지급시기 내지 이자 지급 규정의 위반(같

---

28) 김성근, 앞의 책(Ⅱ), 542-543면.

은 법 제22조), 납품대금의 조정의무 위반(같은 법 제22조의 2), 불합격 물품에 대한 문서 통보 규정의 위반(같은 법 제23조), 부당한 물품 수령거부 내지 감액(같은 법 제25조 제1항 제1호), 납품대금 지급시기 위반(같은 법 제25조 제1항 제2호), 현저히 낮은 가격으로 납품대금 책정(같은 법 제25조 제1항 제3호), 위탁기업이 경제상황 변동 등의 이유로 발주자로부터 추가금액을 지급받았음에도 같은 이유로 추가금액을 지급받아야 할 수탁기업에게 추가금액을 지급하지 않는 행위(같은 법 제25조 제1항 제4호), 정당한 사유 없는 특정 물품에 대한 강매(같은 법 제25조 제1항 제5호), 납품대금의 지급기일까지 금융기관으로부터 할인을 받기 어려운 어음으로 납품대금을 지급하는 행위(같은 법 제25조 제1항 제6호), 정당한 사유 없는 발주물량 감소나 발주 중단(같은 법 제25조 제1항 제7호), 납품대금을 위탁기업 제조 물품으로 대신 지급하는 행위(같은 법 제25조 제1항 제8호), 정당한 사유 없는 내국신용장개설 기피(같은 법 제25조 제1항 제9호), 물품 제조 의뢰 후 제조된 물품에 대한 정당한 이유 없는 발주 기피(같은 법 제25조 제1항 제10호), 객관적 타당성이 결여된 검사기준 지정(같은 법 제25조 제1항 제11호), 정당한 사유 없는 기술자료 제공 요구(같은 법 제25조 제1항 제12호), 기술자료 임치를 요구한 수탁기업에 불이익 제공(같은 법 제25조 제1항 제13호), 수탁기업이 위와 같은 사정의 존재를 관계기관에게 고지하였다는 이유로 불이익을 주는 행위(같은 법 제25조 제1항 제14호), 수탁기업의 기술자료 유용행위(같은 법 제25조 제2항), 감액된 납품대금에 대한 이자 지급의무 위반행위(같은 법 제25조 제3항)이다.

국가계약법 제27조 제1항 제6호와 관련하여서도 같은 항 제5호에 대한 비판과 동일한 취지의 비판이 있다.[29]

(7) 입찰·낙찰 또는 계약의 체결·이행과 관련하여 관계 공무원에게 뇌물 제공(국가계약법 제27조 제1항 제7호)

본 호는 입찰·낙찰 또는 계약의 체결·이행과 관련하여 관계 공무원에게 뇌물을 제공하는 것을 요건으로 한다. 입찰·낙찰 또는 계약의 체결·이행과 관련된다는 것은 직접 해당 업무를 담당하지 않더라도 해당 업무와 상당한 관련이 있는 경우도 포함하는 것으로 이해할 수 있을 것이다. 따라서 관계 공무원은 해당 업무를 직접 담당하는 공무원은 물론이고, 이와 상당한 관련성 있는 업무를 수행하는

---

29) 김성근, 앞의 책(Ⅱ), 544면.

공무원도 포함하는 것으로 이해될 수 있을 것이다. 관계 공무원의 범위와 관련하여 "그 밖에 대통령령으로 정하는 위원회의 위원"은 종합심사낙찰제심사위원회, 제안서평가위원회, 계약심의위원회의 위원을 의미한다(국가계약법 시행령 제118조).

국가계약법상 뇌물에 대한 별도의 개념 정의가 없는 이상 본 호에서의 뇌물은 형법상의 뇌물과 동일한 개념으로 이해함이 타당하다. 따라서 본 호에서의 뇌물은 금전, 물품뿐만 아니라 재산상의 이익을 포함한 일체의 유, 무형적 이익을 포함하는 것으로 이해할 수 있다. 금전을 무이자로 빌려주는 경우, 공무원의 대출금채무에 대하여 연대보증하는 경우, 부동산을 시가보다 저렴하게 매도해주는 경우 모두 여기서의 뇌물이 성립할 수 있다.[30]

국가계약법 시행규칙 [별표2] 2. 개별기준 제8호는 뇌물의 액수에 따라 입찰참가자격제한기간에 차등을 두고 있다. 1천만 원 미만일 경우는 3개월, 1천만 원 이상 1억 원 미만일 경우는 6개월, 1억 원 이상 2억 원 미만일 경우는 1년, 2억 원 이상일 경우는 2년이다.

(8) 산업안전보건법에 따른 안전·보건 조치 규정을 위반하여 근로자에게 중대한 위해를 가한 자(국가계약법 제27조 제1항 제8호)

국가계약법 제27조 제1항 제8호는 "계약을 이행할 때에 산업안전보건법에 따른 안전·보건 조치 규정을 위반하여 근로자에게 대통령령으로 정하는 기준에 따른 사망 등 중대한 위해를 가한 자"에 대하여도 입찰참가자격을 제한하도록 규정하고 있다. 당초 구 국가계약법 시행령 제76조 제1항 제3호 가목은 "계약의 이행에 있어서 안전대책을 소홀히 하여 공중에게 위해를 가한 자 또는 사업장에서 산업안전보건법에 따른 안전·보건 조치를 소홀히 하여 근로자 등에게 사망 등 중대한 위해를 가한 자"에 대하여 입찰참가자격 제한처분을 하도록 규정하고 있었으나, 위 규정 중 근로자에게 중대한 위해를 가한 자에 대한 부분이 국가계약법의 개정(2021. 1. 15. 법률 제17816호)에 따라 법률 규정으로 신설되었다.

국가계약법 시행령 제76조 제1항은 위 조항의 위임에 따라 "산업안전보건법 제38조, 제39조 또는 제63조에 따른 안전 및 보건조치 의무를 위반하여 동시에 2명 이상의 근로자가 사망한 경우"를 입찰참가자격 제한사유로 규정하고 있다.

---

30) 집필대표 박재윤, 주석형법 각칙(1), 한국사법행정학회, 2006, 332면.

(9) 입찰·계약 관련 서류의 위조 및 변조, 입찰·계약 방해 등 경쟁의 공정한 집행을 저해(국가계약법 제27조 제1항 제9호 가목)

국가계약법 제27조 제1항 제9호는 제1호 내지 제8호와 달리 "다음 각목의 어느 하나의 해당하는 자로서 대통령령으로 정하는 자라고 하면서 입찰·계약 관련 서류를 위조 또는 변조하거나 입찰·계약을 방해하는 등 경쟁의 공정한 집행을 저해할 염려가 있는 자"(가목), "정당한 이유없이 계약의 체결 또는 이행 관련 행위를 하지 않거나 방해하는 등 계약의 적정한 이행을 해칠 염려가 있는 자"(나목), "다른 법령을 위반하는 등 입찰에 참가시키는 것이 적합하지 아니하다고 인정되는 자"(다목)라고만 규정하여, 위 각 목에 해당하는 구체적인 사유들은 시행령에 위임하였다. 위 가목, 나목, 다목에 해당하는 세부적인 제재 사유는 국가계약법 시행령 제76조 제2항 제1호, 제2호, 제3호에 각각 규정되어 있다.

가) 입찰 또는 계약에 관한 서류의 위조·변조, 부정행사, 허위서류 제출(국가계약법 시행령 제76조 제2항 제1호 가목)

국가계약법 시행령 제76조 제2항 제1호 가목은 입찰 또는 계약에 관한 서류의 위조·변조, 부정행사, 허위서류의 제출을 입찰참가자격 제한사유로 규정하고 있다. 구체적인 제재기간 부과의 기준은 시행규칙 [별표2] 2. 개별기준 제10호에 규정되어 있는데, 입찰에 관한 서류를 위조·변조 부정행사하거나 입찰 과정에서 허위서류를 제출하여 낙찰받은 경우에는 1년, 입찰에 관한 서류를 위조·변조 부정행사하거나 입찰 과정에서 허위서류를 제출하였으나 낙찰받지 못한 경우와 입찰 과정에서는 이러한 행위가 없었지만 낙찰 후 계약과 관련하여 이러한 행위를 한 경우는 6개월에 해당한다.

구체적으로 입찰에 관한 서류는, 입찰참가자격심사와 관련하여서는 시공실적증명서류, 경영상태심사서류, 용역에서 책임기술자의 참여경력 및 실적증명서 등이 있고, 입찰참가와 관련하여서는 입찰참가신청서, 해당 공사에 해당하는 면허수첩 또는 자격증록증 서류, 인감증명서, 그 밖에 공고 또는 통지로 요구하는 서류, 입찰참가자격등록에 관한 서류 등이 있으며, 입찰과 관련하여서는 입찰서, 산출내역서, 물품에서의 납품실적증명서 등이 있다.[31]

---

31) 장훈기, 앞의 책, 1680면.

계약에 관한 서류는 계약의 체결 및 이행과 관련하여 작성된 서류를 의미한다. 공사계약일반조건 제3조 제1항에 따르면 계약서, 설계서, 유의서, 공사계약일반조건, 공사계약특별조건, 산출내역서가 이에 포함될 것으로 보인다.32) 다만 이러한 문서 중 계약서, 유의서, 공사계약일반조건, 공사계약특별조건은 발주기관이 사실상 일방적으로 제시하거나 쌍방이 확인하고 서명하는 문서에 해당하므로 위조·변조, 부정행사하거나 허위서류를 제출한다는 개념을 상정하기 어려울 것이고, 설계서(설계시공일괄입찰 등의 경우)나 산출내역서는 계약상대자가 제출한 후 계약이 체결되면 그 내용 자체가 계약으로 편입되는 것이므로 이 역시 위조·변조, 부정행사하거나 허위서류를 제출한다는 개념을 상정하기 어려울 것이다. 그렇다면 본 목은 주로 계약에 관한 서류가 아니라 입찰에 관한 서류에서 문제될 것이다.

본 목은 전자조달시스템을 통하여 입찰서를 제출하는 경우에 전자서명법 제2조 제6호에 따른 공인인증서를 서류에 포함하고 있으나, 2005. 9. 8. 대통령령 제19035호로 개정되기 전의 국가계약법 시행령 제76조 제1항 제8호는 위와 같은 취지의 규정을 두고 있지 않았다. 하급심은 전자문서인 인증서가 개정되기 전의 국가계약법 시행령 제76조 제1항 제8호의 문서에 포함되는지 여부와 관련하여, 다른 법률에 특별한 규정이 있는 경우를 제외하고는 전자문서로 되어 있다는 이유로 문서로서의 효력이 부인되지 않는다는 구 전자거래기본법 규정을 근거로 전자문서인 인증서도 구 국가계약법 시행령 제76조 제1항 제8호의 문서에 포함된다고 판단한 바 있다(광주지방법원 2004. 7. 15. 선고 2003구합278 판결).

본 목의 행위태양은 위조, 변조, 부정행사, 허위서류의 제출인데, 여기서 위조는 작성 권한이 없는 자가 권한 있는 자의 명의를 모용한 유형위조를 의미한다고 봄이 타당하다. 권한 있는 자가 허위 내용의 문서를 작성하는 행위에 대해서는 '허위서류의 제출'로 별도로 규정하고 있기 때문이다.33) 1999. 9. 9. 대통령령 제16548호로 개정되기 전의 국가계약법 시행령 제76조 제1항 제8호는 허위서류의 제출에 대해서 별도로 규정하지 않고 있었는데, 위 규정이 적용되었던 계약과 관련하여 대법원은 무형위조도 여기서의 위조에 포함된다고 판시한 바 있다(대법원 2000. 10. 13. 선고 99두3201 판결). 침익적 행정처분의 근거가 되는 행정법규는 엄격하게 해석·적용하여야 하고 행정처분의 상대방에게 불리한 방향으로 지나치게

32) 김성근, 앞의 책(Ⅱ), 563면.
33) 김성근, 앞의 책(Ⅱ) 563면.

확장해석하거나 유추해석하여서는 안 된다는 점에 비추어 볼 때 대법원의 위와 같은 판시는 비판받을 만하나, 허위문서의 제출이 행위태양에 추가된 이상 논의의 필요성이 크지 않을 것이다.

변조는 이미 진정하게 성립된 문서에 대하여 작성권한이 없는 자가 해당 문서의 동일성을 해하지 않을 정도로 변경을 가하는 것을 의미하고, 동일성을 해할 정도에 해당한다면 이는 위조가 될 것이다.[34)]

부정행사란 진정하게 성립된 문서를 권한이 없는 자가 문서명의자로서 또는 사용권한이 있는 것처럼 가장하여 행사하거나, 사용할 권한이 있는 경우라도 본래의 사용 목적이나 정당한 용법에 반하여 행사하는 경우를 의미한다.[35)]

마지막으로 허위서류의 제출은 진실에 반하는 내용이 기재된 문서를 제출하는 것을 의미한다.

나) 고의로 무효 입찰(국가계약법 시행령 제76조 제2항 제1호 나목)

본 목의 사유는 입찰참가자 등이 고의로 무효인 입찰을 할 경우에 성립한다. 여기서 고의란 입찰무효의 요건이 되는 구체적인 의무위반사실 그 자체에 대한 인식을 하면서도 입찰에 나아가면 성립하는 것이고, 입찰참가자 등에게 입찰을 무효화시키려는 목적까지 있을 필요는 없다(대법원 1986. 10. 14. 선고 84누314 판결).

구체적인 입찰무효 사유는 국가계약법 시행령 제39조 제4항, 같은 법 시행규칙 제44조에 규정되어 있다.

한편 2019. 9. 17. 개정으로 "입찰서상 금액과 산출내역서상 금액이 일치하지 않은 입찰 등 기획재정부령으로 정하는 입찰무효사유에 해당하는 입찰의 경우는 제외한다"는 내용이 본 목 단서로 추가되었다. 이는 입찰의 공정성·적정성을 저해할 소지가 낮은 유형의 행위에 대한 입찰참가자격 제한을 폐지한 것이다.

다) 입찰참가 또는 낙찰자의 계약체결 또는 그 이행의 방해(국가계약법 시행령 제76조 제2항 제1호 라목)

본 목은 입찰 단계에서 타인의 입찰참가를 방해하거나, 타인이 낙찰을 받은 경우 그 계약의 체결, 타인이 낙찰의 결과로 계약을 체결한 이후 그 이행을 방해

---

34) 김성근, 앞의 책(Ⅱ), 566면, 법무법인(유한)태평양 건설부동산팀, 앞의 책, 459-460면.
35) 김성근, 앞의 책(Ⅱ), 566-567면, 법무법인(유한)태평양 건설부동산팀, 앞의 책, 460면.

하는 것을 요건으로 규정하고 있다. 본 목의 행위태양은 실로 다양할 것이고, 그렇기 때문에 국가계약법 시행령과 시행규칙도 구체적인 행위태양에 대하여는 규정하지 않은 것으로 보인다.

한편, 타인의 입찰참가를 방해하는 행위는 입찰무효사유에도 해당하므로(국가계약법 시행규칙 제44조 제1항 제11호, 계약예규 공사입찰유의서 제15조 제4호), 이 경우 행위자의 입찰은 무효가 되고, 행위자는 이와 별개로 입찰참가자격제한 처분을 받게 된다.

라) 최근에 삭제된 사유들(구 국가계약법 시행령 제76조 제2항 제1호 다목, 마목,
  바목, 사목)

구 국가계약법 시행령(2019. 9. 17. 개정 전의 것) 제76조 제1항 제1호 다목의 사유는 입찰참가신청서 또는 입찰참가승낙서의 제출, 해당 회계연도 중 3회 이상 입찰 미참가, 정당한 이유의 부존재를 그 요건으로 하였다.

입찰참가신청서 또는 입찰참가승낙서의 제출이 필요하므로, 단순히 사전심사신청서를 제출하거나 발주기관의 입찰참가 요청에 불응하는 경우는 여기서 말하는 입찰불참에 포함된다고 볼 수 없다.[36]

해당 회계연도 중 3회 이상 입찰에 참가하지 아니하여야 하므로, 두 회계연도에 걸쳐 입찰에 참가하지 아니한 횟수가 3회인 경우는 당연히 여기에 포함되지 아니한다. 한편 여기서 입찰 참가는 동일한 기관에서 발주하는 입찰을 기준으로 판단하여야 한다.[37] 기획재정부 역시 위 규정은 "회계연도 중 동일기관에서 발주되는 입찰에의 불참을 근거로 하여 제재토록 하고 있는 것인바, 2개의 중앙관서가 1개 부처로 통합된 경우 통합 전의 불참횟수에 따른 부담을 통합된 부처가 시행한 입찰에 추가하는 것은 타당하지 않을 것"이라고 해석하였다.[38]

정당한 이유의 유무는 계약상대자에게 책임을 물을 수 있는 사정이 있는지 여부에 따라 결정될 것인데, 현실적으로는 사안에 따라 개별적으로 판단할 수밖에 없을 것이다. 다만 하급심은 계약 불이행의 정당한 이유의 유무와 관련하여 계약상대자에 대한 회생절차가 개시되고 계약상대자의 관리인이 계약해제권을

---

36) 김성근, 앞의 책(Ⅱ), 575면.
37) 박현석, 앞의 책, 765면.
38) 회제 45107-653, 1996. 4. 4; 박현석, 앞의 책, 765면에서 재인용.

행사한 경우 정당한 이유가 존재한다고 판단한 바 있는데(서울고등법원 2014. 4. 30. 선고 2013누28130 판결[39]), 이에 비추어 보면 회생절차의 개시는 여기서도 정당한 이유로 인정될 수 있을 것으로 보인다.

다만, 구 국가계약법 시행령 제76조 제1항 제1호 다목은 입찰의 공정성·적정성을 저해할 소지가 낮은 유형의 행위에 대한 입찰참가자격 제한을 폐지하는 차원에서 삭제되었고, 같은 호 마목(적격심사낙찰제가 적용되는 입찰에서 정당한 이유 없이 계약이행능력의 심사에 필요한 서류의 전부 또는 일부를 제출하지 아니하거나 서류제출 후 낙찰자 결정 전 심사 포기), 바목(종합심사낙찰제가 적용되는 입찰에서 정당한 이유 없이 심사에 필요한 서류의 전부 또는 일부를 제출하지 아니하거나 서류제출 후 낙찰자 결정 전 심사 포기), 사목(설계시공일괄입찰에서 실시설계적격자로 선정된 이후 정당한 이유 없이 기한 내에 실시설계서 미제출)도 동일한 이유로 삭제되었다.

기획재정부는 이는 천재·지변 등 통상적으로 예측할 수 없는 불가항력적 사유를 포함하여 실시설계적격자의 책임에 해당하지 아니하는 객관적 사유를 의미한다고 하면서 공동수급체 대표자의 회생절차개시 신청으로 인한 입찰포기는 이에 해당하지 않으므로, 공동수급체가 대표자의 회생절차개시 신청을 이유로 실시설계서를 제출하지 않았다면 '제한사유를 야기한 공동수급체 대표자'에게 입찰참가자격제한 처분을 하여야 한다고 보았다.[40] 그러나 계약상대자에 대한 회생절차가 개시될 경우 계약이 체결된 이후의 단계에서도 계약상대자의 관리인이 계약해제권을 행사하여 계약이행을 포기할 수 있다는 점(서울고등법원 2014. 4. 30. 선고 2013누28130)을 고려한다면, 기획재정부의 위와 같은 유권해석은 타당하다고 보기 어렵다. 현행 국가계약법 시행령이 위 사목은 입찰의 공정성·적정성을 저해할 소지가 낮은 유형의 행위에 해당한다고 보았다는 점에 비추어 보면 더욱 그러하다. 만일 기획재정부가 이미 회생절차가 개시된 것이 아니라 단순한 회생절차 개시 신청만으로는 정당한 이유가 인정될 수 없다고 본 것이라고 하더라도, 이러한 경우 섣불리 입찰참가자격제한의 제재를 하여야 한다고 볼 것이 아니라 회생절차의 진행 추이를 지켜본 다음 결정하여야 한다는 의견을 제시하는 것이 타당하였을 것이라고 본다.

---

39) 해당 판결의 1심 판결(수원지방법원 2013. 9. 11. 선고 2012구합14911 판결)은 이를 정당한 사유가 될 수 없다고 판단하였으나, 항소심은 결론을 달리하였다.

40) 회계제도과-620, 2010. 4. 19; 박현석, 앞의 책, 773면에서 재인용.

(10) 정당한 이유 없이 계약의 체결이나 이행 관련 행위를 하지 아니하거나, 계약을 방해하는 등 계약의 적정한 이행을 해칠 염려가 있는 자(국가계약법 제27조 제1항 제9호 나목)

가) 정당한 이유 없이 계약을 체결 또는 이행하지 아니하거나 입찰공고와 계약서에 명시된 계약의 주요조건을 위반한 자(국가계약법 시행령 제76조 제2항 제2호 가목)

본 목의 행위태양은 계약 미체결, 계약 체결 후 미이행, 입찰공고와 계약서에 명시된 계약의 주요조건 위반이고, 이에 대한 정당한 이유의 부존재가 필요하다.

먼저 계약을 체결하지 아니하는 것을 제재하는 것이므로, 계약상대자에게 계약을 체결할 의무가 있어야 한다. 일반적인 경쟁입찰에서의 낙찰자, 장기계속공사에서 차수별 계약을 이행한 계약상대자 등이 여기에 해당할 것이다. 수의계약을 체결할 수 있는 요건을 구비한 자가 발주기관과 협의 후 계약체결 단계에서 임의로 계약을 체결하지 않는 경우도 제재 대상이 되는지가 문제될 수 있는데, 수의계약의 경우 그 요건이 구비되었다고 하더라도 발주기관이나 계약상대자에게 반드시 수의계약을 체결할 의무가 발생하는 것이 아니라는 점에 비추어 본다면 이 경우 입찰참가자격제한을 할 수 없다고 본다.41) 대법원은 "일반경쟁입찰에 부쳐야 할 것을 지명·제한경쟁 입찰계약이나 수의계약에 부친 경우에는 절차의 위법성이 문제될 수 있어도, 반대로 지명·제한경쟁 입찰계약이나 수의계약에 부칠 수 있는 것을 일반경쟁입찰에 부친 경우에는 특별한 사정이 없는 한 위법성의 문제가 생길 여지는 없다."고 판시하였는바(대법원 2000. 8. 22. 선고 99다35935 판결), 대법원 또한 수의계약 체결 요건이 갖추어진 상황이라도 발주기관에게 수의계약 체결 의무는 인정될 수 없다고 본 듯하다.

계약의 불이행과 관련하여 법문은 계약이행능력심사를 위하여 제출한 하도급관리계획, 외주근로자 근로조건 이행계획, 공동계약에 관한 사항 등에 관한 불이행도 포함시키고 있다. 이는 통상적으로 계약의 내용으로 규정되어 있는 계약상대자의 의무를 이행하지 아니하는 것을 의미하는 것으로 이해할 수 있을 것이다.

한편 계약상대자의 하자보수의무의 불이행과 관련하여, 국가계약법 시행규

---

41) 같은 취지, 김성근, 앞의 책(Ⅱ), 550면.

칙 [별표2] 2. 개별기준 제13호는 같은 법 시행령 제76조 제2항 제2호 가목의 계약
의 이행 부분에 하자보수의무의 이행을 포함한다고 규정하고 있는 반면 지방계약
법 시행규칙 [별표2] 제17호 가목은 계약의 이행과 관련하여 위와 같은 취지의 규
정을 두지 않고 있다. 따라서 지방계약법이 적용되는 계약에서 하자보수의무의
불이행이 입찰참가자격 제한사유가 될 수 있는지가 문제될 수 있다. 이와 관련하
여 하급심은 다음과 같이 판시하며 하자보수의무의 불이행은 지방계약법상 입찰
참가자격 제한사유가 될 수 없다고 판시한 바 있다(부산고등법원 2011. 6. 22. 선고
2010누5394 판결).

[부산고등법원 2011. 6. 22. 선고 2010누5394 판결]

관련 법령 등의 해석으로 인정되는 다음과 같은 사정, 즉 ① '정당한 이유 없이
계약을 이행하지 아니한 자'란 문리적으로 '계약의 이행자체에 나아가지 않거
나 이행을 완료하지 않은 자'를 의미하는 것으로 해석함이 자연스러우므로, 명
시적인 규정이 없는 한 '계약의 이행을 완료하였으나 하자가 발생한 자'를 '계
약을 이행하지 아니한 자'라고 보기는 어려운 점, ② 국가를 당사자로 하는 계
약에 관한 법률 시행규칙 제76조 제1항 [별표2] 제8호 가목에서 '계약을 체결
또는 이행(하자보수의무의 이행을 포함한다)하지 아니한 자'라고 규정한 것과
달리 이 법[42] 시행규칙 제76조 제1항 [별표2] 제8호 가목에서는 '정당한 이유
없이 계약을 체결하지 아니한 자 또는 계약을 체결한 후 계약이행을 하지 아니
한 자'라고만 규정하고 있는 점, ③ 법 시행령 제92조 제1항 제1호 및 법시행규
칙 제76조 제1항 [별표2] 제1호, 제2호에서 부실시공 등 계약을 이행함에 있어
서 부실·조잡하게 하는 자에 대하여 '부실벌점'과 '하자비율'에 따라 입찰참가
자격을 제한할 수 있는 규정을 별도로 마련하고 있는데, 이 때 부실시공의 기
준이 되는 부실벌점이란 '건설기술관리법 제21조의4의 규정에 의한 부실벌점,
즉 건설공사를 성실하게 수행하지 아니함으로써 부실공사가 발생한 경우 등에
있어 그 부실의 정도'를 의미하고, 조잡시공은 하자비율의 정도에 따라 입찰자
격제한기간에 차등을 두고 있는 점, ④ 법 시행규칙 제76조 제1항 [별표2] 제8
호 가목 내지 마목에서 '계약의 이행 이후 하자 발생에 관하여 보수의무를 이
행하지 아니한 자'를 직접적으로 규정하고 있지는 않고, 위 제8호 나목에서도

---

42) 지방계약법.

공사계약의 계약당사자가 아닌 연대보증인에 대해서만 하자 보수 미이행에 따른 입찰참가자격제한을 규정하고 있는 점, ⑤ 법 제20조 및 제21조 등에서 계약의 불완전이행으로 인한 하자 발생에 대하여 교육감 또는 계약담당자가 하자보수보증금을 귀속시키는 등의 별도의 조치를 규정하고 있는 점, ⑥ 계약 이후 이행을 완료하였으나 하자가 발생한 경우, 법 시행령 제92조 제1항 제1호에 따라 부실, 조잡시공을 이유로 부실벌점 및 하자비율을 구체적으로 산정한 후 그에 따라 기간을 세분화하여 입찰자격을 제한하도록 규정하고 있음에도, 하자보수의무를 이행하지 않았다는 사정만으로 법 시행령 제92조 제1항 제6호(정당한 이유 없이 계약을 이행하지 아니한 자)에 해당한다고 보아 입찰자격을 제한할 수 있다고 한다면, 하자의 유형이나 정도에 관계없이 일률적으로 5개월 이상 7개월 미만의 입찰자격제한이 가능하게 되어 제1호 규정과 상충될 뿐 아니라, 행정청으로서는 계약상대자에게 하자보수를 명하고 이를 거부하면 입찰자격을 제한할 수 있으므로, 굳이 하자의 유형과 정도를 준별하여 부실벌점이나 하자비율을 산정할 필요가 없게 되어, 위 제1호 규정은 사실상 존재 가치를 상실할 우려가 있는 점, ⑦ 법 시행령 제92조 제1항 제1호 및 건설기술관리법 시행규칙 [별표10] 등 관련 규정에 의하면, 하자를 이유로 입찰자격을 제한하기 위해서는 행정청(부실벌점 측정기관)이 위 [별표10]에서 정한 부실벌점측정기준에 따라 하자의 존부 및 그 정도를 구체적으로 밝히고 엄격한 절차에 따라 입찰자격을 제한하도록 규정하고 있음에도, 행정청이 하자보수의무의 이행거부를 이유로 법 시행령 제92조 제 1항 제6호의 규정에 의하여 입찰자격을 임의로 제한할 수 있다고 한다면, 하자의 존부 및 정도에 대한 입증책임이 사실상 계약상대자에게 전가됨은 물론 건설기술관리법 등 관련 규정에서 정한 소명기회나 절차가 박탈됨으로써 계약상대자의 지위가 현저하게 불리하게 되는 점 등의 사정을 앞서 본 법리에 비추어 보면, 국가를 당사자로 하는 계약에 관한 법률이 적용되는 사안과는 달리, 계약상대자의 계약 이행 이후 발견된 하자에 대한 교육감 등의 보수요청을 이행하지 않은 계약상대자를 법 시행령 제92조 제1항 제6호 및 법 시행규칙 제76조 제1항 [별표2] 제8호에 해당하는 것으로 해석하는 것은, 그 규정문언의 통상적인 의미를 벗어난다고 봄이 상당하므로, 피고가 이 사건 공사에 관하여 원고가 납부한 하자보수보증금을 남해교육청에 귀속시키거나, 이 사건 하자를 이유로 법 시행령 제92조 제1항 제1호에서 정한 절차에 따라 원고의 입찰자격을 제한하는 것은 별론으로 하더라도, 이 사건 하자에 대한 보수를 이행하지 않음을 이유로 법 제31조 제1항, 법 시행령 제92조 제1항 제6호에 의하여 원고에게 입찰참가자격을 제한할 수는 없다 할 것이다.

국가계약법 시행규칙 [별표2] 2. 개별기준 제13호 가목이 본 목의 계약의 불이행에 하자보수의무의 불이행을 포함한다고 규정하고 있으므로, 발주기관으로서는 이를 근거로 하여 하자보수의무를 불이행하는 계약상대자에게 본 목 위반을 이유로 한 입찰참가자격제한 처분을 할 수도 있을 것이나, 이는 타당한 것이라 보기 어렵다. 위 하급심 판결이 판시한 바와 같이, 계약을 이행하지 아니한 자는 문리적으로 계약 체결 후 이행 자체에 나아가지 않거나 계약을 완료하지 아니한 자로 해석함이 타당하고 일단 계약의 이행을 완료한 후 하자를 보수하지 아니한 자로 해석하기 어렵고, 국가계약법은 하자의 발생을 제27조 제1항 제1호의 제재 사유(계약이행을 조잡하게 한 자)로 규정하면서 같은 법 시행규칙으로 하자의 발생 정도에 따라 차등적으로 제재를 가하는 것으로 규정하고 있으므로 하자보수의무의 불이행을 계약불이행으로 보아 제재를 가하는 것은 법 체계에 맞지 않으며, 국가계약법 제27조 제1항 제1호로 제재하는 것과 달리 단순히 하자보수를 이행하지 아니하였다고 제재를 하게 될 경우 하자비율이 극히 경미한 경우에도 6개월의 제재가 가능해질 뿐만 아니라 사실상 하자발생 및 그 정도에 대한 입증책임이 계약상대자에게 전가되기 때문이다. 게다가 하자보수의무 불이행 자체가 제재사유가 된다면, 발주기관이 하자발생을 주장하는 경우 계약상대자로서는 실제 하자 발생 및 귀책 여부를 불문하고 무조건 발주기관이 원하는 대로 일단 조치를 취하지 않을 수 없는 불리한 입장에 놓이게 될 것이다. 따라서 하자보수의무 이행의 문제는 손해배상 및 하자 발생 정도에 따라 국가계약법 제27조 제1항 제1호에 따른 제재로 해결함이 타당하고, 하자보수의무 불이행 자체를 입찰참가자격 제한사유로 규정하고 있는 국가계약법 시행규칙 [별표2] 2. 개별기준 제13호는 규정 체계 및 내용상 모두 문제가 있어 보인다.

계약상대자가 계약상 정해진 이행기간까지 계약의 이행을 완료하지 못한 경우(특히 공사계약에서의 준공기한 미준수)도 여기서 말하는 계약의 불이행인지가 문제될 수 있는데, 구 예산회계법 시행 당시 대법원 판례는 하나의 공사의 준공이

1개월, 또 다른 공사의 준공이 17일 지연된 사안과 관련하여 이는 정당한 이유 없이 계약을 이행하지 아니한 때에 해당한다고 판시한 바 있다(대법원 1991. 11. 22. 선고 91누551 판결). 그러나 단순한 이행지체의 문제는 지체상금으로 해결하는 것이 타당할 것이다. 만일 공사의 이행지체가 현저하여 발주기관의 입장에서 계약의 목적을 달성할 수 없게 되었다면 계약을 해제할 수 있는 것이므로, 발주기관이 계약을 해제하지 않고 이행을 요구하여 계약상대자가 당초의 준공기한을 넘겨서라도 이행을 완료한 경우에는 계약의 불이행을 이유로 입찰참가자격제한 처분을 할 수 없다고 해석하는 것이 타당하다.

본 목에 규정된 '계약의 주요조건'은 주로 계약의 이행과정에서 준수하여야 할 절차규정이라는 점에서 단순히 계약 그 자체를 불이행한 것과 다르게 규정한 것으로 보인다.[43] 여기서 법문상 계약의 주요조건이란 입찰공고와 계약서에 명시된 계약의 주요조건으로서 이를 위반할 경우 입찰참가자격제한을 받을 수 있음이 명시되어 있는 경우에 한정된다. 따라서 그러한 경우에 해당하지 않는 계약조건을 위반하였다는 이유로 입찰참가자격제한 처분을 하는 것은 위법하다.

본 목의 제재사유가 성립하기 위하여는 정당한 이유가 없을 것이 요구된다. 여기서의 정당한 이유의 유무 역시 사안에 따라 개별적, 구체적으로 판단할 수밖에 없는데, 업무 착오로 내심의 의사보다 더 낮은 금액을 기재하여 입찰한 사정만으로는 정당한 이유가 있다고 보기 어려울 것이나(창원지방법원 2013. 6. 4. 선고 2013구합91 판결), 계약상대자의 낙찰 이후 발주기관이 입찰 당시와 다른 규격을 요구한 경우에는 계약을 체결하지 아니한 정당한 이유가 인정될 수 있을 것이다(수원지방법원 2013. 2. 6. 선고 2012구합8497 판결). 계약상대자에 대한 회생절차가 개시되어 회생회사인 계약상대자의 관리인이 법정해제권을 행사하여 계약을 이행하지 아니한 사안과 관련하여, 1심은 계약 불이행의 정당한 이유를 부정하였으나(수원지방법원 2013. 9. 11. 선고 2012구합14911 판결), 항소심은 채무자 회생 및 파산에 관한 법률이 회생절차에서 관리인의 선택권을 보장하고 있고, 관리인이 계약의 해제를 선택하였음에도 정당한 이유가 부정된다면 이는 위와 같은 선택권을 규정한 입법취지를 몰각시키는 것이라는

---

43) 법무법인(유한)태평양 건설부동산팀, 앞의 책, 466면.

등의 이유로 1심 판결을 취소하고 정당한 이유를 인정한 사례가 있다(서울고
등법원 2014. 4. 30. 선고 2013누28130 판결).

[수원지방법원 2014. 4. 25. 선고 2013구합20999 판결]

법 제31조 제1항은 "지방자치단체의 장은 대통령령이 정하는 바에 따라 계약
의 적정한 이행을 해칠 염려가 있다고 인정되는 자(이하 "부정당업자"라 한다)
에 대하여는 2년 이내의 범위에서 입찰참가자격을 제한하여야 한다"고 규정하
고, 법 시행령 제92조 제1항 제6호는 위 법조항의 위임에 따른 입찰참가자격
제한사유를 정하고 있다. 법 제31조 제1항의 취지는 지방자치단체를 당사자로
하는 계약에서 계약질서를 어지럽히는 행위를 하는 자에 대하여 일정기간 동
안 입찰참가를 배제함으로써 지방자치단체가 체결하는 계약의 성실한 이행을
확보함과 동시에 지방자치단체가 입게 될 불이익을 미연에 방지하기 위한 것
이다. 그리고 계약체결 이후에도 계약에 따른 이행을 하지 못한 데에 불가항력
이나 그 밖에 책임을 물을 수 없는 사정 등이 있을 수 있고, 그러함에도 무조
건 입찰자격을 제한하는 것은 비례원칙에 위반될 수 있다. 이러한 점에 비추어
보면 개별적이고 구체적인 사안에서 계약의 내용, 체결경위 및 그 이행과정 등
을 고려하여 채무불이행에 있어 그 이유가 무엇인지, 아울러 그것이 경쟁의 공
정한 집행 또는 계약의 적정한 이행을 해할 염려가 있거나 기타 입찰에 참가시
키는 것이 부적법하다고 인정되는지 등을 살펴 그 입찰참가자격을 제한하여야
한다(대법원 2007. 11. 29. 선고 2006두16458 판결 등 참조). 법 시행령 제92조
제1항 제6호의 문언 또한 "정당한 이유 없이 낙찰된 후 계약을 체결하지 아니
한 자" 또는 "정당한 이유 없이 계약을 체결한 이후 계약이행을 한 자"로 읽을
수 있고, 또 그렇게 읽어야 한다.

한편, 계약을 이행하기는 하였으나 그 이행이 불완전한 경우인 불완전이행의
경우가 이에 포함되는지 문제될 수 있다. 이에 관하여 명시적으로 판시한 대법원
판결은 존재하지 않으나, 일부 하급심 판결은 본 조항에 불완전이행이 포함되는
것으로 해석하고 있는 것으로 보인다[서울고등법원 2018. 4. 12. 선고 2017누85209 판
결(확정), 서울고등법원 2021. 4. 8. 선고 2020누49036 판결[44]].

---

44) 원고가 상고하였으나 대법원 2021. 7. 21.자 2021두38512 판결로 심리불속행 기각되어 해

[서울고등법원 2021. 4. 8. 선고 2020누49036 판결]

국가계약법 제27조 제1항은 각 중앙관서의 장은 경쟁의 공정한 집행이나 계약
의 적정한 이행을 해칠 염려가 있거나 그 밖에 입찰에 참가시키는 것이 적합하
지 아니하다고 인정되는 자(이하 "부정당업자"라 한다)에게는 2년 이내의 범위
에서 대통령령으로 정하는 바에 따라 입찰 참가자격을 제한하여야 한다고 규
정하고 있고, 구 국가계약법 시행령은 제76조 제1항 제6호에서 법 제27조 제1
항에 따른 부정당업자로 '정당한 이유없이 계약을 체결 또는 이행하지 아니한
자'를 들고 있으며, 구 국가계약법 시행규칙 제76조 제1항은 국가계약법 시행
령 제76조 제2항에 따른 부정당업자의 입찰참가자격 제한의 세부기준을 [별표
2]와 같이 명시하면서, [별표 2] 제8호 가.목에서 '계약을 체결 또는 이행하지
아니한 자'에 대하여 제한 기간을 6개월로 규정하고 있다. 위와 같이 국가계약
법 제27조 제1항, 구 국가계약법 시행령 제76조 제1항 제6호, 구 국가계약법
시행규칙 제76조 제1항 [별표 2] 제8호 가.목은 입찰참가자격의 제한 대상자를
'정당한 이유 없이 계약이행을 하지 아니한 자'로 정하고 있는데, 여기에서 '계
약이행'이라는 용어의 정의나 포섭의 구체적 범위가 이들 법령에 명확히 규정
되어 있지 않으므로 이를 해석함에 있어서는 위 규정들의 전반적인 체계와 내
용, 관련 규정과의 조화 등을 고려하여 해석할 수밖에 없다.
그런데 구 국가계약법 시행령 제76조 제1항 제6호 및 구 국가계약법 시행규칙
제76조 제1항 [별표 2] 제8호는 '정당한 이유없이 계약을 이행하지 아니한 자'
에 공동계약에서 정한 구성원 간의 출자비율 또는 분담내용에 따라 시공하지
아니한 자, 공사이행보증서를 제출하여야 하는 자로서 동 공사이행보증서 제
출의무를 이행하지 아니한 자 등 계약에 따른 각종 부수적 의무를 이행하지 아
니한 자를 포함하고 있는 점, 일반적으로 채무불이행에는 불완전이행, 채무 일
부의 이행불능, 이행지체 및 이행거절 등과 같이 채무의 내용에 좇은 이행이
되지 아니한 것이 포함되는 점 등을 종합적으로 고려하여 보면, 구 국가계약법
시행령 제76조 제1항 제1호가 완성물에 하자가 있는 경우에 적용될 수 있는
'계약을 이행함에 있어서 부실·조잡 또는 부당하게 하거나 부정한 행위를 한

당 판결이 확정되었다.

자'를 별도의 입찰참가자격 제한사유로 규정하고, 구 국가계약법 시행규칙 제76조 제1항 [별표 2] 제1 내지 3호가 이를 구체화하고 있다고 하여도, 구 국가계약법 시행령 제76조 제1항 제6호는 채무불이행 일반의 경우에 적용될 수 있다고 보는 것이 타당하다.

다만, 구 국가계약법 시행규칙 제76조 제1항 [별표 2]가 제1 내지 3호에서 구 국가계약법 시행령 제76조 제1항 제1호의 사유에 해당하는 구체적인 행위 유형에 대하여는 제재기간을 2개월 내지 2년으로 다양하게 규율하고 있는 것과는 달리 위 [별표 2] 제8호 (가)목은 '계약을 이행(하자보수의무의 이행을 포함한다)하지 아니한 자'에 대하여는 제재기간을 '6개월'로 정하고 있다. 따라서 구체적인 사안에서 계약의 내용 및 그 이행과정, 다른 위반행위 유형과의 형평성 등 제반 사정에 비추어, 계약불이행으로 인한 불법성이 위 제재기간을 정당화할 정도에 이른 경우에 구 국가계약법 시행령 제76조 제1항 제6호를 적용하는 것이 타당하다(만연히 그에 이르지 못하는 채무불이행의 경우까지 구 국가계약법 시행령 제76조 제1항 제6호를 적용한다면 비례의 원칙에 위반될 수 있다).

그러나 하급심 판결은 다음과 같은 이유에서 부당하고, 불완전이행은 본 조항에 해당하지 않는 것으로 해석하는 것이 타당하다.

첫째, 민법상 불완전이행이 채무불이행에 포함되는 이유는 민법 제390조가 "채무의 내용에 좇은 이행"을 할 것을 요구하고 있기 때문이고, 불완전이행은 그 이행이 채무의 내용에 좇아 이루어지지 않았다면 그것은 채무를 이행하지 않은 것과 동일하게 평가할 수 있기 때문이다. 그러나 국가계약법은 "계약을 이행할 때에 부실·조잡 또는 부당"하게 한 경우(제27조 제1항 제1호)와 "계약을 이행하지 않은" 경우(제27조 제1항 제9호 나목)를 나누어 규정하고 있으며, 양자의 제재기간 또한 달리 규정하고 있다(시행규칙 제76조, [별표 2] 2. 개별기준 제1호, 제13호 가목). 이는 계약을 이행하지 않은 경우와 계약을 이행하였으나 이행된 채무에 문제가 있는 경우를 구분하고자 하는 입법자의 의도가 반영된 것으로 볼 수 있고, 입찰참가자격 제한은 제재적 처분으로서 그 해석과 적용을 더욱 엄격하게 해야 한다는 점(대법원 2008. 2. 28. 선고 2007두13791, 13807 판결 등)을 고려하면 더욱 그러하다.

둘째, 계약을 이행하지 않은 경우에는 본 조항만이 적용될 수 있으나, 하급심 판결의 논리에 의하면 계약을 이행하였으나 그것이 불완전한 경우에는 행정청의 법적용에 따라 국가계약법 제27조 제1항 제1호와 본 조항이 선택적으로 적용될 수 있다. 일반적으로 계약을 이행한 경우와 계약의 이행조차 하지 않은 경우 후자의 비난 가능성이 높음에도 입찰참가자격 제한 단계에서는 전자가 더욱 불리한 지위에 있게 되는 것인바, 이는 부당하다.

셋째, 일반적으로 행정청이 계약을 체결할 경우 기획재정부 계약예규인 공사계약일반조건, 용역계약일반조건, 물품구매(제조)계약일반조건을 계약내용에 포함시키게 되는데, 해당 조건에 의하면 행정청은 계약 목적물에 대한 검사 권한을 보유하고 있고, 검사가 완료된 경우에 계약 목적물을 인수하도록 규정하고 있다[공사계약일반조건 제27, 28조, 용역계약일반조건 제20, 21조, 물품구매(제조)계약일반조건 제19조]. 따라서 행정청으로서는 계약의 이행이 불완전할 경우 계약 목적물의 인수를 거부함과 동시에 본 조항에 따라 입찰참가자격 제한을 하면 되는 것이고, 이미 계약의 이행이 이루어진 이후에 본 조항에 따라 다시 입찰참가자격 제한을 할 것은 아니며, 이는 국가계약법 제27조 제1항 제1호의 문제로 보아야 한다. 또 다른 하급심 판결 또한 불완전이행이 채무의 미이행과 달리 이행은 이루어졌다는 점을 고려하여 보다 엄격하게 본 조항을 적용하는 것으로 보인다.

[서울행정법원 2021. 4. 22. 선고 2017구합76197 판결[45)]]

국가를 당사자로 하는 계약의 본질이 사법상의 계약이어서 원칙적으로 사적 자치와 계약자유의 원칙을 비롯한 사법의 원리가 적용된다고 하면(대법원2017. 12. 21. 선고2012다74076 전원합의체 판결 등 참조), 피고 또는 참가인이 제기하는 불완전이행, 하자 등은 민사소송 절차를 통해 해결하면 충분하고, 거기에서 나아가 입찰참가자격 제한이라는 공법상 제재를 함은 비례원칙(행정기본법 제10조 참조)에 부합한다고 보기 어렵다.

나) 조사설계용역계약 또는 원가계산용역계약에서 고의 또는 중대한 과실로 조사설계금액이나 원가계산금액을 적정하게 산정하지 아니한 자(국가계약법 시행령 제76조 제2항 제2호 나목)

본 목은 조사설계용역계약 또는 원가계산용역계약만을 규정하고 있으므로,

---

45) 피고가 항소하여 사건이 계속 중이다(서울고등법원 2021누44304).

다른 용역계약에서의 부적절한 금액산정은 여기에 해당하지 아니한다. 기획재정부는 발주기관이 계약금액은 사후정산을 하는 조건으로 행사대행용역을 협상에 의한 계약으로 체결한 경우 계약상대자가 사후정산시 계약금액을 과다계상하여 청구한 경우는 여기에 해당하지 않는다고 유권해석을 하였다.[46]

본 목에서의 중대한 과실은 극히 작은 주의만 기울이더라도 쉽게 오류를 인식할 수 있음에도 불구하고 부주의로 이를 인식하지 못한 경우로 해석할 수 있을 것이다. 따라서 과실이 있더라도 이러한 정도에 해당하지 아니할 경우라면 이에 해당하지 않는다.

다) 타당성 조사 용역의 계약에서 고의 또는 중대한 과실로 수요예측 등 타당성 조사를 부실하게 수행하여 발주기관에 손해를 끼친 자(국가계약법 시행령 제76조 제2항 제2호 다목)

건설기술 진흥법 제47조 제1항에 따르면, 건설공사를 시행하고자 할 경우 발주기관은 계획 수립 전에 미리 경제, 기술, 사회 및 환경 등 종합적 측면에서 적정성을 검토하기 위한 타당성 조사를 하여야 한다. 만일 이와 같은 타당성 조사가 잘못될 경우 향후 공사를 시행하는데 있어서 큰 차질이 발생할 수 있을 것인데, 본 목은 이러한 일이 발생하는 것을 미연에 방지하기 위한 규정으로 볼 수 있을 것이다.

본 목은 건설기술 진흥법 제47조에 따른 타당성 조사 용역 계약에서 적용되는 것이므로 그 외 다른 용역 계약은 적용대상이 아니다.

한편 본 목은 고의 또는 중과실로 인한 부실한 타당성 조사를 요건으로 하고 있는데, 국가계약법령의 규정만으로는 타당성 조사의 결과에 어느 정도의 오류가 있어야 부실한 타당성 조사에 해당하는지 명확하지 않은 면이 있지만, 건설기술 진흥법 제47조 제4항은 "발주청은 타당성을 조사하는 과정에서 작성한 수요예측과 실제 이용실적의 차이가 100분의 30 이상인 경우에는 제3항에 따른 자료를 근거로 건설기술용역업자의 고의 또는 중과실 여부를 조사하여야 한다."라고 규정하고 있으므로 오차범위 30/100이 일응의 기준은 될 수 있을 것으로 보인다.

본 목은 고의 또는 중과실로 인한 부실한 타당성 조사 외에 추가로 발주기관에게 손해를 끼칠 것을 요구하고 있다.

---

46) 회계제도과-361, 2005. 2. 21; 박현석, 앞의 책, 745면에서 재인용.

라) 감독 또는 검사에 있어서 그 직무의 수행을 방해한 자(국가계약법 시
행령 제76조 제2항 제2호 라목)

국가계약법 제13조에 규정된 감독이란 각 중앙관서의 장이나 계약담당공무
원이 계약 체결 후 그 계약의 이행 과정에서 적절한 이행을 담보하기 위한 절차
이고, 국가계약법 제14조에 규정된 검사란 계약상대자가 계약의 전부 또는 일부
를 이행한 경우 각 중앙관서의 장이나 계약담당공무원이 적절하게 이행이 완료되
었는지를 점검하기 위한 절차를 의미한다.

국가계약법 제13조와 제14조에서 규정하고 있는 감독과 검사가 본 목에서의
감독 또는 검사에 해당하는 것은 비교적 명백해 보인다.[47] 그런데 본 목에서의
검사가 국가계약법 제14조에 규정된 검사 외에 계약예규 공사계약일반조건 제12
조에 규정된 공사자재의 검사 등 다른 검사도 포함하는 것이라는 견해가 있는
데,[48] 침익적 처분의 사유에 관한 규정은 제한적으로 엄격하게 해석되는 것이 타
당하다는 점, 국가계약법 시행령의 문언상 감독 또는 검사라고만 규정하고 있다
는 점에서 감독 및 검사는 국가계약법령에서 의미를 찾는 것이 타당하다는 점 등
에 비추어 보면 공사계약일반조건 등 다른 규정에서의 검사에까지 그 의미를 확
장하는 것은 타당하지 않다고 생각된다.

본 목은 행위태양을 단순히 방해하는 것으로 규정하고 있는바, 위계, 위력
등 어떠한 방법이든 방해를 하기만 한다면 본 목의 방해행위가 성립되는데 문제
는 없을 것이다.

마) 시공 단계의 건설사업관리 용역계약에서 건설기술 진흥법 시행령 제60조
및 계약서 등에 따른 건설사업관리기술인 교체 사유 및 절차에 의하지 아
니하고 건설사업관리기술인을 교체한 자(국가계약법 시행령 제76조 제2항 제
2호 마목)

건설사업관리란 건설공사의 기획·타당성조사·분석·설계·조달·계약·시공
관리·감리·평가·사후관리 등 관리업무의 전부 또는 일부를 맡아 수행하는 것을
의미한다. 이는 건설공사의 적정한 이행 및 부실 방지에 그 취지가 있다.

발주기관은 건설공사를 효율적으로 수행하기 위하여 필요한 경우 건설엔지

47) 계약제도과-1396, 2013. 10. 10; 박현석, 앞의 책, 769면에서 재인용.
48) 김성근, 앞의 책(Ⅱ), 579-580면.

니어링사업자로 하여금 건설사업관리를 하게 할 수 있는데(건설기술 진흥법 제39조 제1항), 건설기술 진흥법 시행령 제60조는 건설사업관리기술인의 배치에 대하여 규정하면서 특히 같은 조 제4항에서 건설사업관리기술인의 교체에 관하여 규정하고 있다. 본 목은 이와 같은 건설기술 진흥법 시행령상의 건설사업관리기술자의 교체 사유 및 절차 내지 계약서상의 교체 사유 및 절차 등에 의하지 않고 건설사업관리기술자를 교체한 자에 대한 제재 조항으로 볼 수 있다.

(11) 다른 법령을 위반하는 등 입찰에 참가시키는 것이 적합하지 아니하다고 인정되는 자(국가계약법 제27조 제2항 제8호 다목)

가) 계약이행에서 안전대책을 소홀히 하여 공중에게 위해를 가한 자(국가계약법 시행령 제76조 제2항 제3호 가목)

국가계약법령은 안전대책에 대하여 별다른 개념 정의를 하지 않고 있어서 본 목이 말하는 안전대책의 개념이 불명확하나, 이는 산업안전보건법에 따른 안전·보건 조치를 포함하여 관계법령에서 규정하고 있는 안전대책을 의미한다고 봄이 타당할 것이다.[49] 안전대책을 소홀히 한 것의 의미와 관련하여 기획재정부는 "계약이행과정에서 발생할 우려가 있거나 발생가능성이 인지된 안전사고를 방지하기 위해 계약문서·공사관련법령 등에서 정하고 있는 안전사고방지를 위한 계획을 적절히 수립하지 않았거나, 물리적·시간적으로 가능한 범위 내에서 필요한 조치를 적절하게 취하지 않고 게을리 한 것"을 의미한다고 하면서 "안전사고 발생가능성을 전혀 예측할 수 없었던 경우 및 안전사고 발생가능성을 인지한 후 안전사고 방지를 위해 물리적·시간적으로 가능한 범위 내에서 필요한 조치를 취하였으나 불가항력 또는 불가피하게 안전사고가 발생한 경우"는 이에 해당하지 않는다고 해석하였다.[50]

이에 따라 국가계약법 시행규칙 [별표2] 2. 개별기준 제17호는 공중에 대해서는 생명·신체상의 위해를 가하는 경우 1년의, 재산상의 위해를 가하는 경우 6개월의 입찰참가자격 제한을 기준으로 삼고 있다.

---

49) 장훈기, 앞의 책, 1633면; 법무법인(유한)태평양 건설부동산팀, 앞의 책, 468면.
50) 회계제도과-2275, 2004. 12. 7; 박현석, 앞의 책, 748면에서 재인용.

나) 정보시스템의 구축, 유지·보수 계약의 이행과정에서 알게 된 정보 중 각
중앙관서의 장 또는 계약담당공무원이 사전에 누출금지 정보로 지정하고
계약서에 명시한 정보를 무단 누출한 자(국가계약법 시행령 제76조 제2항 제
3호 나목)

전자정부법 제2조 제13호의 정보시스템이란 정보의 수집·가공·저장·검색·
송신·수신 및 그 활용과 관련되는 기기와 소프트웨어의 조직화된 체계를 말한다.
국가기관이 이러한 정보시스템의 구축이나 유지·보수 업무를 제3자에게 수행하
게 할 경우 제3자는 누출될 경우 국가에 피해가 발생할 수 있는 정보를 인지할 가
능성이 있다. 본 목의 규정은 이러한 가능성을 억제하기 위하여 마련된 규정이다.

본 목에서 누출을 금지하고 있는 정보는 단순히 누출될 경우 국가에게 피해
가 발생할 수 있는 정보가 아니라, 중앙관서의 장이나 계약담당공무원이 이러한
사정을 우려하여 사전에 누출금지정보로 지정하고 이러한 사정을 계약서에 명시
한 정보를 의미한다. 따라서 계약상대방이 어떠한 정보를 누출하였고 이에 따라
실제로 국가에게 피해가 발생한 경우라고 하더라도, 만일 중앙관서의 장 등이 이
를 사전에 누출금지정보로 지정하지 아니하였거나 지정하였더라도 이를 계약서
에 명시하지 않았다면, 본 목의 입찰참가자격 제한 사유에 해당하지 않는다.

다) 정보통신망 또는 정보시스템의 구축, 유지·보수 등 해당 계약의 이행과정
에서 정보시스템 등에 허가 없이 접속하거나 무단으로 정보를 수집할 수
있는 비인가 프로그램을 설치하거나 그러한 행위에 악용될 수 있는 정보
시스템 등의 약점을 고의로 생성 또는 방치한 자(국가계약법 시행령 제76조
제2항 제3호 다목)

본 목은 정보통신망[51]이나 정보시스템과 관련된 구축, 유지, 보수 등의 계약
에서 해킹프로그램을 설치하거나 이와 유사한 문제가 발생할 수 있는 상황을 유
발 내지 방치한 자를 제재하기 위한 규정이다.

해당 사유는 2016. 9. 2. 국가계약법 시행령이 개정되며 새로이 추가된 것이다.

---

51) 전기통신기본법 제2조 제2호에 따른 전기통신설비를 활용하거나 전기통신설비와 컴퓨터
및 컴퓨터 이용기술을 활용하여 정보를 수집·가공·저장·검색·송신 또는 수신하는 정보
통신체제를 말한다(전자정부법 제2조 제10호).

4. 제재 가능 기간

구 국가계약법 시행령(2016. 9. 2. 대통령령 제27475호로 개정되기 전의 것) 제76조 제1항은 입찰참가자격제한 처분의 시기와 관련하여 "즉시"라고만 규정하고 있었고, 지방계약법 시행령 제92조 제1항은 "지체없이"라고만 규정하고 있다. 하급심은 지방계약법 시행령상의 위 "지체없이"의 의미와 관련하여 이를 제재권 행사의 제척기간을 규정한 것이 아니라 단지 행정청에 대한 직무상의 훈시규정에 해당할 뿐이고, 지체없이 처분을 하지 아니하였다는 사유만으로 해당 처분이 위법해지는 것이 아니라고 판시하였고[서울고등법원 2012. 10. 31. 선고 (춘천) 2012누718 판결], 위 판결은 대법원에서 심리불속행기각 판결로 확정되었다(대법원 2013. 2. 14.자 2012두25101 판결).

이러한 상황에서 중앙관서의 장이 장기간 입찰참가자격제한 처분을 하지 않고 있을 경우 계약상대자로서는 실효의 원칙을 주장하는 것 외에 별다른 방법이 없었는데, 실효의 원칙이 인정되는 경우도 거의 없었던 것으로 보인다.[52]

2016. 3. 2. 국가계약법 개정으로 법 제27조 제4항에 입찰참가자격제한 처분의 제척기간과 관련된 규정이 신설되었는데, 이에 따르면 위반행위의 종료일으로부터 7년(담합 및 뇌물의 경우) 또는 5년(그 외 나머지 사유)이 경과하면 더 이상 입찰참가자격제한 처분은 불가능하게 되었다. 결국 중앙관서의 장의 인식 여부에 따라 입찰참가자격제한 처분의 가능 시기가 사실상 계속적으로 연장되는 문제는 더 이상 발생하지 않게 되었다.

지방계약법도 2018. 12. 24. 개정으로 국가계약법과 동일하게 담합 및 뇌물의 경우 7년, 그 밖의 나머지 사유의 경우에는 5년의 제척기간이 적용되도록 규정하였다(지방계약법 제31조 제6항).

공공기관운영법의 경우 명시적으로 처분에 관한 제척기간이 규정되어 있지는 않으나, 공공기관운영법 제39조 제2항, 계약사무규칙 제15조는 국가계약법 제27조를 준용하므로 당연히 공공기관의 장 또한 국가계약법에 따른 제척기간의 제한을 받는다.

---

52) 입찰참가자격제한 처분사유에 해당하는 행위가 행위시로부터 5년이 경과한 후에 발견되었고, 발견 후 지체없이 제재를 한 사안에서 제재 권한이 실권되지 않았다고 판단한 행정심판 사례가 있다(행정심판 200411850).

5. 입찰참가자격 제한기간의 가중, 감경 등

(1) 제한기간의 가중

각 중앙관서의 장은 입찰참가자격의 제한을 받은 자에게 그 처분일부터 입찰참가자격제한기간 종료 후 6개월이 경과하는 날까지의 기간 중 다시 제재사유가 발생한 경우 그 위반행위의 동기·내용 및 횟수 등을 고려하여 국가계약법 시행규칙 [별표2] 2. 개별기준에 따른 해당 제재기간의 2분의 1의 범위에서 입찰참가자격 제한기간을 연장할 수 있다(국가계약법 시행규칙 [별표2] 1. 일반기준 가목 전문). 이는 형법상의 누범 가중과 같이 이미 한 번 제재를 받았음에도 불구하고 그 경고적 기능을 무시하였다는 점에서 더 강한 비난이 가능하기 때문으로 이해할 수 있을 것이다.

여기서 가중 제재의 근거가 되는 선행 제재 처분은 당연히 당해 중앙관서의 장 또는 다른 중앙관서의 장의 입찰참가자격제한 처분이고, 지방자치단체의 장이나 공기업·준정부기관의 장의 입찰참가자격제한 처분은 선행 제재 처분이 될 수 없다.53) 국가계약법 시행규칙 [별표2] 1. 일반기준이 선행 처분의 주체에 대하여 별다른 언급을 하고 있지는 않으나, 국가계약법령의 해석상 선행 처분의 주체에 대하여 별다른 언급이 없을 경우 이는 국가계약법상 입찰참가자격제한 처분의 주체인 '각 중앙관서의 장'으로 이해함이 타당하다는 점에서 이는 당연한 결론이다.

한편 가중한 기간을 합산한 총기간은 2년을 넘을 수 없는데(국가계약법 시행규칙 [별표2] 1. 일반기준 가목 후문), 국가계약법 제27조 제1항이 입찰참가자격제한 처분의 기간을 2년 이내로 정하고 있다는 점에서 이는 당연한 규정으로 볼 수 있고, 같은 법 시행규칙이 가중 제재의 경우 제한기간이 2년을 넘도록 정하였더라도 이는 효력을 인정하기 어려울 것이다.

(2) 제한기간의 감경

각 중앙관서의 장은 부정당업자에 대한 입찰참가자격을 제한하는 경우 자격제한기간을 그 위반행위의 동기·내용 및 횟수 등을 고려하여 개별기준에서 정한 기간의 2분의 1의 범위에서 줄일 수 있다(국가계약법 시행규칙 [별표2] 1. 일반기준 다

---

53) 계약제도과-767, 2014. 6. 16; 박현석, 앞의 책, 790면에서 재인용.

목 본문). 이는 형사재판에서의 작량감경과 유사한 것으로 볼 수 있다.[54]

다만 감경 후의 제한기간은 1개월 이상이어야 하는데(국가계약법 시행규칙 [별표2] 1. 일반기준 다목 후문), 이는 국가계약법 시행령 제76조 제3항에서 입찰참가자격의 최소한의 제한기간을 1개월로 정한 것에 따른 것이다.

그리고 2019. 9. 17. 개정된 국가계약법 시행규칙은 [별표2] 1. 일반기준 다목 단서로 뇌물을 제공한 자에 대해서는 입찰참가자격제한기간의 감경을 금지하였다. 이는 부패근절 및 공정조달질서 확립 차원으로 볼 수 있다.

(3) 제재사유의 중첩

각 중앙관서의 장은 부정당업자가 위반한 여러 개의 행위에 대하여 같은 시기에 입찰참가자격 제한을 하는 경우 입찰참가자격 제한기간은 국가계약법 시행규칙 [별표2] 2. 개별기준에 규정된 해당 위반행위에 대한 제한기준 중 제한기간을 가장 길게 규정한 제한기준에 따른다(국가계약법 시행규칙 [별표2] 1. 일반기준 나목). 즉 수개의 위반행위에 대하여 한번에 제재를 할 경우에는 가장 제재의 정도가 무거운 사유를 기준으로 하여 하나의 제재만 할 수 있는 것이다.

하나의 입찰참가자격제한 처분이 이루어진 후 새로운 위반행위가 발견되었는데, 그 행위가 기존 처분일 이전에 이루어진 것일 경우 처리 방법이 문제될 수 있다. 이 경우 단순하게 생각하면 새롭게 발견된 위반행위에 대하여 추가로 입찰참가자격제한 처분을 하면 되는 것으로 볼 수도 있으나, 만일 새로운 위반행위가 기존 입찰참가자격제한 처분이 이루어지기 전에 발견되었다면 하나의 입찰참가자격제한 처분으로 제재가 완료되었을 것이고, 특히 새롭게 발견된 위반행위에 대한 제재기간이 기존의 위반행위의 그것보다 짧거나 같았다면 실질적으로는 기존의 위반행위에 대한 제재기간만큼만 입찰참가자격 제한이 이루어졌을 것이라는 점에서 위와 같은 해석은 불합리한 측면이 있다.

이러한 사안과 관련하여 기획재정부는 추가적인 위반행위가 이미 제재 처분이 이루어진 후에 인지되었다면 국가계약법 시행규칙 [별표2] 1. 일반기준 나목이 적용될 수 없고 별개의 입찰참가자격제한 처분을 하여야 한다고 해석하였으나,[55] 대법원은 하나의 위반행위에 대하여 입찰참가자격제한 처분을 한 후에 처

---

54) 법무법인(유한)태평양 건설부동산팀, 앞의 책, 471면.
55) 계약제도과-1516, 2011. 12. 14.

분일 이전에 존재하였던 또 다른 위반행위가 발견된 경우에도 구 국가계약법 시행규칙 제76조 제3항([별표2] 1. 일반기준 나목)이 적용되어야 하므로, 이미 입찰참가자격제한 처분이 이루어진 위반행위와 새롭게 발견된 위반행위의 제한기준이 동일하고 이미 이루어진 처분이 제한기준상 제재기간을 감경하지 아니하고 그대로 처분한 것이라면 후자에 대하여는 추가로 제재할 수 없다고 판단하였다(대법원 2014. 11. 27. 선고 2013두18964 판결).

Ⅲ. 입찰참가자격제한 처분의 절차

1. 행정절차법의 적용

국가계약법상 입찰참가자격제한 처분은 행정처분에 해당하므로, 그 절차에 관하여는 행정절차법이 적용된다.

이에 따라 중앙관서의 장은 입찰참가자격 제한 처분 전에 사전통지를 하여야 하고(행정절차법 제21조), 이후 처분 대상자의 의견을 청취하여야 한다(행정절차법 제22조). 의견청취의 방법은 청문, 공청회, 의견제출56)이 있는데, 청문은 다른 법령 등에서 청문을 하도록 규정하고 있거나 행정청이 필요하다고 인정하는 경우, 인허가 등의 취소, 신분자격의 박탈, 법인이나 조합 등의 설립허가를 취소하는 경우에 하고(행정절차법 제22조 제1항), 공청회는 다른 법령 등에서 공청회를 개최하도록 규정하고 있거나 해당 처분의 영향이 광범위하여 널리 의견을 수렴할 필요가 있다고 행정청이 인정하는 경우에 하므로(행정절차법 제22조 제2항), 입찰참가자격제한 처분의 경우 통상적인 의견청취의 방법은 의견제출의 방법이 될 것이다.

행정청이 처분을 함에 있어서는 다른 법령 등에 특별한 규정이 있는 경우를 제외하고는 문서로 하여야 하고 전자문서로 하는 경우에는 당사자 등의 동의가

---

56) 청문이란 행정청이 어떠한 처분을 하기 전 당사자나 이해관계인의 의견을 직접 듣고 증거를 조사하는 절차를 말하고(행정절차법 제2조 제5호), 공청회란 행정청이 공개적인 토론을 통하여 어떠한 행정작용에 대하여 당사자나 이해관계인, 전문지식과 경험을 가지는 사람, 그 밖의 일반인으로부터 의견을 널리 수렴하는 절차를 의미한다(행정절차법 제2조 제6호). 의견제출이란 행정청이 어떠한 행정작용을 하기 전에 당사자나 이해관계인이 의견을 제시하는 절차로서 청문이나 공청회에 해당하지 아니하는 절차를 말한다(행정절차법 제2조 제7호).

있거나 당사자가 전자문서로 처분을 신청한 경우여야 한다. 다만 공공의 안전 또
는 복리를 위하여 긴급히 처분을 할 필요가 있거나 사안이 경미한 경우에는 말
또는 그 밖의 방법으로 할 수 있지만, 이 경우에도 당사자가 요청하면 지체 없이
처분에 관한 문서를 주어야 한다(행정절차법 제24조 제1항). 입찰참가자격제한 처분
의 경우 이를 특별히 신속하게 처리할 필요가 있는 경우는 드물 것이므로, 당사
자가 전자문서로 처분서를 받는데 동의한 것이 아닌 이상 문서로 처분의 통지를
하여야 할 것이다. 처분서에는 처분 행정청과 담당자의 소속·성명 및 연락처(전
화번호, 팩스번호, 전자우편주소 등)를 기재하여야 한다(행정절차법 제24조 제2항).

그리고 입찰참가자격제한 처분을 할 경우 그 당사자에게 이에 관한 행정심
판 및 행정소송을 제기할 수 있는지 여부, 그 밖에 불복을 할 수 있는지 여부, 청
구절차 및 청구기간, 그 밖에 필요한 사항도 고지하여야 한다(행정절차법 제26조).

2. 입찰참가자격제한 처분 이후의 절차

(1) 입찰참가자격제한 처분의 공개

국가계약법 제27조 제5항은 입찰참가자격제한 처분을 한 경우 그 내용을 대
통령으로 정하는 바에 따라 공개하여야 하는데, 이는 행정기관 내부가 아니라 일
반국민에게 그 내용을 공개하는 것이다.

이와 관련하여 국가계약법 시행령 제76조 제12항은 각 중앙관서의 장이 입찰
참가자격 제한처분을 한 경우 업체(상호)명·성명(법인인 경우 대표자성명, 법인등록번
호) 및 사업자등록번호, 입찰참가자격 제한기간, 입찰참가자격을 제한하는 구체적
인 사유, 입찰참가자격제한 처분이 집행정지된 경우 그 집행정지 또는 그 집행정
지의 해제사실을 기획재정부령으로 정하는 바에 따라 전자조달시스템에 공개하여
야 한다고 규정하고 있는데, 여기서 기획재정부령이 정하는 바란 국가계약법 시행
규칙 별지 제15호 서식의 부정당업자제재확인서를 입찰참가자격제한 기간 동안
전자조달시스템에 공개하는 것을 의미한다(국가계약법 시행규칙 제77조 제5항).

(2) 입찰참가자격제한 처분의 게재

국가계약법 시행령 제76조 제11항은 입찰참가자격제한 처분의 공개와는 별
개로 입찰참가자격제한 처분의 게재를 규정하고 있다. 이는 일반인이 아닌 다른
중앙관서의 장이나 계약담당공무원이 입찰참가자격제한의 사실을 알 수 있게 하

기 위한 것으로, 입찰참가자격제한 처분을 한 중앙관서의 장은 기획재정부령으로 정하는 바에 따라 업체(상호)명·주소·명(법인의 경우 대표자성명, 법인등록번호)·주민등록번호·사업자등록번호, 관계 법령상 면허 또는 등록번호, 입찰참가자격 제한기간, 제한의 구체적 사유, 입찰참가자격제한 처분이 집행정지된 경우 그 집행정지 또는 그 집행정지의 해제사실을 전자조달시스템에 게재하여야 한다.

기획재정부령이 정하는 게재방법은 공개의 경우와 마찬가지로 국가계약법 시행규칙 별지 제15호 서식의 부정당업자제재확인서를 전자조달시스템에 게재하는 것인데 공개와 다르게 게재 기간의 제한이 없다.

Ⅳ. 입찰참가자격제한 처분의 효과

1. 효력발생 시기

입찰참가자격제한 처분은 기간을 정한 제재처분이므로 일반적인 행정처분이 처분서가 송달된 때부터 효력이 발생하는 것과 달리 처분서에 기재된 입찰참가자격 제한기간이 시작되는 시점부터 효력이 발생한다.[57]

만일 처분서에 기재된 제재기간의 시작 시점보다 처분서가 늦게 도달할 경우(예컨대 처분서상 제재기간이 2018. 8. 1.부터 2019. 1. 31.까지로 기재되어 있었는데 처분서의 도달 시점이 2018. 8. 3.인 경우) 입찰참가자격제한 처분의 효력이 개시되는 시점이 언제인지 문제될 수 있는데, 대법원은 행정처분은 상대방에게 고지되어야 효력이 발생하므로 입찰참가자격제한 처분을 하면서 제한기간을 처분 다음날부터 시작되는 것으로 정하였다고 하더라도 계약상대자에게 고지되기 이전의 제한기간에 대하여는 그 효력이 미치지 아니한다고 판단하였다(대법원 2012. 11. 15. 선고 2011두31635 판결). 다만 일단 처분의 내용이 계약상대자에게 도달한 이상 입찰참가자격제한 처분의 효력이 만료되는 시점은 처분서에 기재된 제한기간의 만료일이라고 할 것이다. 즉 위의 경우 처분서가 2018. 8. 3. 도달하였다고 하더라도 효력이 만료되는 시점은 처분서에 기재된 2019. 1. 31.이다.

---

57) 김성근, 앞의 책(Ⅱ), 599면.

[대법원 2012. 11. 15. 선고 2011두31635 판결]

상대방이 있는 행정처분의 경우 특별한 규정이 없는 한 의사표시의 일반적 법
리에 따라 그 행정처분이 상대방에게 고지되어야 효력을 발생하므로(대법원
1990. 7. 13. 선고 90누2284 판결, 대법원 2009. 11. 12. 선고 2009두11706
판결 등 참조), 피고가 2010. 7. 12. 이 사건 처분을 하면서 입찰참가자격의
제한기간을 처분 다음날인 2010. 7. 13.부터 2010. 12. 12.까지로 정하였다
하더라도 원고에게 고지되어야 그 효력이 발생하며, 원고에게 고지되기 이전
의 제한기간에 대하여는 그 효력이 미치지 아니한다고 할 것이다.
따라서 입찰참가자격 제한기간이 이 사건 처분일자 다음날부터 시작되는 것으
로 정하여져 있다는 사실만으로, 이 사건 처분이 송달되지 아니하였음에도 그
효력이 발생된다고 할 수 없고, 이로 인하여 원고에게 불이익이 있다고 볼 수
없으므로, 그러한 이유로 이 사건 처분을 위법하다고 할 수는 없다.

2. 구체적 효력

(1) 해당 중앙관서에서의 입찰참가 제한

중앙관서의 장으로부터 입찰참가자격제한 처분을 받은 자는 당연히 해당 관
서에서 집행하는 입찰에의 참가가 제한된다(국가계약법 제27조 제1항, 같은 법 시행
령 제76조 제8항).

(2) 다른 중앙관서에서의 입찰참가 제한

중앙관서의 장은 입찰참가자격제한 처분 이후 즉시 그 사실을 다른 중앙관
서의 장에게 통보하여야 하고, 통보를 받은 다른 중앙관서의 장은 입찰참가자격
제한을 받은 자의 해당 관서에서 집행하는 입찰에의 참가를 제한하여야 한다(국
가계약법 제27조 제1항). 입찰참가자격제한 처분을 한 중앙관서의 장은 입찰참가
자격제한 처분 사실의 통보와 별도로 이를 전자조달시스템에 게재하여야 하는데
(국가계약법 시행령 제76조 제11항), 이 경우에도 다른 중앙관서의 장이 게재 내용
을 확인하여 입찰참가자격제한 처분 사실을 알게 될 경우 그 처분을 받은 자의
입찰참가자격을 제한하여야 할 것이다.

한편 각 중앙관서의 장 또는 계약담당공무원은 입찰을 실시할 경우 입찰참

가자의 주민등록번호, 법인등록번호, 관계 법령상의 면허 또는 등록번호 등을 확
인하여야 하는데, 이는 통보나 게재 등에도 불구하고 혹시라도 제재를 받은 자가
상호·대표자의 변경 등의 방법으로 제한기한 내에 입찰에 참가하는 것을 방지하
기 위함이다(국가계약법 시행령 제76조 제14항).

(3) 수의계약 체결의 제한

각 중앙관서의 장은 입찰참가자격제한 처분을 받은 자와는 수의계약도 체결
할 수 없다(국가계약법 제27조 제3항 본문). 한편 국가계약법 제27조 제3항은 수의
계약을 체결할 수 없는 자에 관하여 "제1항에 따라 입찰참가자격을 제한받은 자"
로 규정하고 있는데, 제27조 제1항은 입찰참가자격제한 처분사실의 통보 및 이
에 따른 다른 중앙관서에서의 입찰참가자격 제한까지 규정하고 있으므로 입찰참
가자격을 제한받은 자는 당해 중앙관서뿐만 아니라 다른 중앙관서와도 수의계약
을 체결할 수 없을 것이다.

다만 입찰참가자격제한 처분을 받은 자 외에는 적합한 시공자, 제조자가 없
는 경우, 즉 처분을 받은 자가 사실상 독점적 사업자일 경우에는 예외적으로 수
의계약 체결이 가능하다(국가계약법 제27조 제3항 단서).

(4) 낙찰 후 계약체결 전의 경우

각 중앙관서의 장 또는 계약담당공무원은 경쟁입찰에서 낙찰된 자가 계약체
결을 하기 전에 입찰참가자격제한 처분을 받은 경우에는 낙찰된 자라고 하더라도
계약을 체결하여서는 아니 된다(국가계약법 시행령 제76조 제9항 본문).

다만 장기계속계약의 낙찰자가 최초로 계약을 체결한 이후 입찰참가자격제
한 처분을 받은 경우에는 예외적으로 해당 장기계속계약의 연차별 계약을 체결할
수 있다(국가계약법 시행령 제76조 제9항 단서).

3. 국가계약법, 지방계약법, 공공기관운영법에 따른 각 입찰참가자격제한 처분의 상호관계

국가계약법 제27조 제1항은 각 중앙관서의 장으로 하여금 부정당업자에 대
해 입찰참가자격을 제한하고 그 사실을 다른 중앙관서의 장에게 통보하며, 통보
를 받은 중앙관서의 장은 부정당업자의 입찰참가자격을 제한하여야 한다고 규정

하고 있다. 반면에 국가계약법 시행령 제76조 제13항은 각 중앙관서의 장 또는 계약담당공무원이 지방계약법 또는 공공기관운영법 등 다른 법령에 따라 입찰참가자격 제한을 한 사실을 통보받거나 전자조달시스템에 게재된 자에 대해서도 입찰에 참가할 수 없도록 해야 한다고 규정하고 있다.

　이와 관련하여 대법원은 이와 같이 다른 법률에 의하여 입찰참가자격제한 처분을 받은 자도 입찰에 참가할 수 없도록 하는 조항(이하 '확장제재 조항')과 관련하여, "이 사건 확장제재 조항은 최초의 입찰참가자격 제한 처분에 직접 적용되는 근거 규정이 아니라, 입찰참가자격 제한 처분이 있은 후에 그 처분에 기초하여 다른 처분청이 새로운 제재를 할 수 있는 근거 조항일 뿐이다. 따라서 어떤 처분청이 부정당업자의 입찰참가자격을 제한하는 처분을 한 경우 이 사건 확장제재 조항에 따라 다른 처분청에 의한 별도의 제재 없이도 그 효력이 당연히 확장되는 것은 아니다."라고 판시하였는바(대법원 2017. 4. 7. 선고 2015두50313 판결), 국가계약법, 공공기관운영법 등의 확장제재 조항의 규정에도 불구하고 다른 처분청이 입찰참가자격제한 처분을 받은 자의 입찰참가자격을 제한하기 위해서는 별도의 처분이 필요하다고 할 것이다.

　반면에 지방계약법 제31조 제4항은 "제1항부터 제3항까지의 규정에 따라 입찰참가자격을 제한받은 자는 그 제한기간 동안 각 지방자치단체에서 시행하는 모든 입찰에 대하여 참가자격이 제한된다. 다른 법령에 따라 입찰 참가자격의 제한을 받은 자도 또한 같다"라고 규정하고 있다. 따라서 다른 지방자치단체나 중앙행정기관 또는 공기업, 준정부기관으로부터 입찰참가자격을 제한받은 자는 별도의 처분이 없더라도 위 규정에 따라 그 제한기간 동안 각 지방자치단체가 시행하는 모든 입찰에 대하여 당연히 참가자격이 제한된다.

　이와 달리 공공기관운영법이나 공기업·준정부기관 계약사무규칙에는 국가계약법이나 지방계약법 등 다른 법령에 의하여 입찰참가자격제한 처분을 받은 자가 공기업·준정부기관이 시행하는 입찰에 참가할 수 없는지에 관하여 명시적인 규정을 두고 있지 않다.[58] 이와 관련하여, 공공기관운영법 제39조 제2, 3항, 공기

---

58) 구 공기업·준정부기관 계약사무규칙(2016. 9. 12. 기획재정부령 제571호로 개정되기 전의 것) 제15조 제11항은 "기관장은 국가를 당사자로 하는 계약에 관한 법률 및 지방자치단체를 당사자로 하는 계약에 관한 법률에 따라 입찰참가자격 제한 사실을 통보받거나 전자조달시스템에 게재된 자에 대하여도 입찰에 참가할 수 없도록 할 수 있다. 다만 국가를 당사자로 하는 계약에 관한 법률 시행령 제76조 제8항 단서 및 지방자치단체를 당사자로 하는

업·준정부기관 계약사무규칙 제15조에 따르면 공기업이나 준정부기관의 장은 국가계약법 제27조에 따라 입찰참가자격제한 처분을 하는 것이므로, 공공기관운영법에 따른 입찰참가자격제한 처분도 국가계약법 시행령 제76조, 같은 법 시행규칙 [별표2] 등에 따라 이루어져야 하고, 이에 따른다면 공기업이나 준정부기관의 장은 다른 법령에 따라 입찰참가자격 제한을 받은 자에 입찰참가를 제한하여야 한다는 견해가 있다.59) 그러나 공공기관운영법 제39조 제2항은 "공정한 경쟁이나 계약의 적정한 이행을 해칠 것이 명백하다고 판단되는 경우"에 한하여 입찰참가자격을 제한할 수 있는 반면에, 국가계약법이나 지방계약법은 "경쟁의 공정한 집행을 저해할 염려가 있는 자" 또는 "계약의 적정한 이행을 해칠 염려가 있는 자"(국가계약법 제27조 제2항 제8호 가, 나목, 지방계약법 제31조 제9호 가, 나목)도 입찰참가자격을 제한하고 있다. 따라서 만약 국가계약법이나 지방계약법에 따라 "공정한 경쟁이나 계약의 적정한 이행을 해칠 것이 명백하다고 판단되는 경우"가 아니라 단순히 그러한 '염려'가 있는 자에 해당한다는 이유로 입찰참가자격제한을 받았음에도 그러한 이유로 공공기관의 입찰에도 참가자격을 제한할 수 있다면 이는 공공기관운영법 제39조 제2항의 요건을 법률의 위임이 없이 하위법령에 의하여 완화하는 부당한 결과를 초래하게 된다. 부연하자면, 공공기관운영법 제39조 제2, 3항, 공기업·준정부기관 계약사무규칙 제15조, 국가계약법 제27조 제1항 제8호, 국가계약법 시행령 제76조 제3항을 단순히 기계적으로 순차적용할 경우, 국가계약법 또는 지방계약법에 따라 입찰참가자격제한을 받은 자에 대하여 공공기관 입찰에서의 입찰참가자격을 제한한다는 결론에 도달할 수도 있으나, 국가계약법이나 지방계약법에 따른 입찰참가자격제한 처분의 구체적인 사유가 "공정한 경쟁이나 계약의 적정한 이행을 해칠 것이 명백하다고 판단되는 경우"에 해당하는 정도가 아닌 이상 단순히 국가계약법이나 지방계약법에 따른 입찰참가자격제한 처분을 받았다는 사실 그 자체만으로는 공공기관운영법에 따른 입찰참가자격제한의 처분사유가 될 수 없는 것이다. 요컨대 공공기관 입찰의 경우에는 다른 법령에 의하여 입찰참가자격을 제한받은 사유가 "공정한 경쟁이나 계약의 적정한 이행을 해칠 것이 명백하다고 판단되는 경우"에 해당한다고 볼 수 있는 경우에 한하여

계약에 관한 법률 시행령 제92조 제8항 단서에 따른 사유로 입찰참가자격의 제한을 받은 자에 대하여는 반드시 입찰에 참가할 수 없도록 하여야 한다."라고 규정하고 있었다.
59) 법무법인(유한)태평양 건설부동산팀, 앞의 책, 481-482면.

입찰참가자격을 제한할 수 있다고 해석해야 할 것이다.

4. 효력의 범위

입찰참가자격제한 처분은 특정 면허나 업종에 대한 처분이 아니라 행위자에
대한 처분이다. 따라서 하나의 법인이 여러 개의 업종에서 영업에 종사하고 있는
경우 입찰참가자격제한 처분을 받게 된다면, 당해 처분과 관련된 업종에서뿐만
아니라 해당 법인이 종사하고 있는 모든 업종에서의 입찰참가가 제한될 것이
다.60)

5. 국가계약법 시행규칙의 법규명령성 여부

국가계약법 시행규칙 [별표2]는 각 제재사유를 유형별로 분류하고 이에 따
른 제재기간을 정하고 있다. 그런데 각 중앙관서의 장이 국가계약법 시행규칙
[별표2]에 구체적으로 규정되지 않은 사안에 대하여 제재를 하거나 [별표2]에 규
정된 제재기간을 초과하는 제재를 가한 경우 그 효력이 문제될 수 있다. 만일 국
가계약법 시행규칙이 법규명령이라고 한다면 이는 일반국민과 법원도 기속하는
것이므로 처분의 상대방으로서는 곧바로 그 위법성을 주장할 수 있을 것이지만,
법규명령이 아니라고 한다면 개별 사안을 구체적·개별적으로 따져 재량권의 일
탈·남용 등을 따져야 한다.

이와 관련하여, 국가계약법 시행규칙은 법규명령에 해당할 뿐만 아니라 부
정당업자 제재와 관련된 기준은 법률과 대통령령에 의하여 명시적으로 위임되었
기 때문에 그 구속력을 인정하는 것이 바람직하다는 견해,61) 부령의 형식으로 규
정된 처분기준이라도 그 내용상으로 행정기관 내부에 있어서의 사무처리기준에
그치는 것이 아니고, 사업자 등에 대한 관계에서의 제재적 처분기준을 정하고 있
으며, 당해 처분기준이 헌법 제95조가 정하고 있는 법규명령으로서의 집행명령
내지는 위임명령 형식으로 되어 있다는 점에 비추어 볼 때 부령 형식의 시행규칙
에 대하여는 대외적 구속력을 인정할 수 있는데, 이는 국가계약법 시행규칙도 마
찬가지라는 점에서 그 법규명령성을 인정할 수 있다는 견해,62) 이를 법규명령으

---

60) 법무법인(유한)태평양, 앞의 책, 483면; 김성근, 앞의 책(Ⅱ) 608-610면.
61) 정원, 공공조달계약법(법률문화원, 2007), 350면; 김성근, 앞의 책(Ⅱ), 610면에서 재인용.
62) 김종민, 미국정부조달법상 발주금지·제한에 관한 연구, 서울대학교 대학원 석사학위논문,

로 본다고 하더라도 구체적인 처분이 비례원칙에 위반된 것인지 여부는 법원이 처분기준에 구속됨 없이 판단할 수 있어야 한다는 견해,[63] 시행규칙상의 내용은 행정기관 내부의 사무처리 준칙에 불과하므로, 입찰참가자격제한 처분의 위법성 여부는 시행규칙에 규정된 내용 그 자체에 따르기보다는 위반행위의 경위, 동기, 목적, 비난가능성의 정도, 피해사정 등을 종합적으로 고려하여 구체적 규범통제 과정에서 재량권 일탈·남용 여부, 비례원칙 부합 여부 등을 따져서 판단하여야 한다는 견해[64] 등이 있다.

국가계약법 제27조 제1항은 "2년 이하의 범위에서 대통령령으로 정하는 바에 따라 입찰참가자격을 제한하여야 하며"라고 규정하여 제재기간의 상한만을 정하고 구체적인 내용에 대해서는 대통령령에 위임하였고, 같은 법 시행령 제3항은 "입찰참가자격 제한의 기간에 관한 사항은 법 제27조 제1항 각 호에 해당하는 행위별로 부실벌점, 하자비율, 부정행위 유형, 고의·과실 여부, 뇌물 액수 및 국가에 손해를 끼친 정도 등을 고려하여 기획재정부령으로 정한다"고 재차 구체적인 제재기간 규정에 대한 사항을 시행규칙에 위임하였다. 대법원은 법령의 위임이 없음에도 법령에 규정된 처분 요건에 해당하는 사항을 부령에서 변경하여 규정한 경우에는 그 부령의 규정은 행정청 내부의 사무처리 기준 등을 정한 것으로서 행정조직 내에서 적용되는 행정명령의 성격을 지닐 뿐 국민에 대한 대외적 구속력은 없다고 보아야 하는 반면 법령에서 행정처분의 요건 중 일부 사항을 부령으로 정할 것을 위임한 데 따라 시행규칙 등 부령에서 이를 정한 경우에 그 부령의 규정은 국민에 대해서도 구속력이 있는 법규명령에 해당한다고 보고 있는바(대법원 2013. 9. 12. 선고 2011두10584 판결), 입찰참가자격제한 처분에 관한 국가계약법 시행규칙 [별표2]의 규정은 구체적인 제재기간 규정에 관한 사항을 법률 및 대통령령으로부터 위임받아 제정된 것이므로 이는 법규명령으로서의 효력을 지니고, 따라서 이를 위반한 처분에 대하여 처분의 상대방은 곧바로 그 위법성을 주장할 수 있다고 생각된다.

이와 달리 입찰참가자격제한 처분에 관한 국가계약법 시행규칙의 내용이 단

2004, 96면.

63) 박정훈, 부정당업자의 입찰참가자격제한의 법적 제문제, 서울대학교 법학연구소, 2005, 303면.

64) 김성근, 앞의 책(Ⅱ), 612면.

순한 행정기관의 내부지침으로서의 행정규칙에 불과하다고 보더라도, 재량권행사의 준칙인 행정규칙이 그 정한 바에 따라 되풀이 시행되어 행정관행이 이루어지게 되면 평등의 원칙이나 신뢰보호의 원칙에 따라 행정기관은 그 상대방에 대한 관계에서 그 규칙에 따라야 할 자기구속을 받게 되므로, 이러한 경우에는 특별한 사정이 없는 한 그를 위반하는 처분은 평등의 원칙이나 신뢰보호의 원칙에 위배되어 재량권을 일탈·남용한 위법한 처분이 되는데(대법원 2009. 12. 24. 선고 2009두7967 판결), 국가계약법 시행규칙 [별표2]의 내용은 입찰참가자격제한 처분의 기준으로서 반복적으로 시행되어 왔음은 분명하므로 처분의 상대방으로서는 이에 명시적으로 위반되는 처분에 대하여 평등원칙, 신뢰보호원칙 위반을 이유로 한 재량권 일탈·남용을 주장할 수 있을 것이다.

이와 같이 국가계약법 시행규칙 [별표2] 2. 개별기준상의 제재기간을 초과하는 제재가 이루어진 경우 위 개별기준을 법규명령으로 보든 행정기관의 내부지침으로 보든 그와 같은 처분이 위법하다는 결론에는 차이가 없을 것이고, 실제로 중앙관서의 장 등이 위 개별기준상의 제재기간을 초과하는 처분을 하는 경우도 흔치 않을 것이다.

문제는 어떠한 처분이 위 개별기준상의 제재기간에 형식상 부합하게 이루어졌다고 하여 바로 적법한 것이 되는지, 즉 구체적인 사정을 고려하여 법원이 이에 대한 재량권 일탈·남용 여부를 판단하는 것이 가능한지 여부이다. 위 개별기준을 행정기관의 내부지침으로 보는 견해에 따르면 법원이 위와 같은 판단을 하는 것이 가능하다는데 이견이 있기 어렵겠지만, 이를 법규명령으로 본다면 법원 스스로 법규명령이 법원을 기속하는 힘이 있다고 인정한 이상(대법원 1996. 9. 6. 선고 96누914 판결, 대법원 1997. 12. 26. 선고 97누15418 판결 등) 법원이 법규명령상의 제재기준에 형식상 부합하는 처분에 대하여 재량권 일탈·남용에 해당한다는 판단을 내릴 수 있는지에 대한 의문이 있을 수 있다.

그러나 대법원은 구 청소년보호법 시행령(1999. 6. 30. 대통령령 제16461호로 개정되기 전의 것) [별표]상의 처분기준에 관하여 그것이 법규명령으로서의 성격을 가진다고 보면서도 "모법의 위임규정의 내용과 취지 및 헌법상의 과잉금지의 원칙과 평등의 원칙 등에 비추어 같은 유형의 위반행위라 하더라도 그 규모나 기간·사회적 비난 정도·위반행위로 인하여 다른 법률에 의하여 처벌받은 다른 사정·행위자의 개인적 사정 및 위반행위로 얻은 불법이익의 규모 등 여러 요소를 종합적으로 고려하여 사안에 따라 적정한 과징금의 액수를 정하여야 할 것"
이라면서 해당 [별표]상의 과징금액은 정액이 아니라 최고한도액을 정한 것이라
고 판단한 바 있다(대법원 2001. 3. 9. 선고 99두5207 판결).[65] 이와 같은 판시는 법원
스스로 인정한 법규명령에 대한 구속으로부터 벗어나기 위한 논거로 볼 수 있는
데,[66] 이는 입찰참가자격제한 처분에서도 그대로 원용될 수 있을 것이다. 즉 국가
계약법 시행규칙 [별표2] 2. 개별기준이 법규명령으로서의 성격을 가진다고 하더
라도, 동일한 유형의 위반행위라도 그 규모, 기간, 사회적 비난 정도 등 여러 요소
를 종합적으로 고려하여 사안에 따라 적정한 제재기간을 정하는 것이 타당할 것
이므로, 개별 처분이 형식상으로는 위 개별기준상의 제재기간에 따른 것이라 하
더라도 법원으로서는 헌법상의 과잉금지의 원칙과 평등의 원칙 등에 비추어 재량
권 일탈·남용 여부를 판단할 수 있다고 보는 것이 타당할 것이다.[67]

V. 입찰참가자격제한 처분에 대한 불복

국가계약법상 입찰참가자격제한 처분은 행정처분에 해당하므로, 입찰참가자
격제한 처분에 대한 불복에서는 행정처분에 대한 일반적인 불복절차, 즉 행정소
송이나 행정심판에 관한 규정이 적용된다.

이하에서는 입찰참가자격에서 특히 실무상 중요한 집행정지(효력정지)에 대
하여 살펴보고, 일종의 특수 쟁점으로서 제재기간이 만료된 처분에 대한 쟁송가
능성에 대하여 살펴보겠다.

1. 효력정지

입찰참가자격제한 처분을 받게 될 경우 곧바로 취소소송을 제기한다고 하더
라도 그 효력에 영향을 미치지 못한다(행정소송법 제23조 제1항). 따라서 소송 절

---

65) 이후 대법원은 구 국민건강보험법 시행령(2001. 12. 31. 대통령령 제17476호로 개정되기 전
의 것) 제61조 제1항 [별표5]의 업무정지처분 및 과징금부과 기준에 대하여도 이를 법규명
령이라고 보면서도 해당 기간과 금액을 확정적인 것이 아니라 최고한도라고 하면서 이에
대한 재량권 일탈·남용 여부 심사에 대한 여지를 두었다(대법원 2006. 2. 9. 선고 2005두
11982 판결).
66) 강현호, "재량준칙의 법적 성격", 행정판례연구 7권, 2002, 11면.
67) 같은 취지, 박정훈, 앞의 논문, 304면.

제27조 부정당업자의 입찰 참가자격 제한 등 **449**

차가 진행되는 기간 중에도 입찰참가자격제한 처분의 효력은 계속되므로, 취소소
송은 그 자체만으로는 권리구제에 큰 도움을 주지 못할 가능성이 높다. 그렇기
때문에 실무상으로는 취소소송을 제기함과 동시에 효력정지[68]신청도 함께 제기
하고 있다.

행정소송법 제23조 제2항 본문은 "취소소송이 제기된 경우에 처분등이나 그
집행 또는 절차의 속행으로 인하여 생길 회복하기 어려운 손해를 예방하기 위하
여 긴급한 필요가 있다고 인정할 때에는 본안이 계속되고 있는 법원은 당사자의
신청 또는 직권에 의하여 처분등의 효력이나 그 집행 또는 절차의 속행의 전부
또는 일부의 정지(이하 '집행정지'라 한다)를 결정할 수 있다."라고 규정하고 있는
바, 효력정지는 대상 처분의 존재, 본안소송의 계속, 본안소송의 승소 가능성, 보
전의 필요성을 그 요건으로 한다.

(1) 대상 처분의 존재

효력정지를 위해서는 당연히 그 대상이 되는 입찰참가자격제한 처분이 존재
하여야 하고, 아직 제재기간이 도과하지 않았어야 한다.

(2) 본안소송의 계속

효력정지를 위해서는 본안소송이 계속중이어야 한다. 실무상 취소소송 소장
과 효력정지신청서를 함께 제출하는 것이 통상적이나, 본안소송보다 효력정지신
청을 먼저 제기한 경우에도 효력정지에 대한 결정이 내려지기 전에 본안의 소가
제기된다면 하자가 치유된다고 본다.[69]

대법원은 집행정지의 요건으로서의 본안청구는 적법할 것을 요건으로 삼고
있는바(대법원 1995. 2. 28. 선고 94두36 판결), 본안소송은 적법하게 계속중이어야
한다.

---

68) 행정소송법 제23조 제2항 단서는 "처분의 효력정지는 처분등의 집행 또는 절차의 속행을
정지함으로써 목적을 달성할 수 있는 경우에는 허용되지 아니한다."라고 규정하고 있는데,
입찰참가자격제한 처분의 효력이 발생하게 될 경우 추가적으로 집행되거나 진행될 절차가
존재하지 아니하므로 처분의 효력정지를 신청할 수 있다.
69) 법무법인(유한)태평양 건설부동산팀, 앞의 책, 493면.

(3) 본안소송의 승소 가능성

행정소송법 제23조 제2항 법문상 본안소송의 승소 가능성에 관한 내용은 없으나, 대법원은 행정처분의 효력정지나 집행정지제도는 신청인이 본안 소송에서 승소판결을 받을 때까지 그 지위를 보호함과 동시에 후에 받을 승소판결을 무의미하게 하는 것을 방지하려는 것이어서 본안 소송에서 처분의 취소가능성이 없음에도 처분의 효력이나 집행의 정지를 인정한다는 것은 제도의 취지에 반하므로 효력정지나 집행정지사건 자체에 의하여도 신청인의 본안 청구가 이유 없음이 명백하지 않아야 한다는 것도 효력정지나 집행정지의 요건에 포함시켜야 한다고 보고 있다(대법원 1992. 6. 8.자 92두14 결정, 대법원 1999. 11. 26.자 99부3 결정, 대법원 2004. 5. 17.자 2004무6 결정 등).

(4) 보전의 필요성

행정소송법 제23조 제2항 법문상 회복하기 어려운 손해를 예방하기 위한 긴급한 필요성, 즉 보전의 필요성은 효력정지의 요건임이 명백하다.

대법원은 '회복하기 어려운 손해'와 관련하여, 이는 금전으로 보상할 수 없는 경우뿐만 아니라 금전보상으로는 사회관념상 행정처분을 받은 당사자가 참고 견딜 수 없거나 참고 견디기가 현저히 곤란할 경우의 유형, 무형의 손해를 일컫는 것이고, 국가기관 등의 입찰 등에 참가하지 못함으로 인하여 입은 손해는 쉽사리 금전으로 보상될 수 있는 성질의 것이 아니어서 사회관념상 회복하기 어려운 손해에 해당한다고 판단하였다(대법원 1986. 3. 21.자 86두5 결정).

생각건대 입찰참가자격 제한으로 인한 손해는 단순히 관념적 차원에서는 일응 금전적으로 보상할 수 있는 것으로 볼 수도 있지만, 입찰참가자격제한이 없었을 경우 어떠한 입찰에 참가하였을 것인지, 해당 입찰에서 낙찰될 가능성은 어느 정도였을 것인지, 이로 인한 예상 이익은 어느 정도였을 것인지를 손해배상의 차원에서 산정한다는 것은 사실상 매우 어려운 일이라는 점에서 대법원의 위와 같은 판단은 지극히 타당하다.

(5) 공공복리에 중대한 영향을 미칠 우려가 없을 것

행정소송법 제23조 제3항은 집행정지의 장애사유로서 '공공복리에 중대한 영향을 미칠 우려'를 규정하고 있다. 이는 일반적·추상적 공익에 대한 침해의 가능성이 아니라 당해 처분의 집행과 관련된 구체적·개별적 공익에 중대한 해를 입힐 개연성을 의미하는데, 이러한 집행정지의 소극적 요건에 대한 주장·소명책임은 행정청에게 있다(대법원 2004. 5. 12.자 2003무41 결정, 대법원 2004. 5. 17.자 2004무6 결정, 대법원 2008. 5. 6.자 2007무147 결정 등).

2. 제재기간이 만료된 처분에 대한 쟁송 가부

국가계약법 시행규칙 [별표2] 1. 일반기준 가목 전문은 입찰참가자격의 제한을 받은 자에게 그 처분일부터 입찰참가자격 제한기간 종료 후 6개월이 경과하는 날까지의 기간 중 다시 제재사유가 발생한 경우 가중 제재를 하도록 규정하고 있다. 따라서 입찰참가자격제한 처분의 제재기간이 만료되었다고 하더라도 제한기간 종료 후 6개월까지는 여전히 새로운 처분에 대한 가중 요건으로서의 효력이 남아 있다고 볼 여지가 있는데, 이와 같이 제재기간이 만료하였지만 후행 처분에 대한 가중제재 요건이 되는 기존 처분을 다툴 수 있는지가 문제된다.

대법원은, 제재적 행정처분이 그 처분에서 정한 제재기간의 경과로 인하여 그 효과가 소멸되었으나, 부령인 시행규칙 또는 지방자치단체의 규칙의 형식으로 정한 처분기준에서 제재적 행정처분을 받은 것을 가중사유나 전제요건으로 삼아 장래의 제재적 행정처분을 하도록 정하고 있는 경우, 제재적 행정처분의 가중사유나 전제요건에 관한 규정이 법령이 아니라 규칙의 형식으로 되어 있다고 하더라도, 그러한 규칙이 법령에 근거를 두고 있는 이상 그 법적 성질이 대외적·일반적 구속력을 갖는 법규명령인지 여부와는 상관없이, 관할 행정청이나 담당공무원은 이를 준수할 의무가 있으므로 이들이 그 규칙에 정해진 바에 따라 행정작용을 할 것이 당연히 예견되고, 그 결과 행정작용의 상대방인 국민으로서는 그 규칙의 영향을 받을 수밖에 없고, 따라서 그러한 규칙이 정한 바에 따라 선행처분을 받은 상대방이 그 처분의 존재로 인하여 장래에 받을 불이익, 즉 후행처분의 위험은 구체적이고 현실적인 것이므로, 상대방에게는 선행처분의 취소소송을 통하여 그 불이익을 제거할 필요가 있으며, 나중에 후행처분에 대한 취소소송에서 선행처분의 사실관계나 위법 등을 다툴 수 있는 여지가 남아 있다고 하더라도, 이러한 사정은 후행처분이 이루어지기 전에 이를 방지하기 위하여 직접 선행처분의 위법을 다투는 취소소송을 제기할 필요성을 부정할 이유가 되지 못한다는 점에서, 규칙이 정한 바에 따라 선행처분을 가중사유 또는 전제요건으로 하는 후행처분을 받을 우려가 현실적으로 존재하는 경우에는 선행처분을 받은 상대방은 비록 그 처분에서 정한 제재기간이 경과하였다 하더라도 그 처분의 취소소송을 통하여 그러한 불이익을 제거할 권리보호의 필요성이 충분히 인정된다고 할 것이므로, 선행처분의 취소를 구할 법률상 이익이 있다고 판단하였다(대법원 2006. 6. 22. 선고 2003두1684 전원합의체 판결).

한편 대법원은, 기존에 행정명령에 불과한 회계예규에서 부정당업자로 제재 받은 후 1년이 경과하지 아니한 자는 국가가 발주하는 공사계약의 연대보증인이 될 수 없게 되었다거나, 입찰참가자격제한을 받고 당해 제한기간 만료 후 1년 이상 경과하지 아니한 자에 대하여는 일정한 공사계약의 계약상대자로서 소정의 선금지급을 받을 수 없게 되었다 하더라도, 이는 사실상·경제상의 불이익에 불과할 뿐 그 취소 또는 무효확인을 구할 법률상의 이익이 있는 것이라고 볼 수 없다거나(대법원 1995. 7. 14. 선고 95누4087 판결), 처분으로 인하여 조달청입찰참가자격사전심사기준 및 조달청시설공사적격심사세부기준에 의하여 3년 동안 신인도 감점의 불이익을 받게 된다고 하더라도 그와 같은 불이익은 사실상·경제상의 불이익에 불과할 뿐 그 취소를 구한 법률상의 이익이 있는 것이라고 볼 수 없다(대법원 1999. 2. 23. 선고 98두14471 판결)고 판단한 바 있다. 위와 같은 판결들이 회계예규나 조달청기준의 법규성을 부정하였기 때문에 법률상 이익을 부정한 것인지, 아니면 연대보증인 자격 및 선급지급 요건이나 신인도 감점을 그 자체로 단순히 사실상·경제상 불이익의 문제로 보아 법률상 이익을 부정한 것인지는 명백하지 않다.

만일 회계예규 등의 법규성을 부정하였기 때문에 법률상 이익도 부정한 것이라면, 위 전원합의체 판결(대법원 2006. 6. 22. 선고 2003두1684 전원합의체 판결) 이후 결론이 달라질 수도 있다. 회계예규나 조달청기준은 관할 행정청이나 담당 공무원의 입장에서 준수할 의무가 있는 것이므로, 이들은 거기에 정해진 바에 따라 행정작용을 할 것이 당연히 예견되고, 그 결과 행정작용의 상대방인 국민으로서는 그 규칙의 영향을 받을 수밖에 없으며, 따라서 그러한 규칙이 정한 바에 따라 선행처분을 받은 상대방이 그 처분의 존재로 인하여 장래에 받을 불이익, 즉 후행처분의 위험은 구체적이고 현실적인 것이기 때문이다.

만일 제재로서의 행정처분에 대한 가중 요건과 달리 연대보증인 자격 및 선금지급 요건이나 신인도 감점은 그 자체로 사실상·경제상 불이익의 문제로 본 것이라고 하더라도, 이 역시 최근 대법원의 태도에 따르면 결론이 달라질 가능성도 있어 보인다. 대법원은 최근 행정처분으로 보호되는 법률상의 이익과 관련하여, 이는 당해 처분의 근거 법규 및 관련 법규에 의하여 보호되는 개별적·직접적·구체적 이익이 있는 경우를 말하는데, 당해 처분의 근거 법규 및 관련 법규에 의하여 보호되는 법률상 이익은 당해 처분의 근거 법규의 명문 규정에 의하여 보호받는 법률상 이익, 당해 처분의 근거 법규에 의하여 보호되지는 아니하나 당해 처분의 행정목적을 달성하기 위한 일련의 단계적인 관련 처분들의 근거 법규에 의하여 명시적으로 보호받는 법률상 이익, 당해 처분의 근거 법규 또는 관련 법규에서 명시적으로 당해 이익을 보호하는 명문의 규정이 없더라도 근거법규 및 관련 법규의 합리적 해석상 그 법규에서 행정청을 제약하는 이유가 순수한 공익의 보호만이 아닌 개별적·직접적·구체적 이익을 보호하는 취지가 포함되어 있다고 해석되는 경우까지를 말한다고 판시하며(대법원 2015. 7. 23. 선고 2012두19496, 19502 판결) 법률상 이익의 포섭 범위를 기존의 판례에 비하여 확장하였다.[70] 이와 같은 최근 대법원 판례의 태도에 따른다면, 국가계약법령의 합리적 해석상 위법한 제재로 인한 제약 없이 국가기관과의 계약을 체결할 수 있는 사인의 이익을 보호하는 취지가 도출된다고 볼 여지가 있고, 그렇다면 국가기관이 사인과 체결하는 계약에서 연대보증인이 될 자격을 갖추는 일이나 신인도 감점을 받아 계약 체결에 있어서 불리한 위치에 처하게 되는 문제 등은 단순히 사실상·경제상 불이익의 문제로 치부될 것이 아니라고 해석될 수도 있다.

---

[70] 오정한, 유병수, 「행정소송법 제12조 전문의 '법률상 이익'의 확장 및 그 한계」, 『율촌판례연구』, 박영사, 2016, 434-435면.

제27조의2 과징금

> 제27조의2 (과징금)
> ① 각 중앙관서의 장은 제27조 제1항에 따라 부정당업자에게 입찰 참가자격을 제한하여야 하는 경우로서 다음 각 호의 어느 하나에 해당하는 경우에는 입찰 참가자격 제한을 갈음하여 다음 각 호의 구분에 따른 금액 이하의 과징금을 부과할 수 있다.
> 1. 부정당업자의 위반행위가 예견할 수 없음이 명백한 경제여건 변화에 기인하는 등 부정당업자의 책임이 경미한 경우로서 대통령령으로 정하는 경우: 위반행위와 관련된 계약의 계약금액(계약을 체결하지 아니한 경우에는 추정가격을 말한다)의 100분의 10에 해당하는 금액
> 2. 입찰 참가자격 제한으로 유효한 경쟁입찰이 명백히 성립되지 아니하는 경우로서 대통령령으로 정하는 경우: 위반행위와 관련된 계약의 계약금액(계약을 체결하지 아니한 경우에는 추정가격을 말한다)의 100분의 30에 해당하는 금액
> ② 삭제 〈2023. 7. 18.〉
> ③ 제1항에 따른 과징금의 금액과 그 밖에 필요한 사항은 대통령령으로 정한다.
> ④ 각 중앙관서의 장은 제1항에 따라 과징금을 부과받은 자가 납부기한까지 내지 아니하면 국세 체납처분의 예에 따라 징수한다.
> [본조신설 2012.12.18]

Ⅰ. 과징금제도의 의의

1. 개념 및 취지

국가계약법은 2012. 12. 18. 개정에서 부정당업자의 책임이 경미한 경우나 입찰참가자격을 제한함으로써 유효한 경쟁입찰이 성립될 수 없는 경우에는 입찰참가자격제한 처분에 갈음하여 과징금을 부과할 수 있도록 하는 규정을 추가하였다(국가계약법 제27조의2). 이는 입찰참가자격제한 처분에 대한 대체적 처분이라 할 수 있다.

입찰참가자격제한 처분은 기준의 획일성 및 효력의 광범위성으로 인하여 처

분으로 인하여 계약상대자 등에게 지나치게 큰 피해를 줄 수 있는 점, 그 영향이 경우에 따라서는 발주기관이나 해외계약에까지도 미칠 수 있는 점을 고려한다면 타당한 입법이라 평가할 수 있다.

2. 법적 성격

일반적으로 과징금은 ① 법령위반으로 경제적 이익을 얻게 되는 경우에 그 경제적 이익을 박탈하기 위하여 행정청이 부과하는 금전상의 제재 또는 ② 의무위반에 대한 사업정지처분 등을 하여야 하는 경우에 이로 인하여 국민의 일상생활에 불편이 예상되는 경우 등 공익상 필요가 있을 때에 해당 처분을 대신하여 부과하는 제도인데, 국가계약법 제27조의2의 과징금의 성격은 후자에 해당하는 것으로 평가될 수 있다.[1]

3. 다른 법령에서의 규정

지방계약법은 2013. 8. 6. 개정시에 국가계약법과 마찬가지로 입찰참가자격 제한 처분에 갈음하는 과징금 부과 규정을 신설하였다(지방계약법 제31조의2). 이에 따라 지방자치단체가 실시하는 입찰에서도 부정당업자에 대한 입찰참가자격 제한 처분 외에 과징금의 부과가 가능하게 되었다.

한편 공공기관운영법은 국가계약법이나 지방계약법과 달리 과징금부과에 대한 규정을 두고 있지 않기 때문에 공공기관운영법상의 공기업이나 준정부기관이 과징금을 부과할 수 없음은 당연하다. 이와 관련하여 법제처는, 입찰참가자격제한은 계약의 당사자인 공공기관이 단순히 일정 기간 동안 자신이 체결하려는 계약에서 부정당업자를 배제하는 소극적 조치인 반면 과징금부과는 이러한 소극적 조치를 넘어 상대방에게 적극적으로 금전 납부의무를 발생시킨다는 점에서 일반적인 행정청으로서의 권한을 행사할 수 없는 공기업·준정부기관이 과징금을 부과할 수 있도록 하는 것은 허용될 수 없기 때문이라고 밝히고 있다.[2]

---

[1] 국가계약법 일부개정법률안, 기획재정위원회 검토보고서(2012. 9), 21면.
[2] 법제처 15-0134, 2015. 3. 27. 기획재정부 – 공기업·준정부기관이 부정당업자 입찰참가자격 제한을 갈음하여 과징금을 부과할 수 있는지(국가를 당사자로 하는 계약에 관한 법률 제27조의2 등 관련).

II. 과징금부과의 사유 및 부과금액

1. 부정당업자의 책임이 경미한 경우

국가계약법 제27조의2 제1항 제1호는 "부정당업자의 위반행위가 예견할 수 없음이 명백한 경제여건 변화에 기인하는 등 부정당업자의 책임이 경미한 경우로서 대통령령으로 정하는 경우"를 과징금 부과의 요건 중 하나로 하고 있다.

국가계약법 시행령 제76조의2 제1항은 이와 관련된 세부적인 사유들을 제1 내지 제7호로 규정하면서, 단서에서 국가계약법 제27조 제1항 제2호(담합), 제5호(공정거래위원회의 입찰참가자격제한 요청), 제6호(중소벤처기업부장관의 입찰참가자격제한 요청), 제7호(뇌물), 국가계약법 시행령 제76조 제2항 제1호 나목(고의로 무효입찰), 같은 항 제2호 나목(조사설계용역 및 원가계산용역에서 고의 내지 중과실에 의한 부적정 금액 산정), 다목(타당성조사용역계약에서 고의·중과실에 의한 부실조사로 발주기관의 손해 발생)은 여기서 제외하고 있다. 국가계약법 제27조의2 제1항 제1호는 부정당업자의 책임이 경미한 경우로 한정된다는 점에서, 책임이 경미한 것으로 볼 수 없는 경우나 다른 기관의 장이 명시적으로 입찰참가자격제한 처분을 할 것을 요청한 경우 등 위와 같은 위반사유들이 제외되는 것은 당연한 결론일 것이다. 참고로 국가계약법 시행령 제76조 제2항 제2호 라목(감독 또는 검사의 직무수행 방해), 같은 항 제3호 나목(누출금지정보의 무단 누출), 다목(악성 프로그램 설치 등)의 경우 기존에는 과징금을 부과할 수 없는 경우에 해당하였으나, 2018. 12. 4.자 개정으로 여기서 제외되었다. 또한 국가계약법 제27조 제1항 제4호(입찰, 낙찰, 계약체결 등에서 사기 등 부정한 행위), 국가계약법 시행령 제76조 제2항 제1호 가목(서류의 위조, 변조, 부정행사 및 허위서류 제출), 라목(타인의 입찰참가나 계약체결 방해)의 경우에도 기존에는 과징금을 부과할 수 없는 경우에 해당하였으나 2023. 11. 16. 개정으로 여기서 제외되었다.

국가계약법 시행령 제76조의2 제1항 각 호에 규정되어 있는 개별 사유들은 ① 천재지변이나 그 밖에 이에 준하는 부득이한 사유로 인한 경우, ② 국내·국외 경제 사정의 악화 등 급격한 경제 여건 변화로 인한 경우, ③ 발주자에 의하여 계약의 주요 내용이 변경되거나 발주자로부터 받은 자료의 오류 등으로 인한 경우, ④ 공동계약자나 하수급인 등 관련 업체에도 위반행위와 관련한 공동의 책임이 있는 경우, ⑤ 입찰금액 과소산정으로 계약체결·이행이 곤란한 경우로서 제36조 제16호에 따른 기준 및 비율을 적용하는 등 책임이 경미한 경우 , ⑥ 금액단위의 오기 등 명백한 단순착오로 가격을 잘못 제시하여 계약을 체결하지 못한 경우, ⑦ 입찰의 공정성과 계약이행의 적정성이 현저하게 훼손되지 아니한 경우로서 부정당업자의 책임이 경미하며 다시 위반행위를 할 위험성이 낮다고 인정되는 사유가 있는 경우이다.

과징금의 액수와 관련하여, 국가계약법 제27조의2 제1항 제1호는 위반행위와 관련된 계약금액(계약을 체결하지 아니한 경우에는 추정가격)의 100분의 10에 해당하는 금액이라고 규정하였는데, 같은 조 제3항은 과징금의 금액과 그 밖에 필요한 사항은 대통령령으로 규정하도록 정하고 있다. 이에 따라 국가계약법 시행령 제76조의2 제3항은 과징금의 부과 비율과 그 밖에 필요한 사항은 법 제27조제1항 각 호에 해당하는 행위별로 부실벌점, 하자비율, 부정행위의 유형, 고의·과실 여부 등을 고려하여 기획재정부령으로 정한다고 규정하여 재차 국가계약법 시행규칙에 위임하였고, 이에 따라 구체적인 내용은 국가계약법 시행규칙 제77조의2 제1항 제1호, [별표3]에 규정되었다. 국가계약법 시행규칙 [별표3]은 세부적인 유형에 따라 과징금액을 계약금액의 최소 0.5%에서 최대 10%까지로 규정하고 있는데, 결국 국가계약법 제27조의2 제1항 제1호의 100분의 10은 최대금액을 규정한 것으로 해석할 수 있을 것이다. 중앙관서의 장은 [별표3]의 금액에서 위반행위의 동기·내용, 횟수 등에 따라 2분의 1까지 감경할 수 있다(국가계약법 시행규칙 제77조의2 제2항).

2. 유효한 경쟁입찰이 성립될 수 없는 경우

국가계약법 제27조의2 제1항 제2호가 규정한 "입찰 참가자격 제한으로 유효한 경쟁입찰이 명백히 성립되지 아니하는 경우로서 대통령령으로 정하는 경우"란 입찰참가자격제한 처분이 이루어질 경우 입찰차가 2인 미만이 될 것으로 예상되는 경우를 의미한다(국가계약법 시행령 제76조의2 제2항). 입찰참가자격제한 처분으로 인하여 오히려 입찰에서의 경쟁이 불가능해진다면 국가계약에서의 공정성 내지 효율성이 저해될 수 있기 때문에 이러한 경우는 과징금을 부과할 수 있는 사유로 규정한 것이다.

다만 이는 어디까지나 국가계약에서의 효율성 등을 담보하기 위한 규정이지

책임이 비교적 경미한 부정당업자를 배려하기 위한 규정이 아니므로, 위반행위 중 국가계약법 제27조 제1항 제2호, 제5호, 제6호, 제7호, 국가계약법 시행령 제76조 제2항 제1호 나목, 같은 항 제2호 나목, 다목에 해당하는 경우에도 과징금 부과가 가능하다(국가계약법 시행령 제76조의2 제2항).

같은 이유로 부정당업자의 책임이 경미한 경우와 달리, 과징금 액수가 계약 금액(계약을 체결하지 아니한 경우에는 추정가격)의 100분의 30에 해당되는 금액까지 부과될 수 있다(국가계약법 제27조의2 제1항 제2호). 세부적인 부과과징금은 국가계약법 시행규칙 제77조의2 제1항 제2호, [별표4]에 규정되어 있고, 마찬가지로 중앙관서의 장은 [별표4]의 금액에서 위반행위의 동기·내용, 횟수 등에 따라 2분의 1까지 감경할 수 있다.

Ⅲ. 과징금부과의 절차

1. 과징금부과심의위원회의 폐지

2023. 7. 18. 국가계약법이 법률 제19544호로 개정되기 전에는 각 중앙관서의 장이 과징금을 부과하기 위해서는 과징금부과심의위원회의 심의를 거쳐야 했다. 그러나 국가계약법이 위 법률로 개정되면서 과징금부과심의위원회가 삭제되었고, 각 중앙관서의 장은 특별한 절차 없이도 입찰참가자격제한 처분 대신 과징금을 부과할 수 있게 되었다. 이는 2023. 7. 18. 법률 제19544호로 제정된 행정기관 소속 위원회 정비를 위한 국가를 당사자로 하는 계약에 관한 법률 등 4개 법률의 일부개정에 관한 법률제1조에 따라 설치·운영 필요성이 줄어든 과징금부과심의위원회를 폐지하는 것으로 규정함에 따른 것이다.

2. 중앙관서의 장의 서면통지 및 납부절차

중앙관서의 장은 과징금부과심의위원회의 심의를 거친 후 부정당업자에게 위반행위의 종류 및 과징금의 금액을 서면으로 통지하여야 한다(국가계약법 시행령 제76조의3 제1항).

부정당업자는 통지를 받은 날로부터 60일 이내에 과징금 부과권자가 정하는 수납기관에 과징금을 납부하여야 하나, 천재지변이나 그 밖의 부득이한 사유로 그 기간 내에 과징금을 납부할 수 없을 때에는 사유가 해소된 날로부터 30일 이내에 납부하여야 한다(국가계약법 시행령 제76조의3 제2항). 한편 대법원은 '천재·지변·화재·전화(戰禍), 기타 재해'를 구 국민연금법(2005. 12. 29. 법률 제7796호로 개정되기 전의 것) 제104조 제2항 제1호의 납부기한 내 연금보험료를 납부하지 아니한 정당한 사유로 판시한 바 있는데(대법원 2008. 6. 12. 선고 2006도6445 판결), 이에 비추어 보면 적어도 화재나 전화(戰禍), 그리고 이에 준하는 정도의 기타 재해는 국가계약법 시행령 제76조의3 제2항의 '그 밖의 부득이한 사유'에 해당한다고 볼 수 있을 것이다.

만일 부정당업자가 납부기한까지 과징금을 제출하지 아니할 경우 과징금을 부과한 중앙관서의 장은 국세 체납처분의 예에 따라 과징금을 징수할 수 있다(국가계약법 제27조의2 제4항).

3. 납부기간의 연장 및 분할납부

각 중앙관서의 장은 부정당업자가 납부하여야 할 과징금이 계약금액의 10퍼센트를 초과하는 경우에는 납부기한을 연장하거나 분할납부하게 할 수 있다. 또한 부정당업자가 중소기업기본법 제2조의 중소기업자에 해당하는데 부과과징금이 10억 원을 초과하는 경우로서 ① 재해 또는 도난 등으로 재산에 현저한 손실을 입은 경우, ② 사업 여건의 악화로 사업이 중대한 위기에 처한 경우, ③ 과징금을 일시납부하면 자금 사정에 현저한 어려움이 예상되는 경우, ④ 그 밖에 이와 유사한 사유가 있는 경우로 인하여 과징금의 일시 납부가 어렵다고 인정될 경우에도 납부기한을 연장하거나 분할납부하게 할 수 있다(국가계약법 시행령 제76조의4 제1항). 다만 납부기한은 최초 납부기한의 다음 날로부터 1년 내까지만 연장이 가능하고(국가계약법 시행령 제76조의4 제3항), 분할납부의 경우 분할된 납부기한 간의 간격은 3개월, 분할 횟수는 3회를 각각 초과할 수 없다(국가계약법 시행령 제76조의4 제4항).

과징금을 부과받은 자가 납부기한의 연장이나 분할납부를 신청하려면 과징금 납부를 통지받은 날부터 30일 이내에 연장이나 분할납부의 사유를 증명하는 서류를 첨부하여 각 중앙관서의 장에게 신청하여야 한다(국가계약법 시행령 제76조의4 제2항).

제27조의4 하도급대금 직불조건부 입찰참가

제27조의4 (하도급대금 직불조건부 입찰참가)
① 각 중앙관서의 장은 계약상대자가 「건설산업기본법」 제34조제1항 또는 「하도급거래 공정화에 관한 법률」 제13조 제1항이나 제3항을 위반한 사실을 확인한 때에는 해당 계약상대자 및 위반행위를 다른 중앙관서의 장에게 지체 없이 통보하여야 한다.
② 제1항의 통보가 있는 때에는 각 중앙관서의 장 또는 계약담당공무원은 같은 항의 계약상대자가 통보일부터 1년 이내에 입찰공고일이 도래하는 입찰에 참가하고자 하는 경우 계약상대자가 제15조제1항에 따른 대가 지급 시 하도급대금은 발주기관이 하수급인에게 직접 지급하는 것에 합의한다는 내용의 확약서를 제출하는 경우에 한정하여 입찰참가를 허용하여야 한다.
[본조신설 2012.12.18]

I. 관련 법령상 하도급대금 등의 지급의무

건설산업기본법 제34조 제1항은, 수급인이 도급받은 건설공사에 대한 준공금이나 기성금을 지급받으면 해당 금액을 지급받은 날로부터 15일 이내에 하수급인에게 현금으로 하도급대금이나 하수급인이 시공한 부분에 해당하는 금액을 지급하도록 규정하고 있다.

하도급법 제13조 제1항은, 원사업자가 수급사업자에게 제조 등의 위탁을 하는 경우 원사업자와 수급사업자가 대등한 지위에서 지급기일을 정한 것으로 인정되는 경우이거나 해당 업종의 특수성과 경제여건에 비추어 그 지급기일이 정당한 것으로 인정되는 경우가 아닌 이상, 목적물 등의 수령일(건설위탁의 경우에는 인수일, 용역위탁의 경우에는 수급사업자가 위탁받은 용역의 수행을 마친 날, 납품 등이 잦아 원사업자와 수급사업자가 월 1회 이상 세금계산서의 발행일을 정한 경우에는 그 정한 날)부터 60일 이내의 가능한 짧은 기한으로 정한 지급기일까지 하도급대금을 지급하도록 규정하였다. 한편 같은 법 제13조 제3항은, 원사업자가 수급사업자에게 제조 등의 위탁을 한 경우 원사업자가 발주자로부터 제조·수리·시공 또는 용역

수행행위의 완료에 따라 준공금 등을 받았을 때에는 하도급대금을, 제조·수리·시공 또는 용역수행행위의 진척에 따라 기성금 등을 받았을 때에는 수급사업자가 제조·수리·시공 또는 용역수행한 부분에 상당하는 금액을 그 준공금이나 기성금 등을 지급받은 날부터 15일(하도급대금의 지급기일이 그 전에 도래하는 경우에는 그 지급기일) 이내에 수급사업자에게 지급하도록 규정하였다.

이와 같은 수급인 내지 원사업자의 의무는 당연히 국가계약법상의 계약상대자에게도 그대로 적용된다.

Ⅱ. 본 규정의 내용 및 취지

국가계약법은 계약상대자가 위와 같은 건설산업기본법 제34조 제1항이나 하도급법 제13조 제1항 또는 제3항을 위반한 사실이 확인된 때에는 각 중앙관서의 장이 그 사실을 다른 중앙관서의 장에게 지체없이 통보하도록 규정하고 있고 (국가계약법 제27조의4 제1항), 해당 통보일로부터 1년 이내에 입찰공고일이 도래하는 입찰에 해당 계약상대자가 참가하고자 하는 경우에는 해당 계약상대자에게 대가 지급 시 하도급대금은 발주기관이 하수급인에게 직접 지급하는 것에 합의한다는 내용의 확약서를 제출하는 경우에 한정하여 입찰참가를 허용하도록 규정하고 있다(국가계약법 제27조의4 제2항).

이는 관련 법령에 규정된 하도급대금 지급 등의 의무를 제대로 준수하지 않은 계약상대자가 국가계약을 체결하더라도 하도급대금이 정상적으로 지급될 수 있도록 담보하기 위한 규정이라 볼 수 있다.

제27조의5 조세포탈 등을 한 자의 입찰 참가자격 제한

제27조의5 (조세포탈 등을 한 자의 입찰 참가자격 제한)
① 각 중앙관서의 장은 대통령령으로 정하는 조세포탈 등을 한 자로서 유죄판결이 확정된 날부터 2년이 지나지 아니한 자에 대하여 입찰 참가자격을 제한하여야 한다.
② 제1항에 따라 입찰 참가자격을 제한받은 자와의 수의계약 체결에 관하여는 제27조제3항을 준용한다.
[본조신설 2013.8.13]

I. 본 규정의 취지

국가계약법 제27조는 입찰 절차나 계약의 체결 및 이행과정 등에서 부정당행위를 한 부정당업자에 대한 입찰참가자격 제한을 규정하고 있다. 본 규정은 입찰 절차나 계약의 체결 및 이행과정에서의 사유와 별개로 조세포탈 등의 행위를 이유로 계약상대자의 입찰참가자격을 제한하는 규정이다.

II. 본 규정의 의의와 법적 성질

본 규정은 조세포탈에 대한 제재를 보다 강화하기 위하여 조세포탈 등을 한 자로서 유죄판결이 확정된 날부터 2년이 지나지 아니한 자에 대해서는 국가 발주사업에 있어서 입찰참가자격을 제한하려는 것이다.[1]

본 조항에 따른 입찰참가자격 제한은 별도의 독립된 처분이 아니라 각 중앙관서의 장이 유죄판결의 확정을 받은 자에 대하여 판결 확정일로부터 2년 간 당연히 입찰 과정에서 배제하여야 하는 것으로서 낙찰자 결정과정의 일부로 평가될 수 있고, 이는 부정당업자에 대하여 장래 일정기간 동안 입찰참가자격을 제한하는 의미의 독립된 입찰참가자격 제한 처분(국가계약법 제27조 제1항)과는 법적 성

---

1) 의안정보시스템, 국가를 당사자로 하는 계약에 관한 법률 일부개정법률안(대안)(의안번호: 1905802), 3면

질을 달리한다.[2] 즉, 본 조항에 따른 입찰참가자격 제한은 별도의 처분이 없이 개별적인 입찰 절차에서 당연히 입찰참가자격을 배제하는 것이고, 국가계약법 제27조 제1항 소정의 입찰참가자격 제한 처분은 독립된 처분으로서 그 효력발생일로부터 일정 기간 입찰참가자격을 제한하는 것으로 양자는 구분된다.

Ⅲ. 입찰참가자격 제한의 요건 및 입찰과정에서의 확인절차

1. 요건

국가계약법 제27조의5 제1항에서 규정한 조세포탈 등을 한 자란 ① 조세범처벌법 제3조에 따른 조세 포탈세액이나 환급·공제받은 세액이 5억원 이상인 자, ② 관세법 제270조에 따른 부정한 방법으로 관세를 감면받거나 면탈하거나 환급받은 세액이 5억원 이상인 자, ③ 지방세기본법 제102조에 따른 지방세 포탈세액이나 환급·공제 세액이 5억원 이상인 자, ④ 국제조세조정에 관한 법률 제53조에 따른 해외금융계좌의 신고의무를 위반하고, 그 신고의무 위반금액이 조세범처벌법 제16조 제1항에 따른 금액을 초과하는 자, ⑤ 외국환거래법 제18조에 따른 자본거래의 신고의무를 위반하고, 그 신고의무 위반금액이 같은 법 제29조 제1항 제3호에 해당하는 자를 의미한다(국가계약법 시행령 제12조 제3항).

2. 확인절차

각 중앙관서의 장 또는 계약담당공무원은 형의 실효 등에 관한 법률 제2조 제5호에 따른 범죄경력자료의 회보서나 판결문 등의 입증서류를 제출하게 하는 등의 방법으로 입찰에 참가하려고 하는 자 등이 위 ① 내지 ⑤ 중 어느 하나에 해당하는지를 계약 체결 전까지 확인하여야 한다(국가계약법 시행령 제12조 제4항). 각 중앙관서의 장 또는 계약담당공무원은 만일 입찰에 참가하고자 하는 자 등이 범죄경력자료의 회보서나 판결문 등의 입증서류를 제출하기 어려운 경우 위 ① 내지 ⑤의 어느 하나에 해당하지 아니한다는 사실을 적은 서약서를 제출하게 할 수 있고, 이 경우 서약서에는 해당 서약서의 기재 내용과 다른 사실이 발견될 때

---

[2] 양창호, 부정당업자 입찰참가자격 제한 해설: 행정청·지방자치단체·공공기관의 부정당제재, 249면.

에는 계약을 해제·해지하게 할 수 있고 부정당업자제재 처분을 받을 수 있다는 내용이 포함되어야 한다(국가계약법 시행령 제12조 제5항).

Ⅳ. 입찰참가자격 제한의 효과

국가계약법 제27조의5 제1항의 '대통령령으로 정하는 조세포탈 등을 한 자로서 유죄판결이 확정된 날부터 2년이 지나지 아니한 자'에 해당하는 자에 대한 입찰참가자격 제한에 관하여는 국가계약법 시행령 제76조 제5항, 제6항, 제9항, 제10항이 준용된다(국가계약법 시행령 제12조 제6항). 즉 공동계약의 공동수급체 구성원 중 1인이 이에 해당될 경우에는 해당 구성원에 대하여만 입찰참가자격이 제한되고, 법인이 이에 해당될 경우에는 그 대표자에 대하여도 입찰참가자격이 제한된다. 경쟁입찰에서 낙찰된 자와 계약체결 전에 그에 대한 조세포탈 등의 유죄판결이 확정된 경우 발주기관은 해당 낙찰자와 계약을 체결해서는 아니 되나, 장기계속계약의 경우 최초 계약 체결 이후 유죄판결이 확정되었다면 후속 연차별 계약은 계속 체결할 수 있다.

조세포탈 등을 이유로 입찰참가자격을 제한받은 자는 수의계약도 체결할 수 없게 된다(국가계약법 제27조의5 제2항, 제27조 제3항).

Ⅴ. 본건 규정에 따른 입찰참가자격 제한에 대한 불복수단

본 규정에 따른 입찰참가자격 제한의 경우 별도의 행정처분이 없기 때문에 이를 행정소송으로 다투는 것은 어려울 것이다. 다만 국가계약법에 따라 국가가 당사자가 되는 공공계약은 사경제 주체로서 상대방과 대등한 위치에서 체결하는 사법상 계약으로서 본질적으로는 사인 간의 계약과 다를 바가 없다는 것이 대법원의 입장이므로(대법원 2012. 9. 20.자 2012마1097 결정 등), 국가 등을 상대로 낙찰자지위확인의 소 또는 낙찰자지위보전 가처분 신청 등 민사소송을 제기할 수는 있을 것이다.

제28조 이의신청

제28조 (이의신청)
① 대통령령으로 정하는 금액(국제입찰의 경우 제4조에 따른다) 이상의 정부
조달계약 과정에서 해당 중앙관서의 장 또는 계약담당공무원의 다음 각 호의
어느 하나에 해당하는 행위로 불이익을 받은 자는 그 행위를 취소하거나 시정
(是正)하기 위한 이의신청을 할 수 있다. 〈개정 2019. 11. 26.〉
   1. 제4조 제1항의 국제입찰에 따른 정부조달계약의 범위와 관련된 사항
   1의2. 제5조제3항에 따른 부당한 특약등과 관련된 사항
   2. 제7조에 따른 입찰 참가자격과 관련된 사항
   3. 제8조에 따른 입찰 공고 등과 관련된 사항
   4. 제10조 제2항에 따른 낙찰자 결정과 관련된 사항
   5. 그 밖에 대통령령으로 정하는 사항
② 이의신청은 이의신청의 원인이 되는 행위가 있었던 날부터 20일 이내 또
는 그 행위가 있음을 안 날부터 15일 이내에 해당 중앙관서의 장에게 하여야
한다. 〈개정 2020. 3. 31.〉
③ 해당 중앙관서의 장은 이의신청을 받은 날부터 15일 이내에 심사하여 시
정 등 필요한 조치를 하고 그 결과를 신청인에게 통지하여야 한다. 〈개정
2020. 3. 31.〉
④ 제3항에 따른 조치에 이의가 있는 자는 통지를 받은 날부터 20일 이내에 제
29조에 따른 국가계약분쟁조정위원회에 조정(調停)을 위한 재심(再審)을 청구
할 수 있다. 〈개정 2020. 3. 31.〉
[전문개정 2012.12.18]

Ⅰ. 의의

국가계약의 체결 및 이행 과정에서는 여러 가지 유형의 분쟁이 발생할 수 있
다. 분쟁의 해결을 위해서는 소송절차를 통하는 것이 일반적이지만, 국가계약법
은 발주기관 내부의 재검토를 통해 분쟁을 해결할 수 있는 제도로서 이의신청 제
도를 두고 있다. 이는 발주기관의 특정한 행위로 불이익을 받은 자가 그 행위를
취소하거나 시정하기 위하여 이의를 신청하는 것을 의미한다(국가계약법 제28조

제1항). 이의신청 제도는 짧은 신청기간과 짧은 처리기간으로 인하여 경우에 따라서는 소송을 통한 다툼보다 비교적 신속하게 계약상대자의 불만을 처리하는 방법이 될 수도 있다. 다른 한편으로 이의신청은 국가계약분쟁조정위원회에 재심을 청구하기 위한 요건으로의 의미를 가진다.

한편, 국가계약법이 2020. 3. 31. 법률 제17133호로 개정되면서 이의신청의 사유가 확대되고 기한이 연장되는 등의 개선이 이루어졌는데, 법제처의 개정이유에 의하면 이는 "국가계약분쟁조정제도를 활성화하고 실효성을 확보하기 위하여 관련 제도를 개선·보완하려는 것"이다.

Ⅱ. 요건

1. 계약금액

모든 국가계약이 이의신청의 대상이 되는 것이 아니고, 일정 규모 이상의 계약만이 그 대상이 된다. 공사계약의 경우 건설산업기본법에 따른 종합공사 계약은 추정가격 10억 원 이상, 전문공사 계약은 추정가격 1억 원 이상, 그 외 공사계약은 추정가격 8천만 원 이상, 물품 계약의 경우 추정가격 5천만 원 이상, 용역계약의 경우 추정가격 5천만 원 이상의 계약이 이의신청을 할 수 있는 최소 금액의 기준이다(국가계약법 제28조 제1항, 국가계약법 시행령 제110조 제1항).

2. 이의신청 사유

이의신청 사유와 관련하여, 발주기관의 모든 행위가 그 대상이 되는 것은 아니다. 국가계약법령은 발주기관의 ① 국제입찰에 따른 정부조달계약의 범위와 관련된 사항, ② 부당특약등과 관련된 사항, ③ 입찰 참가자격과 관련된 사항, ④ 입찰 공고 등과 관련된 사항, ⑤ 낙찰자 결정과 관련된 사항, ⑥ 입찰보증금 및 계약보증금의 국고귀속과 관련한 사항, ⑦ 계약금액 조정과 관련한 사항, ⑧ 개산계약과 사후원가검토조건부 계약의 정산과 관련한 사항, ⑨ 지체상금과 지체일수 산입범위와 관련한 사항, ⑩ 계약의 해제·해지와 관련한 사항 중 어느 하나에 해당하는 행위로 불이익을 받을 것을 이의신청 사유로 규정하고 있다(국가계약법 제28조 제1항, 국가계약법 시행령 제110조 제2항).

3. 이의신청 기간 및 상대방

이의신청은 이의신청의 원인이 되는 행위가 있었던 날로부터 20일 이내 또는 그 행위가 있음을 안 날로부터 15일 이내에 해당 중앙관서의 장에게 하여야 한다(국가계약법 제28조 제2항).

한편, 국가계약법이 준용되는 공공기관운영법상 공공기관[1]에 대하여도 이의신청 및 재심 청구가 가능한지 여부가 문제된다.

공공기관운영법에 따라 제정된 계약사무규칙 제17조는 일정한 사항에 대하여 이의신청을 할 수 있도록 규정하고 있고, 이의신청 결과에 대하여는 국가계약법 제29조에 따른 국가계약분쟁조정위원회에 조정을 위한 재심을 청구할 수 있다고 규정하고 있다. 그리고 계약사무규칙 제18조는 국가계약분쟁조정위원회가 위 재심청구를 심사·조정할 수 있다고 규정하고 있다. 위 조항은 계약사무규칙이 2018. 7. 5. 기획재정부령 제683호로 개정되면서 개정된 내용인데, 위 조항의 개정 취지와 관련하여 기획재정부는 공공기관 계약관련 분쟁조정을 국가계약과 동일한 수준으로 확대하기 위한 것이라고 한 바 있다.[2] 또한 기획재정부는 2020. 5. 12. 보도자료를 배포하면서, 공공기관도 조정신청의 피청구인이 될 수 있다고 보았다.[3]

이를 종합하면, 공공기관에 대하여도 이의신청 및 국가계약분쟁조정위원회에게 조정을 위한 재심 청구를 할 수 있는 것으로 보는 것이 타당할 것이다.

III. 절차

1. 필요한 조치 및 통지

이의신청을 받은 해당 중앙관서의 장은 신청을 받은 날로부터 15일 이내에 심사하여 시정 등 필요한 조치를 하여야 하고, 그 결과를 신청인에게 통지하여야

---

[1] 공공기관운영법 제39조 제2항은 공공기관, 준정부기관에 대해서만 규정하고 있으나, 기획재정부훈령 기타공공기관 계약사무 운영규정 제16조는 기타공공기관에 대하여도 이의신청이 가능한 것으로 규정하고 있다.
[2] 기획재정부 2018. 4. 6.자 "공공기관 계약상대자의 권리구제 강화 및 계약 투명성 제고 등 제도개선 추진" 보도자료.
[3] 기획재정부 2020. 5. 12.자 「"부당한 특약 등과 관련된 사항"도 이의신청 가능」 보도자료.

한다(국가계약법 제28조 제3항).

2. 불복

신청인은 중앙관서의 장의 통지에 이의가 있을 경우 그 통지를 받은 날로부터 20일 이내에 국가계약분쟁조정위원회에 조정을 위한 재심을 청구할 수 있다(국가계약법 제28조 제4항).

제28조의2 분쟁해결방법의 합의

제28조의2 (분쟁해결방법의 합의)
　① 각 중앙관서의 장 또는 계약담당공무원은 국가를 당사자로 하는 계약에서 발생하는 분쟁을 효율적으로 해결하기 위하여 계약을 체결하는 때에 계약당사자 간 분쟁의 해결방법을 정할 수 있다.
　② 제1항에 따른 분쟁의 해결방법은 다음 각 호의 어느 하나 중 계약당사자 간 합의로 정한다.
　　1. 제29조에 따른 국가계약분쟁조정위원회의 조정
　　2. 「중재법」에 따른 중재
[본조신설 2017.12.19]

　　각 중앙관서의 장 또는 계약담당공무원은 국가계약에서 발생하는 분쟁을 해결하기 위하여 계약체결 시 미리 분쟁의 해결 방법을 정해둘 수 있다. 이와 같이 사전에 정하는 분쟁해결방법은 국가계약분쟁조정위원회의 조정을 통한 분쟁해결이나 중재법에 따른 중재 중 하나로 하고, 이는 발주기관이 일방적으로 정하는 것이 아니라 계약상대자와의 합의를 통해 정한다. 중재법에 따른 중재로 분쟁해결방법을 정했음에도 계약의 일방 당사자가 법원에 소를 제기한 경우 그 상대방은 중재합의의 항변을 할 수 있고, 이 경우 원칙적으로 소는 각하된다(중재법 제9조 제1항).

제29조 국가계약분쟁조정위원회

제29조 (국가계약분쟁조정위원회)

① 국가를 당사자로 하는 계약에서 발생하는 분쟁을 심사·조정하게 하기 위하여 기획재정부에 국가계약분쟁조정위원회(이하 "위원회"라 한다)를 둔다. 〈개정 2017.12.19〉

② 위원회는 위원장 1명을 포함하여 15명 이내의 위원으로 구성한다. 〈개정 2016.3.2〉

③ 위원회의 위원장은 기획재정부장관이 지명하는 고위공무원단에 속하는 공무원이 되고, 위원은 대통령령으로 정하는 중앙행정기관 소속 공무원으로서 해당 기관의 장이 지명하는 사람과 다음 각 호의 어느 하나에 해당하는 사람 중 성별을 고려하여 기획재정부장관이 위촉하는 사람이 된다. 〈신설 2016.3.2〉

   1. 「고등교육법」에 따른 대학에서 법학·재정학·무역학 또는 회계학의 부교수 이상의 직에 5년 이상 근무한 경력이 있는 사람

   2. 변호사의 자격을 가진 사람으로서 그 자격과 관련된 업무에 5년 이상 재직 중이거나 재직한 사람

   3. 정부의 회계 및 조달계약 업무에 관한 학식과 경험이 풍부한 사람으로서 제1호 또는 제2호의 기준에 상당하다고 인정되는 사람

④ 제3항 각 호의 위촉위원의 임기는 2년으로 하되, 연임할 수 있다. 〈신설 2016.3.2〉

⑤ 제3항 각 호의 위촉위원의 사임 등으로 인하여 새로 위촉된 위원의 임기는 전임위원 임기의 남은 기간으로 한다. 〈신설 2016.3.2〉

⑥ 제3항 각 호의 위촉위원은 금고 이상의 형의 선고를 받거나 장기간의 심신쇠약으로 직무를 수행할 수 없게 된 때를 제외하고는 임기 중 그 의사에 반하여 해촉되지 아니한다. 〈신설 2016.3.2〉

⑦ 위원회의 위원은 그 위원과 직접 이해관계가 있는 안건의 심사·조정에 참여할 수 없다. 〈신설 2016.3.2〉

⑧ 제2항부터 제7항까지에서 규정한 사항 외에 위원회의 운영 및 심사·조정 절차와 그 밖에 필요한 사항은 대통령령으로 정한다. 〈신설 2016.3.2〉

[전문개정 2012.12.18][제목개정 2016.3.2]

I. 의의

국가계약법은 발주기관의 조치에 따른 불이익을 발주기관 내부 심사를 통하여 시정하기 위한 제도로서 이의신청 제도를 두고 있다. 다만 이는 발주기관 내부의 절차에 해당하기 때문에 그 자체만으로는 계약상대자 등이 만족을 얻기에 어려울 수도 있는바, 이의신청에 대한 중앙관서의 조치에 대한 불복제도로서 국가계약분쟁조정위원회의 재심 제도를 두고 있다(국가계약법 제28조 제4항). 국가계약법 제29조 제1항은 이에 따라 국가계약 분쟁에 대한 심사·조정을 위한 기구로서 기획재정부에 국가계약분쟁조정위원회를 설치하도록 규정하고 있다(국가계약법 제29조 제1항).

II. 국가계약분쟁조정위원회의 구성

1. 위원장

국가계약분쟁조정위원회의 위원장은 기획재정부장관이 지명하는 고위공무원단에 속하는 공무원이 맡는다(국가계약법 제29조 제3항). 위원장은 위원회를 대표하고, 위원회의 업무를 총괄한다. 위원장이 부득이한 사유로 직무를 수행할 수 없는 경우에는 기획재정부장관이 위원 중 그 직무를 대행할 자를 지명한다(국가계약법 제29조 제8항, 국가계약법 시행령 제111조의2).

2. 위원의 지명 내지 위촉

국가계약분쟁조정위원회는 위원장 1인을 포함하여 15명 이내의 위원으로 구성되는데, 위원은 기획재정부, 국방부, 행정안전부, 국토교통부, 조달청, 그 밖에 기획재정부장관이 필요하다고 인정하는 중앙행정기관의 고위공무원단에 속하는 공무원으로서 해당 기관의 장이 지명하는 사람과 다음 각 호의 어느 하나에 해당하는 사람 중 성별을 고려하여 기획재정부장관이 위촉하는 사람이다(국가계약법 제29조 제2항, 제3항, 국가계약법 시행령 제111조 제1항).

1. 고등교육법에 따른 대학에서 법학·재정학·무역학 또는 회계학의 부교수 이
   상의 직에 5년 이상 근무한 경력이 있는 사람
2. 변호사의 자격을 가진 사람으로서 그 자격과 관련된 업무에 5년 이상 재직
   중이거나 재직한 사람
3. 정부의 회계 및 조달계약 업무에 관한 학식과 경험이 풍부한 사람으로서 위
   1과 2의 기준에 상당하다고 인정되는 사람

국가계약분쟁조정위원회 위원은 비상근으로 한다(국가계약법 시행령 제111조
제2항).

3. 위원의 임기

기획재정부장관이 위촉한 위원(이하 '위촉위원')의 임기는 2년으로 하되 연임
할 수 있고, 위촉위원의 사임 등으로 인하여 새로 위촉된 위원의 임기는 전임 위
촉위원 임기의 남은 기간으로 한다(국가계약법 제29조 제4항, 제5항).

4. 위원의 제척 · 기피 · 회피

위원은 다음의 사유에 해당하는 경우 해당 안건에 대한 심사 · 조정에서 제척
된다(국가계약법 시행령 제111조의3 제1항).

1. 위원 또는 그 배우자나 배우자였던 사람이 해당 안건의 당사자(당사자가 법
   인 · 단체 등인 경우에는 그 임원을 포함한다. 이하 이 호 및 제2호에서 같
   다)이거나 그 안건의 당사자와 공동권리자 또는 공동의무자인 경우(제1호)
2. 위원이 해당 안건의 당사자와 친족이거나 친족이었던 경우(제2호)
3. 위원이나 위원이 속한 기관 또는 법인이 해당 안건에 관하여 증언, 진술, 자
   문, 연구, 용역 또는 감정을 한 경우(제3호)
4. 해당 안건이 위원이나 위원이 속한 중앙관서가 발주한 계약과 관련된 경우
   (제4호)
5. 위원이 각 중앙관서의 소속 공무원으로서 해당 안건과 관련된 조사 또는 심
   사를 한 경우(제5호)

또한 해당 안건의 당사자는 위원에게 공정한 심사·조정을 기대하기 어려운 사정이 있는 경우에는 기피 신청을 할 수 있다. 이 경우 위원장은 이 기피 신청에 대하여 위원회의 의결을 거치지 않고 기피 여부를 결정한다(국가계약법 시행령 제111조의3 제2항).

한편, 위원이 제1항 각 호의 제척 사유와 제2항의 기피 사유에 해당하는 경우에는 스스로 그 안건의 심사·조정에서 회피해야 한다(국가계약법 시행령 제111조의3 제3항).

5. 위원의 해촉 및 지명철회

위촉위원은 금고 이상의 형의 선고를 받거나 장기간의 심신쇠약으로 직무를 수행할 수 없게 된 때를 제외하고는 임기 중 그 의사에 반하여 해촉되지 아니한다(국가계약법 제29조 제6항).

한편 위원을 지명한 장관 내지 기획재정부장관은 자신이 지명한 위원이 ① 심신쇠약으로 직무를 수행할 수 없게 된 경우, ② 직무와 관련된 비위사실이 있는 경우, ③ 직무태만, 품위손상이나 그 밖의 사유로 인하여 위원으로서 적합하지 아니하다고 인정되는 경우, ④ 위원 스스로 직무를 수행하기 어렵다는 의사를 밝히는 경우, ⑤ 위원의 제척, 기피 사유에 해당하는 데에도 불구하고 위원 스스로 회피하지 아니한 경우에는 그 지명을 철회할 수 있다(국가계약법 제29조 제8항, 국가계약법 시행령 제111조의4).

Ⅲ. 국가계약분쟁조정위원회의 회의

1. 위원회

위원장은 국가계약분쟁조정위원회의 회의를 소집하고 그 의장이 된다. 위원회의 회의는 재적위원 과반수의 출석으로 개의하고, 출석위원 과반수의 찬성으로 의결한다(국가계약법 시행령 제111조의5 제1, 2항).

위원회에 위원회의 사무를 처리하기 위해 간사 1명을 두고 그 밖에 위원회의 운영에 필요한 사항은 위원장이 정한다(국가계약법 시행령 제111조의5 제3, 4항).

2. 소위원회

위원회의 업무를 효율적으로 처리하기 위해 위원회에 공사분야소위원회 및 물품·용역분야소위원회를 각각 둘 수 있다(국가계약법 시행령 제111조의6 제1항).

공사분야소위원회는 건설·전기통신 등 공사계약과 관련된 분쟁의 심사·조정에 관한 사항을 담당하고, 물품·용역분야소위원회는 물품의 제조·구매계약 및 용역계약과 관련된 분쟁의 심사·조정에 관한 사항을 담당한다(국가계약법 시행령 제111조의6 제2, 3항).

소위원회는 소위원회의 위원장을 포함하여 10명 이내의 위원으로 구성하고, 소위원회의 위원장 및 위원은 위원회의 위원 중에서 위원회의 위원장이 지명한다(국가계약법 시행령 제111조의6 제4, 5항).

소위원회는 위원회에 심사·조정청구된 안건에 대해 미리 심사하여 조정안을 작성할 수 있다. 이 경우 조정안을 작성하기 전에 청구인 및 해당 중앙관서의 장과 그 대리인에게 의견을 진술할 기회를 주어야 하며, 필요한 경우에는 청구인 및 해당 중앙관서의 장과 그 대리인, 증인 또는 관계 전문가로 하여금 소위원회에 출석하게 하여 그 의견을 들을 수 있다. 소위원회가 조정안을 작성한 경우 이를 위원회에 상정해야 하고, 소위원회의 회의 및 심사 또한 위원회와 마찬가지로 재적위원 과반수의 출석과 출석위원 과반수의 찬성으로 의결한다(국가계약법 시행령 제111조의6 제6, 7, 8항, 제111조의5).

한편, 위원회는 필요한 경우 청구인 및 해당 중앙관서의 장에게 심사·조정이 요청된 사항에 관한 서류의 제출을 요구할 수 있으며, 관계 전문기관에 감정·진단과 시험 등을 의뢰할 수 있다(국가계약법 시행령 제111조의6 제8항, 제112조 제2항).

Ⅲ. 수당

국가계약분쟁조정위원회에 출석한 위원 및 관계전문가에 대해서는 예산의 범위 내에서 수당을 지급할 수 있다. 다만 공무원인 위원이 그 소관 업무와 직접 관련되어 위원회 또는 소위원회에 출석하는 경우에는 그러하지 아니하다(국가계약법 시행령 제111조의7).

제30조 계약절차의 중지

> **제30조 (계약절차의 중지)**
> ① 위원회는 심사·조정을 시작하는 경우 청구인과 해당 중앙관서의 장에게 그 사실을 통지하여야 한다. 〈개정 2020. 6. 9.〉
> ② 위원회는 해당 중앙관서의 장의 의견을 고려하여 필요하다고 인정하면 조정이 완료될 때까지 해당 입찰 절차를 연기하거나 계약체결을 중지할 것을 명할 수 있다.
> [전문개정 2012.12.18]

국가계약분쟁조정위원회는 이의신청에 대한 중앙관서의 장의 조치에 대하여 불복하는 자가 재심을 청구하여 심사·조정을 시작하는 경우 재심청구인과 해당 중앙관서의 장에게 그 사실을 통지하여야 한다(국가계약법 제30조 제1항). 또한 해당 중앙관서의 장의 의견을 고려하여 필요하다고 인정될 경우 조정 절차가 완료될 때까지 해당 입찰 절차를 연기하거나 계약체결의 중지를 명할 수 있다(국가계약법 제30조 제2항). 이는 일단 입찰 절차나 계약체결 절차가 이행되었다가 재심 결과가 그에 반하는 방향으로 나올 경우 발생할 수 있는 추가적인 분쟁을 사전에 예방하기 위한 규정으로 볼 수 있다.

제31조 심사 · 조정

제31조 (심사 · 조정)
① 위원회는 특별한 사유가 없으면 심사 · 조정청구를 받은 날부터 50일 이내
에 심사 · 조정하여야 한다. 〈개정 2017.12.19〉
② 위원회는 심사 · 조정의 완료 전에 청구인 및 해당 중앙관서의 장과 그 대
리인에게 의견을 진술할 기회를 주어야 하며, 필요한 경우에는 청구인 및 해
당 중앙관서의 장과 그 대리인, 증인 또는 관계 전문가로 하여금 위원회에 출
석하게 하여 그 의견을 들을 수 있다. 〈신설 2020. 3. 31.〉
③ 제1항에 따른 조정은 청구인과 해당 중앙관서의 장이 조정이 완료된 후 15
일 이내에 이의를 제기하지 아니한 경우에는 재판상 화해(和解)와 같은 효력
을 갖는다. 〈개정 2020. 3. 31.〉
[전문개정 2012.12.18]

I. 심사 · 조정 절차

1. 국가계약분쟁조정위원회의 착수 통지

국가계약분쟁조정위원회는 심사 · 조정을 시작할 경우 청구인과 해당 중앙관
서의 장에게 그 사실을 통지하여야 한다(국가계약법 제30조 제1항).

2. 중앙관서의 장의 의견 제출

중앙관서의 장이 국가계약분쟁조정위원회로부터 심사 · 조정의 청구 사실을
통지받은 경우, 해당 중앙관서의 장은 통지를 받은 날로부터 14일 이내에 그에
대한 의견을 서면으로 위원회에 제출하여야 한다(국가계약법 시행령 제112조 제1항).

3. 국가계약분쟁조정위원회의 서류 제출 요구 등

국가계약분쟁조정위원회는 필요한 경우 청구인 및 해당 중앙관서의 장에
게 심사 · 조정이 요청된 사항에 관한 서류의 제출을 요구할 수 있고, 관계 전
문기관에 감정 · 진단 및 시험 등을 의뢰할 수도 있다(국가계약법 시행령 제112조

제2항).

4. 국가계약분쟁조정위원회의 의견진술기회 부여 등

위원회는 심사·조정의 완료 전에 청구인 및 해당 중앙관서의 장과 그 대리인에게 의견을 진술할 기회를 주어야 하며, 필요한 경우에는 청구인 및 해당 중앙관서의 장과 그 대리인, 증인 또는 관계 전문가로 하여금 위원회에 출석하게 하여 그 의견을 들을 수 있다(국가계약법 제31조 제2항).

5. 국가계약분쟁조정위원회의 조정안 작성

국가계약분쟁조정위원회는 조정청구의 심사 결과에 대하여 조정안을 작성하여 이를 청구인 및 해당 중앙관서의 장에게 알려야 한다(국가계약법 시행령 제113조 제1항).

조정안을 작성할 때 심사·조정의 원인이 된 발주기관의 행위로 인하여 청구인이 불이익을 받았다고 인정되는 경우, 발주기관의 행위를 취소 또는 시정하거나 그에 따른 손해배상 또는 손실보상을 하는 내용이 포함되어야 한다. 여기서 손해배상 또는 손실보상은 청구인의 입찰 준비와 조정의 청구 과정에 드는 비용으로 한정할 수 있다(국가계약법 시행령 제113조 제2항, 제3항).

6. 조정의 중지

국가계약분쟁조정위원회는 조정청구된 것과 같은 사안에 대하여 법원의 소송이 진행 중일 경우 그 심사·조정을 중지할 수 있고, 이 경우 중지 사유를 청구인 및 해당 중앙관서의 장에게 알려야 한다(국가계약법 시행령 제114조). 이와 별개로, 위와 같은 소송이 제기된 경우 각 중앙관서의 장은 그 사실 및 소송 결과를 기획재정부장관에게 알려야 한다(국가계약법 시행령 제114조의2).

7. 비용의 부담

국가계약분쟁조정위원회의 심사·조정과 관련된 비용은 원칙적으로 청구인이 부담하나, 청구인과 해당 중앙관서의 장 사이에 약정이 있는 경우에는 그 약정에 따른다(국가계약법 시행령 제115조 제1항).

여기서 청구인이 부담할 비용의 범위는 ① 감정·진단과 시험에 드는 비용,

② 증인과 증거 채택에 드는 비용, ③ 검사와 조사에 드는 비용, ④ 녹음·속기록과 통역 등 그 밖의 심사·조정에 드는 비용이다(국가계약법 시행령 제115조 제2항, 국가계약법 시행규칙 제86조 제1항).

국가계약분쟁조정위원회는 필요하다고 인정할 경우 청구인으로 하여금 심사·조정 관련 비용을 미리 내게 할 수 있고, 이에 따라 비용을 미리 받은 경우에는 심사·조정안이 당사자에게 제시된 날부터 30일 이내에 미리 받은 금액과 비용에 대한 정산서를 청구인에게 통지하여야 한다. 다만 청구인과 해당 중앙관서의 장 사이에 별도의 약정이 있는 경우에는 그 약정에 따라 정산서를 통지한다(국가계약법 시행규칙 제86조 제2항, 제3항).

Ⅱ. 심사·조정의 효과

1. 재판상 화해의 효력

조정이 완료되고 15일 이내에 청구인과 중앙관서의 장이 이의를 제기하지 아니할 경우 조정결과는 재판상 화해와 같은 효력을 갖게 된다(국가계약법 제31조 제3항). 심사·조정의 결과는 조정안의 작성 및 이에 대한 통지로 이루어지므로(국가계약법 시행령 제113조 제1항), 국가계약법 제31조 제2항의 '조정이 완료된 후 15일 이내'란 청구인이나 해당 중앙관서의 장이 조정안을 받은 날로부터 15일 이내라는 의미로 해석함이 타당할 것이다.

2. 조정에 대한 불복

조정이 재판상 화해의 효력을 갖는 것은 조정 완료 후 쌍방의 이의제기 없이 15일이 경과하여야 하므로, 그 이내에 일방으로부터 이의가 제기될 경우 당연히 조정 결과에는 어떠한 강제적 효력이 발생할 수 없게 된다. 국가계약법령은 청구인의 이의제기 절차에 관하여는 별다른 규정을 두고 있지 않지만, 중앙관서의 장이 이의를 제기하는 경우에는 계약심의위원회의 자문을 거쳐 이의를 제기하는 취지와 사유 등이 포함된 서면을 국가계약분쟁조정위원회에 제출하도록 정하고 있다(국가계약법 시행령 제113조 제4항).

국가계약분쟁조정위원회의 심사·조정 절차까지 간 사안과 관련하여 조정이 결렬된 경우 소송이 제기되는 경우가 많을 것인데, 각 중앙관서의 장은 조정 결과에 불복하여 소송이 제기될 경우 그 사실 및 소송 결과를 기획재정부장관에게 알려야 한다(국가계약법 시행령 제114조의2).

제32조 계약담당공무원의 교육

> **제32조 (계약담당공무원의 교육)**
> 정부는 계약담당공무원의 자질향상을 위하여 교육을 할 수 있다.
> [전문개정 2012.12.18]

국가계약법은 제32조에서 정부의 계약담당공무원의 자질향상을 위한 교육에 대한 근거를 두고 있고, 실제로 정부는 계약담당공무원의 자질향상을 위한 교육을 실시하고 있다. 법령상의 계약담당공무원 외에도 국가계약업무를 담당하는 실무자들에 대한 다양한 교육프로그램이 운영되고 있고, 중앙공무원교육원, 조달청, 방위사업청 등을 통해 관련 교육이 이루어지고 있다.[1]

---

1) 정원, 류남욱, 온주 국가를당사자로하는계약에관한법률, 2016, 제32조.

제33조 계약실적보고서의 제출

제33조 (계약실적보고서의 제출)
　각 중앙관서의 장은 대통령령으로 정하는 바에 따라 계약실적보고서를 기획
재정부장관에게 제출하여야 한다.
[전문개정 2012.12.18]

　　각 중앙관서의 장 또는 계약담당공무원은 계약변경 후 30일 이내에 계약체결 및 계약변경에 관하여 기획재정부령이 정하는 사항을 기획재정부장관에게 제출하여야 한다(국가계약법 시행령 제93조 본문). 국가계약법 제33조에는 계약실적보고서 제출의 주체로 각 중앙관서의 장만 규정되어 있지만, 위 규정에 비추어 볼 때 계약담당공무원이 제출하는 것도 무방할 것이다. 여기서 기획재정부령이 정하는 사항이란, ① 입찰에 부칠 계약목적물의 규격에 관한 사항으로서 물품 제조·구매계약의 경우에는 성능, 재질 및 제원 등 계약목적물에 요구되는 조건, 용역계약의 경우에는 과업 내용 등 계약상대자가 이행할 용역의 세부사항과 ② 계약체결에 관한 사항으로서 계약의 목적, 입찰일 및 계약체결일, 추정가격 또는 예정가격, 계약체결 방법, 계약상대자의 성명, 계약 물량 또는 규모, 계약금액, 지명경쟁 또는 수의계약의 경우에는 그 사유, 국가계약법 시행령 제42조 제4항에 따라 낙찰자를 결정한 공사의 경우에는 입찰자별 입찰금액을 의미한다(국가계약법 시행규칙 제82조의2, 제82조 제2호, 제3호).

　　작전상의 병력 이동과 관계되는 경우, 국가안전보장, 국가의 방위계획 및 정보활동, 군사시설물의 관리, 외교관계, 그 밖에 이에 준하는 경우로서 보안상의 필요 내지 국가기관의 행위를 비밀리에 할 필요가 있는 경우, 방위사업법에 따른 방산물자를 방위산업체로부터 제조·구매하는 경우에 해당하여 이를 이유로 체결한 수의계약의 경우에는 계약실적보고를 제출할 의무가 없다(국가계약법 시행령 제93조).

제34조 계약에 관한 법령의 협의

제34조 (계약에 관한 법령의 협의)
  각 중앙관서의 장은 계약에 관한 법령을 입안할 때에는 기획재정부장관과 미리 협의하여야 한다.
  [전문개정 2012.12.18]

　국가계약법 제34조는 각 중앙관서의 장이 계약에 관한 법령을 입안할 때 기획재정부장관과 미리 협의하도록 규정하고 있다. 기획재정부는 국가계약법령의 소관부서라는 점에서, 본 조항은 특정 중앙관서에서 입안되는 법령이 국가계약법령과 모순되지 않도록 하기 위한 절차적 장치라 볼 수 있을 것이다.

제35조 벌칙 적용에서의 공무원 의제

제35조 (벌칙 적용에서의 공무원 의제)
  다음 각 호의 위원회의 위원 중 공무원이 아닌 위원은 「형법」 제129조부터 제
132조까지의 규정을 적용할 때에는 공무원으로 본다.
  1. 삭제 〈2023. 7. 18.〉
  2. 제29조에 따른 국가계약분쟁조정위원회
  3. 입찰·낙찰 또는 계약의 체결·이행에 관한 사전심사 및 자문 업무를 수행
     하는 대통령령으로 정하는 위원회
[본조신설 2014.12.30]

　　국가계약법령에 규정된 여러 위원회의 위원은 공무원이 지명되는 경우도 있
지만, 공무원이 아닌 사람들이 위촉되는 경우도 있다. 공무원인 위원인 경우 형법
상 뇌물에 관한 죄(수뢰, 사전수뢰, 제3자뇌물제공, 수뢰후부정처사, 사후수뢰, 알선수
뢰)의 행위 주체인 공무원으로서 형법 제129조 내지 제132조의 규정의 적용을
받는 것은 당연하다. 공무원이 아닌 위원의 경우 국가계약과 관련하여 공적인 직
무를 수행하지만 그 사실만으로는 형법상 공무원에 해당될 수는 없기 때문에 곧
바로 형법상의 뇌물에 관한 죄를 적용할 수는 없다.
　　그런데 공무원이 아닌 위원에 대하여 형법상의 뇌물에 관한 죄를 물을 수 없
게 된다면 국가계약 업무에서 직무집행의 공정과 이에 대한 사회의 신뢰 및 직무
의 불가매수성[1]에 대한 보호와 관련하여 공백이 발생할 수 있기 때문에 국가계
약법은 이와 같이 공무원이 아닌 위원을 형법상 뇌물에 관한 죄의 적용에 관하여
는 공무원으로 의제하는 규정을 둔 것이다. 위 조항은 2014. 12. 30. 개정 당시
신설된 것인데, 당시의 개정이유는 "현행 국가를 당사자로 하는 계약에 관한 법
령에서는 계약과 관련한 분쟁의 조정이나 자문 업무 등을 수행하기 위하여 필요

---

[1] 대법원은 뇌물죄의 보호법익을 직무집행의 공정과 이에 대한 사회의 신뢰 및 직무행위의
   불가매수성으로 보고 있다(대법원 1984. 9. 25. 선고 84도1568 판결, 대법원 1995. 9. 5.
   선고 95도1269 판결, 대법원 1997. 12. 26. 선고 97도2609 판결, 대법원 2000. 1. 21. 선
   고 99도4940 판결 등).

한 위원회를 구성·운영하도록 하면서, 위원회 위원 중 계약 관련 분야에 관한 학식과 경험이 풍부한 사람으로 민간위원을 두도록 정하고 있음. 그러나 위원회를 구성하는 위원 중 민간위원의 경우 계약관련 업무 수행 과정에서 금품수수 등의 불법행위가 발생하여도 뇌물죄 적용에 대한 명확한 근거가 없는 실정임. 이에 현행법령에 따른 계약관련 위원회 위원 중 공무원이 아닌 위원의 경우 벌칙 적용 시 공무원으로 의제할 수 있도록 규정함으로써 민간위원의 책임의식과 청렴성을 제고하려는 것임"이라고 밝혔다.

위원 중 공무원이 아닌 자가 형법상 뇌물에 관한 죄의 적용과 관련하여 공무원으로 의제되는 국가계약법령상의 위원회는 국가계약분쟁조정위원회, 종합심사낙찰제심사위원회, 제안서평가위원회, 계약심의위원회이다(국가계약법 제35조, 국가계약법 시행령 제118조).

참고문헌

[단행본]

곽윤직·김재형, 『물권법』, 박영사, 2015

집필대표 곽윤직, 민법주해[IX] 채권(2), 박영사, 2011

집필대표 곽윤직, 민법주해[XVI] 채권(9), 박영사, 2009

곽윤직·김재형, 『민법총칙』 제9판, 박영사, 2013

곽윤직, 『채권총론』, 박영사, 1995

김성근, 『정부계약법해설(I)』, 건설경제, 2013

김성근, 『정부계약법해설(II)』, 건설경제, 2013

김홍준, 『건설재판실무』, 유로, 2017

집필대표 박재윤, 주석형법 각칙(1), 한국사법행정학회, 2006

박현석, 『국가계약법 해설과 실무』, 건설경제, 2016

법무법인(유)태평양 건설부동산팀, 『주석국가계약법』, 박영사, 2017

윤재윤, 『건설분쟁관계법』, 제5판, 박영사, 2014

장훈기, 『공공계약제도 해설』, 도서출판 삼일, 2015

정원, 류남욱, 온주 국가를당사자로하는계약에관한법률, 2016

법률용어사전, 법전출판사, 2017

[논문 등]

강현호, 「재량준칙의 법적 성격」, 『행정판례연구 7권』, 2002

김종민, 미국정부조달법상 발주금지·제한에 관한 연구, 서울대학교 대학원 석사
        학위논문, 2004

남효순, 「조합인 공동이행방식의 공동수급체의 채권의 귀속형태」, 『법조』 통권
        720호(2016. 12) (별책) 최신판례분석, 법조협회

박정훈, 부정당업자의 입찰참가자격제한의 법적 제문제, 서울대학교 법학연구소,
        2005

안철상, 「정부투자기관의 입찰참가제한의 법적 성질(대법원 1999. 11. 26.자 99 부3 결정)」, 『행정판례평선』, 박영사, 2011

어재원, 「공동이행방식의 건설공사공동수급체에 있어서 공사대금채권의 귀속에 관한 문제」, 『재판실무연구』, 광주지방법원, 2014

오정한, 유병수, 「행정소송법 제12조 전문의 '법률상 이익'의 확장 및 그 한계」, 『율촌판례연구』, 박영사, 2016

윤승보, 설계변경으로 인한 분쟁의 해결방안에 대한 고찰, 경희대학교 행정대학 원 석사학위논문, 2010

이균용, 「공동수급체의 성질과 그 법률관계」, 『대법원판례해설』 제35호(2001. 6), 법원도서관

이동진, 「건설공사공동수급체의 법적 성격과 공사대금청구권의 귀속」, 『민사판례 연구』 제35권, 박영사, 2013

이영동, 「공공계약의 법적 통제」, 『행정소송 Ⅱ』, 한국사법행정학회(2008)

이완수, 「공동수급체의 법적 성질에 관한 판례 소고」, 『건설재판실무논단』, 2006

정철민, 「국가계약법령상 지체상금과는 별도로 특수조건에서 정한 손해배상액의 예정이 일반조건 제3조 제3항에 의하여 무효인지 여부」, 『대법원 판례해 설』 통권 제93호(2012년 하반기)(2013. 6)

조달청, 시설공사·기술용역 업무편람, 2007

중앙대학교산학협력단(연구책임자 이준형), 약관 주요 심결사례 평석 및 업종별 불공정조항 FAQ, 공정거래위원회 연구용역 보고서, 2006

진상범, 「공동이행방식의 공동수급체에 있어서 공사대금채권의 귀속주체 및 형태」, 『대법원판례해설』 제91호(2012년 상반기), 법원도서관

국가계약법 일부개정법률안, 기획재정위원회 검토보고서(2012. 9)

찾아보기

저자약력

〈정태학〉

2023~현재	국무총리 소속 행정협의조정위원회 위원장
2017~2023	현대로템 주식회사 사외이사
2011~2016	서울대학교 법학전문대학원(로스쿨) 겸임교수
2010~현재	법무법인(유) 율촌 파트너 변호사
2009~2010	수원지방법원 부장판사(행정가사부)
2007~2009	대법원 재판연구관(전속부장)
2004~2006	대법원 재판연구관(조세조)
2002~2004	서울행정법원 판사
2000~2001	미국 워싱턴대학(UW) Visiting Scholar
1996~1998	서울지방법원 판사
1991	사법연수원(제20기) 수료
1988	서울대학교 법과대학 사법학과 졸업

〈오정한〉

2023-현재	국토교통부 건설분쟁조정위원회 위원
2017-2022	서울대학교 법학전문대학원(로스쿨) 겸임교수
2009-2010	미국 버클리대학교(UC Berkeley) 법학석사(LL.M)
2006-현재	법무법인(유) 율촌 변호사
2004-2006	의정부지방법원 판사
2001	사법연수원(제30기) 수료
1995	서울대학교 법과대학 졸업

〈장현철〉

2024	고려대학교 공학대학원 건설경영최고위과정(37기) 수료
2023	고려대학교 정책대학원 최고위정책과정(71기) 수료
2022	국토교통부장관상 수상
2020	서울대학교 법과대학 법학(행정법) 박사 수료
2018~현재	국토교통부 자문변호사
2017	서울대학교 법과대학 법학(행정법) 석사 졸업
2012~현재	법무법인(유) 율촌 변호사
2009	사법연수원 38기 수료
2006	서울대학교 법과대학 졸업

⟨유병수⟩

2021	건국대학교 부동산대학원(연구) 수료
2019	서울대학교 법과대학 법학(행정법) 석사 수료
2013~현재	법무법인(유) 율촌 변호사
2010	사법연수원 39기 수료
2006	서울대학교 법과대학 졸업

⟨강준모⟩

2024	건국대학교 부동산대학원(연구) 수료
2023~현재	한국건설기술연구원 계약심의위원
2019~현재	법무법인(유) 율촌 변호사
2020	서울대학교 법과대학원 법학박사(민법) 수료
2016	제5회 변호사시험 합격
2016	서울대학교 법학전문대학원 법학전문석사 졸업
2013	한양대학교 법과대학 졸업

개정판
국가계약법

초판발행	2020년 1월 5일
개정판발행	2025년 1월 5일
지은이	정태학·오정한·장현철·유병수·강준모
펴낸이	안종만·안상준
편 집	김선민
기획/마케팅	조성호
표지디자인	벤스토리
제 작	고철민·김원표
펴낸곳	(주) **박영사**
	서울특별시 종로구 새문안로3길 36, 1601
	등록 1959. 3. 11. 제300-1959-1호(倫)
전 화	02)733-6771
f a x	02)736-4818
e-mail	pys@pybook.co.kr
homepage	www.pybook.co.kr
ISBN	979-11-303-4858-2 93360

copyright©정태학·오정한·장현철·유병수·강준모, 2025, Printed in Korea

정 가 39,000원